Pflege im Wandel gestalten – Eine Führungsaufgabe

Die Zugangsinformationen zum eBook inside finden Sie
am Ende des Buchs.

Peter Bechtel

Ingrid Smerdka-Arhelger

Kathrin Lipp

Hrsg.

Pflege im Wandel gestalten – Eine Führungsaufgabe

Lösungsansätze, Strategien, Chancen

2., aktualisierte und erweiterte Auflage

Mit 44 Abbildungen

 Springer

Herausgeber
Peter Bechtel
Herz-Zentrum Bad Krozingen
Bad Krozingen
Deutschland

Kathrin Lipp
Universitätsklinikum Regensburg
Regensburg
Deutschland

Ingrid Smerdka-Arhelger
Buxtehude
Deutschland

ISBN 978-3-662-54165-4   ISBN 978-3-662-54166-1   (eBook)
DOI 10.1007/978-3-662-54166-1

Die Deutsche Nationalbibliothek verzeichnet diese Publikation in der Deutschen Nationalbibliografie;
detaillierte bibliografische Daten sind im Internet über http://dnb.d-nb.de abrufbar.

Umschlaggestaltung: deblik Berlin
Fotonachweis Umschlag: © iStock/alzay

Gedruckt auf säurefreiem und chlorfrei gebleichtem Papier

Springer ist Teil von Springer Nature
Die eingetragene Gesellschaft ist Springer-Verlag GmbH Deutschland
Die Anschrift der Gesellschaft ist: Heidelberger Platz 3, 14197 Berlin, Germany

Geleitwort

Die Tageszeitung „Handelsblatt" brachte es in einem Artikel im Februar 2015 auf den Punkt: „Krankenschwestern prägen das Image eines Krankenhauses am größten". Zitiert wurde eine Untersuchung von über 10.000 Einträgen im Bewertungsportal „klinikbewertungen.de". Auch in den alljährlichen Rankings der am meisten geschätzten Berufe in Deutschland landen die beruflich Pflegenden in der Kranken- und Altenpflege regelhaft auf den vordersten Plätzen. Das Eigenbild der Berufsgruppe, sei es im Krankenhaus, in der stationären Altenhilfe oder in den ambulanten Pflegediensten, weicht hiervon sehr häufig ab. Vor allem die negativen Aspekte wie Überlastung, zu geringe Bezahlung und fehlende Wertschätzung prägen hier insbesondere die berufspolitische Debatte. Dabei haben aus meiner Sicht die Pflegedienste in allen Versorgungsbereichen jeden Grund, selbstbewusst und gestärkt in die Zukunft zu schauen.

Auf einer großen Pflegetagung in Kassel habe ich im Herbst 2016 von den nun folgenden 10 goldenen Pflegejahren gesprochen. Mein Optimismus speist sich aus ganz unterschiedlichen Richtungen. Durch die demografischen Effekte werden für jede Einrichtung die beruflich Pflegenden zu einem entscheidenden Wettbewerbsfaktor und damit Mangelware, wenn die berufliche Zufriedenheit am Arbeitsplatz nicht Berücksichtigung findet. Die Politik hat das längst erkannt und überbietet sich mit Aktionen, die den Beruf stärken sollen. Einiges ist dabei sehr gelungen, anderes, beispielsweise die dringend notwendige Reform der Pflegeausbildung, wartet (immer) noch auf Vollendung. Der ersten Landes-Pflegekammer werden in absehbarer Zeit weitere folgen und nicht zuletzt sind die Akademisierung und damit die weitere Professionalisierung der Pflegeberufe in voller Fahrt.

Die pflegerische Leistung der Krankenhausbehandlung und in der Altenhilfe steht für die Patienten bzw. Klienten sehr stark im Vordergrund. Hierbei geht es neben den weichen Faktoren wie Zuwendung, Sicherheit und Empathie auch um klar strukturierte Prozesse, Kommunikation und die Gestaltung professioneller Behandlungs- und auch Serviceangebote. Zukünftig muss sich die Versorgung noch viel stärker auf die Bedürfnisse der Patienten und auch ihrer Angehörigen fokussieren. Für die Pflegebereiche liegt hier die große Chance, weil sich das Selbstverständnis der Pflegeberufe sehr stark über eine konsequente Patientenorientierung sozialisiert hat.

Für die Einrichtungen reicht es nicht mehr, einfach zu sparen oder nur „schneller" zu arbeiten, sondern sie müssen tradierte und fundamentierte Strukturen aufbrechen. Notwendig sind der Abbau von Hierarchien, eine sinnvolle Aufgabenteilung zwischen den Berufsgruppen und die kompetente Steuerung dieser Prozesse mit einem konsequenten Ausbau der Digitalisierung. Die Pflegemanager müssen dabei in den Einrichtungen auf der strategischen Ebene mitarbeiten und gestalten dürfen. Pflegekompetenz gehört in die Vorstände und Geschäftsführungen. Nur ist leider sehr häufig eine Augenhöhe bei strategischen und unternehmerischen Entscheidungen nicht gewünscht. Um das zu ändern, brauchen wir selbstbewusste Pflegemanager, die nicht nur klagen und die Partikularinteressen ihrer Berufsgruppe vertreten, sondern gesamtunternehmerisch und strategisch denken, ihre verschiedenen Rollen akzeptieren und als Herausforderung für die persönliche Arbeit verstehen.

Dieses Buch wird einen sehr guten Beitrag leisten, die Pflegemanager auf diesem Weg zu unterstützen. Dabei wünsche ich allen Lesern ein großes Lesevergnügen.

Joachim Prölß
Direktor für Patienten-Pflegemanagement und Vorstandsmitglied des Universitätsklinikums
Hamburg-Eppendorf
Hamburg, März 2017

Vorwort

» Wenn wir die Welt mit beiden Augen betrachten, gelangen wir zu einer anderen Sicht, als wenn wir sie mit jedem Auge einzeln betrachten. Jedes Auge sieht dieselbe Realität unterschiedlich und wenn beide Augen zusammenarbeiten, bringen sie gemeinsam wiederum eine andere Betrachtungsweise hervor. … das Gleiche passiert, wenn wir lernen, die Welt durch verschiedene Metaphern zu interpretieren. Der Vorgang der Deutung und Umdeutung an sich bringt eine qualitativ unterschiedliche Art des Verstehens hervor, die mit der Qualität des beidäugigen Sehens zu vergleichen ist. Wenn wir versuchen, Phänomene wie Organisationen als Maschinen, Kulturen, politische Systeme, Machtinstrumente usw. zu verstehen, ergeben sich tiefere Einsichten. Unsere Sichtweise an sich verändert unser Verständnis vom Wesen der Phänomene. (Morgan 1997)

In diesem Sinne haben sich die Herausgeber bei der Themenzusammenstellung dieses Buches bemüht, „beidäugig" zu sehen, um möglichst viele Aspekte und Formen des Wandels in der Gesundheits- und damit auch der Pflegebranche aufzugreifen und durch erfahrene Autoren und Autorinnen kommentieren und bewerten zu lassen. Wir sind davon überzeugt, dass es die Aufgabe von Führungskräften ist, aus einer Zukunftsperspektive die Menschen nach vorn mitzunehmen. Mit diesem Buch halten wir es deshalb wie der Verfasser eines Standardwerks der Organisations- und Personalpsychologie, der Führungskräfte durch die Brille eines Eishockeykapitäns sehen lässt, und schreibt, „die Aufgabe des Kapitäns [ist], nicht dorthin zu gehen, wo der Puck ist, sondern dorthin, wo er sein wird" (Weinert 2004) und der Mannschaft den nötigen Enthusiasmus (das Empowerment) zum Mitgehen zu ermöglichen.

Wir haben für die Neuauflage wieder ein breites Spektrum von Autoren und Autorinnen aus der Gesundheitsbranche gewinnen können, die ihre Kenntnisse und Erfahrungen zur Verfügung gestellt und Interpretationen sowie Einschätzungen zu Einflussfaktoren auf das Handeln von Pflegemanagern und Managerinnen geliefert haben. Einige Themen sind hinzukommen, nahezu alle Beiträge wurden aktualisiert. Wie in der ersten Auflage haben wir das Buch aus Übersichtsgründen wieder in drei Abschnitte gegliedert.

Der erste Abschnitt liefert Aufsichten auf Entwicklungen, die Pflegehandeln und das Handeln von Führungskräften in der Pflege, egal ob im Krankenhaus oder in stationären und ambulanten Pflegeeinrichtungen, grundlegend tangieren und beeinflussen, seien es die gesetzlichen und ökonomischen Rahmenbedingungen, die politisch gesetzt werden, oder die demografischen Entwicklungen, die den Pflegeberuf doppelt treffen – im veränderten Klientel (mit Konsequenzen bis hin zum Pflegebedürftigkeitsbegriff) wie auch im Mangel an Nachwuchskräften.

Im zweiten Abschnitt werden Konzepte vorgestellt, die als Antwort auf die gesellschaftlichen und strukturellen Veränderungen entwickelt worden sind. Das beginnt bei Strategien zur Mitarbeiterbindung, geht über Konzepte, wie mit der fachlichen Entwicklung der Pflege Schritt gehalten werden kann und wie Pflegeergebnisse beim Patienten gewährleistet werden können, bis hin zu Fragen der einrichtungsübergreifenden Versorgungsstrukturen, der interprofessionellen Zusammenarbeit und der internen Prozessoptimierungen. Ebenso aufgegriffen werden in diesem Abschnitt aktuelle Themen wie die Betreuung und Pflege von Migranten im Alter, die Akademisierung oder das Pflege-Controlling und die Tele-Pflege.

Im dritten Buchteil werden unter dem Stichwort „Best Practice" gelebte Konzepte in der Pflege im In- und Ausland als Antworten auf die Veränderungen des jeweiligen Umfeldes vorgestellt. Neben internationalen Beispielen aus Finnland und Norwegen, die sich konzeptionell mit dem Altwerden in der Pflege und dem Zusammenspiel zwischen Medizin und Pflege auseinandersetzen, werden nationale Projekte beschrieben, die sich mit den aktuellen Herausforderungen in der Pflegelandschaft beschäftigen.

Womit wir zum einem weiteren Gedanken kommen, der diesem Buch zugrunde liegt. Führungskräfte haben die Aufgabe, den Wandel zu gestalten. Das löst nicht immer Begeisterung aus, jedoch kann die bisweilen mit den vielen Veränderungen einhergehende Unzufriedenheit durchaus ein Auslöser für die Entwicklung zukunftsweisender Wege sein. So sind einst das Pflegesystem des Primary Nursing oder die Magnethospitalbewegung in den USA entstanden. Malik beschreibt die daraus resultierende Führungsaufgabe so:

„Geschichtlich ist auf dieser Welt wahrscheinlich noch nie eine Leistung aus Zufriedenheit entstanden, sondern eher aus dem Gegenteil, aus Unzufriedenheit. Wäre der Steinzeitmensch mit seiner nasskalten Höhle zufrieden gewesen, wäre er jawohl nicht aus ihr herausgetreten und hätte schließlich auch nicht ein Einfamilienhaus mit Zentralheizung gebaut." Zugleich warnt er vor dem schlichten Umkehrschluss, möglichst viel Unzufriedenheit zu erzeugen, dies führe in die Irre. Vielmehr verweist er auf die „dritte Möglichkeit: Gib den Menschen die Möglichkeit, eine Leistung zu erbringen, eine für sie relativ und individuell große Leistung – und viele von ihnen (nicht alle) werden ein erstaunliches Maß an Zufriedenheit erlangen" (Malik 2006).

Bleibt uns zum Schluss der herzliche Dank an die Autoren und Autorinnen für ihre Beiträge.

Peter Bechtel, Ingrid Smerdka-Arhelger und Kathrin Lipp
März 2017

Hinweis zum Text
Aus Gründen der besseren Lesbarkeit verwenden wir in diesem Buch überwiegend das generische Maskulinum. Dies impliziert immer beide Formen, schließt also die weibliche Form mit ein.

Literatur
Malik F (2006) Strategie des Managements komplexer Systeme. Haupt, Bern
Morgan G (1997) Bilder der Organisation. Klett Kotta, Stuttgart
Weinert AB (2004): Organisations- und Personalpsychologie. Beltz, Weinheim

Inhaltsverzeichnis

II   Herausforderungen und Konzepte

III   Über den Tellerrand – Best Practice

Autorenverzeichnis

Bauer, Daniel
Pflegedienstleitung Haus D
Städtisches Klinikum Karlsruhe gGmbH
Moltkestr. 90
76133 Karlsruhe

Bechtel, Peter
Pflegedirektor
Herz-Zentrum Bad Krozingen
Südring 15
79189 Bad Krozingen

Becker, Stefanie, Prof. Dr.
Berner Fachhochschule
Hallerstr. 8
3012 Bern
Schweiz

Bogner, Claudia
Intensivstation 92 MEDI
Klinikum der Universität Regensburg
Franz-Josef-Strauß-Allee 11
93053 Regensburg

Busse, Reinhard, Prof. Dr.
Fakultät für Wirtschaft und Management
Technische Universität Berlin
Straße des 17. Juni 135, H80
10623 Berlin

Damm, Katja
Uhlandstr. 20
74321 Bietigheim-Bissingen

Egbert, Nicole
Fakultät Wirtschafts- und Sozialwissenschaften
Hochschule Osnabrück
Caprivistr. 30a
49076 Osnabrück

Eligehausen, Siegmar
Kupferdamm 60
22159 Hamburg (Farmsen-Berne)

Ernst, Moritz
Leiter der Geschäftsstelle
Deutscher Pflegerat e.V. - DPR
Alt-Moabit 91
10559 Berlin

Feuchtinger, Johanna, Dr.
Pflegedirektion
Universitätsklinkum Freiburg
Hugstetter Str. 49
79106 Freiburg

Fragemann, Kirstin
Pflegeentwicklung der Pflegedirektion
Universitätsklinikum Regensburg
Franz-Josef-Strauß-Allee 11
93053 Regensburg

Gruber, Brigitta
arbeitsleben Gruber e.U.
Lindacherstr. 19b
4655 Vorchdorf
Österreich

Haubrock, Manfred, Prof. Dr.
Fakultät Wirtschafts- und Sozialwissenschaften
Fachhochschule Osnabrück
Caprivistr. 30a
49076 Osnabrück

Hock, Simone M.
Zentrum für Kinder- und
JugendmedizinNeonatalogie Intensivstation
Universitätsklinikum Freiburg
Mathildenstr. 1
79106 Freiburg

Hößl, Irene
Coaching Team Organisation Führung
Hardstr. 150
90766 Fürth

Hommel, Thomas
Magazin G+G
KomPart Verlagsgesellschaft mbH & Co KG
Rosenthaler Str. 31
10178 Berlin

Hübner, Ursula Hertha, Prof. Dr.
Fakultät Wirtschafts- und Sozialwissenschaften
Hochschule Osnabrück
Caprivistr. 30a
49076 Osnabrück

Hug, Josef
Pflegedirektor
Städtisches Klinikum Karlsruhe gGmbH
Moltkestr. 90
76133 Karlsruhe

Jahn, Patrick, Dr.
Leiter Pflegeforschung & Entwicklung
Kooperationsstelle Medizinische Fakultät
Universitätsklinikum Halle
Ernst-Grube-Str. 40
06120 Halle (Saale)

Kamps, Harald
Max-Steinke-Str. 9
13086 Berlin

Krautz, Bernhard
Leitung Pflegedienst
Kliniken des Landkreises Neumarkt i.d.OPf.
Nürnberger Str. 12
92318 Neumarkt

Lemke, Andrea
Pflegedirektorin
Jüdisches Krankenhaus Berlin
Heinz-Galinski-Str. 1
13347 Berlin

Lipp, Kathrin
Pflegedienstleitung
Universitätsklinikum Regensburg
Franz-Josef-Strauß Allee 11
93053 Regensburg

Lohmann, Heinz, Prof.
LOHMANN konzept GmbH
Stormsweg 3
22085 Hamburg

Loibl, Johanna
Universitätsklinikum Regensburg
Franz-Josef-Strauß-Allee 11
93053 Regensburg

Meißner, Thomas
Beethovenstr. 11
12683 Berlin

Pielmeier, Katharina
Universitätsklinikum Regensburg
Franz-Josef-Strauß-Allee 11
93053 Regensburg

Preusker, Uwe K., Dr.
Preusker Health Care Ltd OY
Vestrantie 112
01750 Vantaa
Finnland

Schütz-Pazzini, Petra, Dipl.-Psych.
Pohlstr. 46
10785 Berlin

Smerdka-Arhelger, Ingrid
Im Obstgarten 37a
21614 Buxtehude

Söffner, Silke
Pflegedienstleitung in der Pflegedirektion
Städtisches Klinikum Karlsruhe gGmbH
Moltkestr. 90
76133 Karlsruhe

Sonntag, Katja
Johanniter-Stift Wuppertal
Edith-Stein-Str. 23
42329 Wuppertal

Spiegler, Andrea
Stabsstelle Pflegeentwicklung
Universitätsklinikum Regensburg
Franz-Josef-Strauß-Allee 11
93053 Regensburg

Strumpen, Sarina, Dr.

Szepan, Nadine-Michèle
AOK-Bundesverband GbR
Rosenthaler Str. 31
10178 Berlin

Tezcan-Güntekin, Hürrem, Dr.
Fakultät für Gesundheitswissenschaften
Universität Bielefeld
Universitätsstr. 25
33615 Bielefeld

von Reibnitz, Christine, Dr.
Meraner Str. 52
10825 Berlin

Weidlich, Sandra, Dipl.-Pflegepäd. FH
Klinik für HNO und Augenheilkunde
Universitätsklinikum Freiburg
Killianstr. 5
79106 Freiburg

Weiß, Erhard
BGW Bezirksverwaltung Karlsruhe
Philipp-Reis-Str. 3
76137 Karlsruhe

Wingenfeld, Klaus, Dr.
Wissenschaftliche Geschäftsführung
Institut für Pflegewissenschaft
Universität Bielefeld
Universitätsstr. 25
33615 Bielefeld

Wittrich, Anke
Bundesverband Geriatrie e.V.
Reinickendorfer Str. 61
13347 Berlin

Zander, Britta
Fachgebiet Management im Gesundheitswesen
Technische Universität Berlin
Straße des 17. Juni 135, H80
10623 Berlin

Status quo der Pflege in Deutschland

Sozioökonomische Herausforderungen für die Pflege

Manfred Haubrock

© Springer-Verlag GmbH Deutschland 2017
P. Bechtel, I. Smerdka-Arhelger, K. Lipp (Hrsg.), *Pflege im Wandel gestalten – Eine Führungsaufgabe*,
DOI 10.1007/978-3-662-54166-1_1

Bei der Gestaltung des deutschen Gesundheitssystems ist den Gebietskörperschaften (Bund, Länder, Kommunen) durch das Sozialstaatsprinzip die Rolle von hoheitlichen Institutionen zugewiesen worden. Auf der Bundes- bzw. Länderebene werden z. B. durch Gesetze und Verordnungen die Rahmenbedingungen für eine bedarfsgerechte Versorgung der Bevölkerung mit Gesundheitsleistungen vorgegeben. Eine bedarfsgerechte Versorgung liegt dann vor, wenn sich das Angebot an Gesundheitsleistungen an dem realen Bedarf, der Nachfrage, orientiert. Es handelt sich somit um eine nachfrageorientierte Angebotssteuerung. Ein Problem des Gesundheitssystems ist darin zu sehen, dass die Nachfrageseite einerseits durch die Bedürfnisse der Versicherten nach einer optimalen Gesundheitsversorgung und andererseits durch die von der gesamtwirtschaftlichen Entwicklung abhängigen Finanzkraft der Krankenkassen bestimmt wird.

Zwischen diesen beiden Nachfragegruppen können in Zukunft, bedingt durch die bereits eingesetzten sozioökonomischen Veränderungen, verstärkt unterschiedliche Interessenlagen entstehen. Somit gilt es im Rahmen der Gesundheits- und Sozialpolitik vorrangig, dieses Konfliktpotenzial, nämlich zunehmende Inanspruchnahme der Gesundheits- und Sozialgüter versus knappe Finanzmittel der Kostenträger, zu minimieren bzw. zu beseitigen. Sollte dieses nicht gelingen, drohen z. B. Fehlallokationen in Form von Unter- oder Fehlversorgungen sowie eine Verlagerung der gesundheitlichen Versorgung aus dem solidarisch geprägten ersten Gesundheitssektor in den zweiten Gesundheitsmarkt, der auf dem Subsidiaritätsprinzip basiert. In diesem Kontext haben die Priorisierungen und die Rationierungen von Sozialgütern eine zentrale Bedeutung.

1.1   Sozioökonomische Einflussfaktoren

1.1.1   Demografische Entwicklung

Unter einer demografischen Entwicklung wird die Alters- und Bevölkerungsentwicklung, die Bevölkerungszusammensetzung sowie die Art und Weise des Zusammenlebens der Menschen verstanden (Hilbert et al. 2002, S. 10). Ein besonderer Fokus liegt auf der Alters- und Bevölkerungsentwicklung, die durch eine steigende Lebenserwartung der Menschen einerseits und durch einen Rückgang der Geburten andererseits gekennzeichnet ist. Hierdurch kommt es zu einer Verschiebung der Altersstruktur. Das Statistische Bundesamt berücksichtigt bei seinen Berechnungen die Daten zur Geburtenhäufigkeit, zur Lebenserwartung und zum Saldo der Zuzüge nach und der Fortzüge aus Deutschland (Statistisches Bundesamt 2015, S. 5).

Der demografische Wandel setzte bereits vor etwa 100 Jahren ein. Schon zu dieser Zeit ließ sich ein Rückgang an Geburten verzeichnen, der Anteil älterer Menschen hingegen nahm zu.

Die Zunahme der älteren Menschen ist durch den medizinischen Fortschritt, die besseren hygienischen Bedingungen, aber auch durch eine Veränderung der allgemeinen Lebensverhältnisse hervorgerufen worden (Preißing 2010, S. 4–5). So betrug z. B. die durchschnittliche **Lebenserwartung** für einen im Jahr 1910 geborenen Jungen 47 Jahre, zwischen 2006 und 2008 lag die durchschnittliche Lebenserwartung in Deutschland bereits bei 77,2 Jahren, bis 2060 wird die Lebenserwartung bei einem starken Anstieg für Männer bis auf fast 87 Jahre und für Frauen bis auf über 90 Jahre ansteigen (Statistisches Bundesamt Deutschland 2015, S. 13).

Die **Geburtenziffer** lag in den 1960er Jahren bei ca. 2,3 Kindern, während die Quote im Jahr 2009 nur noch bei 1,36 Kindern pro Frau, ausgehend von den 15- bis 49-jährigen weiblichen Personen, lag. Diese Ziffer spiegelt die bereits seit knapp 40 Jahren andauernde Entwicklung der Geburtenrate in Deutschland wider, die weltweit eine der niedrigsten ist. In diesen 4 Jahrzehnten fiel jede Nachfolgegeneration um ein Drittel geringer aus als die vorangegangene Generation (Schneider 2007, S. 65f). Im Unterschied zu Deutschland weisen Länder mit einer gleichbleibenden Bevölkerungsgröße und -struktur eine Geburtenrate von 2,1 Kindern pro Frau auf (Rump et al. 2008, S. 15). Für das Jahr 2060 wird eine Geburtenhäufigkeit von 1,4 bis 1,6 Kindern pro Frau prognostiziert. Dies entspricht einer Geburtenzahl von ca. 500.000 Kindern für das Jahr 2060 (Statistisches Bundesamt Deutschland 2015). Für die niedrigen Geburtenraten in Deutschland kann als eine wesentliche Ursache die mangelhafte Vereinbarkeit von Beruf und Familie angesehen werden.

Die Zahl der **Sterbefälle** wird trotz der zu erwartenden höheren Lebenserwartungen auch in den nächsten Jahrzehnten höher sein als die Zahl der Geburten. Dieses Geburtendefizit wächst zwischen 2020 und 2060 von ca. 250.000 Personen auf ca. 500.000 Menschen an (Statistisches Bundesamt Deutschland 2015, S. 16).

Durch die Zunahme der durchschnittlichen Lebenserwartung und die zu geringe Geburtenrate verschiebt sich die **Altersstruktur** der Bevölkerung beträchtlich. Diese Entwicklung lässt sich mittels der Jugend-, Alten- und Gesamtquotienten verdeutlichen.

Die Quotienten setzen die jeweiligen Altersgruppen (Jugend: unter 20-Jährige, Alte: über 64-Jährige, Gesamt: unter 20-Jährige und über 64-Jährige) ins Verhältnis zu 100 potenziellen Erwerbstätigen im Alter von 20–64 Jahren. Auf der Grundlage der Daten der 13. Koordinierten Bevölkerungsvorausberechnungen des Statistischen Bundesamtes lag im Jahre 2013 der Jugendquotient bei 30, der Altersquotient bei 34 und der Gesamtquotient bei 64. Für das Jahr 2060 wird prognostiziert, dass jeweils 100 Erwerbstätige, die mit ihren sozialversicherungspflichtigen Bruttolöhnen im Wesentlichen die Finanzierung des Sozialsystems garantieren, 97 nicht erwerbstätige Personen materiell unterstützen müssen. Die Veränderung des Gesamtquotienten im Jahre 2060 gegenüber 2013 wird dadurch verursacht, dass sich der Altenquotient von 34 auf 65 erhöhen wird, während sich der Jugendquotient mit 32 nahezu stabil bleibt (Statistisches Bundesamt Deutschland 2015, S. 26).

Eine dritte Komponente, die die Bevölkerungsstruktur weiterhin beeinflussen wird, ist die Migration. Unter diesem Terminus werden die Binnen- und die Außenwanderungen zusammengefasst. Die **Binnenwanderungen** kennzeichnen die landesinternen Wanderungsbewegungen, die im Wesentlichen aufgrund arbeitsplatzinduzierter Indikatoren (z. B. Angebot an Arbeits- und Ausbildungsplätzen) ausgelöst werden. Bundesländer bzw. Regionen mit negativen Wanderungssalden müssen sich mit einer schneller zunehmenden Alterung der Bevölkerung und einer sinkenden Zahl der Erwerbstätigen auseinandersetzen. Diese Veränderungen haben Auswirkungen auf die Tragfähigkeit wichtiger Infrastruktureinrichtungen der öffentlichen Daseinsvorsorge, wie z. B. Ausbildung und Gesundheitsversorgung, da

diese nicht mehr wie im bisher gegebenen Umfang angeboten und nachgefragt werden (Beivers 2010, S. 1).

Der **Wanderungssaldo** ergibt sich seinerseits aus der Gegenüberstellung der Auswanderungen und der Zuwanderungen. Bis zum Jahre 2002 konnte der positive Außenwanderungssaldo den Rückgang von Geburten in Deutschland ausgleichen, da die Zuwanderungen höher waren als die Abwanderungen. In der 13. Koordinierten Bevölkerungsvorausberechnung geht das Statistische Bundesamt davon aus, dass in den Jahren von 2021 bis 2060 jährlich positive Salden von ca. 130.000 bis ca. 230.000 Menschen eintreten werden. Gleichzeitig ist hiermit ein „Verjüngungseffekt" verbunden. (Statistisches Bundesamt Deutschland 2015, S. 40).

Diese Entwicklungen wirken sich selbstverständlich auch auf die **Bevölkerungszahlen** aus. Nach den Berechnungen des Statistischen Bundesamtes wird die Bevölkerungszahl von 2013 (80,8 Mio. Menschen) bei einem angenommenen jährlichen Wanderungssaldo von 200.000 Personen im Jahre 2060 auf etwa 78,6 Mio. Menschen sinken. Fallen die Wanderungssalden schwächer aus, dann kann die Bevölkerungszahl sogar unter 70 Mio. Einwohner fallen.

1.1.2 Vom Gesundheitssystem zur Gesundheitswirtschaft

Die **Theorie der langen Wellen** geht davon aus, dass alle 40–60 Jahre eine sog. Basisinnovation weltweit einen neuen Wirtschaftsaufschwung auslöst. Von diesen langen Konjunkturwellen, die nach ihrem Entdecker auch Kondratieff-Zyklen genannt werden, sind bislang 5 Zyklen wissenschaftlich festgestellt und analysiert worden. Ein besonderes Merkmal des 5. Zyklus ist der zunehmende Kooperationsbedarf in einer Informationsgesellschaft. Festzuhalten ist, dass dieses Merkmal auch Gegenstand der Managementmethoden, wie z. B. beim Prozessmanagement, ist. Dieser Kooperationsbedarf nimmt auch im 6. Zyklus eine bedeutende Rolle ein. Nach Nefiodow basiert der 6. Kondratieff-Zyklus auf der steigenden **Nachfrage nach psychosozialen Gesundheitsleistungen**, sodass der Gesundheitsmarkt weltweit die Rolle eines Wachstums- und Beschäftigungsmotors übernehmen wird (Nefiodow 2011, S. 25 f.). Dieser „neue"

Gesundheitsmarkt ist aber nicht zu vergleichen mit dem traditionellen Gesundheitssystem, es ist vielmehr die **Gesundheitswirtschaft**.

Die Gesundheitswirtschaft wird in zwei Gesundheitsmärkte mit jeweils unterschiedlichen Akteuren gegliedert.

Der **primäre Gesundheitsmarkt** ist der klassische Gesundheitsversorgungskern, in dem u. a. die Akteure wie die gesetzlichen Krankenversicherungen, die Leistungserbringer und die Gebietskörperschaften agieren. Dieses traditionelle **Gesundheitssystem** umfasst somit alle Organisationen und Personen, Einrichtungen, Regelungen und Prozesse, deren Aufgabe es ist, die Förderung, Erhaltung und Vorbeugung der Gesundheit sowie die Behandlung von Krankheiten und die Wiedereingliederung in die soziale Teilhabe zu ermöglichen. Somit baut dieses Gesundheitssystem, das auch als **Gesundheitswesen** bezeichnet wird, auf die staatlichen und nichtstaatlichen Institutionen sowie auf die relevanten Berufsgruppen auf, die für die Gesundheit der Bevölkerung ein Geflecht von gesundheitsbezogenen Dienstleistungen und Sachgütern bereitstellen und finanzieren.

Im deutschen Gesundheitssystem dominiert (noch) das System der Sozialversicherungen zur Finanzierung von Gesundheitsleistungen. Die Sozialversicherungen beruhen auf dem Sozialstaatsprinzip des Grundgesetzes und sind solidarisch organisiert. Zum größten Teil werden die benötigten Finanzmittel im Sinne eines Umlageverfahrens zwischen den Versicherten zur Verfügung gestellt. Seit einigen Jahren kommen die Steuerzuschüsse des Bundes und die Selbstbeteiligungsanteile der Versicherten dazu.

Der **sekundäre Gesundheitsmarkt** ist privatwirtschaftlich geprägt und beinhaltet die Gesamtheit von privat finanzierten Gesundheitsgütern, wie z. B. freiverkäufliche Arzneimittel und individuelle Gesundheitsleistungen, Schönheitsoperationen, Fitness und Wellness, Gesundheitstourismus sowie die Bereiche Sport, Freizeit, Ernährung und Wohnen. Demnach gewinnt die Gesundheit in allen Lebensbereichen an Bedeutung, sodass sich durch die steigende Nachfrage neue gesundheitsbezogene Teilmärkte und Geschäftsmodelle entwickeln. Dies wiederum hat auch Auswirkungen auf die Berufsgruppen in diesem Markt. Dieser zweite Markt ist ein Wettbewerbsmarkt, in dem die Steuerung der Gesundheitsversorgung durch den Preiswettbewerb erfolgen wird.

Beide Märkte sind miteinander verbunden, es bestehen somit Wechselwirkungen. Diese gegenseitigen Verbindungen zeigen sich z. B. in der Existenz von **Gesundheitsregionen**, die durch ihr integratives Prinzip auf Vernetzung und Kooperation abzielen (Hensen und Kölzer 2011, S. 35).

Dieser zukünftige Megamarkt Gesundheit wird folglich nicht nur solidarisch finanziert werden, es hat sich zusätzlich ein Selbstzahlermarkt etabliert.

Zusammenfassung lässt sich somit sagen, dass der „neue" Gesundheitsmarkt die Regenerationsplattform der Menschen in der Gesellschaft und damit die Basis für die wirtschaftliche Existenz einer Informationsgesellschaft ist. Dies hat zur Folge, dass die Leistungen des Gesundheitsmarktes Wertschöpfungsfaktoren für das wirtschaftliche Wachstum geworden sind.

Damit hat sich in der Gesellschaft ein **Paradigmenwechsel** vollzogen.

Die Theorie der langen Wellen ist natürlich nicht unumstritten. Die Kritiker der Kondratieff-Zyklen sind u. a. der Meinung, dass aus einer ausschließlichen retrospektiven Betrachtung der Wirtschaftsentwicklung nicht zwingend auf die zukünftige Wirtschaftsentwicklung geschlossen werden kann. Trotz dieser Kritik bestimmt aber seit einigen Jahren die Konzeption der langen Wellen die gesundheitsökonomische und gesundheitspolitische Diskussion in Deutschland.

Im Rahmen der ersten Nationalen Branchenkonferenz „Gesundheitswirtschaft", die im Jahre 2005 in Mecklenburg-Vorpommern stattgefunden hat, verständigten sich die Teilnehmer u. a. auf die folgenden **Empfehlungen**, um die Branche Gesundheitswirtschaft zukünftig weiterentwickeln zu können (Projektbüro Gesundheitswirtschaft 2006, S. 71):

- Festsetzung des Forschungsschwerpunktes „Gesundheitsprävention"
- Verankerung der Gesundheitsprävention in Gesetze
- Stärkung der Qualitätssicherung/des Qualitätsmanagements
- Aufbau von Marketingkonzepten zur Vermarktung von Gesundheitsgütern
- Entwicklung von Premium-/Qualitätsmarken
- Ausbau der Gesundheitsnetzwerke
- Förderung einer qualifizierten Aus- und Weiterbildung im tertiären Bildungsbereich
- Einsatz eines Koordinators für Gesundheitswirtschaft auf nationaler Ebene

Aus diesen Ausführungen wird deutlich, dass die bislang überwiegend sozialpolitisch geprägten Betrachtungen des Gesundheitswesens um weitere Aspekte ergänzt worden sind. Aufgrund des aufgezeigten Paradigmenwechsels werden die bereitgestellten Geldbeträge für die Finanzierung der Gesundheitsgüter nunmehr als „Treibstoff" für den Innovationsmotor Gesundheitswirtschaft und als Basis einer „Jobmaschine" gesehen. Zukünftig wird u. a. die Gesundheitsbranche durch ein Nebeneinander von staatlichem Sicherungs- bzw. Versorgungsauftrag und Marktwettbewerb gesteuert. Dieser Paradigmenwechsel, der durch einen steigenden Bedarf an gesundheitsbezogenen Sachgütern und Dienstleistungen auf der einen Seite und einer finanziellen Engpasssituation der Sozialversicherungen und der öffentlichen Hände auf der anderen Seite ausgelöst worden ist, verdeutlicht den Wandel von dem Gesundheitswesen zur Gesundheitswirtschaft. Diese Veränderungen werden auch Auswirkungen auf die Berufsbilder in den Gesundheitsmärkten haben.

1.1.3 Auswirkungen der Veränderungsprozesse

Mit dem demografischen Veränderungsprozess ist auch ein stetiger Rückgang des Erwerbspersonenpotenzials verbunden (Klimpel und Schütte 2006, S. 29). Zwischen 2007 und 2027 wird sich dieses Potenzial von 39 Mio. Menschen auf 32 Mio. verringern (Schneider 2007, S. 65 f.). Dies bedeutet, dass immer weniger potenzielle Arbeitnehmer dem Arbeitsmarkt zur Verfügung stehen.

Wie bereits angedeutet worden ist, wird sich die Relation zwischen den Berufstätigen und den über 64-Jährigen verändern. Während im Jahr 2010 noch drei Erwerbstätige einem Rentner gegenüberstanden, wird für das Jahr 2030 erwartet, dass lediglich 1,3 Erwerbspersonen einen Rentner finanziell unterstützen müssen.

Bei der derzeitig gültigen bruttolohnbezogenen Umlagefinanzierung ist die Wahrscheinlichkeit sehr groß, dass die Berufstätigen einerseits höhere Sozialabgaben und/oder Steuern zahlen müssen, andererseits wird sich der Umfang der solidarisch finanzierten Leistungen reduzieren. Dies impliziert eine erhöhte Selbstbeteiligung an den Ausgaben für die Gesundheits-/Sozialleistungen. Die Bedeutung des zweiten Gesundheitsmarktes wird zunehmen.

Schon seit einigen Jahrzehnten ist bekannt, dass aufgrund des soziodemografischen Wandels eine Veränderung in der Beitragszahlerstruktur eintreten wird. Der steigende Anteil der über 64-Jährigen stellt für alle Sozialversicherungen ein Problem dar. Die Sozialversicherungsbeiträge dieser aufgezeigten Altersgruppe sind tendenziell nicht kostendeckend, sodass die entstehenden Defizite durch Quersubventionen der Beiträge der jüngeren Generationen und/oder durch Steuern ausgeglichen werden müssen. Allein diese Entwicklung führt im Rahmen der einnahmeorientierten Ausgabenpolitik zu einer Erhöhung der finanziellen Belastungen und/oder zu einer Reduzierung des Güterangebotes der Sozialkassen.

Die gesetzlichen Rentenversicherungen, das Krankenversicherungs- und das Pflegeversicherungssystem sind neben diesen demografischen Effekten zudem durch die zunehmende Multimorbidität, durch die Zunahme von chronischen Erkrankungen, durch den steigenden Pflegebedarf sowie durch den medizinisch-technischen Fortschritt betroffen.

Am Beispiel des GKV-Systems soll dies verdeutlicht werden:

Beispiel

Im Jahr 2002 betrug der durchschnittliche Beitragssatz aller Krankenkassen 14,3%. Mit diesem Prozentsatz konnten die Gesundheitsausgaben in Höhe von ca. 200 Mrd. Euro gedeckt werden. Im Jahre 2009 betrugen die Ausgaben bereits ca. 280 Mrd. Euro. Zur Finanzierung dieses Betrages war ein für alle Kassen einheitlicher Beitragssatz von 15,5% erforderlich. Werden zukünftig lediglich die demografischen Ausgabensteigerungseffekte berücksichtigt, kann der Beitragssatz nach Kartte im Jahre 2050 auf 18,9% ansteigen. Im Rahmen weiterer Hochrechnungen von Kartte, in denen neben den demografischen Effekten, die mit alternativen Ausgabensteigerungen von 0,5–1% einkalkuliert wurden, auch die Kostensteigerungen des medizinisch-technischen Fortschrittes eingerechnet worden sind, werden für das Jahr 2050 Beitragssätze zwischen 23,9 und 30,1% ermittelt (Kartte 2006, S. 42)

Diese Szenarien verdeutlichen einerseits steigende Einnahmen der Krankenkassen, andererseits wird hierdurch jedoch die verbleibende Kaufkraft der Bevölkerung für die sonstigen Güter verringert. Gleichzeitig erhöht sich, bei Beibehaltung einer paritätischen Finanzierung der Sozialversicherungen, die Lohnnebenkostenbelastung für die Arbeitgeber.

Für die Einnahmeentwicklung der oben genannten Sozialversicherungen hat neben der Beitragssatzgestaltung die Entwicklung aller sozialversicherungspflichtigen Bruttolöhne (Grundlöhne) eine wesentliche Bedeutung. Sie dient als Orientierungswert für die Ausgabenveränderungen der Kostenträger und damit auch für die Entwicklungen der Budgets der Leistungserbringer. Folgende Indikatoren beeinflussen unter anderem die Entwicklung der **Grundlohnsummen**:

- Zahl und Struktur der Kassenmitglieder
- Zahl der Erwerbstätigen/Nichterwerbstätigen (Arbeitsmarktsituation)
- Entwicklung der Erwerbspersonen in Relation zu der Zahl der älteren Personen
- Tarifabschlüsse
- Entwicklung der Beitragsbemessungsgrenze

Hieraus wird deutlich, dass aus Krankenkassensicht die Entwicklung der Grundlohnsumme nur begrenzt beeinflussbar ist. Sie stellt daher einen externen Faktor dar, der durch sozioökonomische Veränderungen beeinflusst wird. Durch diese Veränderungsprozesse wird sich in Zukunft neben anderen Effekten auch die Anzahl der stationären Aufenthalte durch bestimmte altersspezifische Diagnosestrukturen erhöhen.

Mit dieser Thematik des Fallzahlanstiegs in den Krankenhäusern, ausgelöst durch die Verschiebung der Altersstruktur der Bevölkerung, haben sich bereits Ende der 1970er Jahre die Autoren James Fries und Ernest Gruenberg beschäftigt. Sie entwickelten in diesem Zusammenhang zwei unterschiedliche Thesen:

1. Kompressionsthese (James Fries)
2. Expansions- bzw. Medikalisierungsthese (Ernest Gruenberg)

Bei der **Kompressionsthese** geht Fries davon aus, dass die Menschen länger gesund sind und somit auch eine erhöhte Lebenserwartung haben. Die erhöhte Nachfrage nach medizinischen Leistungen verschiebt sich nach Aussage von Fries analog zu der zunehmenden Lebenserwartung nach hinten, sie tritt folglich zeitlich verzögert auf. Somit ist auch zukünftig keine deutliche Ausweitung der kurativen Leistungen notwendig.

Die **Expansionsthese** von Gruenberg geht ebenfalls davon aus, dass die Menschen länger leben. Die zunehmende Lebenserwartung tritt aber nur deshalb ein, weil bereits erkrankte Menschen durch den Fortschritt der medizinischen Versorgung besser versorgt werden und damit länger leben können. Bei der Expansionstheorie setzt die Nachfrage nach medizinischen Leistungen folglich viel eher ein als bei der Kompressionstheorie (Kroll et al. 2008, S. 7). Die Kuration wird ausgeweitet.

Zur Beantwortung der Frage, welche potenziellen Auswirkungen die unterschiedlichen Konzepte in der Praxis haben können, werden sog. **Szenario-Modelle** eingesetzt. Das Modell der „sinkenden Behandlungsquoten" basiert auf der Kompressionstheorie von Fries. In diesem Modell werden die Erkrankungszeiträume um die prognostizierten Verlängerungen der Lebensdauer zeitlich nach hinten verschoben. Hierbei werden aber nur die altersspezifischen Erkrankungen (ab dem 60. Lebensjahr) berücksichtigt (Statistische Ämter des Bundes und der Länder 2010, S. 15f.).

Im Gegensatz hierzu werden nach dem auf der Expansionsthese beruhenden „Status-Quo-Szenario" „… konstante alters- und geschlechtsspezifische Diagnosefallquoten – basierend auf den Istwerten der Jahre 2006 bis 2008 – zugrunde gelegt" (Statistische Ämter des Bundes und der Länder 2010, S. 11).

Beim Szenario der „sinkenden Behandlungsquote" steigt die Anzahl von Krankenhausfällen zwischen 2008 und 2020 von 17,9 Mio. Fällen auf 18,3 Mio. Einweisungen an. In diesem Modell geht man weiterhin von der Prognose aus, dass sich die Fallzahlen zwischen 2020 und 2030 stabilisieren, also auf dem Niveau von 18,3 Mio. stationär aufgenommen Personen konstant bleiben.

Im Status-Quo-Szenario stellt sich hingegen heraus, dass die Krankenhausfälle bis zum Jahr 2030, trotz sinkender Gesamtbevölkerung, ab 2008 um ca. 8% ansteigen werden. Dies bedeutet eine Zunahme von 1,4 Mio. Einweisungen auf dann 19,3 Mio. Krankenhausfälle. Unter Berücksichtigung der getroffenen Annahmen ergibt sich im Jahre 2030 zwischen diesen beiden Szenarien eine Differenz von über 1 Mio. Krankenhausfällen.

Unabhängig davon, welche These sich als richtig herausstellen wird, ist festzuhalten, dass sich das zukünftige Patientenaufkommen erhöhen wird. Hierbei ist weiterhin zu beachten, dass sich die Anzahl der Krankenhausfälle in den einzelnen Bundesländern unterschiedlich entwickeln wird. Die Gründe hierfür liegen z. B. im unterschiedlichen Bevölkerungsaufbau (Verhältnis zwischen jungen zu älteren Menschen) und den Wanderungsbewegungen (z. B. von Ost- nach Westdeutschland).

Im Rahmen der länderspezifischen hoheitlichen Verpflichtung einer bedarfsgerechten Versorgung mit Gesundheitsgütern ist es daher unabdingbar, die absehbaren Veränderungen auf der Nachfrageseite auch hinsichtlich der Auswirkungen auf das vorzuhaltende **Pflegepersonal** zu berücksichtigen. Mit einem Nachfrageanstieg geht notwendigerweise eine steigende Nachfrage von qualifiziertem Personal einher.

Der demografische Wandel wird nicht nur finanziell, bedingt durch die unterschiedlichen Entwicklungen der Einnahmen- und Ausgabenströme der Sozialversicherungen, zu einem ernsten Problem. Auf dem **Arbeitsmarkt**, gerade im Bereich des Gesundheits- und Sozialsystems, werden die Konsequenzen ebenfalls drastisch zu spüren sein. Noch Mitte der 1990er Jahre wurde davon ausgegangen, dass es in der Zukunft eine Überversorgung von Fachpersonal im Gesundheitssystem geben werde (Klose und Uhlemann 2003, S. 8). Diese Prognose hat sich nicht bestätigt. Bereits heute besteht bei allen relevanten Berufsgruppen eine Unterversorgung.

Laut Angaben der Wirtschaftsprüfungsgesellschaft PricewaterhouseCoopers (PwC)aus dem Jahr 2010 wird bis zum Jahr 2030 im Bereich der Gesundheitsberufe eine **Personallücke** in Höhe von 800.000 Personen entstehen. Im Bereich der Mediziner müssten jährlich, um dem drohenden Mangel entgegenzuwirken, 8000 neue Ärzte dem Arbeitsmarkt zur Verfügung gestellt werden. Tatsächlich schließen aber nur 7000 Ärzte und Ärztinnen pro Jahr ihr Studium ab. Von diesen Personen entscheiden sich noch rund 20% gegen die Ausübung des ärztlichen Berufes (Bruntsch et al. 2010, S. 24).

Nach Berechnungen der Kassenärztlichen Bundesvereinigung aus dem Jahre 2010 besteht bis zum Jahr 2020 ein altersbedingter Ersatzbedarf im Bereich der ambulanten und stationären Versorgung in der Größenordnung von ca. 72.000 Stellen (Kassenärztliche Bundesvereinigung 2010, S. 27). Im Bereich der pflegerischen Versorgung wird es ebenfalls zu großen Personalengpässen kommen. Laut der PwC-Studie von 2010 werden im Jahr 2030 z. B. in den Krankenhäusern mehr als 400.000 Gesundheits-/Krankenpfleger- sowie Krankenpflegehelferstellen nicht besetzt sein (Ostwald et al. 2010, S. 10).

Gründe für diesen gravierenden Pflegemangel liegen im Personalabbau der Vergangenheit, in der Verringerung der Ausbildungskapazitäten, der Frühberentung sowie in der zunehmenden Teilzeitquote (Isfort et al. 2010b, S. 6 ff.). So wurden zwischen 1996 und 2008 in den Krankenhäusern rund 50.000 pflegerische Vollkraftstellen abgebaut. Obwohl dieser dramatische Rückgang ab dem Jahr 2008 durch einen leichten Anstieg der Stellen gestoppt werden konnte, zeichnet sich nach wie vor ein drohender Fachkräftemangel ab. Laut einer Befragung des Deutschen Krankenhausinstituts (DKI) im Rahmen des „Krankenhaus-Barometers 2009" gaben 16% aller befragten Krankenhäuser an, dass sie im Jahr 2009 Probleme bei der Besetzung von Pflegestellen hatten. Bei diesen betroffenen Krankenhäusern konnten im Schnitt 4,8 Vollzeitstellen nicht besetzt werden (Blum und Offermanns 2009, S. 29). Die Bundesagentur für Arbeit hat im September 2016 publiziert, dass in Deutschland von einem flächendeckenden Fachkräftemangel ausgegangen werden kann. Dies gilt für alle Gesundheitsberufe. Hierbei sind die Fachkräfteengpässe jedoch regional unterschiedlich. Während in Norddeutschland speziell im Bereich der Humanmedizin Versorgungslücken auftreten, sind die ostdeutschen Bundesländer schwerpunktmäßig im Bereich der Pflegekräfte unterversorgt (Bundesagentur für Arbeit 2016, S. 15).

Somit ist Faktum, dass bereits heute nur wenige Gesundheits- und Krankenpfleger arbeitslos sind. Nach Angaben der Bundesagentur für Arbeit waren im Jahr 2009 durchschnittlich 8000 Pflegekräfte (inkl. Hebammen) als arbeitslos gemeldet (Bundesagentur für Arbeit 2010, S. 22). Im Berichtszeitraum August 2015 bis Juli 2016 waren durchschnittlich nur noch 34.000 Altenpflegekräfte arbeitslos gemeldet.

Dies entspricht einem Rückgang von 4%. (Bundesagentur für Arbeit 2016, S. 7) Bei einer zunehmenden Nachfrage und den unveränderten Ausbildungskapazitäten ist für die Zukunft ein Personalmangel vorprogrammiert. Es kommt hinzu, dass zwischen 25 und 40% der jüngeren Pflegekräfte eine akademische Weiterbildung anstreben und somit das traditionelle Tätigkeitsfeld der Pflege verlassen könnten (Isfort et al. 2010a, S. 9). Außerdem sind insgesamt 20% aller Pflegenden nicht abgeneigt, eine Arbeitsstelle im Ausland anzutreten, da dort die Arbeitsbedingungen häufig besser sind. Bei den Pflegenden unter 25 Jahren steigt dieser Anteil sogar auf 40% (Isfort et al. 2010b, S. 46 f.).

Ein weiteres Problem ist in der **Altersstruktur** der Pflegenden zu sehen. So sank im Zeitraum von 2000 bis 2008 der Anteil der Gesundheits- und Krankenpfleger unter 35 Jahren in den Krankenhäusern um ca. 50.000 Personen (Isfort et al. 2010a, S. 6). In einer Umfrage des Deutschen Instituts für angewandte Pflegeforschung e. V. (dip) im Jahr 2009 wurden bundesweit 9719 Pflegekräfte zu ausgewählten Themen hinsichtlich ihrer Pflegetätigkeit befragt. Die Ergebnisse wurden im „Pflege-Thermometer 2009" zusammengefasst. Laut dieser Umfrage streben nur rund 50% der Befragten an, den Pflegeberuf bis zum Eintritt in die Rente ausüben zu wollen (Isfort et al. 2010b, S. 43). Nach Angaben der Bundesagentur für Arbeit aus dem Jahre 2011 ist die Zahl der Pflegepersonen im Alter von 50 bis 54 Jahren um 112% und die Zahl der über 55-Järigen um ca. 110% angestiegen (Bundesagentur für Arbeit 2011, S. 10). Aus diesen Erkenntnissen wird ersichtlich, dass ein dringender Handlungsbedarf besteht, damit der demografische Wandel nicht allzu dramatisch ausfällt.

Den Gesundheitsunternehmen wird es in der Zukunft noch schwerer fallen, vakante Arbeitsplätze zu besetzen. Insbesondere für Krankenhäuser stellt diese Entwicklung eine Herausforderung dar, da zum einen die Nachfrage nach Gesundheitsgütern aufgrund der zunehmenden Lebenserwartung steigen und zum anderen die Leistungsfähigkeit der Mitarbeiter durch ein höheres Durchschnittsalter abnehmen wird (HWP 2007, S. 10). Es wird daher künftig für alle Gesundheitsberufe darauf ankommen, eine ausreichende Anzahl junger Menschen für die medizinischen, pflegerischen und therapeutischen Aufgaben zu gewinnen (Sachverständigenrat 2007, S. 131).

Auch wenn nach Angaben des Statistischen Bundesamtes bis zum Jahr 2018 der Mangel an Pflegefachkräften teilweise noch über angelernte und ungelernte Kräfte kompensiert werden kann, ist es ab sofort notwendig, ein professionelles Personalmanagement zu etablieren.

Vor diesem Hintergrund stellen Frauen und Mütter eine Zielgruppe dar, auf die die Gesundheitseinrichtungen als Arbeitnehmer bereits aktuell und insbesondere zukünftig nicht verzichten können (Gerlach 2010, S. 341). So betrug im Juni 2015 der Frauenanteil bei den sozialversicherungspflichtigen Beschäftigten im Bereich der Altenpflege 85%. Davon waren wiederum ca. 56% in Teilzeitarbeit beschäftigt (Bundesagentur für Arbeit 2016, S. 6). Wenn dieser Personengruppe eine Vereinbarkeit von Beruf und Familie ermöglicht wird, könnte ein Teil des notwendigen Erwerbspersonenpotenzials gewonnen werden. Folglich gewinnt eine Work-Life-Balance als Bestandteil des betrieblichen Gesundheitsmanagements und des strategischen Personalmanagements, die in diesem Kontext mit einer Vereinbarkeit von Beruf und Familie gleichgesetzt wird, für den zukünftigen Wachstumsmotor Gesundheitswirtschaft mehr und mehr an Bedeutung.

1.2 Zukunftsorientiertes Personalmanagement als Lösungsansatz

1.2.1 Struktur- und Wertewandel als Ausgangslage

Die rasanten Entwicklungen in den Bereichen der Kommunikations- und Informationstechnologien haben dazu geführt, dass sich Deutschland von einer Industrie- in eine Wissens- bzw. Dienstleistungsgesellschaft gewandelt hat (Klimpel und Schütte 2006, S. 33 ff.). Nach Aussagen der Prognos AG aus dem Jahr 2005 soll sich dieser Strukturwandel bis zum Jahr 2020 vollzogen haben. Kennzeichnend für eine Dienstleistungsgesellschaft ist die Erstellung immaterieller Güter in Kombination mit dem Produktionsfaktor Wissen (Gabler Kompakt-Lexikon Wirtschaft 2010, S. 99). Damit ist eine zunehmende Nachfrage nach qualifizierten Beschäftigten z. B. in den Dienstleistungsbereichen Betreuung und Management sowie Forschung und Entwicklung verbunden. Im Gegensatz dazu wird u. a. der Produktionssektor eine sinkende Nachfrage nach Arbeitnehmern aufweisen (Klimpel und Schütte 2006, S. 33). Diese Verschiebung hat zur Folge, dass sich die Anforderungen an die Kompetenzen der Beschäftigten erhöhen und qualifizierte Kräfte knapper werden.

Gerade für Gesundheitseinrichtungen sind qualifizierte Arbeitnehmer die wichtigste Ressource bei der Erstellung ihrer Dienstleistungen. Aus diesem Grunde sollten die Unternehmungen ihre Attraktivität als Arbeitgeber insbesondere dadurch steigern, dass sie Personalmarketingstrategien entwickeln. Hierzu gehören u. a. Personalbindungs- und Personalgewinnungsansätze. Im Gesundheits-/Sozialsektor ist zudem die traditionell vorhandene, aber zukünftig weiter zunehmende Feminisierung zu berücksichtigen.

Die aufgezeigten sozioökonomischen Veränderungsprozesse, die einen steigenden Bedarf nach qualifiziertem Personal im Gesundheitssektor hervorrufen werden, verlangen von einem strategisch ausgerichteten Management der Gesundheitseinrichtungen, die Chancen zu erkennen und wahrzunehmen, die z. B. mit dem vermehrten Einsatz des Produktionsfaktors „Frau" zusammenhängen. Die weibliche Arbeitskraft wird somit zur wertvollen Ressource. Hierbei geht es zum einen darum, die älteren Arbeitnehmerinnen möglichst lange u. a. durch ein betriebliches Gesundheitsmanagement zu binden, zum anderen aber auch darum, neue Beschäftigte zu gewinnen.

Neben einer möglichst langfristigen Bindung von älteren Beschäftigten im Unternehmen, auf die im Rahmen dieses Beitrages nicht weiter eingegangen wird, spielt die veränderte Rolle der Frau im Berufsleben eine zentrale Rolle. Dieser gesellschaftliche Wertewandel zeigt sich darin, dass sich die Bedürfnisse und die Lebensvorstellungen der Bevölkerung verändert haben (Klimpel und Schütte 2006, S. 31). So wurde z. B. aus der Arbeitshaltung „Leben, um zu arbeiten" die Denkweise „Wir arbeiten, um zu leben". Es besteht der zunehmende Wunsch nach Selbstverwirklichung im Berufs- und Privatleben (Work-Life-Balance). Dieses wird besonders an der steigenden Anzahl von berufstätigen Frauen ersichtlich, die sowohl ihren Wunsch nach Kindern als auch nach Karriere umsetzen möchten (Klimpel und Schütte 2006, S. 30 f.).

Auf diesem Hintergrund ist die steigende Integration von Frauen in den Arbeitsmarkt zu sehen. Hierbei resultiert die zunehmende Anzahl berufstätiger Frauen überwiegend aus der Ausübung von Teilzeittätigkeiten. Ein Grund für die hohe Teilzeittätigkeit von Frauen kann in der Erziehung des Kindes und der damit verbundenen unzureichenden Vereinbarkeit von Beruf und Familie vermutet werden (Krone und Stöbe-Blossey 2010, S. 17 f.).

Eine weitere Ursache für die zunehmende Berufstätigkeit von Frauen liegt im steigenden Bildungsniveau von Frauen. Dieses verstärkt ihr Interesse daran, einen Beruf auszuüben, um die erworbenen Qualifikationen einsetzen und sich ihre Unabhängigkeit bewahren zu können. Auch die Beschäftigungsunsicherheit erfordert eine Berufstätigkeit beider Partner, damit der eine den anderen im Notfall finanziell auffangen kann.

1.2.2 Personalmanagement

Personalmanagement als Element der strategischen Unternehmensführung

Nach Aussage des Bundesministeriums für Gesundheit vom Juni 2016 hängen die Prognosen über den zukünftigen Bedarf sowie über das Angebot an Pflegefachkräften neben der demografischen Entwicklung von den Faktoren Attraktivität von Pflegeberufen und der Entwicklung der Pflegefallwahrscheinlichkeit ab. Zur Steigerung der Attraktivität der Pflege sind nach Auffassung des Bundesministeriums für Gesundheit u. a. folgende Maßnahmen notwendig:

- Bessere Gestaltung der versorgungsrelevanten Rahmenbedingungen
- Bessere Rahmenbedingungen der Entlohnung in der Pflege
- Verbesserung des Pflegealltags durch mehr zusätzliche Betreuungskräfte in der stationären Pflege
- Mehr Zeit durch Bürokratieabbau
- Öffentlichkeitsarbeit für ein realistisches Bild der Arbeit in der Pflege
- Aufwertung der Pflege durch Betonung der Ergebnisqualität (Bundesministerium für Gesundheit 2016, S. 4)

Neben diesen politischen und damit gesamt-wirtschaftlichen Lösungsansätzen müssen die Gesundheitseinrichtungen eigene Anstrengungen unternehmen, sich nachhaltig im Bereich der Gesundheitswirtschaft zu positionieren. Hierbei spielt auf dem aufgezeigten Hintergrund das Personalmanagement eine zentrale Rolle. Das Personalmanagement in den Unternehmen umfasst eine große Spannbreite an Instrumenten. Diese erstrecken sich von der Anwerbung und Auswahl neuer Mitarbeiter, über Maßnahmen der Personalbindung und -entwicklung und enden bei der Durchführung von Austrittsprozessen. Weiterhin gehören auch die Etablierung von Anreizsystemen und die Erarbeitung von Führungsgrundsätzen zum Aufgabengebiet des Personalmanagements (von Eiff und Stachel 2006, S. 416 ff.). Das Personalmanagement ist Bestandteil der Unternehmensstrategie. Der Grund liegt in der steigenden Bedeutung der Ressource „Mensch". Die traditionelle Sichtweise, dass die Mitarbeiter Kostenverursacher sind, wird somit zunehmend abgelöst von der Vorstellung, dass die Arbeitnehmer die Erfolgsträger der Dienstleistungsunternehmungen sind.

Das strategische Personalmanagement ist eine Basis dafür, die Existenz eines Unternehmens nachhaltig zu sichern. In diesem Kontext spielt die Gewinnung und Bindung qualifizierter Arbeitskräfte eine zentrale Rolle. Unternehmen sollten somit Strategien entwickeln und Maßnahmen umsetzen, die die Gesundheit ihrer Mitarbeiter sowie deren Zufriedenheit und Qualifikationen erhalten und erhöhen. Diese Aspekte führen letztlich zu einer Stärkung der Wettbewerbsposition.

Personalmarketing als Konzept der Personalbindung und -gewinnung

Unter dem Aspekt des zunehmenden Fachkräftemangels im Gesundheitswesen ist es für die Verantwortlichen in den Dienstleistungseinrichtungen unausweichlich, nach neuen innovativen Wegen zu suchen, Personal zu binden bzw. zu gewinnen. In diesem Zusammenhang ist das Personalmarketing als Teil der Unternehmenskommunikation ein erfolgreiches Konzept, um die Gesundheitseinrichtungen als attraktive Arbeitgeber zu präsentieren. Personalmarketing zielt dabei primär auf die Gewinnung sowie auf die Betreuung von Mitarbeitern ab.

Durch die Anwendung des Personalmarketings soll folglich eine Steigerung des Bekanntheitsgrades sowie eine positive Darstellung eines Unternehmens erreicht werden, um potenzielle Fachkräfte für das Unternehmen zu gewinnen und bereits vorhandenes Personal zu binden.

Um die Personalmarketingstrategien umsetzen zu können, bedarf es interner und externer Instrumente. Die Anwendung interner Instrumente zielt hierbei auf eine Erhöhung der Zufriedenheit und Leistungsbereitschaft des Personals sowie auf die Identifikation des Personals mit dem Arbeitgeber ab. Zu diesen Maßnahmen gehören auch die Ansätze zur Schaffung einer Work-Life-Balance. Bei der Anwendung der externen Instrumente geht es darum, dass sich die Unternehmen optimal auf dem Arbeitsmarkt positionieren und somit für das potenzielle Personal attraktiv sind (Klages 2010, S. 111).

Zu den internen Instrumenten zählen u. a. Vorhaltung einer arbeitnehmerorientierten Führungskultur, Schaffung von guten Arbeitsbedingungen, Einführung von Arbeitszeitmodellen, Gewährung einer leistungsgerechten Entlohnung, Erarbeitung von Einarbeitungskonzepten, Entwicklung von Kinderbetreuungsprogrammen sowie Verbesserung von Karriere- und Weiterbildungsmöglichkeiten.

Im Bereich der externen Personalmarketingmaßnahmen dominieren besonders die Präsenz auf den Personalmessen/Jobbörsen sowie die Durchführung von Informationsveranstaltungen zu den jeweiligen Gesundheitsberufen. Steht die positive Außendarstellung der Gesundheitseinrichtung im Mittelpunkt des Personalmarketings, dann wird in der Regel das Instrument „Employer Branding" eingesetzt. Hierbei ist die Schaffung einer eigenen „Arbeitgebermarke" die Grundlage für die Marketingaktivitäten. Hierzu muss sich jedoch die Einstellung der Gesundheitsunternehmen gegenüber Marketingmaßnahmen ändern. Personalmarketing ist eben nicht nur eine Maßnahme der Vermarktung, sondern sie primär hat die Funktion, die Vorzüge der Institution als Arbeitgeber hervorzuheben.

1.3   Zusammenfassung

Der demografische Wandel fordert die Dienstleistungsunternehmen im Gesundheits- und Sozialbereich zum Umdenken auf. Die Demografie führt dazu, dass durch die steigende Zahl an älteren Menschen immer mehr Gesundheitsleistungen in Anspruch genommen werden. Es werden daher vermehrt qualifizierte Pflegefachkräfte benötigt, um eine bedarfsgerechte Versorgung zu garantieren. Diese Fachkräfte stehen aber nur in begrenztem Maße zur Verfügung. Zudem haben sich die beruflichen Anforderungen durch die steigende Inanspruchnahme von Gesundheitsleistungen erhöht.

Fazit

Die knappe Ressource Pflegekraft muss möglichst effizient und effektiv eingesetzt werden. Es müssen Anreize geschaffen werden, die sich an den individuellen Bedürfnissen der Mitarbeiter bzw. der potenziellen Bewerber orientieren. Ein besonderer Fokus ist auf die ältere Belegschaft der Gesundheitsunternehmen zu legen. Durch die Anhebung des Rentenseintrittsalters stehen speziell die weiblichen Pflegekräfte den Unternehmen länger zur Verfügung. Gerade diese Gruppe kann den Erfolg einer Einrichtung maßgeblich beeinflussen, da sie über eine langjährige Berufserfahrung sowie über betriebsinternes Wissen verfügt.

Der Bestand der Gesundheitsunternehmen kann nur gesichert werden, wenn sie wettbewerbsfähig bleiben. Hierbei spielen die Mitarbeiter eine wesentliche Rolle. Durch sie werden die Dienstleistungsunternehmungen zu Expertenorganisation. Ebenso ist die Politik gefordert. Sie hat die Grundlagen dafür zu legen, dass die Attraktivität des Pflegeberufes gesteigert wird. Zur langfristigen Personalgewinnung und -bindung ist es notwendig, neue Rahmenbedingungen zu schaffen.

Literatur

Bartscher T (2011) Personalentwicklung. In: Springer Gabler Verlag (Hrsg) Gabler Wirtschaftslexikon. http://wirtschaftslexikon.gabler.de/Archiv/326724/personalentwicklung-1-v4.html. Zugegriffen: 08. April 2011

Beivers A (2010) Ländliche Krankenhausversorgung in Deutschland: Eine gesundheitsökonomische Analyse. Lang, Frankfurt am Main

Beivers A, Augurzky B (2011) Sind ländliche Krankenhäuser noch zu retten? Situationsaufnahme und Blick in die Zukunft. KU Gesundheitsmanagement 80(2): 21–24

Blum K, Offermanns M (2009) Krankenhaus Barometer. Umfrage 2009. Deutsches Krankenhausinstitut e.V., Düsseldorf.

http://www.dki.de/PDF/Bericht%20KH%20Barometer%202009.pdf . Zugegriffen: 17. März 2011

Blum K et al. (2010)Krankenhaus Barometer. Umfrage 2010. Deutsches Krankenhausinstitut e.V., Düsseldorf. http://www.dki.de/PDF/Bericht%20KH%20Barometer%202010.pdf Zugegriffen: 20. April 2011

Blum K, Löffert S (2010) Ärztemangel im Krankenhaus – Ausmaß, Ursachen, Gegenmaßnahmen. Forschungsgutachten im Auftrag der Deutschen Krankenhausgesellschaft. Deutsches Krankenhausinstitut e.V., Düsseldorf. http://www.dki.de/PDF/Langfassung_Aerztemangel.pdf Zugegriffen: 05. April 2011

Blum K, Offermanns M, Perner P (2008) Krankenhaus Barometer Umfrage 2008. Deutsches Krankenhausinstitut e.V., Düsseldorf. http://www.dkgev.de/media/file/5111. Bericht_KH_Barometer_2008.pdf Zugegriffen: 07. Mai 2011

Bruntsch F, Erhard T, Friedl C, Ostwald DA, Schmidt H (2010) Fachkräftemangel: Stationärer und ambulanter Bereich bis zum Jahr 2030. PriceWaterhouseCoopers AG, Frankfurt am Main

Bundesagentur für Arbeit (2010) Arbeitsmarktberichterstattung: Gesundheits-und Pflegeberufe in Deutschland, Bundesagentur für Arbeit, Nürnberg. http://statistik.arbeitsagentur.de/cae/servlet/contentblob/24380/publicationFile/4410/Gesundheits-und-Pflegeberufe-Deutschland-2010.pdf. Zugegriffen: 06. April 2011

Bundesagentur für Arbeit (2011) Der Arbeitsmarkt in Deutschland. Bundesagentur für Arbeit, Nürnberg. http://statistik.arbeitsagentur.de/Navigation/Statistik/Arbeitsmarktberichte/Berichte-Broschüren/Arbeitsmarkt-Nav.html. Zugegriffen: 06. Januar 2017

Bundesagentur für Arbeit (2016) Arbeitsmarkt Altenpflege – Aktuelle Entwicklungen. Bundesagentur für Arbeit, Nürnberg. http://statistik.arbeitsagentur.de/Navigation/Statistik/Arbeitsmarktberichte/Branchen-Berufe/Branchen-Berufe-Nav.html. Zugegriffen: 06. Januar 2017

Bundesärztekammer (2009) Durchschnittsalter der Ärzte. http://www.bundesaerztekammer.de/downloads/Stat09Abbildungsteil.pdf. Zugegriffen: 25. März 2011

Bundesärztekammer (2010) Ausländische Ärztinnen und Ärzte. http://www.bundesaerztekammer.de/page.asp?his=0.3.8175.8184. Zugegriffen: 05. April 2011

Bundesministerium des Innern (2011) Demografische Entwicklung. http://www.bmi.bund.de/DE/Themen/PolitikGesellschaft/DemographEntwicklung/demographentwicklung_node.htm. BMI, Berlin. Zugegriffen: 12. März 2011

Bundesministerium für Familie, Senioren, Frauen und Jugend (2005) Work Life Balance. Motor für wirtschaftliches Wachstum und gesellschaftliche Stabilität. Analyse der volkswirtschaftlichen Effekte – Zusammenfassung der Ergebnisse. BMFSFJ, Berlin. http://www.bmfsfj.de/RedaktionBMFSFJ/Broschuerenstelle/Pdf-Anlagen/Work-Life-Balance,property=pdf,bereich=bmfsfj,sprache=de,rwb=true.pdf Zugegriffen: 16. April 2011

Bundesministerium für Gesundheit (2016) Pflegefachkräftemangel. BMG, Berlin. http://www.bundesgesundheitsministerium.de/index.phpid?=646 Zugegriffen: 06. Januar 2017

Da-Cruz P, Hermann T (2010) Der demografische Wandel im Krankenhaus: Die vernachlässigte Dimension. Dtsches Ärzteblatt 107 (13). http://www.aerzteblatt.de/v4/archiv/artikel.asp?src=suche%26p=Krankheitstage%26id=70651

Deutsche Krankenhausgesellschaft e.V. (2008) Aktuelle Situation der Krankenhäuser in Deutschland. Krankenhaus, 01:21–26. http://www.dkgev.de/media/file/3897.021_026.pdf

von Eiff W, Stachel K (2006) Kliniken vernachlässigen das Personalmanagement. f&w 4: 416–421

von Eiff W (2000) Führung und Motivation in deutschen Krankenhäusern. Eine aktuelle Studie zum Personalmanagement in deutschen Krankenhäusern offenbart erhebliche Defizite. Z Personalführung 12: 60–66

Eisenmenger M et al. (2006) Bevölkerung Deutschlands bis 2050. 11. koordinierte Bevölkerungsvorausberechnung. Statistisches Bundesamt, Wiesbaden. http://www.destatis.de/jetspeed/portal/cms/Sites/destatis/Internet/DE/Presse/pk/2006/Bevoelkerungsentwicklung/bevoelkerungsprojektion2050,property=file.pdf Zugegriffen: 15. März 2011

Flato E (2008) Demografischer Wandel. Wirksame Strategien zu Personalmarketing und Recruiting. b-wise, Karlsruhe

Gabler Kompakt-Lexikon Wirtschaft (2010) 10. Aufl. Gabler, Wiesbaden

Gerlach I (2010) Familienpolitik. 2. Aufl. VS Verlag für Sozialwissenschaften, Wiesbaden

Hensen P, Kölzer C (2011) Die gesunde Gesellschaft. Sozioökonomische Perspektiven und sozialethische Herausforderungen. Gabler, Wiesbaden

Hilbert J, Fretschner R, Dülberg A (2002) Rahmenbedingungen und Herausforderungen der Gesundheitswirtschaft. http://iat-info.iatge.de/aktuell/veroeff/ds/hilbert02b.pdf. Zugegriffen: 29. März 2011

HWP Planungsgesellschaft mbH Geschäftsbereich Unternehmensberatung/Betriebsplanung (2007) Zukunft für das Krankenhaus. Szenarien zur mittelfristigen Entwicklung der Krankenhausorganisation. Eine Studie gefördert durch die Robert Bosch Stiftung. HWP Planungsgesellschaft mbH, Stuttgart

Isfort M et al. (2010a) Pflege-Thermometer 2009. Eine bundesweite Befragung von Pflegekräften zur Situation der Pflege und Patientenversorgung im Krankenhaus. Deutsches Institut für angewandte Pflegeforschung e.V. (dip), Köln. http://www.dip.de/fileadmin/data/pdf/material/dip_Pflege-Thermometer_2009.pdf Zugegriffen: 27. März 2011

Isfort M et al. (2010b): Pflege-Thermometer 2009. Der Pflegemangel im Krankenhaus wird chronisch. Schwester Pfleger 49(6): 1–9. http://www.dip.de/fileadmin/data/pdf/projekte/Isfort_Weidner_Pflegethermometer_2009.pdf Zugegriffen: 18. April 2011

Kartte J (2006) Vernetztes Gesundheitssystem – eine gesamtökonomische Herausforderungen. In: Eberspäcker J, Picot A, Braun G (Hrsg) eHealth: Innovations- und Wachstumsmotor für Europa. Potenziale in einem vernetzten Gesundheitsmarkt. Springer, Berlin, S 39–51

Kassenärztliche Bundesvereinigung (2010) Studie zur Altersstruktur- und Arztzahlentwicklung: Daten, Fakten, Trends. 5. Aufl. KBV, Berlin. http://www.bundesaerztekammer.de/downloads/0309_5_arztzahlstudie_pressekonferenz_version_2.pdf Zugegriffen: 23. März 2011

Klages M (2010) Das Krankenhaus und seine Mitarbeiter: Personalmanagement. In: Debatin JF, Ekkernkamp A, Schulte B (Hrsg) Krankenhausmanagement: Strategien, Konzepte, Methoden. MWV, Berlin

Klimpel M, Schütte T (2006) Work-Life-Balance. Eine empirische Erhebung. In: Bröckermann R (Hrsg) Praxisorientierte Personal- und Organisationsforschung. Bd 9. Hampp, München

Klose J, Uhlemann T (2003) Perspektiven der vertragsärztlichen Versorgung – droht in Deutschland eine Unterversorgung? Wissenschaftliches Institut der AOK (WIdO), AOK-Bundesverband, Berlin. http://www.wido.de/fileadmin/wido/downloads/pdf_ggw/GGW_1-03_07-16.pdf Zugegriffen: 11. März 2011

Kroll LE et al. (2008) Entwicklung und Einflussgrößen der gesunden Lebenserwartung. Wissenschaftszentrum Berlin für Sozialforschung (WZB), Berlin. http://skylla.wzb.eu/pdf/2008/i08-306.pdf. Zugegriffen: 29. März 2011

Krone S, Stöbe-Blossey S (2010) Die Entwicklung der Frauenerwerbsarbeit und die Anforderungen an eine nachhaltige Familienpolitik. In: Stöbe-Blossey S (Hrsg) Kindertagesbetreuung im Wandel. Perspektiven für die Organisationsentwicklung. VS Verlag für Sozialwissenschaften, Wiesbaden, S 17–31

Nefiodow LA (2011) Die Gesundheitswirtschaft. In: Nefiodow LA, Granig P (Hrsg) Gesundheitswirtschaft – Wachstumsmotor im 21. Jahrhundert. Springer Gabler, Wiesbaden, S 25–40

Ostwald DA et al. (2010) Fachkräftemangel. Stationärer und ambulanter Bereich bis zum Jahr 2030. PricewaterhouseCoopers, Frankfurt am Main. http://www.forum-gesundheitspolitik.de/dossier/PDF/PwC-Studie_Fachkraeftemangel-im-Gesundheitswesen.pdf Zugegriffen: 11. März 2011

Pötzsch O, Conradi-Freundschuh A (2007) Geburten in Deutschland. Statistisches Bundesamt, Wiesbaden. http://www.destatis.de/jetspeed/portal/cms/Sites/destatis/Internet/DE/Content/Publikationen/Fachveroeffentlichungen/Bevoelkerung/BroschuereGeburtenDeutschland,property=file.pdf Zugegriffen: 15. März 2011

Preißing D (2010) Erfolgreiches Personalmanagement im demografischen Wandel. Oldenbourg, München

Projektbüro Gesundheitswirtschaft (2006) Branchenkonferenz „Gesundheitswirtschaft 2005". http://www.gw.bcv.org. Zugegriffen: 11. Juli 2006

Rump J, Eilers S, Groh S (2008) Vereinbarkeit von Beruf und Familie. Modeerscheinung oder ökonomische Notwendigkeit? In: Kremin-Buch B, Unger F, Walz H (Hrsg) Managementschriften. Sonderband. Verlag Wissenschaft & Praxis, Sternenfels

Sachverständigenrat zur Begutachtung der Entwicklung im
Gesundheitswesen (2007) Gutachten 2007. http://dipbt.
bundestag.de/dip21/btd/16/063/1606339.pdf. Zugegriffen: 13. März 2011)

Sachverständigenrat zur Begutachtung der Entwicklung im
Gesundheitswesen (2009). Gutachten 2009. http://dip21.
bundestag.de/dip21/btd/16/137/1613770.pdf. Zugegriffen: 16. März 2011

Schleppers A, Bender H-J (2003) Zukunftsorientiertes Personalmanagement in DRG-Zeiten. Future-orientated
personnel management in the DRG era. Anästhesiol
Intensivmed 44: 131–138

Schmidt C (2011) Professionelles Personalmanagement im
Krankenhaus. Brücken zwischen Personalern und Klini-
kern bauen. Management & Krankenhaus. http://www.
management-krankenhaus.de/topstories/gesundheits-
oekonomie/professionelles-personalmanagement-im-
krankenhaus. Zugegriffen: 09. April 2011

Schneider NF (2007) Work-Life-Balance – Neue Herausforderungen für eine zukunftsorientierte Personalpolitik
aus soziologischer Perspektive. Work-Life-Balance als
gesellschaftspolitische Herausforderung. In: Dilger A,
Gerlach I, Schneider H (Hrsg) Betriebliche Familienpolitik.
Potenziale und Instrumente aus multidisziplinärer Sicht.
Familienwissenschaftliche Studien. VS Verlag für Sozialwissenschaften, Wiesbaden, S 64–74

Statistische Ämter des Bundes und der Länder (2010) Demografischer Wandel in Deutschland. Auswirkungen auf
Krankenhausbehandlungen und Pflegebedürftige im
Bund und in den Ländern. Heft 2. http://www.statistik-
portal.de/statistik-portal/demografischer_wandel_heft2.
pdf. Zugegriffen: 28. März 2011

Statistisches Bundesamt Deutschland (2010) Demografischer
Wandel: Engpässe beim Pflegepersonal werden zunehmen. Statistisches Bundesamt, Wiesbaden. http://www.
destatis.de/jetspeed/portal/cms/Sites/destatis/Internet/
DE/Presse/pm/2010/12/PD10_449_23621,templa-
teld=renderPrint.psml Zugegriffen: 28. März 2011

Statistisches Bundesamt Deutschland (2010) Krankenhäuser.
Einrichtungen, Betten und Patientenbewegung. Statistisches Bundesamt, Wiesbaden. http://www.destatis.de/
jetspeed/portal/cms/Sites/destatis/Internet/DE/Content/
Statistiken/Gesundheit/Krankenhaeuser/Tabellen/Con-
tent100/KrankenhaeuserJahre.psml Zugegriffen: 28. März
2011

Statistisches Bundesamt Deutschland (2015) Bevölkerung
Deutschlands bis 20160. Statistisches Bundesamt, Wiesbaden. http://www.destatis.de/DE/Publikationen/The-
matisch/Bevölkerung/VorausberechnungBevölkerung/
BevölkerungDeutschland2060Presse5124204159004.
pdf?__blob=publicationFile Zugegriffen: 28. März 2011

Demografische Herausforderungen

Stefanie Becker

© Springer-Verlag GmbH Deutschland 2017
P. Bechtel, I. Smerdka-Arhelger, K. Lipp (Hrsg.), *Pflege im Wandel gestalten – Eine Führungsaufgabe*,
DOI 10.1007/978-3-662-54166-1_2

Der demografische Wandel in unserer Gesellschaft mit der Umkehrung der Alterspyramide ist eine Erscheinung, die trotz ihrer Vorhersage lange Zeit nicht wirklich ernst genommen wurde. Zwischenzeitlich ist jedoch die zunehmende Bevölkerungsalterung zu einer vielschichtigen und gesundheitspolitisch relevanten Tatsache geworden, die den Versorgungsalltag in der Pflege und Betreuung sowohl im Akut- wie im Langzeitpflegebereich prägt. Der demografische Wandel bringt dabei nicht nur Veränderungen der Charakteristika der Pflegeklientel mit sich (z. B. Multimorbidität und chronische Erkrankungen) und in der Folge auch Veränderungen der Tätigkeitsschwerpunkte (z. B. Qualitätssicherung, Administration), sondern vor allem auch der Mitarbeiterstruktur (z. B. Fachkräfte-/Nachwuchsmangel, ältere Pflegende, Migrantinnen und Migranten). Die Passung des Anforderungsspektrums und der strukturellen Rahmenbedingungen haben sich dabei ungünstig verschoben. Die Versorgungsstrukturen des Gesundheitswesens stehen damit vor wachsenden Herausforderungen, die veränderte Führungsaufgaben, aber auch Führungsverhalten erfordern.

2.1 Demografischer Wandel: eine mehrfache Herausforderung

Die bereits seit 1972 spürbare demografische Entwicklung in den westlichen Ländern ist geprägt durch eine „dreifache Alterung der Bevölkerung". Einerseits steigt sowohl die absolute Anzahl älterer Menschen durch die steigende Lebenserwartung als auch der relative Anteil im Vergleich zu jüngeren Bevölkerungsanteilen, da die Generationenverhältnisse sich aufgrund des Geburtenrückgangs verändern. Dies äußert sich in einem steigenden Altersquotienten (▸ Exkurs „Altersquotient").

2.1.1 Absolute Anzahl älterer Menschen in der Bevölkerung

Der Anteil der über 65-Jährigen an der deutschen Bevölkerung beträgt heute ca. 21,6%, derjenigen über 75 Jahre 11% (Statistisches Bundesamt 2016a). Die entsprechenden Anteile werden sich bis 2050 weiter deutlich erhöhen. Auch das Bundesamt für Statistik der Schweiz erwartet im Trendszenario von 2005 bis 2030 einen Anstieg der über 65-jährigen Bevölkerung je nach Region in Höhe von 20–30%. Die Zahl der über 65-Jährigen in Deutschland hat sich im Verlauf des letzten Jahrhunderts somit vervielfacht. Dabei ist die durchschnittliche Lebenserwartung 60-jähriger Männer seit 1995 von rund 18,1 auf 21,5 Jahre, die der 60-jährigen Frauen von 22,5 im Jahr 1995 auf 25,2 Jahre im Jahr 2015 gestiegen. Ein neugeborener Junge hat somit heute eine Lebenserwartung von etwa 78, ein Mädchen von 84 Jahren (Statistisches Bundesamt Deutschland 2016a). In der Schweiz ist 2010 die Lebenserwartung der Männer sogar erstmals auf über 80 Jahre gestiegen. Sie stieg von 79,8 Jahren im Jahr 2009 auf heute 80,1 Jahre an. Bei den Frauen stieg sie von 84,4 auf 85,2 Jahre (Bundesamt für Statistik 2016). Entsprechend wird nach Hochrechnungen des Statistischen Bundesamtes die Anzahl der über 65-Jährigen in der Schweiz bis ins Jahr 2050 um weitere 7 Mio. Menschen zunehmen. Darüber hinaus hat sich auch die Erwerbsbeteiligung älterer Menschen zwischen 65 und 69 Jahren in der letzten Dekade verdoppelt. Diese Entwicklungen

---

Exkurs

Altersquotient

Der Altersquotient weist das Verhältnis der Personen im Rentenalter (in Deutschland derzeit 65 Jahre und älter) zu 100 Personen im erwerbsfähigen Alter (in Deutschland derzeit 20–64 Jahre) ab. Der Altersquotient lag in Deutschland im Jahr 2014 bei 34,6 über 65-Jährigen je 100 20- bis 64-Jährige und ist damit weiter angestiegen. Dieser Trend wird sich in den kommenden Jahren verstärken, wenn die Babyboom-Jahrgänge (Geburtsjahrgänge etwa Ende der 1950er bis Ende der 1960er Jahre) die Altersgrenze von 65 Jahren erreichen. Nach der 12. koordinierten Bevölkerungsvorausberechnung des Statistischen Bundesamts („mittlere" Bevölkerung, Untergrenze) wird der Altersquotient bis 2040 auf 62 und bis 2060 auf 67 ansteigen.

werden, so die Prognosen, auch die nächsten Jahrzehnte noch anhalten.

2.1.2 Anstieg der Hochaltrigkeit

Die beschriebene Entwicklung der Lebenserwartung, die vor allem durch den medizinischen, hygienischen und ernährungsbezogenen Fortschritt der letzten 100 Jahre erklärt wird, bedingt in der Folge auch eine steigende Zahl Menschen, die ein sehr hohes Alter erreichen. Nach dem Verständnis des 4. Altenberichts der Bundesregierung (2002) ist Hochaltrigkeit als die Phase des Lebens zu verstehen, in der bereits 50% eines Geburtsjahrgangs verstorben sind. Die Prognosen des 4. Altenberichts gehen für die Entwicklung des Anteils hochaltriger Menschen in der deutschen Bevölkerung von einer Verdreifachung bis 2050 aus. Bereits heute sind fast 6% der Bevölkerung in Deutschland über 80 Jahre (1950 waren es nur 1%), in der Schweiz waren 5% der Bevölkerung Ende 2015 80 Jahre und älter. Die Anzahl der 100-Jährigen verdoppelt sich in Deutschland durchschnittlich alle 8 Jahre. In der Schweiz lebten Ende 2014 1556 Personen im Alter von 100 Jahren und mehr. Steigt der Anteil derjenigen Menschen, die 80 oder 90 Jahre und älter werden, dann wächst damit auch das Risiko multipler und chronischer Erkrankungen (z. B. Demenz), die mit einem vermehrten Hilfe- oder Pflegebedarf verbunden sind.

2.1.3 Veränderung der Generationenverhältnisse

Der stetige Rückgang der Geburtenrate in den vergangenen 30 Jahren führte in Kombination mit den oben beschriebenen Veränderungen zur Umkehrung der Alterspyramide. Erstmals war die Geburtenrate in Deutschland 2015 mit 1,5 Kindern pro Frau wieder auf einem ähnlichen Stand wie 1982, wobei der Anstieg vor allem auf Geburten von ausländischen Frauen zurückzuführen ist (Nothofer und Vernohr 2016, ZEIT Online, 19.10.2016).

Diese Veränderungen der Bevölkerungsstruktur führen einerseits dazu, dass der Solidarvertrag zwischen den Generationen, verstanden als staatlich organisierte Unterhaltspflicht der mittleren Generation den älteren gegenüber, zunehmend weniger tragfähig erscheint. Die mit Generationenvertrag arbeitenden Sozialsysteme stehen bereits seit Jahren vor wachsenden Finanzierungsproblemen, denen beispielsweise durch die Einführung der Pflegeversicherung oder auch die Anhebung des Rentenalters in Deutschland (nun auch diskutiert in der Schweiz) zu begegnen versucht wurde. Andererseits hat diese Entwicklung auch Auswirkungen auf den Arbeitsmarkt, dem zunehmend weniger junge Menschen als Auszubildende unter anderem auch für die Pflegeberufe zur Verfügung stehen. So wurde beispielsweise in einer Trendstudie (Nutbohm 2010) errechnet, dass bis zum Jahr 2020 der Personalbedarf in der Pflege um 40–50% steigen wird.

Ein vierter, bisher noch wenig betrachteter Einflussfaktor auf den demografischen Wandel stellen Wanderungsbewegungen (Migration) dar.

2.1.4 Migration

Vor allem die grenzüberschreitenden Zuzüge können im Wesentlichen dafür verantwortlich gemacht werden, dass in den vergangenen Jahren nicht nur ein Zuwachs der Bevölkerung insgesamt stattgefunden hat, sondern auch eine Art demografischer Verjüngungseffekt eingetreten ist. Im Jahr 2015 hatten 17,1 Mio. der insgesamt 81,4 Mio. Einwohner in Deutschland einen Migrationshintergrund (Zugewanderte und ihre Nachkommen), das entspricht 21%. Die Zuwanderung als Faktor künftiger Veränderungen der Bevölkerung lässt sich rechnerisch weitgehend als Zuwanderungsüberschüsse der jeweiligen Jahre ablesen (Statistisches Bundesamt 2014, 2016 in https://www.destatis.de, abgerufen 9.3.2017). Das Lebensalter der Zugezogenen ist unterschiedlich hoch, das Hauptgewicht liegt zwischen dem 18. und 23. Lebensjahr. Die demografische Alterung konnte so zwar nicht ausgeglichen, jedoch in ihrer Dynamik etwas verlangsamt werden. Die somit etwas verjüngte Altersstruktur bildet sich entsprechend im derzeitigen Durchschnittsalter ab: Das Durchschnittsalter vom Neugeborenen bis zum Hochbetagten betrug in der Gruppe der Migranten 2011 35 Jahre. Im Vergleich dazu war die Bevölkerungsgruppe ohne Migrationshintergrund durchschnittlich mit 46 Jahren fast 11 Jahre älter. Auch in der Schweiz zeigt sich ein ähnlicher Trend: Die Pyramide wird bei den 25-Jährigen schmaler und erweitert sich bei den Frauen ab 35 Jahren und bei den Männern ab 40 Jahren erneut. In der Alterspyramide der Migranten dagegen sind vor allem Personen zwischen 25 und 50 Jahren vertreten (Bundesamt für Statistik 2015).

2.1.5 Generation Y

Zur Generation Y (auf Englisch ausgesprochen: „why" – warum) zählt man die Jahrgänge 1980–1995, die vieles in Frage stellen, die erste Generation sind, die als sog. Digital Natives aufwachsen, und damit ganz andere Vorstellungen von ihrem Leben und ihrer Karriere haben als die Vorgängergenerationen. Dabei geht es vor allem um das Infragestellen von starren Hierarchien und um Selbstbestimmung: Die junge, motivierte und technikaffine Generation legt Wert auf Sinnhaftigkeit, Transparenz und Nachhaltigkeit bei der Arbeit. Eine persönliche Entfaltung durch den Job ist ihr wichtiger als Karriere im klassischen Sinne – Glück geht vor Geld. Diese Arbeitseinstellung kann einerseits von großem Vorteil auch für den Pflegebereich sein, da hier Sinnhaftigkeit kaum erklärt werden muss und eine solche Branche grundsätzlich von großem Interesse für diese Generation sein kann. Andererseits jedoch entsprechen die Merkmale der Arbeitsbedingungen in den Pflegeberufen (Arbeitszeiten, Gehalt, hierarchische Strukturen, noch immer geringe Anerkennung etc.) kaum den Vorstellungen ihrer Lebensgestaltung. Wenn es gelingen soll, diese Generation mehr als bisher für soziale und pflegerische Berufe zu interessieren, so ist es zwingend erforderlich, dass sich die Arbeitsstrukturen und das oft noch immer stark hierarchisch geprägte Führungsverständnis (nicht nur innerhalb der Pflege, sondern auch mit Bezug auf andere Disziplinen wie z. B. der Medizin) stärker an den neuen Bedürfnissen orientiert.

2.1.6 Bedeutung für das Gesundheitswesen

Seit Jahren vollziehen sich im Gesundheitswesen tiefgreifende strukturelle Veränderungen, die in der Folge insbesondere die Arbeitssituation der Mitarbeitenden in der Pflege in starkem Maße

beeinflussen. Die diversen, oben beschriebenen Veränderungen des demografischen Wandels führen zu einer größer werdenden Schere im Gesundheitswesen, die sich zwischen den wachsenden quantitativen wie qualitativen Bedarfen an Hilfe- und Pflegeleistungen auf Seiten der älter werdenden und hochaltrigen Bevölkerungsanteile und einem ausreichenden Angebot an qualifiziertem Personal in einem zunehmend als gering attraktiv wahrgenommenen Berufsfeld auftut. So ist der demografische Wandel in mehrfacher Hinsicht treibende Kraft des Wandels in der Pflege. Auch die vermehrte Zuwanderung jüngerer Menschen kann diese Entwicklung aktuell nicht aufhalten. Diesem erfolgreich zu begegnen, setzt voraus, dass die zentralen Charakteristika der Veränderung erkannt werden und ihnen mit geeigneten Strategien nachhaltig begegnet wird. Hierfür können adäquate Führungsleitlinien eine wichtige Grundlage für das erfolgreiche Management dieser Veränderungen darstellen.

> ◗ Diese sollten darauf zielen, die Passung zwischen Anforderungen an das Beruf- und Tätigkeitsfeld der Pflege einerseits und den Personenmerkmalen der professionell Pflegenden (z. B. Qualifizierung, Lebensalter) andererseits in den Einrichtungen des Gesundheitswesens wieder angemessen zu „justieren".

2.2 Zentrale Charakteristika des Wandels in der Pflege

Die oben beschriebenen Entwicklungen bringen es mit sich, dass die Variable „chronologisches Alter" in der Pflege, anders als in den meisten anderen Branchen, eine doppelte Bedeutung bekommt. Einerseits hat ein einschneidender Wandel der Merkmale der Klientel in der Pflege stattgefunden, die sich in der Veränderung der Pflegebedürftigkeit ausdrückt und auch Auswirkungen auf die Anforderungen im Tätigkeitsbereich hat. Andererseits rücken aber auch veränderte Charakteristika der in der Pflege Beschäftigten zunehmend in den Mittelpunkt, wie beispielsweise der spürbare Mangel an qualifiziertem

Nachwuchs sowie das steigende Alter der in der Pflege Tätigen selbst. Diese Merkmale sollen im Folgenden etwas genauer beleuchtet werden.

2.2.1 Veränderungen der Pflegebedürftigkeit: Merkmale der Klientel und Wandel der Anforderungen

Die wirtschaftlichen, gesundheitlichen und sozialen Lebensbedingungen der alten und hochaltrigen Menschen heute sind grundsätzlich sehr facettenreich und unterschiedlich (Petzold et al. 2011). Die gesundheitliche Situation und die Leistungsfähigkeit eines Menschen lassen sich damit immer weniger allein an ihrem chronologischen Alter erkennen, dennoch sind die Pflegeberufe meist mit der letzten Lebensphase, Krankheit und Tod konfrontiert. Bei der Betrachtung der demografischen Alterung ist jedoch insbesondere die Entwicklung der Pflegebedürftigkeit zur Beschreibung der Situation im Bereich der pflegerischen Versorgung von zentraler Bedeutung. Aber auch wenn die gestiegene Lebenserwartung und die damit verbundene Hochaltrigkeit nicht grundsätzlich mit Pflegebedürftigkeit gleichzusetzen ist, so ist diese Lebensphase dennoch durch eine erhöhte Vulnerabilität und Fragilität gekennzeichnet.

Wohnen und Wohnwünsche im Alter

Nach der amtlichen Pflegestatistik des Statistischen Bundesamtes werden aktuell rund 1,5 Millionen Pflegebedürftige zu Hause betreut. Dies entspricht zwei Dritteln aller Pflegebedürftigen. Eine zuverlässig quantifizierbare Hochrechnung des zukünftigen Bedarfs an Pflegebedürftigkeit ist jedoch aufgrund der zunehmenden Differenzierung der Bedarfslagen im Alter nach medizinischen, kulturellen oder auch sozialen Kriterien sehr schwierig besetzt. Durch die starke Eigentumsbildung in den 70er Jahren des letzten Jahrhunderts sowie die Vorstellungen eines Lebens im Alter der kommenden Baby-Boomer-Generation (Jahrgänge 1946–1964), die vor allem das Wohnen zuhause (auch bei Pflegebedürftigkeit) favorisieren, werden sich die Settings in denen Pflegebedarf entstehen wird, weiterhin vor allem auch stark im ambulanten Bereich verändern. Bereits heute werden mehr als zwei Drittel der Pflegebedürftigen in Privathaushalten versorgt.

Haushaltsstrukturen und Rollenverständnis

Die Abschätzung des zukünftigen Pflegepotenzials muss aber auch mögliche Entwicklungen, z. B. der Anzahl pflegender Angehöriger, der Haushalts- und Familienstrukturen, mit einbeziehen. 65% aller Pflegebedürftigen sind weiblich. Vor allem in den höheren Altersgruppen (80 Jahre und älter) ist der Anteil der Frauen unter den Pflegebedürftigen besonders hoch.

Entscheidende Bedeutung hat dabei auch eine Veränderung des Rollenverständnisses bei der Übernahme familiärer Pflegeverantwortung. Schneekloth und Wahl (2005) konnten in der Studie „Möglichkeiten und Grenzen selbstständiger Lebensführung in privaten Haushalten" zeigen, dass der Anteil der Männer, die häusliche Pflege leisten, in den letzten 10 Jahren von 17% auf 27% gestiegen ist.

Die pflegerische Versorgung übernehmen mehrheitlich Angehörige. Ausgehend von einer Zunahme der Hochaltrigkeit, die dann beide Ehepartner betrifft, in Verbindung mit der arbeitsmarktbedingten Notwendigkeit zu mehr Mobilität und dem Rückgang der Bereitschaft zur Angehörigenpflege kann zukünftig immer weniger davon ausgegangen werden, dass diese Gruppe für (ehrenamtliche!) Pflegeleistungen zur Verfügung steht. Neuen Konzepten wie beispielsweise „Distant Care – Pflege und Betreuung auf Distanz" kommt somit wachsende Bedeutung zu.

Langzeitpflege und Akutversorgung

Vor dem Hintergrund der beschriebenen Veränderungen der Pflegebedürftigkeit haben sich die Merkmale der Bewohnenden in der stationären Pflege sowie der älteren Patienten in der Akutversorgung in den letzten Jahren enorm verändert. Auch in den Medien und der Politik werden sie bereits seit mindestens 25 Jahren diskutiert. Dabei stand und steht meist der mit der Veränderung der Klientel verbundene Aufwand im Fokus (d. h. Zunahme und Kosten der Pflegebedürftigkeit). So ist die Wahrscheinlichkeit einer Heimaufnahme durchaus abhängig vom chronologischen Lebensalter bzw. von der Ausprägung der Multimorbidität. Das Risiko eines Heimeintritts liegt bis zum Alter von 75 Jahren bei lediglich 5% (Weyerer und Bickel 2007). Jenseits von 75 Jahren steigt dieses Risiko hingegen steil an und beträgt bis zum Alter von 85 Jahren >30%, bis 90 Jahre fast 60% und bis 95 Jahre sogar >75%. Bereits heute sind 82% aller Pflegebedürftigen 65 Jahre alt oder älter und jeder dritte Pflegebedürftige in Deutschland hat das 85. Lebensjahr bereits überschritten. Während bis zur Altersgruppe 75–79 deutlich weniger als 10% pflegebedürftig sind, sind es schon mehr als 13% der 80- bis 84-jährigen und gut 34% der 85-jährigen und älteren Bevölkerung der Schweiz (Höpflinger et al. 2011).

(Pflege-)Politik und Ökonomie

Verbunden auch mit der Einführung der Pflegeversicherung 1995 und dem Primat der ambulanten Versorgungsformen als Möglichkeiten, dem steigenden Kostendruck im Gesundheitswesen zu begegnen, hat sich der Zeitpunkt eines Umzugs in eine stationäre Langzeitpflegeeinrichtung deutlich in die letzte Lebensphase verschoben. So kommen heute die Menschen später und in wesentlich schlechterem Gesundheitszustand und damit stärker pflege- bzw. betreuungsbedürftig in die stationäre Langzeitpflege als dies früher war. Mit dem Begriff der Kompression der Morbidität wird in diesem Zusammenhang die Beobachtung beschreiben, dass die Zeitspanne zwischen dem Alter beim erstmaligen Ausbruch chronisch-irreversibler Erkrankung und dem späteren Sterbezeitpunkt zunehmend geringer wird und damit der Großteil der Lebenszeit in relativer Gesundheit erlebt werden kann. Das bedeutet, dass viele Gesundheitsrisiken sowie Pflegebedürftigkeit durch chronische Erkrankungen oder funktionale Kompetenzeinbußen mit dem Alter nicht stetig, sondern sogar exponentiell zunehmen. Die Erkrankungswahrscheinlichkeit verdoppelt sich demnach nach konstanten Zeitintervallen: Die Sterblichkeit ist mit 68 Jahren doppelt so hoch wie mit 60, mit 76 doppelt so hoch wie mit 68 (Weyerer und Bickel 2007). Damit steigt mit dieser wachsenden Anzahl alter und hochaltriger Menschen auch die Anzahl derjenigen, die an mindestens einer, meist chronischen Erkrankung leiden, und somit die Wahrscheinlichkeit, in der letzten Phase des Lebens in einer Langzeitpflegeeinrichtung zu leben.

Nun wird Deutschland 2017 einen neuen Pflegebedürftigkeitsbegriff einführen. Mit diesem wird das bisherige System der drei Pflegestufen und der Feststellung einer erheblich eingeschränkten Alltagskompetenz durch fünf neue Pflegegrade ersetzt. Ob, und wenn ja, in welcher Weise die neuen Kriterien zu einer höheren Sensitivität und damit einer stärker ausgeprägten Pflegebedürftigkeit oder zu einer besseren Differenzierung beitragen werden, muss sich in der konkreten Anwendung zeigen.

Die Auswirkungen dieser Entwicklungen stellen jedoch nicht nur ein zentrales Charakteristikum der Klientel in der stationären Altenpflege dar, sondern auch in der Versorgung älterer Menschen im Akut- und ambulanten Versorgungsbereich. Auch der Anteil älterer und hochaltriger Patienten im Krankenhaus wächst seit Jahren stetig (Kleina und Wingenfeld 2008). In diesem Zusammenhang stehen bereits aktuell vier Bedarfstypen im Mittelpunkt der Veränderungen: Ältere Menschen mit Demenzerkrankung, mit Migrationshintergrund, mit Behinderung sowie ältere Alleinlebende (zumeist Frauen) (von Hirschberg et al. 2009). Insbesondere die Zunahme der Zahl demenziell erkrankter Menschen in der Akut- und Langzeitpflege kann als aktuell bedeutsamstes Merkmal des Wandels in der Pflege und der Veränderung der Merkmale der Klientel bezeichnet werden, da sie zu den häufigsten und folgenreichsten psychiatrischen Erkrankungen im höheren Alter gehören. Daher werden im Folgenden die Konsequenzen des demografischen Wandels für das Aufgabenprofil der Pflegeberufe exemplarisch an der steigenden Anzahl demenzkranker Menschen dargestellt (▶ Exkurs „Das Beispiel Demenz").

Das Beispiel Demenz

Demenzerkrankungen stellen mit einer Prävalenzrate >30% bei den über 85-Jährigen eine der aktuell größten epidemiologischen und auch pflegerischen Herausforderungen dar. Demenzen verändern die Persönlichkeit der Betroffenen, ihre kognitiven Fähigkeiten, ihre Möglichkeiten der emotionalen Kontrolle sowie in der Folge ihr soziales Verhalten. Solange keine wirksame Therapie gefunden ist, ist davon auszugehen, dass aufgrund der veränderten Altersstrukturen die Zahl der Neuerkrankungen unabhängig von der Ätiologie der Demenz in Deutschland jährlich um durchschnittlich 35.000 ansteigen wird. Eine Verdoppelung der Anzahl der Erkrankten bis zum Jahr 2040 ist absehbar. Auch neuere Statistiken der Schweiz zeigen auf, dass bereits heute 144.000 Menschen mit Demenz dort leben, deren Anzahl sich bis in 10 Jahren um 50.000 erhöhen wird (Alzheimer Schweiz 2017). Ziel der Pflege und Betreuung ist es dabei, die Lebensqualität der Betroffenen bestmöglich trotz der chronisch progredienten Erkrankungen zu erhalten oder – wo möglich – auch zu fördern (Becker et al. 2010). Dies bedingt jedoch vor dem Hintergrund der spezifischen Bedürfnisse Demenzkranker gerade auch in mittleren und fortgeschrittenen Stadien der Erkrankung eine besondere Betreuungsform, in deren Mittelpunkt über weite Strecken weniger die körperorientierte Pflege, sondern die psychosoziale Betreuung steht. Deren Finanzierung ist jedoch durch das körperlich orientierte Pflegeversicherungsgesetz in Deutschland noch nicht in dem Maße gesichert, wie es für eine adäquate Versorgung der Betroffenen notwendig wäre. Im Gegenteil, die strukturellen Rahmenbedingungen der Pflege mit gestiegenem Kosten- und Zeitdruck führen eher dazu, dass die Lebenssituation der Betroffenen sich verschlechtert.

Auch in der Akutversorgung im Krankenhaus wird die eigentliche Nebendiagnose Demenz häufig zur Hauptdiagnose und somit in den Mittelpunkt der pflegerischen Tätigkeit gerückt. Insbesondere die Einführung der Diagnose Related Groups (DRGs) hat die Versorgungssituation älterer und demenzkranker Menschen zunehmend verschärft (Arnold 2005). Die durchschnittliche Aufenthaltsdauer in der Akutversorgung ist von 14 Tagen 1991 auf 7,4 Tage 2015 gesunken (Statistisches Bundesamt 2016b) und kann somit den besonderen Pflegebedarf dieser Klientel nicht gerecht werden. Eine (zu) frühe Entlassung dieser Patienten in instabilem Gesundheitszustand führt so zum „Drehtür-Effekt", sodass auch die Rehospitalisierungsrate höher ist als bei kognitiv nicht beeinträchtigten älteren Patienten und der Umzug in eine Altenpflegeeinrichtung häufiger notwendig wird. Demenzkranke Menschen stellen Ärzte und Pflegende durch die typischen Symptome dieser Erkrankungen (z. B. Orientierungsstörungen, Verhaltensauffälligkeiten) vor Versorgungsprobleme. Hinzu kommen jedoch die erheblichen Risiken, die sie zusätzlich mitbringen, wie beispielsweise ein erhöhtes Unfallrisiko (z. B. durch Wahrnehmungsstörungen, Weglauftendenzen) oder vielfältige Nebendiagnosen, welche die Prognose verschlechtern können (z. B. Mangelernährung). Bisher sind die strukturellen Rahmenbedingungen und vor allem die Abläufe im Krankenhaus noch kaum auf die Problemlagen und Bedürfnisse dieser Patientinnen und Patienten eingestellt, die Entwicklung angemessener Konzepte zur Betreuung Betroffener steht noch sehr am Anfang (Haubrock 2008).

Die aktuelle Situation in den Pflegeberufen trägt somit ein hohes Belastungspotenzial für alle Beteiligten in sich, da Pflege einerseits immer aufwendiger, der psychosoziale Betreuungsbedarf immer höher, andererseits aber die bewohner- bzw. patientenfernen administrativen Tätigkeiten immer mehr werden. Viele Pflegende nehmen ihre eigentliche Pflegetätigkeit somit als immer weniger befriedigend und sinnstiftend wahr (Schwerdt 2005). Sie leiden entsprechend häufiger an stressbedingten und psychosomatischen Erkrankungen und ein vorzeitiger Berufsausstieg aufgrund von Burn-out und Arbeitsunzufriedenheit wird häufiger (Zimber 2010). Die aktuelle Situation in den Pflegeberufen wird jedoch noch zusätzlich dadurch verschärft, dass sich das ebenfalls älter werdende Pflegepersonal höheren beruflichen Belastungen gegenübersieht und zusätzlich die Schwierigkeiten, geeignetes qualifiziertes Personal zu rekrutieren, wachsen (der Nachwuchsmangel ist bereits heute Realität).

2.2.2 Veränderungen der Ausbildungsquoten und Personalstruktur in der Pflege

Auf der Grundlage der oben geschilderten Entwicklungen haben sich seit einiger Zeit parallel zu dieser Diskussion zwei weitere Themen als zentrale Fragestellung für die zukünftige Gewährleistung qualitätsvoller Pflege und Betreuung älterer, pflegebedürftiger Menschen entwickelt. Diese nehmen inzwischen eine Spitzenstellung in der Liste der drängenden Probleme des Gesundheitswesens ein: die Bedarfslage hinsichtlich qualifizierten Fachpersonals sowie das steigende Alter der Beschäftigten in den Pflegeberufen.

Die beschriebene Zunahme der hochaltrigen und häufig multimorbiden Anteile der Bevölkerung, welche die wesentliche Zielgruppe pflegerischer Leistungserbringung darstellen, bedingt einen überproportional hohen Bedarf an qualifiziertem Fachpersonal, der bereits heute deutlich als Mangel vor allem in den Alters- und Pflegeheimen spürbar ist. Bis zum Jahr 2025 wird die Nachfrage nach Pflegefachpersonen insgesamt um 27%, in ambulanten und (teil-) stationären Pflegeeinrichtungen sogar um fast 50% steigen. Erstmals zeigte nun der Anfang 2015 vom Bundesministerium für Familie, Senioren, Frauen und Jugend veröffentlichte Zwischenbericht zur „Ausbildungs- und Qualifizierungsoffensive Altenpflege", dass die stationären und ambulanten Altenpflegeeinrichtungen mehr Ausbildungsplätze und die Länder mehr Schulplätze zur Verfügung stellen und sich im Schuljahr 2013/2014 so viele Personen wie nie zuvor für eine Altenpflegeausbildung entschieden haben. Ob dieser Trend anhält und wie lange der Berufsverbleib der neu Ausgebildeten sein wird, wird sich in den nächsten Jahren zeigen müssen. Denn ein wachsender Trend zur Berufsaufgabe oder Umschulung und die nach wie vor ungebrochen höhere Attraktivität der Akutpflege ist nach wie vor gegeben. In der vom Deutschen Berufsverband für Pflegeberufe von 2008/2009 veröffentlichten Meinungsumfrage gaben über 33% der in der Pflege beschäftigten Befragten an, mehrmals monatlich bis täglich die Berufsaufgabe bzw. den -wechsel zu erwägen. Parallel zu Fragen des Berufsverbleibs erfahrener Pflegefachpersonen verstärkt sich die Problemlage vor Ort dadurch, dass nicht genügend junge Leute einen entsprechenden Beruf wählen. Diese Bedarfslage ist eine gesellschaftliche Realität, die nicht auf den deutschen Versorgungskontext beschränkt bleibt. Der zukünftige Personalbedarf bis 2020 wird in der Schweiz auf bis zu 15.000 zusätzliche Angestellte (7000 auf Assistenzstufe, 4000 auf nichtuniversitärer Tertiärstufe) geschätzt (Obsan 2009).

Der Fachkräftemangel führt auch dazu, dass sich die Fluktuation in den Pflegeberufen erhöht hat, da es für qualifizierte Pflegepersonen aktuell kein Problem darstellt, einen neuen Arbeitsplatz finden, entspricht der aktuelle nicht (mehr) ihren Vorstellungen. Strategien zur Personalbindung müssen damit bereits heute Bestandteil von modernen Führungsstrategien sein.

Gleichzeitig ist es eine zwischenzeitlich in allen Branchen spürbare Auswirkung des demografischen Wandels, dass der Anteil der Mitarbeitenden über 45 Jahre deutlich ansteigt. In Kombination mit der gerade in den Pflegeberufen spürbaren Entwicklung, dass auch weniger jüngere Fachkräfte auf dem Arbeitsmarkt zur Verfügung stehen und zukünftig das Pensionierungsalter nach oben gesetzt wird, rücken Fragen der Belastbarkeit und damit des adäquaten Personalmanagements zunehmend in den Mittelpunkt.

Die durch den demografischen Wandel bedingten Veränderungen der Versorgungslandschaft stellen das Gesundheitswesen vor die Herausforderung, ihre Pflege- und Betreuungskonzepte so anzupassen, dass sowohl die Lebensqualität dieser sehr vulnerablen Gruppe von Menschen als auch die Arbeitsfähigkeit der Pflegenden und Betreuenden bestmöglich erhalten bleibt. Auch berufspolitisch ist Image- und Lobbyarbeit erforderlich, um die nicht zuletzt durch die herrschende Vergütungsstruktur gesunkene Attraktivität der Pflegeberufe wieder zu verbessern. Dabei kommt insbesondere Konzepten einer nachhaltigen Personalentwicklung besondere Bedeutung zu, die es auch ermöglichen, die Arbeitsfähigkeit von Pflegenden mit langem beruflichem Erfahrungshintergrund (und damit einem Lebensalter 45+) zu erhalten und ihre Kompetenzen adäquat einzubringen.

> **Die Entwicklung und Implementierung von Strategien und Konzepten, welche auf die aktuellen Veränderungen reagieren, stellt eine der zentralen zukünftigen Führungsaufgaben in der Pflegepraxis dar.**

2.3 Zukünftige Führungsaufgaben im Spiegel des demografischen Wandels

Das Problem des Personalbedarfs ist jedoch komplex und kann nicht, wie auch oben beschrieben, ausschließlich auf die Gewinnung von geeignetem Nachwuchs begrenzt bleiben. Vielmehr bezieht es auch Fragen der nachhaltigen Bindung derjenigen Personen mit ein, die bereits heute in der Pflege- und Betreuungspraxis tätig sind. Dies rückt Fragen nach geeigneten Führungs- und nachhaltigen Personalentwicklungskonzepten in den Fokus.

Demnach müssen die Schaffung „attraktiver Arbeitsbedingungen" und die Erhaltung der Arbeitsfähigkeit der Mitarbeitenden als zentrale Aspekte einer nachhaltigen Personalpolitik gelten. Bisher gibt es jedoch nur wenige Arbeiten, die sich diesem Thema speziell auch in der Langzeitpflege widmen. Dabei erschweren die Heterogenität der jeweils gewählten theoretischen Ansätze und Methoden sowie der Branchenbezug die Ableitung konkreter Handlungsempfehlungen für die Pflegepraxis (Lowe 2005). Andererseits lassen sich auch aus bereits vorliegenden Studien für andere Branchen sinnvoll auf die Pflegeberufe übertragbare Empfehlungen finden, die den sich verändernden Möglichkeiten und Bedürfnissen älterer Arbeitnehmer durch z. B. Möglichkeiten der Job-Rotation gerecht werden. Zur Neujustierung der Passung von Bedürfnissen der Aufgabenstruktur sowie Fähigkeitsmerkmalen der Beschäftigten weisen lebenszyklus-orientierte Maßnahmen der Personalentwicklung wie intergenerationelles Wissensmanagement (z. B. Berücksichtigung von Erfahrungswissen in Fort- und Weiterbildungsangeboten, gezielte Zusammenstellung altersgemischter Teams) zukunftsweisendes Potenzial auf.

Fazit

Der demografische Wandel mit seinen vielfältigen Konsequenzen zwingt die Gesellschaft der westlichen Welt in Zukunft mehr und mehr, die knapper werdenden Ressourcen möglichst optimal und nachhaltig zu nutzen. Anders als in manch anderen Branchen wird es jedoch in den Pflegeberufen kaum möglich sein, den zukünftigen Bedarf z. B. durch den Einsatz von digitalen Hilfen zu decken.

Somit stellt der Mensch nicht nur als Ziel, sondern auch als Akteur des pflegerischen Handelns auch zukünftig die wichtigste Ressource in den Pflegeberufen dar. Ohne die ausgewiesene Professionalität von Führungskräften ist dies nicht zu leisten. Hier gilt es, den „Massenberuf Führungskraft" ohne Ausbildung (Zietzschmann 2005) mit einem konkreten Kompetenzprofil zu entwickeln, um den Aufgaben des Age Managements zukünftig gewachsen zu sein (Leipold und Voelpel 2006).

Literatur

Alzheimer Schweiz (2017) www.alz.ch. Zugegriffen: 03. April 2017

Arnold E (2005) Sorting out the 3 D's: delirium, dementia, depression. Holistic Nursing Pract 19(3): 99–104

Bartholomeyczik S (2007) Kurze Verweildauer im Krankenhaus – die Rolle der Pflegenden. Pflege Gesellschaft 12(2): 135–149

Becker S, Kaspar R, Kruse A (2010) Heidelberger Instrument zur Erfassung der Lebensqualität Demenzkranker (H.I.L.DE.). Huber, Bern

Bundesamt für Statistik (2009) Die Zukunft der Langlebigkeit in der Schweiz. BfS, Neuchâtel

Bundesamt für Statistik (2015) Frhebungen, Quellen – Statistik der natürlichen Bevölkerungsbewegung (BEVNAT). BfS, Neuchâtel

Bundesamt für Statistik (2016) Szenarien zur Bevölkerungsentwicklung der Schweiz 2010–2060. BfS, Neuchâtel

Haubrock M (2008) Hintergrundinformationen: Betriebswirtschaft/Ökonomie. In Stemmer R, Haubrock M, Böhme H (Hrsg) Gutachten zu den zukünftigen Handlungsfeldern in der Krankenhauspflege, S 140–228. Ministerium für Arbeit, Soziales, Gesundheit, Familie und Frauen Rheinland-Pfalz, Mainz

von Hirschberg K-R, Kähler B, Kromark K (2019) Demografischer Wandel und Pflegeberufe. Auf den Spuren Elisabeths von Thüringen. Dokumentation des Wartburg-Symposiums am 9. und 10. Juli 2009, Eisenach. BGW, Hamburg

Höpflinger F, Bayer-Oglesby L, Zumbrunn A (2011) Pflegebedürftigkeit und Langzeitpflege im Alter. Aktualisierte Szenarien für die Schweiz. Huber, Bern

Kleina T, Wingenfeld K (2007) Die Versorgung demenzkranker älterer Menschen im Krankenhaus. Veröffentlichungsreihe des Instituts für Pflegewissenschaft an der Universität Bielefeld (IPW), Bielefeld

Leibold M, Voelpel S (2006) Managing the aging workforce: Challenges and solutions. Wiley, New York

Lowe GS (2005) Raising the bar for people practices: Helping all health organizations become „preferred employers". Healthcare Quart 8: 60–63

Nothofer S, Venohr S (2016) Deutschlands neue Kinder. Zeit online, 19.10.2016. http://www.zeit.de/gesell-schaft/2016-10/geburtenrate-deutschland-auslaendi-sche-muetter-alter-bundeslaender. Zugegriffen: 09. März 2017

Nutbohm K-S (2010) Pflege im Jahr 2020. F & U, Heidelberg http://fuu-ak-wiso.de/design/ak_wiso/javascript/docs/Trendstudie.pdf. Zugegriffen: 03. April 2017

Obsan Fact Sheet (2009) Gesundheitsobservatorium der Schweiz. Bundesamt für Gesundheit, Neuchâtel

Petzold HG, Horn E, Müller L (2011) Hochaltrigkeit: Herausfor-derung für persönliche Lebensführung und biopsychoso-ziale Arbeit. Verlag für Sozialwissenschaften, Heidelberg

Schneekloth U, Wahl HW (Hrsg) (2005) Möglichkeiten und Grenzen selbständiger Lebensführung in Privathaushal-ten (MUG III). Im Auftrag des BMFSFJ. München

Statistische Ämter des Bundes und der Länder (2010) Demo-grafischer Wandel in Deutschland, Heft 2. Statistisches Bundesamt, Wiesbaden

Statistisches Bundesamt (2009) 12. Koordinierte Bevölke-rungsvorausberechnung. Statistisches Bundesamt, Wies-baden

Statistisches Bundesamt (2011) Demografischer Wandel in Deutschland, Heft 1: Bevölkerungs- und Haushaltsent-wicklung im Bund und in den Ländern. Statistisches Bun-desamt, Wiesbaden

Statistisches Bundesamt (2016a) Ältere Menschen in Deutsch-land und der EU. Statistisches Bundesamt, Wiesbaden

Statistisches Bundesamt (2016b) Fachserie 12: Grunddaten der Krankenhäuser. Statistisches Bundesamt, Wiesbaden

Stemmer R, Böhme H (2008) Schwerpunkt: Wandel des Gesundheitswesens und Aufgabenfelder der Pflege. Pfle-ge Gesellschaft 13(3): 197–205

Schwerdt R (2005) Lernen der Pflege von Menschen mit Demenz bei Alzheimer Krankheit. Anforderungen an die Qualifikation professioneller Helferinnen und Helfer. Z Med Ethik 51(1): 59–76

Vierter Altenbericht der Bundesregierung (2002) Risiken, Lebensqualität und Versorgung Hochaltriger – unter besonderer Berücksichtigung demenzieller Erkrankun-gen. MBMFSJ, Berlin https://www.bmfsfj.de/bmfsfj/ser-vice/publikationen/4--altenbericht-/95594. Zugegriffen: 21. Februar 2017

Weyerer S, Bickel H (2007) Epidemiologie psychischer Erkran-kungen im höheren Lebensalter. Verlag W. Kohlhammer, Stuttgart

Zietzschmann H (2005) Personalmanagement in der stationä-ren Altenpflege. Bundesministerium für Familie, Senioren, Frauen und Jugend, Berlin

Zimber A (2010) Belastungen, Ressourcen und Beanspru-chung in der Altenpflege. In: Haberstroh J, Pantel J (Hrsg) Demenz psychosozial behandeln. AKA, Heidelberg

Schlusslicht Deutschland? – Der steinige Weg zur Weiterentwicklung der Versorgung in Deutschland

Nadine-Michèle Szepan

© Springer-Verlag GmbH Deutschland 2017
P. Bechtel, I. Smerdka-Arhelger, K. Lipp (Hrsg.), *Pflege im Wandel gestalten – Eine Führungsaufgabe*,
DOI 10.1007/978-3-662-54166-1_3

Krankenschwestern, die entscheiden, ob ein Patient einen Arzt überhaupt zu Gesicht bekommt? Möglicherweise die ärztliche Therapieüberwachung eines Diabetes-Patienten eigenverantwortlich übernehmen? In unseren europäischen Nachbarländern wie Schweden, Finnland und Großbritannien, aber auch in den USA haben Pflegefachkräfte schon deutlich mehr Kompetenzen als in Deutschland. Sie übernehmen traditionell Aufgaben, die in Deutschland ausschließlich Ärzten vorbehalten sind.

Angestoßen vom Sachverständigenrat zur Begutachtung der Entwicklung im Gesundheitswesen mit seinem Gutachten „Kooperation und Verantwortung – Voraussetzungen einer zielorientierten Gesundheitsversorgung" im Jahr 2007 rückte die Neuordnung der beruflichen Arbeitsteilung zwischen ärztlichen und weiteren Gesundheitsberufen auch in den Fokus des deutschen Gesetzgebers. Mit dem Pflegeweiterentwicklungsgesetz vom 01.07.2008 schuf er den neuen Absatz 3c in § 63 SGB V: den Auftrag an den Gemeinsamen Bundesausschuss, die Voraussetzungen zu schaffen, um die Übernahme von ärztlichen Tätigkeiten durch Angehörige der Kranken- und Altenpflege modellhaft zu erproben.[1] Mit weiteren Nachbesserungen bei der Regelung zur Heilkundeübertragung im GKV-Versorgungsstärkungsgesetz (2015) und im Gesetzentwurf zum Pflegeberufereformgesetz (2016) verdeutlicht der Gesetzgeber sein Festhalten an der Heilkundeübertragung auf nichtärztliche Berufsgruppen, obwohl oder gerade weil bisher keine Modellvorhaben zur Heilkundeübertragung erprobt wurden.

Dieser Beitrag skizziert den Weg bis zum gesetzlichen Auftrag, definiert die Substitution ärztlicher Leistungen und grenzt diese von der Delegation ab, stellt auf die unterschiedlichen Interessen der beteiligten Akteure ab und zeigt aus unterschiedlichen Blickwinkeln die Chance auf Realisierung eines Modellvorhabens zur Heilkundeübertragung nach der Richtlinie des Gemeinsamen Bundesausschusses auf.

---

1   Die Richtlinie des Gemeinsamen Bundesausschusses über die Festlegung ärztlicher Tätigkeiten zur Übertragung auf Berufsangehörige der Alten- und Krankenpflege zur selbstständigen Ausübung von Heilkunde im Rahmen von Modellvorhaben nach § 63 Abs. 3c SGB V ist abrufbar unter http://www.g-ba.de/informationen/richtlinien/.

3.1   Neuordnung der ärztlichen Tätigkeiten

Warum wird in Deutschland über die Neuordnung der ärztlichen Tätigkeiten überhaupt nachgedacht? Den Anstoß zur Diskussion lieferte der Sachverständigenrat.

Das deutsche Gesundheitssystem ist vielschichtig und schwer durchschaubar. Die demografische Entwicklung, Veränderungen des Morbiditätsspektrums und die fortschreitende Spezialisierung waren mitunter in den letzten Jahren verantwortlich dafür, dass unser Gesundheitswesen immer komplexer wurde. Der medizinisch-technische Fortschritt, der im Wesentlichen die Arbeitsinhalte und -prozesse in der Gesundheitsversorgung prägt und zu veränderten Arbeitsbedingungen führt, macht es notwendig, die Aufgabenzuschnitte der Gesundheitsprofessionen anzupassen. Die Fokussierung der jeweilig beteiligten Berufsgruppe auf ihr eigenes Interesse und die Anstrengungen, im Rahmen ihres Zuständigkeitsbereiches die Prozesse zu optimieren, führt zur Zerstückelung von Arbeitsprozessen, zu Kooperationsdefiziten und Arbeitsunzufriedenheit mit der Folge von Einbußen bei der Versorgungsqualität.

„Wer macht in Zukunft was? – Welche Art der Arbeitsteilung entspricht den Anforderungen an das Gesundheitssystem der Zukunft?" (Sachverständigenrat 2007). Dies waren daher die grundlegenden Fragen, die die damalige große Koalition hinsichtlich der künftigen Zusammenarbeit der Gesundheitsberufe in der Gesundheitsversorgung vom Sachverständigenrat beantwortet wissen wollte.

Der Sachverständigenrat hat in seinem Gutachten „Kooperation und Verantwortung" aus dem Jahr 2007 u. a. klare Empfehlungen zur schrittweisen Übertragung von ärztlichen Tätigkeiten auf Pflegefachkräfte ausgesprochen. Er hat angeregt, zunächst ärztliche Tätigkeiten über den Weg der Delegation an weitere Gesundheitsberufe abzugeben. Im darauffolgenden Schritt soll eine stärkere Einbeziehung weiterer Gesundheitsberufe über eine Veränderung des Professionenmixes in Modellvorhaben erprobt werden. Sofern die Modellevaluation dann empirisch zeige, dass mit einer veränderten Arbeitsteilung die Gesundheitsversorgung verbessert würde, könne im letzten Schritt dieser neue Aufgabenzuschnitt in die Regelversorgung überführt werden.

Mit der Neuordnung der Aufgabenverteilung werden vielfältige Ziele verfolgt:

- der Abbau derzeitiger Versorgungsdefizite aufgrund regionaler Versorgungsengpässe (Stichwort Ärzteverteilungsproblem),
- die Verbesserung der Kooperation im Gesundheitswesen über flache Teamstrukturen,
- die Entkoppelung von funktionalen und hierarchischen Befugnissen sowie
- die Verbesserung der Arbeitszufriedenheit der Gesundheitsberufe (Attraktivitätssteigerung).
- Vor dem Hintergrund des immer teurer werdenden Gesundheitssystems spielen aber auch Potenziale zur Weiterentwicklung der Qualität und Wirtschaftlichkeit der Versorgung eine wesentliche Rolle.

3.2 Pflegeweiterentwicklungsgesetz

Die Umsetzung der Empfehlung des Sachverständigenrates kam mit dem Pflegeweiterentwicklungsgesetz zum 01.07.2008 – was war dabei die Intention des Gesetzgebers?

Initiiert durch den Sachverständigenrat zur Begutachtung der Weiterentwicklung im Gesundheitswesen und forciert durch den Deutschen Pflegerat wurden die Möglichkeiten zur Erprobung der Übertragung ärztlicher Tätigkeiten auf Angehörige der Kranken- und Altenpflege durch Aufnahme in das fünfte Sozialgesetzbuch geschaffen. Zur Gewährleistung einer einheitlichen Handhabung und der Akzeptanz aller Beteiligten wurde der Gemeinsame Bundesausschuss mit dem Pflegeweiterentwicklungsgesetz zum 01.07.2008 beauftragt, in einer Richtlinie festzulegen, bei welchen Tätigkeiten eine Übertragung von Heilkunde auf die Angehörigen der im Alten- und Krankenpflegegesetz geregelten Berufe im Rahmen von Modellvorhaben erfolgen kann (▶ Exkurs „§ 63 Abs. 3c SGB V"). Was heißt jedoch „Übertragung"? Meint man damit die allseits verwendeten Begriffe „Delegation" oder „Substitution"? Das ist eine der zentralen Fragen, an der sich viele Geister scheiden. Was ist überhaupt Substitution und wie grenzt sie sich zur Delegation ab?

Exkurs

§ 63 Abs. 3c SGB V (durch Pflegeweiterentwicklungsgesetz aufgenommen)

(3c) Modellvorhaben nach Absatz 1 können eine Übertragung der ärztlichen Tätigkeiten, bei denen es sich um selbstständige Ausübung von Heilkunde handelt und für die die Angehörigen der im Krankenpflegegesetz geregelten Berufe auf Grund einer Ausbildung nach § 4 Abs. 7 des Krankenpflegegesetzes qualifiziert sind, auf diese vorsehen.

Satz 1 gilt für die Angehörigen des im Altenpflegegesetz geregelten Berufes auf Grund einer Ausbildung nach § 4 Abs. 7 des Altenpflegegesetzes entsprechend. Der Gemeinsame Bundesausschuss legt in Richtlinien fest, bei welchen Tätigkeiten eine Übertragung von Heilkunde auf die Angehörigen der in den Sätzen 1 und 2 genannten Berufe im Rahmen

von Modellvorhaben erfolgen kann. Vor der Entscheidung des Gemeinsamen Bundesausschusses ist der Bundesärztekammer sowie den maßgeblichen Verbänden der Pflegeberufe Gelegenheit zur Stellungnahme zu geben. Die Stellungnahmen sind in die Entscheidungen einzubeziehen.

Eine Begriffsbestimmung nimmt Dominik Roters, Justiziar und stellvertretender Geschäftsführer des Gemeinsamen Bundesausschusses (2009) vor. Danach wird unter Delegation eine Übertragung der Ausführungsverantwortung verstanden, während bei der Substitution die Übertragung der Entscheidungskompetenz zugrunde gelegt wird. Anders dargestellt:

 » Wird die heilkundliche Tätigkeit delegiert, so ist das „ob" dieser Tätigkeit nicht mehr in Zweifel zu ziehen; allein die Art und Weise ihrer Erbringung ist verantwortlich vom Delegierten zu entscheiden, eine Substitution würde der Pflegefachkraft hingegen auch Entscheidungen und Verantwortungen über das „ob" auferlegen. (Roters 2009)

Aus dem Wortlaut der Vorschrift ergibt sich kein eindeutiger Hinweis darauf, ob der Gesetzgeber in § 63 Abs. 3c SGB V eine Substitution ärztlicher Leistungen im Sinne einer Übertragung der Entscheidungsverantwortung oder eine Delegation im Sinne der Übertragung der Durchführungsverantwortung der jeweiligen Leistung regeln wollte. Diese Gretchenfrage wird auch nach mehr als 5 Jahren nach Inkrafttreten der Richtlinie immer wieder gestellt. Lobbyisten der ärztlichen Standesvertretungen legen das Gesetz dahingehend aus, dass in diesen Modellvorhaben die Delegation ärztlicher Leistungen im Sinne der Übertragung der Durchführungsverantwortung erprobt werden solle (Fricke 2011).

Fragt man sich, welche Intention der Gesetzgeber mit der Übertragung ärztlicher Tätigkeiten auf Angehörige der Alten- und Krankenpflege verfolgt, ist die Gesetzesbegründung zu § 63 Abs. 3c SGB V hilfreich. Danach lässt es dieser Paragraph explizit zu, dass bestimmte ärztliche Tätigkeiten von entsprechend qualifizierten Pflegefachkräften ohne vorherige ärztliche Veranlassung erbracht werden können. Diese Pflegefachkräfte treten als eigenständiger Leistungserbringer in der gesetzlichen Krankenversicherung auf, sodass hieraus eine Erweiterung der Leistungserbringerseite folgt. Der Gesetzgeber wollte hier offensichtlich Modellprojekte erprobt sehen, welche eine Übertragung der Entscheidungsverantwortung voraussetzen (Substitution).

Zu diesem Schluss kommen auch Juristen, die sich mit zentralen Rechtsfragen des § 63 Abs. 3c SGB V jüngst beschäftigt haben. So führt Lutz Barth (2009) aus, dass die Übernahme von ärztlichen Tätigkeiten gerade nicht dem Delegationsbegriff nahekommt.

» Vielmehr können mit Übernahme des Begriffs der Substitution genuin ärztliche Leistungen umschrieben werden, in der die aktuellen pflegeberufspolitischen Tendenzen jedenfalls münden und eine scheinbare Aufwertung durch die Modellklausel in § 63 Abs. 3c SGB V erfahren haben. Sofern es im Kern um eine Substitution ärztlicher Leistungen geht, bedarf es keiner Delegation mehr zwischen den Pflegenden und den Ärzten, denn Erstere werden sich in das horizontale Arbeitsgeschehen einordnen und im Übrigen daher auch ganz exklusiv in ein eigenständiges Haftungsregime entlassen. (Barth 2009)

Gegen eine Interpretation zugunsten des Delegationsprinzips sprach auch, dass vielfältige Projekte zur Delegation ärztlicher Tätigkeiten bereits vor dem Pflegeweiterentwicklungsgesetz durchgeführt wurden. Beispielhaft seien hier AGnES (Arztentlastende, Gemeindenahe, E-Health-gestützte, Systemische Intervention) und VERAH (Versorgungsassistentin in der hausärztlichen Praxis) genannt. Mit der Aufnahme des § 63 Abs. 3c SGB V wollte der Gesetzgeber offensichtlich über die bisherigen Möglichkeiten hinausgehen.

Der Delegationsansatz ist seit Langem tägliche Praxis und findet in der ambulanten Versorgung seine rechtliche Grundlage in den §§ 15 Abs. 1 Satz 2, 28 Abs. 1 Satz 2 SGB V sowie im Vergütungs- und Berufsrecht. Mit dem Versorgungsstrukturgesetz Ende 2011 wurden die Bundesmantelvertragspartner – die Kassenärztliche Bundesvereinigung und der GKV-Spitzenverband – aufgefordert, Näheres zur Delegation ärztlicher Tätigkeiten zu regeln. Diese Delegationsvereinbarung (Anlage 8 des Bundesmantelvertrags 2013, KBV 2017) ist die Grundlage für das Erbringen und Abrechnen von Hilfeleistungen, die das nichtärztliche Personal auf Anordnung vom Hausarzt erbringt. Sie legt beispielhaft fest, welche Tätigkeiten delegiert werden können und welche Anforderungen hierfür gelten. Und mit einem eigenen Kapitel im Einheitlichen Bewertungsmaßstab[2] wird seit dem 01.07.2016 die Delegation ärztlicher Leistung noch weiter gestärkt.

Unzweifelhaft hat der Gemeinsame Bundesausschuss – insbesondere auch unter Würdigung weiterer gesetzlicher Entwicklungen seit 2011 – den Auftrag erhalten, in einer Richtlinie die Übertragung ärztlicher Tätigkeiten auf Angehörige der Kranken- und Altenpflege in Sinne der Substitution festzulegen.

---

2   Der Einheitliche Bewertungsmaßstab bestimmt den Inhalt und die Vergütung der ärztlichen Leistungen. Er ist die Grundlage für die Abrechnung von Leistungen der Ärzte für die ambulante Behandlung von Patienten der Gesetzlichen Krankenversicherung.

In einer Politik der kleinen Schritte hat sich jedoch der Gemeinsame Bundesausschuss gegen ein Modellvorhaben des „Direct Access" – des Erstkontaktes des Patienten mit einer qualifizierten Pflegefachkraft, wie er beispielsweise in Finnland und in den USA praktiziert wird – entschieden. Aus Erwägungen zur Patientensicherheit bleiben bei diesen Modellvorhaben die Diagnose- respektive Indikationsfeststellung sowie die Therapieentscheidung in ärztlicher Verantwortung, lediglich die Übernahme der ärztlichen Therapiebetreuung obliegt der Pflegefachkraft. Im Rahmen dieser ärztlichen Therapieüberwachung hat die spezialisierte Pflegefachkraft nicht nur die Verantwortung für eine ordnungsgemäße Durchführung der Leistung, sondern sie entscheidet auch, ob und welche Leistungen im Rahmen der Therapieüberwachung erbracht werden muss. Daher ist es vom Grundsatz her weniger der „Direct Access", sondern eher eine „Substitution light", die in Modellvorhaben erprobt werden soll.

3.3 Herausforderungen bei der Erarbeitung der Richtlinie und Knackpunkte

3.3.1 Ärztliche Tätigkeiten

Um ärztliche Leistungen zu definieren, die von Pflegekräften in eigener Verantwortung erbracht werden, muss man sich darüber im Klaren sein, welche ärztlichen Tätigkeiten dem uneingeschränkten Arztvorbehalt unterliegen. Hilfreich sind die Delegationsvereinbarung der Bundesmantelvertragspartner und die Empfehlung der Bundesärztekammer und der Kassenärztlichen Bundesvereinigung zur persönlichen Leistungserbringung, wobei Letztere aufgrund ihres fehlenden rechtsverbindlichen Charakters nur Anhaltspunkte geben können (BÄK/KBV 2008). Danach sind die Diagnose- und Indikationsstellung sowie die Therapiefestlegung höchstpersönliche Leistungen des Arztes. Zum anderen ist zu prüfen, welche Aufgaben die Pflegefachkräfte im Delegationsverfahren heute schon übernehmen, die traditionell dem Arzt vorbehalten waren. Hierzu findet sich beispielhaft aufgezeigt

ein definierter Leistungskatalog ärztlicher Tätigkeiten (medizinische Behandlungspflege) auch in der Richtlinie des Gemeinsamen Bundesausschusses zur Häuslichen Krankenpflege nach § 37 SGB V, die zum Ziel die Sicherung der ärztlichen Behandlung hat. Bisher delegierfähige Tätigkeiten können die Basis für die Definition der substituierbaren Leistungen bilden. Ein weiteres Kriterium für die Festlegung substituierbarer Leistungen ist der Standardisierungsgrad der ärztlichen Aufgabe. Je besser eine ärztliche Aufgabe standardisierbar ist (z. B. in der Versorgung chronisch Kranker), umso eher kann sie an eine andere qualifizierte nichtärztliche Berufsgruppe übertragen werden (Höppner und Kuhlmey 2009). Hier eignen sich besonders gut die Übertragung der Versorgung von chronisch Kranken in der Beratung, Schulung, Verlaufskontrolle und Unterstützung im Selbstmanagement. Unzweifelhaft stehen auch die Verordnungen von Leistungen bisher unter dem uneingeschränkten Arztvorbehalt. Jedoch hat auch hier der Sachverständigenrat vorgeschlagen, die Verordnung bestimmter Heil- und Hilfsmittel auf die spezialisierten Pflegefachkräfte zu übertragen. Der Gemeinsame Bundesausschuss hat diesen Vorschlag aufgegriffen und die Verordnung bestimmter Heil- und Hilfsmittel (über die Definition einer Positivliste) als übertragbare ärztliche Tätigkeit aufgenommen. So wird nun über die vom Gemeinsamen Bundesausschuss am 20.10.2011 verabschiedete Richtlinie im Modellprojekt die Möglichkeit eröffnet, dass die Pflegefachkraft beispielsweise bei Vorliegen eines diabetischen Fußsyndroms podologische Leistungen entsprechend der Heilmittel-Richtlinie oder Hilfsmittel wie Gehstützen verordnen kann.

Auch die Frage, ob in der Richtlinie die übertragbaren Tätigkeiten als Einzelleistung, Leistungskomplex oder gar als Versorgungskonzept hinterlegt sein sollen, muss vor dem Hintergrund der unterschiedlichen Organisations- und Prozessabläufe in der stationären und ambulanten Versorgung getroffen werden. Klar ist jedenfalls nur, dass der Gemeinsame Bundesausschuss beide Versorgungsbereiche in einer Richtlinie abbilden muss. So wurden neben einer Liste von prozedurenbezogenen heilkundlichen Tätigkeiten (z. B. Legen und Überwachen eines transurethralen Blasenkatheters), die eher einen Delegationscharakter von Einzelleistungen haben, auch auf Forderung der Kassenseite diagnosebezogene Versorgungsmodelle für die Indikationen Hypertonie, Diabetes mellitus, Demenz und chronische Wunden mit hinterlegten ärztlichen Tätigkeiten in die Richtlinie aufgenommen. Letztendlich werden die Modellvertragspartner zur Erprobung der Übertragung heilkundlicher Tätigkeiten in ihrem Vertrag festlegen müssen, ob und welche einzelnen Leistungen (z. B. Routinediagnostik zur Ermittlung des Langzeit-Blutzuckerwertes) respektive welche Versorgungskonzepte (z. B. für Diabetes mellitus) erprobt werden.

3.3.2 Zusätzliche Qualifikationserfordernisse für Pflegefachkräfte

Ein anderer wesentlicher Aspekt bei der Erarbeitung der Richtlinie ist im Sinne der Patientensicherheit die Sicherstellung der Beherrschbarkeit des Risikos bei der Übertragung von Heilkunde. Im Fokus steht hier die Qualifikation der Pflegefachkraft. Laut § 63 Abs. 3c SGB V ist die Voraussetzung für die Teilnahme am Modellprojekt der Nachweis einer qualifizierten Ausbildung nach dem Krankenpflege- respektive Altenpflegegesetz. Der Gesetzgeber hat hierbei bedacht, dass die Übertragung ärztlicher Tätigkeiten auch eine ergänzende Qualifikation in Abhängigkeit von der jeweiligen übertragenen ärztlichen Aufgabe erfordert, und die rechtliche Grundlage hierfür in § 4 Abs. 7 des Kranken- und Altenpflegegesetzes geschaffen.

Der Erfolg der Modellvorhaben hängt maßgeblich von der Qualifikation der Pflegefachkräfte ab.

Der Gemeinsame Bundesausschuss hat sich jedoch entschlossen, auch die für die Übernahme bestimmter Tätigkeiten erforderlichen Qualifikationen mit in die Richtlinie aufzunehmen und deren Nachweis zur Voraussetzung für die Teilnahme an Modellvorhaben zu machen. Für ihn ist unstrittig, dass ein enger inhaltlicher Zusammenhang zwischen den übertragbaren ärztlichen Tätigkeiten und den für die verantwortungsvolle Übernahme

dieser Tätigkeiten erforderlichen Qualifikationen besteht. Auch für die Erfolgsaussichten solcher Modellvorhaben ist das einheitliche, verbindliche und auf die übertragbaren Tätigkeiten zugeschnittene definierte Qualifikationserfordernis entscheidend. Unberührt bleibt selbstverständlich die Billigung entsprechender Ausbildungspläne durch das Bundesministerium für Gesundheit. Den Ländern obliegt die Durchführung der staatlichen Prüfung. Mit der Neuregelung im § 4 Absatz 7 des Alten- und Krankenpflegegesetzes durch das GKV-Versorgungsstärkungsgesetz 2015 wird dem Gemeinsamen Bundesausschuss eröffnet, die bundesweit einheitlichen Vorgaben zu den Ausbildungsinhalten festzulegen. In diesem Fall genehmigen das Bundesministerium für Gesundheit (BMG) und das Bundesministerium für Familie, Senioren, Frauen und Jugend (BMFSFJ) einmalig diese Ausbildungsmodule auch ohne Vorliegen eines vereinbarten Modellvorhabens. Damit unterstreicht der Gesetzgeber nicht nur den engen inhaltlichen Zusammenhang zwischen übertragbaren ärztlichen Tätigkeiten und notwendigen Qualifikation, sondern verschlankt auch das bisherige Verfahren für die Durchführung von Modellvorhaben.

3.3.3 Gleichstellung der MFA mit den Angehörigen der Alten- und Krankenpflegeberufe?

Die Kassenärztliche Bundesvereinigung und die Deutsche Krankenhausgesellschaft plädieren dafür, die Medizinische Fachangestellte (MFA) neben den Pflegekräften für die Modellvorhaben nach § 63 Abs. 3c SGB V zuzulassen (obwohl in der Regel MFA eher in der Verwaltung als in der Krankenversorgung im Krankenhaus eingesetzt werden).

Abgesehen davon, dass der Gesetzgeber bewusst die Zulassungsbedingungen für die Teilnahme an solchen Modellversuchen abschließend festgelegt hat und somit diese Forderung der Kassenärztlichen Bundesvereinigung und der Deutschen Krankenhausgesellschaft jeglicher Rechtsgrundlage entbehrt, gibt es auch ein weiteres, wesentlich gewichtigeres Argument: die deutlich umfassendere grundständige Ausbildung der Alten- und Krankenpflege gegenüber der Ausbildung zur Medizinischen Fachangestellten.

Medizinische Fachangestellte (MFA) erfahren in ihrer Ausbildung verhältnismäßig wenig über Krankenbeobachtung, Krankheitslehre sowie Anatomie und Physiologie. Dagegen erlernen sie sehr viel über Praxismanagement und Abrechnungswesen. Der theoretische Stundenumfang bewegt sich an Berufsschulen zwischen 840 und 1000 Stunden (Kultusministerkonferenz 2005; Ministerium für Schule und Weiterbildung 2010).

Die Gesundheits- und Krankenpflegeausbildung beispielsweise hat allein mit 2100 Stunden theoretischer Ausbildung in den Bereichen Pflege, Krankenbeobachtung und diversen medizinischen Fächern eine deutlich bessere grundständige Ausbildung als die Medizinische Fachangestellte. Dies wurde auch von der Kassenärztlichen Bundesvereinigung und dem GKV-Spitzenverband in der Delegationsvereinbarung anerkannt. Sofern die im Rahmen des § 87 Abs. 2b Satz 5 SGB V eingesetzte nichtärztliche Praxisassistentin über einen qualifizierten Berufsabschluss nach dem Krankenpflegegesetz verfügt und in den letzten 4 Jahren vor Antragsstellung ihren Beruf ausgeübt hat, reduziert sich der theoretische Fortbildungsumfang von 200 auf 80 Stunden.

Die Aufnahme der Berufsgruppe der Medizinischen Fachangestellten in der Richtlinie zur Übertragung heilkundlicher Tätigkeiten ist daher weder nachvollziehbar noch rechtlich begründet. Unter Beachtung von Qualitätsaspekten und zur Sicherstellung einer qualitativ hochwertigen medizinischen Betreuung von Patienten kann keiner ernsthaft die Aufnahme dieser Berufsgruppe in Erwägung ziehen. So ist auch das Plenum des Gemeinsamen Bundesausschusses dem Antrag der Kassenärztlichen Bundesvereinigung und der Deutschen Krankenhausgesellschaft nicht gefolgt und hat in der Richtlinie in strenger Auslegung des gesetzlichen Auftrages diese Erprobung der Übertragung heilkundlicher Tätigkeit nur den Angehörigen der Kranken- und Altenpflege eröffnet.

3.3.4 Wie kommt eigentlich der Patient zur Pflegefachkraft?

Der Gemeinsame Bundesausschuss hat sich auch mit der Frage beschäftigt, wie der Patient im Modellvorhaben vom Arzt an die qualifizierte Pflegefachkraft „weitergegeben" wird. Hierbei bedarf es einer besonderen Betrachtung der sektorspezifischen Unterschiede.

In der stationären Versorgung wird ein weiterer Arzt bei der Patientenversorgung in Form eines Konsils hinzugezogen. Ebenso wie die Konsile gehören neben der ärztlichen Hauptleistung und der Krankenhauspflege auch die Versorgung mit Arznei-, Heil- und Hilfsmitteln, soweit sie für die Versorgung im Krankenhaus notwendig sind, zu den Krankenhausleistungen und sind in den entsprechenden DRG respektive im Pflegesatz des Krankenhauses enthalten. Formulare, wie sie in der ambulanten Versorgung eingesetzt werden, kennt man im Krankenhaus nicht. Die Versorgung erfolgt i.d.R. formlos.

In der vertragsärztlichen Versorgung gibt es demgegenüber zwei gängige Verfahren: die Verordnung und die Überweisung. Beide erfolgen auf sog. Vordrucken der vertragsärztlichen Versorgung (Anlage 2/2a des Bundesmantelvertrags). Weder die Verordnung noch die Überweisung sind im Gesetz oder in einer untergesetzlichen Norm definiert, sie lassen sich jedoch an wesentlichen Merkmalen unterscheiden:

- Die Verordnung wird i.d.R. verwandt, wenn beispielsweise ein Patient Heilmittel (Physiotherapie) oder häusliche Krankenpflege verordnet bekommt. In beiden Fällen wird die Erbringung einer medizinischen Leistung auf eine nachgeordnete Berufsgruppe – hier den Physiotherapeuten oder den Pflegedienst – übertragen. Heilmittel und häusliche Krankenpflege gehören zur Gruppe der veranlassten Leistungen und sind entsprechend dem Unterausschuss „Veranlasste Leistungen im Gemeinsamen Bundesausschuss" zugeordnet. Wesentliches Kennzeichen ist, dass der Arzt die zu erbringende Leistung sowie deren Beginn, Häufigkeit und Dauer in der Verordnung

abschließend bestimmt und der Physiotherapeut oder der Pflegedienst von dieser
nicht abweichen darf. Dem Physiotherapeuten
respektive dem Pflegedienst obliegt lediglich
die Durchführungsverantwortung, ob und in
welchem Umfang die Leistungen zu erbringen
sind, legt alleine der Arzt fest.

- Ein Arzt überweist einen Patienten zu einem
anderen Arzt, wenn er bestimmte Leistungen
wie Labor in Auftrag gibt (Auftragsleistung),
die fachliche Meinung eines Kollegen einholen
möchte (Konsiliaruntersuchung) oder zur
Mit- und/oder Weiterbehandlung (§ 24 Abs. 7
Bundesmantelvertrag). Liegt ein solcher Grund
vor, kann der Arzt seinen Patienten mit einem
extra dafür vorgesehenen Vordruck (Überwei-
sungsschein) an einen anderen Mediziner
überweisen.

Genau an dieser Stelle gibt es zwischen den Befür-
wortern und den Gegnern der Modellvorhaben
unterschiedliche Auffassungen, welches Verfahren
für den ambulanten Bereich implementiert werden
soll und ob dafür die Vordrucke der vertragsärztlichen Versorgung zur Anwendung kommen dürfen.
Während die Ärzteschaft für eine Verordnungslö-
sung plädiert, befürworten die Krankenkassen die
Verwendung der Überweisung, da sie – anders als
die Verordnung – besser zum Ausdruck bringt,
dass die Ausübung der Heilkunde durch die Pflegefachkräfte in eigener Verantwortung erfolgt. Auch
sollte nach Auffassung der Kassenseite die Modellvertragspartner die bisherigen Vordrucke der vertragsärztlichen Versorgung nutzen können (kein
zusätzlicher Bürokratieaufbau); ergänzend bedarf
es der Vergabe einer eindeutigen Leistungserbrin-
ger- und Betriebsstättennummer für die spezialisierte Pflegefachkraft.

Der Gemeinsame Bundesausschuss lässt letztendlich in der verabschiedeten Richtlinie die Entscheidung offen, ob mittels einer Verordnung oder
mittels einer Überweisung der Patient nach der Dia-
gnose- und Indikationsstellung zur Behandlung an
die Pflegefachkraft geschickt wird. Geregelt ist in der
Richtlinie lediglich, dass die Diagnose und Indikationsstellung den Pflegefachkräften im Rahmen der
Erprobung dokumentiert mitzuteilen ist. Es obliegt
daher den Modellpartnern auch hier, den Zugang

zur Pflegefachkraft auszugestalten. Ausgeschlossen
hat der Gemeinsame Bundesausschuss auf Antrag
der Kassenärztlichen Bundesvereinigung in der Ple-
numssitzung am 20.10.2011, dass Überweisungen
von Pflegefachkräften ausgestellt werden können.
Damit haben Pflegefachkräfte in den Modellversuchen nur die Option, Überweisungen zu veranlassen,
können diese jedoch nicht selbst ausstellen.

3.4   Ausblick: Welche Chancen hat die Umsetzung der Richtlinie nach § 63 Abs. 3c SGB V?

Internationale Beispiele zeigen, wie ärztliche Aufgaben auch in größerer Verantwortung übertragen werden können, ohne dass die Versorgung an
Qualität einbüßt. Ob jedoch eine Umsetzung dieses
Modellvorhabens eine Chance auf Realisierung hat,
hängt im Wesentlichen von der Akzeptanz der Beteiligten ab.

3.4.1   Wird eine Aufgabenneuverteilung von den Patienten angenommen?

Patienten haben sicherlich Vorbehalte gegenüber der
Neuordnung ärztlicher Tätigkeiten, wenn künftig
qualifizierte Pflegefachkräfte statt Ärzte die medizinische Therapie übernehmen. Dahinter stehen
Ängste und Befürchtungen, Abstriche bei der Qualität der Versorgung in Kauf nehmen zu müssen. Karin
Höppner hat in einer Studie die Akzeptanz der Bevölkerung für unterschiedliche Aufgabenverteilungen
zwischen den verschiedenen Gesundheitsberufen im
Jahr 2008 untersucht. Danach lehnen mehr als zwei
Drittel der insgesamt 1454 Befragten hypothetisch
die Übertragung bislang ärztlicher Aufgaben an weiterqualifizierte Pflegefachkräfte respektive Medizinische Fachangestellte ab (Höppner 2008).

Internationale Studien deuten jedoch darauf
hin, dass Patienten, die tatsächlich Erfahrungen mit
weitreichenden Rollenneuverteilungen sammeln
konnten, ihre Vorbehalte abbauen. Zwar befürwor-
tet die Mehrheit der Patienten den Besuch beim Arzt,
jedoch waren diese auch bereit, eine weitergebildete Pflegefachkraft aufzusuchen, wenn sich daraus

3.4 · Ausblick: Welche Chancen hat die Umsetzung der Richtlinie nach § 63 Abs. 3c SGB V?

35

3

kürzere Wartezeiten oder längere Konsultationszeiten ergeben.

Die Bedürfnisse und Befürchtungen von Patienten bei der Aufgabenneuverteilung der Gesundheitsberufe wurden durch die Beteiligung der Patientenvertreter im Gemeinsamen Bundesausschuss ernst genommen und auch berücksichtigt. Letztendlich ist entscheidend, dass die Patienten durch die Neuordnung des ärztlichen Aufgabenzuschnitts profitieren.

3.4.2 Welche Vorteile haben Krankenkassen durch die Modellvorhaben?

Demografiewandel, zunehmende Morbiditäten, Spezialisierungen, Gewinnung von pflegerischem Nachwuchs: Das sind die Herausforderungen der Zukunft, die zu bewältigen sind. Mit diesem Modellvorhaben werden erste Schritte getan, um die an der Gesundheitsversorgung beteiligten Berufsgruppen strukturell zu befähigen, diesen Herausforderungen entgegentreten zu können und eine kompetente, lückenlose Betreuung der Patienten sicherzustellen. Erste Modellprojekte nach § 63 Abs. 3c SGB V z. B. in Einrichtungen der stationären Langzeitpflege oder in unterversorgten Regionen können für die Krankenkassen ein interessantes Instrument zum Abbau von Versorgungsdefiziten sein. Anreize werden insbesondere für Krankenkassen gesetzt, wenn mit dem Modellvorhaben die Qualität und Wirtschaftlichkeit der Versorgung verbessert werden kann.

Diese Ziele lassen sich am ehesten mit den vom Gemeinsamen Bundesausschuss vorgeschlagenen Versorgungsmodellen zu Diabetes mellitus, Hypertonus, chronischen Wunden und demenziellen Erkrankungen realisieren. Zum einen handelt es sich dabei um ausschließlich chronische Erkrankungen, die für die Krankenkassen epidemiologisch relevant sind, zum anderen liegt bereits heute besondere pflegerische Expertise vor. Mit diesen Versorgungsmodellen können sich Krankenkassen daher besonders große Verbesserungen in der Versorgung erhoffen.

Hingegen würde eine reine Liste prozedurenbezogener Einzeltätigkeiten es im ambulanten Bereich sehr erschweren, Versorgungsangebote zu entwickeln, in denen die spezialisierten Pflegefachkräfte effizient eingesetzt werden können.

Grundsätzlich muss man sich fragen, ob die „Substitution light" ärztlicher Leistungen im Krankenhaus vor dem Hintergrund der Organisations- und Prozessstrukturen in dieser Reinform überhaupt sinnig ist. Im stationären Bereich erhofft sich die DKG einen rechtlichen Rahmen der bisher schon schrittweise realisierten Arbeitsteilung und Kooperation. In der Regel handelt es sich hierbei um die Anfertigung von EKG, die Durchführung von intravenösen Blutentnahmen, die Verabreichung intramuskulärer und intravenöser Injektionen, die Vorbereitung und Durchführung ärztlich verordneter Infusionen, das Legen von venösen Zugängen, die Ermittlung dringlicher Parameter an Laborautomaten auf Station, die Kontrolle und Überwachung der vitalen Funktionen, das Legen von Sonden, der Verbandwechsel. Innerhalb dieser Tätigkeiten sind erfahrene Krankenschwestern und -pfleger (Gesundheits- und Krankenpfleger – GuK) in der Regel geübter als so manche Ärzte. Es wurden also Tätigkeiten anderer Berufsgruppen bereits in die Pflege verschoben, ohne dass die Voraussetzungen dafür geschaffen wurden.

Unter den oben genannten Zielsetzungen für die Krankenkassen scheint auf den ersten Blick ein Modellprojekt im stationären Bereich mit Übertragung von prozedurenbezogenen Einzeltätigkeiten jedoch wenig attraktiv; das erste im Jahr 2016 gestartete Modellprojekt „Evidenzbasierte Pflege" der Universität Halle in Kooperation mit der AOK Sachsen-Anhalt greift die Versorgungsmodelle Diabetes mellitus Typ II und chronische Wunde auf und wird diese in akutstationären Einrichtungen erproben.

3.4.3 Akzeptieren die Ärzte Pflegefachkräfte auf gleicher Augenhöhe?

Nicht unbekannt dürfte die Einstellung der Ärzteschaft zur Neuordnung ärztlicher Tätigkeiten in Deutschland sein, lehnt sie doch die Übertragung der ärztlichen Tätigkeit auf Angehörige der Alten- und Krankenpflege seit dem 111. Deutschen Ärztetag 2008 vehement ab (► Exkurs „Credo der ärztlichen Standesorganisationen"). Aber vertritt dieses höchste Gremium der deutschen Ärzteschaft auch tatsächlich die Interessen der Ärzte?

3

Credo der ärztlichen Standesorganisationen – Delegation ja, Substitution nein!

Beschluss des 113. Deutschen Ärztetages 2008
Auf Antrag des Vorstands der Bundesärztekammer (Drucksache III-04) fasst der 111. Deutsche Ärztetag einstimmig folgende Entschließung:
Der zukünftige medizinische Versorgungsbedarf sowie die geänderten wirtschaftlichen Rahmenbedingungen erfordern eine Weiterentwicklung der bisherigen Aufgabenverteilung zwischen ärztlichen und nichtärztlichen Gesundheitsberufen. Neue Aufgabenverteilungen in der medizinischen Versorgung müssen an folgenden Kriterien bemessen werden:

- Versorgungsqualität und Patientensicherheit
- Rechtssicherheit und Einheitlichkeit der Heilkundeausübung
- Effizienz und Wirtschaftlichkeit

Konzepte und Modellvorhaben, die auf eine Lockerung des Arztvorbehalts und Unterschreitung des Facharztstandards in Diagnostik und Therapie hinauslaufen, lehnt die Deutsche Ärzteschaft ab. Die Ärzteschaft hat eigene Konzepte zur Förderung arztunterstützender und arztentlastender Maßnahmen im Rahmen der Delegation entwickelt, die im Interesse des Patienten am Grundsatz der therapeutischen Gesamtverantwortung des Arztes festhalten und auf Basis einer klaren Rollenverteilung ein

synergetisches Zusammenwirken der verschiedenen Qualifikationen und Kompetenzen der verschiedenen Gesundheitsberufe ermöglichen, anstatt konkurrierende Parallelstrukturen zu schaffen. Aufgrund der erforderlichen medizinischen Fachkenntnis und wegen des Risikos der Verursachung gesundheitlicher Schädigung durch heilkundliche Maßnahmen ist die Ausübung der Heilkunde am Menschen unter Arztvorbehalt gestellt. Der Facharztstandard und die medizinisch-wissenschaftlichen Standards gewährleisten die anerkannte Qualität der Patientenversorgung in Deutschland. Deshalb ist eine Substitution ärztlicher Leistungen durch Leistungen nichtärztlicher Gesundheitsberufe mit gleichzeitiger Übertragung ärztlicher und juristischer Verantwortung für deren ordnungsgemäße Durchführung abzulehnen und an der einheitlichen Ausübung der Heilkunde durch approbierte Ärzte festzuhalten. Durch eine partielle Verlagerung ärztlicher Aufgaben werden auch die aktuellen Versorgungsprobleme nicht gelöst, sondern eher die Gefahr zusätzlicher Schnittstellen geschaffen.
Die Bewältigung neuer Aufgaben im Gesundheitswesen, die Optimierung von Prozessabläufen und Wirtschaftlichkeitsüberlegungen machen einerseits die Entlastung der Ärzte in Kliniken und Praxen

von administrativen und anderen nichtärztlichen Aufgaben notwendig; andererseits ist die Einbeziehung nichtärztlicher Mitarbeiter in eine vom Arzt angeordnete, überwachte und verantwortete Leistungserbringung (Delegation) im Sinne einer Weiterentwicklung der seit dem Jahre 1988 existierenden Stellungnahme der Bundesärztekammer zu den „Anforderungen an die persönliche Leistungserbringung" notwendig. Prüfkriterien für die Zulässigkeit einer Delegation sind weiterhin die Qualifikation des nichtärztlichen Mitarbeiters, die Gefährlichkeit einer Leistung oder die bei ihrer Erbringung notwendige Qualität und Erfahrung. Bundesärztekammer und Kassenärztliche Bundesvereinigung haben in diesem Sinne eine Novellierung des Papiers vorgenommen, wobei alle von Fachgesellschaften und Verbänden abgegebenen Stellungnahmen berücksichtigt wurden.
Die vom Gesetzgeber durch das Pflegeweiterentwicklungsgesetz auch für den Bereich der Gesetzlichen Krankenversicherung beschlossene Neuregelung, wonach Kompetenzerweiterungen für Pflegeberufe im Sinne der selbstständigen Ausübung der Heilkunde modellhaft erprobt werden sollen, werden von der Ärzteschaft aus den o.g. grundsätzlichen Erwägungen abgelehnt.

Schaut man sich zur Beantwortung dieser Frage hilfsweise die Ergebnisse der Mitgliederbefragung des Marburger Bundes aus dem Jahr 2010 an, zeigt sich, dass für das Gros der Ärzte in Krankenhäusern die Vereinbarkeit von Familie und Beruf und folglich Reduzierung der Arbeitszeit sehr wichtig sind. Zur Arbeitsunzufriedenheit tragen zu wenig Urlaub, fehlende Planbarkeit, aber auch die Leistungsverdichtung und der Personalmangel bei (Marburger Bund 2010). Könnten

Entlastungsmodelle wie die Substitution ärztlicher Leistungen nicht einen wesentlichen Beitrag leisten, um die Work-Life-Balance der Ärzte wiederherzustellen? Ist die Konzentration des Arztes auf seine medizinischen Kernkompetenzen nicht auch eine Chance, den Arztberuf wieder attraktiv zu machen? Sind die Grenzen der von der Ärzteschaft geforderten Delegation nicht schnell erreicht, wenn kein Arzt mehr vorhanden ist, der die Verantwortung übernimmt?

Die Vertreter der Pflege haben längst erkannt, dass mit der Übernahme von mehr Verantwortung auch die Attraktivität des Pflegeberufes gesteigert werden kann. So erhoffen sie sich durch die Übernahme ärztlicher Tätigkeiten auch die Wertschätzung, die dem Pflegeberuf von der Gesellschaft nicht entgegengebracht wird. Aber will die Pflege die Verantwortung auch tragen? Wird sie das Selbstbewusstsein aufbringen, Ärzten auf gleicher Augenhöhe zu begegnen?

Fazit

Voraussetzung für jede nachhaltige Änderung der Aufgabenverteilung zwischen den Gesundheitsberufen ist die Bereitschaft der einzelnen Akteure zum Umdenken, zum Paradigmenwechsel und damit zur Ablösung von traditionellen, inzwischen überholten Verfahren, die die Ressourcen und die Steuerungshoheiten verteilen.

Solange für die Ärzteschaft die Pflege das „Proletariat" ist – so drückte sich einst der westfälische Ärztekammerpräsident, Theodor Windhorst, auf einer Podiumsdiskussion aus – und die Pflege von der Ärzteschaft nicht auf gleicher Augenhöhe akzeptiert wird, werden neue Rollenverteilungen auch schwer umzusetzen sein. Dann bleibt Deutschland das Schlusslicht.

Literatur

BÄK/KBV (2008) Persönliche Leistungserbringung – Möglichkeiten und Grenzen der Delegation ärztlicher Tätigkeiten, Stand: 29.08.2008. Bundesärztekammer, Kassenärztliche Bundesvereinigung, Berlin

Barth L (2009) Die Modellklausel im Pflegeweiterentwicklungsgesetz – zugleich ein Einfallstor für wissenschaftliche Untugenden? PIR 2/2009

Fricke A (2011) Ärzte wollen das Heft in der Hand behalten. Ärztezeitung. http://www.aerztezeitung.de/politik_gesellschaft/berufspolitik/article/644195/aerzte-wollen-heft-hand-behalten.html. Zugegriffen: 22. Februar 2017

Höppner K (2008) Neue Aufgabenverteilung zwischen Gesundheitsberufen in der Arztpraxis aus Patientensicht. Gesundheitsmonitor. http://gesundheits-monitor.de/schwerpunkte/zukunftserwartungen/detail/studien/zeige/neue-aufgabenverteilung-zwischen-gesundheitsberufen-in-der-arztpraxis-aus-patientensicht/. Zugegriffen: 22. Februar 2017

Höppner K, Kuhlmey A (2009) Gesundheitsberufe im Wandel. GGW 9(2): 7–14

KBV – Kassenärztliche Bundesvereinigung (2017) Bundesmantelvertrag. http://www.kbv.de/html/bundesmantelvertrag.php. Zugegriffen: 22. Februar 2017

Kultusministerkonferenz (2005) Rahmenlehrplan für den Ausbildungsberuf Medizinischer Fachangestellter/Medizinische Fachangestellte. Beschluss der Kultusministerkonferenz zum Rahmenlehrplan 18.11.2005. http://www.kmk.org/fileadmin/Dateien/pdf/Bildung/BeruflicheBildung/rlp/MedizinischerFA.pdf. Zugegriffen: 22. Februar 2017

Marburger Bund (2010) Mitgliederbefragung 2010. http://www.marburger-bund.de/projekte/mitgliederumfragen/2010. Zugegriffen: 22. Februar 2017

Ministerium für Schule und Weiterbildung (2010) Lehrplan für das Berufskolleg in Nordrhein-Westfalen: Medizinische Fachangestellte/Medizinischer Fachangestellter. MSW, Düsseldorf. http://www.berufsbildung.schulministerium.nrw.de/cms/upload/_lehrplaene/a/medizinische_fachangestellte.pdf. Zugegriffen: 22. Februar 2017

Roters D (2009) Risse im Arztvorbehalt? Modellvorhaben nach § 63 Abs. 3c SGB V. ZMGR 3/2009

Sachverständigenrat zur Begutachtung der Entwicklung im Gesundheitswesen (2007) Kooperation und Verantwortung – Voraussetzung einer zielorientierten Gesundheitsversorgung. Kurzgutachten, Ziffer 9. http://svr-gesundheit.de. Zugegriffen: 22. Februar 2017

Der neue Pflegebedürftigkeitsbegriff

Klaus Wingenfeld

© Springer-Verlag GmbH Deutschland 2017
P. Bechtel, I. Smerdka-Arhelger, K. Lipp (Hrsg.), *Pflege im Wandel gestalten – Eine Führungsaufgabe*,
DOI 10.1007/978-3-662-54166-1_4

4

Die Reform der Pflegeversicherung, die mit dem zweiten Pflege-Stärkungsgesetz eingeleitet wurde und seit Januar 2017 in allen Bereichen der Langzeitpflege Auswirkungen zeigt, ist vermutlich die am weitesten reichende Reform in der Entwicklung dieses Sicherungssystems. Im Mittelpunkt steht dabei der sog. neue Pflegebedürftigkeitsbegriff. Rund 20 Jahre nach Einführung der Pflegeversicherung in Deutschland wurde damit nicht nur eine bessere Absicherung für die pflegebedürftigen Menschen auf den Weg gebracht, sondern auch ein Impuls für die fachliche Weiterentwicklung der Pflege.

4.1 Weshalb ein neuer Pflegebedürftigkeitsbegriff?

Schon seit Einführung der Pflegeversicherung war das sozialrechtliche Verständnis von Pflegebedürftigkeit, auf dem dieses neue Sicherungssystem aufbaute, Gegenstand der Kritik. Das damals geltende Verständnis von Pflegebedürftigkeit, so wurde bemängelt, sei zu eng und führe zur Benachteiligung verschiedener Personengruppen – vor allem von Demenzkranken, aber auch von chronisch kranken Kindern, psychisch beeinträchtigten Menschen und jüngeren Schwerkranken mit andauerndem Bedarf an spezialisierter Pflege (Landtag Nordrhein-Westfalen 2005).

Die Kritik richtete sich vor allem darauf, dass der „alte" Pflegebedürftigkeitsbegriff einseitig somatisch ausgerichtet und auf Beeinträchtigungen im Bereich bestimmter Alltagsverrichtungen begrenzt blieb. Als pflegebedürftig galten nur diejenigen Personen, die wegen einer Krankheit oder Behinderung bei der Nahrungsaufnahme, der Körperpflege, der Mobilität und der hauswirtschaftlichen Versorgung in erheblichem Maße der Hilfe bedurften. Beeinträchtigungen außerhalb dieser Alltagsverrichtungen blieben bei der Ermittlung einer Pflegestufe unberücksichtigt. Demenziell Erkrankte beispielsweise benötigen häufig eine intensive Begleitung in der gesamten Lebensführung, nicht allein Hilfe bei den genannten Alltagsverrichtungen. Ein Bedarf an einer solchen Begleitung, die in der Diskussion häufig als „allgemeine Beaufsichtigung" bezeichnet wurde, blieb ohne Bedeutung für die Pflegestufe. Chronisch kranke Kinder waren durch die Fixierung des SGB XI

auf die Alltagsverrichtungen ebenfalls betroffen. Da bei Kindern in den Bereichen Nahrungsaufnahme, Körperpflege und Mobilität häufig der altersbedingte Bedarf überwiegt, war der anerkennungsfähige Zeitbedarf in vielen Fällen zu gering, um eine Pflegestufe zu erreichen. Deshalb waren manche sehr junge Kinder trotz einer schweren Erkrankung und hohem Pflegebedarf nicht pflegebedürftig im Sinne der Pflegeversicherung.

Hinzu kam eine weitere, eher methodische Schwachstelle. Die Pflegestufe und damit der Leistungsanspruch des Versicherten wurde anhand der Zeit ermittelt, die eine nicht zur Pflege ausgebildete Person für die Hilfen bei Alltagsverrichtungen benötigt („Laienpflegezeit"). Dieses Konstrukt warf insbesondere dann Probleme auf, wenn berufliche Pflege vertreten war, gleichgültig, ob ambulant oder stationär. Dann nämlich wurde die Pflegestufe auf der Grundlage von Zeiten festgelegt, die angefallen **wären**, wenn unter durchschnittlichen häuslichen Bedingungen ausschließlich eine durchschnittliche Pflegeperson ohne Ausbildung gepflegt **hätte**. Im Heimbereich mussten die Gutachter also eine fiktive Situation beurteilen und die Frage beantworten, wie hoch der Aufwand im Falle der häuslichen Pflege gewesen **wäre**.

Um übermäßig große Abweichungen infolge unterschiedlicher Vorstellungen der Gutachter zum Zeitbedarf zu vermeiden, legte man sog. Zeitkorridore fest, die angaben, wie viel Zeit für die jeweiligen Verrichtungen als Bedarf anerkannt werden konnte – beispielsweise 2–3 Minuten für den Toilettengang zum Wasserlassen oder 15–20 Minuten beim Duschen (einschl. Abtrocknen). Unterstellt wurde dabei, dass der Pflegebedürftige bei der betreffenden Verrichtung gänzlich unselbstständig ist und daher eine vollständige Übernahme aller Teilhandlungen durch die Pflegeperson erfolgt. Anderenfalls war der notwendige Zeitaufwand individuell durch den Gutachter zu ermitteln. Die Zeitkorridore galten zwar nur als Orientierungswerte, haben in der Praxis aber große normative Wirkung bei der Einstufung entfaltet.

Das enge Verständnis von Pflegebedürftigkeit hatte auch strukturelle Folgen. Es legte beispielsweise das Leistungsprofil der ambulanten Pflege im Rahmen der Pflegeversicherung zwei Jahrzehnte lang weitgehend auf die Hilfen bei Alltagsverrichtungen fest (§ 36 SGB XI in der alten Fassung), was zu einem Hindernis für die professionelle Weiterentwicklung ambulanter Pflege wurde. Indirekte Wirkungen gab es auch im Bereich der Pflegedokumentation. Viele Einrichtungen gingen (irrtümlich) davon aus, die Hilfen bei Alltagsverrichtungen müssten besonders sorgfältig und genau dokumentiert werden, um für den Pflegebedürftigen eine hohe Pflegestufe zu erreichen. Vor diesem Hintergrund entwickelten sich fachlich fragwürdige Formen der Dokumentation, in denen eher belanglose Hilfen zum Teil peinlich genau festgehalten wurden (z. B. Hilfe beim Händewaschen). Andere und wichtigere Pflegehandlungen (z. B. Entlastung bei immer wieder auftretenden Panikattacken) blieben hingegen unerwähnt.

Der Gesetzgeber bemühte sich, die negativen Folgen des engen Pflegebedürftigkeitsbegriffs durch verschiedene Leistungsergänzungen zu kompensieren. Der erste Schritt hierzu war das Pflegeleistungs-Ergänzungsgesetz im Jahr 2002. Seither konnten Versicherte mit sog. eingeschränkter Alltagskompetenz zusätzliche Ansprüche auf Betreuungsleistungen geltend machen. Das Pflege-Weiterentwicklungsgesetz brachte im Jahr 2008 eine Anhebung der betreffenden Leistungssätze auf bis zu 2400 Euro jährlich.

Trotz dieser und anderer Verbesserungen konnte von einer Behebung der Folgen des engen Pflegebedürftigkeitsbegriffs nicht die Rede sein. Gemessen an den regulären Leistungssätzen für die Pflegestufen konnten die Sonderregelungen für Menschen mit eingeschränkter Alltagskompetenz nicht mithalten. Es setzte sich immer mehr die Erkenntnis durch, dass die Herausforderungen der demografischen Entwicklung auf der Grundlage eines somatisch verengten Pflegebedürftigkeitsbegriffs nicht zu bewältigen wären. Hierzu bedurfte es vielmehr eines Ansatzes, der die verschiedenen Formen von Pflegebedürftigkeit ausreichend abdeckt, sowohl die primär körperlich als auch die primär kognitiv/psychisch bedingten Bedarfskonstellationen.

4.2 Der lange Weg der Reform

Im Herbst 2006 setzten nach mehreren Jahren intensiver Diskussion über die Schwachstellen der Pflegeversicherung konkrete Schritte zur Neufassung des Pflegebedürftigkeitsbegriffs ein. Dazu gehörten die Einberufung eines Beirats durch das Bundesministerium für Gesundheit, der eine entsprechende Empfehlung vorlegen sollte, und die Durchführung einer pflegewissenschaftlichen Studie zur Erarbeitung der inhaltlich-konzeptionellen Grundlagen (Wingenfeld et al. 2011a). Im weiteren Verlauf entwickelten das Bielefelder Institut für Pflegewissenschaft und der Medizinische Dienst der Krankenversicherung Westfalen-Lippe gemeinsam das „Neue Begutachtungsassessment" (NBA – Wingenfeld et al. 2011b), das im Jahr 2008 erfolgreich getestet wurde. Ergänzend zeigte der Beirat verschiedene Umsetzungsszenarien auf, um je nach politischer Festlegung der Leistungen auch eine Abschätzung der ökonomischen Wirkungen zu ermöglichen. Auch Hinweise auf Erfordernisse zur Gestaltung des Übergangs zu einem neuen Pflegebedürftigkeitsbegriff sind Bestandteil der beiden Berichte, die der Beirat in der ersten Jahreshälfte 2009 dem Bundesgesundheitsministerium vorlegte (BMG 2009a und 2009b).

Dann folgten zunächst einmal Bundestagswahlen mit einem Regierungswechsel. Die damit verbundenen Veränderungen führten dazu, dass sich der Reformprozess, der zunächst mit großer Dynamik eingesetzt hatte, erheblich verlangsamte. Er kam erst wieder in Gang, als durch das Bundesgesundheitsministerium ein weiterer Beirat konstituiert wurde, der erneut Fragen der Umsetzung beraten und der Politik Empfehlungen unterbreiten sollte. Viele Diskussionen wiederholten sich, und es wurde in dieser Zeit auch deutlich, dass der starke Konsens unter allen wichtigen Entscheidungsträgern, der die Entwicklung in den Jahren 2006 bis 2009 kennzeichnete, Risse bekommen hatte. Als der neue Expertenbeirat im Jahr 2013 seine Empfehlungen vorlegte (BMG 2013) und erneut eine Bundestagswahl in Aussicht stand, wurde in der Diskussion daher immer mehr Skepsis geäußert und befürchtet, dass der Prozess erneut vertagt und damit vielleicht endgültig in eine Sackgasse geführt werden sollte.

Es kam aber anders. Mit den Reformgesetzen der Jahre 2014 und 2015 wurde der Weg zum neuen Pflegebedürftigkeitsbegriff geebnet und der Übergang zum neuen System schließlich mit dem zweiten Pflege-Stärkungsgesetz Ende 2015 definitiv eingeleitet. Das Gesetz schrieb vor, dass die Pflegeversicherung ab Januar 2017 auf den neuen Pflegebedürftigkeitsbegriff umgestellt werden sollte.

4

4.3 Der Kern des neuen Pflegebedürftigkeitsbegriffs und des neuen Begutachtungsverfahrens

Der neue Pflegebedürftigkeitsbegriff und das dazugehörige Begutachtungsverfahren repräsentieren im Vergleich zur ursprünglichen Regelung im SGB XI einen gänzlich anderen Ansatz zur Ermittlung einer Stufe der Pflegebedürftigkeit. Sie stellen nicht die Pflegezeit, sondern die Selbstständigkeit im Umgang mit den Folgen gesundheitlicher Störungen in den Mittelpunkt der Betrachtung: Pflegebedürftigkeit entsteht, wenn ein Mensch nicht über die Fähigkeit, das Wissen oder die Willenskraft verfügt, um körperliche oder psychische Beeinträchtigungen, gesundheitlich bedingte Belastungen oder Anforderungen selbstständig zu kompensieren bzw. zu bewältigen. Pflegebedürftigkeit ist also als Abhängigkeit von personeller, pflegerischer Hilfe bei der Bewältigung von Folgen gesundheitlicher Störungen zu verstehen – was auch bedeutet, dass bei vollständiger Kompensation einer Beeinträchtigung durch Hilfsmittel nicht von Pflegebedürftigkeit gesprochen werden kann, wenn die Nutzung dieser Hilfsmittel ohne Personenhilfe erfolgen kann. Nicht die Schwere einer Erkrankung (oder Behinderung) und die durch sie verursachten Einbußen sind entscheidend, sondern die Fähigkeit zur selbstständigen Krankheitsbewältigung und selbstständigen Gestaltung von Lebensbereichen.

Dies ist im Grunde kein neuer Gedanke. In der pflegewissenschaftlichen Diskussion, in den bedeutendsten pflegetheoretischen Ansätzen und auch in wichtigen fachpolitischen Programmen internationaler Organisationen steht dieses Verständnis schon seit vielen Jahrzehnten im Vordergrund (z. B. ANA 1980; Henderson 1997). Durch die Dominanz des alten, verkürzten Pflegebedürftigkeitsbegriffs in allen Handlungsfeldern der Langzeitpflege in Deutschland wurde dieses Grundverständnis in der politischen Diskussion und auch in der Fachdiskussion jedoch wenig wahrgenommen und lange Zeit nicht ernsthaft als Alternative in Betracht gezogen. Vielleicht hat auch dazu beigetragen, dass der Weg von einem fachlichen Grundgedanken bis zu einer Lösung in der Lebenswirklichkeit kompliziert sein kann. Letztlich bestand die größte Herausforderung

im Reformprozess darin, dieses fachliche Grundverständnis in ein sozialrechtliches Regelgeflecht und ein Begutachtungsverfahren zu „übersetzen", und zwar so, dass es sich in die Strukturen der sozialen Sicherungssysteme in Deutschland einpassen und insbesondere im Rahmen der Pflegeversicherung praktikabel werden konnte.

Mit der gefundenen Lösung, die das alte Recht im Januar 2017 abgelöst hat, wird die Zuordnung einer Stufe der Pflegebedürftigkeit – jetzt „Pflegegrad" – vom Grad der Selbstständigkeitseinbußen abhängig gemacht. Die entsprechende gesetzliche Vorschrift lautet:

» Pflegebedürftig im Sinne dieses Buches sind Personen, die gesundheitlich bedingte Beeinträchtigungen der Selbständigkeit oder der Fähigkeiten aufweisen und deshalb der Hilfe durch andere bedürfen. Es muss sich um Personen handeln, die körperliche, kognitive oder psychische Beeinträchtigungen oder gesundheitlich bedingte Belastungen oder Anforderungen nicht selbständig kompensieren oder bewältigen können (§ 14 Abs. 1 SGB XI).

Im Rahmen einer MDK-Begutachtung werden dementsprechend die Selbstständigkeit und die grundlegenden Fähigkeiten zur selbstständigen Lebensführung beurteilt. Das neue Begutachtungsassessment unterscheidet hierbei folgende Bereiche (Wingenfeld et al. 2011b):

1. **Mobilität:** Fortbewegung über kurze Strecken und Lageveränderungen des Körpers
2. **Kognitive und kommunikative Fähigkeiten:** Gedächtnis, Wahrnehmung, Denken, Kommunikation
3. **Verhaltensweisen und psychische Problemlagen:** Verhaltensweisen, die mit einer Selbstgefährdung oder mit der Gefährdung anderer verbunden sein können oder andere Probleme mit sich bringen; außerdem psychisch belastende Probleme wie Ängstlichkeit, Panikattacken oder Wahnvorstellungen
4. **Selbstversorgung:** Körperpflege, Anziehen, Essen und Trinken sowie Verrichtungen im Zusammenhang mit Ausscheidungen (hier finden sich die für die heutige Einstufung

ausschlaggebenden Alltagsverrichtungen wieder, mit Ausnahme der hauswirtschaftlichen Versorgung)

5. **Umgang mit krankheits-/therapiebedingten Anforderungen und Belastungen:** Aktivitäten, die auf die Bewältigung von Anforderungen und Belastungen infolge von Krankheit oder Therapiemaßnahmen zielen, z. B. Medikamenteneinnahme, Umgang mit Hilfsmitteln oder Durchführung zeitaufwendiger Therapien

6. **Gestaltung des Alltagslebens und der sozialen Kontakte:** Einteilung von Zeit, Einhaltung eines Rhythmus von Wachen und Schlafen, sinnvolles (bedürfnisgerechtes) Ausfüllen von verfügbarer Zeit und Pflege sozialer Beziehungen

Anhand von Einschätzungen in diesen Bereichen wird ein Grad der Pflegebedürftigkeit ermittelt. Jeder Bereich entspricht einem „Modul" im neuen Begutachtungsverfahren, das wiederum mehrere Merkmale beinhaltet (z. B. Modul 1: fünf Merkmale der Mobilität). Die Teilergebnisse dieser Module werden nach bestimmten Regeln zu einem Gesamtergebnis zusammengeführt und als Wert auf einer Skala zwischen 0 und 100 Punkten dargestellt. Diese Skala ist in mehrere Bereiche unterteilt, die jeweils einem Pflegegrad entsprechen.

Es fällt auf, dass es im neuen Begutachtungsverfahren neben den genannten sechs Bereichen zwei weitere gibt, die bei der Begutachtung berücksichtigt werden, aber nicht in die Ermittlung eines Pflegegrades einfließen:

- **Außerhäusliche Aktivitäten:** Teilnahme an sozialen und im weitesten Sinne kulturellen Aktivitäten, einschließlich der hierbei erforderlichen außerhäuslichen Mobilität
- **Haushaltsführung:** Hauswirtschaftliche Tätigkeiten und Regelung der für die alltägliche Lebensführung notwendigen geschäftlichen Belange (Nutzung von Dienstleistungen, Umgang mit Behörden, Geldangelegenheiten)

Im Verlauf der Instrumentenentwicklung und -erprobung hatte sich gezeigt, dass die Beurteilung der Selbstständigkeit in diesen beiden Bereichen nicht erforderlich ist, um verlässlich einen

Pflegegrad zu ermitteln. In beiden Fällen besteht ein so starker Zusammenhang mit kognitiven Fähigkeiten, der Mobilität und anderen schon berücksichtigten Aspekten, dass die Einschätzungsergebnisse keine Zusatzinformation für die Einstufung bringen würden. Etwas vereinfacht gesagt: Wer in den ersten sechs Bereichen Beeinträchtigungen aufweist, ist immer auch bei außerhäuslichen Aktivitäten und der Haushaltsführung entsprechend unselbstständig.

Diese beiden Bausteine blieben unter anderem deshalb Teil des Verfahrens, weil von Beginn an das Ziel verfolgt wurde, Informationen aus der Begutachtung für die Versorgungsplanung und das Fallmanagement bei Pflegebedürftigkeit nutzbar zu machen. Wenngleich „methodisch verzichtbar", stellen außerhäusliche Aktivitäten und Haushaltsführung im Leben der betroffenen Menschen und damit auch im Rahmen der Versorgung sehr wichtige Bereiche dar.

Anhand der genannten sechs Module wird also seit Januar 2017 der Pflegegrad ermittelt, der über den Anspruch auf Leistungen der Pflegeversicherung entscheidet. Im neuen System gibt es fünf Pflegegrade. So wird auch solchen Personen ein Pflegegrad zugeordnet, die relativ geringe Beeinträchtigungen aufweisen und damit trotz bestehender Pflegebedürftigkeit nicht die alte Pflegestufe I erreichen. Es wird geschätzt, dass durch den neuen Pflegegrad 1 mittel- und langfristig einige Hunderttausend Menschen Leistungsansprüche erwerben, die im alten System nicht leistungsberechtigt gewesen wären. Ziel der Einführung eines Grades 1 für geringe Pflegebedürftigkeit war unter anderem, neue Ansatzpunkte zur Stärkung von Prävention in der Pflege zu schaffen. Wenn die betreffenden Menschen – so der zugrunde liegende Gedanke – erst einmal „im System" sind, so steigen die Chancen, ihnen Wege zu Präventionsangeboten zu ebnen. Der Ausbau geeigneter Präventionsangebote stellt allerdings noch eine Zukunftsaufgabe dar.

Eine Neuerung stellt auch der Pflegegrad 5 dar. Zum Abschluss der Entwicklung und Erprobung des neuen Verfahrens wurde vorgeschlagen, auf die alten Härtefallregelungen zu verzichten und die Zuordnung des Pflegegrads 5 stattdessen allein vom Grad der Selbstständigkeitseinbußen abhängig zu machen (wie bei allen anderen Stufen auch). Der Gesetzgeber hat diesen Vorschlag aufgegriffen.

4

Für pflegebedürftige Kinder, bei denen weiterhin zwischen gesundheitlich bedingter und altersbedingter Unselbstständigkeit unterschieden werden muss, wurde eine abgewandelte Version des neuen Begutachtungsverfahrens entwickelt. Dabei wird nicht der Grad der Selbstständigkeit für sich genommen, sondern die **Abweichung** von der Selbstständigkeit gesunder, altersentsprechend entwickelter Kinder bewertet. Zugrunde liegen dabei zahlreiche Forschungsergebnisse zur kindlichen Entwicklung. Die bei Kindern charakteristischen Aspekte der Pflegebedürftigkeit erhalten mit dem neuen Pflegebedürftigkeitsbegriff viel mehr Gewicht – beispielsweise das Fehlen grundlegender Fähigkeiten und Alltagskompetenzen, die Abhängigkeit von Personenhilfe im Zusammenhang mit anspruchsvollen Pflegemaßnahmen, aufwendigen Therapien und der Überwachung von Vitalfunktionen oder die Unterstützungsnotwendigkeit beim Strukturieren des Tages und bei sozialen Kontakten. Außerdem wurde entschieden, das Begutachtungsverfahren bei Kindern im Alter bis zu 18 Monaten zu vereinfachen.

Es gibt noch verschiedene andere Neuerungen, die in die Entwicklung des neuen Begutachtungsverfahrens eingeflossen sind. Dazu gehören insbesondere eine verbesserte Methode zur Einschätzung des Bedarfs an medizinischer Rehabilitation und die Aufwertung der Feststellung des Hilfsmittelbedarfs.

4.4   Umstellungen in der Pflegeversicherung durch das zweite Pflege-Stärkungsgesetz (PSG II)

Die Strukturen der Pflegeversicherung und damit in weiten Teilen auch die Strukturen der Langzeitpflege in Deutschland werden in hohem Maße durch den sozialrechtlichen Begriff der Pflegebedürftigkeit geprägt. Der neue Pflegebedürftigkeitsbegriff führt daher nicht nur zu veränderten Leistungsansprüchen für die betroffenen Menschen, sondern zwangsläufig auch zu einer weitreichenden Reorganisation in der pflegerischen Versorgung, die an dieser Stelle nur grob skizziert werden kann. Die wichtigsten Änderungen im Überblick:

- Bereits mit dem ersten Pflege-Stärkungsgesetz wurde, im Vorgriff auf den neuen Pflegebedürftigkeitsbegriff, der Anspruch auf **allgemeine Betreuungsleistungen** auf alle Pflegebedürftigen ausgedehnt. Bis dahin galt der Anspruch nur für Personen mit eingeschränkter Alltagskompetenz. Heute erhalten auch Pflegebedürftige mit rein körperlichen Beeinträchtigungen diese Leistungen der Pflegeversicherung.

- Mit dem PSG II mussten zwangsläufig die **Leistungsbeträge** angepasst werden, da Pflegestufen und Pflegegrade nicht gleichgesetzt werden können. Diese Anpassung führte insbesondere zu einer erheblichen Besserstellung von Pflegebedürftigen mit kognitiven Beeinträchtigungen.

- Das PSG II enthält zahlreiche **Überleitungsregelungen**. Es war nicht praktikabel, zum Januar 2017 alle Leistungsberechtigten neu zu begutachten, um den Pflegegrad zu ermitteln. Der Gesetzgeber hat sich vielmehr für eine automatische Überleitung entschieden. So wurden Pflegebedürftige mit der Pflegestufe I zum 1. Januar 2017 automatisch in den Pflegegrad 2, Pflegebedürftige mit der Pflegestufe II in den Pflegegrad 3 und Pflegebedürftige mit der Pflegestufe III in den Pflegegrad 4 „umgestuft". Pflegebedürftige, bei denen eine eingeschränkte Alltagskompetenz vorlag, vollzogen einen „doppelten Stufensprung", also von Pflegestufe I in den Pflegegrad 3, von der Pflegestufe II in den Pflegegrad 4 usw. Dieser Automatismus fördert gelegentlich das Missverständnis, Pflegegrade und alte Pflegestufen stünden in einem linearen Verhältnis zueinander. Es handelt sich aber nur um eine formale Regelung, um einen reinen Verwaltungsakt. Die Annahme, die Ausprägung von Pflegebedürftigkeit mit der Pflegestufe II gleiche der Ausprägung von Pflegebedürftigkeit mit dem Pflegegrad 4, wenn kognitive Beeinträchtigungen vorliegen, wäre ein Irrtum.

- Im **Heimbereich** musste durch den Wegfall der Pflegestufen eine neue Grundlage zur Berechnung der Pflegesätze und Heimentgelte gefunden werden. Das PSG II legte außerdem fest, dass die Bewohner zukünftig einheitliche Eigenanteile zahlen sollten; ein höherer Grad der Pflegebedürftigkeit führt also nicht mehr zu einer automatischen Erhöhung des Eigenanteils. Dies alles hatte zusammen mit den Überleitungsregelungen eine komplizierte Situation in der Übergangsphase zur Folge, die besonnene Lösungen erforderte, um nicht eine Einrichtung unerwartet in eine schwierige Situation zu bringen.

- Das Gesetz schrieb des Weiteren vor, die Entwicklung von **Personalbemessungssystemen** auf den Weg zu bringen, die auf dem neuen Pflegebedürftigkeitsbegriff aufbauen. Interessanterweise sollten dabei alle Versorgungsbereiche – auch die ambulante Pflege – einbezogen werden. Entsprechende Entwicklungsprojekte wurden Anfang 2017 auf den Weg gebracht.

Noch wichtiger als diese Regelungen waren jedoch die Impulse zur Weiterentwicklung der pflegerischen Versorgung. Der neue Begriff der Pflegebedürftigkeit bringt zahlreiche Entwicklungsoptionen für die Pflege mit sich, für die allerdings noch konzeptionelle Lösungen gefunden werden müssen.

Dies zeigt sich am deutlichsten in der ambulanten Pflege. Hier führte die Begrenzung auf die Alltagsverrichtungen im alten Recht zu einer erheblichen Einengung des pflegerischen Leistungsspektrums: Ambulante Pflege im Rahmen der Pflegeversicherung war weitgehend festgelegt auf Hilfen in den Bereichen Körperpflege, Nahrungsaufnahme, Mobilität und hauswirtschaftliche Tätigkeiten (§ 36 SGB XI in der alten Fassung). Mit der Einführung des neuen Pflegebedürftigkeitsbegriffs durch das zweite Pflege-Stärkungsgesetz erweitert sich der Aufgabenbereich der ambulanten Pflege grundlegend. Die neuen gesetzlichen Vorschriften beschreiben das neue Handlungsfeld folgendermaßen:

» Maßnahmen in den … Bereichen Mobilität, kognitive und kommunikative Fähigkeiten, Verhaltensweisen und psychische Problemlagen, Selbstversorgung, Bewältigung von und selbständiger Umgang mit krankheits- oder therapiebedingten Anforderungen und Belastungen sowie Gestaltung des Alltagslebens und sozialer Kontakte (neue Fassung des § 36 Abs. 1 SGB XI).

Betont werden außerdem der präventive Auftrag der Pflege, der Stellenwert der sog. pflegerischen Betreuungsmaßnahmen sowie ein erweitertes Verständnis von Hilfe bei der Haushaltsführung, die nunmehr auch Hilfen im Umgang mit Geldangelegenheiten und Dienstleistungen umfasst.

Damit eröffnen sich gänzlich neue Entwicklungsperspektiven für die ambulante Pflege, die aber, bevor sie Realität werden, inhaltlich und konzeptionell konkretisiert werden müssen. Was heißt es für ambulante Pflegedienste, wenn Unterstützung bei der Gestaltung des Alltagslebens oder bei der Bewältigung psychischer Problemlagen geleistet werden soll? Welche Konzepte bringt die Pflege als Berufsgruppe in den aktuellen Prozess ein? Wie werden die Rahmenverträge zwischen Kostenträgern und Leistungsanbietern den erweiterten Auftrag ambulanter Pflege konkretisieren? Die Antworten, die hierzu bislang gefunden wurden, wirken noch etwas bescheiden.

Ähnliches gilt für andere Fragen im Zusammenhang mit dem neuen Pflegebedürftigkeitsbegriff: Die Reform bietet zahlreiche Entwicklungschancen, aber die Umsetzung ist kein Automatismus, sondern auf Initiativen und neue Ideen angewiesen. Dies gilt für alle Pflegebereiche, also auch für die stationäre Langzeit- und Kurzzeitpflege, die teilstationäre Pflege und nicht zuletzt für neue Wohnformen und quartiersbezogene Versorgungskonzepte. In allen Bereichen zeigte sich beim Inkrafttreten der Reform ein erheblicher Bedarf, auf der Basis des neuen Rechts innovative Versorgungskonzepte zu entwickeln.

4.5   Ausblick

Mit dem neuen Pflegebedürftigkeitsbegriff wurde eine vermutlich längere Phase struktureller Weiterentwicklung der pflegerischen Versorgung eingeleitet. Leistungsverbesserungen waren zu Beginn des Jahres 2017 sofort greifbar, aber die darüber hinausreichenden, langfristig vielleicht sogar wichtigeren Veränderungen können erst im Verlauf eines längeren Prozesses Gestalt annehmen.

Dieser Prozess birgt Chancen und Risiken. Die Chancen umfassen zahlreiche Möglichkeiten, die Professionalisierung der Pflege voranzutreiben und die Versorgung besser auf die facettenreichen

Bedarfskonstellationen bei pflegebedürftigen Menschen abzustimmen. Die Bedingungen sind alles in allem recht günstig. Zahlreiche Entwicklungshemmnisse, die das alte Recht enthielt, gibt es nicht mehr. Es fließt mehr Geld in das System. Außerdem gibt es verschiedene zeitlich parallele Entwicklungen, die sich fachlich miteinander verknüpfen lassen. Dazu gehört die Einführung einer indikatorengestützten Beurteilung von Ergebnisqualität in der Pflege, die mit dem PSG II ebenfalls verbindlich vorgeschrieben wird und die in vielen Punkten die Inhalte und Methoden des neuen Begutachtungsverfahrens nutzt. Die neuen Dokumentationsformen rund um das sog. Strukturmodell bauen inhaltlich ebenfalls auf dem neuen Pflegebedürftigkeitsbegriff auf. Der in Osnabrück entwickelte Expertenstandard „Erhaltung und Förderung von Mobilität in der Pflege" zeigt zahlreiche Gemeinsamkeiten mit dem Verständnis von Mobilität, das sich auch im neuen Pflegebedürftigkeitsbegriff findet. So lassen sich verschiedene Bereiche ausmachen, in denen die aktuellen Entwicklungen zusammenlaufen und sich gegenseitig verstärken könnten.

Risiken bestehen darin, dass keine funktionalen Lösungen für die anstehenden Herausforderungen gefunden werden oder das Entwicklungspotenzial der Reform ungenutzt bleibt. Gemessen an der langen Vorlaufzeit der Reform liegen bislang doch erstaunlich wenige Vorschläge zur Nutzung der neuen Rechtsgrundlagen für die qualitative Weiterentwicklung der Pflege vor. Es mussten und müssen auch weiterhin zahlreiche, zum Teil komplizierte Fragen beantwortet und tragfähige Lösungen entwickelt werden. Beispiele hierfür sind Übergangsregelungen im Heimbereich, die Abgrenzung von Zuständigkeiten zwischen der Pflegeversicherung und der Eingliederungshilfe oder auch die erwähnte Weiterentwicklung der ambulanten Pflege. Es ist Zeitdruck entstanden, und vor diesem Hintergrund tendieren Entscheidungsträger manchmal dazu, an altvertrauten Lösungen festzuhalten. Das könnte beispielsweise für die ambulante Pflege im Extremfall Entwicklungsstillstand bedeuten.

Fazit

Herausforderungen stellen sich noch in vielen Bereichen, die in den vorangegangenen Ausführungen nicht angesprochen wurden – etwa im Bereich der Pflegeberatung oder der Aus- und Weiterbildung, nicht zuletzt aber auch im Bewusstsein vieler beruflich Pflegender. 20 Jahre Pflegeversicherung mit einem engen Pflegebegriff haben in der Haltung und der Sichtweise vieler Pflegekräfte natürlich Spuren hinterlassen. Der neue Pflegebedürftigkeitsbegriff kann insofern auch als Aufforderung verstanden werden, einen neuen Anlauf zu nehmen, um eigenen professionellen Ansprüchen mehr Geltung zu verschaffen.

Literatur

ANA – American Nurses Association (1980) A social policy statement. ANA, Kansas City

BMG – Bundesministerium für Gesundheit (Hrsg) (2009a) Bericht des Beirats zur Überprüfung des Pflegebedürftigkeitsbegriffs. BMG, Berlin

BMG – Bundesministerium für Gesundheit (Hrsg) (2009b) Umsetzungsbericht des Beirats zur Überprüfung des Pflegebedürftigkeitsbegriffs. BMG, Berlin

BMG – Bundesministerium für Gesundheit (Hrsg) (2013) Bericht des Expertenbeirats zur konkreten Ausgestaltung des neuen Pflegebedürftigkeitsbegriffs. BMG, Berlin

Henderson V (1997) Das Wesen der Pflege. In: Schaeffer D, Moers M, Steppe H, Meleis A (Hrsg) Pflegetheorien. Beispiele aus den USA. Huber, Bern, S 39–54

Landtag Nordrhein-Westfalen (2005) Situation und Zukunft der Pflege in NRW. Bericht der Enquête-Kommission des Landtags von Nordrhein-Westfalen. Landtag Nordrhein-Westfalen, Düsseldorf

Wingenfeld K, Büscher A, Schaeffer D (2011a) Recherche und Analyse von Pflegebedürftigkeitsbegriffen und Einschätzungsinstrumenten (Schriftenreihe Modellprogramm zur Weiterentwicklung der Pflegeversicherung, Bd 1). GKV-Spitzenverband, Berlin

Wingenfeld K, Büscher A, Gansweid B (2011b) Das neue Begutachtungsinstrument zur Feststellung von Pflegebedürftigkeit (Schriftenreihe Modellprogramm zur Weiterentwicklung der Pflegeversicherung, Bd 2). GKV-Spitzenverband, Berlin

Berufsbild Pflege ambulant – Schilderung aus Sicht des Managements ambulanter Pflegedienste

Thomas Meißner

© Springer-Verlag GmbH Deutschland 2017
P. Bechtel, I. Smerdka-Arhelger, K. Lipp (Hrsg.), *Pflege im Wandel gestalten – Eine Führungsaufgabe*,
DOI 10.1007/978-3-662-54166-1_5

Die ambulante Pflege gehört zweifelsfrei zu den Aufgabenbereichen innerhalb der Pflegeberufe, die sich in den letzten 20 Jahren am meisten verändert haben. Dies gilt nicht nur für die Veränderungen des Berufsbildes und der sich daraus ergebenen Tätigkeiten. Vielmehr sind es die Herausforderungen der ambulanten Pflege bezogen auf ökonomische, strategische und Management-Funktionen. Es ist die Freiberuflichkeit als Chance mit dem Entwickeln von Strukturen, dem Führen und dem Management pflegerischer Leistungen und ambulanten Pflegeeinrichtungen. Der schon in den 1980er Jahren entwickelte Slogan „ambulant vor stationär" war viele Jahre zwar nur ein Lippenbekenntnis, machte aber schon damals die Notwendigkeit deutlich, Gesundheits- und Pflegeleistungen aus der traditionellen und klassischen stationären Versorgungswelt in eine neue ambulante medizinische pflegerische Gesundheitsversorgung zu überführen. Die Umsetzung des PSG II und III, genauso wie die ständigen Erweiterungen der Richtlinie Häusliche Krankenpflege (Psychiatrie, palliative Versorgung etc.) zeigt, dass der Gesetzgeber die ambulante Pflege und Versorgung stärken will und ihr damit eine zentrale Rolle bei der Gesundheitsversorgung der Bevölkerung zukommt. Ambulante Pflege hat sich in den letzten Jahren zu einem nicht mehr wegzudenkenden und ständig wachsenden Versorgungssektor innerhalb der Gesundheitswirtschaft entwickelt. Dabei spielen nicht nur ökonomische Faktoren eine immer größere Rolle, auch die Ausrichtung an den Wünschen der betroffenen Menschen macht es notwendig, sich den Herausforderungen der Weiterentwicklung ambulanter Gesundheitsversorgung zu stellen. Immer deutlicher wird dabei die Abgrenzung zwischen fachpflegerischer, pflegerischer Versorgung und Betreuungs- und Entlastungsleistungen.

5.1   Zum Hauptunterschied der Aufgabenstellung zwischen stationärer und ambulanter Pflege

Während in der traditionellen stationären Versorgung der Hilfesuchende zur Dienstleistung geht, kommt in der ambulanten Pflege die Dienstleistung zum Hilfesuchenden.

Dieser Unterschied zwischen stationärer und ambulanter Pflege verdeutlicht, dass die größte Herausforderung für die Pflegenden im Erkennen und Anwenden neuer Strukturen, Managementmethoden und betriebswirtschaftlichen Betrachtungen liegt. Völlig neue Kalkulations- und Entgeltmodelle wurden in den letzten 30 Jahren in Deutschland getestet. Zum Teil bewusst, zum Teil aber auch unbewusst, und je nach Interessenlage der Betroffenen entstand ein bunter Blumenstrauß von Vergütungsansätzen, der sich von der Einzelvergütungsleistung über kleingliedrige Leistungsgruppen bis hin zu Leistungs-, Tages- bzw. Wochenpauschalen entwickelt. Die ambulante Pflege ist Vorreiter, wenn es um den Zusammenhang einzelner pflegerischer und medizinischer Leistungen im Verhältnis zu Punktwerten, Minutenwerten oder Eurobeträgen geht. Anders als in der stationären Pflege, wo zwar die Ermittlung von Pflegesätzen betriebswirtschaftlich errechnend dargestellt wird, aber die tatsächliche Erbringung medizinischer und pflegerischer Leistungen nicht jede Stunde und jeden Tag Einfluss auf den verhandelten Pflegesatz haben, wird in der ambulanten pflegerischen und medizinischen Versorgung jede einzelne Leistung und Handlung vergütungsrelevant festgehalten.

5.2   Anzahl und Struktur ambulanter Pflegedienste

Bis Anfang der 1980er Jahre waren in Deutschland weit unter 2000 ambulante Pflegestationen am Markt. Der größte Teil hiervon waren Sozialstationen der Liga der freien Wohlfahrtspflege und kommunale Einrichtungen. Erst Anfang der 1980er Jahre kamen private Pflegeeinrichtungen auf den Markt und stellten sich dem hochsubventionierten Sozialstationsmarkt erfolgreich dar und bauten den Marktanteil aus. So konnte sich die Zahl der ambulanten Pflegeeinrichtungen/Sozialstationen bis Anfang/Mitte der 1990er Jahre auf ca. 4000 Einrichtungen erhöhen. Erst mit Einführung der Pflegeversicherung im Jahr 1995 stiegen die Zulassungszahlen für ambulante Pflegedienste/Sozialstationen sprunghaft an und erreichten in Spitzenzeiten eine Zahl von über 13.000 Einrichtungen. Die Zahl der privat zugelassenen Pflegeeinrichtungen wuchs erheblich schneller als

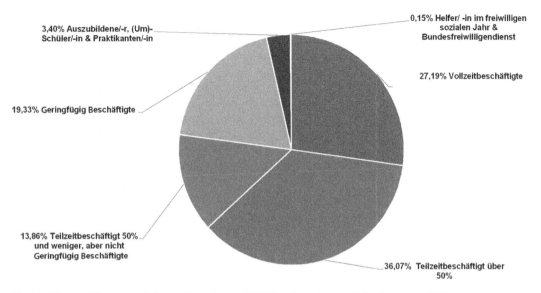

3,40% Auszubildene/-r, (Um)-
Schüler/-in & Praktikanten/-in

0,15% Helfer/ -in im freiwilligen
sozialen Jahr &
Bundesfreiwilligendienst

27,19% Vollzeitbeschäftigte

19,33% Geringfügig Beschäftigte

13,86% Teilzeitbeschäftigt 50%
und weniger, aber nicht
Geringfügig Beschäftigte

36,07% Teilzeitbeschäftigt über
50%

☐ **Abb. 5.1**   Beschäftigte in ambulanten Pflegediensten 2015 (Angaben aus: Statistisches Bundesamt 2015)

die der Sozialstationen, wobei sich der Marktanteil an versorgten Patienten erst in den letzten 2 Jahren zu Gunsten der privaten Einrichtungen verschob. Sozialstationen waren rein personell betrachtet in der Regel besser ausgestattet, sowohl in der Verwaltung und Leitung als auch in der Gesamtgröße der Einrichtung. Bei privaten Einrichtungen handelte es sich meistens um Kleinstunternehmen. Die entsprechenden Zulassungsbedingungen für den Bereich SGB XI, die fast flächendeckend bundesweit umgesetzt wurden, umfassen derzeit eine Pflegedienstleitung, eine Stellvertretung und eine sonstige zur Pflege geeignete Person, jeweils in Vollzeit. Auch das Verhältnis von Vollzeitkräften zu Teilzeitbeschäftigung und der Einsatz anderer Mitarbeitergruppierungen, wie das freiwillige soziale Jahr – bis 2011 Zivildienstleistender – veränderten eher die Vollzeitbeschäftigung zur Teilzeitbeschäftigung (- Abb. 5.1).

Auch die Größe der Einrichtungen stellte Leitung und Management vor entscheidende Herausforderungen. So gab es Anfang 2000 immerhin 60% der Einrichtungen, die unter 10 Mitarbeiter beschäftigten (- Abb. 5.2).

In den letzten 10 Jahren hat sich der Anteil der Kleinsteinrichtungen verringert und die Anzahl der mittelständischen Unternehmensstrukturen von 20–40 Mitarbeitern stetig erhöht. In dieser Zeit ist zu beobachten, dass sich mittelständische Unternehmensstrukturen mit Mitarbeiterzahlen von 200 bis 800 Mitarbeitern allmählich in der ambulanten Pflege entwickeln. Allein aus diesen Zahlen wird deutlich, wie unterschiedlich die Anforderungen an die Unternehmen sind. Während in der stationären Pflege oft die Einrichtungen seit Jahren nach traditionellen Strukturen geführt werden und vor allem aber die Strukturen auch für Neugründungen seit vielen Jahren vorhanden, evaluiert und bestätigt sind, gibt es in der ambulanten Pflege erst in den letzten Jahren Studien, entsprechende Fachliteratur und Managementerkenntnisse für unterschiedliche Betriebsgrößen.

5.3   Gesetzliche Grundlagen/ Kostenträger

Der bereits zitierte Slogan „ambulant vor stationär" ist in der Kostenträgerrealität angekommen. Ambulante Versorgung ist aktuell aus keinem Bereich der Gesundheitswirtschaft mehr wegzudenken. Gesetzliche Regelungen wie das Gesundheitsmodernisierungsgesetz (GMG) von 2007 und beispielhaft das Pflegeweiterentwicklungsgesetz (PfWG) sind nur zwei Beispiele gesetzlicher Regelungen, die eindeutig die Ambulantisierung unterstützen. Auch die Kostenträger lassen nichts unversucht, teure stationäre

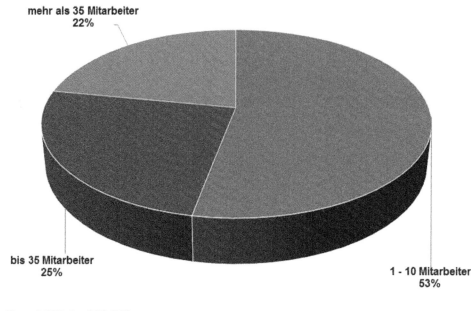

Gesamtbeschäftigte: 355.613

Gesamtzahl zugelassener ambulanter PD in Deutschland: 13.323

◻ **Abb. 5.2**   Anzahl der Mitarbeiter in ambulanten Pflegediensten in Prozent (Angaben aus: Statistisches Bundesamt 2015)

Behandlungen in ambulante Versorgungseinheiten zu überführen. So sind die Gesamtausgaben der Häuslichen Krankenpflege gemessen an den Gesamtausgaben der gesetzlichen Krankenversicherung in den letzten 5 Jahren deutlich gestiegen (- Abb. 5.3).

Es ist zu beobachten, dass Kostenträger gerade in der Häuslichen Krankenpflege, die noch heute unter „sonstige Leistungsanbieter" fällt, zum Teil zweistellige Steigerungsraten innerhalb dieser Kostenstelle Häusliche Krankenpflege haben. Im Vergleich zu den ärztlich ambulanten Leistungen, den Krankenhausleistungen und den Ausgaben für Medikamente liegt dieses Segment der Steigerungsraten fast an erster Stelle. Umso schwieriger wird es, wirtschaftliche Entgelte für die Häusliche Krankenpflege zu erzielen. Das Beispiel BKK Berlin und Hamburg, später City BKK, hat Anfang 2000 gezeigt, dass Krankenkassen bereit sind, mit allen zur Verfügung stehenden Rechtspotenzialen Leistungsanbieter zu verunsichern und von heute auf morgen Preisabsenkungen von bis zu 20% umzusetzen. Auch in der heutigen Zeit versuchen Kassen nach hiesiger Ansicht, mit dem Argument der Beitragsstabilität

und exorbitanten Steigerungsraten Anhebungen von Leistungsentgelten – wie im Tarifrecht – zu verhindern. Immer neue Entgeltsystematiken, Aufspaltung von Leistungen, ja sogar die Verrechnung von völlig getrennten Leistungssektoren wie SGB V und SGB XI werden von Krankenkassen angeboten, um die im eigenen Haushalt steigenden Fallzahlen zu kompensieren.

Durch diesen unhaltbaren Zustand ist das Management gezwungen, sich ständig auf neue Vergütungssysteme, neue ökonomische Bedingungen einzustellen. Lohnanhebungen sowie Mitarbeitermotivationen im finanziellen Sinne sind durch diese Preispolitik von Krankenkassen nahezu ausgeschlossen. So bot eine Kasse für ambulante Intensivpflege einen Arbeitgeberbruttosatz von 22,00 Euro pro Stunde für Fachkrankenpflegekräfte den Pflegediensten ambulant in Berlin an. Dieser Versuch mit niedrigeren Entgelten zeigt, mit welchen Denkweisen einzelne Kassenvertreter vorgehen, um den eigenen Haushalt zu schönen und von den eigentlichen exorbitant steigenden Ausgaben in anderen Bereichen abzulenken.

Angaben in Mrd. Euro

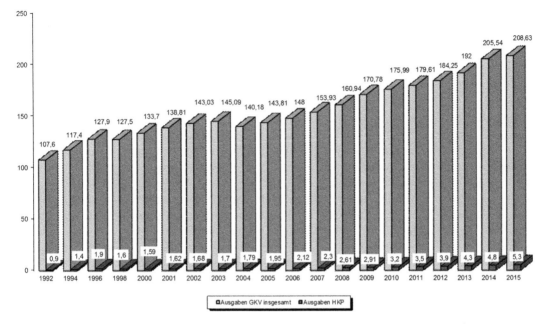

- **Abb. 5.3** Ausgaben der gesetzlichen Krankenversicherung *(GKV)* insgesamt und der häuslichen Krankenpflege *(HKP)* (Nach Angaben des Bundesministeriums für Gesundheit)

Die Entscheidung des Managements, die Teilnahme am Markt um jeden Preis und die wirtschaftliche Erbringung von Leistungen mit motiviertem sowie gut bezahltem Personal und hohen Qualitätsmaßstäben zum Wohle der Patienten zu erwirken, setzt ein hohes Maß an Wissen und Verantwortung, aber auch an Feingefühl und Durchsetzungskraft voraus. Kostenträger gehen immer mehr dazu über, nicht auf Vertragsebene Verträge zu schließen, sondern vielmehr Schieds- und Gerichtsentscheidungen zu erzwingen, um zu versuchen, die eigentlich notwendigen Steigerungen der Entgelte so niedrig wie möglich ausfallen zu lassen. Natürlich gibt es auch positive Erkenntnisse innerhalb der Kassenlandschaft und so wird sich auch in Zukunft die Spreu vom Weizen trennen, wenn Pflegeeinrichtungen ihren Patienten und Mitarbeitern transparent und öffentlich verdeutlichen, welcher Kostenträger bereit ist, ambulante Pflegeleistungen wirtschaftlich und vertretbar zu finanzieren bzw. welcher Kostenträger dies untergräbt. Auch Mitarbeiter und Leitungskräfte ambulanter Dienste werden dies bei der Wahl der eigenen Krankenkasse genauso wie die Patienten berücksichtigen.

5.4 Herausforderung und Entwicklung des Managements

Während in den Anfängen der ambulanten Pflege in Deutschland Mitte/Ende der 1970er Jahre im Bereich der privaten Einrichtungen eher kleinste familiäre Strukturen und im Bereich der Sozialstationen nicht vordergründig moderne unternehmerische Strukturen anzutreffen waren, haben sich Struktur und Größe der Einrichtungen und deren Leistungsspektrum wie kaum in einem anderen Sektor entwickelt. Beschäftigten sich Leitungsausbildungen Ende der 1970er, Anfang der 1980er Jahre vordergründig mit fachlichen Dingen, geht es heute in erster Linie um
- Kommunikationsformen,
- Mitarbeitergewinnung und Mitarbeitermanagement,
- Aufbau- und Ablaufstrukturen sowie EDV,
- Abrechnungsoptimierung,
- Marketing und Qualitätsmanagement.

Allein anhand dieser Aufzählung wird deutlich, wo die Anforderungen, aber auch die Veränderungen und die Anspruchshaltung von Führungs- und Leitungskräften im ambulanten Bereich liegen. Ambulante Pflegeunternehmen müssen sich spätestens seit Einführung der Pflegeversicherung im Jahr 1995 nicht nur an der Kostendeckung orientieren, sondern auch an marktwirtschaftlichen Mechanismen. Die im Vordergrund stehende Neuorientierung an den Bedürfnissen, Wünschen und Erfordernissen des Kunden machen es notwendig, Leistungsprozesse im Bereich der Pflege, der Kommunikation, des Unternehmens und dessen Wirkung zu evaluieren und daraus neue Erkenntnisse für zukunftsorientierte Managementmodelle zu entwickeln.

In der ambulanten Versorgung haben einzelne Leistungen bzw. Leistungsbereiche unterschiedliche Kostenträger. Somit stellt sich auch die Frage, welches Personal mit welcher Qualifikation für welche Leistungen bei den Nutzern von Dienstleistungen (früher der Patient) eingesetzt werden kann. Durch den gravierenden Fachpersonalmangel ist die Frage nach Neuverteilung von Aufgaben innerhalb des Gesundheitssystems eine zentrale Aufgabe für das Management, aber auch für die Pflegedienstleitung, unter deren Verantwortung alle fachlichen in den Rahmenverträgen geregelten Leistungen und Strukturen erbracht werden müssen.

Gerade die Diskussion, ob medizinisch delegierte Tätigkeiten (kleine Behandlungspflege) von Nicht-Examinierten, mit und ohne Weiterbildung, erbracht werden können, hat im Management extreme Auswirkungen in der Außendarstellung des Unternehmens. Während in der stationären Pflege oft für die einzelnen Managementbereiche Abteilungen bzw. Mitarbeiter vorhanden sind, liegt eine breite Anzahl von Leitungs- und Managementaufgaben oft in ein bzw. zwei Händen ambulanter Pflegestationen.

Ambulante Pflegestationen/Sozialstationen müssen sich diesen marktwirtschaftlichen Bedingungen stellen. Unternehmerische Strukturen mit klaren Kompetenzbereichen und Zielstellungen sind die Voraussetzung dafür, erfolgreich und wirtschaftlich zu bestehen. Nicht Eurobeträge werden in der Zukunft über Mitarbeitermotivation, Mitarbeitergewinnung und Mitarbeiterzufriedenheit entscheiden, sondern klare, motivierende und gute Leitungsstrukturen, transparente und unterstützende Arbeitsbedingungen sowie gute Kommunikation und Arbeitsverteilung sind die Herausforderungen

von Leitungskräften im ambulanten Bereich. Die Auseinandersetzung mit zentralen Bestandteilen von Betriebswirtschaft und Management sowie die Fragen nach intrinsischer und extrinsischer Motivation, nach Flexibilität, nach Führungsstilen, Konfliktarten und Instrumenten zur Konfliktbehebung sind genauso Herausforderungen wie die Fragen und Beantwortungen betriebswirtschaftlicher Aspekte.

Kleine, mittlere und große Einrichtungen werden gleichermaßen auf unterschiedliche Art und Weise gefordert sein. Entscheidungen über Modellversuche, Projekte, neue Versorgungsformen und Strukturen müssen aus mehreren Blickwinkeln gründlich betrachtet werden, bevor sie umgesetzt werden. Heute vorhandene Strukturen, Leistungsentgelte und Leistungserbringung wurden in der Vergangenheit oft unterschätzt und müssen in Zukunft deutlich intensiver auf die Marktsituation, auf einen immer mehr stattfindenden Verdrängungswettbewerb am Markt ausgerichtet sein.

5.5   Leistungsmanagement – Flexibilität mit starrem System

Flexibilität bedeutet freie Wahlmöglichkeiten, Schaffung situationsgerechter Strukturen und die Möglichkeit, bedarfs- und zielorientiert Prozesse zu bestimmen, zu verändern und der Notwendigkeit des Einzelfalls anzupassen. Unstrittig ist, dass ambulante Pflege in der heutigen Praxis theoretisch und praktisch ein Höchstmaß an Flexibilität umsetzt, um den Anforderungen medizinisch pflegerischer Versorgung unserer Zeit gerecht zu werden.

Im Gegensatz zur stationären Pflege, bei der die Anzahl der Pflegenden in Form von Bettenzahlen festgelegt ist, gibt es dies in der ambulanten Pflege nicht. Es existieren nur Personalmindestvorhaltungen, die als vertragliche Anforderungen bei der Zulassung entscheidend sind und nicht mit einer mengenmäßigen Versorgung der Patienten zu tun haben. Aus diesem Faktum heraus ist es schwierig, Stellenpläne zu entwickeln, weil weder die Anzahl der Patienten noch der Umfang der Versorgung sowie Einsatzzeit, Anfahrtszeit und Einsatz entsprechender Leistungen bekannt sind. Auch der Ort der Erbringung der Leistungen muss im Gesamtkonzept der ambulanten Pflegeeinrichtung gesehen werden.

Touren-, Einsatz- und Dienstplanung sind höchst abhängig von diesen Modalitäten.

Daher ist es für kleine Einrichtungen schwierig, wenn an einem Tag eine Vielzahl von Patienten aus einem Krankenhaus entlassen werden, da die Versorgung von heute auf morgen unter allen Qualitätspunkten sichergestellt, organisiert und flexibel dem tatsächlichen Bedarf angepasst werden muss. Auch der umgekehrte Fall, dass plötzlich eine Vielzahl von Patienten in die Klinik muss, ist ebenso als eine große Herausforderung zu betrachten.

Die Frage der Flexibilität ambulanter Einrichtungen ist darüber hinaus an die Grundfrage gekoppelt, welcher Leistungsträger (Kostenträger) für die durchzuführenden Maßnahmen in Frage kommt. Hinter jedem dieser Kostenträger verbergen sich Zulassungsbedingungen, Leistungsbeantragungsszenarien, Abrechnungs- und Durchführungsbedingungen (- Abb. 5.4).

Durch die zunehmend sinkende Verweildauer von Patienten in Krankenhäusern ist flexibles Handeln ambulanter Einrichtungen Grundvoraussetzung für die patientenorientierte Versorgung und den wirtschaftlichen Erfolg. Ambulante Einrichtungen können es sich heute nur selten leisten, den Ärzten bzw. Krankenhäusern mitzuteilen, dass ihre aktuellen Versorgungskapazitäten erschöpft sind. Teilhabe am Markt und ungleiche Kräfteverhältnisse zwischen stationärer und ambulanter Versorgung führen zur Verschärfung pflegerischer, unternehmerischer und ökonomischer Bedingungen.

Diese hohe Flexibilität der Leitungskräfte und der Mitarbeiter ambulanter Einrichtungen steht im krassen Widerspruch zu einem starren bürokratischen System mit steigenden und neuen Qualitätsanforderungen sowie niedrigen Leistungsentgelten. So muss im Bereich des SGB V (Häusliche Krankenpflege) jede einzelne Leistung unter strengen Auflagen und auf der Grundlage der Verordnungsrichtlinie nach § 92 Absatz 7 SGB V einzeln verordnet werden. Es müssen genaue Zeiträume sowie jede Änderung der Behandlung von einem Arzt (manche Leistungen nur von bestimmten Fachärzten) festgelegt und verordnet werden. Der Pflegedienst muss im Detail für jede einzelne Leistung die Sicherstellung und das eingesetzte Personal auf der Grundlage der Rahmenverträge mit dem Kostenträger bestätigen und der Patient muss diese Leistung schließlich mit

seiner Unterschrift bei der Krankenkasse beantragen. Diese prüft und bewilligt oder teilbewilligt dann die entsprechende Leistung und informiert den Versicherten sowie den Pflegedienst.

Dabei ist die Höchsteinsatzzahl oft noch auf 3 Einsätze pro Tag begrenzt und die einzelnen Maßnahmen sind nur über beschränkte Zeitkorridore verordnungsfähig. Während in der Häuslichen Krankenpflege auf der einen Seite der Arzt entscheidet, welche Maßnahmen bei der Therapie erforderlich sind, wird der Sachbearbeiter bewilligen oder ablehnen. Im Bereich der Pflegeversicherung müssen Leistungen mit dem Kostenvoranschlag bzw. dem Pflegevertrag geregelt werden. Hier entscheidet der Patient oft nicht nach Notwendigkeit, sondern vielmehr danach, was er bezahlen kann. Beim Sozialhilfeträger müssen die Grundvoraussetzungen des Zugangs zum Sozialsystem geprüft und entsprechende Bedarfsfeststellungen erstellt werden. Diese sind beim Sozialhilfeträger zu beantragen.

Da jede der einzelnen Leistungen mit Durchführungsbestimmungen, Qualitäts- und Qualifikationsanforderungen hinterlegt sind, ist es schwierig, die einzelnen Erwartungshaltungen der Beteiligten durch das Management zu erfüllen. Diese herausragende Flexibilität unter den Bedingungen des beschriebenen starren Systems umzusetzen, ist die tägliche Herausforderung ambulanter Pflegedienste (- Abb. 5.5).

5.6 Politische Betrachtung

Pflege ist heute in der Mitte der Gesellschaft angekommen. Die Pflege wird aktuell einheitlich mit hoher Bedeutung eingeschätzt, allerdings nur solange, wie sie relativ wenig Geld kostet. Pflege ist in Deutschland noch zum größten Teil unorganisiert und die vorhandenen Verbandsstrukturen arbeiten in erster Linie eher gegeneinander bzw. nebeneinander als miteinander. Pflege braucht einheitliche Vertretung, nicht nur in dem eigentlichen berufspolitischen Sinne, sondern auch in unternehmerischen Strukturen. Dennoch fällt es Kostenträgern immer wieder leicht, Einrichtungen auseinanderzudividieren, um so Kostenreduzierung, Preisdumping mit dem Alibi von marktwirtschaftlichen Elementen umzusetzen.

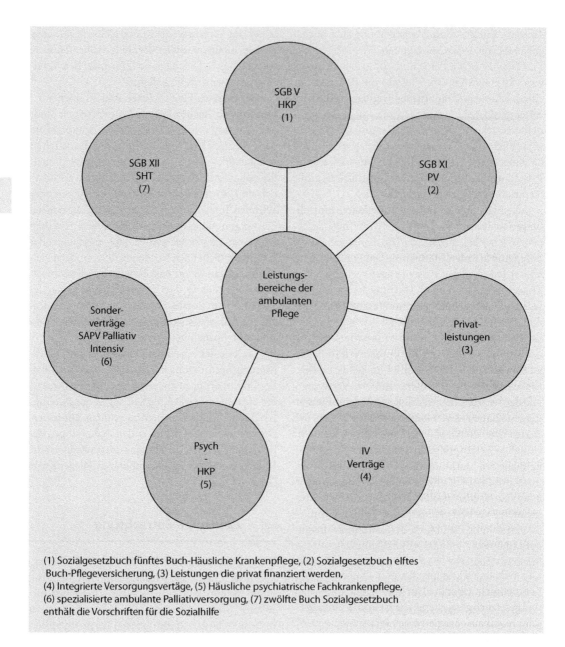

(1) Sozialgesetzbuch fünftes Buch-Häusliche Krankenpflege, (2) Sozialgesetzbuch elftes
Buch-Pflegeversicherung, (3) Leistungen die privat finanziert werden,
(4) Integrierte Versorgungsvertäge, (5) Häusliche psychiatrische Fachkrankenpflege,
(6) spezialisierte ambulante Palliativversorgung, (7) zwölfte Buch Sozialgesetzbuch
enthält die Vorschriften für die Sozialhilfe

 **Abb. 5.4**   Leistungsbereiche der ambulanten Pflege

Betrachtet man die Preisentwicklung ambulanter Pflegeleistungen, so wird ersichtlich, dass es sich hier zwar um große prozentuale Steigerungsraten, was die Ausgaben der Krankenversicherung (wie bereits erwähnt) betrifft, nicht aber um große Steigerungsraten in Eurobeträgen. Ambulante Krankenpflege und ambulante Pflege sind, was die ökonomische Ausstattung anbelangt, noch auf dem Stand von Entwicklungsländern. Durch die relativ geringe Kapitaldeckung ambulanter Pflegeeinrichtungen ist es schwierig, betriebswirtschaftliche Strukturen, Leitungs- und Managementfunktionen zu optimieren bzw. diese auszubauen. Pflege ist in der politischen Betrachtung in Deutschland stationärlastig und wird

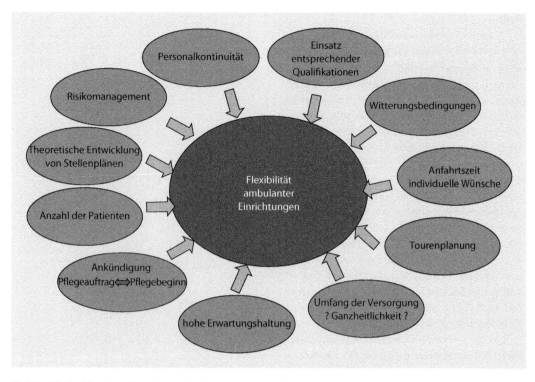

○ **Abb. 5.5** Problemdarstellung bei der Flexibilität ambulanter Pflegeanbieter. (Mod. nach Haubrock und Schär 2009, mit freundlicher Genehmigung des Hogrefe-Verlags)

eher mit Krankenhaus, Pflegeheimen, mit Laienpflege und Pflegeversicherung assoziiert.

Ambulante Pflege ist heute auch in politischen Gremien, in Parteien bis hin zum Gemeinsamen Bundesausschuss angekommen, aber die Kenntnisse über die Besonderheiten dieses Marktes und die Herausforderung an die Unternehmen und deren Leitung führen noch ein Schattendasein. Hier sind Berufsverbände und Manager, Ausbildungseinrichtungen, Kranken- und Altenpflegeschulen und Hochschulen in der Verantwortung, die Besonderheiten und mögliche Risiken der ambulanten Pflege transparenter darzustellen und die notwendige Verbesserung ihrer Rahmenbedingungen als Basis für enorme Leistungschancen zu verdeutlichen.

5.7 Zusammenfassung

Über den ökonomischen Erfolg einer ambulanten Pflegeeinrichtung entscheiden also nicht nur die Aufbau- und die Ablaufstruktur, sondern genauso die

gewählten Leistungssegmente, ob mehr Leistungen im Bereich der Häuslichen Krankenpflege (SGB V), der Pflegeversicherung (SGB XI), des Sozialhilfeträgers (SGB XII), der Intensivmedizin, der Palliativversorgung, der Psychiatrie, der alternativen Wohnformen (WGs mit und ohne Schwerpunkte – Beatmung, Demenz etc.) oder anderer Sondervereinbarungen realisiert werden sollen. Eine genaue Beobachtung der Fallzahl, die Ermittlung von Bedarf und Marktsituation sind Voraussetzungen, um die entsprechenden Entscheidungen in diesen Bereichen zu treffen.

Auch wenn die Zulassungsvoraussetzungen und die damit verbundenen Anforderungen deutlich mehr geworden sind für die Bereiche der Häuslichen Krankenpflege, Pflegeversicherung u.a.m., ist es immer noch relativ einfach, einen ambulanten Pflegedienst am Markt zu platzieren. Unterschätzt wird dabei, dass durch den Druck, sich am Markt zu etablieren, oft irrationale Vergütungsvereinbarungen zustande kommen. Auch der noch zu geringe Organisationsgrad privater ambulanter Einrichtungen trägt dazu bei.

Fazit

Die Zukunft der ambulanten Pflege in Deutschland wird maßgeblich davon abhängen, wie die einzelnen Einrichtungen es schaffen, individuelle Strukturen nach standardisierten betriebswirtschaftlichen Vorgaben zu etablieren, Managementebenen zu etablieren, die auf theoretischer Grundlage praxisorientierte Lösungsansätze beschreiben und umsetzen. Die genaue Analyse der Kosten im eigenen Betrieb, das Benchmarken und der Vergleich mit Kennzahlen und die daraus gewonnenen Erkenntnisse zum Wohle und zum wirtschaftlichen Erfolg des Unternehmens umzusetzen, ist die Herausforderung. Fallzahlenanalyse, Kostenermittlung, Ermittlung von Einsparpotenzialen, Neuausrichtung in Leistungssegmenten und das Verhandeln von leistungsgerechten und wirtschaftlichen Entgelten sind dabei Grundvoraussetzungen. Kostenträger und auch Politik werden begreifen müssen, dass diese Herausforderungen nicht nur durch Einsparungen zu erreichen sind, sondern dass gut durchdachte Investitionen und eine bessere Kapitalausstattung Grundvoraussetzung sind für den sich entwickelnden ambulanten Pflegemarkt.

Literatur

Haubrock M, Schär W (2009) Betriebswirtschaft und Management in der Gesundheitswirtschaft, 5. Aufl. Huber, Bern
Statistisches Bundesamt (2015) Pflegestatistik 2015. Statistisches Bundesamt, Wiesbaden

Anforderungen an pflegerische Führungskräfte im 21. Jahrhundert

Petra Schütz-Pazzini

© Springer-Verlag GmbH Deutschland 2017
P. Bechtel, I. Smerdka-Arhelger, K. Lipp (Hrsg.), *Pflege im Wandel gestalten – Eine Führungsaufgabe*,
DOI 10.1007/978-3-662-54166-1_6

Permanente Veränderungsprozesse, eine hohe Arbeitsverdichtung mit einem rasanten Durchlauf der Patienten, begrenzte Ressourcen sowie erhöhte Arbeitsanforderungen durch immer ältere, multimorbide und demente Patienten neben einer gestiegenen Anspruchshaltung von Angehörigen, oftmals genährt durch semiprofessionelles Teilwissen, stellen enorme Anforderungen an Pflegekräfte. Die Frage der Arbeitsorganisation gewinnt somit an Bedeutung. Denn das Gebot der Stunde kann nicht sein, noch schneller zu arbeiten, sondern radikal anders.

6.1   Warum es Führungskräfte braucht

Wenn sich Arbeitsverständnis und Arbeitsweise nicht parallel verändern, führen diese Bedingungen zu einer erhöhten Stressbelastung mit der Gefahr des inneren Ausbrennens. Auf Dauer einen ICE mit den Mitteln einer Dampflok zu betreiben, kann nicht lange gut gehen. Die Auswirkungen dieses Vorgehens sind zurzeit in vielen Krankenhäusern zu beobachten und zeigen sich in massiven Klagen über zu viel Stress, Resignation, einer schwindenden Identifikation mit dem Unternehmen und in erhöhten Fehlzeiten. Denn je schneller die Taktzahl wird, je höher und komplexer die Anforderungen werden, desto mehr werden Pflegekräfte mit einer tätigkeitsbezogenen Arbeitsweise, von der die sog. Bereichspflege in vielen Häusern nach wie vor gekennzeichnet ist, scheitern.

Da Pflegearbeit innerhalb der Institution Krankenhaus oftmals durch verkrustete Strukturen und ineffiziente Prozesse mit beeinflusst wird, gibt es keine einfachen Lösungen oder Rezepte. Auf den Prüfstand gehört sowohl das eigene Berufs- und Rollenverständnis als auch die Arbeitsorganisation.

Ein weiterer erschwerender Faktor kommt hinzu: Pflegekräfte haben, ebenso wie Ärzte, große Mühen, ihre eigene Arbeit als professionelle Helfer mit einem wirtschaftlichen Kalkül in Verbindung zu setzen. Diese Transformationsarbeit, also das Zusammenbringen zweier sehr verschiedener, aus der Sicht von Pflegekräften oft als unvereinbar empfundener Sichtweisen, ist eine schwierige Aufgabe.

> » Die Einführung von Managementtechniken in nichtprivatwirtschaftliche Organisationen ist nur um den Preis der Einführung der Priorität des Bezuges auf das Funktionssystem Wirtschaft und damit der Abschwächung des Bezugs auf andere Funktionssysteme zu haben (Baecker 2003, S. 270).

Je weniger es gelingt, die verschiedenen Wertesysteme anzunähern, umso verunsicherter werden Mitarbeiter reagieren. Pflegekräfte werden diese Aufgaben nicht allein bewältigen können, sie benötigen Führungskräfte, die die vielschichtigen Ursachen einer erhöhten Arbeitsbelastung verstehen, Mitarbeitern erläutern können, notwendige Veränderungsprozesse initiieren und die Mitarbeiter dabei individuell und in einem starken Gruppenzusammenhalt begleiten.

6.2   Aufgabenfeld: Teamentwicklung

Nach Auffassung der Autorin wird deutlich unterschätzt, von welch hoher Bedeutung ein Gruppengefüge (im Krankenhaus spricht man meist von Team) und das auf einer Station herrschende Klima für die innere Sicherheit von Pflegekräften ist. Die Frage, wie erzeuge ich in einem Dreischichtsystem ein kohärentes Gruppengefühl, wird als Notwendigkeit nicht erkannt. Abzulesen ist dies daran, dass Teambesprechungen oftmals reine Informationsveranstaltungen sind und kaum pflegeinhaltliche Arbeit und bewusste Teamentwicklung beinhalten. Von der dringend notwendigen plastischen Vermittlung strategischer Unternehmensziele und der Förderung einer Identifizierung mit dem Gesamtunternehmen statt mit der Station ganz zu schweigen.

Auch die bekannten Argumente, dass Mitarbeiter von weit her anreisen müssten, Teilzeitkräfte andere Prioritäten hätten, man die Mitarbeiter ja wohl nicht zwingen können, man keine Sanktionsmaßnahmen habe oder der Betriebsrat andere Vorstellungen habe, zeugen ebenso von dieser Unkenntnis.

Team bzw. Gruppenentwicklungsmaßnahmen werden erst dann, zumeist extern begleitet, eingesetzt, wenn die Probleme übergroß geworden sind. Dass eine Team- bzw. Gruppenentwicklung einer konstanten Arbeit von Führungskräften bedarf, solange es die Gruppe oder das Team gibt, ist vielen Führungskräften nicht bewusst.

6.3 Aufgabenfeld: Individuelle Mitarbeiterentwicklung

Ebenso wenig bewusst ist die Notwendigkeit einer individuellen Mitarbeiterentwicklung und Mitarbeiterbegleitung, die sich nicht in dem leidigen Führen eines Mitarbeiterjahresgespräches erschöpft. Um die Stärken und die Entwicklungspotenziale einzuschätzen zu können, benötigt eine Stationsleitung klinische Kompetenz und sie muss wissen, wie ihre Mitarbeiter mit den Patienten arbeiten. Die Frage, welche Entwicklungspotenziale die einzelnen Mitarbeiter haben und wie diese individuell zu fördern wären, steht allerdings in Zusammenhang mit den grundlegenden Zielen, die eine Stationsleitung verfolgt und die wiederum von einer vorhandenen pflegestrategischen Gesamtausrichtung abhängig ist. Die zurzeit beliebte Antwort: „Wir führen das Ebenenkonzept ein" ist ein interessantes Vorhaben, eine pflegestrategische Ausrichtung ist es nicht.

6.4 Aufgabenfeld: Arbeitsorganisation und Prozessmanagement auf der Station

Wie eingangs bereits angemerkt, können Pflegekräfte die derzeitigen und weiter steigenden Anforderungen nicht dadurch bewältigen, indem sie immer schneller in sog. Bereichen Tätigkeiten abarbeiten. Es wäre viel gewonnen, wenn pflegerische Führungskräfte erkennen würden, dass sie Pflegekräften „einen Bärendienst erweisen", wenn sie diese diskontinuierlich und tätigkeitsbezogen arbeiten lassen. Man muss nicht gleich Primary Nursing einführen, allein die Herstellung einer Kontinuität, entsprechend der durchschnittlichen Verweildauer von Patienten in einer Bereichspflege, die es Pflegekräften ermöglicht, über mehrere Tage Pflege- und Behandlungsverläufe ihrer Patienten überhaupt nachvollziehen zu können, wäre bereits ein guter Ansatz, um Stress zu reduzieren und pflegefachliches Denken und Handeln weiterzuentwickeln.

Neben der Regelung der täglichen Ablauforganisation auf der Station ist die Koordination der Belegungssteuerung in der Zusammenarbeit mit den Ärzten und die Bettendisposition eine wichtige Aufgabe der Stationsleitung. Ferner hat sie sicherzustellen, dass ihre Mitarbeiter die jeweiligen Behandlungs- und Pflegeprozesse ihrer zu behandelnden Patienten überblicken können und im Dialog mit den anderen Behandlern das interne Entlassmanagement in den Fokus stellen. Die Steuerung des Personaleinsatzes ist somit ein weiterer wichtiger Arbeitsschwerpunkt. Kriterien hierfür sind, neben den üblichen Punkten (z. B. arbeitsrechtliche Grundlagen), die Übereinstimmung von Arbeitsspitzen und Personalstärken als auch die Planung von kontinuierlichen Diensten entsprechend den durchschnittlichen Verweildauern. Da eine Stationsleitung 7 Tage die Woche für die Pflegequalität auf ihrer Station verantwortlich ist, ist es entscheidend, dass das obere pflegerische Management ihr dementsprechend Verantwortung und Entscheidungsbefugnis in der Mitarbeiterauswahl überträgt.

Diese drei Arbeitsfelder einer Stationsleitung sind stationsspezifisch hinsichtlich der jeweiligen Arbeitsgebiete und der dafür erforderlichen Zeit verbindlich zu definieren und sollten nicht dem jeweiligen Belieben der Stationsleitung anheimgestellt werden. Sie sind abhängig von folgenden Faktoren: Anzahl der Patienten und deren durchschnittlicher Verweildauer, Anzahl der unterstellten Mitarbeiter, bauliche Gegebenheiten und Schweregrad der Erkrankungen der Patienten.

Dass eine Stationsleitung den oben beschriebenen Aufgabenfeldern nicht nachkommen kann, wenn sie 90 % ihrer Arbeitszeit in der direkten Pflege oder als Stationssekretärin arbeitet, ist bekannt. Je weniger klar definiert die Aufgaben, Verantwortungsbereiche und Entscheidungsspielräume einer Stationsleitung hinsichtlich der Arbeitsprozessgestaltung und einer gezielten und nachhaltigen Mitarbeiter- und Teamentwicklung sind, umso mehr bleibt es ihr überlassen, wie sie arbeitet.

Welche Rolle hierbei in mittelgroßen und großen Häusern Abteilungsleitungen oder Bereichsleitungen zukommt, folgt aus den Aufgabenfeldern der Stationsleitung. Personalausfälle zu verwalten und formal eine sog. Personalentwicklung zu betreiben, wird nicht ausreichen. Die Führungsaufgaben der nächsthöheren Ebene haben sich auf die Aufgabenstellung und Entscheidungsbefugnisse der zu führenden Führungskräfte oder Mitarbeiter zu beziehen.

6.5   Hausgemachte Misere und Reparaturversuche

Die Anforderungen, die aus diesen skizzierten Aufgabenfeldern erwachsen, sind hoch und die Klagen von Pflegedirektoren und Pflegedienstleitungen diesbezüglich bekannt. „Unsere Leitungen sind zu alt. Das schaffen die nicht. Die wollen gar nicht in die Personalentwicklung, das haben wir schon versucht etc." Dass diese Misere nicht neu ist und zudem hausgemacht, wird selten hinzugefügt.

Es ist seit etlichen Jahren zu beobachten, dass zwar Pflegemanagementstudiengänge als auch pflegewissenschaftliche Studiengänge in Deutschland üppig gedeihen, deren Früchte in der Realität des stationären Alltags aber so gut wie nicht ankommen. Das Führungsdilemma in der deutschen Pflege ist nicht neu. Stationsleitungen haben zum größten Teil kein Grundlagenstudium absolviert, sondern allenfalls einen sog. Stationsleitungskursus besucht. Dauer und Ausrichtung dieser Kurse ist sehr unterschiedlich. Dieser Zustand wird noch länger andauern. Was tun? Da sich Führungskräfte immer noch nicht stricken lassen, herrscht Ratlosigkeit bzw. wird das Kind mit dem Bade ausgeschüttet.

Die Bereichspflege hat Stationsleitungen eine marginale Rolle in Hinblick auf ihre Führungsrolle zugewiesen, aufgrund derer sie zumeist den größten Teil ihrer Arbeitszeit in der direkten Pflege arbeiteten. Dieses Dilemma wurde bereits vor geraumer Zeit auch von Pflegedirektoren erkannt. Die Schlussfolgerung war, Stationsleitungen gänzlich aus der direkten Patientenpflege zu nehmen und sie zu sog. Managern zu machen, die im Grunde die Tätigkeiten einer Stationssekretärin erfüllen, also das Telefon bedienen, Patienten aufnehmen oder sog. Anamnesegespräche mit allen Patienten machen. Des Öfteren wurde mit Stolz berichtet: „Unsere Leitungen arbeiten nicht mehr am Bett. Sie sind jetzt Teamleitungen und verantwortlich für das Management".

Dieser Irrweg wird mittlerweile erkannt, allerdings erweist es sich als äußerst schwierig, Leitungen, die sich viele Jahre über administrative Aufgaben

definiert haben, in die klinische Arbeit zurückzuführen. Inzwischen gibt es andere Reparaturversuche. Einer davon besteht in der Einführung von Fallmanagern, die das Pflegeassessment, die Pflegeprozessplanung und das Entlassmanagement planen, durchführen, evaluieren, Visiten begleiten oder auch die Prozesssteuerung auf der Station übernehmen.

Ein anderer Reparaturversuch besteht in der Bildung von Großstationen, mit 50 oder mehr Betten, auch „Ebenenkonzept" genannt. Es ist interessant, dass in Gesprächen mit Pflegedirektoren oder Pflegedienstleitungen als eine Begründung für die derzeitige Mode, Großstationen zu bilden und in diesem Zuge Stationsleitungen abzuschaffen, neben Sparmaßnahmen oft folgendes Argument in Klageform zu hören ist: „Die Leitungen helfen sich untereinander nicht, sie rücken nicht zusammen und in die Personalentwicklung wollen sie auch nicht. Da kann ich sie auch abschaffen und gebe einer Bereichsleitung 2 oder 3 Stationen, die regelt das dann." Im gleichen Zuge werden Stellvertretungen abgeschafft, da sie nur reine Abwesenheitsvertretungen seien wollten, darauf könne man wahrlich verzichten. Ergänzend müssen Mitarbeiter über lange Zeiträume oder dauerhaft auf 2–3 Stationen mit unterschiedlichen Fachdisziplinen rotieren, da dies die Flexibilität erhöhe.

So schafft Pflege sich selbst ab.

6.6   Was es zu tun gilt: Notwendige Kompetenzen pflegerischer Führungskräfte

Was folgt aus diesen Beschreibungen und welche Kompetenzen benötigen Führungskräfte? Die oben aufgezeigten Lösungswege einer Abschaffung von Stationsleitungen oder kuriose Wege von Fallmanagement erweisen sich oft als katastrophale Irrwege.

Die vorherrschende „Bunkermentalität" lässt sich nicht über die Rotation von Mitarbeitern und ein Auflösen von Stationen mitsamt Wegfall der Stationsleitungen aufbrechen, sondern über eine Förderung der Zusammenarbeit auf der Ebene der Stationsleitungen im Sinne einer sozialen Gruppe, in der sie voneinander lernen können. Heutige Stationsleitungen benötigen die Fähigkeit, im Sinne einer Prozessorientierung des Gesamthauses zu denken, den

Blick über die Stationsgrenzen hinaus schweifen zu lassen. Dieses Denken beginnt jedoch nicht auf der Hierarchiestufe der Stationsleitungen, sondern auf der höchsten Führungsebene und, sofern es Abteilungsleitungen gibt, in der Zusammenarbeit mit diesen. Wenn Abteilungsleitungen formalistisch und intransparent führen, kann sich auf der Ebene der Stationsleitungen nur wenig verändern.

Es ist eine der schwersten Aufgaben, die Führungsverantwortung von Abteilungsleitungen zu definieren und vor allem in der Praxis zu verankern. Wenn eine Stationsleitung im Sinne der genannten Aufgabenfelder arbeitet und entsprechende Entscheidungsspielräume haben soll, so wird die Aufgabe einer Abteilungsleitung eher in der praxisnahen Förderung und Begleitung der Stationsleitungen und im Initiieren und Begleiten von Veränderungsprozessen liegen. Eine ausführliche Beschreibung dieser Aufgabenfelder würde diesen Text sprengen. Entscheidend ist eine glasklare Definition und Klärung der Verantwortungsbereiche dieser zwei Führungsebenen.

Die Frage, welche Kompetenzen pflegerische Führungskräfte im 21. Jahrhundert benötigen, lässt sich nicht allgemeingültig beantworten. Sie ist abhängig von den strategischen Zielen eines Unternehmens, der pflegestrategischen Ausrichtung und den Verantwortungs- und Entscheidungsspielräumen einer Pflegedienstleitung oder eines Pflegedirektors. Man kann davon ausgehen, dass im Hinblick auf eine effiziente Prozesssteuerung auf der Station und im Hinblick auf die Entwicklung einer professionellen pflegerischen Arbeit, unter den bekannten hohen Arbeitsanforderungen, Stationsleitungen benötigt werden. Ob man diese Team- oder Stationsleitungen nennt, ist dabei irrelevant, entscheidend ist ihr Aufgaben- und Verantwortungsbereich.

Fazit

Da sich die Bildungs- und Führungskräftemisere der deutschen Krankenpflege kurzfristig nicht ändern wird, bleibt nichts anderes übrig, als die vorhandenen Stationsleitungen zu fördern. Dafür ist die Vermittlung von Führungswerkzeugen und Managementwissen notwendig, aber nicht hinreichend.

Nur wenn sich die Zusammenarbeit der verschiedenen pflegerischen Führungsebenen von einer mehr oder minder formalistischen und monologisierenden Form der Zusammenarbeit hin zum Dialog und einer kreativen Zusammenarbeit ändert, kann Wandel gelingen.

Die hier beschriebenen Anforderungen wird eine Stationsleitung nicht ohne Unterstützung vor Ort umsetzen können. Gefragt ist ein Verlernen und Neulernen in der Arbeit durch eine interne Begleitung, die in die Prozesse geht, statt über sie zu reden.

Literatur

Baecker D (2003) Organisation und Management. Suhrkamp, Frankfurt am Main

Herausforderungen und Konzepte

Mitarbeitergewinnung und -bindung – Konzept der Magnethospitäler

Johanna Feuchtinger

© Springer-Verlag GmbH Deutschland 2017
P. Bechtel, I. Smerdka-Arhelger, K. Lipp (Hrsg.), *Pflege im Wandel gestalten – Eine Führungsaufgabe*,
DOI 10.1007/978-3-662-54166-1_7

Magnethospitäler zeichnet eine einzigartige Art der Personalgewinnung und -bindung sowie eine exzellente Patientenversorgung aus. Auf der Honor-Roll (US-News Information 2016), der Listung der TOP-Hospitäler der USA, haben aktuell 14 der ersten 15 genannten Einrichtungen das Magnet-Siegel. Das „Magnet Recognition Program" – die Magnetanerkennung – garantiert, dass Konzepte eingeführt sind, welche den Pflegenden eine evidenzbasierte Versorgung der Patients ermöglicht. Die dafür notwendige Arbeitsumgebung und Gestaltung der Prozesse führt zu einer hohen Zufriedenheit der Pflegenden. Zahlreiche Untersuchungen bestätigen die Realisierung dieser Ziele.

7.1 Die Magnetanerkennung – Hintergrund

Die internationale Magnetkrankenhausanerkennung ist heute auch in Deutschland ein viel diskutiertes Modell zur Gewinnung und Bindung von Pflegepersonal. Dieses Programm hat seine Wurzeln in einer Phase der USA in den 1980er Jahren, als der Pflegepersonalbedarf das Angebot an Pflegefachpersonen überschritten hatte. Es fiel auf, dass es Hospitäler gab, welche immer genug Pflegepersonal und Bewerbungen hatten. Kramer und Schmalenberg (1988a, b) untersuchten diese Einrichtungen. Die ermittelten Kriterien dieser Hospitäler wurden in den 1990er Jahren zum Magnet-Programm weiterentwickelt. Das American Nurses Credentialing Center, eine Einrichtung des amerikanischen Berufsverbands für Pflege, der ANA (American Nurses Association), wurde zur zertifizierenden Einrichtung. Die Magnetanerkennung (Magnet Recognition) ist heute ein Siegel, welches ein Krankenhaus als Magnet für Top-Pflegende auszeichnet und in welchem exzellente Patientenversorgung realisiert wird. Aktuell sind 448 Einrichtungen weltweit mit dem Magnetsiegel ausgezeichnet (ANCC 2016). In Europa ist bisher kein Krankenhaus als Magnethospital zertifiziert.

7.2 Das Magnetmodell

Das heutige Magnetmodell ist ein Ergebnis der ständigen Weiterentwicklung des Programms (ANCC 2013).

Die fünf Magnetkräfte („Forces of Magnetism"):
- transformationale Führung,
- strukturelles Empowerment,
- exemplarische professionelle Praxis,
- neues Wissen, Innovationen und Verbesserungen sowie
- empirische Outcomes

umfassen eine Vielzahl von Magnetelementen und -kriterien. Sie sind eingebettet in den globalen Rahmen der Pflege und der Gesundheitsversorgung, wie z. B. der Gesundheitsgesetzgebung eines Landes, der Finanzierung der Krankenhausleistung und der Qualifizierung von Pflegenden. Diesen Rahmen bilden im Magnetprogramm das amerikanische Gesundheitswesen und die Bildungsmöglichkeiten in der dortigen Pflege. Auf diesen Aspekt wird zu einem späteren Zeitpunkt in diesem Beitrag eingegangen, da er eine wesentliche Bedeutung für die Realisierung der Magnetanerkennung in deutschen Krankenhäusern hat. Im Folgenden werden die fünf Magnetkräfte vorgestellt.

7.2.1 Empirische Outcomes

Nicht umsonst bildet die Magnetkraft „empirische Outcomes" den Mittelpunkt der fünf Magnetkräfte. Das Magnet-Programm setzt auf Zahlen, Daten und Fakten. Die ständige Weiterentwicklung der Qualität der Patientenversorgung, die Zufriedenheit und die Kompetenzen der Mitarbeiter sowie die positiven Ergebnisse der Organisation sind die Treiber in einem Magnethospital. Um die Entwicklung nachweisbar zu machen, ist innerhalb des Programms die Erfassung definierter Qualitätsparameter vorgegeben. Die gewonnenen Daten werden in Magnethospitälern für Patienten, Besucher und Mitarbeiter sichtbar gemacht. In der Regel hängen die Berichte und die Benchmarks auf den Stationen in den Fluren aus.

Patientenbezogene Outcomes
Als patientenbezogene Outcomes sind die Erfassung und das Benchmark der pflegesensitiven Qualitätsindikatoren Dekubitus, Sturz, katheterassoziierte Veneninfektionen und katheterassoziierte

Harnwegsinfektionen vorgegeben. Ein fünfter Indikator, z. B. freiheitsentziehende Maßnahmen, kann von der Einrichtung gewählt werden. Bei Intensivpatienten ist der Indikator beatmungsassoziierte Pneumonie und bei Kindern der Indikator Paravasat zu erfassen. Für den Einstieg in das Programm müssen die Datensätze von 2 Jahren nachgewiesen werden. Die Ergebnisse jeder Station der sich für die Magnetanerkennung bewerbenden Einrichtung müssen im nationalen Benchmark besser als das Mittel aller teilnehmenden Stationen sein. In den USA umfasst der Benchmark die Daten aller Hospitäler, welche ihre Daten in die „National Database of Nursing Quality Indicators" – NDNQI (Montalvo 2007) einspielen. Die Daten stehen national zentral zur Verfügung, aktuell sind über 2000 Hospitäler im Benchmark beteiligt (Press Ganey 2016). In Deutschland befinden wir uns hier am Anfang. Lediglich der Dekubitus wird als pflegesensitiver Qualitätsindikator national erfasst. Es bestehen vereinzelt Netzwerke von Krankenhäusern, welche definierte Daten miteinander vergleichen.

Zusätzlich zur Erfassung von pflegesensitiven Qualitätsindikatoren sind regelmäßige Patientenbefragungen zu deren Zufriedenheit allgemein, zur Behandlung und zur Pflege durchzuführen. Hier muss ein kontinuierlicher Verbesserungsprozess aufgezeigt und der Erfolg der ergriffenen Maßnahmen in den Folgejahren belegt werden.

Mitarbeiterbezogene Outcomes

Bei den mitarbeiterbezogenen Outcomes stehen, um die Sicherheit der Patienten zu gewährleisten, das zahlenmäßige Patienten-Pflegenden-Verhältnis und die Qualifikation der Pflegenden im Mittelpunkt. Der Nachweis muss auch hier je Station erfolgen. Im Weiteren wird in regelmäßig stattfindenden Befragungen die Zufriedenheit der Mitarbeiter ermittelt. Es ist ein wesentliches Ziel eines Magnethospitals, gute Mitarbeiter zu gewinnen, sie zu entwickeln, ihre Zufriedenheit zu erhöhen und sie zu halten.

Das Magnet-Programm folgt Erkenntnissen aus internationalen Studien zur Bedeutung des zahlenmäßigen Patienten-Pflegenden-Verhältnisses sowie zu den Auswirkungen der Qualifikation der Pflegenden auf das Patientenergebnis. Aiken et al. (2014) zeigten in einer Studie in neun europäischen Ländern

auf, dass Patienten in Kliniken mit 60% Bachelor-Pflegenden und einem Patienten-Pflegenden-Verhältnis von 6:1 eine 30% geringere Mortalitätswahrscheinlichkeit haben als Patienten in Kliniken mit 30% Bachelor-Pflegenden und einem Patienten-Pflegenden-Verhältnis von 8:1.

In den USA gibt das Institute of Medicine (IOM 2010) eine Rate von 80% Pflegenden mit einem Bachelorabschluss je Station bis 2020 vor. Das Magnet-Programm folgt in seinen Vorgaben dieser Quote. Für Einrichtungen, welche in das Magnet-Programm einsteigen, erlaubt die ANCC eine niedrigere Rate. Sie müssen allerdings bereits im Einstieg diesbezüglich ein hohes Ziel setzen und ernsthafte Aktivitäten zur Erhöhung der Rate aufzeigen sowie deren Erfolg nachweisen.

Als weitere mitarbeiterbezogene Outcomes werden Fluktuationsraten und Krankheitstage erfasst.

Organisationsbezogene Outcomes

Die organisationsbezogenen Outcomes zeigen den Gesamterfolg aller Aktivitäten zur Verbesserung der Patientenversorgung und der Mitarbeiterzufriedenheit und -qualifikation auf. Der zielgerichtete Nutzen der Kompetenzen und Fähigkeiten der Mitarbeiter in der Patientenversorgung ist der Return-of-Investment für die Organisation. Durch den gemeinsamen Blick auf die reibungslosen Prozesse und optimalen Verweildauern der Patienten werden Zielvorgaben zu Patientenzahlen und prognostizierte Mittel für die Organisation erreicht. Weniger Komplikationen bei den Patienten reduzieren wiederum Ausgaben und bilden eine positive Verhandlungsbasis mit Krankenkassen und Drittmittelgebern. Der Ruf der Einrichtung für Patienten und Top-Mitarbeiter in jeder Berufsgruppe steigt.

7.2.2 Transformationale Führung

Um ein Magnetkrankenhaus zu werden, braucht eine Organisation kompetente, starke und risikofreudige Führungspersonen. Diese müssen sich ausgesprochen für Personal und Patienten einsetzen. Organisation und Pflegeführung haben den Auftrag, eine Umgebung zu gestalten, die zur Partizipation der

Mitarbeiter einlädt. Ein 360-Grad-Feedback gehört zu den Merkmalen einer Magneteinrichtung. Es wird hochgeschätzt und betrifft alle Ebenen der Organisation (ANCC 2013).

Transformationale Führung bedeutet, die Mitarbeiter in ihrem Prozess der kontinuierlichen Entwicklung zu begleiten, zu motivieren, zu unterstützen und sich für sie einzusetzen. Die Führungsperson ist dabei ein Vorbild. Mitarbeiter sind stolz auf ihre Fähigkeiten und ihre Arbeit. Sie erleben sich als wertgeschätzt und respektiert (Avolio und Bass 2004).

Das Ziel der transformationalen Führung in der Pflege ist es, die Pflegenden kontinuierlich zu einem qualitativ verbesserten Niveau von Pflege zu führen. In gemeinsam formulierten Zielen und deren konsequenter Verfolgung erleben die Mitarbeiter, welchen Beitrag sie zur Patientenversorgung leisten und wie sie diese verändern können. Leitung und Pflegende ziehen an einem Strang. Durch die Integration der anderen Berufsgruppen in dieses Vorgehen entsteht eine gemeinsame Bewegung. Transformationale Führungspersonen erzeugen Begeisterung und Zuversicht.

Engagierte und zufriedene Mitarbeiter tragen nachweislich zum Unternehmenserfolg bei. Hier besteht der Bezug zu den empirischen Outcomes. Die Mitarbeiter engagieren sich in Aktivitäten der Organisation, sie tragen ihre positive Einstellung zu ihrer Einrichtung nach außen. Patienten und Kolleginnen und Kollegen aus allen Berufsgruppen erleben freundliche und entgegenkommende Pflegende. Das Verhalten, welches Leiterinnen und Leiter zur Erreichung des Erfolgs brauchen, ist eigentlich einfach (angelehnt an Pelz 2012):

- Mitarbeiter, Patienten und Mitglieder aller Berufsgruppen müssen sich auf ihr Wort verlassen können.
- Das was sie sagen, müssen sie auch meinen; Versprechen müssen auf jeden Fall eingehalten werden.
- Sie sind immer Vorbild, egal was sie tun.
- Ständiger Fortschritt und ständige Verbesserung sind ihnen für sich selbst, für ihre Mitarbeiter und für die Pflegeentwicklung in ihrem Bereich wichtig.

Die transformationale Führung hat ihr Ergebnis in der Zufriedenheit der Mitarbeiter und in der Qualität der pflegerischen Versorgung.

Leitungen in Magnetkrankenhäusern müssen spezifische formale Anforderungen erfüllen. Jede Leitung (Stationsleitung, Pflegedienstleitung, Pflegedirektorin) muss mindestens einen Hochschulabschluss in Pflegewissenschaft nachweisen oder auf dem Weg dazu sein. Die Pflegedirektorin benötigt zusätzlich einen Masterabschluss oder ein Doktorat.

Aus Daten von Patienten- und Mitarbeiterbefragungen des Picker Instituts aus den Jahren 2006–2012 wurden Zusammenhänge zwischen den Befragungsergebnissen und Magnetkräften hergestellt. Insgesamt basierte die Analyse auf 29 Krankenhäusern mit 30.891 Mitarbeitern, davon 10.441 Pflegenden (Feuchtinger und Stahl 2014).

Im Zusammenhang mit der Magnetkraft „transformationale Führung" konnte aufgezeigt werden, dass z. B. 40% der Pflegenden ihre Arbeit von der Organisation als nicht wichtig angesehen, erleben. Der Respekt und die Anerkennung für den Beitrag zur Krankenversorgung ist ein wesentliches Element in der Zufriedenheit der Mitarbeiter.

Im Magnetkrankenhaus ist der Vorgesetzte sichtbar und hörbar. Dies konnte fast vollumfänglich mit den Ergebnissen zur Frage „Ist Ihre direkte Vorgesetzte für Sie gut erreichbar?" bestätigt werden. Hier ist ein Magnetelement erreicht.

Für ein Drittel der beteiligten Pflegenden ist es nicht einfach, auf ihren Vorgesetzten zuzugehen. Eine offene und einladende Haltung des Vorgesetzten gegenüber den Mitarbeitern ist hier von wesentlicher Bedeutung. Zur Frage „Bemüht sich Ihre Vorgesetzte, die Belastungen zu erkennen, die mit Ihrer Tätigkeit verbunden sind?" antworteten 39%, dass das nicht so ist.

Vergleicht man diese ausgewählten Ergebnisse mit den Merkmalen der Magnetkraft „Transformationale Führung", lässt sich ein Entwicklungsbedarf ableiten.

7.2.3 Strukturelles Empowerment

Die Magnetkraft „strukturelles Empowerment" gibt vor, welche Strukturen vorhanden sein müssen, um die Magnetanerkennung zu erhalten. In erster Linie geht es hier um den Einbezug der Pflegenden in der direkten Patientenversorgung in alle Belange, die ihre Tätigkeit beeinflussen. Neben einer flachen

Hierarchie ist hier „Shared Governance" ein zentrales Instrument. So müssen in allen Gremien der Organisation, in welchen Entscheidungen zur Patientenversorgung getroffen werden, Pflegende aus der direkten Patientenversorgung vertreten sein. Beispiele für solche Gruppen und Gremien sind: Bauentwicklung und -realisierung, Ausstattung mit Geräten, Auswahl von Ge- und Verbrauchsgütern, Haushaltsplanung und Mittelzuweisung für die Station, Auswahlgremien für neue Mitarbeiter, Tarifverhandlungen, Qualitätsmanagement, etc. Es ist erwünscht, dass die Pflege auch den Vorsitz in solchen Gruppen übernimmt, gemäß dem Motto „leaders on the bedside must be leaders in the boards".

Das Image der Pflege in der Einrichtung ist positiv. Die Organisation hat eine strukturierte Personalentwicklung implementiert. Mitarbeiter in Magnethospitälern engagieren sich in Aktivitäten in der Gemeinde. Das Ziel des Engagements ist die positive Reputation des Hauses, die Gesundheitsprävention für die amerikanische Bevölkerung und das Generieren von Patienten für die Einrichtung.

7.2.4 Exemplarische professionelle Praxis

Das Kernelement der Magnetkraft „exemplarische professionelle Praxis" ist die Vereinbarung der Pflegenden für ein professionelles Praxismodell. Das umfasst neben den Elementen eines Leitbildes auch die Realisierung eines Pflegemodells oder einer Pflegetheorie. Im Schwerpunkt geht es darum, sich zur Vision und Mission der Pflege, der Rolle des Patienten, der Familien und der Gemeinde, der kollegialen und interprofessionellen Zusammenarbeit, zu Aussagen zur Qualität und Entwicklung zu vereinbaren und eine Strategie für die Umsetzung festzulegen.

Die Pflegenden verstehen sich als autonom in ihrer jeweiligen Tätigkeit. Es gibt Möglichkeiten zur Beratung, fachlichen Begleitung (z. B. Pflegeexperten APNs, DBfK et al. 2013) und zur Supervision. Pflegende sind als Lehrer in der Ausbildung und an Hochschulen tätig. Interprofessionelle Beziehungen werden gepflegt. Die Qualität der Pflege beim Patienten hat höchste Priorität. Das Aufgreifen ethischer Themen, Aktivitäten rund um die Patientensicherheit und ein effizientes Qualitätsmanagement tragen zur Realisierung einer exemplarischen professionellen Praxis bei.

7.2.5 Neues Wissen, Innovationen und Verbesserung

Die letzte Magnetkraft, neues Wissen, Innovationen und Verbesserungen, spricht die Aktivitäten rund um die Weiterentwicklung der Pflege und der Patientenversorgung an.

Ein Magnetkrankenhaus zeigt sich innovativ in der Patientenversorgung. Es gibt ein ständiges Streben nach evidenzbasierter Praxis. Ideen zu Forschungsprojekten werden gewünscht. Die Mitarbeiter sind so geschult, dass sie Fragestellungen aus ihrer Praxis heraus formulieren können. Forschungs- und Praxisentwicklungsprojekte werden von der Einrichtung unterstützt. Die Ergebnisse werden im Sinne des kontinuierlichen Verbesserungsprozesses evaluiert und für die Weiterentwicklung genutzt. Das Ziel aller Aktivitäten ist Exzellenz. Die Pflegenden sind stolz auf ihre Pflege und die Ergebnisse der ständigen Weiterentwicklung.

7.3 Der Erfolg von Magnethospitälern

Eine Vielzahl von Studien, in denen Magnet- und Nicht-Magnethospitäler verglichen werden, zeigt die Überlegenheit der Magnethospitäler in den patienten-, mitarbeiter- und organisationsbezogenen Ergebnissen.

Untersuchungen bei US-amerikanischen chirurgischen Patienten zeigten geringere Mortalitätswahrscheinlichkeiten aufgrund postoperativer Komplikation und insgesamt geringere Mortalitätswahrscheinlichkeiten innerhalb von 30 Tagen postoperativ in Magnethospitälern im Vergleich zu Nicht-Magnethospitälern (Evans et al. 2014; Friese et al. 2015; Kutney-Lee et al. 2015). Patienten in Magnethospitälern sind zufriedener mit der Betreuung, empfehlen die Einrichtung mit höherer Wahrscheinlichkeit weiter und geben ihr insgesamt eine höhere Bewertung (Smith 2014; Stimpfel et al. 2016).

Stimpfel, Rosen und McHugh (2014) fanden im Vergleich von 56 Magnet- zu 495 Nicht-Magnethospitälern einen eindeutigen positiven Zusammenhang zwischen der Arbeitsumgebung der Pflegenden und der von den Pflegenden bewerteten Qualität der Patientenversorgung. Park, Gass und Boyle (2016) untersuchten Kündigungsfaktoren von Pflegenden in Magnet- und Nicht-Magnethospitälern. Pflegende in Nicht-Magnethospitäler kündigten 5-mal häufiger wegen der Besetzung und Arbeitsbelastung und 1,4-mal häufiger wegen der Dienstplangestaltung als in Magnethospitälern. Es konnte aufgezeigt werden, dass Pflegende durch Shared Governance (Element der Magnetkraft strukturelles Empowerment) in ihrer Bedeutung als Pflegende, in der Leadershipkompetenz, im Umgang mit Qualität und in ihrer Vision weiterentwickelt werden (Brody et al. 2012). Kelly et al. (2012) konnten aus einer Befragung von 26.000 Pflegenden nachweisen, dass Magnethospitäler ein besseres Arbeitsumfeld haben und dieses assoziiert ist mit einer geringeren Arbeitsunzufriedenheit und einer geringeren Burn-out-Rate.

7.4   Der Weg zur Magnetanerkennung

Die Amerikaner sprechen von der „Magnet journey", von der Magnet-Reise. Bis sich eine Klinik für die Magnetanerkennung bewerben kann, vergehen in der Regel mehrere Jahre. Für die Qualität der Patientenversorgung, die Kompetenz und Zufriedenheit der Mitarbeiter und den Erfolg der Organisation lohnt es sich, den Weg zu gehen. In Europa hat bisher kein Krankenhaus die Magnetanerkennung. Es gibt allerdings vielfache Aktivitäten in deutschen Einrichtungen und bei Verbänden. Der Wert des Magnet-Programms wird in den Einrichtungen erkannt. Aktuell sind das Programm, die Kriterien und die Beschreibung der erforderlichen Nachweise nur in englischer Sprache vorhanden. Die Dokumente müssen in englischer Sprache eingereicht werden, die Begehung der sich bewerbenden Einrichtung findet mit englischsprachigen Begutachtern statt. Die Verhandlungen mit der ANCC bezüglich einer Übersetzung laufen.

Fazit

In Deutschland gibt es aufgrund der gesundheitspolitischen Rahmenbedingungen und der Qualifizierungen in der Pflege einige Hürden zu meistern. So ist die Vorgabe zu der vom Institute of Medicine (IOM 2010) vorgegebenen Zahl von 80% Bachelor-Pflegenden in der direkten Patientenversorgung in Deutschland noch lange nicht realisierbar. Der Deutsche Wissenschaftsrat hat 2012 eine Rate von 20% an hochschulisch ausgebildetem Gesundheitsfachpersonal vorgegeben (DWR 2012). Und selbst dieses Ziel zu erreichen wird lange dauern. In den deutschen Universitätsklinika sind aktuell 1,1% Pflegender in der direkten Patientenversorgung hochschulisch ausgebildet (Tannen et al. 2016). Die Forderung nach akademischen Abschlüssen in der Führungsebene, hier insbesondere in der mittleren Führungsebene, und dem Masterabschluss bzw. dem Doktorat bei der Pflegedirektorin sind ebenfalls noch sehr hohe Hürden für die Anerkennung einer deutschen Einrichtung als Magnethospital. Im Weiteren sind die Erfassung und das Benchmark zu den pflegesensitiven Qualitätsindikatoren eine langfristig zu planende Aktivität. Erfreulich ist es dennoch, dass es Einrichtungen gibt, die Lösungen für diese geforderten Ziele suchen und sich auf die Magnet-Reise machen.

Literatur

Aiken LH, Sloane DM, Bruyneel L, Van den Heede K, Griffiths P, Busse R et al. (2014) Nurse staffing and education and hospital mortality in nine European countries: a retrospective observational study. Lancet 383(9931): 1824–1830. Doi: 10.1016/S0140-6736(13)62631-8.

ANCC – American Nurses Credentialing Center (2013) 2014 Magnet Application Manual. American Nurses Credentialing Center, Silver Springs, MD

ANCC – American Nurses Credentialing Center (2016) Find a Magnet hospital. http://www.nursecredentialing.org/Magnet/FindaMagnetFacility.aspx. Zugegriffen: 23. Dezember 2016

Avolio BJ, Bass BM (2004) Multifactor leadership questionnaire. Manual, 3. Aufl. Mind Garden, Lincoln

Brody A, Barnes K, Ruble C, Sakowski J (2012) Evidence-based practice councils – potential path to staff nurse empowerment and leadership growth. J Nursing Admin 42(1): 28–33. Doi: 10.1097/NNA.0b013e31823ee676

DBfK, SBK, ÖGKV (2013) Advanced Nursing Practice in Deutschland, Österreich und der Schweiz. https://www.dbfk.

de/media/docs/download/DBfK-Positionen/ANP-DBfK-OeGKV-SBK_2013.pdf. Zugegriffen: 27. Dezember 2016

DWR – Deutscher Wissenschaftsrat (2012) Empfehlungen zu hochschulischen Qualifikationen für das Gesundheitswesen. http://www.wissenschaftsrat.de/download/archiv/2411-12.pdf. Zugegriffen: 28. Dezember 2016

Evans T, Rittenhouse K, Horst M, Osler T, Rogers A, Miller JA, Martin C, Mooney C, Rogers FB (2014) Magnet hospitals are a magnet for higher survival rates at adult trauma centers. J Trauma Acute Care Surg 77(1): 89–94. Doi: 10.1097/TA.0000000000000262

Feuchtinger J, Stahl K (2014) Führen im Magnet-Stil: Magnet-krankenhäuser. Schwester Pfleger 53(4): 390–393

Friese CR, Xia R, Ghaferi A, Birkmeyer JD, Banerjee M (2015) Hospitals in "Magnet" program show better patient outcomes on morality measures compared to non-'magnet' hospitals. Health Affairs (Millwood) 34(6): 986–992. Doi: 10.1377/hlthaff.2014.0793

IOM – Institute of Medicine (2010) The future of nursing: leading change, advancing health. National Academies Press, Washington, DC

Kelly LA, McHugh MD, Aiken LH (2012) Nurse outcomes in magnet and non-magnet hospitals. J Nursing Admin 42(10 Suppl): 44–49

Kramer M, Schmalenberg C (1988a) Magnet hospitals: institutions of excellence, part 2. J Nursing Admin 18(1): 13–24

Kramer M, Schmalenberg C (1988b) Magnet hospitals: institutions of excellence, part 2. J Nursing Administration, 18(2): 11–19

Kramer M (1990) The Magnet hospitals: excellence revisited. J Nursing Admin 20(9): 35–44

Kutney-Lee A, Stimpfel AW, Sloane DM, Cimiotti JP, Quinn LW, Aiken LH (2015) Changes in patient and nurses otucomes associated with Magnet Hospital Recognition. Medical Care 53(6): 550–557. Doi: 10.1097/MLR.0000000000000355

Montalvo I (2007) The National Database of Nursing Quality IndicatorsTM (NDNQI). Online J Issues Nursing 12(3): 2. Doi: 10.3912/OJIN.Vol12No03Man0

Park SH, Gass S, Boyle DK (2016) Comparison of reasons for nurse turnover in Magnet and Non-Magnet Hospitals. J Nursing Admin 46(5): 284–290. Doi: 10.1097/NNA.0000000000000344

Pelz W (2012) Transformationale Führung. Interview Magazin 4: 42–44

Press Ganey (2016) Nursing Quality (NDNQI). http://www.pressganey.com/solutions/clinical-quality/nursing-quality. Zugegriffen: 28. Dezember 2016

Smith SA (2014) Magnet hospitals: higher rates of patient satisfaction. Policy Politics Nursing Pract 15(1–2): 30–41 Doi: 10.1177/1527154414538192

Stimpfel AW, Sloane DM, McHugh MD, Aiken LH (2016) Hospitals known for nursing excellence associated with better hospital experience for patients. Health Serv Res 51(3): 1120–1134. Doi: 10.1111/1475-6773.12357

Stimpfel AW, Rosen JE, McHugh MD (2014) Understanding the role of the professional practice environment on quality of care in Magnet and non-Magnet hospitals. J Nursing Admin 44(1): 10–16. Doi: 10.1097/NNA.0000000000000015

Tannen A, Feuchtinger J, Strohbücker B, Kocks A (2016) Survey zur Einbindung von Pflegefachpersonen mit Hochschulabschlüssen an deutschen Universitätskliniken – Stand 2015. Z Evidenz Fortbildung Qualität Gesundheitswesen. Online 20.12.2016. http://www.sciencedirect.com/science/article/pii/S1865921716302410. Zugegriffen: 28. Dezember 2016

US-News Information (2016) 2016–17 Best hospitals honor roll and overview. http://health.usnews.com/health-care/best-hospitals/articles/best-hospitals-honor-roll-and-overview. Zugegriffen: 28. Dezember 2016

Mitarbeiterbindung durch gutes Image und Marketing nach außen

Siegmar Eligehausen, Thomas Hommel

© Springer-Verlag GmbH Deutschland 2017
P. Bechtel, I. Smerdka-Arhelger, K. Lipp (Hrsg.), *Pflege im Wandel gestalten – Eine Führungsaufgabe*,
DOI 10.1007/978-3-662-54166-1_8

Zahlen zu Umsatz und Beschäftigung der deutschen Pflegewirtschaft lesen sich wie Botschaften aus einem fernen Märchenreich, sind aber ganz real: Knapp eine Million Beschäftigte versorgten zuletzt 2,5 Millionen Pflegebedürftige und erwirtschaften so ein Umsatzvolumen von etwa 33 Milliarden Euro (Enste 2011). Und der Pflegeboom hält an. Experten wie Bernd Meurer, Präsident des Bundesverbandes privater Anbieter sozialer Dienste (bpa), sprechen vom Pflegesektor denn auch als einer „zukunftsfähigen Branche mit hoher Wirtschaftskraft".

8.1 Pflegekräfte dringend gesucht – und nicht gefunden

Das aber ist nur eine Seite der Medaille. Die andere spiegelt den latenten Fachkräftemangel, der – geschieht nichts – einen neuerlichen Pflegenotstand – verstanden als Mangel an professionellen Kräften, die Pflegebedürftige versorgen – provozieren könnte. Schon heute können viele Kliniken, Heime und ambulante Dienste freie Pflegestellen nicht mehr adäquat besetzen. Es fehlt schlicht an qualifizierten Bewerbern. Schenkt man Prognosen des Statistischen Bundesamtes (2010) Glauben, werden im Jahr 2025 in den Pflegeberufen rund 152.000 Beschäftigte fehlen. „Der Pflegenotstand ist längst da – die Betroffenen erleben dies täglich", warnen Berufsverbände wie der Deutsche Berufsverband für Pflegeberufe (DBfK 2010). Allzu lange habe die Politik das Thema Fachkräftemangel unter den Teppich gekehrt und wertvolle Zeit verloren. Der DBfK zeigte der Politik dafür prompt die „Gelbe Karte".

Um das Problem des Fachkräftemangels in den Griff zu bekommen, müssen Politik, Arbeitgeber und Pflegeverbände mehrgleisig fahren. Eine konzertierte Aktion „Pflegezukunft" müsste dabei auch eine breit angelegte, vor allem von den Pflegeanbietern getragene Werbekampagne für Pflegeberufe umfassen.[1] Da den Pflege- und Gesundheitsberufen in Deutschland nach wie vor ein überwiegend negatives öffentliches Image anhängt, kommt das einer echten Herausforderung an die Akteure gleich. Hauptsächlich werden mit dem Berufszweig Pflege hohe physische und psychische Arbeitsbelastungen bei nur geringer Bezahlung und wenig Aufstiegschancen assoziiert. Das hat zur Folge, dass Schulabgänger sich eher für eine Ausbildung in der Industrie als im Dienstleistungsbereich Pflege entscheiden. Belege für diesen Befund liefert eine vom Norddeutschen Zentrum zur Weiterentwicklung der Pflege (NDZ) in Auftrag gegebene Studie zur Umsetzung einer Imagekampagne für den Pflegeberuf (Görres 2010).

Beauftragt mit der Studie wurde Professor Stefan Görres. Der an der Universität Bremen lehrende Pflegewissenschaftler befragte von Juni 2009 bis März 2010 rund 848 Personen unterschiedlicher Zielgruppen – darunter Schüler aus allgemeinbildenden Schulen, deren Eltern und Lehrer, Auszubildende aus Pflegeschulen sowie Berufsberater der norddeutschen Städte Bremen, Hamburg, Hannover, Neumünster, Wardenburg, Oldenburg und Schwerin. Ergebnis: Pflegeberufe werden von den Schülern und Eltern weder zu den „In"-Berufen gezählt, noch gehören sie zu den überhaupt in Frage kommenden Berufsgruppen. Stattdessen werden Pflegeberufe – insbesondere die Altenpflege – von den jungen Menschen ausdrücklich zu den „Out"-Berufen gezählt. Dabei fällt das Interesse bei den Hauptschülern an Pflege leicht höher aus als bei Real- und Gymnasialschülern.

Im Ringen um Nachwuchs sieht sich der Pflegebereich daher vor allem mit dem Problem eines überwiegend negativ besetzten öffentlichen Bildes konfrontiert. Erschwerend kommt hinzu, dass auch andere Dienstleistungs- und Wirtschaftszweige über einen akuten Mangel an Fachkräften klagen und ihrerseits massiv um junge Nachwuchskräfte werben. Bei einer tendenziell abnehmenden Zahl von Schulabgängern wird der zu verteilende Kuchen an einheimischen Fachkräften demnach eher kleiner denn größer. Wollen die Pflegeanbieter nicht am Katzentisch landen, müssen sie dem Pflegeberuf dringend einen anderen Ruf verpassen. Ansonsten können sie den steigenden Bedarf an Pflege nicht abdecken, der „Zukunftsmarkt" Pflege könnte sich weniger schnell entwickeln als erhofft.

---

1   Ähnlich argumentiert Werner Koop, Vorstandsmitglied des Bundesausschusses der Lehrerinnen und Lehrer für Pflegeberufe, wenn er fordert: „Wir müssen anfangen, diese Arbeitsfelder (der Pflege, d.Verf.) massiv zu bewerben und endlich auch positive Aspekte betonen." („Ärzte Zeitung" vom 15. März 2010).

8.1.1 „Verlassen wir endlich das ewige Jammertal"

Eine Ursache für das schlechte Image der Pflegeberufe ist auch die Art und Weise, wie das Thema Pflege medial aufbereitet wird. Pflege taucht in Zeitungen, Zeitschriften, Hörfunk-Features oder TV-Reportagen häufig nur auf, wenn es um Aspekte der gesetzlichen Pflegeversicherung (SGB XI) geht. Daran ist an sich auch nichts auszusetzen, da insbesondere die Frage der künftigen Finanzierung der Pflegeversicherung angesichts einer steigenden Zahl von Bedürftigen eine gesellschaftspolitisch elementar ist, auf die die Politik bis heute eine überzeugende Antwort schuldig geblieben ist. Problematisch jedoch ist, dass Pflege in diesem Kontext als reiner Kostenfaktor wahrgenommen wird. Das Wertschöpfungspotenzial, vor allem aber die zentrale Bedeutung der Pflege für die Gesundheitsversorgung bleibt bei einer allein auf Finanzierungsfragen fokussierten Debatte in der Regel auf der Strecke.

Dasselbe gilt, wenn Pflege medial zu einem Gegenstand von Skandalisierung gemacht wird – etwa dann, wenn „Todesengel" in Krankenhäusern oder Heimen von sich reden machen oder es um „miserable" und „menschenverachtende" Arbeitsbedingungen von Pflegekräften geht. „Was wir da vernehmen, ist doch nur noch: Scheißarbeitsbedingungen, schlechte Bezahlung, von Ärzten geknechtet, lassen Patienten verhungern und verdursten, fesseln alte Menschen im Bett und so weiter. Da soll mir doch noch ein Mensch erklären, warum ein junger Mensch den Pflegeberuf ergreifen soll!", moniert denn auch ein Berufspolitiker.

Schuld am Negativ- oder Zerrbild von Pflege sind aber nicht nur die Medien, die es gewohnt sind, ihre Leser, Hörer oder Zuschauer nach dem Leitsatz „Nur schlechte Nachrichten sind gute Nachrichten" zu informieren beziehungsweise zu unterhalten.[2] Schuld am Negativbild sind auch die Pflegenden selber, die sich bislang zu wenig über die positiven Aspekte und Inhalte ihrer Arbeit berichten. Daraus folgt: Die Berufsangehörigen der Profession Pflege müssen ihren Beruf endlich stolz und positiv in der Öffentlichkeit präsentieren. Das ist in den vergangenen Jahren nur punktuell geschehen. Statt die Botschaft zu setzen, dass Pflege in ist, wurde geklagt und lamentiert, woraus dann eigentlich nur zu schließen ist: Pflege ist ziemlich out.

„Verlassen wir endlich das ewige Jammertal und rücken den eigenen Beruf ins rechte Licht!", appelliert die Präsidentin des Verbandes der Schwesternschaften vom Deutschen Roten Kreuz (DRK), Sabine Schipplick, an den eigenen Berufsstand (ÄrzteZeitung 2010). Das sei manchmal anstrengend, so die Pflegeexpertin. „Denn es bedeutet, sich selbst darin zu schulen, den eigenen Arbeitsalltag zu erklären – und zwar so, dass jedermann es versteht." Damit die Pflege und die vielen Geschichten, die sie zu erzählen hat, den Weg in die Medien finden, müssten die Pflegenden aber noch eine Hürde nehmen. „Sie müssen die persönliche Zurückhaltung, die im Pflegealltag passend ist, verlassen. Pflegekräfte müssen lernen, den eigenen Beruf, die eigene Tätigkeit und die eigene Fachlichkeit als Produkt auf dem Markt der Medien zu verkaufen" (ÄrzteZeitung 2010).

Da Pflegekräfte keine gelernten Medienprofis sind, sondern Gesundheits- und Krankenpfleger beziehungsweise Altenpfleger, sind sie beim Übermitteln neuer Botschaften an Öffentlichkeit und Gesellschaft zwingend auf die Unterstützung von Medienprofis angewiesen. Diese finden sie in der Regel in den Presse- und Öffentlichkeitsabteilungen ihrer Einrichtungen. Im sich entwickelnden Gesundheitsmarkt können Krankenhäuser, Heime und Pflegedienste heute kaum noch auf Presse- und Öffentlichkeitsarbeit verzichten. Die Handlungsanleitung vieler Unternehmen „Tue Gutes und rede darüber" wird inzwischen beherzigt – wenn auch nicht flächendeckend. Dabei ist klar: Alte wie neue „Kunden" ebenso wie alte und neue Mitarbeiter können – auch und gerade in der Gesundheitswirtschaft – nur über ein gutes Image und professionell betriebenes Marketing nach außen an das betreffende Unternehmen gebunden werden. Bezogen auf die Pflege formuliert: Nur wenn die Marke Pflege positiv besetzt ist, lässt sich perspektivisch auch die Attraktivität des Berufszweigs Pflege insgesamt verbessern.

---

2 Die US-amerikanische Journalistin und Pflegebuchautorin Bernice Buresh kritisiert in diesem Zusammenhang, dass viele Medien ein „falsches Bild von Pflegekräften" vermitteln. Obwohl die Pflege die größte Berufsgruppe im Gesundheitswesen sei, tue die Öffentlichkeit – Medien, Politiker und Entscheidungsträger – häufig so, als seien Ärzte die einzigen Akteure auf der „Bühne des Gesundheitswesens".

8.1.2 Pressestelle und PDL sind gleichermaßen aufeinander angewiesen

Die Mitarbeiter in den Presse- und Öffentlichkeitsabteilungen der Kliniken, Pflegeeinrichtungen und ambulante Pflegeanbieter wiederum sind keine Fachleute, die sich in Fragen „guter Medizin" oder Fragen „guter Pflege" auskennen. Sie beherrschen stattdessen das Geschäft der Nachrichten und wissen, wie Botschaften „medienwirksam", sprich effektiv und zum richtigen Zeitpunkt gesetzt werden können. Pressestellen und Pflegedienstleitungen (wie auch Ärztlicher Dienst) sind demzufolge aufeinander angewiesen. Ihr Verhältnis ähnelt einer Symbiose, wobei die einen – Pflegekräfte und Ärzte – die Themen liefern, und die anderen – die Mitarbeiter der Pressestellen – wissen, wie sich daraus positive Schlagzeilen – sowohl für die Einrichtung wie auch die Berufsgruppe Pflege – generieren lassen. Die Möglichkeiten der Zusammenarbeit sind vielseitig.

8.2 Pflegefall Kommunikation: Gibt es Wege zur Besserung?

Die Gesundheitsbranche ist im Wandel. Gute Medizin bzw. gute Pflege zu machen, reicht für Kliniken und Pflegeeinrichtungen längst nicht mehr aus. Um am Markt erfolgreich bestehen zu können, benötigen sie eine professionelle Unternehmenskommunikation. Anders als Betriebe anderer Branchen haben Gesundheitsunternehmen in Deutschland die Chancen und Potenziale der Unternehmenskommunikation für ihre Häuser erst verhältnismäßig spät entdeckt. Was vielen ihrer Chefs noch vor wenigen Jahren abwegig erschien, gehört zunehmend zum Alltag: eine aktive, offensive, strategisch angebundene Unternehmenskommunikation und ein professionelles Marketing. Unabhängig vom jeweiligen Eigentümer, bei Universitätskliniken, Kreis- und Stadtkrankenhäusern der sog. Regel- und Schwerpunktversorgung bis hin zu Spezial- oder Pflegeeinrichtungen, setzt sich die Erkenntnis durch: Unternehmenskommunikation ist im Wettbewerb ebenso unverzichtbar wie die hohe Qualität der medizinischen Angebote und Pflege, die Wirtschaftlichkeit

und der besondere Service. Ging es zunächst um die Positionierung des Hauses, dann um die Gewinnung von Patienten und die Einbindung von Einweisern und anderen Gesundheitspartnern, so steht künftig auch die Rekrutierung des ärztlichen, pflegerischen und therapeutischen Nachwuchses im Fokus der Kommunikationsaufgaben. Zunehmend begreift das Management, dass sich Ausgaben für Unternehmenskommunikation und Marketingmaßnahmen wirtschaftlich lohnen, sie werden nicht mehr ausschließlich unter Kostengesichtspunkten betrachtet. Sie sind ebenso wie Innovationen Investitionen in eine erfolgreiche Zukunft.

> ❯ Unternehmenskommunikation ist im Wettbewerb ebenso unverzichtbar wie die hohe Qualität der medizinischen und pflegerischen Angebote, die Wirtschaftlichkeit und der besondere Service.

8.2.1 Pflege nicht im Fokus der Kommunikation

In Vorbereitung dieses Artikels haben sich die Verfasser auf etlichen Websites von Kliniken sowie stationären und ambulanten Pflegediensten umgesehen, haben Pressemitteilungen der Einrichtungen sowie Artikel in den Mitarbeiterzeitschriften nach Pflegethemen hin überflogen. Auch wenn der Blick keinesfalls repräsentativen oder gar wissenschaftlichen Ansprüchen genügt, so können systematische Auffälligkeiten und Ähnlichkeiten festgemacht werden. Die Pflege hat großes Verbesserungspotenzial, um es positiv auszudrücken:

- Darstellungen über Pflege
- Inhalte von Pflegetätigkeiten
- Von Pflegenden selbst
- Teilnahme und Teilhabe an PR-Maßnahmen
- Eigene Veranstaltungen oder Veranstaltungen mit Pflegebeteiligung

Aber auch unspektakuläre sog. Quick-Wins der Presse- und Öffentlichkeitsarbeit, also schnell zu realisierende Themen, wie Kurzmeldungen und Nachrichten zur und aus der Pflege, fehlen häufig. Es bleibt also viel zu tun. Möglichkeiten zur Besserung sind aufzuzeigen.

Geht es nach der Anzahl der in der Pflege tätigen Personen, nach den guten Noten bei der Messung der Patientenzufriedenheit und nach den millionenfachen intensiven Kontakten zu Patienten und deren Angehörigen, dann müsste das Bild anders aussehen. Hingegen haben wir es in der Realität mit dem Pflegefall Kommunikation zu tun. Oder ander ausgedrückt, die Pflege befindet sich zwischen Baum und Borke, und deshalb beschäftigen wir uns mit dem ramponierten Image der Pflege und den Möglichkeiten zur Besserung.

Die Berufsverbände und Gewerkschaften, die rege über die Pflege kommunizieren, haben in der Regel eine andere Perspektive und Aufgabe, sie kümmern sich um die Arbeitssituation und das Einkommen oder um Fort- und Weiterbildungsmöglichkeiten, um Abschlüsse o. Ä. Das alles ist unstrittig wichtig. Nur das positiv darstellende und werbende Element gehört zur Kommunikation des jeweiligen Gesundheitsunternehmens. Hier liegen eindeutig Defizite.

Eine Schieflage in der allgemeinen Unternehmenskommunikation tritt auch ein, wenn sich beispielsweise die Klinik-Kommunikation nur auf das medizinische Kerngeschäft ausschließlich aus ärztlicher Sicht konzentriert und fokussiert. Das ist einerseits nachvollziehbar, aber andererseits unter dem Blickwinkel einer umfassenden Unternehmenskommunikation landet dann der Sprung zu kurz.

8.2.2 Kommunikation ist eine Führungsaufgabe

Selbstverständlich ist es die Aufgabe des Managements – auch der Führungskräfte aus der Pflege –, dafür Sorge zu tragen, dass die Unternehmenskommunikation professionell gestaltet werden kann. Kommunikation als Teil der strategischen Unternehmensplanung kann dann zu einem Problemfall des Managements selbst werden, wenn Vision, Strategie, strategische Ziele und Umsetzungsplanungen fehlen. Die geringere Verweildauer von Managern in Gesundheitsunternehmen selbst begünstigt diesen Umstand. Ein weiterer kommt hinzu: Zunehmend kommen auch viele junge Manager aus den Unternehmensberatungen oder verfügen noch über geringe Lebenserfahrung oder wenig Kenntnis von Gesundheitsunternehmen. Noch zu häufig ist Kommunikation ein ungeliebtes Kind des Managements, obwohl sich bereits Vieles verbessert. Der Chef einer TOP-5-Unternehmensberatung im Gesundheitsbereich formulierte es für Manager mit Beraterhintergrund so: „Wissen Sie, wir Berater denken, fühlen und sprechen in Power-Point". Aber Kommunikationsdefizite lassen sich in der Regel beheben, dafür gibt es schließlich Kommunikationsberater …

8.2.3 Die Pflege zwischen Baum und Borke

Aber auch in der Pflege selbst gibt es Probleme. Vielfach erschöpft sich die Berichterstattung über Pflege auf die großen Vertretungen und Verbände dieser Berufsgruppe. Dies ist sicherlich nachvollziehbar, denn die Beschäftigten der Pflege haben den Großteil der wirtschaftlichen Anpassungsmaßnahmen der vergangenen Jahre getragen oder haben ihn tragen müssen. Da gibt es sicherlich einiges zu tun, darüber muss auch berichtet werden.

Aber, dass es anders gehen kann, liegt auf der Hand: Die Pflege ist in den Gesundheitseinrichtungen in den Führungsebenen vertreten, sie ist personell auch in Aufsichtsgremien sowie in Personal- und Betriebsräten bzw. Mitarbeitervertretungen präsent. Also durchaus an einflussreicher Stelle. Warum bewegt sich trotzdem vergleichsweise wenig? Weitgehend unbearbeitet scheint aber das Feld der internen und externen Kommunikation unter aktiver Einbeziehung und Teilnahme der Pflege und der Pflegethemen. Woran liegt es? Am Pflegemanagement in den Häusern? Stattdessen werden in einigen Einrichtungen regelrechte Auseinandersetzungen um die personelle Besetzung der Unternehmenskommunikation in Konkurrenz zu Stellen in der Pflege geführt. Die „Pflege", also ihre Mitarbeiter und Führungskräfte sowie natürlich ihre Gremienvertreter, muss sich eindeutig positionieren und alle Register der Kommunikation nutzen. Nicht mehr oder weniger stellt sich diese Aufgabe, wenn die Situation gebessert werden soll.

Dabei ist Folgendes vorauszuschicken:
- Unternehmenskommunikation in Gesundheitsunternehmen ist mehr als nur das Marketing für das Kerngeschäft. Sie spiegelt alle

sozialen und personellen Ressourcen mit allen geeigneten Kommunikationsinstrumenten, die dem Unternehmen förderlich sind, wider. Sie weist aber auch auf eventuelle Probleme und deren Lösung hin.

- Unternehmenskommunikation braucht eine ausreichende personelle und sachliche Ausstattung, um die strategischen Unternehmensziele umfassend zu kommunizieren, das Thema Pflege ist Teil der Strategie. „Pflege" ist keinesfalls Beobachter, sie muss hier aktiv helfen und bei der Umsetzung Pate stehen. Pflege sollte sich als Partner der Unternehmenskommunikation begreifen.
- Unternehmenskommunikation hat eigene strategische und operative Ziele und nutzt dabei alle medialen Kanäle, alte und neue Medien. Fachzeitschriften und kleine private TV-Sender sowie die lokalen Wochenblätter werden mitunter belächelt, dies geschieht aus Unkenntnis und noch dazu völlig zu Unrecht. Denn sie bieten zusätzliche Reichweite, Kundenansprache, öffentliche Information der eigenen Anliegen, zumeist ohne zusätzliche Kosten.

Unternehmenskommunikation ist nicht alles, aber ohne sie geht heute immer weniger, insbesondere im zunehmenden Wettbewerb. Erfolgreiche Kommunikation, also Presse- und Öffentlichkeitsarbeit und Marketing, kommt nicht ohne effiziente Planung aus. Insbesondere, wenn man Akteur, Gestalter und nicht Opfer der Medien sein möchte.

8.3   Möglichkeiten zur Besserung

Um eine „Offensive" der Pflege-Kommunikation zu beginnen, empfiehlt es sich, eine Stärken- und Schwächen-Analyse zur eigenen Öffentlichkeitsarbeit im Haus zu machen. Das können Pflegedienst- und Stationsleitungen nicht alleine vollbringen. Weitere Interessierte sollten in einen kleinen Arbeitskreis hinzugezogen werden. So könnte festgestellt werden: Die Pflege kommt in Pressetexten des Hauses, in Fachzeitschriften-Artikeln, in der Mitarbeiterzeitung, in Flyern und Broschüren, auf der Website, wenig, nicht ausreichend oder fast gar nicht vor.

Eine offensive Pflege-Kommunikation bedroht keine anderen Themen, Berufsgruppen oder Verantwortlichen. Sie ergänzt und unterstützt Vorhandenes und schließt Lücken der Kommunikation, sie fördert die Vielfalt der Darstellung und insgesamt so das Image des Hauses. Bevor aber Gespräche und Diskussion mit Vorstand und Geschäftsführung sowie den Kommunikationsverantwortlichen aufgenommen werden, sollten die eigenen Hausaufgaben gemacht sein. Egal, was gemacht werden soll, gefragt wird immer nach Pflegethemen und Themenvorschlägen. Das ist der springende Punkt. Ferner ist vorab zu klären, was will, kann und ggf. muss die Pflege in Bezug auf Kommunikation leisten?

Deshalb ist es empfehlenswert, sich in der ersten Phase von externen Experten beraten und begleiten zu lassen. So kann zum Einstieg ein Kommunikations-Workshop mit erfahrenen Kommunikationsberatern und Journalisten durchgeführt werden. Es lohnt sich, die Leitung Unternehmenskommunikation/Pressesprecher mit einzubeziehen. Ein erster vierstündiger Workshop könnte schon einiges auf die Beine stellen. Dabei sollte geklärt werden: Wie funktionieren die Medien? Welche Themen interessieren sie? Welche anderen, auch internen Plattformen gibt es für eine offensive Pflegekommunikation? Werden besondere finanzielle und personelle Ressourcen benötigt? Wie und womit will sich die Pflege an der Unternehmenskommunikation aktiv beteiligen? Welche Ziele werden dabei verfolgt? Wer kann was schreiben oder wird externe Unterstützung benötigt?

8.3.1   Unternehmenskommunikation muss geplant werden

Die strategische Funktion der Unternehmenskommunikation wird besonders deutlich in der Jahresthemenplanung des Unternehmens. Kommunikationsexperten wissen, Anlässe und Themen wiederholen sich, und viele kündigen sich auch vorher an. Mit Standardisierungen lässt sich ökonomischer arbeiten. Das schafft Zeit für aufwendigere Projekte. Vereinbarungen mit Führungskräften helfen dabei, eine Jahresplanung vorzunehmen.

Gesundheitsthemen sind planbar. Die saisonalen Themen kehren jedes Jahr wieder: Sommer:

Sonne, Haut – Winter: Glatteis und Stürze – Früh-
jahr: Allergien, Depressionen, Suizide – Herbst,
Winter: Erkältungen, Grippe usw. Eine Auswahl
der möglichen Themen ist im Folgenden (▶ Box
„Gesundheitsthemen") zusammengestellt. Darüber
hinaus gibt es nationale und internationale Gesundheitstage, die sich hervorragend für lang- und mittelfristige Planungen eignen (▶ Box „Nationale und
Internationale Gesundheitstage"). Für Journalisten
sind das alles Orientierungspunkte für Berichterstattung, aber auch für gut aufgestellte Kommuni-
kationschefs von Gesundheitsunternehmen. Dann
gibt es hausgemachte und eigene Themen, Jubiläen, Einweihungen, personelle Veränderungen,
neue Pflegekurse, neue Auszubildende mit Ausbil-
dungsbeginn und -ende usw. Auch diese sind lange
vorher bekannt.

Gesundheitsthemen

Geburt – Kinder – Familie
- Trend Wunsch-Kaiserschnitt
- Zu klein für die Welt? – Frühgeburten
- Sanfte Hilfe rund um die Geburt (Aroma-Therapie, Akupunktur bei der Geburtshilfe)
- Gesund durch die Schwangerschaft – 40 Wochen Schwangerschaft gesund, fit und glücklich erleben
- Geschwister-Diplom: Unser Kind bekommt ein Geschwisterchen – Als Familie zusammenwachsen
- Wenn das Wunschkind auf sich warten lässt
- Initiativen gegen Kindesmissbrauch – Kindesmisshandlung frühzeitig erkennen
- Ostergeschenke für Kinder in der Krebsstation
- Kinder in Bewegung bringen
- Teddykrankenhaus
- Gesund groß werden – Wegbegleiter für die ersten Lebensjahre: Mütter und Väter erhalten einen „Elternordner"
- Charité: erster Väterbeauftragter

Alter
- Kampf der Altersblindheit
- Glatteis – Tipps für Ältere
- Lebensqualität im Alter
- Autofahren
- Sommer – Sonne – Hitze: genügend Flüssigkeit zu sich nehmen
- Demenz
- Angehörige – Kurse zur häuslichen Pflege: Kann und will ich pflegen?
- Patientenverfügung (Veranstaltung)

Psychiatrie
- Psychiatrietag – Warum sich junge Mensch selbst verletzen
- Infos für Angehörige psychisch Kranker
- Doping fürs Gehirn (Antidepressiva, Psychostimulanzien)
- Angststörungen: Neues zu Ursachen und Behandlung
- „Stark und beschützt". Heilpädagogisches Reiten für Patienten der Kinder- und Jugendpsychiatrie

Ernährung
- Essen – und Gesundheit
- Anti-Aging durch richtige Ernährung
- Rund um die Verdauung – Experten diskutieren neue Therapieoptionen
- Übergewicht – Wissen hilft allein nicht: Immer mehr Erwachsene zu dick
- Rezepte – z. B. glutenfreie Ernährung (Allergie)

Diabetes
- Rezepte für Diabetiker
- Diabetes im Alter
- Diabetes und Lebensstil
- Diabetes und Folgeerkrankungen
- Diabetes: Ursachen, Schutz und Therapie
- Kribbelnde Füße von Diabetikern
- Infos und Tipps zu Diabetesfolgen
- Selbstständigkeit in der Diabetestherapie

Schmerzen
- Neue Erkenntnisse der Schmerztherapie
- Drei Jahre Kopfschmerzzentrum – ein Fazit
- Füße im Feuer – wenn Nerven schmerzen
- Wie entsteht das Schmerzerlebnis im Gehirn?

Häufige Erkrankungen
- Wenn Tinnitus zur Qual wird
- Burnout
- Depression: Diagnostik, Formen und Therapie
- Depressive haben höheres Schlaganfall- und Herzinfarktrisiko – schützt Sport?
- Aachen gegen den Schlaganfall
- Bluthochdruck – Umgang im Alltag
- Gesundheitstage zu Gefäßerkrankungen
- Osteoporose und Frauengesundheit (Medienkooperation)
- Parkinson-Patientenseminar: Was gibt's Neues zu Therapie und Alltag mit Parkinson?
- ADHS: Zappelphilipp und Traumsuse – schlecht erzogen oder einfach nur anders?
- Hilfe für die Seele – Angebot für Herzpatienten ausgeweitet
- Herzinfarkt schneller erkennen und behandeln hilft Leben retten

- Stent oder Bypass? MHH-Experten klären auf
- Gezerrt, gestaucht, geprellt oder gebrochen – Mediziner klären über Sportverletzungen auf

Jahreszeitliche Themen

- Sonne: „Auf die Haut geschaut", Gesundheits-Uni informiert rechtzeitig vor den Sommerferien
- Winter, Eis, Glätte, Knochenbrüche, Erkältungskrankheiten
- Allergien
- Akupunktur hilft bei Heuschnupfen
- Depression in dunkler Jahreszeit
- Gemeinsam den Viren auf der Spur (Grippe), Grippe-Impfung
- Zeckenstich mit Folgen. Borreliose und FSME – Wie viel Panik ist gerechtfertigt?
- Karnevals-„Opfer"
- Notfälle an Silvester

Weitere Themen

- Folteropfer
- Männer und Sucht
- Großrechner im OP
- „Operation Mensch" – Medienkooperation, Darstellung von Standard- als auch Spezial-Operationen
- Blick in den OP: Erklärung der Technik
- Trauma-Netzwerk
- Patientenverfügung
- Krankenhausinfektionen
- Tag der Ausbildung – Schule zu Ende und dann?
- Ich will hören! – Der 1. Ohrtag klärt über Schwerhörigkeit, Tinnitus und Schwindel auf und informiert über Therapien
- „Nichtrauchen ist cool" – Veranstaltung für Schüler
- Rückenschule, Aquatraining, Nordic Walking: Präventionskurse für jeden

Unternehmen/Mitarbeiter

- Neue Ausbildungskurse, Abschluss der Ausbildung, Auszeichnung für Jahrgangsbeste, neue Berufe
- Schnupperkurs und Praktika für Schüler
- Girls-/Boys-Day
- Seitenwechsel für Externe
- Besondere Hobbys von Mitarbeitern
- Berufsgruppen vorgestellt: Ohne sie geht es nicht!
- Hinter den Kulissen der Klinik!
- Neue Konzepte in Medizin, Pflege u. a.
- Kampagnen für neue Mitarbeiter
- Bauliche Veränderungen, Neubau, neue Geräte, Einweihungen und Jubiläen
- Qualitäts- und Leistungsberichte nutzen, z. B. Zahl der Woche/des Monats

- Klinik- und Pflegeheim-Rankings
- Bilanz ziehen: Pressetermine von Management, Pflege usw.

(Quelle: Klinik-Pressemitteilungen und eigene Themenvorschläge)

Nationale und internationale Gesundheitstage 2011

- 10. Februar: Tag der Kinderhospizarbeit
- 8. März: Internationaler Frauentag
- 15. März: Tag der Rückengesundheit
- 15. März: Welt-Verbrauchertag
- 24. März: Welt-Tuberkulosetag
- 7. April: Welt-Gesundheitstag
- 11. April: Welt-Parkinsontag
- 30. April: Deutscher Venentag
- 27. April: Internationaler Tag gegen Lärm
- 1. Mai: Tag der Arbeit
- 3. Mai: Welt-Asthmatag
- 10. Mai: Tag gegen den Schlaganfall
- 12. Mai: Internationaler CFS-Tag
- 15. Mai: Internationaler Tag der Familie
- 31. Mai: Welt-Nichtrauchertag
- 4. Juni: Tag der Organspende
- 5. Juni: Tag der Umwelt
- 6. Juni: Sehbehindertentag
- 10. Juni: Kindersicherheitstag
- 26. Juni: Internationaler Anti-Drogentag
- 12. September: Europäischer Kopfschmerz- und Migränetag
- 17. September: Deutscher Lungentag
- 20. September: Welt-Kindertag
- 21. September: Welt-Alzheimertag
- 25. September: Welt-Herztag
- 25. September: Internationaler Tag der Gehörlosen
- 3. bis 9. Oktober: Welt-Stillwoche
- 8. bis 15. Oktober: Woche des Sehens
- 10. Oktober: Internationaler Tag der seelischen Gesundheit
- 12. Oktober: Welt-Rheumatag
- 20. Oktober: Welt-Osteoporosetag
- 22. Oktober: Welttag des Stotterns
- 24. bis 30. Oktober: Europäische Woche für Sicherheit und Gesundheitsschutz am Arbeitsplatz
- 28. Oktober: Welt-Poliotag
- 1. bis 30. November: Herzwochen
- 14. November: Welt-Diabetestag
- 1. Dezember: Welt-Aidstag
- 3. Dezember: Internationaler Tag der Menschen mit Behinderungen

8.3.2 Die Pflege als Sympathieträger und Multiplikator nutzen

Ein besonders wichtiges Feld, das in der Planung eines Jahresthemenplanes keinesfalls unberücksichtigt bleiben sollte, sind Pflegethemen. Nicht nur sind die Beschäftigten der Pflege die zahlenmäßig größte Berufsgruppe, sondern sie haben in der Regel den engsten Kontakt zu den Patienten. Sie sind Sympathieträger und Multiplikatoren. Diese oft in der öffentlichen Aufmerksamkeit vernachlässigte Berufsgruppe, die nicht durch neue Forschungsergebnisse oder medizinische Neuerungen glänzen kann, macht das soziale „Herz" einer Einrichtung aus. Sie repräsentieren vielfach die menschlichen Themen, die ein Unternehmen emotional greifbar machen. Pflegethemen runden also die Kommunikation über eine Klinik ab. Beispielhafte Themen in diesem Bereich: Hebammen – Dienstjahre und Anzahl der ins Leben verholfenen Kinder, neue Pflegetechniken, neue Pflegeberufe, die neuen Pflegeschüler, bzw. die Absolventen und deren Lebensplanung, Blick hinter die Kulissen einer Station, besonders beliebte, erfahrene Krankenschwestern, Geschwisterdiplom, ggf. auch ‚Krankenschwester in dritter Generation', Krankenschwestern mit Migrationshintergrund. Das Feld ist vielfältig.

8.3.3 Das ganze Unternehmen präsentieren

Themen für die Unternehmenskommunikation finden sich aber nicht nur im medizinischen und pflegerischen Bereich, dem medizinisch-technischen Fortschritt, neuen Therapiemethoden oder den Managementthemen. Das gesamte Unternehmen sollte aus einer übergreifenden Perspektive betrachtet werden. Was alles könnte von Interesse sein, auch über den genannten engeren medizinischen Zweckbezug hinaus? Dann können Themen und Bereiche zum Vorschein treten, die oft verborgen bleiben, aber den Alltag einer solch komplexen Institution umso greifbarer machen, also die patientenfernen Bereiche, ohne die ein Krankenhaus nicht funktionieren kann. Das Heizkraftwerk, die Logistik, der Einkauf, die Technik, die IT bis hin zum Pförtner und den Reinigungskräften. Diese Themen sind nicht nur für die Mitarbeiterzeitung interessant, dort jedoch sind sie in erster Linie angesiedelt, auch ein weiteres öffentliches Interesse kann mit einer guten, passenden Aufbereitung gewonnen werden. Zu empfehlen wäre beispielsweise, einmal eine „Hausführung" für Journalisten anzubieten, die eben diese „unsichtbaren" Bereiche einmal vorstellt. Oder eine Serie „Hinter die Kulissen … " oder die Vorstellung der Ausbildungsberufe oder besonderer Mitarbeiter mit besonderen Hobbys.

8.3.4 Unternehmenskommunikation heißt zielgerichtete Kommunikation

Kliniken brauchen für ihren Erfolg Netzwerke und gute Beziehungen zu allen relevanten internen und externen Zielgruppen. Die Unternehmenskommunikation unterstützt das Klinikmanagement dabei.

Da sind zunächst die internen Zielgruppen zu nennen: Dies sind die Mitarbeiter, Führungskräfte, Eigentümer bis hin zu den Personalräten, die es kontinuierlich zu informieren und in den Kommunikationsprozess einzubinden gilt. Sie alle sind in ihrem Umfeld Botschafter des Hauses, ihr Engagement und ihre Motivation bilden den Motor des Hauses. Zu den externen Zielgruppen gehören ganz unterschiedliche Ansprechpartner, wie die Öffentlichkeit, die Gesundheitswirtschaft als auch Patienten, Gesundheitspartner und Verbände sowie die regionale und überregionale Presse, Fachzeitschriften und – nicht zu vergessen – Politik und Parteien. Sie alle sind in die Planung der Aktivitäten der Unternehmenskommunikation mit einzubeziehen.

Zu den wichtigsten externen Ansprechpartnern – neben der allgemeinen Öffentlichkeit – zählen die Patienten sowie zunehmend die Gruppe der Zuweiser aus der Gruppe der Gesundheitspartner.

Ein weiteres sehr breites Feld bilden Veranstaltungen. Hierzu zählen Veranstaltungen für die Öffentlichkeit, z. B. Tag der offenen Tür oder Laienvorlesungen in unterschiedlichster Form, dann gibt es Informationsveranstaltungen für Patienten und Angehörige bis hin zum Neujahrsempfang für Politik und Wirtschaft. Eigene Formate können auch für potenzielle Förderer, Sponsoren oder VIPs entwickelt werden. Hinzu kommt die interne Kommunikation: Mitarbeiterfeste etc.

Ein sehr erfolgreiches Kommunikationsmittel sind Medienkooperationen. Hier werden mit den Medien zusammen Informationskooperationen geschlossen, die sich vom Expertentipp im Wochenblatt über regelmäßige Beilagen bis hin zu von Journalisten moderierten Informationsveranstaltungen erstrecken können.

Ziel bei allen diesen Instrumenten ist: die Öffentlichkeit für sich einnehmen, zu überzeugen und ein unverwechselbares, positives Image aufzubauen, das auch langfristig und sogar bei krisenhaften Ereignissen trägt. Die Pflege ist dabei ein wichtiger Aktivposten, aber nur dann, wenn sie sich aktiv mit eigenen Beiträgen beteiligt.

8.3.5 Workshops: Interne Netzwerke schaffen

Die gute interne Vernetzung mit den Führungskräften und vielen Mitarbeitern ist für eine aktive und offensive Unternehmenskommunikation unabdingbar. Informationen über Kundenwünsche, die Stimmung im Hause, Probleme und besondere Vorkommnisse, interessante Themen und Vorhaben o. Ä. würden nicht oder nur verspätet fließen. Presseanfragen und -aktivitäten ließen sich nicht zügig bearbeiten. Kommunikation ist selbstverständlich auch Kontaktarbeit.

Voraussetzung für einen derartigen Workshop ist natürlich, dass Vorstand bzw. Geschäftsführung das Interesse an der internen Vernetzung eindeutig formuliert, die Teilnehmer schriftlich einlädt und im Workshop persönlich begrüßt. Damit sendet die Leitung eine klare Botschaft: Die Unternehmenskommunikation ist ihr besonders wichtig. Schließlich lassen sich Workshop-Ergebnisse in einem hauseigenen Kommunikationsleitfaden mit Fotos, Telefonnummern und Mailadressen der Kommunikationsexperten, Zuständigkeiten, Erreichbarkeit im Krisen- und Notfall, Nacht- und Wochenendbereitschaftsregelungen, Meldewege für besondere Vorkommnisse, Informationen zur Mitarbeiterzeitung, Hinweise für die Er- und Bestellung von Flyern, Broschüren, Visitenkarten bis hin zu Medienkooperationen zusammenfassen. Solche Workshops

über Unternehmenskommunikation, Presse- und Öffentlichkeitsarbeit sind ein klares Signal an alle Teilnehmer: Wir brauchen euer Engagement und eure Beteiligung! Und natürlich eine Form von Wertschätzung.

8.4 Herausforderung Personal- und Nachwuchsgewinnung

Kliniken und andere Gesundheitsanbieter konkurrieren miteinander auf dem Ausbildungs- und Arbeitsmarkt, sie konkurrieren aber auch mit anderen Branchen. Die Zahl der Bewerber um angebotene Arztstellen und Ausbildungsplätze in der Pflege und in medizinischen Assistenzberufen, aber auch für Techniker und Ingenieure ist in der Fläche längst rückläufig. In wenigen Jahren kommt diese Entwicklung in den Metropolen an und verstärkt sich in Folge der weiteren demografischen Entwicklung. Wie kommen die Kliniken aus dem Dilemma: einerseits durch intelligentes und verantwortliches Umgehen mit den vorhandenen personellen Ressourcen, zum anderen durch die Bereitstellung attraktiver Arbeitsplätze. Die Attraktivität bezieht sich für viele Interessenten nicht immer zuallererst auf das Gehalt. Von den Arbeitsbedingungen über interessante Fort- und Weiterbildungsmöglichkeiten, moderne menschliche Führungspersönlichkeiten, das Image des Hauses, ein gutes Betriebsklima bis hin zu Freizeitangeboten am Ort, Unterstützung bei der Wohnungs- und Haussuche sowie bei der Jobsuche des Partners, dies alles kann Einfluss nehmen auf eine Bewerbung. Viele Bewerber erwarten familienfreundlichere Arbeitszeiten und hauseigene 24-Stunden-Kita. Die „weichen" Faktoren im Beruf werden bedeutender. Offensichtlich spielen auch Stellenanzeigen, so groß und auffällig sie gestaltet sein mögen, immer weniger eine ausschlaggebende Rolle. Immer mehr Bewerber orientieren und bewegen sich im Internet, besuchen Klinik- und Arzt- bzw. Pflegebewertungsportale. Kliniken müssen darauf reagieren und die dort vorgetragene Kritik sehr ernst nehmen. Um erfolgreich zu sein, bedarf es mehr als kleinere Retuschen vorzunehmen. Nötig sind ein Modernisierungskonzept und eine kreative Unternehmenskommunikation, die dieses attraktiv umsetzt. Im Vorteil sind

Gesundheitsunternehmen, die bereits ihr positives Image kommuniziert haben. Dazu gehört zweifelsohne auch die Pflege. Jede noch so gute Werbekampagne für Pflegeberufe endet einmal. Deshalb ist die beste Werbung die beständige und nachhaltige Pflege-Kommunikation auf allen Kanälen – eine Führungsaufgabe auch für das Pflegemanagement.

8.5 Wie kann die „Pflege-Kommunikation" verbessert werden? Was sollten die Verantwortlichen bedenken?

- Kommunikation ist eine Führungsaufgabe auch für Pflegedienstleitungen.
- Analysieren Sie mit Ihren Stationsleitungen die Situation der Pflege-Kommunikation in Ihrem Haus! Nutzen Sie Ihre Verantwortlichen für Kommunikation bzw. Presse- und Öffentlichkeitsarbeit und fördern Sie eine enge Zusammenarbeit.
- Schaffen Sie sich sachliche Klarheit über Ihre Kommunikation, über Ihre Stärken und Ihre Schwächen. Definieren Sie vorsichtig Ziele: Was wollen, können und müssen Sie tun und was wollen Sie wie optimieren? Seien Sie nicht überehrgeizig. Lassen Sie sich von Fachleuten unterstützen.
- Betonen Sie immer wieder die Wichtigkeit der Pflege-Kommunikation in Mitarbeiterbesprechungen. Heben Sie das Thema Kommunikation als festen Tagesordnungspunkt auf Ihre Leitungsbesprechungen!
- Dreh- und Angelpunkt guter Kommunikation sind Themen und Akteure. Sammeln Sie Themenvorschläge und interessieren Sie Ihre Mitarbeiter! Veranstalten Sie Workshops zum Thema Pflege-Kommunikation, nutzen Sie dabei „neutrale" externe Experten, wie Journalisten und Kommunikationsberater.
- Sie können die „Pflege" nur erfolgreich über Ihre Pressestelle „verkaufen", wenn Sie Ihr Haus bzw. Ihr Unternehmen mit Erfolg präsentieren und dadurch effizient unterstützen!
- Sie brauchen eine Strategie für die Presse- und Öffentlichkeitsarbeit der „Pflege" in Ihrem Haus und nach draußen! Arbeiten Sie gemeinsam mit den Kommunikationsverantwortlichen Ihres Hauses daran. Überlassen Sie wenig dem Zufall!
- Entwerfen Sie langfristige, mittelfristige sowie kurzfristige Umsetzungspläne! Planen und strukturieren Sie die Pflege-Kommunikation.
- Nutzen Sie Fachzeitschriften in Zusammenarbeit mit Ihrer Unternehmenskommunikation. Prüfen Sie, ob Sie das eine oder andere Pflege-Thema medial mehrfach nutzen können (Mitarbeiterzeitung, Website, tagesaktuelle und Fach-Medien). Engagieren Sie ggf. einen freien Journalisten, um Ihre Pflege-Texte zu schreiben.
- Bauen Sie sich einen Modul-Baukasten mit interessanten Themen der Pflege und Ihres Hauses unter Beteiligung Ihrer Führungspersonen!
- Lassen Sie sich von anderen Häusern und deren Pflege-Kommunikation inspirieren, lernen Sie von anderen Kollegen dazu! Es geht nicht darum, das Fahrrad permanent neu zu erfinden! Manchmal ist die Kopie besser als das Original!
- Diskutieren Sie mit Ihrer Geschäftsführung über Ihre Offensive der Pflege-Kommunikation. Machen Sie diese zum Beteiligten und Unterstützer Ihres Tuns. Aktive und gute Pflege-Kommunikation unterstützt die allgemeine Presse- und Öffentlichkeitsarbeit Ihres Hauses.
- Nur die wirklich wichtigen Themen sind Chefsache in der Pflege!
- Kommunikation ist Teamarbeit. Stellen Sie hin und wieder das Führungsteam der Pflege vor! Achten Sie darauf, dass andere Pflegemitarbeiter, Lehrkräfte und Auszubildende auch zum Zuge kommen!
- Installieren Sie sich ein internes Netzwerk von an presse- und öffentlichkeitsinteressierten Führungskräften und Beschäftigten aus der Pflege!
- Unterstützen Sie die Kommunikationsplattformen und Netzwerke Ihres Hauses! Entsenden Sie Mitarbeiter aus der Pflege beispielsweise zu Redaktionsbesprechungen für Mitarbeiterzeitungen.

- Beteiligen Sie sich an Gesundheitsveranstaltungen Ihres Hauses, die sich an Patienten, Angehörige und Experten wenden. Initiieren Sie eigene Veranstaltungen unter Beteiligung externer Gesundheitspartner, wie Krankenkassen, Pflegeeinrichtungen, ambulante Dienste, Selbsthilfegruppen und Kliniken.
- Unterstützen Sie die Krisenkommunikation und das Frühwarnsystem Ihres Hauses. Schärfen Sie den Blick und die Sensibilität der Pflegenden für besondere Vorkommnisse und Beschwerden.
- Presse- und Öffentlichkeitsarbeit auch für Pflege-Themen ist Kontaktarbeit! Sie braucht Zeit und Ressourcen sowie interne und externe Partner! Greifen Sie zu!

Literatur

Ärzte Zeitung (2010) Verlassen wir endlich das ewige Jammertal! Kongress, 5. Mai 2010. http://www.aerztezeitung.de/politik_gesellschaft/pflege/article/600012/verlassen-wir-endlich-ewige-jammertal.html?sh=2&h=-1837626358. Zugegriffen: 01. März 2017

BPA – Bundesverband privater Anbieter sozialer Dienste e.V. (2011) Pressemitteilung vom 2. August 2011. BPA, Berlin

DBfK – Deutscher Berufsverband für Pflegeberufe (2010) Pressemitteilung vom 6. Dezember 2010. DBfK, Berllin

Enste DH (2011) Pflegewirtschaft 2011: Wertschöpfung, Beschäftigung und deren Auswirkung auf Steuern und Sozialabgaben. BPA, Berlin

Görres S (2010) Empfehlungen zur Umsetzung einer Imagekampagne für den Pflegeberuf verbunden mit der Berufswahlentscheidung Jugendlicher auf der Grundlage empirisch gesicherter Daten. Universität Bremen, Bremen

Statistisches Bundesamt (2010) Demografischer Wandel: Engpässe beim Pflegepersonal werden zunehmen. Pressemitteilung Nr. 449 vom 6. Dezember 2010. Statistisches Bundesamt, Wiesbaden

Ressource Mitarbeiter 50plus

Brigitta Gruber

© Springer-Verlag GmbH Deutschland 2017
P. Bechtel, I. Smerdka-Arhelger, K. Lipp (Hrsg.), *Pflege im Wandel gestalten – Eine Führungsaufgabe*,
DOI 10.1007/978-3-662-54166-1_9

„Wir brauchen Sie!" – so sollte es lauten, um den Personal- und Pflegenotstand aufgrund von Verrentungswelle der Baby-Boomer-Generation, geburtenschwachen Einsteiger-Jahrgängen und Imagekrise des Berufes abzuwenden. Der Aufruf würde sich an jüngere Berufsinteressenten, an Ausgebildete in einer Arbeitsbewältigungskrise und an die älteren Erfahrenen richten. Bei den Bestandsmitarbeitern schlummern Ressourcen, wenn der längere Verbleib im Beruf für mehr Ausgebildete und die optimale Integration der Erfahrenen im Gesundheitswesen gesichert werden würden. In jedem Fall braucht es personalwirtschaftliche Konzepte, die Menschen in der Ausübung ihrer beruflichen Tätigkeit derart unterstützen, dass sie möglichst lange wohlbehalten und gerne aktiv sein können. Ein Alterns- oder besser gesagt ein Arbeitsbewältigungsmanagement nach finnischen Erkenntnissen und darauf aufbauende Führungs-Instrumente werden vorgestellt.

9.1   Entdeckung schlummernder Ressourcen

Personal- und in weiterer Folge „Pflegenotstand" sind in der Gesundheitswirtschaft kein neues oder gar künftiges Phänomen. Ende der 1980er Jahre machten u. a. Streiks auf diese Situation aufmerksam und die Robert-Bosch-Stiftung skizzierte: Die „Krise … ist unübersehbar: Stellen sind unbesetzt; es mangelt an ausreichendem Nachwuchs; Nachteile und Belastungen der Pflegeberufe finden großen öffentlichen Widerhall" (Robert-Bosch-Stiftung 1992, S. 11). Die Öffentlichkeit nahm wahr, dass „die geringe personelle Decke der Krankenhäuser … sich negativ auf die Pflegequalität aus(wirkt)" (Albert 1998, S. 20). Damals führte die Debatte zu Verbesserungen im Problembereich Entlohnung, die später durch Steuerreformen teilweise nivelliert wurden. Anstrengungen zur Professionalisierung wurden gestartet, die heute mit neuen Berufsbildern und Karrieren langsam spürbar werden. Eine Personalplanung im Zuge des Gesundheitsstrukturgesetzes (GSG) wurde durch Rationalisierungsdruck in der stationären Krankenpflege wieder zahnlos. So wurden seit 1991 mehr als hunderttausend Vollzeitäquivalente für Krankenpflegekräfte in bettenführenden Bereichen abgebaut. Gemessen an der durchschnittlichen Zahl der Behandlungsfälle innerhalb eines Jahres war die Pflegepersonalbelastung zwischen 1997 und 2007 um rund 21% gestiegen. Auch wenn gleichzeitig die Quote der zu versorgenden Betten pro Pflegevollkraft leicht sank, blieben vermehrt Anforderungen durch Aufnahme- und Entlassungsadministration sowie besondere Pflegeerfordernisse der gealterten Patientenstruktur (Statistisches Bundesamt 2011). Zeitdruck, Arbeitsverdichtung, hohe Fehlzeiten, häufige Einspringdienste und Spannungsverhältnisse zwischen Berufsgruppen etc. prägen immer noch den Arbeitsalltag der Pflege.

Jetzt berichten Gesundheits- und Pflegeeinrichtungen neuerlich von Personalengpässen: besonders in der stark wachsenden Altenpflege, aber auch aktuell in der stationären Krankenpflege. Prognosen sagen der Altenpflege bis 2050 mehr als das Doppelte an Personalbedarf als im Jahr 2007 voraus, die – bei anhaltendem derzeitigen Trend – nur zur Hälfte abgedeckt werden kann (Hackmann 2009). Gleichzeitig muss sich die Pflegebranche insgesamt auf die Verrentungswelle der Baby-Boomer-Generation vorbereiten. Und wieder fehlen Nachwuchskräfte.

Wenn künftig nicht ausreichend (jüngere) Personen in den Beruf einsteigen, muss stärker der Blick auf die Bestandsmitarbeiter gerichtet werden. Eine Simulation des Freiburger Forschungszentrums Generationenverträge im Auftrag der Berufsgenossenschaft für Gesundheitsdienst und Wohlfahrtspflege (Hackmann 2009) zeigt, dass bei Angleichung der durchschnittlichen Verweilzeit der Altenpflegekräfte auf die der stationären Krankenpflegekräfte, d. h. von 8,4 auf 13,7 Jahre, die prognostizierte Personallücke in der Altenpflege voraussichtlich um etwa 60% verringert werden könnte. Das setzt eine Personalpflege voraus, die darauf zielt, dass einerseits mehr 50plus-Arbeitskräfte aktiv Pflegeerwerbsarbeit leisten können und wollen und andererseits unabhängig vom Lebensalter die Verweilzeit der Ausgebildeten verlängert bzw. die Berufsfluktuation verringert wird.

Das Motto sollte lauten: „Wir brauchen Sie!" Es ist noch selten zu hören: Personalverantwortliche fürchten – bei Beibehaltung der derzeitigen Arbeits- und Wirtschaftsverhältnisse und angesichts der Beanspruchungsfolgen aus langjähriger Pflegetätigkeit (gerade in den letzten zwei Jahrzehnten) der heutigen 50plus Mitarbeiter – Planungsschwierigkeiten aufgrund von Leistungseinschränkungen der Mitarbeiter, höheren Fehlzeiten und vermehrter Schichtuntauglichkeit etc. Auch bei Neueinsteigern wird über zurückhaltende Einsatzmöglichkeiten wegen geringerer Belastbarkeit geklagt.

9.2 Wie wird man 50plus in der Pflege?

Die Anzahl älterer Pflegekräfte nimmt in den Belegschaften kontinuierlich zu. In naher Zukunft werden allgemein mehr über 50-Jährige als unter 30-Jährige im Erwerbsleben stehen. Wurden im Jahr 1999 noch 13,5% der in Gesundheitsberufen Tätigen der Altersgruppe 50plus zugerechnet, so waren es im Jahr 2009 schon 22,8% (Institut für Arbeitsmarkt und Berufsforschung IAB 2011). Diese Veränderung wird derzeit begleitet mit Pauschalurteilen zu älteren Pflegekräften (Hien 2009, S. 69) wie:

- Physische und psychische Leistungsfähigkeit ist angesichts der heute anliegenden Arbeitsanforderungen eingeschränkt
- Hohe Lohnkosten
- Geringe Flexibilität
- Unwilligkeit, sich auf Neues einzustellen
- Lernmüdigkeit

Diese Beschäftigtenzuschreibungen verweisen auch auf Arbeitsanforderungen, die menschliche Maßstäbe überschreiten. So der Befund befragter Pflegeleitungen im Rahmen des Pflege-Thermometers 2007, dass die älteren Mitarbeiter weniger geeignet sind „für die Dauerbelastung in der Krankenpflege". Insgesamt schätzen nur 4,2% der Befragten die physischen Belastungen als bis zum Rentenalter tragbar ein. Bei den psychischen Belastungen sind es immerhin 15%, die die Belastungen für meisterbar erachten. Nur 3% geben an, dass es ausreichend alternative Einsatzmöglichkeiten gibt, wenn Ältere den Arbeitsbelastungen in bettenführenden Bereichen nicht mehr gewachsen sind (Isfort und Weidner 2007, S. 5). Bei der Zuschreibung von Fähigkeiten und Kompetenzen nach Jung und Alt überwiegt durchgehend die Kategorie „teils-teils", was darauf hindeutet, dass mehr Personen- als Altersgruppen-Kriterien ausschlaggebend sind. Gleichwohl wird die berufliche Kompetenz bei Älteren geringfügig höher eingeschätzt als die von Jüngeren; hingegen die Flexibilität etwas geringer (Isfort und Weidner 2007, S. 24).

Doch wie sehen es die Beschäftigten selbst? In einem Bericht des Bundesministeriums für Arbeit und Soziales wurde schon 1990 festgehalten, dass sich nur rund ein Viertel der Krankenpflegekräfte die Ausübung des Berufes bis zur Pensionierung vorstellen können (1999, S. 79, zitiert nach Albert 1998, S. 20). Diese Zahlen spiegeln sich heute in eigenen Befragungen (Arbeit und Zukunft e.V. 2010, S. 43) wider: Im Rahmen von IST-Analysen zum Start von Alternsmanagement wurde u. a. die Frage gestellt: „Können Sie sich vorstellen, Ihren derzeitigen Beruf bis zum regulären Rentenalter auszuüben?" Nur ein knappes Drittel der Befragten (31%) meinen, dass sie dies können und wollen. 15% verneinen, weil sie diesen Beruf nicht bis dahin ausüben können. Zwei von fünf Befragten (43%) wissen es nicht bzw. zweifeln daran und weitere 11% der Befragten haben andere Pläne bzw. wollen die Tätigkeit/den Beruf wechseln. Dabei bestehen signifikante Unterschiede zwischen den Pflegesparten. Relativ durchgängig in allen Pflegesparten fanden wir eine Gruppe von ca. 15% der Befragten, die sich nicht in der Lage sehen, bis zur regulären Rente arbeiten zu können.

Hien hat ältere Pflegekräfte mit qualitativen Interviews zu Wort kommen lassen und fasst zusammen:

> » Der Pflegealltag ist durch Personalmangel, Zeitnot, Hektik und in vielen Fällen durch andauernde autoritäre Maßgaben „von oben" bestimmt, die zumeist auf Unverständnis und Ablehnung stoßen. … (Es ist) deutlich anzumerken, dass Befragte durchaus gerne eine sinnvolle Tätigkeit ausüben würden, auch als älterer Mensch, und dass dies durchaus in der beruflichen Pflege sein könnte. … In Wirklichkeit aber müssen die Betroffenen erleben, dass sie schon ab Mitte 50 aus dem Arbeitsleben herausgedrängt werden (Hien 2009, S. 11 f).

Dennoch dürfte heute in der Pflege die 60-Jahre-Grenze eine schwer überwindliche Schallmauer darstellen. Dies zeichnet sich auch in den Daten zur Frühberentung ab: Der Anteil der gesundheitlich begründeten Frühberentungen an allen Berentungen liegt für Krankenschwestern bei 40% und für Altenpflegekräfte bei 35% (zitiert nach Hien 2009, S. 13). Ebenso verweist der dritte Monitoring-Bericht „Rente mit 67 – für viele Beschäftigte unerreichbar!" darauf, dass Ende 2009 nur 2,6% der Beschäftigten in Gesundheitsdienstberufen im Alter über 60 Jahren waren (Deutscher Gewerkschaftsbund DGB 2009, S. 18). Ein wesentlicher Grund dafür wird in Arbeitsbedingungen mit unverändert hohen Kumulationen von gesundheitsabträglichen Belastungen gesehen.

Gleichzeitig wird jenen Pflegekräften, denen es gelingt, Arbeit(skrisen) gesundheitsgerecht bewältigen zu können, eine hohe Treue in der Berufsausübung bescheinigt. Lange Berufs- und auch Betriebszugehörigkeitszeiten sind dann keine Seltenheit. Dies darf nicht über die Krisen hinwegtäuschen. Sie häufen sich einerseits im hohen Lebens- oder Berufsalter, wo gesundheitliche Verschleißerscheinungen Konsequenzen erzwingen, und andererseits finden Arbeitsbewältigungskrisen zu Berufsstart statt. Die Europäische NEXT-Studie (Hasselhorn 2005) hielt für Deutschland fest, dass 18,4% der antwortenden Pflegekräfte vorwiegend jüngere und höher qualifizierte Beschäftigte „mehrfach monatlich" den Berufsausstieg erwägen. Die Verweilstudie von Rheinland-Pfalz dokumentierte, dass 70% der Krankenpflegekräfte, die im Alter von 20–24 Jahren erstmals voll- oder teilzeitbeschäftigt zu arbeiten begonnen hatten, 10 Jahre später noch in ihrem Beruf waren. 80% der Späteinsteiger oder Umschüler, die erst im mittleren Lebensalter in einen Pflegeberuf (zwischen 35 und 44 Jahren) eintreten, waren nach 10 Jahren noch beschäftigt (Behrens et al. 2009). Bei Krankenpflegehilfskräften dreht sich die Beschäftigungsquote, hier sind es nur 30% im Beruf Verbleibende.

In beiden Krisenkonstellationen der ersten und der letzten Berufsphase dürften meist defizitäre Arbeits- und Organisationsbedingungen für eine relevante Gruppe an Beschäftigten vorliegen, die die persönlichen Ausgleichskapazitäten übersteigen.

Welche Hindernisse führen dazu, den Beruf nicht mehr gut, gern und wohlbehalten ausüben zu können?

- Zu geringe Erholungszeiträume in Zusammenhang mit Wechselschicht inkl. regelmäßiger Nachtarbeit
- Zu geringe Erholungszeiträume generell aufgrund von Überstunden und häufigen Einspringdiensten
- Gesundheitsprobleme erschweren die Ausübung der Arbeit
- Schwierige Körperhaltungen und Bewegungsabläufe
- Zeitdruck und Arbeitsüberlastung
- Fehlendes Zusammengehörigkeitsgefühl im Team wird zu einer Größe, die darüber entscheidet, ob eine Pflegekraft aussteigt oder nicht (Tourangeau und Cranley 2006)

9.3 Alternsmanagement als Personalpflegeansatz

Will man die schlummernden Ressourcen mobilisieren, braucht es umfassende Integrations- und Förderstrategien, die Menschen in der Ausübung ihrer beruflichen Tätigkeit derart unterstützen, dass sie bis zum Erreichen des Rentenalters möglichst wohlbehalten und gerne arbeiten und damit im betrieblichen Sinne produktiv sein können. Einschränkungen ergeben sich zweifelsfrei aus dem natürlichen Alterungsprozess, der eine gleichförmige Beanspruchung über den gesamten Lebensarbeitszyklus ausschließt. Es ist verständlich, dass das körperliche Bewältigungspotenzial eines Jugendlichen das eines 30 Jahre älteren Beschäftigten übersteigt. Insbesondere schlägt sich die mit großer Wahrscheinlichkeit in der 5. Lebensdekade auftretende geringere Erholungsdefizit-Toleranz einschneidend auf die Bewältigung der Wechselschicht bzw. von häufigen Einspringdiensten aus. Auf der psychischen und mentalen Ebene hingegen gewinnen Erfahrungswissen oder soziale Kompetenz durchaus mit zunehmendem Alter bzw. fehlen den Berufsanfängern. Im höheren Berufsalter verstärkt sich die Werteorientierung: Menschen wollen nicht mehr zu jedem Preis Dinge tun müssen, die ihren Wertvorstellungen widersprechen. Zusammengefasst: Auch bei einem gelingenden Arbeitsleben muss von einem individuellen Wandel der sozialen, physischen, psychischen, geistigen Leistungsmöglichkeiten im

Laufe von 45 und mehr Erwerbsjahren ausgegangen werden. Der individuelle Wandel ist darüber hinaus konfrontiert mit heute meist sprunghaften Veränderungen der Arbeitswelt. Zu einem beträchtlichen Ausmaß entstehen persönliche und System-Krisen dann, wenn Flexibilität und Instrumente fehlen, diese Wandlungsprozesse balancierend individuell und in Abstimmung mit dem Betrieb zu managen.

Aufgeschreckt durch Personalengpässe und demografischen Wandel konzentrieren sich derzeit im personalen Notfall die meisten auf Altersmanagement für eine bessere Integration älterer Beschäftigte, ungeachtet der Notwendigkeit eines das gesamte Arbeitsleben umfassenden Konzepts. Wenn die körperlichen Kapazitäten frühzeitig verbraucht werden, schlägt sich dies in einer Erhöhung der Frühinvalidität, hohen Fehlzeiten wie auch in (Berufs-)Fluktuation nieder. Es bleibt dann letztlich keine andere Wahl, als (beispielsweise durch Arbeitszeitreduktionen oder – raren – Tätigkeitswechsel) die Lösung für ein Problem zu finden, bei dem zum gegenwärtigen Zeitpunkt bereits die Weichen früher gestellt wurden. Alternsmanagement im Sinne eines frühzeitigen, umfassenden präventiven Ansatzes stellt einen sinnvolleren Bezug zu erforderlichen Maßnahmen in allen Lebensabschnitten sicher. „Vorbeugen ist besser als heilen" würde umgelegt auf die Personalwirtschaft lauten: „Arbeitsbewältigungsfähigkeit solide aufbauen, kontinuierlich erhalten und frühzeitig wiederherstellen ist besser als Arbeitskräfte verlieren und händeringend neue rekrutieren".

9.3.1 Arbeitsbewältigungsmanagement

Eine alternssensible Personalwirtschaft orientiert sich an Arbeitsbewältigungsfaktoren und versucht diese zugunsten der Produktivität der Mitarbeiter zu beeinflussen. Das finnische Förderkonzept der Arbeitsbewältigungsfähigkeit ist dabei hilfreich:

» Work ability is built on the balance between a person's resources and work demands. A person's resources consist of health and ability, education and competence, and values and attitudes. Work, on the other hand, covers the work environment and community, as well as the actual contents, demands and organization of work. Management (i.e. supervision) is also associated with work (Ilmarinen 2005, S. 132).

Ausschlaggebend für eine sehr gute Arbeitsbewältigungsfähigkeit ist die wechselseitige, optimale Passung der einzelnen Einflussfaktoren im Gesamten für die jeweilige Person

Es besteht dann ein Risiko, die Arbeit heute und insbesondere morgen nicht mehr bewältigen zu können oder zu wollen, wenn Über- oder Unterforderungen vorherrschen und keine ausreichenden betrieblichen und individuellen Anpassungen erfolgen. Wenn sich nur ein Element der Arbeitsbewältigungsfähigkeit ändert – sei es eine gesundheitliche Beeinträchtigung, fehlende Kenntnisse, Erosion von Motivation, verschleißende Arbeitsanforderungen, defizitäres Betriebsklima, Turbulenzen im Privaten, gesellschaftliche Benachteiligungen oder anderes und keine Kompensationen, Anpassungen oder Wiederherstellungen folgen –, dann werden die Person und der Betrieb mit Arbeits- bis hin zu Erwerbsunfähigkeit zu rechnen haben.

Vorsorgehandeln von Seiten der Beschäftigten und der Betriebe bedeutet, gemeinsam sowohl das Haus der Arbeitsbewältigungsfähigkeit solide aufzubauen, die Funktionstüchtigkeit zu pflegen und in Stand zu halten sowie es im Falle von Veränderungen oder Beschädigungen die Statik wiederherzustellen. Dies erfordert ein kontinuierliches Beobachten und Beachten.

Die Erforschung von Arbeitsbewältigungsfähigkeit mündete auch in einem Mess- bzw. Visualisierungsinstrument des Betrieblichen Gesundheitsmanagements, dem Arbeitsbewältigungs-Index (Tuomi et al. 2001). Mittels eines Kurzfragebogens und dem einfachen Ergebniswert daraus kann die Arbeitsbewältigung sichtbar gemacht werden. Dies ist dann der Ausgangspunkt für persönliches wie betriebliches Vorsorgehandeln und Fördermaßnahmen nach den sich ergebenden Schutz- und Förderzielen: Beschäftigte in sehr guter Arbeitsbewältigungssituation werden gefragt, welche und wie die vorhandenen Bewältigungsressourcen aktiv unterstützt und ausgebaut werden können. Förderbeispiele könnten sein: Beibehaltung eines Ausgleichsprogramms oder Fortsetzung der Mischarbeit (Kombination von Pflegetätigkeit mit anderen Tätigkeiten wie z. B.

Schüleranleitung). Gute Arbeitsbewältigungssituationen zeichnen sich dadurch aus, dass die Balance zwischen persönlichen Kapazitäten und Arbeitsanforderungen an Limits stoßen. Diesbezügliche Förderbeispiele sind: Identifikation und Verbesserung von Arbeitshindernissen oder Sicherstellung von Arbeitspausen innerhalb und von Erholungszeiten zwischen den Diensten. Mittlere, mäßige Arbeitsbewältigungssituationen benötigen Verbesserungen entsprechend der Krisenpunkte, das kann in einem Fall eine organisatorische oder technische Arbeitshilfe sein, eine Fortbildungsmaßnahme zum Erwerb spezifischer Fertigkeiten oder die Vermittlung in einer sozialen Konfliktsituation. Personen mit kritischer Arbeitsbewältigung benötigen meist rehabilitative Maßnahmen. Nach Abklärung kann dies eine Arbeitszeitreduktion oder ein (temporärer) Tätigkeitswechsel sein.

9.4   Betriebliches Vorgehen und Instrumente zur Erhaltung, Förderung und Wiederherstellung von Arbeitsbewältigung

9.4.1   Personalwirtschaftliches Leitbild

Die Mobilisierung der Ressource 50plus-Mitarbeiter, eine Generationenbalance und insbesondere der längere Verbleib der mittleren Generation in der Branche, um morgen die produktiven, wohlerhaltenen Pflegekräfte im höheren Lebens- und Berufsalter sein zu können, braucht ein Alternsmanagement oder besser gesagt ein Arbeitsbewältigungsmanagement getragen von beiden Parteien (Arbeitgeber und ihre Vertreter, die Führungskräfte und die Beschäftigten) zum gemeinsamen Wohle. Alle sollten inspiriert sein, Vorschläge für eine kontinuierliche und damit nachhaltige Lebensarbeitsgestaltung zu entwickeln und umzusetzen. Die Höhe der Vergütung ist weiterhin wichtig, aber möglicherweise weniger relevant als die Faktoren wie beispielsweise Betriebsklima, berufliche Entwicklungsmöglichkeiten, Arbeitszeitflexibilität, bewältigbare Arbeitsanforderungen oder Gesundheitshygieneangebote.

Das setzt ein allgemein bekanntes und gelebtes Leitbild voraus, das zur Orientierung und als Kommunikations- wie Aushandlungsrahmen im Betrieb dient. Die Vielschichtigkeit und die selbsterklärende Kraft des „Hauses der Arbeitsbewältigungsfähigkeit" (Ilmarinen 2005, S. 133) bieten sich hier als ein personalwirtschaftliches Leitbild an. Ein österreichisches Förderprogramm der Allgemeinen Unfallversicherungsanstalt hat gemeinsam mit der Pensionsversicherungsanstalt dies aufgegriffen und warb dafür in Betrieben und Organisationen (- Abb. 9.1).

9.4.2   Arbeitsbewältigungsmanagement durch Führungskräfte

Das finnische Grundmodell verdeutlicht neben der Multifaktorialität auch die Individualität von Arbeitsbewältigung. Organisationen können also wirkungsvoll fördern, wenn sie die individuelle Bedarfslage der Mitarbeiter verstehen und berücksichtigen. Dies ist ohne Führungskräfte nicht zu bewerkstelligen. Das oben vorgestellte Leitbild gibt den dazu beauftragen und qualifizierten Führungskräften eine Basis, um ihre Mitarbeiterführung darauf auszurichten. Gleichwohl brauchen sie die Verbindung zum Management, um mit diesen bestandserhaltenden Aufgaben und den gesammelten Personalbedarfslagen nicht überfordert zu werden. Instrumente für Führungskräfte sind:

- Arbeitsbewältigungsmodul für Jahresbetreuungs- und Anlassgespräche und
- Moderationsleitfaden für Teamgespräche.

Der Leitfaden des Arbeitsbewältigungsmoduls (Geißler et al. 2007) strukturiert sich nach dem „Haus der Arbeitsbewältigungsfähigkeit". Ziel ist der Austausch über mitwachsende Arbeitsbewältigungsbedingungen. Alle Elemente des Hauses werden sowohl in der Gesprächsvorbereitung des Mitarbeiters als auch dann im Führungs-Mitarbeiter-Dialog reflektiert. Das Hauptaugenmerk liegt weniger in der Ermittlung von Fehlbelastungen als von Erhaltungs- oder Fördermaßnahmen, die sowohl von der Person selbst als auch von betrieblichen Akteuren realisiert werden. Ein Förderplan wird festgelegt. Bedarfe, die die Entscheidungsbefugnisse der unmittelbaren Führungskraft übersteigen, werden in einer betrieblichen Regelrunde „Gesundheits- oder

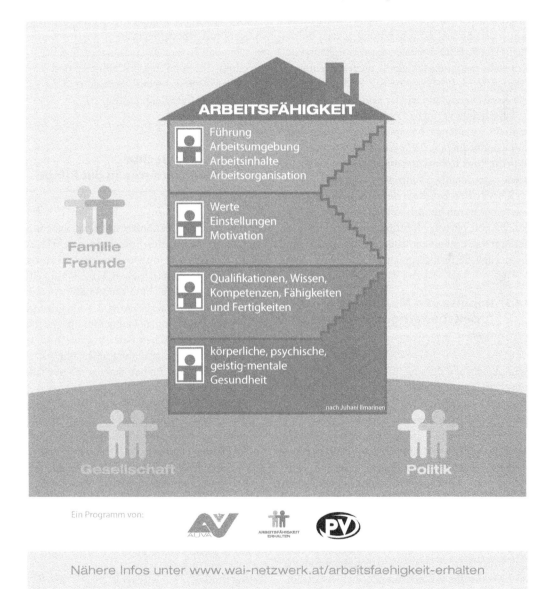

■ **Abb. 9.1**   Haus der Arbeitsfähigkeit nach dem Modell von Juhani Ilmarinen in der Darstellung des AUVA & PVA-Plakats: Fit für die Zukunft – Arbeitsfähigkeit erhalten 2007–2013. (Aus Kloimüller und Czeskleba 2013, mit freundlicher Genehmigung)

Arbeitsbewältigungsmanagement" geprüft und entschieden.

Die Umsetzung von Wiederherstellungsmaßnahmen für eine oder wenige Beschäftigte erfordert auch das Verständnis der Teamkollegen. Angesichts angespannter Personalkapazitäten befürchten Führungskräfte den Unmut des Teams, wenn Arbeitsanpassungen für eine Person notwendig werden. Auch hier gilt, dass nicht jede Anpassung alleine vom Team ausgeglichen werden kann. Dennoch ist ein gemeinsames Verständnis dafür herzustellen, dass individuell erforderliche Verbesserungen des „Hauses der Arbeitsbewältigungsfähigkeit" nicht ein Wunschprogramm ist, sondern eine personalwirtschaftliche Anstrengung, um wieder erforderliche Personalkapazitäten verfügbar zu haben. Zum Beispiel kann die Zuteilung einer spezifischen Pflege-Tour die Grundbedingung dafür sein, dass eine Mitarbeiterin mit ihren Kräften und ihren Talenten die Arbeit wieder – mit weniger Fehlzeiten – bestreiten kann. Im Kern ist dies ebenso ein Beitrag zur Entflechtung von Arbeitsverdichtung für das gesamte Team. Dies braucht eine offensive Kommunikation dieser Förderstrategie und einen Moderationsleitfaden für diesbezügliche Teamgespräche.

9.4.3 Impulse und Monitoring durch Arbeitsbewältigungs-Coaching („ab-c")

Beim Arbeitsbewältigungs-Coaching (Gruber und Frevel 2012) handelt es sich um ein Berater-Instrument zur bedarfsgerechten Analyse kombiniert mit Planung von Gestaltungsmaßnahmen. Es basiert auf dem Arbeitsbewältigungskonzept und integriert den Arbeitsbewältigungs-Index, der nur von verschwiegenheitsverpflichteten Beratern und nicht von Führungskräften eingesetzt werden kann. Es kann ein guter Start und eine geeignete Evaluation von Arbeitsbewältigungsmanagement sein.

Das Beratungswerkzeug „ab-c" verfolgt die Ziele, den Personen selbst und den betrieblichen Entscheidungsträgern Denkanstöße und Handlungsimpulse zur Erhaltung bzw. Förderung der Arbeitsbewältigung zu vermitteln. Die Denkanstöße ergeben sich im Beratungsprozess aus der Ermittlung der IST-Situation mit Hilfe des Arbeitsbewältigungs-Index. Die

Ergebnisdarstellung sensibilisiert und ermöglicht Selbstbeobachtung. Das Coaching leitet an, eigene Handlungsvorsätze und Maßnahmenbedarfe an den Betrieb zu formulieren und die ersten Umsetzungsschritte zu planen. Es entsteht ein individueller, bedürfnisgerechter und von der Person verfasster Förderplan zur Erreichung des eigenen Förder- und Schutzzieles. Damit findet im Arbeitsbewältigungs-Coaching Empowerment zur Selbstregulation statt.

Das Arbeitsbewältigungs-Coaching ist ein zweistufiger Prozess bestehend aus:

- „Persönlich-vertraulichem Arbeitsbewältigungs-Coaching" mit Beschäftigten und
- „Betrieblichem Arbeitsbewältigungs-Coaching" mit Entscheidungsträgern.

9.4.4 Alternsgerechte Arbeitskarrieren in der Pflege

Das Modell der alternsgerechten Arbeitskarrieren sieht vor, dass im Laufe eines Berufslebens ein gesundheitsbezogener Belastungswechsel und berufliche Entwicklungsperspektiven mindestens bei berufsalterskritischen Arbeitstätigkeiten (wie z. B. Wechselschicht mit regelmäßiger Nachtarbeit) möglich und denkbar wird. Es handelt sich vorrangig um horizontale Laufbahnmöglichkeiten. Durch organisatorischen Belastungswechsel und durch berufliche Weiterbildung sollen Alternativen zu verschleißenden „Einbahnkarrieren" geschaffen werden.

Die Ziele und der Nutzen liegen in

- der arbeits- und gesundheitswissenschaftlichen Identifikation von berufsalterskritischen (Teil-) Tätigkeiten,
- der Identifikation von Ansatzpunkten für die Konzeption von Ausstiegs- und Verweilarbeitsplätzen und
- der Identifikation von (Teil-)Tätigkeiten für eine mögliche Neukombination für Mischarbeit bei gesundheitlicher Beeinträchtigung.

Bislang wurde das Modell eher in pflegefernen Branchen erprobt und umgesetzt (Gruber et al. 2005); eine diesbezügliche Anwendungsforschung für die Gesundheitswirtschaft fand 2000 mit Mitteln des

Wiener Krankenanstaltenverbundes, des Kuratoriums der Wiener Pensionistenheime und des Fonds gesundes Österreich statt. Im Mittelpunkt stand die Definition von verschiedenen Kompetenzstufen in der Pflege: „AnfängerIn – FortgeschritteneR – KompetenteR – ErfahreneR – MeisterIn" (Kloimüller 2000, S. 55), die Eingang in Personaleinsatz- und Entwicklungsplanung finden soll.

Fazit

Alterns- bzw. Arbeitsbewältigungsmanagement setzt vom ersten bis zum letzten Arbeitstag eines Beschäftigten an und begleitet kontinuierlich den lebensphasengeprägten Wandel. Um die größer werdende Gruppe der morgen 50plus-Jährigen noch zu erreichen, darf keinen Tag mehr zugewartet werden.

Literatur

Albert M (1998) Krankenpflege auf dem Weg zur Professionalisierung. Eine qualitative Untersuchung mit Studierenden der berufsintegrierten Studiengänge „Pflegedienstleitungen/Pflegemanagement" und „Pflegepädagogik" an der Katholischen Fachhochschule Freiburg. Dissertation der Erziehungswissenschaft an der Pädagogischen Hochschule Freiburg, Freiburg

Arbeit und Zukunft e.V. (2010) Zukunft Pflegen – Grenzüberschreitendes Agemanagement in der Pflege. Bericht aus Betriebsberatungen. Arbeit und Zukunft e.V., Hamburg

Behrens J, Horbach A, Müller R (2009) Forschungsstudie zur Verweildauer in Pflegeberufen in Rheinland-Pfalz (ViPb). (Bericht aus der Pflege Nr 12). Ministerium für Arbeit, Soziales, Gesundheit, Familie und Frauen, Mainz, 2009

Deutscher Gewerkschaftsbund et al. (Hrsg) (2009) Rente mit 67 – für viele Beschäftigte unerreichbar! Dritter Monitoring-Bericht des Netzwerks für eine gerechte Rente. DGB, Berlin

Geißler H, Bökenheide T, Schlünkes H, Geißler-Gruber B (2007) Der Faktor Anerkennung. Betriebliche Erfahrungen mit wertschätzenden Dialogen. Campus, Frankfurt am Main

(Geißler-)Gruber B, Geißler H, Frevel A (2005) Alternsgerechte Arbeitskarrieren. Ein betriebliches Modell zur Erhaltung der Arbeitsbewältigungsfähigkeit. Endbericht und Beratungshandbuch im Rahmen von EQUAL I. Gmunden

Gruber B, Frevel A (2012) Arbeitsbewältigungs-Coaching®. Der Leitfaden zur Anwendung im Betrieb, 2. Aufl. Initiative Neue Qualität der Arbeit (INQA), Dortmund

Hackmann T (2009) Arbeitsmarkt Pflege: Bestimmung der künftigen Altenpflegekräfte unter Berücksichtigung der Berufsverweildauer (Diskussionsbeiträge des Forschungszentrums Generationenverträge der Albert-Ludwigs-Universität Freiburg No 40). Albert-Ludwigs-Universität, Freiburg

Hasselhorn H-M et al. (2005) Berufsausstieg bei Pflegepersonal. Arbeitsbedingungen und beabsichtigter Berufsausstieg bei Pflegepersonal in Deutschland und Europa (Schriftenreihe der Bundesanstalt für Arbeitsschutz und Arbeitsmedizin, Ü15). Bundesanstalt für Arbeitsschutz und Arbeitsmedizin, Dortmund

Hien W (2009) Pflegen bis 67? Die gesundheitliche Situation älterer Pflegekräfte. Mabuse, Frankfurt am Main

Ilmarinen J (2005) Towards a longer worklife! Ageing and the quality of worklife in the European Union. Finnish Institute of Occupational Health, Helsinki

Institut für Arbeitsmarkt und Berufsforschung der Bundesagentur für Arbeit (IAB) (2011) Berufe im Spiegel der Statistik des IAB. http://bisds.infosys.iab.de/. Zugegriffen: 27. Juli 2011

Isfort M, Weidner F (2007) Pflege-Thermometer 2007. Eine bundesweite repräsentative Befragung zur Situation und zum Leistungsspektrum des Pflegepersonals sowie zur Patientensicherheit im Krankenhaus. Deutsches Institut für angewandte Pflegeforschung e.V. (dip), Köln

Kloimüller I (2000) Meisterhafte Pflegekunst. Gesundheitsgerechte Karrierewege im Pflegeberuf. Abschlussbericht PNr 160/IV/15, Wien

Kloimüller I, Czeskleba R (2013) „Fit für die Zukunft – Arbeitsfähigkeit erhalten". Das Bautagebuch für das Haus der Arbeitsfähigkeit. Wien

Robert-Bosch-Stiftung (Hrsg) (1992) Pflege braucht Eliten: Denkschrift der Kommission der Robert-Bosch-Stiftung zur Hochschulausbildung für Lehr- und Leitungskräfte in der Pflege (Beiträge zur Gesundheitsökonomie 28). Robert-Bosch-Stiftung, Gerlingen

Statistisches Bundesamt (2011) Gesundheit. Grunddaten der Krankenhäuser (Fachserie 12 Reihe 6.1.1). Staistisches Bundesamt, Wiesbaden

Tourangeau AE, Cranley LA (2006) Nurse intention to remain employed: understanding and strengthening determinants. J Adv Nursing 55: 497–509

Tuomi K et al. (2001) Arbeitsbewältigungsindex – Work Ability Index (Schriftenreihe der Bundesanstalt für Arbeitsschutz und Arbeitsmedizin, Ü14). Bundesanstalt für Arbeitsschutz und Arbeitsmedizin, Dortmund

Gesundes Team – eine Ressource, die man pflegen muss

Erhard Weiß

© Springer-Verlag GmbH Deutschland 2017

P. Bechtel, I. Smerdka-Arhelger, K. Lipp (Hrsg.), *Pflege im Wandel gestalten – Eine Führungsaufgabe*, DOI 10.1007/978-3-662-54166-1_10

Gesundheit im Beruf ist ein besonders hohes Gut. Sie ist die Grundlage, um sich selbst die Zukunft eigenverantwortlich sichern zu können. Zugleich ist sie die Basis für den wirtschaftlichen Erfolg des Unternehmens, in dem die Dienste geleistet werden, und damit des gesellschaftlichen Wohlstandes insgesamt. Persönlich ist Gesundheit von unschätzbarem Wert. Die Verantwortung für ein gesundes Unternehmen trägt in erster Linie der Unternehmer (Arbeitgeber). Unterstützend und beratend wirken die Fachkraft für Arbeitssicherheit, der Betriebsarzt, Sicherheitsbeauftragte, Ersthelfer und Personal-/Betriebsrat/Mitarbeitervertretung. Aber auch der Mitarbeiter ist dabei nicht nur aufgefordert mitzuwirken, sondern hat ein natürliches Interesse daran, sich seine Gesundheit zu erhalten und das nicht nur für die Arbeitswelt, sondern erst recht für und in der privaten Zeit. Gesunde Unternehmen zeichnen sich durch gute Arbeitsbedingungen und Lebensqualität am Arbeitsplatz der Mitarbeiter ebenso wie durch Produktivität, Dienstleistungsqualität und Innovationsfähigkeit aus. Ein Unternehmen ist deshalb so gesund, wie seine Mitarbeiter es sind.

10.1 Gesundes Team – Gesundes Unternehmen

Der Gesundheitsdienst mit dem Produkt „Gesundheit" hat die besten Voraussetzungen dafür, auch ein gesunder Dienst zu sein. Die Vorteile des Wissens über die Erhaltung/Wiederherstellung von Gesundheit sollten für die Gesunderhaltung des Teams und des Unternehmens genutzt werden.

Im Bereich der Pflege hat der Gesundheitsschutz eine größere Dimension, in kaum einem anderen Arbeitsbereich sind die in Frage kommenden gesundheitlichen Beeinträchtigungen vielschichtiger und komplexer. Denn Pflege geschieht „von Mensch zu Mensch". Das bedeutet: Nicht nur die Patienten/Bewohner und ihre Bedürfnisse müssen in einer besonderen Lebenssituation angemessen beachtet werden, sondern auch die daraus resultierenden Herausforderungen der Pflegenden. Die Mensch-Mensch-Schnittstelle steht dabei, wie in keiner anderen Branche, im Blickpunkt und muss besonders gepflegt werden. Die besondere Pflege dieser Schnittstelle ist auch deshalb wichtig, da dem

Wachstum der Pflegebranche bereits heute und für die nächsten 4 Jahrzehnte nur mit ausreichendem, gesundem, motiviertem und qualifiziertem Personal begegnet werden kann. Entscheidend wird dabei sein, das Arbeitsleben der Mitarbeiter so zu gestalten, dass diese ohne arbeitsbedingte Gesundheitsschäden die persönliche oder gesetzliche Arbeitszeitgrenze erreichen.

10.2 Die alten und neuen Belastungen und Herausforderungen in der Pflege

Die gesundheitlichen Beeinträchtigungen am Arbeitsplatz „Pflege" sind vielschichtiger und komplexer geworden:

- Häufiges schweres Heben und Tragen
- Hohe Arbeitsdichte, Schichtarbeit, fehlende Pausenzeiten
- Zunehmende belastungsbedingte Gesundheitseinschränkungen
- Teilzeitarbeit von zwei Dritteln der Pflegekräfte
- Infektionen, Stich- und Schnittverletzungen
- Hauterkrankungen
- Gewalt
- Führungs- und Kommunikationsdefizite

Dazu kommen weitere Herausforderungen wie:
- Kollektive Alterung der Belegschaft
- Hohe Krankenstände
- Kurze Verweilzeiten im Beruf
- Steigender Pflegebedarf
- Ungünstiges Berufsimage
- Zu wenig Auszubildende
- Weiterentwicklung des Verständnisses von „Pflegebedürftigkeit"
- Gestaltung neuer Versorgungslandschaften
- Ausbildungsoffensive
- Fachkräftemangel

10.3 Vom Arbeits- und Gesundheitsschutz zur betrieblichen Gesundheitspolitik

Hier soll eine Vorgehensweise beschrieben werden, wie Unternehmen ein System schaffen, das ihnen hilft, diese Herausforderungen und Belastungen im

Berufsalltag zu thematisieren, Lösungswege gemeinsam zu erarbeiten, angemessen umzusetzen und nachhaltig zu steuern.

Inspiriert von den Empfehlungen der Expertenkommission der Bertelsmann-Stiftung und Hans-Böckler-Stiftung (2004), werden hier Vision und Inhalte für eine betriebliche Gesundheitspolitik beschrieben und ein Weg aufgezeigt, wie diese unter den gesetzlichen Rahmenbedingungen in Unternehmen ab 20 Beschäftigten sinnvoll gelebt werden können.

Wie die Expertenkommission der Bertelsmann-Stiftung betont, werden Wirtschaft und soziale Sicherungssysteme den zentralen Herausforderungen der Zukunft nur gewachsen sein können, wenn Unternehmen und Verwaltungen noch mehr Verantwortung für die Herstellung und Erhaltung der Gesundheit und Leistungsfähigkeit ihrer Mitarbeiter übernehmen. Über die Umsetzung des klassischen und gesetzlich geregelten Arbeits- und Gesundheitsschutzes hinaus engagieren sich verantwortungsvolle und zukunftsorientierte Unternehmen für „gesunde Arbeit in gesunden Organisationen" und fördern dabei Wohlbefinden und Produktivität ihrer Mitarbeiter gleichermaßen.

Daraus ist die Vision einer betrieblichen Gesundheitspolitik entstanden, die der Gesundheit, der Sicherheit, dem Wohlbefinden und der Leistungsfähigkeit der Beschäftigten und der Wettbewerbsfähigkeit der Unternehmen gleichermaßen zu Gute kommt.

> **Das Ergebnis der betrieblichen Gesundheitspolitik ist „gesunde Arbeit in gesunden Organisationen".**

Eine „gesunde Arbeit in gesunden Organisationen" zeichnet sich – neben ihrer technischen und ergonomischen Gestaltung – vor allem durch Lern- und Entwicklungschancen, Entscheidungs- und Gestaltungsspielräume, Möglichkeiten der Mitwirkung und Mitbestimmung, faire Anerkennung der Leistung sowie ein Klima gegenseitiger Unterstützung aus (vgl. Bertelsmann Stiftung und Hans-Böckler-Stiftung 2004, S. 38 f.). Für große und kleine Unternehmen aller Branchen und damit auch der Pflegebranche erschließen sich dadurch erhebliche Potenziale zur Entwicklung und Erhaltung von Gesundheit und Leistungsfähigkeit ihrer Beschäftigten und des Unternehmens.

10.3.1 Schlüsselelemente betrieblicher Gesundheitspolitik

Eine betriebliche Gesundheitspolitik sollte die im Folgenden beschriebenen fünf Schlüsselanforderungen haben (- Abb. 10.1).

- **Gesundheitsförderliche Ressourcen und Gefahren der Arbeit**

Als erstes Schlüsselelement einer betrieblichen Gesundheitspolitik ist die Betrachtung und Interventionsbereitschaft hinsichtlich gesundheitsbeeinträchtigender Belastungen zu nennen. Die Gefährdungsbeurteilung ist dabei unverzichtbar und wirkungsvoll. Diese ist seit 20 Jahren im Arbeitsschutzgesetz verankert und immer noch neben dem Präventionsgedanken der moderne Kern des Gesetzes. In der Sicherheitskultur ist sie zudem unverzichtbar. Sie dient der Beschreibung und systematischen Behebung von Gefährdungen, denen die Mitarbeiterinnen und Mitarbeiter ausgesetzt sind. Die Unfallversicherung BGW bietet seit Kurzem unter http://www.bgw-online.de eine neue und innovative Online-Gefährdungsbeurteilung für die stationäre und ambulante Pflege an. Das neue Angebot führt systematisch durch die einzelnenn Schritte der Gefährdungsbeurteilung. Sie hilft den Führungskräften und deren Unterstützern dabei, die relevanten Arbeitsbereiche und Tätigkeiten zu erfassen, zugehörige Gefährdungen systematisch zu ermitteln und zuverlässig zu beurteilen und geeignete Schutzmaßnahmen auszuwählen, umzusetzen und zu kontrollieren. Gleichzeitig dient die Online-Gefährdungsbeurteilung der Dokumentation. Als Führungsinstrument verstanden und als Management-Tool genutzt dient es dem Unternehmer, die Sicherheit und Motivation der Beschäftigten zu erhöhen und dadurch auch die Qualität der Arbeit sicherzustellen.

- **Partizipation der Beschäftigten**

Das zweite Schlüsselelement erfolgreicher betrieblicher Gesundheitspolitik ist die Beteiligung (Partizipation) der Beschäftigten an dem Analyse- und

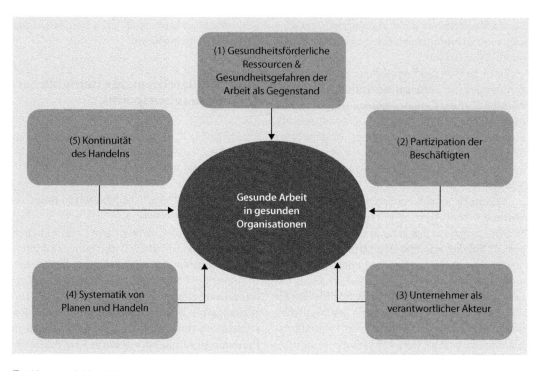

▢ Abb. 10.1   Schlüsselelemente betrieblicher Gesundheitspolitik

Gestaltungsprozess „gesunde Arbeit in gesunder Organisation". Die Beteiligung der Beschäftigten zielt dabei nicht nur auf eine Erhöhung der Effizienz und Wirksamkeit von Präventionsmaßnahmen, sondern auch auf die Erschließung des Wissens der Beschäftigten um ihre Arbeitsbedingungen und entsprechender Verbesserungsmöglichkeiten. Die Beteiligung der Beschäftigten ist darüber hinaus essenziell, weil nur so die gewünschten Effekte des „Enabling" und „Empowerment" der Beschäftigten zur Gestaltung einer „gesunden" Arbeit verwirklicht werden können. Gesunde Unternehmen gehen von der Kritikfähigkeit und Selbstbestimmung der Beschäftigten aus. Insofern geht es darum, die Beschäftigten nicht eingeengt als zu schützendes Objekt zu behandeln, sondern sie als Träger eigener Gesundheitskompetenzen zu betrachten und als Experten ihrer Arbeitsplätze einzubeziehen. Damit ist das Verständnis verbunden, die Beschäftigten nicht nur als Adressaten zu sehen, sondern deren Erfahrungswissen zu schätzen und zu nutzen. Dies ist zugleich wertvoll für die Akzeptanz von Veränderungskonzepten. Aktives Einbringen der Betroffenen ist dabei nicht schlechthin als Nutzung des Expertenwissens der Beschäftigten zu sehen, sondern auch als mögliche Maßnahme, Gesundheit unmittelbar zu stärken und zu fördern. Beteiligungsaktivitäten wirken direkt auf das psychische Wohlbefinden. So ergänzen sich Expertenwissen der Betroffenen und aktive Auseinandersetzung mit gesundheitsrelevanten Fragestellungen zur Förderung der Gesundheit.

■   **Unternehmer als verantwortlicher Akteur**

Das Arbeitsschutzgesetz von 1996 stellt den Unternehmer in die Verantwortung, für die Sicherheit und Gesundheit seiner Beschäftigten bei der Arbeit Sorge zu tragen. Dabei geht es nicht nur um die Verhütung von Unfällen, sondern auch um die Verhütung arbeitsbedingter Gesundheitsgefahren und die menschengerechte Gestaltung der Arbeit. Unter den jeweils gegebenen Machtverhältnissen und Entscheidungskompetenzen wird die Gestaltung einer nachhaltigen „gesunden Arbeit in gesunden Organisationen" umso wahrscheinlicher gelingen, je stärker die Unternehmensführung in ihrer diesbezüglichen Verantwortung sensibilisiert und aktiv ist. Im

Arbeitsschutz hat der Unternehmer beispielsweise folgende Aufgaben wahrzunehmen:

- Sicherstellung einer geeigneten Organisation
- Sichere Einrichtung von Betriebsstätten
- Beschaffung sicherer Arbeitsmittel
- Erteilung von Anweisungen für einen sicheren Betriebsablauf
- Unterrichtung über Sicherheitsbestimmungen
- Auswahl und Bestellung geeigneter Führungskräfte
- Sicherstellung einer wirksamen Ersten Hilfe, Bestellung von Ersthelfern
- Organisation der Brandbekämpfung und Evakuierung
- Beurteilung der Arbeitsbedingungen und Dokumentation
- Bestellung von Sicherheitsbeauftragten
- Bestellung von Fachkräften für Arbeitssicherheit und Betriebsärzten
- Koordination der Zusammenarbeit bei mehreren Unternehmen
- Überwachung der erteilten Anweisungen
- Treffen von Vorkehrungen bei besonderen Gefahren
- Unterrichtung des/der Personal / Betriebsrates/Mitarbeitervertretung über Arbeitsschutzmaßnahmen
- Regeln arbeitsmedizinischer Vorsorgeuntersuchungen
- Anzeigen von Unfällen
- Beachtung von schriftlichen Verpflichtungen des Auftragnehmers sowie Vorschriften und Regeln des Arbeitsschutzes bei der Vergabe von Aufträgen
- Bildung eines Arbeitsschutzausschusses

Schon bei dieser beispielhaften Aufzählung von Aufgaben und Pflichten im Arbeitsschutz ist klar, dass der Unternehmer in der Regel darauf angewiesen ist, diese auf geeignete Mitarbeiter zu übertragen und Managementsysteme zu schaffen, die ihn in seiner Verantwortung unterstützen. Das dritte Schlüsselelement einer betrieblichen Gesundheitspolitik ist deshalb der Unternehmer als verantwortlicher Akteur.

- **Systematik von Planen und Handeln**

Als viertes Schlüsselelement der betrieblichen Gesundheitspolitik ist die Kontinuität des Handelns zu sehen. Schließlich sollten alle Bemühungen um eine „gesunde Arbeit in gesunden Organisationen" nach einer Systematik von Planen und Handeln erfolgen, nach der jede Veränderungsmaßnahme mit einer durch Daten und Analysen begründeten Problemabschätzung beginnt, auf deren Basis Maßnahmen erarbeitet bzw. zwischen den verantwortlichen Akteuren ausgehandelt werden. Darauf folgt die Umsetzung der geplanten bzw. ausgehandelten Maßnahmen sowie die Bestimmung der intendierten Wirkungen.

- **Kontinuität des Handelns**

Unter Berücksichtigung des permanenten Wandels von der Gestalt der Arbeit – d. h. der Arbeitsanforderungen und der Bedingungen, unter denen Arbeit geleistet wird – muss zudem die Kontinuität im Bemühen um eine „gesunde Arbeit in gesunden Organisationen" als ein fünftes Schlüsselelement betrieblicher Gesundheitspolitik hervorgehoben werden. Betriebliche Gesundheitspolitik muss zum selbstverständlichen Bestandteil der Organisation des Unternehmens werden. Integriert in ein Leitbild und abgebildet in den Zielsystemen, kann diese transparent kommuniziert, nachvollziehbar und lebendig werden.

10.3.2 Umsetzung einer betrieblichen Gesundheitspolitik mit dem ASA^Plus

In der Verantwortung für eine zeitgemäße betriebliche Gesundheitspolitik und damit für die Herstellung und Erhaltung einer „gesunden Arbeit in gesunden Organisationen", stehen die Unternehmen bzw. die Unternehmensführungen. Auch für den Arbeitsschutz, die Gesundheitsförderung und das Gesundheitsmanagement ist zunächst die Unternehmensführung verantwortlich.

Im Arbeitsschutzausschuss, der in Unternehmen mit mehr als 20 Beschäftigten gesetzlich vorgeschrieben ist und der viermal im Jahr zusammenkommt, werden z. B. alle Anliegen des Arbeitsschutzes und der Unfallverhütung beraten werden. Dieses Gremium setzt sich aus dem Arbeitgeber oder einem von ihm beauftragten Vertreter, zwei vom Betriebsrat bestimmten Betriebsratsmitgliedern, Betriebsärzten,

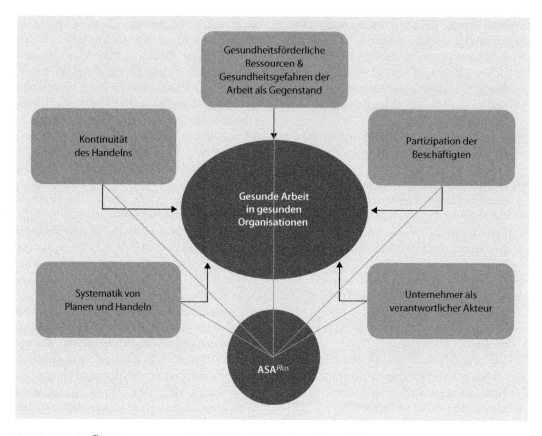

○ Abb. 10.2   ASA^Plus als Umsetzungsgremium für die betriebliche Gesundheitspolitik

Fachkräften für Arbeitssicherheit sowie den Sicherheitsbeauftragten zusammen.

Dieser Kreis bietet sich speziell für Pflegeeinrichtungen ab 20 Beschäftigten an, die betriebliche Gesundheitspolitik aktiv zu begleiten. Dazu ist es notwendig, dieses Team in einen sogenannten ASA^Plus zu überführen (- Abb. 10.2). Wesentliche Akteure sind bereits darin fest verankert. Eine Ergänzung um die Pflegedienstleitung, engagierte Wohnbereichs- oder Stationsleitungen und externe Experten der Kranken- und Unfallversicherung ist sinnvoll – insbesondere, um die Kontinuität sicherzustellen und schnell und gezielt die Unterstützungsangebote, wie bewährte technische Lösungen, Analyseinstrumente oder besondere Management-Tools dieser Partner, zu integrieren. Der ASA^Plus ist nun Dreh- und Angelpunkt für alle betrieblichen gesundheitspolitischen Fragestellungen. Über ihn wird sichergestellt, dass die Beschäftigten beteiligt werden und der Arbeitgeber als verantwortlicher Akteur vorangeht. Die betrieblichen gesundheitspolitischen Daten aus z. B. Mitarbeiterbefragungen oder Arbeitssituationsanalysen, Gesundheits-, Unfall- und Berufskrankheiten-, Fehlzeiten- und Risikoreports, Analysen relevanter Schadensereignisse und Betriebsstörungen werden zusammengetragen, analysiert und daraus Empfehlungen für Handlungsschwerpunkte abgeleitet. Nicht immer ist es im ASA^Plus notwendig, dass alle Akteure persönlich teilnehmen müssen. Besonders bei Teilnahme wichtiger externer Berater, deren zeitliche Ressourcen sehr begrenzt sind, wie dem Betriebsarzt oder der Fachkraft für Arbeitssicherheit, ist es sinnvoll und effizient, diese virtuell über entsprechende EDV-Lösungen nach Bedarf einzubeziehen.

Der ASA^Plus erbringt, unter Beteiligung der Beschäftigten, eine Dienstleistung für das Unternehmen, welche die Gestaltung der Arbeit im

Unternehmen und ihre Auswirkungen auf Gesundheit, Wohlbefinden und Leistungsfähigkeit der Mitarbeiter zum Gegenstand einer kontinuierlichen und systematisch betriebenen Gesundheitspolitik werden lässt: eingebettet in bereits institutionalisierte Formen und damit besonders ressourcenschonend.

Fazit
Mit diesem Vorschlag kann ein Einstieg in die betriebliche Gesundheitspolitik gelingen, die Basis für die „Pflege" eines gesunden Teams sein kann. Die Integration in staatliche Rahmensetzungen wird als ein Weg aufgezeigt, wie dies umgesetzt werden kann.

Literatur

Bertelsmann-Stiftung, Hans-Böckler-Stiftung (Hrsg) (2004) Zukunftsfähige betriebliche Gesundheitspolitik. Vorschläge der Expertenkommission. Bertelsmann-Stiftung, Gütersloh

Altenpflege in der Migrationsgesellschaft

Hürrem Tezcan-Güntekin, Sarina Strumpen

© Springer-Verlag GmbH Deutschland 2017
P. Bechtel, I. Smerdka-Arhelger, K. Lipp (Hrsg.), *Pflege im Wandel gestalten – Eine Führungsaufgabe*,
DOI 10.1007/978-3-662-54166-1_11

In der (Fach-)Öffentlichkeit wird seit über zwei Jahrzehnten diskutiert, inwiefern Ältere mit Migrationshintergrund eine Herausforderung für Institutionen der Altenpflege werden. Im Fokus der Debatte standen mehrheitlich im Zuge der Anwerbepraxis nach Deutschland gekommene Arbeitsmigranten und ihre Angehörigen. Zunehmend kommen auch ältere (Spät-)Aussiedler, ehemalige Vertragsarbeiter der DDR, Kriegsflüchtlinge (z. B. aus dem ehemaligen Jugoslawien, Vietnam, dem Libanon und Sri Lanka) sowie Ruhestandsmigranten in den Blick. Erste wissenschaftliche Untersuchungen zeigen auf, dass die Gruppe der Älteren mit Migrationshintergrund bei aller Heterogenität mehrheitlich von vulnerablen Lebenslagen geprägt ist. Darüber hinaus wird bis heute diskutiert, ob und inwiefern sich die Alter(n)s- und Pflegeerwartungen der Älteren mit Migrationshintergrund kulturell-, religions- und migrationsbedingt von denen der einheimischen Älteren unterscheiden – und inwiefern Einrichtungen der Altenhilfe und Altenpflege darauf zu reagieren haben. So wird ihnen beispielsweise nahegelegt, sich interkulturell zu öffnen und eine kultursensible Pflege zu praktizieren – die Umsetzung in der Praxis bleibt für die meisten Einrichtungen jedoch eine Herausforderung. Die zunehmende Präsenz von Pflegekräften mit Migrationshintergrund kann sich dabei als vorteilhaft erweisen.

11.1   Pflege Älterer mit Migrationserfahrung

Inwieweit ein Steuerungsbedarf der Altenhilfe und -pflege im Umgang mit älteren Pflegebedürftigen mit Migrationshintergrund vorliegt, wird sowohl in quantitativer Hinsicht über ihre Präsenz in pflegerischen Versorgungs- und Tätigkeitsbereichen abgeleitet als auch in qualitativer Hinsicht über ihre mehrheitlich vulnerablen Lebenslagen und angenommene Unterschiede hinsichtlich ihrer kulturellen und religiösen Prägungen (BMFSF 2005, S. 444 f.). Bei einer Auseinandersetzung mit der Frage, inwiefern pflegerische Einrichtungen sich auf ältere Migranten einzustellen haben, ist zu beachten, dass die statistische Datenlage zu älteren Pflegebedürftigen mit Migrationshintergrund Lücken aufweist. Ebenso ist darauf hinzuweisen, dass sich ein transdisziplinärer

Diskurs darüber, wie Alter(n)s- und Pflegeerwartungen kulturell und religiös überformt sind und wie sie sich unter Bedingungen von Migration verändern können, in Deutschland nur sehr zögerlich entwickelt (Strumpen 2012, S. 419).

Bisher vorliegende Forschungsergebnisse zu diesem Themenfeld werden in identifizierte Problemfelder bzw. sog. Barrieren, die einer **guten** Versorgung von älteren Pflegebedürftigen mit Migrationshintergrund im Wege stehen, eingeteilt und auf ihr Lösungspotenzial hin überprüft (z. B. Zeman 2005).

11.1.1   Soziale und gesundheitliche Lagen Älterer mit Migrationshintergrund

Aus demografischen Untersuchungen ist bekannt, dass der absolute und relative Anteil älterer Migranten sowohl in der Gruppe der Älteren in Deutschland als auch in der Gruppe der Personen mit Migrationshintergrund in den kommenden Jahren steigen wird. So wird prognostiziert, dass sich die Anzahl älterer Migranten von 1,4 Mio. im Jahr 2007 bis zum Jahr 2032 auf 3,6 Mio. erhöht, sodass mit einer Zunahme von 150% dieser Bevölkerungsgruppe gerechnet werden kann (Schimany et al. 2012, S. 106 f.). Vor diesem Hintergrund wird die Gruppe der älteren Migranten als die am schnellsten wachsende Bevölkerungsgruppe in Deutschland beschrieben (BMFSFJ 2000, S. 171 f.; Schimany et al. 2012, S. 103 ff.).

11.1.2   Pflegebedürftigkeit und Gesundheitszustand

Da mit dem Alter die Wahrscheinlichkeit einer Pflegebedürftigkeit ansteigt, wird gleichzeitig auch von einer Zunahme von Pflegebedürftigen mit Migrationshintergrund ausgegangen. Ein Migrationshintergrund von Pflegebedürftigen wird bisher jedoch weder in der offiziellen Pflegestatistik noch in anderen amtlichen Statistiken oder Daten der Kranken- und Pflegekassen systematisch erfasst (Habermann und Schenk 2010, S. 84 f.). Angaben zum Anteil älterer Pflegebedürftiger mit Migrationshintergrund liegen daher kaum vor. Da hier jedoch ein gesundheitspolitisches Interesse besteht, konnten mittlerweile einige Anhaltspunkte zusammengetragen werden: Eine Studie zu „Wirkungen des Pflege-Weiterentwicklungsgesetzes" zeigt auf, dass 2009 192.000 der Pflegebedürftigen einen Migrationshintergrund aufwiesen. Dies verteilte sich auf 8% der Pflegebedürftigen in Privathaushalten, 7% der von ambulanten Diensten betreuten Pflegebedürftigen und 9% der stationär Versorgten. Damit hatten 8,2% der Pflegebedürftigen einen Migrationshintergrund (TNS-Infratest 2011). Kohls (2012, S. 7) schätzt auf Basis des Mikrozensus den Anteil von Pflegebedürftigen mit Migrationshintergrund auf 8,6%. Dies entspricht auch ungefähr ihrem Anteil an allen älteren Personen in Deutschland. In einem Vergleich des Durchschnittsalters der Pflegebedürftigen mit Migrationshintergrund (im Jahr 2010: 62,1 Jahre) und den Pflegebedürftigen ohne Migrationshintergrund (im Jahr 2010: 72,2 Jahre) wird erkennbar, dass die Bevölkerungsgruppe mit Migrationshintergrund fast 10 Jahre früher pflegebedürftig wird (BMG 2011). Dies ist einerseits dadurch zu erklären, dass die Gruppe der Menschen mit Migrationshintergrund im Durchschnitt jünger ist als die entsprechende Vergleichsgruppe. Die Zahlen bestätigen aber auch Erfahrungsberichte von Beratungsstellen und Altenhilfeeinrichtungen, die von „einem früheren Altern", insbesondere der angeworbenen Arbeitsmigranten berichten. Und in der Tat schließt dies an gesundheitswissenschaftliche Erkenntnisse an.

So ist bekannt, dass die Gruppe der älteren Migranten in Deutschland eine höhere Gesundheitsgefährdung und höhere Krankheitsrisiken im Vergleich zur autochthonen Bevölkerung sowie Unterschiede in der objektiven und subjektiven Gesundheitsbewertung aufweisen (Özcan und Seifert 2004; BAMF 2008). Dies wird unter anderem darüber erklärt, dass diese Personengruppe den Gesundheitsrisiken sowohl ihrer Herkunftsbevölkerung als auch der Mehrheitsgesellschaft im Zielland ausgesetzt ist. Für sie ist die Gefahr, an akuten und chronischen Krankheiten zu erkranken, erhöht (Razum et al. 2008).

11.1.3 Risiko Arbeitsmigration

Insbesondere bei den Älteren, die im Rahmen eines Anwerbeabkommens seit den 1950er Jahren nach Deutschland migrierten, wird auf die körperlich sehr belastende Erwerbsbiografie verwiesen. So zeigen Untersuchungen zu Ausprägungen des Healthy-Migrant-Effekts, dass im Rahmen der Anwerbeabkommen nach Deutschland Migrierte aufgrund der Selektionsverfahren zunächst in besserer gesundheitlicher Verfassung als die bundesdeutsche Bevölkerung waren. Ihr Gesundheitszustand hat sich jedoch im Zeitverlauf dem der autochthonen Bevölkerung angeglichen, um nach weiteren Jahren ein niedrigeres Level anzunehmen (Razum et al. 2008). Dieses Phänomen wird auf eine sozioökonomische Benachteiligung dieser Arbeitsmigranten zurückgeführt, welche eben auch nachhaltig negative Auswirkungen auf ihren Gesundheitsstatus bedingt (vgl. Razum und Rohrmann 2002; Kohls 2008, S. 17).

11.1.4 Sozioökonomische Lage

In einer für den fünften Bericht zur Lage der älteren Generation angefertigten Expertise konnte herausgearbeitet werden, dass die Mehrheit der Älteren mit Migrationshintergrund von erheblich ungünstigeren sozialen Lagen betroffen ist als die deutsche Mehrheitsbevölkerung im gleichen Alter. Sie haben häufiger einen geringen formalen Bildungsstand[1], verfügen über geringes Einkommen und Vermögen (►Exkurs „Haushaltseinkommen") und sind sowohl hinsichtlich des Wohneigentums als auch der Wohnausstattung schlechter gestellt als die Vergleichsgruppe[2]. Als ungünstig gilt auch ihre Erreichbarkeit für formalisierte Hilfsangebote (Özcan und Seifert 2004). Gerade dieser Umstand führt zu der Frage, welche konkreten Barrieren eine Inanspruchnahme von Unterstützungsangeboten und Pflegeleistungen durch ältere Pflegebedürftige und ihren Angehörigen im Wege stehen und wie diese überwunden werden können.

---

1   Im Jahr 2002 besaßen beispielsweise 84,6% der türkeistämmigen Migranten über 64 Jahre keine berufliche Ausbildung. 59,6% dieser Gruppe verfügte über keinen Schulabschluss (Özcan und Seifert 2004, S. 9 ff.).

2   Die geringe Wohneigentumsquote bei älteren Migranten wird sowohl über Diskriminierungen auf dem Wohnungsmarkt als auch als Ausdruck für eine Rückkehrorientierung gedeutet (Özcan und Seifert 2006, S. 42 f).

Exkurs

Haushaltseinkommen
Während Deutschen im Jahr 2002 im Alter von 65 und älter ein Haushaltsnettoeinkommen von durchschnittlich 1101 EUR zur Verfügung stand, waren es bei entsprechenden „türkischen Haushalten" nur 593 EUR, bei „italienischen Haushalten" 872 EUR, bei „griechischen Haushalten" 792 EUR und bei Personen aus dem ehemaligen Jugoslawien

756 EUR (Özcan und Seifert 2004, S. 14 f.) In Folge dessen haben auch staatliche Transferleistungen für die autochthone und die ausländische ältere Bevölkerung in Deutschland eine unterschiedliche Bedeutung. Bezogen in 2002 nur 7,8% der Deutschen über 64 Jahre Sozialhilfe, so waren es bei Ausländern der gleichen Altersgruppe 24% (Özcan und Seifert 2004, S. 19). Auch das Armutsrisiko für die

Gruppe der älteren Migranten in Deutschland ist erhöht: Personen mit Migrationshintergrund in einem Alter von 65 und älter sind zu 27,1% von einem Armutsrisiko betroffen, während die gleichaltrige Vergleichsgruppe ohne Migrationshintergrund lediglich ein Armutsrisiko von 9,7% aufweist (Menning und Hoffmann 2009, S. 22).

11.1.5 Pflegesituation, Pflegebedürfnisse und Barrieren

Bei Pflegebedürftigkeit ist in Deutschland zur Ergänzung der familiären Strukturen ein differenziertes Hilfesystem entwickelt worden, über das sowohl Pflegeleistungen als auch Beratungsleistungen sowie Unterstützungs- und Entlastungsangebote für pflegende Angehörige bereitgestellt werden. Ob eine Fehl- oder Unterversorgung (bestimmter Gruppen) älterer Pflegebedürftiger mit Migrationshintergrund vorliegt, wird auch über ihre Präsenz in diesem formalisierten Hilfesystem hergeleitet.

Dazu gibt es einige alarmierende Erkenntnisse: Eine Studie im Auftrag des Bundesministeriums für Gesundheit (2011) hat ergeben, dass der Anteil der Menschen mit Migrationshintergrund, die keine Pflegeleistungen beantragen, doppelt so hoch ist wie bei der autochthonen Bevölkerung. Pflegebedürftige mit Migrationshintergrund und ihre Angehörigen nehmen darüber hinaus wenig unterstützende Leistungen in Anspruch – auch bei einer höheren Pflegestufe der Erkrankten (Okken et al. 2008). Auch in präventiven (Spallek und Razum 2007) und rehabilitativen (Schott und Razum 2013) Bereichen von Gesundheitsleistungen ist bekannt, dass Ältere mit Migrationshintergrund weniger in Anspruch nehmen als die Vergleichsgruppe ohne Migrationshintergrund. Dies schließt an Erkenntnisse zur geringen „Health Literacy" bei älteren Migranten in Deutschland an. Einer quantitativen Sekundärdatenanalyse aus Daten des European Health Literacy Survey 2011 zufolge ist die Health Literacy bei über 65-jährigen Menschen mit Migrationshintergrund in Deutschland zu 81% problematisch oder inadäquat; dieser Wert liegt bei der Gruppe ohne Migrationshintergrund bei 64% (Quenzel et al. 2015).

Grundsätzlich wird dies als Folge einer Uninformiertheit gedeutet, die in den bereits angeführten benachteiligten Lebenslagen und einem teilweise geringen Vernetzungsgrad zur autochthonen Bevölkerung begründet ist. Darüber hinaus werden eine Vielzahl von Barrieren bei der Inanspruchnahme (vgl. Tezcan-Güntekin et al. 2015) diskutiert, von denen im Folgenden einige angeführt werden.

Unterschiedliche Systeme: Wissens- und Informationsdefizite zum Pflegesystem

Erfahrungsberichte aus der Praxis weisen darauf hin, dass viele der älteren Hilfe- und Pflegebedürftigen mit Migrationshintergrund und ihre Angehörigen formalisierte Pflege- und Unterstützungsangebote aus Unkenntnis nicht in Anspruch nähmen. Diese Hinweise wurden in einigen Studien aufgegriffen. So stellt beispielsweise eine quantitative Erhebung des Bundesministeriums für Gesundheit (2011) fest, dass etwa die Hälfte der Befragten mit Migrationshintergrund und etwa zwei Drittel der Befragten ohne Migrationshintergrund die Möglichkeiten von Pflegebedürftigen und ihren Angehörigen, sich im Falle einer Pflegebedürftigkeit über unterstützende Angebote und Leistungsansprüche zu informieren, als „gut" bzw. „sehr gut" bewertet[3] (▶ Exkurs „Einfluss der Sprachkompetenz"). Während hier alle Herkunftsgruppen von Migranten einbezogen wurden, zeigt eine auf Türkeistämmige zugeschnittene Studie von Schenk (2014)[4] auf, dass nur 16% der von ihnen befragten Personen angeben, sich „gut" oder „sehr gut" zum Thema Pflege informiert zu fühlen. Etwa ein Drittel beurteilt den eigenen Wissensstand als „mittelmäßig" und knapp die Hälfte als „schlecht" oder „sehr schlecht" (Schenk 2014). Bei 70% der Befragten fehlten Informationen dazu, wie eine Pflegestufe beantragt wird. 72% wissen nicht, welche Leistungen die Pflegeversicherung anbietet und 73% wissen nicht, dass sie für entlastende Angebote in der häuslichen Pflege anspruchsberechtigt sind (ebd.).

Exemplifiziert werden kann dies am Verfahren, eine Pflegebedürftigkeit anerkennen zu lassen. Untersuchungen zur Praxis der (Pflege-)Beratung von älteren Migranten (z. B. Hahn 2011) zeigen auf, dass für viele von Pflegebedürftigkeit Betroffene mit Migrationshintergrund nicht bekannt ist, wie und wo sie eine Pflegebedürftigkeitseinstufung beantragen können. Ähnlich wie bei der autochthonen älteren Bevölkerung ist ihnen ein verrichtungsbezogener Pflegebegriff mit Minutenmessung schwer verständlich. Während des Hausbesuchs zur Begutachtung durch den Medizinischen Dienst der Krankenkassen verkennen viele die Situation und sind bemüht, Defizite zu überdecken, sodass die Gutachter nur einen geringen Pflegebedarf erkennen, was sich auf die Einstufung in eine Pflegestufe auswirkt (vgl. Kurt und Tezcan-Güntekin 2017). Und schließlich scheinen Pflegebedürftige mit Migrationshintergrund die Möglichkeit eines Widerspruchs zur Pflegeeinstufung entweder nicht zu kennen oder von dieser Option zurückzuschrecken.

Interpretationen der unterschiedlichen Studien und Erfahrungsberichte zum Informationsstand über Entlastungs-, Pflege- und Gesundheitsleistungen in der Bevölkerungsgruppe von Personen mit Migrationshintergrund sprechen sich einstimmig dafür aus, zielgruppenspezifischer Information, Aufklärung und Beratung zu diesem Themengebiet anzubieten (z. B. Zeman 2005; Schroer und Schweppe 2009; Kohls 2012)

Eine fehlende gemeinsame Sprache als Barriere

Özcan und Seifert (2004, S. 37) konnten aufzeigen, dass in 2002 47,6% der älteren Migranten ihre Deutschkenntnisse als „schlecht" bzw. „sehr schlecht" einschätzen. Zusätzlich können Krankheiten wie beispielsweise Demenzen dazu führen, dass Fremdsprachenkenntnisse, wie eben Deutsch, bereits in einem frühen Stadium verloren gehen (zu Lebenswelten demenzerkrankter Menschen mit Migrationshintergrund vgl. Dibelius et al. 2015). Sprachliche Kommunikationsdefizite werden in Pflegekontexten als problematisch betrachtet. Denn insbesondere bei professionell erbrachten Pflege- und Gesundheits(dienst)leistungen gilt eine gelingende Kommunikation als existenzieller Bestandteil einer guten Versorgung, Aufklärung und Begleitung. Wie in der Arzt-Patienten-Kommunikation wird es auch bei pflegerischen Tätigkeiten als problematisch erlebt, wenn Pflegende und zu Pflegende nicht in einer gemeinsamen Sprache miteinander kommunizieren können.

Neben der Frage, wie im Pflegeprozess miteinander kommuniziert werden kann, gilt ein niedriger deutscher Sprachstand als Barriere bzw. als zentrale Begründung dafür, weshalb Pflegesachleistungen und Pflegeberatung von dieser Personengruppe unterdurchschnittlich in Anspruch genommen werden. Schließlich werden Informationen zu Leistungsansprüchen und weiteren

---

3   Bei der Beurteilung von wissenschaftlichen Untersuchungsergebnissen zu möglichen Wissens- und Informationsdefiziten von Migranten zu Pflege- und Gesundheitsleistungen ist ein Augenmerk darauf zu richten, auf welchen Personenkreis die Studie zugeschnitten war und inwiefern bei der Datenerhebung unterschiedliche Sprachkompetenzen berücksichtigt wurden. Dies kann erhebliche Auswirkungen auf die Ergebnisse haben, wobei sich die Schlussfolgerungen wiederum ähneln. Die Erhebungen dieser quantitativen Studie wurden ausschließlich in deutscher Sprache durchgeführt, was dazu geführt haben kann, dass Migranten mit einem hierzu nicht ausreichenden Sprachstand von der Erhebung ausgeschlossen waren (vgl. BAMF 2008).

4   Diese Erhebung wurde in der Muttersprache der türkeistämmigen Befragten durchgeführt.

Unterstützungsleistungen fast ausschließlich auf Deutsch angeboten. Während diese Situation lange Zeit einem starren und eindimensionalen Integrationsverständnis entsprechend als „Fehlleistung" der älteren Migranten gewertet wurde, finden sich zunehmend Ansätze in der institutionellen Praxis, Mehrsprachigkeit von Pflegebedürftigen aufzugreifen: so beispielsweise durch Übersetzungen von Informationsmaterial und Hinweisschildern oder auch dem bewussten Einstellen von mehrsprachigen Mitarbeitern für die Pflege und in der Beratung. Die Gewährleistung einer Versorgung auf der jeweiligen Muttersprache des Pflegebedürftigen gilt manchen Einrichtungen bereits als Qualitätsmerkmal.

11.1.6 Unterschiedliche Pflegeerwartungen als Barriere

Dass Pflegeerwartungen kulturell überformt sind und sich in der Ausgestaltung des Pflegesettings niederschlagen, gilt auch im wissenschaftlichen Diskurs als Selbstverständlichkeit. Bekannte Beispiele sind kulturell unterschiedliche Schambereiche. Themen wie Inkontinenz, Intimpflege, herausforderndes Verhalten oder sexuelle Aktivität sind bei Betroffenen und Angehörigen mehrheitlich schambesetzt. Auch ein kulturell oder religiös geprägter Umgang mit Nacktheit und Gewohnheiten der Körperpflege können davon betroffen sein.

Bisher liegen jedoch nur relativ wenige Studien vor, die Pflegeerwartungen Älterer mit Migrationshintergrund aus einer empirischen Perspektive erschließen – also die Frage verfolgen, wie sich ältere Migranten eine für sich gute Pflege vorstellen und von welchen Akteuren (z. B. Familienangehörigen, weiteren sozialen Netzwerken wie Nachbarschaft und migrantische Community, professionelle Pflegeanbieter) sie in welcher Form Unterstützung erwarten (z. B. von Paß 2006; Hahn 2011; Rohstock 2014). Dennoch stößt man sowohl in der (Fach-)Öffentlichkeit als auch in wissenschaftlichen Beiträgen oftmals auf den Zirkelschluss, dass Migranten, die aus einem Land stammen, in dem kein ausgebautes staatlich reguliertes und formelles Alterssicherungssystem besteht, pauschal unterstellt wird, dass sie auch nach Jahren in Deutschland eine Altersversorgung informell und rein über familiale oder ethnische

Netzwerke sicherstellen wollen und werden. Es ist also viel dezidierter zu fragen, wie Pflegeerwartungen mit kultureller und religiöser (kollektiver) Identität und Migrationsbiografie (Aufenthaltsdauer, Aufenthaltsstatus, Migrationsmotiv) korrespondieren.

Neben der Gruppe der russischsprachigen Älteren mit Migrationshintergrund sind vor allem Pflegeerwartungen von Personengruppen aus dem Mittelmeerraum (ehemaliges Jugoslawien, Türkei, arabischsprachiger Raum) in qualitativ-empirischen Studien thematisiert worden (z. B. Paß 2006; Schenk et al. 2011; Rohstock 2014). Für diese Gruppen ist herausgearbeitet worden, dass eine möglichst familiär gewährleistete Pflege Teil einer kulturellen Identität und Abgrenzung ist. Daran schließt auch die Sorge an, bei der Inanspruchnahme von gewerblich erbrachten Pflegeleistungen Sanktionen bis hin zu einem Ausschluss aus migrantischen Communitys zu riskieren (Tezcan-Güntekin und Razum 2017).

Finanzielle Barrieren

Auch das geringe zur Verfügung stehende Einkommen und Vermögen vieler Pflegebedürftiger mit Migrationshintergrund wird als eine Inanspruchnahmebarriere gedeutet. So wird das Pflegegeld in der Bevölkerung mit und ohne Migrationshintergrund in ähnlichem Ausmaß von über zwei Dritteln der Pflegebedürftigen in Anspruch genommen (BMG 2011). Unterschiede zeigen sich jedoch bei der Beurteilung des Pflegegeldes als existenzsicherndes Einkommen. 39% der befragten Menschen mit Migrationshintergrund geben an, dass das Pflegegeld für den laufenden Unterhalt benötigt wird. Hingegen ist dieser Anteil bei den Befragten ohne Migrationshintergrund 20% (ebd.). Dies wird als ein wesentlicher Grund dafür diskutiert, dass ambulante Pflegeleistungen durch Menschen mit Migrationshintergrund in geringerem Maß in Anspruch genommen werden als in der autochthonen Bevölkerung.

Darüber hinaus ist darauf hinzuweisen, dass Pflegebedürftige mit Migrationshintergrund in transnationalen sozialen Räumen verortet sind. Vielen ist eine fortwährende Mobilität zwischen ihrem Herkunfts- und Aufnahmeland auch bei Pflegebedürftigkeit wichtig und ein Ausdruck von Autonomie (Krumme 2004; Trifonopoulou 2009; Schroer und Schweppe 2009; Strumpen 2012). Jedoch ist es praktisch nicht möglich, Pflegesachleistungen im Ausland zu beziehen, und der Bezug von Pflegegeld ist bei einem Auslandsaufenthalt begrenzt.

11.2 In der Altenpflege auf Migration reagieren – Konzeptionelle Ansätze für Organisationen

Im Laufe der letzten Jahrzehnte wurden Einrichtungen der Altenhilfe und -pflege verschiedene konzeptionelle Ansätze nahegelegt, mit deren Unterstützung sie Umgangsweisen für migrations-, kultur- und religionsbedingte Vielfalt auf organisationaler Ebene finden können.

11.2.1 Interkulturelle Öffnung

Eine erste Aufforderung an Institutionen der Altenhilfe und -pflege, sich mit Auswirkungen von Migration und kultureller Vielfalt auf organisatorischer und konzeptioneller Ebene auseinanderzusetzen, kam in den 1990er Jahren über die insbesondere in der Migrationssozialarbeit verwurzelten Befürwortung einer „interkulturellen Öffnung". Während Interkulturelle Öffnung zunächst ein Schlagwort für die Forderung war, Sonderdienste im Sozial-, Bildungs- und Gesundheitswesen zu überwinden und bestehende Regeldienste für Migranten zu öffnen, wird darunter mittlerweile ein systematisch verfolgter Organisationsentwicklungsprozess verstanden, der Maßnahmen in den Bereichen des Organisations-, Personal- und Qualitätsmanagements umfasst (Handschuck und Schröer 2012). Erfahrungen der vergangenen Jahre haben deutlich gezeigt, dass nicht vorrangig eine Suche nach „der" Unterschiedlichkeit

---

5 In Nachfolge dessen bietet das Forum für eine kultursensible Altenhilfe als bundesweiter freiwilliger Zusammenschluss von Verbänden, Unternehmen, Experten und Engagierten aus den Themen- und Tätigkeitsfeldern der Altenhilfe und der Migrationsarbeit. Die Mitglieder des Forums haben das „Memorandum für eine kultursensible Altenhilfe" unterzeichnet und pflegen in den Regionalgruppen Nord, Süd, West und Ost einen kontinuierlichen inhaltlichen und kollegialen Austausch zu Fragen der kultursensiblen Altenhilfe. http://www.kultursensible-altenhilfe.de/.

von „den Migranten", sondern selbstreflexive Prozesse, Dialogbereitschaft und Vernetzung mit Partnern interkulturelle Öffnungsprozesse voranbringen. In diesem Sinne wird Interkulturelle Öffnung gegenwärtig verstanden als ein

> » … bewusst gestalteter Prozess, der (selbst-) reflexive Lern- und Veränderungsprozesse von und zwischen unterschiedlichen Menschen, Lebensweisen und Organisationsformen ermöglicht, wodurch Zugangsbarrieren und Abgrenzungsmechanismen in den öffnenden Organisationen abgebaut werden und die Anerkennung ermöglicht wird (Schröer 2007, S. 2).

Um eine Verbreitung von kultur-, sprach- oder auch religionsspezifischen Pflegeanbietern nicht alternativlos werden zu lassen, ruft die Forderung nach Interkultureller Öffnung Einrichtungen der Altenpflege auf, Migranten als Kunden, Klienten bzw. Patienten wahrzunehmen, sie systematisch in der Angebots- und Qualitätsentwicklung zu berücksichtigen und bekannte strukturelle Barrieren abzubauen. In diesem Zusammenhang ist der Arbeitskreis Charta für eine kultursensible Altenhilfe[5] herauszustellen, welcher mit einem Memorandum (2002), Handlungsempfehlungen (2002) und einer Kampagne (2004–2006) für eine kultursensible Pflege bundesweit Aufmerksamkeit erzeugt und dabei viele Praxisprojekte angestoßen hat.

Jedoch wird eine Interkulturelle Öffnung von stationären und ambulanten Versorgungseinrichtungen nur in wenigen Studien untersucht. Daher werden hier exemplarisch Ergebnisse aus Untersuchungen zu Krankenhäusern angeführt. Einer quantitativen Studie zur Kultursensibilität in Krankenhäusern in Nordrhein-Westfalen zufolge (Blum und Steffen 2012) erfassen knapp die Hälfte der teilnehmenden 57 Krankenhäuser bei der Krankenhausaufnahme bedürfnisorientierte Merkmale der Patienten wie „Übersetzungsbedarf", „Sprachkenntnisse", „Essgewohnheiten" oder „Wertvorstellungen". Diese Daten werden jedoch kaum ausgewertet und fließen nicht systematisch in die Versorgung ein. Nur 7% der teilnehmenden Krankenhäuser hatten verbindliche Ziele zur Umsetzung kultursensibler Versorgung festgelegt, in etwa einem Fünftel der Krankenhäuser waren konkrete Ziele geplant, ein Viertel der Einrichtungen verstanden Kultursensibilität als „Zukunftsthema" und ein Drittel der befragten Krankenhäuser hatten die Haltung, dass Kultursensibilität aktuell und auch künftig kein Thema sei (ebd.).

Aus einer weiteren regionalen Studie aus Baden-Württemberg, bei der 46 ambulante und stationäre Pflegeeinrichtungen befragt wurden, geht hervor, dass 59% der befragten Einrichtungen bis zum Zeitpunkt der Befragung im Jahr 2013 keine Maßnahmen für eine Interkulturelle Öffnung ergriffen hatten; in 81% dieser Häuser wurden solche auch für die Zukunft nicht geplant (Barg et al. 2013).

Diese Ergebnisse zeigen auf, dass verantwortliche Akteure eine systematisch und nachhaltig angelegte Interkulturelle Öffnung in der gesundheitlichen und pflegerischen Versorgung nicht flächendeckend als relevant erachten.

11.2.2 Mitarbeiter mit Migrationshintergrund in der Altenhilfe – Diversity Management

Ansätze der Interkulturellen Öffnung und der kultursensiblen Pflege stellen traditionell das Wohl älterer Pflegebedürftiger mit Migrationshintergrund in den Mittelpunkt. In frühen Broschüren zur Interkulturellen Öffnung von Altenpflegeeinrichtungen wurde noch empfohlen, Mitarbeitern mit Migrationshintergrund in Einrichtungen einzustellen, da sie die Versorgungsqualität durch sprachliche, kulturelle und soziale Kompetenzen erhöhten. Gegenwärtig ist die Präsenz von Mitarbeitern mit persönlicher oder familiärer Migrationserfahrung in vielen Einrichtungen selbstverständlich (Stagge 2014). Der Fachkräftemangel wird die Präsenz von Mitarbeitern mit Migrationshintergrund in Pflegeeinrichtungen künftig weiter erhöhen. Eigens dafür konzipierte Kampagnen sollen den Altenpflegeberuf in migrantischen Communitys bekannter machen. Gleichzeitig werden Personen aus dem Ausland (wie z. B. aus Vietnam, GIZ 2017) angeworben, um in Deutschland als Altenpflegekräfte zu arbeiten.

In diesem Zusammenhang wird Institutionen der Altenhilfe das aus den USA stammende Konzept des Diversity Managements empfohlen.

Im Diversity Management werden Ressourcen und Potenziale der Mitarbeiter hervorgehoben und als unternehmerisches Kapital betont. Dabei wird nicht nur ethnisch-kulturelle Diversität, sondern auch Alter, sexuelle Orientierung und Identität, das biologische bzw. soziale Geschlecht sowie die religiöse Glaubenszugehörigkeit als Ressource für das Unternehmen gesehen (Gardenswartz et al. 2008). Es wird davon ausgegangen, dass ein aktiver und reflektierter Umgang mit dieser wachsenden Diversität der (Pflege-)Qualitätsentwicklung einer Einrichtung und dem Unternehmensklima dienlich sein kann. So wird erwartet, dass ein gutes Diversity Management diskriminierende Strukturen zu überwinden hilft, Missverständnissen und Konflikten vorbeugt und zu einer Stärkung der Resilienz der Angestellten gegenüber als belastend empfundenen Situationen beitragen kann.

Dabei sind bisher nicht auf alle drängenden migrationsbedingten Herausforderungen in der pflegerischen Praxis Antworten gefunden. Im Folgenden werden einige Beispiele angeführt:

- **Ausbildungsstandards und Pflegeverständnisse:** Während berufsfachliche Ausbildungsstandards von migrierten Pflegekräften über Anerkennungsverfahren und Nachqualifizierungen möglichst nivelliert werden sollen, finden sich in pflegerischen Teams dennoch sozialisationsbedingt unterschiedliche Pflegeverständnisse (Stagge 2014). Dies kann ohne offene Kommunikation über unterschiedliche Selbstverständlichkeiten zu Konflikten in der Zusammenarbeit führen.

- **Umgang mit Übersetzungs- und Dolmetschleistungen:** Pflegerische Mitarbeiter mit Fremdsprachenkenntnissen werden im beruflichen Alltag als Ad-hoc-Dolmetscher eingesetzt. Problematisch daran ist einerseits, dass sie hierzu nicht ausgebildet sind und andererseits, dass ihre Arbeitsbelastung dadurch erhöht wird, da meist keine Entlastung von anderen Aufgaben (oder finanzielle Anerkennung dieser Leistungen) organisatorisch ermöglicht wird.

- **Moderation in der Patientenaufklärung:** Insbesondere im Umgang mit infausten Prognosen für Pflegebedürftige finden sich Pflegekräfte oftmals in für sich fachlich und ethisch schwierigen Situationen wieder. Bestehen behandelnde Ärzte oder auch Angehörige mit einer kulturellen oder religiösen Begründung darauf, dass pflegebedürftigen Patienten infauste Prognosen nicht mitgeteilt werden, ist es den Pflegekräften oftmals überlassen, wie sie den aus pflegeethischer Sicht indiskutablen Auftrag einer Patientenaufklärung, die ärztlichen Anweisungen bzw. Wünsche der Angehörigen und die Äußerungen der Pflegebedürftigen zusammenbringen.

Die Beispiele zeigen auf, auf wie vielen unterschiedlichen Ebenen berufsfachliche Standards sowie organisationsinterne Lösungsvorschläge und Verfahren noch zu erarbeiten sind, um das Potenzial von Mitarbeitern in Einrichtungen der Altenpflege im Sinne eines Diversity Managements nutzen zu können.

11.2.3 Diversitätssensibilität: Handlungsfelder einer migrations-, kultur- und religionssensiblen Altenpflege

Grundsätzlich stellt sich die Frage, wie eine angemessene Altenpflege in einer von Migration geprägten Gesellschaft aussehen kann. Dazu sind sowohl Akteure aus Wissenschaft, Politik und der Altenpflegepraxis sowie Verantwortliche in den weiteren Bereich von Pflege- und Beratungseinrichtungen herausgefordert, organisatorisch-konzeptionelle Ideen zu entwickeln, um die kulturelle, religiöse und soziale Diversität der Pflegebedürftigen und Mitarbeiter zu einer Win-win-Situation zu führen. Dazu kann auf drei zentrale Handlungsfelder verwiesen werden:

Auf einer ersten Handlungsebene kann ein intensivierter Theorie-Praxis-Transfer fokussiert werden. Um Maßnahmen für eine migrations-, kultur- und religionssensible Weiterentwicklung gezielt ergreifen zu können, fordern Akteure in Pflegeeinrichtungen, genauso wie in Gremien der Gesundheitspolitik, seit Jahren kontinuierlich wissenschaftlich basierte Handlungsempfehlungen und Konzepte ein. Der Bedarf an (transdisziplinär erprobtem) **erkenntnistheoretisch fundiertem Wissen** ist groß. Jedoch ist zu konstatieren, dass hier insbesondere von wissenschaftlicher Seite ein Nachholbedarf besteht.

Auf einer zweiten Handlungsebene werden Organisationen und Institutionen adressiert. Als von der **Leitungsebene zu verantwortender Organisationsentwicklungsprozess** (oder auch eines Changemanagements) sind folgende Absatzpunkte zentral:

- Organisationsentwicklung: Diversitätssensibilität oder auch Interkulturelle Öffnung muss als Querschnittsthema in das Leitbild einer Einrichtung aufgenommen und Verantwortlichkeiten klar benannt werden (Gibt es eine/einen Beauftragte/Beauftragten? Gibt es eine Steuerungsrunde? Wie wird Diversitätssensibilität oder auch Interkulturelle Öffnung in das Qualitätsmanagement integriert?)
- Personalentwicklung: Ein multikulturell zusammengesetztes Team ist nicht automatisch in der Lage, kultursensibel zu handeln. Eine interkulturelle Teamentwicklung sollte bewusst und nachhaltig gestaltet und begleitet werden. Die Kompetenz- und Haltungsentwicklung der Mitarbeiter im Umgang mit „interkulturellen Situationen" muss gezielt geschult werden, z. B. indem systematisch eine Teilnahme an Fort- und Weiterbildungen (z. B. Trainings zu „Interkultureller Kommunikation") sowie Zeit und Raum zur Reflexion dieser Themen im Team ermöglicht werden. Auch Führungsverantwortliche sollten ihre Kompetenzen in diesen Themenfeldern ausbauen und gezielt in Reflektion und Dialog mit den Mitarbeitern treten.
- Qualitätsentwicklung: Um die Qualität der erbrachten Dienstleistungen, von Pflege über Beratung und Begleitung bis zur hauswirtschaftlichen Versorgung, weiterzuentwickeln, sollten Änderungen in Abläufen sowie Angebotsergänzungen und -flexibilisierungen ermöglicht werden.

Ein drittes Handlungsfeld ist auf **interpersoneller Ebene** verortet. In fachöffentlichen Beiträgen findet sich die Argumentation, dass die Biografieorientierung der modernen Altenpflege eine Interkulturelle Öffnung sowie eine kultursensible Pflege überflüssig mache. Erfahrungsberichte lassen jedoch vermuten, dass der bloße Anspruch einer individuellen Versorgung und Biografieorientierung oftmals nicht ausreicht, um bisher unbemerkte diskriminierende

Strukturen oder unsensible Verhaltensweisen in Einrichtungen aufzudecken. Denn vielfach fällt gar nicht auf, dass kulturelle und religiöse Faktoren überbewertet oder negiert werden. Dabei ist eine Möglichkeit des praxisnahen und gleichzeitig reflexiven Umgangs mit als problematisch empfundenen Situationen in der Pflegepraxis der Einsatz von Fallanalysen nach Fritz Schütze (1993). Hierbei wird eine dokumentierte Pflegesituation aus der Perspektive der Handlungsebene, der Beziehungsebene und der Perspektive des szenischen Verstehens analysiert. Die Übernahme unterschiedlicher Perspektiven ermöglicht die Reflexion eigener Affekte und Haltungen, was vor allem im Team zu einem konstruktiven Umgang mit „schwierigen" Situationen in der Pflegepraxis führen kann. Von einer solchen Praxis profitieren dann beispielsweise auch Pflegebedürftige mit unterschiedlichen sexuellen Orientierungen oder Identitäten sowie Hochaltrige, die in einer Zeit sozialisiert wurden, die sich stark von der gegenwärtigen unterscheidet und gegebenenfalls Kriegstraumatisierungen erlitten haben.

11.3   Fazit

Seit über 20 Jahren wird in Deutschland wissenschaftlich diskutiert, ob und inwiefern ältere Migranten bei Pflegebedürftigkeit von Fehlversorgung betroffen sind und wie dies behoben werden könnte. Aufgrund einer fehlenden Datenbasis und eines mangelnden transdisziplinären Diskurses über Begrifflichkeiten, Hypothesen und Perspektiven sind konkrete altenpflegerische Bedarfe für die Bevölkerung mit Migrationshintergrund schwer zu formulieren.

Dies kann auf der Makroebene dazu führen, dass politische Gremien aufgrund fehlender Evidenz eines erhöhten oder auch spezifischen Versorgungsbedarfs den tatsächlichen Bedarf unterschätzen und sich nicht in einer Handlungsverpflichtung sehen. Auf der Mesoebene kann dies bedeuten, dass sich Altenpflegeeinrichtungen und Krankenhäuser nicht mit den Herausforderungen einer bedürfnisorientierten Versorgung einer vielfältigen Bevölkerung beschäftigen und dies auch nicht in Erwägung ziehen (Blum und Steffen 2012). Auf der Mikroebene finden sich Pflegefachkräfte oft in für sie überfordernden Situationen

wieder, die sie auf eine kulturelle und religiöse Unterschiedlichkeit des Pflegebedürftigen und seiner Angehörigen zurückführen. Für einen entsprechen kultur-, migrations-, religions- oder auch diversitätssensiblen Umgang in der Pflege sind sie oftmals nicht geschult oder an ihrem Arbeitsplatz nicht mit entsprechenden Handlungsspielräumen ausgestattet.

Fazit

An dieser Stelle soll jedoch dazu ermutigt werden, die zunehmende Präsenz von älteren Pflegebedürftigen und Mitarbeitern mit Migrationshintergrund insbesondere als Entwicklungschance für das „Hilfesystem Pflege" zu begreifen: Es geht darum, eine Weiterentwicklung des Altenpflegesystems zu ermöglichen, die einer Migrationsgesellschaft im Sinne von Mecheril (2003) angemessen ist. Auf der gesellschaftlichen Mesoebene bedeutet das zunächst, berufliche und soziale Kompetenzen der Mitarbeiter mit und ohne Migrationserfahrung anzuerkennen und als Ressource einer Organisation zu begreifen. Eine persönliche oder familiäre Migrationserfahrung von Mitarbeitern kann in allen Bereichen des „Systems Pflege", z. B. in Ausbildung, Pflegepraxis, Marketing, Personalführung, mitgedacht werden. Dies kann dazu führen, dass die Leistungsqualität erhöht und die Angebotspalette entsprechend der lebensweltlichen Vielfalt der Kunden, Klienten, Patienten oder auch Versicherten weiterentwickelt werden können. Eine Organisation, die sich beispielsweise einem interkulturellen Öffnungsprozess stellt, ist bemüht, auf strukturelle und direkte Diskriminierung sowie Rassismus und andere Formen von Menschenfeindlichkeit zu reagieren und systematisch Methoden zu entwickeln und umzusetzen, diese zu erkennen und zu reduzieren. Eine gelungene Interkulturelle Öffnung führt somit letztlich zu einem Gewinn für alle: für die Einrichtung, die Mitarbeiterschaft und die Kunden.

Literatur

Barg S, Mathner J, Guerrero Meneses V, Stiehr K (2013) Analyse der Angebotsstruktur in Einrichtungen der Altenhilfe für ältere Migrantinnen und Migranten in Frankfurt am Main. Institut für soziale Infrastruktur. http://www.frankfurt.de/sixcms/media.php/738/Migration_Alter_online_jan13.pdf. Zugegriffen: 28. September 2015

Blum K, Steffen P (2012) Kultursensibilität der Krankenhäuser in Nordrhein-Westfalen. Forschungsgutachten initiiert von der BKK vor Ort und dem Ministerium für Gesundheit, Emanzipation, Pflege und Alter des Landes Nordrhein-Westfalen. Deutsches Krankenhausinstitut, Düsseldorf

BMAS – Bundesministerium für Arbeit und Soziales (2008) Ergänzender Bericht der Bundesregierung zum Rentenversicherungsbericht 2008. Alterssicherungsbericht 2008. BMAS, Berlin. http://www.bmas.de/SharedDocs/Downloads/DE/rentenversicherungsbericht-2008-ergaenzender-bericht.pdf?__blob=publicationFile. Zugegriffen: 27. Dezember 2016

BMFSFJ – Bundesministerium für Familie, Senioren, Frauen und Jugend (2005) Fünfter Bericht zur Lage der älteren Generation in der Bundesrepublik Deutschland. https://www.bmfsfj.de/blob/79080/8a95842e52ba43556f9eb-fa600f02483/fuenfter-altenbericht-data.pdf. Zugegriffen: 11. April 2017

BMFSFJ – Bundesministerium für Familie, Senioren, Frauen und Jugend (2000) Sechster Familienbericht. Familien ausländischer Herkunft in Deutschland. Leistungen – Belastungen – Herausforderungen. BMFSFJ, Berlin. http://www.bmfsfj.de/RedaktionBMFSFJ/Broschuerenstelle/Pdf-Anlagen/6._20Familienbericht,property=pdf,bereich=bmfsfj,sprache=de,rwb=true.pdf. Zugegriffen: 27. Dezember 2016

BMG – Bundesministerium für Gesundheit (2011) Daten aus der Studie zum Pflege-Weiterentwicklungsgesetz. TNS Infratest Sozialforschung. BMG, Berlin

BAMF – Bundesamt für Migration und Flüchtlinge (2008) Sprachliche Integration von Migranten in Deutschland. Working Paper 14 aus der Reihe Integrationsreport, Teil 2. https://www.bamf.de/SharedDocs/Anlagen/DE/Publikationen/WorkingPapers/wp14-sprachliche-integration.pdf?__blob=publicationFile. Zugegriffen: 01. November 2016

Dibelius O, Feldhaus-Plumin E, Piechotta-Henze G (2015) Lebenswelten von Menschen mit Migrationserfahrungen und Demenz. Hogrefe, Bern

Gardenswartz, L, Cherbosque J, Rowe A (2008) Emotional intelligence for managing results in a diverse world: The hard truth about soft skills in the workplace. Davies-Black, Mountain View, CA

GIZ – Deutsche Gesellschaft für Internationale Zusammenarbeit (2017) Ausbildung von Arbeitskräften aus Vietnam zu Pflegefachkräften. https://www.giz.de/de/weltweit/18715.html. Zugegriffen: 07. März 2017

Habermann M, Schenk L (2010) Brauchen wir eine migrationssensitive Pflegeberichterstattung? Problemstellungen und Ergebnisse eines Expertenworkshops. In: Migrationssensible Datenerhebung für die Gesundheits- und Pflegeberichterstattung: Dokumentation. Fachkonferenz am 21. November 2008 in Berlin in Kooperation mit dem bundesweiten Arbeitskreis Migration und öffentliche Gesundheit, S 83-93. https://www.bundesregierung.de/Content/Infomaterial/BPA/IB/2010-06-04-datenerhe-

bung-fuer-gesundheits-und-pflegeberichterstattung.pdf?__blob=publicationFile&v=12. Zugegriffen: 27. Dezember 2016

Hahn K (2011) Alter, Migration und Soziale Arbeit. Zur Bedeutung von Ethnizität in Beratungsgesprächen der Altenhilfe. Transcript, Bielefeld

Handschuck S, Schröer H (2012) Interkulturelle Orientierung und Öffnung. Theoretische Grundlagen und 50 Aktivitäten zur Umsetzung. Ziel, Augsburg

Kohls M (2008) Leben Migranten wirklich länger? Eine empirische Analyse der Mortalität von Migranten in Deutschland (Working Paper 16). Bundesamt für Migration und Flüchtlinge (BAMF), Nürnberg

Kohls M (2012) Pflegebedürftigkeit und Nachfrage nach Pflegeleistungen von Migrantinnen und Migranten im demographischen Wandel. Forschungsbericht 12. Bundesamt für Migration und Flüchtlinge, Nürnberg. https://www.bamf.de/SharedDocs/Anlagen/DE/Publikationen/Forschungsberichte/fb12-pflegebeduerftigkeit-pflegeleistungen.pdf?__blob=publicationFile. Zugegriffen: 27. Dezember 2016

Krumme H (2004) Fortwährende Remigration: Das transnationale Pendeln türkischer Arbeitsmigrantinnen und Arbeitsmigranten im Ruhestand. Z Soziologie 2: 138–153

Kurt M, Tezcan-Güntekin H (2017) Begutachtung von Pflegebedürftigkeit im kulturellen Kontext. In: Meißner A (Hrsg) Begutachtung und Pflegebedürftigkeit. Hogrefe, Bern

Mecheril P (2003) Prekäre Verhältnisse. Über natio-ethno-kulturelle (Mehrfach-)Zugehörigkeit. Waxmann, Münster

Menning S, Hoffmann E (2009) Ältere Migrantinnen und Migranten. Report Altersdaten. Deutsches Zentrum für Altersfragen, Berlin

Okken PK, Spallek J, Razum O (2008) Pflege türkischer Migranten. In: Bauer U, Büscher A (Hrsg) Soziale Ungleichheit und Pflege. VS, Wiesbaden

Özcan V, Seifert W (2004) Zur Lebenslage älterer Migrantinnen und Migranten in Deutschland – Expertise für den 5. Altenbericht der Bundesregierung im Auftrag des Deutschen Zentrums für Altersfragen. Berlin. https://www.bmfsfj.de/blob/79186/c36d2a71974940b1750dcdd75f9b9d66/oezcan-lebenslage-aelterer-migrantinnen-migranten-data.pdf. Zugegriffen: 27. Dezember 2016

Paß R (2006) Alter(n)svorstellungen älterer Migrantinnen. Eine explorative Studie über deren biografische Lebensentwürfe. Kovac, Hamburg

Quenzel G, Schaeffer D, Messer M, Vogt D (2015) Gesundheitskompetenz bildungsferner Jugendlicher. Bundesgesundheitsblatt 58(9): 951–957

Razum O, Zeeb H, Meesmann U, Schenk L, Bredehorst M, Brzoska P, Dercks T, Glodny S, Menkhaus B, Salman R, Saß AC, Ulrich RE (2008) Migration und Gesundheit. Schwerpunktbericht der Gesundheitsberichterstattung des Bundes. Robert Koch-Institut, Berlin

Razum O, Rohrmann S (2002) Der Healthy-migrant-Effekt: Bedeutung von Auswahlprozessen bei der Migration und Late-entry-Bias. Gesundheitswesen 64(2): 82–88

Rohstock N (2014) Altersbilder und Lebenssituationen. Vergleichende Untersuchungen zu Türkinnen und Türken in Deutschland und in der Türkei. Waxmann, Münster

Schenk L, Meyer R, Maier AS, Aronson P, Gül K (2011) Rekonstruktion der Vorstellungen vom Altern und von Einstellungen zur (stationären) Pflege bei Personen mit Migrationshintergrund. Institut für medizinische Soziologie der Charité, Berlin. https://www.zqp.de/wp-content/uploads/Abschlussbericht_Vorstellungen_Stationaeren_Pflege_Migrationshintergund.pdf. Zugegriffen: 27. Dezember 2016

Schenk L (2014) Pflegesituation von türkeistämmigen älteren Migranten und Migrantinnen in Berlin. Zentrum für Qualität in der Pflege, Berlin. https://www.zqp.de/kulturelle-beduerfnisse-beruecksichtigen/. Zugegriffen: 11. April 2017

Schimany P, Rühl S, Kohls M (2012) Ältere Migrantinnen und Migranten: Forschungsbericht 18. Nürnberg: Bundesamt für Migration und Flüchtlinge. BAMF, Nürnberg. https://www.bamf.de/SharedDocs/Anlagen/DE/Publikationen/Forschungsberichte/fb18-aeltere-migranten.pdf?__blob=publicationFile Zugegriffen: 27. Dezember 2016

Schott T, Razum O (2013) Migration und medizinische Rehabilitation. Juventa, Weinheim

Schröer H (2007) Interkulturelle Öffnung und Diversity Management. Eine Expertise im Auftrag von anakonde GbR. München

Schroer W, Schweppe C (2009) Alte Menschen mit Migrationshintergrund. In: Aner K, Karl U (Hrsg) Handbuch Soziale Arbeit und Alter. VS, Wiesbaden, S 369–376

Schütze F (1993) Die Fallanalyse: zur wissenschaftlichen Fundierung einer klassischen Methode der Sozialen Arbeit. In: Rauschenbach T, Ortmann F, Karsten ME (Hrsg) Der sozialpädagogische Blick: lebensweltorientierte Methoden in der Sozialen Arbeit. Juventa, Weinheim

Spallek J, Razum O (2007) Gesundheit von Migranten: Defizite im Bereich der Prävention. Med Klin 102(6): 451–456

Stagge M (2014) Multikulturelle Teams in der Altenpflege. Eine qualitative Studie. VS, Wiesbaden

Strumpen, S (2012) Altern in fortwährender Migration bei älteren Türkeistämmigen. In: Baykara-Krumme H, Motel-Klingebiel A, Schimany P (Hrsg) Viele Welten des Alterns. Ältere Migranten im alternden Deutschland. VS, Wiesbaden, S 411–433

Tezcan-Güntekin H, Breckenkamp J, Razum O (2015) Pflege und Pflegeerwartungen in der Einwanderungsgesellschaft. Sachverständigenrat deutscher Stiftungen für Integration und Migration, Berlin. https://www.bundesregierung.de/Content/DE/Artikel/IB/Artikel/Integrationsgipfel/Integrationsgipfel-2015/2015-11-16-svr-studie.pdf?__blob=publicationFile&v=6. Zugegriffen: 07. März 2017

TNS Infratest (2011) Abschlussbericht zur Studie „Wirkungen des Pflege-Weiterentwicklungsgesetzes". Bericht zu den Repräsentativerhebungen im Auftrag des Bundesministeriums für Gesundheit. https://www.tns-infratest.com/sofo/_pdf/2011_abschlussbericht_wirkungen_des_pflege-weiterentwicklungsgesetzes.pdf. Zugegriffen: 12. April 2017

Trifonopoulou KD (2009) Zwischen Pendelmigration und Pflegebedürftigkeit. Z Gerontopsychol Gerontopsychiatrie 22(4): 141–154. DOI: 10.1024/1011-6877.22.4.141

Zeman P (2005) Ältere Migranten in Deutschland. Befunde zur soziodemographischen, sozioökonomischen und psychosozialen Lage sowie zielgruppenbezogene Fragen der Politik- und Praxisfeldentwicklung. Expertise im Auftrag des Bundesamtes für Migration und Flüchtlinge. Deutsches Zentrum für Altersfragen, Berlin. http://www.bamf.de/SharedDocs/Anlagen/DE/Publikationen/Expertisen/zeman-expertise.pdf?__blob=publicationFile. Zugegriffen: 27. Dezember 2016

Duale Leitung einer Intensivstation – Interprofessionell Führen und Gestalten

Kirstin Fragemann

© Springer-Verlag GmbH Deutschland 2017
P. Bechtel, I. Smerdka-Arhelger, K. Lipp (Hrsg.), *Pflege im Wandel gestalten – Eine Führungsaufgabe*,
DOI 10.1007/978-3-662-54166-1_12

Die Betreuung von Patienten mit komplexen Erkrankungen sowie deren Angehörigen erfordert die enge Kooperation aller an der Versorgung dieser Patienten beteiligten Professionen.[1] Dabei stehen die Professionen im Praxisalltag nicht selten in einem Spannungs-, Konkurrenz- oder Abhängigkeitsverhältnis zueinander, das oftmals aus dem Fehlen einer klaren Definition der Aufgaben und Verantwortlichkeiten der Akteure resultiert. Die Praxis weist für die Beteiligten zahlreiche Schnittstellen auf, die interprofessionelle Perspektiven auf eine Verbesserung in der Zusammenarbeit eröffnen.

International wird die Notwendigkeit der Etablierung interprofessioneller Konzepte zur Verbesserung der Zusammenarbeit der Berufsgruppen in der Medizin als eine bedeutende Herausforderung zur Optimierung der Patientenversorgung betrachtet. Interdisziplinäre Abteilungen und Versorgungsszenarien stehen dabei im Mittelpunkt des Interesses. Ziele sind vorrangig die Betrachtung der beteiligten Professionen mit ihren spezifischen Rollen, die Anpassung organisationaler Prozesse wie z. B. die Verbesserung der Kommunikation sowie die Förderung berufsübergreifender Entscheidungsfindungen in der Patientenversorgung. Im Folgenden soll ein Überblick über Herausforderungen an die interprofessionelle Zusammenarbeit in Intensivstationen, die sich durch hochkomplexe Arbeitsabläufe auszeichnen, gegeben werden. Dabei wird auch auf die Option einer geteilten Führung im Sinne einer dualen Leitung zwischen Ärzten und Pflegenden eingegangen.

12.1   Zum Begriff der „Interprofessionalität"

Die Forderung nach einer systematischen berufsgruppenübergreifenden Zusammenarbeit ist nicht neu. Die Zusammenarbeit der Berufsgruppen wird bereits seit 1988 von der Weltgesundheitsorganisation gefordert (World Health Organisation 1988).

Der Sachverständigenrat zur Begutachtung der Entwicklung im Gesundheitswesen forderte 2007 in seinem Gutachten zu einer verstärkten Kooperation und Verantwortung der Berufsgruppen für mehr Effizienz im Gesundheitswesen auf (Sachverständigenrat zur Begutachtung der Entwicklung im Gesundheitswesen 2007).

Auch seitens der Pflege, der größten Berufsgruppe im Gesundheitswesen, entwickelt sich ein Umdenken hin zu einer stärkeren Vernetzung. In seinem Memorandum 2015–2010 verfolgt beispielsweise der Verband der PflegedirektorInnen der Universitätskliniken und medizinischen Hochschulen Deutschlands (VPU) die Zielsetzung, die nach wie vor starken Abgrenzungen zwischen den Professionen künftig durch besser strukturierte, patientenzentrierte berufsübergreifende Kooperationen aufzulösen (Verband der PflegedirektorInnen der Universitätskliniken und medizinischen Hochschulen Deutschlands e. V, 2010).

Mit der zunehmenden Professionalisierung der Pflege und weiterer in der Medizin tätigen Berufe wurde die Versorgung von Patienten zunehmend als gemeinsame Aufgabe und Verantwortung verstanden, was heute als Primat für eine effiziente Therapie verstanden wird. Langsam wandelt sich folglich in der Praxis das Bild von der „Omnipotenz des unabhängigen Praktikers" hin zu einer effizienten Teambildung (Becher 1989; Headrick et al. 1996; Ovretveit et al. 1997).

Die Begriffe „interprofessionell", „multiprofessionell" sowie „interdisziplinär" werden häufig in ihrer Verwendung wenig voneinander abgegrenzt oder sind in ihrer Anwendung synonym. Bezüglich einer Teamentwicklung in der Praxis ist es jedoch notwendig, auf eindeutige Definitionen zurückzugreifen.

Interprofessionell tätige Teams umfassen verschiedene Berufsgruppen, die koordiniert und systemisch statt sektorial bezüglich bestimmter Aufgaben kooperieren (Hall und Weaver 2001; Headrick et al. 1996; International Association for the Study of Pain [IASP] 2010; Obrecht 2005). Ihr Zusammenschluss kann von lose bis eng verzahnt sein, das Vorgehen sollte sich jedoch immer lösungsorientiert im Sinne einer gemeinsamen Zielsetzung für den Patienten gestalten (Gibbon et al. 2002; Hall und Weaver 2001; Headrick et al. 1996). Interprofessionelle

---

1   Unter Profession versteht man im allgemeinen Sprachgebrauch einen Beruf, sodass hier Beruf und Profession eine in der Bedeutung gleichgesetzte Verwendung finden.

Bestrebungen richten dabei in der Regel ihre Aufmerksamkeit auf die Optimierung von Prozessen und zielen damit vor allem auf Qualität und Effizienz, auch im ökonomischen Sinn ab. Multiprofessionelle Ansätze meinen meist mehr als zwei Professionen, die ihre unterschiedlichen Perspektiven und Disziplinen für die Lösung z. B. eines gemeinsamen Problems einbringen (Becher 1989; Obrecht 2005).

Demgegenüber können interprofessionelle Teams auch aus nur zwei Berufsgruppen bestehen, die für die gemeinsame Aufgabe und Zielsetzung ihr Wissen und ihre Machtpositionen innerhalb der Hierarchie, z. B. in einer Klinik, teilen.

In der Literatur vor allem im englischsprachigen Raum hat sich mittlerweile der Begriff der „Interprofessionalität" gegenüber „Multiprofessionalität", wenn es um die Betrachtung von zwei oder mehr Berufsgruppen in einem Teamkontext geht, durchgesetzt (Parsel und Bligh 1998). Einige Autoren verbinden mit dem Begriff der **Inter**professionalität auch eine bestimmte Dynamik im Sinne eines fließenden Austauschs zwischen den Teammitgliedern und somit zwischen den verschiedenen Berufsgruppen eines Teams (Parsel und Bligh 1998; Ovretveit et al. 1997).

„Multidisziplinarität" bzw. synonym hierzu „Interdisziplinarität" meint die Zusammenarbeit verschiedener Fachrichtungen, d. h. „Disziplinen" einer Berufsgruppe (Parsel und Bligh 1998).

12.2 Komplexe Versorgungssituationen erfordern eine komplexe Zusammenarbeit im Team

Das Gesundheitswesen und der Arbeitsplatz „Krankenhaus" werden für Mitarbeiter von einer beinahe einzigartigen Komplexität geprägt. Zahlreiche Berufsgruppen und Fachabteilungen arbeiten in mehr oder weniger verzahnten und nichtlinearen Prozessen miteinander. Dabei sind die Akteure häufig ökonomischen, gesetzlichen oder verwaltungsbedingten Zwängen unterworfen. Hinzu kommen wissenschaftliche Leitlinien und Behandlungsempfehlungen sowie der Anspruch, für jeden Patienten individuell eine möglichst evidenzbasierte Therapieplanung zu entscheiden. Therapieentscheidungen

wiederum müssen auf ethischen Prinzipien basieren und verfolgen den Anspruch, z. B. wenn es um Entscheidungen am Lebensende eines Patient geht, die Perspektiven und Werthaltungen aller am Versorgungsprozess beteiligten Akteure sowie den gesellschaftlichen Konsens sowie die Bedürfnisse der Angehörigen zu berücksichtigen.

Intensivstationen zeichnen sich insbesondere durch eine ausgeprägte Komplexität an Patientenfällen und eine starke Arbeitsteilung aus. Der Alltag fordert den Mitarbeitern nicht selten ab, Tätigkeiten am Patienten oder in der Organisation wichtiger Managementprozesse unter Zeitdruck auszuführen. Die Arbeitsbelastung kann bei den Mitarbeitern zur Stresswahrnehmung führen und birgt das Risiko von Fehlern in der Patientenversorgung. Eine hohe Versorgungsqualität komplexer Fälle bedingt eine gute monoprofessionelle, aber auch interprofessionelle Zusammenarbeit in den Teams. Fehlende interprofessionelle Zusammenarbeit könnte das Fehlerrisiko und Risiko für Versäumnisse in der Patientenversorgung erhöhen. Umgekehrt führt eine gut organisierte berufsgruppenübergreifende Zusammenarbeit zu einer verbesserten Versorgungsqualität und kann auch zu einer Kostensenkung im Gesundheitswesen beitragen (Gibbon et al. 2002; Headrick et al. 1996; Mitchell et al. 2002; Munroe et al. 2002; Way et al. 2001). Zugleich wird die Mitarbeiterzufriedenheit gefördert, indem sich das Arbeitsklima verbessert.

> Demzufolge zählt die interprofessionelle Zusammenarbeit zu den Hauptfaktoren in der Wahrnehmung der Qualität der täglichen Arbeit und ist entscheidend für die Patientensicherheit (Guidet et al. 2016, S. 155). Ein ständiger Konsens zwischen den an der Patientenversorgung beteiligten Berufsgruppen lässt sich jedoch nicht immer so einfach herstellen.

Im Praxisalltag stehen einer guten interprofessionellen Zusammenarbeit oftmals hemmende Faktoren gegenüber, die sich unter anderem auch aus der unterschiedlichen Sozialisation und dem jeder Berufsgruppe eigenen Professionsdenken ergeben. Barrieren zwischen den Akteuren bauen sich vor allem durch die unterschiedlichen Ausbildungen, durch mangelnde Kenntnisse bezüglich der jeweils anderen Berufsrollen sowie durch eine unzureichende Kommunikation aus. Häufig sind die Teams sich der Effektivität ihrer Kommunikation nicht bewusst und die Rolle der Pflegenden erhält noch zu selten Anteil an partizipativen Entscheidungsfindungen in der gemeinsamen Patientenversorgung.

Pflegende nehmen die Zusammenarbeit mit Ärzten sehr oft als defizitärer wahr, als die Ärzte selber. So weist eine nordamerikanische Studie deutliche Unterschiede in der Wahrnehmung der Zusammenarbeit zwischen den beiden Berufsgruppen auf. Im Vergleich werteten Pflegekräfte nur zu etwa 30% die Qualität der Zusammenarbeit und Kommunikation mit ihren ärztlichen Kolleginnen als positiv, wohingegen 70% der Ärzte diese als positiv einstuften.

Oftmals fehlen klare Anweisungen zur Verantwortungsübernahme einzelner Disziplinen im ärztlichen Bereich sowie bei nichtärztlichen Professionen, was häufig zu einer mangelnden Klarheit über die Rollen sowie zu einer Isolation durch fehlende Anerkennung führt (Carr et al. 2003; VanDenKerkhof et al. 2002; Wilson 2007). Vor diesem Hintergrund besteht inzwischen ein Konsens darüber, dass interprofessionelle Veranstaltungen die Berufsgruppen bereits in der Ausbildung zusammenbringen müssen, um auf Gemeinsamkeiten wie z. B. auf ein geteiltes Kooperationsverständnis zu setzen, statt den Aufbau von rigiden Berufsrollen und eine gegenseitige Abgrenzung zu forcieren.

12.3   Wie kann eine Zusammenarbeit der Professionen auf „Augenhöhe" gelingen?

12.3.1 Kernelemente interprofessioneller Zusammenarbeit

Innerhalb großer Organisationen beeinflussen sich die Vielzahl an Gruppierungen und ihre Subkulturen gegenseitig. Dabei kann es sowohl zu Kooperationen, aber auch rasch zu Konflikten kommen. So sind die Ziele der an der Patientenversorgung Beteiligten häufig eher multidimensional und werden ausschließlich aus Sicht der eigenen Profession heraus formuliert. All diese Rahmenbedingungen

bestimmen den Alltag am Arbeitsplatz und erfordern bestimmte Kernkompetenzen von den Mitarbeitern, die eine effiziente Zusammenarbeit im Team, über die eigene Berufsgruppe und Fachdisziplin hinaus, ermöglichen (Barr 1998; Burke und Shorten 2009; Fragemann et al. 2012) Kostendruck sowie ethische Anforderungen an eine qualifizierte Patientenversorgung erfordern eine Schnittstellen-/Prozessoptimierung. Dies kann nur mit dem grundlegenden Wandel vom „Mythos des omnipotenten und unabhängigen Partners" hin zu einer effizienten Teambildung erfolgreich sein (Becher 1989; Headrick et al. 1996; Ovretveit et al. 1997). In den vergangenen 20 Jahren sind vor allem im angelsächsischen Sprachraum sog. Kompetenzrahmen entstanden, die auf die Anbahnung von Fähigkeiten abzielen, die für interprofessionelle Lernprozesse und die klinische Zusammenarbeit grundlegend sind (z. B. Brewer und Jones 2013; Bainbridge et al. 2010). Die Schnittmenge der Kompetenzrahmen umfasst im Wesentlichen die nachfolgend aufgeführten Voraussetzungen für eine interprofessionelle Zusammenarbeit:

- Kenntnis über die Rollen/Aufgaben der Partner
- Geteiltes (Basiswissen) bzw. gemeinsame Perspektive auf den Patienten (z. B: Überzeugungen, Einstellungen)
- Gemeinsame Zielsetzung
- Gemeinsame Entscheidungsfindung/geteilte Verantwortung
- Offene Kommunikation

Die Berufsgruppen müssen die **Rollen** und somit die Aufgaben und Verantwortlichkeiten der jeweils anderen Berufsgruppen in den Handlungs- und Entscheidungsprozessen kennen. Klare Definitionen helfen, Spannungen zu vermeiden und Vorurteile abzubauen. Die einzelnen Akteure müssen eine **funktionale und damit verantwortliche Rolle im Team** einnehmen können. Es sollte Klarheit darüber bestehen, dass erst eine berufsgruppenübergreifende Zusammenarbeit das Versorgungsteam tatsächlich ausmacht und handlungsfähig werden lässt. Dabei sollten sich die Teammitglieder über eine gemeinsame Zielsetzung verständigen. Stringente monoprofessionelle Perspektiven sollten in klinischen Versorgungs- und Organisationsprozessen zugunsten einer interprofessionellen Grundhaltung aufgegeben werden. Allen Akteuren gemeinsam muss

119 **12**

12.3 · Wie kann eine Zusammenarbeit der Professionen auf „Augenhöhe" gelingen?

dabei die stetige Orientierung an einer **patienten-zentrierten Versorgung** sein. Dabei sind in Entscheidungsprozessen nicht nur die fachlichen Perspektiven und Experten der beteiligten Berufsgruppen wesentlich, sondern in ethischen Konfliktsituationen auch deren **professionelle Werthaltungen**. Teil der **Teamkultur** müssen **interprofessionelle Kommunikationsstrukturen** sein. Eine gelingende interprofessionelle Kommunikation basiert vor allem auf der gegenseitigen Wertschätzung der Berufsgruppen und der einzelnen Teammitglieder untereinander. Ungleiche Machtverhältnisse, tradierte Rollen- und Professionsüberzeugungen, Vorurteile sowie Hierarchiegefälle stehen einer effizienten und somit auch offenen Kommunikation im Wege. Für eine interprofessionelle Kommunikation braucht es aber auch ein geteiltes Wissen. Die Teammitglieder jeder Berufsgruppe benötigen einen identischen Wissensstand zu beispielsweise organisatorischen Prozessen oder zur spezifischen Teamkultur einer Abteilung. Daneben sollte eine Schnittmenge an fachlichen Kenntnissen existieren, die allen Beteiligten ein Verständnis der Versorgungssituation einer Patientengruppe oder eines einzelnen Patienten erlaubt.

Konflikte in Teams sind häufig und haben verschiedene Ursachen. Zwischen verschiedenen Berufsgruppen besteht die Herausforderung, unterschiedliche Perspektiven und Zielsetzungen zu klären und lösungsorientiert zu bündeln. Dabei stehen Vorurteile und Unkenntnis über die Beweggründe der jeweils anderen einer konstruktiven Konfliktlösung im Wege. Somit müssen alle Beteiligten in einer offenen Diskussion stehen, Meinungsvielfalt zulassen und gemeinsame Wege der Konfliktbewältigung suchen. Folglich ist für ein reibungsloses und effizientes Zusammenspiel der Berufsgruppen eine ausgeprägte **Reflexionsfähigkeit** aller Beteiligten eine wesentliche Voraussetzung. Die Reflexion sollte sich in ihrer Zielsetzung stets an der Qualität der gemeinsamen Patientenversorgung ausrichten. Hierfür müssen neben fachlichen Prozessen und Handlungsstrategien auch die Kommunikation sowie die emotionale Wahrnehmung, z. B. hinsichtlich der Stimmung in einem Team, reflektiert werden. Die hier aufgeführten Voraussetzungen für eine gelingende und sich verstetigende Zusammenarbeit können konsequenterweise nur durch ein interprofessionelles Führungsverständnis erreicht werden.

Zusammengefasst bedingen sich wie in - Abb. 12.1 dargestellt, die Ausrichtung und Form der beruflichen Aus-, Weiterbildung und die Voraussetzungen einer interprofessionellen Kooperation gegenseitig. Bereits in der Aus- und Weiterbildung der Berufsgruppen in der Medizin müssen gemeinsame Lernformen und Lernziele gefunden werden. Fachgesellschaften und

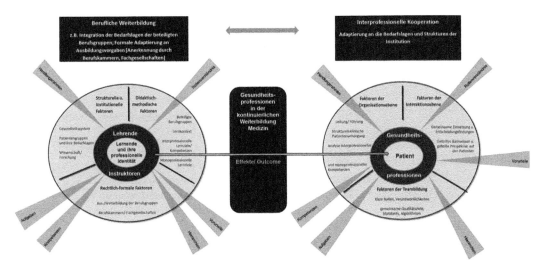

☐ **Abb. 12.1** Schlüsselfaktoren interprofessioneller Zusammenarbeit in den Institutionen. (Adaptiert nach D'Amour und Ondasan 2005)

Berufsverbände unterstützen immer stärker auch interprofessionelle Bildungsangebote, sodass eine formale Anerkennung der Qualifikationen zunehmend angebahnt wird. Interprofessionelle Lernangebote sind eine wichtige Unterstützung, um Vorurteile und Hierarchien abzubauen und gleichsam Aufgaben und Kompetenzen neu zu definieren. In den Institutionen sind wesentliche Anpassungen zur Etablierung interprofessioneller Kooperationsstrukturen bis hin zur Führungsebene vorzunehmen. Hier spielen neben Rahmenbedingungen, die ein interprofessionelles Führungsverständnis widerspiegeln müssen, vor allem Faktoren der Teamebene eine tragende Rolle.

> ❯ Zusammengefasst – höchstes Ziel interpro-
> fessioneller Ausbildung: Kompetenz zur
> Identifikation eines und Streben nach einem
> „gemeinsamen" patientenbezogenen Ziel
> (Buring et al. 2009). Ausschlaggebend ist die
> Zielsetzung und Offenheit der Führungs-
> personen für eine interprofessionelle
> Arbeitsweise.

Letztlich bedeutet dies auch eine Gleichberechtigung der Partner in der Führungsebene ohne Hierarchiegefälle und die Dominanz einer Berufsgruppe. Neben einer inneren Haltung als Basis für die Initiierung interprofessioneller Teamarbeit bedarf es einzelner Instrumente, die strategisch zur Förderung der interprofessionellen Zusammenarbeit implementiert werden.

12.3.2 Interprofessionelle Teams brauchen interprofessionelle Führung

Beim Bestreben nach einem interprofessionellen Team erscheint es nur konsequent und logisch, eine duale Führung einzusetzen. Zwar wurden Stationseinheiten auch in der Vergangenheit schon durch eine pflegerische Leitung und eine ärztliche Leitung geführt, doch war die Zusammenarbeit häufig durch ein traditionelles Rollenverständnis zwischen Ärzten und Pflege, das mit einem Hierarchiegefälle verbunden war, geprägt.

Die meisten Theorien zur Entwicklung von Führungsverantwortung, sog. „Leadership-Rollen",

wurden nicht speziell für das Gesundheitswesen entwickelt, sondern sind den Handlungsfeldern der Betriebswirtschaft entlehnt und an die Gegebenheiten und Erfordernisse des Systems übertragen und adaptiert (Al-Sawai 2013). Aus diesem Grund besteht eine eingeschränkte wissenschaftliche Evidenz zur Wirksamkeit dieser Rolle hinsichtlich Verbesserungen in der Patientenversorgung oder bei Optimierung der organisatorischen Abläufe. Leadershiptheorien sind nicht statisch, sondern wandeln sich im Laufe der Zeit. Ein gut eingeführter interdisziplinärer Leadership-Ansatz leistet einen Beitrag zur Optimierung des Managements im hochkomplexen Setting des klinischen Kontexts. Er verlangt von den Führungskräften eine aussagekräftige, motivierende Kommunikation über ihre Visionen und die Schaffung einer einzigen und gemeinsamen Aufgabe (Guidet et al. 2016).

Der **gemeinschaftliche Führungsstil („Collaborative Leadership")** wird beschrieben als kooperativer Prozess, in dem Einzelpersonen innerhalb einer Einrichtung oder Organisation symbiotisch zusammenarbeiten. Er dient dem gegenseitigen Benefit und umfasst die Informationsweitergabe mittels gemeinschaftlicher Kommunikationsstrategien an Mitarbeiter und dazugehörige Abteilungen (Al-Sawai 2013).

Eine Erweiterung hierzu stellt die **geteilte Führungsverantwortung („Shared Leadership")** dar. Sie setzt den Fokus auf der Entwicklung wirkungsvoller Strategien zur gemeinschaftlichen Zusammenarbeit durch gegenseitige Unterstützung und Zielweitergabe. Im Gesundheitswesen bildet dieses Verständnis von Leadership eine Grundlage zur Implementierung des Modells einer geteilten interprofessionellen Führungsverantwortung, da die gemeinsame Steuerung, kontinuierliche berufliche Weiterbildung und die Entwicklung effektiver Arbeitsbeziehungen gefördert wird (Guidet et al. 2016). Gekennzeichnet wird diese Form der Führungsverantwortung durch Begleitung und Förderung des einzelnen Mitarbeiters innerhalb eines Teams in seinen Entscheidungsfindungsprozessen und in der persönlichen Entwicklung. Dies dient der Verbesserung der Arbeitsumgebung und der Erhöhung der Arbeitszufriedenheit. Wirkungsvolles Teamwork mit dem Schwerpunkt der Identifikation von gemeinsamen Wertvorstellungen innerhalb eines Teams gilt als Schlüssel zum Shared-Leadership-Ansatz. Durch Optimierung der Zusammenarbeit kann in der Praxis die Qualität der Arbeitsleistung erhöht werden. In der Umsetzung und Konsequenz einer erfolgreich eingeführten geteilten Führungsverantwortung wird das Leadership-Verhalten von einzelnen Teammitgliedern übernommen, die Erfüllung der Arbeitsleistung erfolgt autonom und das Patientenoutcome verbessert sich. Einer gelingenden Entwicklung der geteilten Führungsverantwortung innerhalb eines interdisziplinären Teams entgegenstehend beschreibt Al-Sawai jedoch auch einige Barrieren (2013):

- Geringer Teamethos
- Hohe Arbeitsbelastung und Personalfluktuation
- Uninteressante Tätigkeit
- Mangelndes Verantwortungsgefühl
- Mangelhafte Zielsetzung

> ❯ Um dem Shared-Leadership-Ansatz
> erfolgreich gerecht zu werden, ist eine
> kontinuierliche Evaluation und Anpassung
> an die Herausforderungen der täglichen
> Praxis erforderlich. Diese Art der Führungs-
> verantwortung versteht sich als dynamischer
> und andauernder Prozess. Ein gutes
> Arbeitsverhältnis zwischen Mitarbeitern
> und Personalverantwortlichen ist eine
> grundlegende Voraussetzung hierfür
> (Matziou et al. 2014).

12.4 Instrumente zur Etablierung interprofessioneller Teamarbeit

Den Anforderungen, die spezialisierte Einheiten wie z. B. Intensivstationen an ihre Mitarbeiter stellen, kann nur adäquat über eine Teamkultur begegnet werden, die interprofessionelle Kommunikationsstrukturen und eine effiziente Zusammenarbeit der Berufsgruppen ermöglicht (Adriaansen et al. 2009). Während häufig Teammaßnahmen für eine einzelne Berufsgruppe innerhalb eines Versorgungsteams durch die Arbeitgeber gefördert werden, gibt es hierzulande noch immer eher mäßige Bestrebungen, zielgerichtet und damit konzeptionell die Zusammenarbeit der verschiedenen Berufsgruppen in einem

Team zu unterstützen und nachhaltig zu implementieren. Interprofessionelle Zusammenarbeit fördert die aktive Einbindung aller am Versorgungsprozess beteiligten Mitarbeiter. Dabei stehen gleichberechtigte Entscheidungsprozesse und eine Kommunikation „auf Augenhöhe" im Vordergrund (Watt-Watson et al. 2012; Gilbert et al. 2010). Das Teilen der Expertisen im Team ermöglicht eine komplexe berufsübergreifende Betrachtung der Patientenversorgung. Interprofessionelle Entscheidungsprozesse basieren auf gegenseitigem Respekt, Erfahrungen und Meinungen anderer Berufsgruppen und verfolgen im Ergebnis eine gemeinsame Zielsetzung für die Patientenversorgung. Aufgaben und Verantwortlichkeiten müssen für alle klar kommuniziert sein und Entscheidungen gleichberechtigt und mit einer gemeinsamen Zielsetzung für die Patienten getroffen werden (D'Amour und Oandasan 2005; D'Amour 2005; Reeves et al. 2013).

Zwarenstein et al. (2009) gingen in einem ebenfalls systematischen Review auf Maßnahmen ein, die die interprofessionelle Zusammenarbeit in der Praxis fördern. Als hilfreich könnten sich multidisziplinäre Fallkonferenzen, Teambesprechungen und Visiten auf die Verbesserung der Zusammenarbeit auswirken (Zwarenstein et al. 2009).

Diese Formen des interprofessionellen Dialogs müssen, wenn sie erfolgreich sein sollen, regelmäßig stattfinden und durch alle am Versorgungsprozess Verantwortlichen vorbereitet werden. Nur so kann ein tatsächlicher Austausch stattfinden. Die Initiierung interprofessioneller Visiten erfüllt Ziele wie z. B.:

- Förderung gemeinsamer Entscheidungsfindung
- Koordination der Behandlung
- Ausbildung
- Zusammenführung der Prioritäten und Perspektiven verschiedener Berufsgruppen, Disziplinen und hierarchischer Ebenen (Guidet et al. 2016).

Bei den Gesprächsleitenden liegt die Verantwortung, die Kommunikation zu strukturieren, die Teilnehmer zu Gesprächsbeiträgen zu motivieren und das Gesprächsklima insgesamt angenehm zu gestalten. Im Praxisalltag können schriftlich fixierte Tagesziele als Unterstützungsinstrument zur Zusammenfassung der Diskussionsbeiträge am Patientenbett und zur Rollenklärung (Aufgaben- und Verantwortungs-verteilung) dienen (Guidet et al. 2016).

Ein weiterer wesentlicher Aspekt kommt dem **gemeinsamen Lernen** zu. Ein gemeinsames Handeln im Team bedingt gleichzeitig auch ein berufsgrup-penübergreifendes Lernen. Dabei ist es wichtig, Schnittmengen an theoretischem Wissen und prak-tischen Fertigkeiten zu identifizieren, die sinnvoller-weise die Basis interprofessioneller Teamkommuni-kation und interprofessioneller Handlungsketten sind (Fragemann et al. 2016). Neben Fachkenntnis-sen sind auch ethische und rechtliche Themen von Relevanz, wenn es um eine kompetente gemeinsame Entscheidungsfindung in der Versorgungssituation geht (Fragemann et al. 2016).

Weitere Instrumente, die Prozesse in der Patien-tenversorgung optimieren helfen und deren Qualität steigern können, sind interprofessionelle **Handlungs-algorithmen** und Workflows z. B. zur Sicherstel-lung der Schmerztherapie (Fragemann et al. 2012). Solche Handlungsalgorithmen legen die Form der interprofessionellen Zusammenarbeit in Aufgaben und Verantwortlichkeiten fest und ermöglichen Pfle-gefachkräften im Rahmen ihrer Qualifikation ein eigenständiges Arbeiten, z. B. in der zeitlich unab-hängigen Verabreichung von Schmerzmitteln oder hinsichtlich der Übernahme von Führungsverant-wortung die Steuerung gemeinsamer Projekte oder Teambildungsmaßnahmen. Zur Entwicklung eines berufsgruppenübergreifenden Verständnisses des Behandlungszieles und einer patientenzentrierten Versorgung ist ein **Teamprozess** erforderlich. Die Akademisierung der Pflegeberufe unterstützt durch die Erweiterung der Tätigkeitsprofile professionell Pflegender die Hinwendung zur interprofessionellen Zusammenarbeit und trägt auf der Grundlage wis-senschaftlichen Arbeitens zur Spezialisierung und Differenzierung der verschiedenen Ausrichtungen der Handlungsfelder bei. Für eine optimale Etablie-rung von Spezialistenteams, vorrangig für nichtärzt-liche Professionen wie die Pflegeberufe, sollte eine eindeutige Expertise definiert werden, d. h. Kompe-tenzen, Verantwortlichkeiten und ein Autonomie-rahmen (Wilson 2007). Für die Umsetzung in der Praxis ist eine Orientierung an bereits bestehenden interprofessionellen Algorithmen, wie beispielsweise in der Schmerzmedizin, empfehlenswert (VanDenK-erkhof et al. 2002).

12.5   Ausblick

Eine interprofessionelle Leitung erfordert struktu-relle und organisatorische Voraussetzungen sowie zwingend eine Expertise aller Beteiligten mit dem Bewusstsein, dass die Patientenversorgung, wenn sie adäquat umgesetzt wird, nur interdisziplinär und interprofessionell erfolgen kann (Irajpour 2006; Pogatzki-Zahn et al. 2009; Wiese et al. 2007).

Interprofessionelle Leadership-Ansätze könnten als ein Aspekt dazu beitragen, die Herausforderun-gen im Kontext der Patientenversorgung auf Sta-tionseinheiten effizient als Teamarbeit zu begreifen, in ihrer Qualität zu verbessern und die notwendi-gen Qualitäts- und Professionsstandards zu fördern (Wiese et al. 2007; Guidet et al. 2016).

Die Problematik liegt jedoch darin, interprofes-sionelle Zusammenarbeit methodisch signifikant messbar zu machen. Hier sind weitere systemati-sche Evaluationen z. B. als cluster-randomisierte Studien notwendig (Hammick et al. 2007; Irajpour 2006; Zwarenstein et al. 2009).

Fazit

Trotz des hohen methodischen Aufwands sollten künftig vermehrt Anstrengungen unternommen werden, anhand von validierten Instrumenten Kon-zepte mit dem Ziel der Verbesserung interprofessio-neller Zusammenarbeit zu evaluieren. Evaluations-kriterien sollten zum einen Teamparameter sein, zum anderen Ergebnisse im Outcome der Patien-tenversorgung wie z. B. Patientenzufriedenheit, Re-duktion von Behandlungsfehlern, Überprüfung von Qualitätskriterien innerhalb spezifischer Behand-lungsstandards und ökonomischer Benefit.

Literatur

Adriaansen M, Van Achterberg T, Borm G (2009) Effects of a postqualification course in palliative care. J Adv Nurs 49: 96–103

Alexanian J, Kitto S, Rak K, Reeves S (2015) Beyond the team: understanding interprofessional work in two North Ame-rican ICUs. Crit Care Med 49(9): 1880–1886

Al-Sawai A (2013) Leadership of healthcare professionals. Oman Med J 28(4): 285–287

Bainbridge L, Nasmith L, Orchard C, Wood V (2010) Competen-cies for interprofessional collaboration. J Phys Ther Educ 24(1): 6–11

Barr H (1998) Competent to collaborate: towards a competency-based model for interprofessional education. J Interprof Care 12: 181–186

Becher T (1989) Academic tribes and territories. SRHE Open University Press, Milton Keynes

Bersdorf R (2011) Interprofessionelle und interdisziplinäre Führung im Krankenhaus mit „Verantwortungskreisen". Krankenhaus 12: 1293–1294

Brewer M, Jones S (2013) An interprofessional practice capability framework focusing on safe, high-quality, client-centred health service. J Allied Health 42(2): e45–46

Buring S, Bhushan A, Broeseker A et al. (2009) Interprofessional education: definitions, student competencies and guidelines for implementation. Am J Pharm Educ 73 (4): Article 59, 1–8

Burke S, Shorten G (2009) When pain after surgery doesn't go away. Biochem Soc Transactions 37: 318–322

Carpenter J (1995) Doctors and nurses. Stereotypes and stereotype change in IPE. J Interprof Care 9(2): 151–161

Carr E, Brockbank K, Barett R (2003) Improving pain management through interprofessional education: evaluation of a pilot project. Learn Health Soc Care 2: 6–17

D'Amour D (2005) The conceptual basis for interprofessional collaboration: core concepts and theoretical frameworks. J Interprof Care 19(1): 116–131

D'Amour D, Oandasan I (2005) Interprofessionality as the field of interprofessional practice and IPE: an emerging concept. J Interprof Care 1: 8–20

Fragemann K, Lindenberg N, Graf B, Wiese C (2016) The Regensburg Model („pain care manager"): an integrated interprofessional pain curriculum for healthcare professionals in German-speaking countries. In Salloch S, Sandow V, Schildmann J, Vollmann J (Hrsg) Ethics and professionalism in healthcare: transition and challenges. Part 2: Learning and teaching healthcare professionalism. Ashgate, Farnham

Fragemann K, Meyer N, Graf B, Wiese C (2012) Interprofessionelle Lehre in der Schmerzmedizin: Möglichkeiten und Strategien für die Entwicklung eines professionsübergreifenden Curriculums im deutschsprachigen Raum. Schmerz 26: 369–382

Gibbon B, Watkins C, Barer D et al. (2002) Can staff attitudes to team working in stroke care be improved? J Adv Nurs 40: 105–111

Gilbert H, Yan J, Hoffman S (2010) A WHO report: Framework for action on interprofessional education and collaborative practice. J Allied Health 39(1): 196–197

Guidet B, Valentin A, Flaatten H (2016) Quality management in intensive care: a practical guide. Cambridge University Press, Cambridge, UK

Hall P, Weaver L (2001) Interdisciplinary education and teamwork: a long and winding road. Med Educ 35: 867–875

Hammick M, Freeth D, Koppel I et al. (2007) A best evidence systematic review of interprofessional education: BEME Guide no. 9. Med Teach 29: 735–751

Headrick L, Knapp M, Neuhauser D et al. (1996) Working from upstream to improve health care: the IHI Interdisciplinary Professional Education Collaborative. Jt Comm J Qual Improv 22: 149–164

International Association for the Study of Pain (IASP) (2010) Curricula 09/2010. http://www.iasp-pain.org. Zugegriffen: 17. September 2010

Irajpour A (2006) Interprofessional education: a facilitator to enhance pain management. J Interprof Care 20: 675–678

Mahler C, Gutmann T, Karstens S, Joos S (2014) Begrifflichkeiten für die Zusammenarbeit in den Gesundheitsberufen – Definition und gängige Praxis. http://www.egms.de/static/de/journals/zma/2014-31/zma000932.shtml. Zugegriffen: 21. Dezember 2016

Manser T (2009) Teamwork and patient safety in dynamic domains of healthcare: a review of the literature. Acta Anaesthesiologica Scandinavica 53(2): 143–151

Martin J, Ummenhofer W, Manser T, Spirig R (2010) Interprofessional collaboration among nurses and physicians: making a difference in patient outcome. Swiss Med Wkly 140: w13062

Matziou V, Vlahioti E, Perdikaris P, Petsios K (2014) Physician and nursing perceptions concerning interprofessional communication and collaboration. J Interprof Care 28(6): 1–8

Mitchell G, Del Mar C, & Francis, D. (2002). Does primary medical practitioner involvement with a specialist team improve patient outcomes? A systematic review. Br J Gen Pract, 52, S. 934–939.

Munroe N, Felton A, McIntosh C (2002) Is multidisciplinary learning effective among those caring for people with diabetes? Diabet Med 19: 799–803

Ovretveit J, Mathias P, Thompson T (1997. Interprofessional working for health and social care. MacMillan, Basingstoke

Parsel G, Bligh J (1998) Interprofessional learning. Postgrad Med J 74: 89–95

Pogatzki-Zahn E, Englbrecht J, Schug S (2009) Acute pain management in patients with fibromyalgia and other diffuse chronic pain syndromes. Curr Opin Anaesthesiol 22: 627–633

Reeves S, Perrier L, Goldman J, Freeth D, Zwarenstein M (2013) Interprofessional education: Effects on professional practice and healthcare outcomes (update). Cochrane Database Syst Rev 3: CD002213

Rose L (2011) Interprofessional collaboration in the ICU: how to define? Nurs Critl Care 16(1): 5–10.

Sachverständigenrat zur Begutachtung der Entwicklung im Gesundheitswesen (2007) Gutachten 2007 "Kooperation und Verantwortung". Voraussetzung einer zielorientierten Gesundheitsversorgung. SVR Gesundheit, Berlin

Schröder G (2010) Interprofessionalität in der Umsetzung. Pflegewissenschaft 1(10): 18–23

Stocker M, Pilgrim S, Burmester M, Allen M, Gijselaers W (2016) Interprofessional team management in pediatric critical care: some challenges and possible solutions. J Multidisciplinary Healthcare 9: 47–58

Thomas E, Sexton J, Helmreich R (2003) Dicrepant attitudes about teamwork among critical care nurses and physicians. Crit Care Med 31(3): 956–959

Vandenkerhof E, Goldstein D, Wilson R (2002) A survey of directors of Canadian academic acute pain management services: the nursing team members role – a brief report. Can J Anaesth 49: 579–582

Verband der PflegedirektorInnen der Universitätskliniken und medizinischen Hochschulen Deutschlands e. V. (2010) Memorandum 2015–2010 … von der Zukunft aus die Gegenwart gestalten. VPU, Berlin

Watt-Watson J, Chung F, Chan V, McGillion M (2004) Pain management following discharge after ambulatory same-day surgery. J Nurs Manag 12: 153–161

Watt-Watson J, Siddall P, Karr E (2012) Interprofessional pain education: the road to successful pain management outcomes. Pain Management 2(5): 417–420

Way D, Jones L, Baskerville N (2001) Improving the effectiveness of primary health care through nurse practitioner/family physician structured collaborative practice. University of Ottawa, Ottawa

Wiese C, Meyer N, Strube J et al. (2007) Qualität in der Therapie chronischer Schmerzen – Methoden zur Messung des Therapieerfolges. Anaesthesiol Intensivmed Notfallmed Schmerzther 45: 92–99

Wilson B (2007) Nurses' knowledge of pain. J Clin Nurs 16: 1012–1020

World Health Organisation (1988) Learning together to work together. WHO, Geneva

Zwarenstein M, Bryant W (2000) Interventions to promote collaboration between nurses and doctors. Cochrane Database Syst Rev 2: CD000072

Zwarenstein M, Goldman J, Reeves S (2009) Interprofessional collaboration: effects of practice-based interventions on professional practice and healthcare outcomes. Cochrane Database Syst Rev 3: CD000072

Die aktuelle Situation der stationären Krankenpflege in Deutschland

Britta Zander, Reinhard Busse

© Springer-Verlag GmbH Deutschland 2017
P. Bechtel, I. Smerdka-Arhelger, K. Lipp (Hrsg.), *Pflege im Wandel gestalten – Eine Führungsaufgabe*,
DOI 10.1007/978-3-662-54166-1_13

Zur Sicherung eines leistungsfähigen Gesundheitssystems sowie einer hochwertigen Patientenversorgung gehört die Sicherung einer leistungsfähigen pflegerischen Arbeitnehmerschaft. Der Fachkräftemangel in der deutschen Krankenpflege hält allerdings seit einiger Zeit an, Tendenz weiterhin steigend. Die professionelle Krankenpflege ist von dieser Entwicklung zweifach betroffen. Zum einen steigt die Nachfrage nach professionellen Pflegeleistungen und zum anderen stehen weniger Arbeitskräfte auf dem Markt zur Verfügung, um dieser Nachfrage gerecht zu werden. Folgen sind trotz Pflegestellenförderprogramme bereits jetzt schon abzusehen und reichen von Arbeitsverdichtungen für das verbleibende Personal über steigende Unzufriedenheit und höhere Fluktuationsraten bis hin zu sinkender Qualität der Patientenversorgung. Damit steht allerdings nicht nur die deutsche Krankenpflege vor einem Problem; die meisten Länder in der EU sehen sich einer wachsenden Pflegekrise bei einem steigenden Patientenaufkommen gegenüber. Für den Patienten bedeutet dies, dass für ihn immer weniger Pflegekräfte am Bett zur Verfügung zu stehen. Zum 1. Januar 2016 trat das Gesetz zur Reform der Strukturen der Krankenhausversorgung (Krankenhausstrukturgesetz – KHSG) in Kraft. Krankenhäuser bekommen in diesem Zuge mit dem Pflegezuschlag und dem Pflegestellen-Förderprogramm bis zu 830 Mio. Euro zusätzlich pro Jahr, um dauerhaft mehr Personal beschäftigen zu können und so der wachsenden Besorgnis zu begegnen, dass nicht genügend Pflegekräfte am Bett eingesetzt werden, um die Patienten adäquat versorgen zu können.

Im Rahmen dieses Kapitels werden die Ergebnisse der G-NWI-Studie – dem deutschen Nachfolger der internationalen Pflegestudie RN4Cast (Nurse Forecasting: Human Resources Planning in Nursing) – in den Fokus gerückt. Bereits in der 1. Auflage dieses Buches wurden relevante Ergebnisse der RN4Cast-Studie aus dem Durchlauf 2009/2010 vorgestellt und diskutiert. Diese Zahlen werden im Folgenden durch die Ergebnisse der Neuauflage aus dem Jahr 2015 ergänzt sowie – sofern Zahlen vorhanden sind – in einen Kontext zu den Ergebnissen aus der IHOS-Studie (International Hospital Outcomes Study) aus dem Jahr 1998/1999 gestellt.

13.1 Die Personalausstattung in Krankenhäusern in Deutschland

Zur besseren Einbettung der Studienergebnisse in den aktuellen Kontext gibt - Tab. 13.1 Einblick in wichtige Entwicklungen und Veränderungen relevanter Struktur- und Prozessparameter der letzten 20 Jahre: So zeigt sich, dass im Zeitraum von 1995 bis 2014 die Bettenkapazitäten um 18% verringert wurden sowie die durchschnittliche Verweildauer in Tagen um 36% sank. Gleichzeitig stieg die Patientenfallzahl um 20% an, was im Ergebnis in 23% weniger Belegungstagen resultierte.

Beim Blick auf die Entwicklungen der Personalbesetzungszahlen von Pflegekräften und Ärzten im Vergleich zeigt sich, dass die Zahl der Krankenhausärzte – gemessen in Vollzeitäquivalente (VZÄ) – im Zeitraum von 1995 bis 2014 um 48% anstieg, wodurch sich das Verhältnis der Ärzte sowohl zur Fallzahl (–19%) als auch Belegungstagen (–48%) verbesserte. Die Anzahl der Pflegekräfte ist hingegen gesunken (wiederum gemessen an VZÄ). Diese Entwicklung führte – anders als bei den Ärzten – zu einer höheren Fallzahl pro VZÄ Pflegekraft (32%), bei allerdings weniger Belegungstagen pro Pflegekraft (–15%). Dementsprechend sank das Pflegepersonal-Arzt-Verhältnis um 38% auf 2,1 Pflegekräfte pro Arzt, verglichen mit noch 3,4 Pflegekräften im Jahre 1995 (Statistisches Bundesamt 2016; Statistisches Bundesamt 1997–2015).

13.2 Die RN4Cast-Studie

13.2.1 Hintergründe und Ziele der RN4Cast-Studie

Eine der größten internationalen Krankenpflegestudien der letzten Jahre ist die RN4Cast-Studie, die in einem großangelegten Querschnittsformat in 12 europäischen Ländern (Belgien, England, Deutschland, Finnland, Griechenland, Irland, Niederlande, Norwegen, Polen, Schweden, der Schweiz und Spanien) zwischen 2009 und 2011 insgesamt 33.659 Pflegekräfte in 488 Krankenhäusern zu sämtlichen Aspekten ihres pflegerischen Arbeitsalltags befragte. Im Fokus standen u. a. die Einschätzung der

❏ **Tab. 13.1** Struktur- und Prozessparameter in Akutkrankenhäusern und psychiatrischen Krankenhäusern, Entwicklungen von 1995 bis 2014. Quelle: Statistisches Bundesamt 2016; Statistisches Bundesamt 1997–2015

	1995	2000	2010	2014	Veränderung in%
Aufgestellte Betten (×1000)	609,1	559,7	502,7	500,7	−18
Fallzahl (×1.000.000)	15,9	17,3	18,0	19,1	+20
Belegungstage (Tage Patienten im KH) (×1.000.000)	182,7	167,8	141,9	141,5	−23
Fallzahl pro Bett	26,1	30,9	35,9	38,1	+46
Durchschnittliche Verweildauer (in Tagen)	11,5	9,7	7,9	7,4	−36
Ärzte (×1000)	116	122	149	170	+47
VZÄ Ärzte (×1000)	102	109	135	151	+48
Fallzahl pro Arzt	137,1	141,8	120,8	112,4	−18
Fallzahl pro VZÄ Arzt	155,9	158,7	133,3	126,5	−19
Belegungstage pro Arzt	1,58	1,38	0,95	0,83	−47
Belegungstage pro VZÄ Arzt	1,80	1,54	1,10	0,94	−48
Pflegekräfte (×1000)[a]	429	414	406	423	−1
VZÄ Pflegekräfte (×1000)[a]	351	332	306	319	−9
Fallzahl pro Pflegekraft	37,1	41,8	44,3	45,2	+22
Fallzahl pro VZÄ Pflegekraft	45,3	52,1	58,8	59,9	+32
Belegungstage pro Pflegekraft	0,43	0,41	0,35	0,34	−21
Belegungstage pro VZÄ Pflegekraft	0,52	0,51	0,46	0,44	−15
Ratio Pflegekraft:Arzt	3,7:1	3,4:1	2,7:1	2,5:1	−32
Ratio VZÄ Pflegekraft:VZÄ Arzt	3,4:1	3,0:1	2,3:1	2,1:1	−38

[a] Enthalten sind Gesundheits- und (Kinder-)Krankenpflegekräfte, Pflegehelfer sowie sonstige Pflegekräfte (mit/ohne Examen).
VZÄ Vollzeitäquivalent.

pflegerischen Arbeitsumgebung, des Personaleinsatzes (Personalbesetzung und Ausbildung/Weiterbildung), der Arbeitsbelastung, Zufriedenheit sowie der Versorgungsqualität in den einzelnen Ländern. Zur Messung und Analyse wechselseitiger Einflüsse wurden neben den Pflegekräften auch die Patienten zu ihren Erfahrungen im Krankenhaus befragt, dazu relevante Strukturdaten der Krankenhäuser erhoben sowie in einigen der Länder (ausgenommen Deutschland) die Patientenentlassungsdaten ausgewertet, um Aussagen zu den Auswirkungen der Pflegearbeit auf Komplikationsraten oder Infektionen, z. B. Dekubitus, Stürze, Harnwegsinfektionen, bei den Patienten machen zu können (˗ Abb. 13.1). Ausführliche Informationen zu dem theoretischen Hintergrund der RN4Cast-Studie sowie der Methodik finden sich in Sermeus et al. 2011.

13.2.2 Die RN4Cast-Studie in Deutschland

In Deutschland wird die RN4Cast-Studie seit 2009 vom Fachgebiet Management im Gesundheitswesen der Technischen Universität Berlin durchgeführt. In dem Durchlauf von 2009/2010 wurden

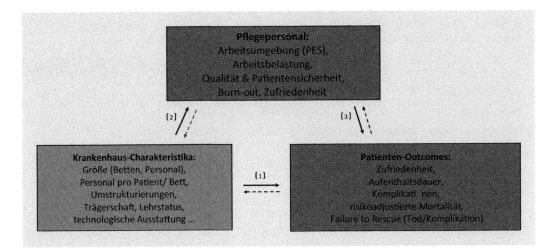

Abb. 13.1   Wechselseitige Einflüsse in der RN4Cast-Studie. (Mod. nach Zander et al. 2011)

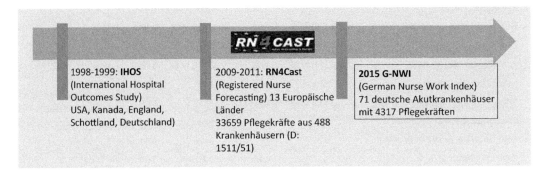

Abb. 13.2   Die RN4Cast-Studie im Zeitverlauf von 1998/1999 bis 2015

51 deutsche Akutkrankenhäuser mit insgesamt 1511 Pflegekräften zur Teilnahme gewonnen; diese Anzahl konnte in der G-NWI-Studie 2015 auf 71 Krankenhäuser sowie 4317 Pflegekräfte erhöht werden. Die Abfolge der einzelnen Studienetappen soll - Abb. 13.2 verdeutlichen. Die IHOS-Studie (International Hospital Outcomes Study), die 1998/1999 durchgeführt wurde, wird gern als Vorgänger der RN4Cast-Studie bezeichnet, da sie zum einem großen Teil auf den gleichen Messinstrumenten basiert. Aus diesem Grund sowie der Tatsache, dass die IHOS-Studie ebenfalls in Deutschland durchgeführt wurde, lassen sich einige der Ergebnisse sogar über einen Zeitraum von 17 Jahren darstellen.

Der Fragebogen, der im Rahmen der Studien eingesetzt wurde, besteht aus 118 Fragen zu folgenden 5 Bereichen: Arbeitsplatz und Arbeitsumgebung (z. B. Ansehen, Kooperation mit Ärzten, Zufriedenheit sowie Pläne zum Berufswechsel/-ausstieg), emotionale Erschöpfung und Burn-out, Qualität und Sicherheit rund um die Patientenversorgung, Fragen zur letzten Arbeitsschicht und Angaben zur Person. Er bediente sich zweier validierter Messinstrumente – dem Revised Nursing Work Index (NWI-R) und dem Maslach Burnout Inventory (MBI), die bereits in der Vorauflage dieses Buches vorgestellt wurden.

13.3   Ergebnisse der Pflegebefragungen

Im weiteren Verlauf dieses Beitrags werden nun ausgewählte Studienergebnisse vorgestellt. Der Schwerpunkt liegt hierbei auf folgenden Forschungsfragen:

Inwiefern lassen sich durch die anfänglich aufgezeigten Veränderungen (- Abb. 13.1) Auswirkungen auf die pflegerische Arbeitsumgebung, auf das Wohlbefinden von Pflegekräften sowie auf die Arbeitsbelastung feststellen? Gibt es bereits Anzeichen, dass der bestehende Personalmangel in der Pflege zu negativen Konsequenzen in der Patientenversorgung führt?

13.3.1 Die pflegerische Arbeitsumgebung

Die Güte der pflegerischen Arbeitsumgebung stellt einen hilfreichen Indikator dar, um sich einen Gesamteindruck über die pflegerische Situation in den Krankenhäusern/Ländern zu verschaffen. Die Frage zur Arbeitsumgebung bezog sich im Detail auf Arbeitsumfeld bzw. -atmosphäre des Arbeitsplatzes im Sinne der Adäquatheit von Ressourcen, Beziehungen zu Kollegen oder Unterstützung durch Vorgesetzte. Während bereits 2009/2010 in der RN4Cast-Studie über die Hälfte der deutschen Befragten ihrer Arbeitsumgebung nur mangelhafte Noten gaben (und damit nur von England, Griechenland, Irland und Schweden übertroffen wurden), stieg dieser Anteil in der G-NWI-Studie noch einmal auf 57% an (- Abb. 13.3).

13.3.2 Sind Pflegekräfte mit ihrem Job zufrieden?

Laut internationaler Studien taucht fehlende Arbeitszufriedenheit oftmals als starker, konsistenter Einflussfaktor für erhöhte Wechselbereitschaft unter Pflegekräften auf und führt zu höheren Fluktuationsraten (van den Heijden et al. 2010; Parry et al. 2008; Wilson et al. 2008). Bereits 2009/2010 zeigte sich in der RN4Cast-Studie, dass im Durchschnitt mehr als 25% der europäischen Pflegekräfte mit ihrem Job unzufrieden sind (- Abb. 13.4). Deutschland lag dabei mit 37% sogar deutlich über dem Durchschnitt und gehört seit der Neuauflage mit 46% sogar zu den Spitzenreitern. Verglichen mit den Werten von vor 17 Jahren hat sich die Unzufriedenheit unter dem Pflegepersonal sogar fast verdreifacht (Körner und Busse 2001).

Um sich ein besseres Bild davon zu machen, mit welchen Aspekten die deutschen Pflegekräfte im Detail hadern, schlüsselt - Abb. 13.5 die Unzufriedenheit in verschiedene Teilbereiche auf, welche die Pflegekräfte bewerten sollten. Besonders das Gehalt steht neben dem Personalschlüssel und der hohen Arbeitsbelastung oft im Fokus von beispielsweise gewerkschaftlichen Debatten, was sich auch in der G-NWI-Studie gezeigt hat, da lediglich ein Drittel der Pflegekräfte ihr Gehalt als zufriedenstellend

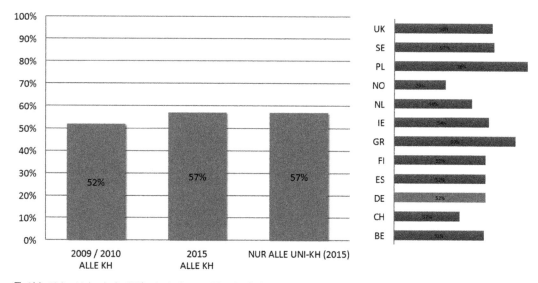

☐ **Abb. 13.3** Mehr als die Hälfte der befragten Pflegekräfte bewerten ihre Arbeitsumgebung als schlecht, 2009/2010–2015 und europäischer Vergleich 2009/2010. *KH* Krankenhäuser

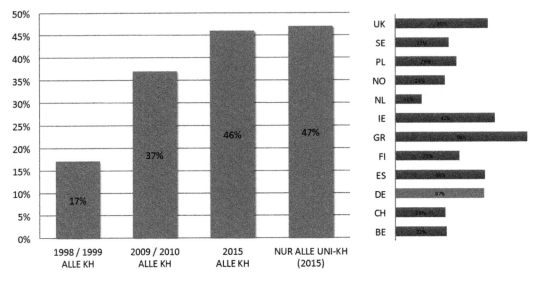

Abb. 13.4   Die Unzufriedenheit unter dem Pflegepersonal, 1998/1999–2015 und europäischer Vergleich 2009/2010

empfindet. Auch Regelungen rund um den Fortbildungsurlaub sowie beruflichen Status sorgen bei knapp der Hälfte der Befragten für Unzufriedenheit. Zufrieden sind Pflegkräfte auf der anderen Seite mit ihren Möglichkeiten zur Selbstständigkeit während

der Arbeit (90%), der Flexibilität ihrer Dienstpläne sowie den Urlaubsregelungen (jeweils 73%).

- Abb. 13.6 gibt einen Überblick über die Ergebnisse zur erhöhten Wechselabsicht im Längsschnitt. Zu den Gründen, die zu einer erhöhten

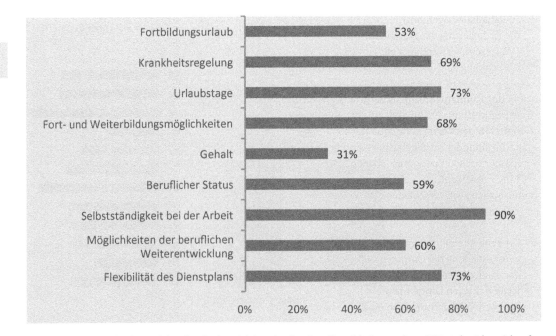

Abb. 13.5   Wie zufrieden sind die Pflegekräfte mit folgenden Aspekten ihrer Arbeitsumgebung? (Werte beziehen sich auf 2015). Quelle: Ergebnisse aus der G-NWI-Studie von 2015

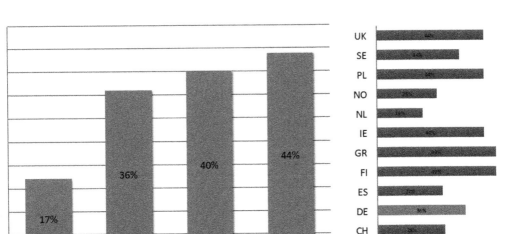

■ **Abb. 13.6** Die Absicht den Arbeitsplatz aufgrund von Unzufriedenheit verlassen zu wollen, 1998/1999–2015 und europäischer Vergleich 2009/2010

Wechselbereitschaft unter Pflegekräften führen, gehören neben der Unzufriedenheit u. a. die unzureichende Personalbesetzung, Burn-out, eine schlechte Arbeitsumgebung, fehlendes Lob und Anerkennung, schlechte Zusammenarbeit zwischen Ärzten und Pflegenden, fehlende Entscheidungsbefugnisse sowie unattraktive Fort- und Weiterbildungsmaßnahmen (Zander et al. 2013; Currie und Carr Hill 2012; Baernholdt und Mark 2009; Sellgren et al. 2009). Seit der IHOS-Studie von vor 17 Jahren fällt auf, dass sich der Wert derer, die sich vorstellen können, ihren Job innerhalb des nächsten Jahres aufgrund von Unzufriedenheit zu verlassen, mehr als verdoppelt hat und 2015 bereits bei 40% lag (- Abb. 13.6). In der RN4Cast-Studie war der Wert für Deutschland mit 36% noch ein wenig geringer und lag, verglichen mit allen europäischen Pflegekräften, im Mittelfeld.

Von den wechselbereiten Pflegekräften in Deutschland würden sogar 53% dem gesamten Pflegeberuf den Rücken kehren und sich etwas Neues suchen (47% im Jahr 2010); 39% von ihnen würden in der Krankenpflege verbleiben, sich allerdings ein neues Krankenhaus suchen (33% 2010) und 15% würden ebenfalls in der Krankenpflege verbleiben, allerdings außerhalb des Krankenhauses arbeiten (keine Veränderung zu 2010).

13.3.3 Welchen Einfluss hat die Arbeitsbelastung auf die Entstehung von emotionaler Erschöpfung und Burn-out?

Pflegeberufe gehören zu jenen „helfenden Berufen" (wie auch Ärzte, Lehrer etc.), die von einem intensiven und persönlichen Einsatz für andere Menschen geprägt sind und daher schneller als andere gefährdet sind, emotional erschöpft zu sein und auszubrennen (Kutschera 2007). Denn besonders auf ihnen lastet ein immenser Druck: Sie wissen, dass sie für die ihnen zugeteilten Patienten wichtige Ansprechpartner im Krankenhaus sind und dass die Qualität ihrer Arbeit direkte Auswirkungen auf die Versorgung ihrer Patienten haben kann. Darüber hinaus bekommen sie von den Patienten oft ungewollt noch Druck weitergeleitet, den sie ausgleichen müssen, da die Patienten durch ihre Krankenhausaufenthalte oft emotional stark belastet sind (Schmidt 2004).

Der Blick auf die Ergebnisse im Längsschnitt verdeutlicht, dass Pflegekräfte es anscheinend immer weniger schaffen, diese Belastungen auszugleichen. Die Werte für hohe emotionale Erschöpfung sind seit der IHOS-Studie sprunghaft von 15% auf 36% angestiegen sind und haben sich damit mehr als verdoppelt. Als zentrale Gründe hinter diesem Anstieg wurden bereits in der RN4Cast-Studie das schlechte Arbeitsklima zwischen Ärzten und Pflegenden, mangelnde Anerkennung sowie fehlende Wertschätzung und die sich zuspitzende Personalsituation identifiziert. Im internationalen Vergleich zeigten sich Pflegekräfte in den Niederlanden am wenigsten belastet (10%), gefolgt von den schweizerischen Kollegen (15%). Zu den negativen Spitzenreitern im europäischen Vergleich gehörte Griechenland, wo starke emotionale Erschöpfung bei fast 80% der Pflegekräfte gemessen wurde (- Abb. 13.7).

13.3.4 Die pflegerische Personalbesetzung

Beim Thema Personalbesetzung rangierte Deutschland im internationalen Vergleich auf den hinteren Rängen (- Abb. 13.8): 80% der befragten deutschen Pflegekräfte gaben 2009/2010 an, dass die Personalbesetzung ihrer Meinung nach nicht ausreichen würde, um eine gute Patientenversorgung zu gewährleisten, womit sie – zusammen mit Belgien, Griechenland, Polen und Spanien – zu den Schlusslichtern gehörten. Lediglich in der Schweiz schien die Personalbesetzung die Pflegequalität noch nicht beeinflusst zu haben. In der G-NWI-Studie erhöhte

sich der Wert derer, die die Personalbesetzung als schlecht einschätzen, auf 87%.

Der Blick auf das Patienten-Pflegekraft-Verhältnis in - Abb. 13.9 bestätigt das subjektive Empfinden der Pflegenden aus - Abb. 13.8: Auch hier bildete Deutschland zusammen mit Spanien, Polen und Griechenland das Schlusslicht mit 10 Patienten, um die sich eine Pflegekraft im Durchschnitt im Früh- und Spätdienst kümmern muss. - Abb. 13.9 schlüsselt darüber hinaus die Personalbesetzung, die in der G-NWI-Studie gemessen wurde, in einzelne Schichten auf, um die Aussagekraft zu erhöhen. Beim Längsschnittvergleich zeigt sich, dass es zu keinen nennenswerten Veränderungen in den letzten 5 Jahren gekommen ist.

13.4   Versorgungsqualität

13.4.1 Die Versorgungsqualität auf den Stationen

Bereits in der IHOS-Studie wurden die Pflegekräfte zur selbstständigen Sicherstellung der pflegerischen Versorgung ihrer Patienten nach deren Entlassung befragt. Hierbei schnitten die deutschen Krankenhäuser – verglichen mit denen in den USA und

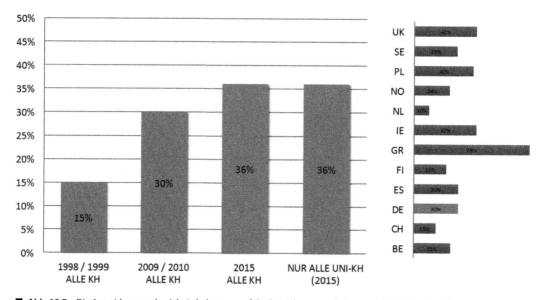

◘ Abb. 13.7   Die Auswirkungen der Arbeitsbelastung auf die Entstehung von hoher emotionaler Erschöpfung und Burnout bei Pflegekräften, 1998/1999–2015 und europäischer Vergleich 2009/2010

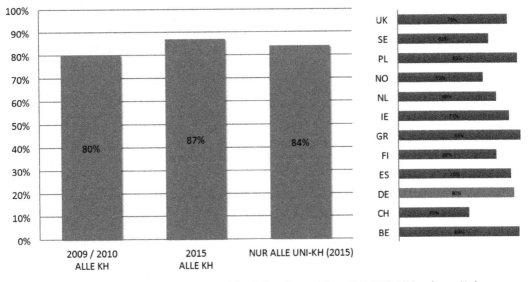

○ **Abb. 13.8** Pflegekräfte berichten von zu wenigen Pflegekräften für gute Pflege, 2009/2010–2015 und europäischer Vergleich 2009/2010

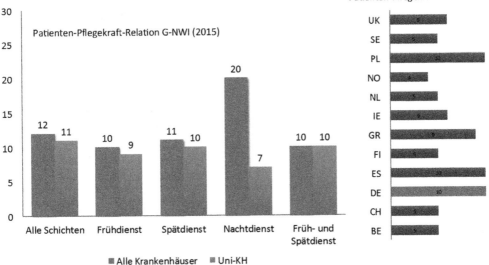

○ **Abb. 13.9** Das Patienten-Pflegekraft-Verhältnis für Deutschland 2015 und im europäischen Vergleich 2009/2010

Kanada – deutlich besser ab, da nur 19% der Befragten Zweifel daran hegten, dass ihre Patienten ihre Versorgung selbst gewährleisten können, verglichen mit 40% in England, 66% in den USA und 70% in Kanada. Damals wurde die Erklärung in den deutlich längeren Verweildauern in Deutschland bzw. den kürzeren Verweildauern in Nordamerika gesucht und erwartet, dass sich diese Werte in Deutschland im Zuge der Restrukturierungsphase der Krankenhauslandschaft über kurz oder lang anpassen würden (Aiken et al. 2001). Mittlerweile sind die durchschnittlichen Verweildauern in Deutschland bereits spürbar gesunken, bei einem gleichzeitig steigenden Patientenaufkommen (- Tab. 13.1), was sich in den Ergebnissen auch deutlich niedergeschlagen hat (- Abb. 13.10; jeweils rechte Säule).

Auch die Einschätzung der pflegerischen Versorgungsqualität hat sich innerhalb der letzten 17 Jahre von 20% auf 42% deutlich verschlechtert (- Abb. 13.10; jeweils erste drei Säulen). Die Sicherstellung einer angemessenen psychosozialen Versorgung der Patienten kann von dem hohen Anteil von 80% der befragten Pflegekräfte ebenfalls nicht mehr ausreichend gewährleistet werden. Damit blieb dieser Wert zwar im Vergleich zur RN4Cast-Studie von vor 5 Jahren konstant, stieg allerdings seit der IHOS-Studie stark an. Dennoch stellen trotz der recht schlechten Bewertung der Qualität nur 15% der befragten Pflegekräfte die Patientensicherheit auf den Stationen in Frage. Dieser Wert hat sich im Laufe der letzten 5 Jahre zwar um 9% verschlechtert, liegt aber dennoch nur bei der Hälfte des noch vor 17 Jahren gemessenen Wertes.

13.4.2 Nachteilige Ereignisse

International wächst die Anzahl von Studien an, die den Einfluss von Pflegeressourcen auf u. a. Komplikationsraten, Infektionen und Mortalität anhand objektiver Patientendaten messen zur Herstellung möglicher Zusammenhänge (siehe z. B. Griffiths et al. 2014; Shekelle 2013; Kane et al. 2007). Trotz der relativ guten Bewertungen zur Patientensicherheit in den deutschen Pflegestudien stellt sich dennoch die Frage, ob es bestimmte Versorgungsbereiche gibt, die besonders anfällig für Engpässe bei der Patientenversorgung sein können. Hierzu wurden Pflegekräfte zu dem Vorkommen von verschiedenen nachteiligen Ereignissen befragt.

Die Ergebnisse in - Abb. 13.11 zeigen, dass es bei 46% der Befragten – von täglich bis zu mehrmals im Monat – zu Beschwerden von Seiten der Patienten kam sowie bei 44% sogar zu Beschimpfungen durch Patienten oder deren Familien. Aber auch von Schäden am Patienten wurden berichtet: So gaben 32% der befragten Pflegekräfte an, dass sie Harnwegsinfektionen bei ihren Patienten zu verzeichnen hatten, 26% berichteten von Infektionen der Blutbahn und 22% von Verletzungen nach Stürzen oder Pneumonien. Auch fehlerhafte Medikamentenvergaben wurden von 18% berichtet sowie von 10% die Bildung von Druckgeschwüren. Da es sich an dieser Stelle um rein subjektive Angaben von Pflegekräften handelt, wäre es sinnvoll, diese anhand von objektiven Patientendaten zu überprüfen.

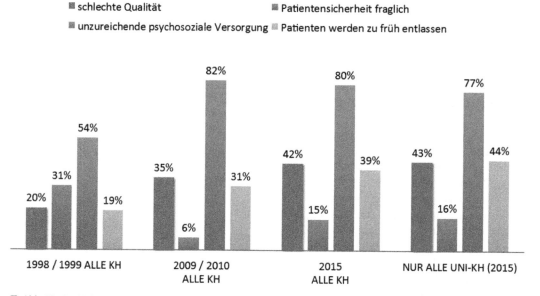

■ schlechte Qualität   ■ Patientensicherheit fraglich
■ unzureichende psychosoziale Versorgung   ■ Patienten werden zu früh entlassen

◨ Abb. 13.10   Die Versorgungsqualität aus Sicht der Pflege, 1998/1999–2015

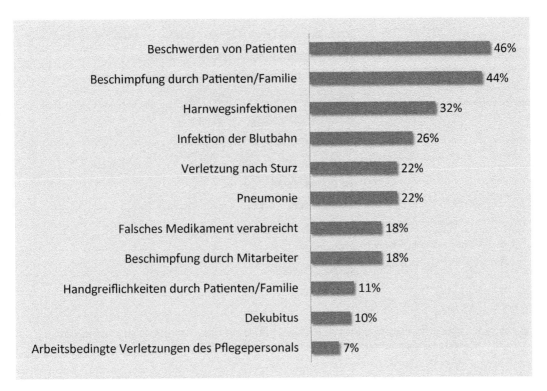

Beschwerden von Patienten — 46%

Beschimpfung durch Patienten/Familie — 44%

Harnwegsinfektionen — 32%

Infektion der Blutbahn — 26%

Verletzung nach Sturz — 22%

Pneumonie — 22%

Falsches Medikament verabreicht — 18%

Beschimpfung durch Mitarbeiter — 18%

Handgreiflichkeiten durch Patienten/Familie — 11%

Dekubitus — 10%

Arbeitsbedingte Verletzungen des Pflegepersonals — 7%

☐ **Abb. 13.11**   Nachteilige Ereignisse G-NWI 2015

13.4.3 Implizite Rationierungen von Pflegeleistungen

Ferner wurde nach Pflegetätigkeiten gefragt, die während des letzten Dienstes notwendig gewesen wären, aber aus Zeitmangel nicht oder nicht im erforderlichen Maße ausgeführt werden konnten. Hierbei wird von verdeckter oder impliziter Rationierung gesprochen, was bedeutet, dass keine klar definierten Auswahlkriterien existieren, sondern Pflegekräfte im Einzelfall selbst entscheiden, welche Pflegetätigkeiten sie vornehmen bzw. unterlassen. Die RN4Cast- bzw. G-NWI-Studie listete verschiedene Tätigkeiten aus dem Pflegealltag auf, wie z. B. Hautpflege, Mundpflege, die adäquate Überwaschung von Patienten oder deren regelmäßiges Umlagern, bei denen die Befragten ankreuzen sollten, zu welchen sie in ihrer letzten Schicht nicht gekommen sind. Die Auswertungen der G-NWI Studie ergaben hierzu, dass 91% der Pflegekräfte mindestens eine der Tätigkeiten in ihrer letzten Schicht nicht geschafft haben. Im Durchschnitt waren es 5,2 Tätigkeiten, die

vernachlässigt wurden (4,9 an Universitätskliniken); vor 5 Jahren lag dieser Wert noch bei 4,7 Tätigkeiten (bzw. 4,3 an den Universitätskliniken).

- Abb. 13.12 stellt die einzelnen Ergebnisse der G-NWI-Studie im Vergleich zu RN4Cast vor sowie jeweils zum internationalen Durchschnitt. Die Spannbreite zwischen den rationierten Tätigkeiten lag 2015 zwischen 17% bei Behandlungen und Prozeduren und 80% bei Zeit und Zuwendung (RN4Cast: 15% bzw. 82%).

Es fällt auf, dass die deutschen Ergebnisse fast bei jeder Tätigkeit deutlich über dem internationalen Durchschnitt lagen, außer beim regelmäßigen Umlagern der Patienten. Zudem zeigen die Ergebnisse, dass am häufigsten Tätigkeiten vernachlässigt wurden, die im Zusammenhang mit eher nichttherapeutischen Maßnahmen, wie z. B. Zeit für Zuwendung oder Beratung von Patienten, stehen, deren direkte Auswirkungen auf den Gesundheitszustand der Patienten vermutlich als weniger gefährlich eingeschätzt wurden. Seltener wurden Aufgaben wie Behandlungen, Schmerzmanagement oder die

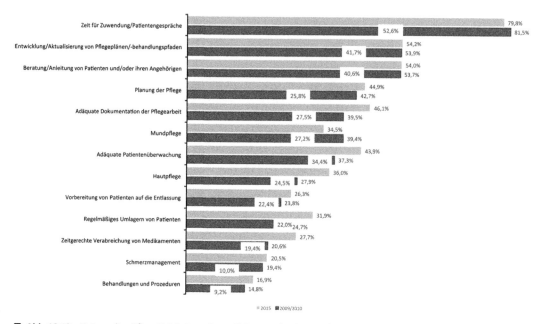

☐ Abb. 13.12 Notwendige Pflegetätigkeiten, die aus Zeitmangel nicht im erforderlichen Maße ausgeführt werden, 2009/2010-2015 und europäischer Vergleich 2009/2010. (Aus Zander et al. 2017)

Medikamentenvergabe rationiert, was auf ein Priorisieren von Tätigkeiten hindeutet. In der RN4Cast-Studie ließ sich ebenfalls feststellen, dass implizite Rationierungseffekte signifikant mit einer schlechteren pflegerischen Arbeitsumgebung, hoher emotionaler Belastung der Pflegenden sowie der inadäquaten Personalbesetzung assoziiert werden (siehe z. B. Zander et al. 2014; Ausserhofer et al. 2013).

13.5   Auszug aus der Patientenbefragung

Spiegeln sich die Ergebnisse der Pflegebefragung in den Erfahrungen der Patienten mit ihren Klinikaufenthalten wider? Dazu wurden in der G-NWI-Studie 4102 Patienten in 47 Krankenhäusern befragt. 67% der Befragten gaben daraufhin an, dass sie sich „immer" mit Respekt und Höflichkeit vom Pflegepersonal behandelt fühlten. Wenn ebenfalls die Antwortkategorie „regelmäßig" mitbetrachtet wurde, waren es sogar 96%. Wurde Hilfe von Patienten benötigt, erhielten 90% dieser sie „regelmäßig" bis „immer" so schnell wie erwünscht. Weitere 88% hatten das Gefühl, dass ihre Schmerzen „regelmäßig" bis „immer" gut kontrolliert waren; nur bei 46% von ihnen war das allerdings „immer" der Fall. Die

Ergebnisse können also Anlass zu der Annahme geben, dass die angespannte Pflegesituation noch keine generellen schädigenden Auswirkungen auf die Patientenversorgung hat. Von Interesse in der Befragung war natürlich auch, ob mit den Patienten über deren Entlassung gesprochen wurde, besonders vor dem Hintergrund der in ▶ Abschn. 13.5.1 geäußerten wachsenden Besorgnis der Pflegenden über das sich verschlechternde Entlassungsmanagement. Tatsächlich gaben auch nur 38% der Patienten an, dass sie sich auf die Entlassung gut vorbereitet fühlen.

Zusammengefasst würden 64% der Befragten ihr Krankenhaus weiterempfehlen. Gefragt nach einer allgemeinen Einschätzung auf einer Skala von 1 bis 10 (10 stellte dabei den besten Wert dar) wurde im Mittel die Note 8 vergeben. Die Note 10 wurde nur von 25% aller befragten Patienten angekreuzt.

Fazit

Basierend auf den Ergebnissen der 2015 durchgeführten G-NWI-Studie sieht alles danach aus, als würde uns der Pflegemangel auch in Zukunft noch weiterhin beschäftigen. Wie die Ergebnisse zeigen konnten, schaffen es die Pflegekräfte nach wie vor, die Patientensicherheit nicht zu gefährden und priorisieren unter Zeitnot Pflegetätigkeiten mit Bedacht auf das Patientenwohl. Dennoch bergen fehlende

Patientengespräche oder eine aus Personalmangel inadäquate Überwachung die ernsthafte Gefahr, Komplikationen bei Patienten nicht rechtzeitig bemerken zu können, um geeignete Rettungsmaßnahmen einzuleiten. Aus diesem Grund ist es essenziell, weiter nach effizienten und nachhaltigen Lösungen und Maßnahmen zu suchen, die über die reine Personalaufstockung hinausgehen bzw. diese gezielt begleiten. Neben der Bereitstellung ausreichender finanzieller Mittel für neue Stellen sollte in diesem Sinne Mühe darauf verwendet werden, motivierten Nachwuchs aus dem In- und Ausland gezielt anzuwerben. Daneben sollte auch das bestehende Personal nicht vergessen werden und die Arbeitsbedingungen so optimiert sein, dass der Wunsch nach einem (frühzeitigen) Berufsausstieg gar nicht erst aufkommt. Die Lösung, der derzeitig angespannten Situation in der deutschen Krankenpflege zu begegnen, liegt demnach nicht in einem einzelnen Konzept, sondern darin, ein Bündel an Maßnahmen zusammenzustellen, welches auf die jeweiligen Bedürfnisse der einzelnen Krankenhäuser abgestimmt ist.

Literatur

Aiken LH, Clarke SP, Sloane DM, Sochalski J, Busse R, Heather C, Giovannetti P, Hunt J, Rafferty AM, Shamian J (2001) Nurses' reports on hospital care in five countries. Health Affairs 20(3): 43–53

Ausserhofer D, Zander B, Busse R, Schubert M, De Geest S, Rafferty AM, et al. (2013) Prevalence, patterns and predictors of nursing care left undone in European hospitals: results from the multicountry cross-sectional RN4CAST study. BMJ Qual Saf 23 (2)126–135. DOI: 10.1136/bmjqs-2013-002318

Baernholdt M, Mark BA (2009) The nurse work environment, job satisfaction and turnover rates in rural and urban nursing units. J Nurs Manag 17(8): 994–1001

Currie EJ, Carr Hill RA (2012) What are the reasons for high turnover in nursing? A discussion of presumed causal factors and remedies. Int J Nurs Stud 49: 1190–1189

Griffiths P, Ball J, Drennan J, James L, Jones J, Recio-Saucedo A, Simon M (2014) The association between patient safety outcomes and nurse/healthcare assistant skill mix and staffing levels and factors that may influence staffing requirements. University of Southampton, Southampton

Kane RL, Shamliyan TA, Mueller C, Duval S, Wilt TJ (2007) The Association of Registered Nurse staffing levels and patient outcomes: systematic review and meta-analysis. Med Care 45: 1195–1204. doi 10.1097/MLR.0b013e3181468ca3

Körner T, Busse R (2001) Mitarbeiterzufriedenheit und Pflegequalität. In: Arnold M, Klauber J, Schellschmidt H (Hrsg) Krankenhausreport 2001: Schwerpunkt Personal. Schattauer, Stuttgart, S 155–166

Kutschera S (2007) Burnout Syndrom: Ursachen und Bewältigungsstrategien unter Berücksichtigung von persönlichkeits- und strukturzentrierten Ansätzen. ARGE Bildungsmanagement, Wien

Parry J (2008) Intention to leave the profession: antecedents and role in nurse turnover. J Adv Nurs 64(2): 157–167

Schmidt B (2004) Burnout in der Pflege. Risikofaktoren– Hintergründe – Selbsteinschätzung. Kohlhammer, Stuttgart.

Sellgren SF, Kajermo KN, Ekvall G and Tomson G (2009) Nursing staff turnover at a Swedish university hospital: an exploratory study. J Clin Nurs 18(22): 3181–3189

Sermeus W, Aiken LH, van den Heede K, Rafferty A, Griffiths P (2011) Nurse forecasting in Europe (RN4CAST). Rationale, design and methodology. BMC Nurs 10: 6

Shekelle PG (2013) Nurse-patient ratios as a patient safety strategy. a systematic review. Ann Intern Med 158: 404–409

Statistisches Bundesamt (1997–2015) Grunddaten der Krankenhäuser 1995, 2000, 2010 und 2014. Fachserie 12 Reihe 6.1.1. (für 2010 und 2014) und Fachserie 12 Reihe 6.1. (für 1995 und 2000). Statistisches Bundesamt 1997–2015, Wiesbaden

Statistisches Bundesamt (2016) Einrichtungen, Betten und Patientenbewegung 1991–2014. Statistisches Bundesamt, Wiesbaden. https://www.destatis.de/DE/Zahlen-Fakten/Gesellschaft-Staat/Gesundheit/Krankenhaeuser/Tabellen/KrankenhaeuserJahreOhne100000.html. Zugegriffen: 18 Mai 2016

Van der Heijden BIJM, Kümmerling A, van Dam K, van der Schoot E, Estryn-Béhar M, Hasselhorn HM (2008) The impact of social support upon intention to leave among female nurses in Europe: secondary analysis of data from the NEXT survey. Int J Nurs Stud 47(4): 434–445

Wilson B, Squires M, Widger K, Cranley L and Tourangeau A (2008) Job satisfaction among a multigenerational nursing workforce. J Nurs Manag 16: 716–723

Zander B, Dobler L, Busse R (2011) Studie spurt Gründen für Burnout nach. Psychische erkrankungen kommen in der Pflegebranche überproportional häufig vor. Pflegezeitschrift 64(2): 98–101

Zander B, Blümel M und Busse R (2013) Nurse migration in Europe – Can expectations really be met? Combining qualitative and quantitative data from Germany and eight of its destination and source countries. Int J Nurs Stud 50: 210–218

Zander B, Dobler L, Bäumler M, Busse R (2014) Implizite Rationierung von Pflegeleistungen in deutschen Akutkrankenhäusern – Ergebnisse der internationalen Pflegestudie RN4Cast. Gesundheitswesen 76(11): 727–734

Zander B, Köppen J, Busse R (2017) Personalsituation in deutschen Krankenhäusern in internationaler Perspektive. In: Klauber J et al. (Hrsg) Krankenhausreport 2017. Schattauer, Stuttgart

Einsatz akademisierter Pflegekräfte – Eine Management-Perspektive

Bernhard Krautz

© Springer-Verlag GmbH Deutschland 2017
P. Bechtel, I. Smerdka-Arhelger, K. Lipp (Hrsg.), *Pflege im Wandel gestalten – Eine Führungsaufgabe,*
DOI 10.1007/978-3-662-54166-1_14

Die Akademisierung wird seit vielen Jahren innerhalb der Berufsgruppe als elementarer Schritt zu einer Professionalisierung der Pflege diskutiert und gefordert. In der Vielzahl der seit den 1990er Jahren entstandenen Pflegestudiengänge ist aber lange unklar geblieben, wozu diese „Akademisierung" denn beitragen soll oder kann? Während die Zielsetzungen bei Pflegemanagement- und Pflegepädagogik-Studiengängen offensichtlich auf die Professionalisierung von Pflegeführung und -bildung abzielen, ist diese Klarheit in anderen Studiengängen nicht immer gegeben. Friesacher kritisiert 2014 zu Recht, dass diverse akademische Berufe wie z. B. der Physician Assistant aufgrund ihrer Ausrichtung auf eine medizinische Assistenz eben keinen Beitrag zur Professionalisierung der Pflege leisten, da sie von den Kernaufgaben der Pflege eher wegführen, und fordert stattdessen „eine Orientierung an den originären patienten- beziehungsweise bewohnernahen Tätigkeiten" (Friesacher 2014, S. 36) der Pflege. Friesacher fokussiert damit das zentrale Problem der immer noch zunehmenden Bandbreite und Heterogenität (vgl. Thielhorn 2012) pflegewissenschaftlich orientierter Studiengänge: scheinbar haben weder Hochschulen noch Praxiseinrichtungen konkrete Vorstellungen und Zielsetzungen, wofür akademisch qualifizierte Pflegende in der Patientenversorgung eigentlich da sein sollen (vgl. Hundt und van Hövell 2015). Dies stellt nach über 25 Jahren Akademisierungsbemühungen einen ernüchternden Befund dar und macht es erforderlich, im Rahmen dieses Beitrages zunächst Begrifflichkeiten zu definieren.

14.1 Verständnis der „akademisierten" Pflege

Dabei ergibt sich bei Betrachtung einer Vielzahl fundierter Arbeiten der letzten 15 Jahre eigentlich ein sehr klares Bild. Bereits 2001 hat die Robert Bosch Stiftung mit der Schrift *Pflege neu denken* eine Konzeption vorgelegt, welche Aufgaben und Verantwortungen in der patientennahen Arbeit den höher qualifizierten Pflegenden zukommen (Robert Bosch Stiftung 2001). Im gleichen Jahr kritisiert der Sachverständigenrat, dass patientennahe Arbeitsbereiche der Pflege „von der akademischen Entwicklung im Bildungsbereich nahezu ausgeschlossen" (SVR-G

2001, S. 47) sind und entwirft in den nachfolgenden Gutachten immer wieder konkrete Aufgabenfelder, die eine akademische Qualifizierung erfordern (vgl. SVR-G 2003, 2007, 2012). 2010 haben Hülsken-Giesler et al. mit dem Kerncurriculum Pflegewissenschaft eine weitere fundierte Konzeption für die Handlungsfelder akademisch qualifizierter Pflegender vorgelegt und verorten diese ebenfalls schwerpunktmäßig in einer Verantwortlichkeit für den Pflegeprozess, Beziehungsarbeit und der Erschließung und Implementierung vorhandenen Wissens in die Praxis (Hülsken-Giesler et al. 2010). Spätestens mit den Empfehlungen des Wissenschaftsrates im Jahr 2012 kann diese Definitionsarbeit als beendet angesehen werden, denn der Wissenschaftsrat schafft es, sowohl eine bemerkenswert klare Definition des Auftrages professioneller Pflege zu entwerfen als auch das Verhältnis der Professionen Medizin und Pflege zu definieren.

> **Definition**
>
> „Pflegerisches Handeln zielt auf die Wiederherstellung, Erhaltung und Förderung von Selbstständigkeit in der Lebensführung. Zur kurativmedizinischen Gesundheitsversorgung ist die Pflege insofern komplementär, als sie Krankheiten nicht zu heilen versucht, sondern bei der Bewältigung der individuellen Folgen von Krankheit, Behinderung und Pflegebedürftigkeit unterstützt" (Wissenschaftsrat 2012, S. 41).

Und im weiteren Verlauf entwickeln die Verfasser, auf der Basis einer Analyse sich verändernder Versorgungsbedarfe, zudem ein klares Aufgaben- und Verantwortungsprofil für die akademisch qualifizierten Pflegenden in der patientennahen Arbeit, das im Wesentlichen die Bereiche der Verantwortungsübernahme vor allem für komplexe Versorgungssituationen, Präventionsarbeit, kritische Reflexion und Weiterentwicklung der Praxis sowie den Ausbau der interprofessionellen Zusammenarbeit umfasst (Wissenschaftsrat 2012, S. 78).

Für die weiteren Ausführungen ist dieser (stark komprimiert) dargelegte Entwicklungsprozess und Endpunkt dieses Verständnisses „akademisierter" Pflege essenziell: Es geht hier um weit mehr, als

Pflegende nur studieren zu lassen, damit sie eben auch studiert haben. Denn der Begriff „akademisierter" Pflege impliziert – rein sprachlich betrachtet – leider genau, dass dies eigentlich gar nicht erforderlich ist. Im Kontext dieses Beitrages wird daher die Bezeichnung „akademisch qualifizierte Pflegende" gewählt, womit Absolventen von grundständigen, dualen und aufbauenden Pflegestudiengängen gleichermaßen inkludiert sein sollen. Diese Präzisierung der Begriffe verdeutlicht, dass es hier um neue Aufgabenprofile geht, für die neue und nur durch eine akademische Qualifizierung erwerbbare Kompetenzen erforderlich sind.

14.2 Zielsetzungen der Implementierung von akademisch qualifizierten Pflegekräften

Der dargelegte gesundheits- und pflegepolitische Diskurs erfolgt primär auf einer Makroebene und findet in den Gesundheitseinrichtungen zumeist wenig Wiederhall. Daher werden an dieser Stelle die Zielsetzungen einer Implementierung akademischer Berufsrollen in der direkten Patientenversorgung nochmals verdichtet zusammengefasst.

> Als wichtigste primäre Zielsetzung kann festgehalten werden, dass der Hauptfokus der Akademisierung auf einem Nutzen für die Patienten liegen muss, die in Form einer verbesserten, situationsgerechten und kritisch reflektierten Versorgung von dieser Qualifizierung profitieren sollen (Wissenschaftsrat 2012; DPR und DGP 2014).

Diese klare Ausrichtung auf den Patienten erweist sich für die Implementierung in der Praxis als wichtige Grundlage. Denn die Ausrichtungen aller Innovationsbemühungen auf den Patienten stellt sowohl innerhalb der eigenen Berufsgruppe, aber auch in der Kooperation der Professionen sowie gerade auch im unternehmerischen Kontext die wichtigste, von allen Beteiligten getragene Wertebasis dar. Oder anders formuliert: gegen die Zielsetzung, die Patientenversorgung zu verbessern, gibt es keine triftigen Gegenargumente.

Neben diesem Primärziel bestehen noch eine Vielzahl weiterer Zielsetzungen für die Realisierung akademischer Pflegerollen:

- Bestreben einer fachlich-inhaltlichen Weiterentwicklung hin zu einer evidenzbasierten Pflegepraxis
- Verbesserung von Prozess- und Kooperationsstrukturen im Krankenhaus
- Öffnung beruflicher Perspektiven im Sinne neuer Karrierewege für die Berufsangehörigen
- Attraktivere Gestaltung des Pflegeberufs durch eine Studierbarkeit, um darüber langfristig den benötigten Nachwuchs zu generieren
- Verbesserung von Verdienstmöglichkeiten und Image der Pflege (vgl. Gerst und Hibbeler 2012)
- Verlagerung bestimmter ärztlicher Aufgaben in die Hände akademisch qualifizierter Pflegender (vgl. Wissenschaftsrat 2012)

Zudem setzt sich in vielen Kliniken zunehmend das Bewusstsein durch, mit der Implementierung akademischer Pflegerollen und einer Fokussierung der Patientenergebnisse eine deutliche Mitarbeiterbindung nach innen und Arbeitgeberattraktivität nach außen generieren zu können – beides wichtige Effekte in einem immer knapper werdenden Markt an qualifizierten Pflegenden (vgl. Smerdka-Arhelger 2008; Pabst 2009).

> Die Vielfalt an möglichen Zielen einer Implementierung akademisch qualifizierter Pflegender verdeutlicht, wie wichtig in der Praxis eine Priorisierung, Konkretisierung und intensive Kommunikation der konkret angestrebten Ziele ist, um letztlich Klarheit für alle Beteiligten zu schaffen, keine falschen Erwartungen zu wecken oder Engagement in nicht zielführenden Aktivitäten auszulösen.

Gleichzeitig kann in dieser Zielvielfalt (ggf. auch -unklarheit) mit ein Grund für die nachfolgend dargelegten Umsetzungsprobleme vermutet werden.

14.3 Umsetzung in die Praxis – eine Herausforderung

Insofern stellt sich die dringende Frage der Verantwortlichkeiten für die Praxisintegration akademisch qualifizierter Pflegender. Dafür soll zunächst kritisch hinterfragt werden, warum – trotz der dargestellten langjährigen definitorischen Entwicklungen – in den Kliniken immer noch eine weit verbreitete Unsicherheit und Unklarheit hinsichtlich der Einsatzfelder und Implementierungsstrategien akademisch qualifizierter Pflegender besteht. Denn dieser Eindruck ergibt sich beim Blick in die aktuelle Fachliteratur: Für das Krankenhaus-Barometer 2014 wurden Kliniken zum Einsatz akademisch qualifizierter Pflegender befragt. Ergebnis ist u. a., dass 42% der Krankenhäuser bestätigen „Pflegende mit akademischem Abschluss nicht entsprechend ihrer Ausbildung" (Löffert et al. 2015, S. 74) einzusetzen. Zu einem ähnlichen Ergebnis kommen Simon und Flaiz (2015) in einer Expertenbefragung, bei der sie „weiterhin erhebliche Defizite bei der Aufgabenbeschreibung und Kompetenzzuordnung insbesondere für hochschulisch qualifizierte Pflegekräfte" (Simon und Flaiz 2015, S. 155) ausmachen und zu der Erkenntnis kommen:

» Trotz des nahezu unisono geäußerten großen Bedarfs an höher qualifizierten Pflegekräften sind viele Einrichtungen auf die Hochschulabsolventen nicht eingestellt (ebd., S. 156).

Dieses Bild bestätigt eine aktuelle Absolventenbefragung von Zieher und Ayan (2016), die feststellen, dass nur noch jeder zehnte Pflegeakademiker in der direkten Patientenversorgung tätig ist und die meisten Absolventen in andere Arbeitsbereiche abgewandert sind. Das traurige Fazit der Autoren:

» Trotz eines prognostizierten steigenden Bedarfs an Pflegeakademikern in patientennahen Diensten, verließen die meisten Absolventen die Pflegepraxis. … Dadurch ist die mit der Akademisierung verbundene Professionalisierung nicht unmittelbar den Patienten zugute gekommen (Zieher und Ayan 2016, S. 62).

■ Integration gescheitert?
Warum also gelingt die Integration der akademisch qualifizierten Pflegenden in die direkte Patientenversorgung offensichtlich nicht? Woran scheitert dieser wichtige Entwicklungsschritt? Hierzu gibt Fesenfeld

in einem Interview 2015 einen deutlichen Hinweis: als Pflegewissenschaftlerin attestiert sie den Einrichtungen ein „großes Interesse an den neuen Absolventen, aber auch eine gewisse Ratlosigkeit" (Fesenfeld 2015, S. 22) im Umgang mit ihnen. Sie fordert mit Blick auf die Praxisintegration: „Die Veränderungen müssen genau an der Schnittstelle zwischen Pflegemanagement und Pflegebildung gedacht und initiiert werden" (ebd.). In sehr ähnlicher Weise hat bereits Elsbernd das Pflegemanagement in die Pflicht genommen, wenn sie als dessen zentrale und originäre Aufgabe „die Festlegung der strategischen, fachlichen Ausrichtung der Disziplin Pflege" (Elsbernd 2011, S. 170) artikuliert.

❯ In diesen Äußerungen wird somit sehr deutlich, dass das Pflegemanagement in die Verantwortung genommen wird, die Aufgabenfelder akademisch qualifizierter Pflegender in der Praxis aktiv zu gestalten und zu realisieren. Dafür soll und will die Pflegewissenschaft als Partner zur Seite stehen, kann aber letztlich nicht die Verantwortung übernehmen. Dies ist naturgemäß den in und für die Pflegepraxis Verantwortlichen vorbehalten.

14.4   Auftrag des Pflegemanagements

Den Einsatz akademisch qualifizierter Pflegender in der Praxis zu realisieren, ist somit ein eindeutiger Handlungs- und Gestaltungsauftrag an das Pflegemanagement der Kliniken und Einrichtungen. Wo liegen aber die Ursachen, dass dies bisher mehrheitlich nicht gelingt? Darüber lässt sich derzeit nur mutmaßen, da hierzu keine systematisch erhobenen Daten existieren. Sicherlich stellt die generell sehr angespannte ökonomische und personelle Situation eines Großteils der bundesdeutschen Krankenhäuser ein wesentliches Hemmnis dar. Es ist wohl kein Zufall, dass in europäischen Staaten mit einer wesentlich besseren Personal-Patienten-Relation im Krankenhaus, wie den skandinavischen Ländern, den Niederlanden oder der Schweiz (vgl. Busse 2011), die akademisch qualifizierte Pflege längst der etablierte Normalfall ist. Als alleinige Ursache der Implementierungsprobleme kann die bundesdeutsche Personalmisere, wie auch andere allgemeine strukturelle Probleme, gleichwohl nicht herhalten, denn die Beispiele gelingender Implementierungsprojekte werden zunehmend mehr (s. Ausführungen in diesem Band, vgl. Stratmeyer 2016).

- **Herangehensweise und Umgang mit der Komplexität**

Es liegt somit nahe, auch einmal die Herangehensweisen des Pflegemanagements an eine solche Aufgabenstellung selbstkritisch zu beleuchten. Hierzu ist festzustellen, dass genau zur Frage, wie denn diese große Aufgabe der Praxisintegration der Pflegeakademiker zu meistern ist, bislang sehr wenig publiziert wurde. Allen voran sind dies die Handlungsempfehlungen einer Expertengruppe von DPR und DGP (2014), im Weiteren eine sehr knapp gehaltene Empfehlung der BAG Pflegemanagement des DBfK (2015) sowie zuletzt ein umfassenderer Leitfaden des VPU (2016). Auch wenn diese Schriften grundsätzlich wichtige Hinweise und Empfehlungen enthalten, weisen sie insgesamt eine Schwäche auf: Die Komplexität des erforderlichen Entwicklungsprozesses wird nicht deutlich, weil insbesondere die erforderliche Bearbeitung und Veränderung von Rahmenbedingungen weitestgehend unbeachtet bleibt. Insofern können diese Schriften nur begrenzt Unterstützung geben.

Maßgeblich erscheint für die Frage der Herangehensweise an diese hohe Verantwortung daher vielmehr ein zielführendes Management- bzw. Führungsverständnis zu sein. Dies bedeutet zu allererst, mit einem geeigneten managementtheoretischen Hintergrund die extreme Komplexität, Dynamik, Multidimensionalität und Langfristigkeit eines Implementierungsprozesses akademischer Berufsrollen zu erfassen. Denn nur dann wird klar werden, dass alle herkömmlichen Strategien des Projekt- und Change-Managements für die gestellte Aufgabe zu kurz greifen. Vom britischen Psychiater und Kybernetik-Pionier W. Ross Ashby ist als eine zentrale Erkenntnis der Kybernetik überliefert, „dass ein System, welches ein anderes steuert, umso mehr Störungen in dem Steuerungsprozess ausgleichen kann, je größer seine Handlungsvarietät ist" (Wikipedia 2017). Oder frei übersetzt: „Wann immer du ein hochkomplexes, hochdynamisches Problemsystem hast, musst du ein mindestens genauso

komplexes und dynamisches Lösungssystem erzeugen." Versteht man also die Praxisimplementierung von Pflegeakademikern als ein äußerst komplexes, hochdynamisches und sehr langfristiges Unterfangen, verbieten sich von vornherein alle „einfachen" Realisierungsansätze. Vielmehr ist dafür ein strategisch ausgerichteter systemtheoretischer Management-Ansatz erforderlich, der so viel Komplexität (im Sinne von Einflussgrößen) wie möglich abbilden bzw. erklären hilft, und zudem die Entwicklung dynamischer Steuerungsansätze ermöglicht.

> Der Auftrag des Pflegemanagements besteht also – neben der Zielklärung – darin, die Komplexität und Dynamik der Veränderung einzuschätzen und solche Steuerungsmechanismen aufzubauen, mit denen die eigene Handlungsvarietät ausgeweitet wird. Es müssen in der Führungsebene also spezifische Kompetenzen und Strukturen aufgebaut werden, die ein steuerndes Eingreifen in die anvisierten Entwicklungen ermöglichen.

14.5 Vorgehen am Klinikum Neumarkt – Strategische Praxisentwicklung

Das Klinikum Neumarkt ist ein kommunales Schwerpunktkrankenhaus mit 457 Betten in der Metropolregion Nürnberg. Bereits seit 2008 gab es erste Aktivitäten zur Thematik einer akademischen Qualifizierung. Dies entstand aus der Initiative der Geschäftsführung sowie der Leitung der Berufsfachschule, aufgrund persönlicher Kontakte zu niederländischen Hochschulen, und bestand zunächst darin, einigen Pflegenden des Klinikums die Teilnahme an einer Summer School der Hogeschool Utrecht zu ermöglichen. Weiterhin wurde jährlich zwei Gruppen niederländischer Pflegestudenten ein 20-wöchiges Praktikum im Klinikum ermöglicht. Nach der Neubesetzung der Pflegedienstleitung im Herbst 2011 wurden die Zielsetzungen zwischen Geschäftsführung, Pflegemanagement und Schulleitung abgeglichen und die Verantwortung für die weitere Entwicklung der Pflegedienstleitung übertragen.

14.5.1 Qualifizierung von Mitarbeitern durch ein Studium

Zunächst erfolgte zeitnah eine Ist-Aufnahme der vorhandenen Qualifikationen und darauf aufbauend eine Konzeption für die langfristige Personalentwicklung. Aufgrund einer hohen Anzahl studieninteressierter Mitarbeiter und des absehbaren Bedarfes akademisch qualifizierter Pflegender wurden 2012 zwei Mitarbeiterinnen in einen externen berufsbegleitenden pflegewissenschaftlichen Studiengang entsandt. Ab 2013 konnte dann eine größere Anzahl Mitarbeiter vor Ort einen in Kooperation mit der Steinbeis-Hochschule durchgeführten Studiengang absolvieren. In der Folgezeit wurde zudem das Angebot der Berufsfachschule um einen Dualen Studiengang erweitert und weitere Mitarbeiter in einen neu entstandenen berufsbegleitenden Studiengang für angewandte Pflegewissenschaften in der Region entsandt. Durch diese intensiven Personalentwicklungsmaßnahmen verfügt das Klinikum zwischenzeitlich (Stand Anfang 2017) über 13 Absolventen und weitere 17 Studierende praxisbezogener pflegewissenschaftlich ausgerichteter Bachelor-Studiengänge.

14.5.2 Einrichtung einer Stabsstelle Pflegewissenschaft

Im weiteren strategischen Diskussionsprozess innerhalb der Pflegedienst- und Schulleitung wurde sehr schnell der hohe fachliche und zeitliche Anspruch des angestrebten Entwicklungswegs erkannt. Ebenso wurden die Grenzen hinsichtlich der vorhandenen pflegewissenschaftlichen Expertise sichtbar, sodass in einem wichtigen nächsten Schritt eine Stabsstelle Pflegewissenschaft an der Pflegedienstleitung eingerichtet und besetzt wurde. Mit dieser engen Verzahnung von Pflegemanagement, -wissenschaft und -lehre war eine zentrale strukturelle Grundlage für die weitere Konzeptentwicklung gelegt.

Allen verantwortlich Beteiligten war dabei – aufgrund langjähriger Auseinandersetzung mit der Thematik – von vornherein klar, dass die Entwicklung der Profession Pflege nicht in den existenten Strukturen des normalen Krankenhausbetriebes möglich sein wird. Denn die oben genannte primäre Zielsetzung, mit dem Einsatz akademisch qualifizierter Pflegender die Patientenversorgung zu verbessern, zielt auf das Kerngeschäft jedes Krankenhauses ab und stellt somit den traditionell medizinfokussierten Unternehmenszweck und die kollektive Identität des Systems Krankenhaus in Frage (Eberhardt und Krautz 2016).

14.5.3 Strukturierte Zielentwicklung

Die Herausforderung, einen grundlegenden Systemwandel initiieren und gestalten zu wollen, erforderte daher einen entsprechenden Handlungsrahmen für das Pflegemanagement. Das Neue St. Galler Management-Modell (Rüegg-Stürm 2003) bot hierfür einen geeigneten analytisch-konzeptionellen Rahmen. Unter Nutzung der darin beschriebenen systemischen Perspektiven auf die Unternehmensrealität und künftige Einflussgrößen wurde in einem ersten Schritt der pflegefachliche, strukturelle und personelle Entwicklungsbedarf ermittelt. Allein dieser erste Schritt umfasste über einen Zeitraum von ca. 9 Monaten eine Vielzahl von Aktivitäten, wie umfangreiche Literaturrecherchen, interne Experteninterviews, eine intensive selbstkritische Analyse der gegenwärtigen Praxissituation am Klinikum Neumarkt sowie umfassende Diskussionen mit allen Führungskräften des Pflege- und Funktionsdienstes. Auf die erzielten Ergebnisse aufbauend wurden in einem zweiten Schritt eine Vision und strategische Ziele formuliert, die schließlich in acht operative Zielbereiche umgesetzt wurden.

> **Operative Zielbereiche im Rahmen einer Implementierung von akademisch qualifizierten Pflegenden**
> 1. Aufbau von Fach- und Rollenentwicklung hin zu einem personenzentrierten Pflegekonzept
> 2. Umsetzung evidenzbasierter Pflege
> 3. Systematische Steuerung und personenzentrierte Umsetzung des Pflegeprozesses
> 4. Aufgaben- und stellendifferenzierte Zusammensetzung von Pflegeteams

5. Ausbau von Führungskonzept und -kompetenz
6. Etablierung einer entwicklungsfördernden Arbeits- und Lernumgebung
7. Nachweisen von Pflegeergebnissen
8. Aufbau interprofessioneller Zusammenarbeit und eines effektiven Schnittstellenmanagements

14.5.4 Maßnahmenplanung

In einem dritten Schritt wurden auf diese Zielbereiche bezogene unterstützende Faktoren, Ressourcen und Potenziale (Chancen) sowie hemmende und ungünstige Bedingungen (Gefahren) analysiert. Erst dann wurde Mitte 2013 unter Berücksichtigung dieser Erkenntnisse ein Aktionsplan mit konkreten Zielen und Maßnahmen sowie Evaluationskriterien erstellt, der eine zeitliche Perspektive von ca. 4 Jahren umfasste. Auch in diesen Prozess der Ziel- und Maßnahmenformulierung wurde eine Gruppe von Fach- und Führungskräften der Pflege einbezogen, die zuvor ihr Interesse und Bereitschaft an der Mitarbeit bekundet hatten.

In diesen, wie auch allen weiteren Entwicklungsschritten, wurde als methodische Grundlage das Konzept der Praxisentwicklung nach McCormack et al. (2009) genutzt, die dies als strategische, inhaltliche und wissenschaftliche Steuerung bzw. (Weiter-)Entwicklung der patientenorientierten Pflege verstehen. Dabei werden verschiedene Strategien und Methoden angewendet, mit denen Organisationsveränderungen partizipativ entwickelt und umgesetzt werden und gleichzeitig die Implementierung wissenschaftlicher Erkenntnisse in die Praxis vorangetrieben wird (Shannon und McCormack 2014).

14.5.5 Umsetzungsschritte und konzeptionelle Entwicklungen

Nur durch diese aufwendige Vorgehensweise wurde es möglich, die extrem komplexen und interdependenten Ziele und Maßnahmen in eine sinnvolle Ablaufstruktur zu fügen und schrittweise zu bearbeiten. Den Entwicklungserfordernissen entsprechend erfolgte dies nicht sequenziell entlang der Zielbereiche, sondern mit alternierenden Schwerpunktsetzungen relativ parallel.

So wurde ab Ende 2013 zunächst intensiv an der Vermittlung von Grundlagenwissen zu Evidence-based Nursing (EBN) gearbeitet, um den Mitarbeitern die primäre Zielsetzung einer Verbesserung der Patientenversorgung nahezubringen. In Grundlagenschulungen wurde allen Führungskräften, Praxisanleitungen und hygienebeauftragten Pflegekräften Basiswissen vermittelt. Diese in Summe ca. 100 Mitarbeiter umfassenden Personengruppen waren als wesentliche Multiplikatoren identifiziert worden und nahmen das neue Wissen dankbar auf. Anschließend wurde die Thematik EBN mit den Führungskräften in Vertiefungsseminaren weiterbearbeitet und die Leitungen mit konkreten Aufgabenstellungen in die Wissensdissemination einbezogen (ausführlich in Eberhardt und Krautz 2016). Dies erfolgte nicht zuletzt unter dem Aspekt, die Rolle und Position der Leitungen im gesamten Praxisentwicklungsprozess bewusst zu betonen und zu stärken. Im Rahmen eines ersten größeren Evaluationsprojektes konnte im Verlauf gezeigt werden, dass dieses Vorgehen äußerst erfolgreich war und die Thematik EBN heute bei der Mehrzahl der Pflegenden des Klinikums sehr präsent und positiv belegt ist (Eberhardt und Wild 2017).

Ein weiterer grundlegender Schritt bestand darin, die Aufgabenfelder der akademisch qualifizierten Pflegenden in einem aufwendigen Prozess zu erarbeiten und zu konsentieren. Im Kontext der angestrebten Ziele wurde hier die Verantwortung für den Pflegeprozess im Sinne einer Fallverantwortlichkeit mit der Fachverantwortlichkeit (auf der eigenen Station) kombiniert. Die fallbezogene Steuerung und Durchführung komplexer Pflegesituationen ist dabei gleichzeitig Ausgangspunkt und Ziel der bedarfsorientierten Weiterentwicklung fachlicher Kenntnisse und Fähigkeiten der Pflegenden. In einem iterativen Wechselspiel sollen in der Rolle der Fallverantwortlichen fachliche Entwicklungsbedarfe identifiziert und in der Rolle der Fachverantwortlichen bearbeitet und in die Praxis implementiert werden. Unterstützend hierfür wurde ein Kompetenz- und Karrieremodell für die klinische

Pflege sowie die Führungsebenen erstellt, um hier Klarheit der Aufgaben und Anforderungen herzustellen. Damit wurde bewusst zu einem recht frühen Zeitpunkt der Entwicklungen intern eindeutig definiert, welche Rolle und Aufgaben den akademisch qualifizierten Pflegenden künftig zukommt, und somit die eingangs dargelegten jahrelangen Diskussionen und Unsicherheiten beendet.

Gleichzeitig wurde durch die Stabsstelle Pflegewissenschaft sowie weitere Mitarbeiterinnen konzeptionelle Grundlagenarbeit geleistet. Dies umfasste z. B. die Erarbeitung eines Modells, mit dem den unterschiedlichen Qualifikationen der Pflege konkrete Rollen und Aufgaben bezüglich der Umsetzung von EBN zugewiesen wurden (Eberhardt 2014).

Auf Basis umfangreicher Recherchen und interner Diskussionen entstand ein Fallverantwortungskonzept als Rahmen für die Realisierung des Zielbereiches 3, das zwischenzeitlich auf den ersten Stationen in der Praxis erprobt wird.

Ein ebenfalls wesentlicher Schritt bestand in der Auswahl von drei Stationen, die sich nach Bewerbung und einem intensiven Auswahlverfahren nun als Praxisentwicklungsstationen der aktiven Weiterentwicklung der Pflegepraxis verpflichtet haben. Dem Konzept der „Nursing Development Units" (Atsalos et al. 2007) folgend wurden diese Stationen im Rahmen einer Masterarbeit hinsichtlich ihrer Innovationsfähigkeit, Kommunikations- und Teamstruktur sowie der Leitungsposition bewertet und erhalten nun im Gegenzug intensive Unterstützung und Begleitung sowie erweiterte Ressourcen zugewiesen, um die Praxisentwicklung voranzutreiben.

14.5.6 Partizipativer Gedanke: Einbindung von Mitarbeitern und Führungskräften in die Veränderung

Wie bereits dargelegt, war die intensive Beteiligung von Mitarbeitern und vor allem der Führungskräfte von Beginn an eine der wesentlichsten Strategien und damit der Zielbereich 5 von enormer Bedeutung für den Gesamterfolg. Daher wurde bereits früh nach einer adäquaten Möglichkeit der Führungskräfteentwicklung gesucht und – zumindest theoretisch – im Konzept des Clinical Leadership gefunden. Dieses

in England entwickelte und evaluierte Konzept zur gezielten Entwicklung eines patienten-, ergebnis- und mitarbeiterorientierten Führungsstils (Large et al. 2005) wurde bislang nur in der Schweiz erfolgreich im deutschsprachigen Raum adaptiert (Martin und Aldorf 2008). Da sich trotz intensiver Recherchen in der Bundesrepublik kein analoges Qualifizierungsangebot fand, wurde ein eigenes Clinical-Leadership-Programm konzipiert und Anfang 2016 mit 8 Führungskräften des Klinikums gestartet. Das Programm ist auf 18 Monate angelegt und in dieser Zeit können sich die Teilnehmer durch eine Kombination aus Seminaren, Arbeitsaufträgen, Coaching, methodischer Begleitung und evaluierenden Elementen zielgerichtet als Führungspersönlichkeiten weiterentwickeln. Auch wenn der zeitliche, organisatorische und finanzielle Aufwand dieses Programms enorm ist, wurde aufgrund der äußerst positiven Effekte die nahtlose Fortführung bereits beschlossen.

> **Die frühzeitige intensive Beteiligung der Führungskräfte sowie der zielgerichtete Aufbau eines Führungsverständnisses, das auf die Verantwortungsübernahme für die fachliche Weiterentwicklung der Pflege ausgerichtet ist, sind grundlegende Erfolgsfaktoren eines gelingenden Praxisentwicklungsprozesses.**

14.6   Fazit und Blick in die Zukunft

Die eingangs dargestellte Auseinandersetzung mit den Zielen und Umsetzungsproblemen einer „akademisierten" Pflege sowie die (auch selbst-)kritische Reflexion der Verantwortung und Rolle des Pflegemanagements für diesen Prozess waren eine wichtige Basis der Entwicklungen. Das ausgeprägt systemische Managementverständnis hat sich als eine geeignete methodische Grundlage für eine strukturierte strategische Entwicklungsplanung erwiesen. Ein grundlegender strategischer Erfolgsfaktor lag darin, die Thematik der Berufseinmündung akademisch qualifizierter Pflegender als ein Mittel zum Zweck der fachlichen Weiterentwicklung der Patientenversorgung zu nutzen, also den Patientennutzen der angestrebten Professionalisierung explizit als primäre Legitimation in den Vordergrund zu stellen.

Als absolut essenziell hat sich zudem die frühzeitige Einrichtung der Stabsstelle Pflegewissenschaft erwiesen. Ohne die tiefe Expertise und methodische Kompetenz der Stelleninhaberin sowie die enge Verzahnung und Abstimmung pflegewissenschaftlicher Aspekte mit der Managementperspektive wären die bisherigen Entwicklungen nicht möglich gewesen. Nur so gelang es, die für die Komplexität der angestrebten Veränderungen erforderliche Handlungsvarietät zu erzeugen.

Insbesondere die nachhaltige Bearbeitung der Rahmenbedingungen im Sinne von Kultur und Kontext der beteiligten Stationen sowie die intensive zielgerichtete Entwicklungsarbeit mit den involvierten Leitungskräften im Rahmen des Leadership-Programms sind hier zwei herausragende Beispiele, die verdeutlichen, wie dynamisch und komplex Lösungsansätze für die anvisierte Praxisentwicklung sein müssen.

Nach nun etwa 4 Jahren sind eine Vielzahl von Entwicklungen wie geplant initiiert und umgesetzt worden. Die Praxis der Reorganisation zeigt jedoch wie so häufig, dass eine sehr flexible Steuerung von Maßnahmen und Ressourcen erforderlich ist – und vieles nicht im eigentlich gedachten Tempo erfolgen kann. Dies ist insbesondere der Tatsache geschuldet, dass alle dargestellten Maßnahmen letztlich parallel zur Patientenversorgung laufen – und diese im akutstationären Sektor im Zweifelsfall immer Priorität haben wird.

Daran wird deutlich, dass die sehr knappen personellen Ressourcen letztlich doch ein wesentlicher limitierender Faktor sind. Selbst bei guter Planung und effektivem Vorgehen brauchen Entwicklungen (Arbeits-)Zeit – und die ist in den engen ökonomischen Rahmenbedingungen der deutschen Krankenhäuser absolute Mangelware. Insofern ist hier an die Politik zu appellieren, für die politisch angestrebten fachlichen und strukturellen Entwicklungen der Pflege auch die erforderlichen Mittel bzw. Rahmenbedingungen zu schaffen.

Die gesetzten strategischen Ziele erweisen sich jedoch fortlaufend als richtig. Die bereits erfolgten Veränderungen setzen eine hohe Entwicklungsdynamik und bei vielen Mitarbeitern enormes Engagement und Motivation frei. Für die zwischenzeitlich knapp 30 bereits graduierten bzw. im Studium befindlichen Mitarbeiter bestehen nun gute Aussichten, ihre hochschulisch erworbenen Kompetenzen auch tatsächlich im angestrebten Sinne in der direkten Patientenversorgung einzusetzen.

Positiv ist zudem, dass mit der ab 2017 geltenden Entgeltordnung für den Tarifvertrag für den Öffentlichen Dienst (TVöD-VKA) auch die Vergütung der Absolventen tatsächlich zufriedenstellend geregelt und die bis dato geltende hausinterne Zulagenregelung obsolet wurde. Den Absolventen stehen nun interessante Karrierewege offen, denn perspektivisch gehört natürlich der Aufbau einer Advanced Nursing Practice (ANP) mit speziellen Themenfeldern qualifizierten Master-Absolventen zu den weiteren Entwicklungszielen. Weiterhin zeigt sich als positiver Begleiteffekt, dass die dargestellten Entwicklungen eine gewisse Anziehungskraft auf Pflegekräfte in der Region entfalten und das Klinikum für entwicklungsorientierte Mitarbeiter zunehmend attraktiv wird.

Fazit

Für den Pflegedienst am Klinikum Neumarkt und die Hochschulabsolventen ist der Weg in die Zukunft der Pflege klar gebahnt. Die Ausführungen in diesem Beitrag sollten deutlich gemacht haben, dass die enge Verzahnung des strategischen Pflegemanagements mit einer praxisbezogenen pflegewissenschaftlichen Expertise essenziell für die Einbindung akademisch qualifizierter Pflegender in die Praxis ist. Die angestrebten Entwicklungen bedeuten einen sehr grundlegenden Systemwandel in der akutstationären Pflege, und alle Beteiligten sind sich bewusst, dass dieser Systemwandel unter Umständen noch viele Jahre Zeit in Anspruch nehmen wird, nicht zuletzt auch aufgrund der sehr engen personellen Ressourcen, die in die Entwicklung eingebracht werden können. Das positive Feedback von Patienten und Angehörigen sowie die enormen Entwicklungswege vieler Mitarbeiter sind jedoch auch in Zukunft die wichtigsten Triebfedern, den eingeschlagenen Weg beharrlich weiter zu gehen.

Literatur

Atsalos C, O'Brien L, Jackson D (2007) Against the odds: experiences of nurse leaders in Clinical Development Units (Nursing) in Australia. J Adv Nurs 58(6): 576–584

Busse R (2011) Arbeitsumgebung, Pflegepersonalausstattung, Zufriedenheit und Qualität der Versorgung: Ergebnisse des RN4Cast-Projektes zu Deutschland im Vergleich. Präsentation, Berlin

DBfK (2015) Empfehlungen der BAG Pflegemanagement für die strategische Personalentwicklung in Gesundheits- und Pflegeeinrichtungen mit Blick auf BSN-Absolvent/innen. DBfK, Berlin

DPR – Deutscher Pflegerat, DGP – Deutsche Gesellschaft für Pflegewissenschaft (2014) Arbeitsfelder akademisch ausgebildeter Pflegefachpersonen. DPR, DGP, Berlin, Duisburg

Eberhardt D (2014) Der Blick fürs wesentliche. Pflegepraktiker zu Akteuren einer Evidence-basierten Praxis ausbilden. PADUA 9(4): 213–221

Eberhardt D, Krautz B (2016) EBN am Klinikum Neumarkt i.d.OPf. In: Behrens J, Langer G: Evidence based Nursing and Caring: Methoden und Ethik der Pflegepraxis und Versorgungsforschung, 4. Aufl. Hogrefe, Bern, S 282–288

Eberhardt D, Wild L (2017) Auf dem Weg zu einer EBN-fördernden Haltung. Erste Schritte zur Implementierung einer Evidence-basierten Pflegepraxis. PADUA 12(1): 15–22

Elsbernd A (2011) Strategische Ausrichtung und Aufgaben eines innovativen Pflegemanagements. In: Käppeli S (Hrsg) Pflegewissenschaft in der Praxis. Eine kritische Reflexion. Huber, Bern, S 166–186

Fesenfeld A (2015) „Alle müssen ihre Hausaufgaben machen". Duales Studium und Arbeitschancen. Interview mit B. Teigeler. Schwester Pfleger 54(8): 20–23

Friesacher H (2014) Studienmöglichkeiten in der Pflege. OP 4: 34–44

Gerst T, Hibbeler B (2012) Auf dem Weg in die Akademisierung. Dt Ärztbl 109(49): 2458–2461

Hülsken-Giesler M, Brinker-Meyendriesch E, Keogh J, Muths S, Sieger M, Stemmer R, Stöcker G, Walter A (2010) Kerncurriculum Pflegewissenschaft für pflegebezogene Studiengänge – eine Initiative zur Weiterentwicklung der hochschulischen Pflegebildung in Deutschland. Pflege Gesellschaft 15(3): 216–236

Hundt N, van Hövell C (2015) Akademisierung in der Pflege. Aktueller Stand und Zukunftsperspektiven. Disserta, Hamburg

Large S, Macleod A, Cunningham G, Kitson A (2005) A multiple-case study evaluation of the RCN Clinical Leadership Programme in England. Research Reports, RCN Institute, London

Löffert S et al. (2015) Mit Bachelor in die Pflegeleitung. Schwester Pfleger 54(3): 74–77

Martin JS, Aldorf K (2008) Clinical Leadership: ein Ansatz zur Praxisentwicklung in der Pflege? Care Management 1: 8–10

McCormack B, Manley K, Garbett R (Hrsg) (2009) Praxisentwicklung in der Pflege. Huber, Bern

Pabst I (2009) Aushängeschild „Magnet". CNE Mag 2: 12–15

Robert Bosch Stiftung (Hrsg) (2001) Pflege neu denken. Zur Zukunft der Pflegeausbildung. Schattauer, Stuttgart

Rüegg-Stürm J (2003) Das neue St. Galler Management-Modell. Grundkategorien einer integrierten Managementlehre. Der HSG-Ansatz, 2. Aufl. Haupt, Bern

SVR-G – Sachverständigenrat für die Konzertierte Aktion im Gesundheitswesen (2001) Gutachten 2000/2001: Bedarfsgerechtigkeit und Wirtschaftlichkeit. Band II: Qualitätsentwicklung in Medizin und Pflege. Deutscher Bundestag, Drucksache 14/5661

SVR-G – Sachverständigenrat für die Konzertierte Aktion im Gesundheitswesen (2003) Gutachten 2003: Finanzierung, Nutzerorientierung und Qualität. Band II: Qualität und Versorgungsstrukturen. Deutscher Bundestag, Drucksache 15/530

SVR-G – Sachverständigenrat zur Begutachtung der Entwicklung im Gesundheitswesen (2007) Kooperation und Verantwortung. Voraussetzungen einer zielorientierten Gesundheitsversorgung. Gutachten 2007. SVR-G, Bonn

SVR-G – Sachverständigenrat zur Begutachtung der Entwicklung im Gesundheitswesen (2012) Wettbewerb an den Schnittstellen der Gesundheitsversorgung. Sondergutachten 2012. SVR-G, Bonn

Shannon M, McCormack B (2014) Practice Development – ein Konzept zur Entwicklung der beruflichen Pflegepraxis in Irland. In: Tewes R, Stockinger A (Hrsg) Personalentwicklung in Pflege- und Gesundheitseinrichtungen. Springer, Berlin, S 165–178

Simon A, Flaiz B (2015) Der Bedarf hochschulisch qualifizierter Pflegekräfte aus Sicht der Praxis – Ergebnisse einer Expertenbefragung. Pflege Gesellsch 20(2): 154–172

Smerdka-Arhelger I (2008) Magnet für motivierte Pflegekräfte. Magnetkrankenhäuser in den USA. Schwester Pfleger 47(12): 1080–1084

Stratmeyer P (2016) Akademische Pflegekräfte. Organisationsmodelle im Krankenhaus. Pflegezeitschrift 69(10): 618–622

Thielhorn U (2012) Aspekte der Pflegebildung. In: Bechtel P, Smerdka-Arhelger I (Hrsg) Pflege im Wandel gestalten – Eine Führungsaufgabe. Springer, Berlin, S. 123–130

VPU – Verband der PflegedirektorInnen der Unikliniken (2016) Leitfaden Implementierung von Pflegefachpersonen mit Bachelorabschluss im Krankenhaus. VPU, Berlin

Wikipedia (2017) Ashbysches_Gesetz. https://de.wikipedia.org/wiki/Ashbysches_Gesetz. Zugegriffen: 14. März 2017

Wissenschaftsrat (2012) Empfehlungen zu hochschulischen Qualifikationen für das Gesundheitswesen. Drs 2411–2412. WR, Berlin

Zieher J, Ayan T (2016) Karrierewege von Pflegeakademikern – Ergebnisse einer bundesweiten Absolventenbefragung zu Ausbildung, Studium und Beruf. Pflege Gesellsch 21(1): 47–63

Wissensmanagement in Zeiten des Wettbewerbs – ein Plädoyer für die Wiederentdeckung der Pflege

Ingrid Smerdka-Arhelger

© Springer-Verlag GmbH Deutschland 2017
P. Bechtel, I. Smerdka-Arhelger, K. Lipp (Hrsg.), *Pflege im Wandel gestalten – Eine Führungsaufgabe*,
DOI 10.1007/978-3-662-54166-1_15

Viele der heute noch praktizierenden Pflegekräfte haben ihre pflegerische Laufbahn mit dem Standardwerk der Schweizerin Liliane Juchli begonnen, das erstmals Anfang der 70er Jahre des letzten Jahrhunderts als Buch aufgelegt und in der Folgezeit in gewissen Zeitspannen aktualisiert wurde. Die 8. und letzte Ausgabe erschien 1997. Zehn Jahre vorher war mit den „Elementen der Krankenpflege" von Roper, Logan und Tierney erstmals ein weiteres Pflegelehrbuch auf den deutschsprachigen Markt erschienen. Dieses Novum für die deutschsprachige Pflege hatte die zusätzliche Besonderheit, dass es sich um eine Übersetzung aus dem angelsächsischen Raum handelte und damit vielen deutschen Pflegenden erstmals ermöglichte, einen originären Einblick in die internationale Entwicklung der Pflege zu nehmen. Roper et al. läuteten in der deutschen Pflege nicht nur die Phase der Pflegetheorie-Debatten ein, sondern auch das Ende der Juchli-Ära und das Ende der Zeiten singulärer Standardwerke. In der Folgezeit traten Studien über die Wirksamkeit von pflegerischen Interventionen an die Stelle von erfahrungsgeleitetem Expertenwissen. Der Kokon, in dem die Wissensproduktion der deutschen Pflege lange stagnierte, bekam Risse. Für das Pflegemanagement erwuchsen neue Aufgaben im Umgang mit den ständig neu produzierten Erkenntnissen.

Die 1980er und 1990er Jahre stehen für eine Reihe pflegeinhaltlicher „Revolutionen" wie die Einführung der Validation und der Kinästhetik sowie des Bobath-Konzeptes in der Pflege, aber auch die endgültige Abschaffung von „Eisen und Föhnen" als Methode der Dekubitusprophylaxe. Sie stehen auch für das aus heutiger Sicht zum Scheitern verurteilte Unterfangen, die Pflegeplanung über die Krankenpflegeschulen und unter den Bedingungen der Funktionspflege einführen zu wollen wie auch für den Übergang zur Bereichspflege – wenngleich der häufig unter Beibehaltung der Funktionspflege stattfand. Parallel lief eine Welle der Entwicklung von Pflegestandards durch die Pflegeeinrichtungen und bildete den Boden, auf dem später die nationalen Expertenstandards entwickelt werden konnten. In den Krankenhäusern entstanden Bildungsabteilungen und Bildungsprogramme. Es wurde über Pflege und pflegerische Traditionen diskutiert. Resultat dieser Phase war die Schaffung der Pflegestudiengänge in den 1990er Jahren.

Die Pflegemanager standen vor der neuen Aufgabe, die Entwicklung von neuem Pflegewissen für ihre Einrichtungen zu steuern. Rückblickend kann festgestellt werden, dass es dem Pflegemanagement, in seiner Gesamtheit betrachtet, damals nicht gelang, diesen fachlichen Innovationsschub zu verstetigen. Es waren auch nicht in erster Linie Pflegemanager, die diese fachliche Entwicklung vorantrieben, wenngleich etliche das Engagement ihrer Mitarbeiter tolerierten, was sich darin ausdrückte, dass sie vielfach die fachliche Entwicklung den Krankenpflegeschulen oder später ihren Stabsstellen überließen. Dass Führung auch oder gerade dem Ziel dient, fachliche Resultate mit ökonomischen Zielen zu verbinden und sie in den Kontext der Gesamtstrategie einer Gesundheitseinrichtung zu setzen, wurde zu der Zeit wenig verstanden. In den klassischen Ausbildungen zu Pflegedienstleitungen war dieses kein Gegenstand, ein Zustand, der sich leider noch lange in den Pflegemanagementstudiengängen gehalten hat. In der Folge spielte und spielt sich die Weiterentwicklung von Pflegefachlichkeit teilweise bis heute noch vielfach ungesteuert auf der Ebene der Stationen oder Abteilungen ab – oder stagniert dort vor sich hin. Pflegemanagement, in der Regel bereits ab der Ebene der Abteilungsleitungen, versuchte im Orchester der Gesamtorganisation Krankenhaus mitzuspielen, weniger als **Pflege**manager, sondern im Bemühen, bessere Betriebswirte, Prozessmanager oder Personalleitungen zu sein. Aus Sicht der Autorin liegt hier noch ein interessantes Forschungsfeld, um die heutige Lage besser verstehen und verändern zu können.

15.1   Warum muss Pflegewissen in Gesundheitseinrichtungen gemanagt werden?

Parallel zur Entfremdung des Pflegemanagements von der Pflege ermöglichten die Entwicklung des Internets und pflegerischer Datenbanken einerseits den unkomplizierten Zugriff auf internationale Forschungsergebnisse, andererseits waren der Nutzung Grenzen gesetzt, weil der Leserkreis wegen der Englischsprachigkeit der Studien begrenzt war. Evidence-based Nursing galt einerseits als neues Kapitel im Zugang zu forschungsbasiertem Pflegewissen. Andererseits wurde es verkürzt als die neue Form des Wissenserwerbs für den pflegerischen Alltag dargestellt. Vereinzelt gab es sogar pflegerische Arbeitsgruppen in Krankenhäusern, die sich mühsam durch englische Studien arbeiteten. Mit Wissensmanagement hatte das wenig zu tun. Längst ist die Vielzahl der produzierten Meinungen und Forschungsergebnisse individuell nicht mehr zu bewältigen, schon gar nicht von den Pflegepraktikern auf den Stationen. Auch weiß man heute, dass sich mit der Zunahme des neu produzierten Wissens dessen Halbwertzeit halbiert und dass Meta- oder Reviewstudien zur Bewertung der Vielzahl von Einzelstudien erforderlich sind. Kenntnisse, die heute neu sind, sind in 3–5 Jahren möglicherweise widerlegt, modifiziert und wertlos.

2005 hat Eva-Maria Panfil auf der 2. Internationalen Konferenz zum damals für die deutsche Pflege noch relativ neuen Thema Evidence-based Nursing beschrieben, dass Allgemeinmediziner täglich 19 Artikel lesen müssten, um in ihrem Fachgebiet auf dem Laufenden zu bleiben und dass sich bereits damals in der pflegerischen Datenbank CINAHL ca. 700.000 Einträge aus 1600 Zeitschriften befanden. Sie wies in ihrem Vortrag darauf hin, dass, wenn jedes dieser Journale nur einmal jährlich mit 10 Beiträgen erscheinen würde, dieses schon 16.000 Neueinträge jährlich wären. Und sie stellte die provokante Frage: Wie viele Fachartikel Pflegende denn pro Woche läsen?

Es ist eine Sache, wenn nach wie vor geklagt oder festgestellt wird, dass Pflegende in Deutschland im Gesundheitswesen nicht an der Spitze stehen, wenn es um selbstfinanzierte Fortbildungen, das Abonnieren von Fachzeitschriften oder das Studieren von Forschungsergebnissen geht. Die andere Sache ist aber, wie oben ausgeführt, dass selbst engagierte Pflegende, die im Berufsleben stehen, den Anspruch auf einen Überblick über den aktuellen Forschungsstand längst nicht mehr erfüllen können, und es ist auch nicht ihre Aufgabe. Es liegt im Wesen individueller Bildung, dass sie von persönlichen Interessen geprägt und davon abhängig ist, was angesichts der Fülle von Material zufällig in die Hände einer Pflegekraft gelangt, die strategische Ausrichtung einer Einrichtung oder eines Krankenhauses findet über diesen Weg keinesfalls statt. Dennoch wird in vielen Krankenhäusern und Pflegeeinrichtungen nach diesem Zufallsprinzip verfahren. In der heutigen Zeit führt kein Weg daran vorbei, dass sich das Management eines Unternehmens strukturiert mit der Aufgabe der wissensbasierten Strategieentwicklung befasst. Und wer, wenn nicht die Pflegemanager, wären prädestiniert, die Pflegestrategie als Bestandteil der Gesamtstrategie einzubringen?

Wissensmanagement umfasst somit mehr als die Genehmigung individueller Fortbildungen oder das Erfragen von Fortbildungsgepflogenheiten von Mitarbeitern. Kein vernünftiges Unternehmen, das sich am Markt halten will, würde seine fachliche Strategie davon abhängig machen, was seine Mitarbeiter so zufällig an Fachliteratur in die Hände bekämen. Kein ökonomisch handelndes Unternehmen bezahlt Fortbildungen für Mitarbeiter, deren Nutzen im Unklaren bleibt. Ein Krankenhausmanagement, das so agierte, hätte und hat damit für seine pflegerische Ausrichtung und sein Qualitätsniveau nichts gewonnen, aber seinen Bildungsetat verbrannt.

15.2 Worum geht es beim Wissensmanagement?

Definition

„Wissensmanagement beschäftigt sich mit dem Erwerb, der Entwicklung, dem Transfer, der Speicherung sowie der Nutzung von Wissen. Wissensmanagement ist weit mehr als Informationsmanagement. *Information* ist die notwendige Voraussetzung zur Generierung von Wissen. … Unternehmensinterne und -externe Informationen werden von den einzelnen Organisationsmitgliedern wahrgenommen und selektiert. Der Erwerb von Wissen kommt erst durch die Interpretation dieser Informationen und die Verknüpfung mit bereits vorhandenem Vorwissen zustande. … Heutzutage gilt in Unternehmen insbesondere implizites Wissen als Quelle nachhaltig verteidigungsfähiger Wettbewerbsvorteile. Es ist besonders schwer imitierbar, falls es gelingt, dieses Wissen in Wissensmanagementprozessen organisatorisch zu verankern" (Gabler Wirtschaftslexikon 2017).

Es geht also um die Frage, wie Gesundheitsorganisationen es schaffen, neue Forschungsergebnisse und Verfahren, die für ihre Einrichtung von Bedeutung sind, zu identifizieren, sie in ihrer Relevanz zu bewerten, und wie sie sie an vorhandenes Wissen in den entsprechenden Bereichen andocken und verankern können. Und es geht um die Prozesse, mittels derer dies geschieht. Die Weiterleitung der schlichten Information zu einer Neuerung reicht nicht aus, wenn es um größere Änderungen geht und wenn Nachhaltigkeit das Ziel ist. Die dritte Säule ist die Erfassung und Kultivierung vorhandenen Wissens, um vorhandene Effizienz und hohe Qualität als Wettbewerbsvorteil zu erhalten oder auszubauen.

Nach Probst und Romhardt (1997) kann Wissensmanagement auch im Sinne eines Organisations- und Personalentwicklungskonzeptes

» ... als die pragmatische Weiterentwicklung von Ideen des organisationalen Lernens verstanden werden. Im Zentrum des Interesses steht die Verbesserung der organisatorischen Fähigkeiten auf allen Ebenen der Organisation durch einen besseren Umgang mit der Ressource „Wissen". Wissensmanagement beschäftigt sich mit jenem Teil der Lernprozesse, die als gestaltbar angesehen werden. Wissensmanagement versucht, Führungskräften Ansatzpunkte für gezielte Interventionen in die organisatorische Wissensbasis zu liefern, und entwickelt zu diesem Zweck Konzepte und Methoden. (Probst und Romhardt 1997)

15.3 Wissen identifizieren und verankern

Es geht aber auch um den zweiten Aspekt des Wissensmanagements: Wie erfassen Organisationen das an bestimmten Stellen vorhandene, für die Gesamtorganisation relevante Wissen? Und mit welchen Verfahren transportieren sie es an andere Stellen? Angesichts der Größe des pflegerischen Personalkörpers ist dieses keine triviale Herausforderung. Allein das Dauerthema der Dekubitusprophylaxe oder die

vielfältigen Versuche, nationale Expertenstandards einzuführen, legen beredtes Zeugnis von den Schwierigkeiten ab, das Erreichen bestimmter Pflegeziele über einen dauerhaften Zeitraum sicherzustellen. Ohne IT-gestützte Verfahren, die eine Validierung der Ergebnisse ermöglichen, wird es ohnehin bei den wenig wirksamen Sisyphus-Methoden bleiben und damit versanden.

» Die (Ver-)Teilung von Erfahrungen in der Organisation ist die zwingende Voraussetzung, um isoliert vorhandene Informationen und Erfahrungen für die gesamte Organisation nutzbar zu machen. (Probst und Romhardt 1997)

Probst und Romhardt setzen damit voraus, dass einzeln vorliegende Erfahrungen für die Gesamtorganisation nicht nur nützlich sind, sondern dass es effizienzensteigernd ist, wenn positive oder negative Erfahrungen verbreitet werden. Im ersten Fall steigert es unmittelbar die Effizienz, im zweiten verhindert es Ressourcenverschwendung oder vermeidet Schadensfälle. Allein deshalb ist es erforderlich, dass sich das Pflegemanagement dafür interessiert, wie die Pflegenden pflegen und was dabei rauskommt, und diese Erfahrungen – positive wie negative – für hinreichend wertvoll einschätzt, sie anderen zur Verfügung zu stellen. Der Effekt eines intelligenten Wissensmanagements liegt genau darin, auf Wissen beruhende Alleinstellungsmerkmale zu entwickeln, die im Wettbewerb nicht einfach zu kopieren sind. Voraussetzung hierfür ist die Einsicht und Haltung im Management, dass fachlich fundierte Pflege, die wissenschaftliche Erkenntnisse integriert, einen höheren wertschöpfenden Beitrag leistet als Pflege, die in veralteten Routinehandlungen stecken bleibt.

15.4 Schere zwischen Theorie und Praxis

Pflegende stellen in der Gesundheitsbranche die größte Berufsgruppe. Insofern könnte man vermuten, dass auf deren effizienten Einsatz und auf die Ergebnisse dieses Einsatzes ein gewisses Augenmerk gerichtet würde, sowohl in ökonomischer Hinsicht als auch in Hinblick auf das gewünschte Ergebnis. Theoretisch soll diese Berufsgruppe schließlich 24 Stunden am Tag, 7 Tage die Woche und 365 Tage im Jahr sicherstellen, dass

- Patienten in Krankenhäusern oder Pflegeeinrichtungen keine unnötigen Komplikationen erleiden,
- ihre Alltagskompetenz erhalten und die Risiken, die mit den jeweiligen Erkrankungen oder der einsetzenden Gebrechlichkeit einhergehen, frühzeitig erkannt und auf das mögliche Minimum reduziert werden,
- bei der Überleitung in nachfolgende Pflegeeinrichtungen alle pflegerelevanten Informationen weitergeleitet werden und
- bei direkter Entlassung nach Hause die selbstpflegerischen Handlungen der Patienten gebahnt sind.

Soweit die Theorie. Ein Großteil der Pflegenden würde diesen Aufgaben auch gern nachkommen, in Wahrheit sind sie deshalb Pflegende geworden. Faktisch sind sie jedoch mit dem überwiegenden Anteil ihrer Arbeitszeit mit bürokratischen Tätigkeiten wie der formalen Organisation von Aufnahmen und Entlassungen von Patienten, der Organisation der diversen diagnostischen und therapeutischen Interventionen sowie dem Nachvollziehen von organisatorischen Veränderungen beschäftigt. Tausende von Pflegekräften dokumentieren im 21. Jahrhundert noch von Hand ihre pflegerischen Maßnahmen und übertragen in Nachtdiensten oder an Wochenenden händisch Pflegemaßnahmen und ärztliche Anordnungen auf neue Papierbögen. Pflege wird damit im günstigsten Fall systematisch auf akute Kriseninterventionen bei Patienten und auf Improvisationen mit hohem Zeit- und Kräfteverschleiß reduziert, die auf chronisch organisatorisches Missmanagement zurückzuführen sind. Faktisch ist die Arbeit mit den Patienten (was wird mit welchem Ergebnis gemacht) in der Mehrzahl der Krankenhäuser nach wie vor weder Gegenstand von Übergaben zwischen den Schichten (Lauterbach 2006), geschweige denn Thema der Besprechungen der Stationsleitungen mit ihren Abteilungsleitungen oder Pflegedirektoren. Stattdessen wird über Fallzahlen,

Budgets, Organisationsveränderungen und Terminmanagement gesprochen, Aspekte, die den Rahmen bilden, in dem Pflege stattfindet.

Nicht wenige Pflegemanager haben kapituliert und das Feld Pflege längst aus den Augen verloren. Stattdessen wurde in den letzten Jahren begonnen, es in „Case Management" umzudefinieren. Wenn Case Management aber nicht synonym mit Primary Nursing gesetzt wird, was selten der Fall ist, bezieht es sich nur noch auf das Segment des professionelleren Organisierens der Durchlaufzeiten der Patienten. Pflege als effiziente und gleichzeitig sorgende und genesungsunterstützende Tätigkeit im Kontakt mit dem Patienten kommt dabei gar nicht mehr vor. Und so schließt sich der Kreis:

> » Es ist eine bekannte Tatsache, dass dem, was gemessen und überwacht wird, im Unternehmen der Vorrang gegeben wird. In der Regel stehen hierbei Umsatz, Gewinn, Investitionen und Effizienz/Effektivität im Vordergrund. Die Wahrnehmung ist auf diese Indikatoren eingeengt – und gibt ihnen somit den Vorrang. (Pawlowsky und Reinhard 1997, S. 152)

Es ist bemerkenswert, wie viele Pflegemanager glauben, sich den Luxus erlauben zu können, auf die Steuerung der fachlichen Effizienz der Pflege verzichten zu können.

Während das Berufsbild der Pflege sich aus drei Segmenten zusammensetzt, nämlich

- der eigenständigen pflegerischen Versorgung der Patienten,
- der Übernahme ärztlich veranlasster Maßnahmen und
- der Organisation des Behandlungsprozesses

liegt in vielen Kliniken der Schwerpunkt der Arbeit von Pflegekräften auf der Prozesssteuerung und in der Restzeit auf der Übernahme ärztlich veranlasster Maßnahmen (- Abb. 15.1).

Solange die Kernaufgaben von Pflege für das Pflegemanagement keine Kernaufgaben sind, solange wird die Pflege aus der eigenen Berufsgruppe ausgehöhlt, solange wird auch das Management des Pflegewissens eine unbedeutende Rolle spielen.

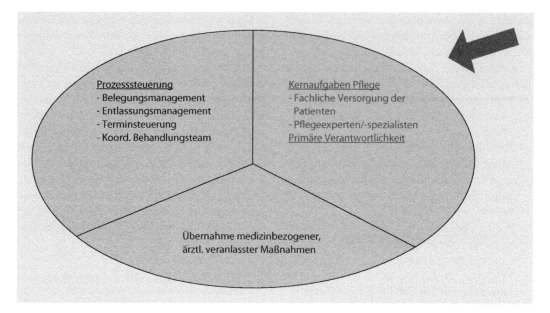

◘ **Abb. 15.1**   Rolle der Pflege

15.5   Wissen managen ist noch die Ausnahme

Außerhalb des Gesundheitssektors ist das Thema Wissensmanagement schon lange ein Thema. So stellten Probst und Romhardt schon 1997 fest:

❱❱ Es ist erstaunlich, dass ein breiter Konsens über die Bedeutung von Wissen oder „intellectual capital" für den Erfolg von Unternehmen in der „Wissensgesellschaft" besteht und trotzdem Wissen so schlecht „gemanagt" wird. Während einige Unternehmen schon seit längerem die Position eines Chief Knowledge Officers (CKO) kennen oder über andere Maßnahmen das Thema Wissensmanagement in der Aufbauorganisation verankern, ist die Diskussion in den meisten Unternehmen heute noch von Sprachlosigkeit gekennzeichnet. Klar definierte Managementrollen oder Organisationsstrukturen zum besseren Management der Ressource Wissen sowie eine gemeinsame „Wissenssprache" fehlen heute noch in nahezu allen Firmen, die wir untersucht haben. ... Die Akzeptanz wächst in der Praxis parallel zum Leidensdruck. (Probst und Romhardt 1997, S. 130 ff).

Heute, 20 Jahre nachdem Probst und Romhardt dieses geäußert haben, muss man für den Pflegebereich sogar konstatieren, dass die zaghaften Bemühungen der innerbetrieblichen Fortbildungen der 1990er Jahre den Rationalisierungsbestrebungen und der Kostenreduktion zum Opfer gefallen sind. – Eine Professionalisierung von Wissensmanagement im Sinne einer „Verbesserung der organisationalen Fähigkeiten auf allen Ebenen der Organisation durch einen besseren Umgang mit der Ressource ‚Wissen'" (Probst und Romhardt 1997, S. 130) hat nicht stattgefunden.

Es gibt aber mittlerweile auch Krankenhäuser, die sich das universitäre oder an Fachhochschulen gewonnene Wissen zu Nutze machen und z. B. mit Hilfe des Konzeptes Advanced Nursing Practitioner (ANP) erste Erfahrungen sammeln. Andere kooperieren mit Hochschulen und ermöglichen das Durchführen von Studien. Diese Einrichtungen werden angesichts des engen Arbeitsmarktes mit Sicherheit einen Wettbewerbsvorteil haben, wenn es um Mitarbeiterbindung und -gewinnung geht.

Nach wie vor reagieren aber zu viele Pflegemanager auf die Herausforderung, neue Forschungserkenntnisse mit dem vorhandenen Wissen in der Organisation zu verbinden, im ersten Schritt so, dass sie an die Eigenverantwortung der Pflegekräfte

15.6 · Was kann von anderen Branchen und von der Pflege im Ausland gelernt werden?

155

15

appellieren, sich eigenständig in ihrer Freizeit fort-zubilden bei gleichzeitiger Kürzung der Bildungs-budgets in den Einrichtungen. Die Frage der fach-lichen Entwicklungsrichtung der Pflege in einem Krankenhaus oder einer Pflegeeinrichtung lösen sie damit nicht.

15.6 Was kann von anderen Branchen und von der Pflege im Ausland gelernt werden?

Um den Nachholbedarf der Pflegebranche in Deutschland zu ermessen, ist es nützlich, einen Blick in andere Bereiche außerhalb des Gesundheitssek-tors zu werfen: In vielen Unternehmen besteht die Aufgabe des Wissensmanagements „nur" darin, das Nebeneinander von Daten, die über IT-Systeme bereitgestellt werden, mit dem Wissen, welches über die Ausbildungen erworben wird, und dem Wissen, das auf Forschungsergebnissen basiert, zusammenzuführen.

Wie sieht es hingegen in der Pflege aus? In vielen Einrichtungen liegen kaum Daten zu Art und Umfang von Fortbildungen von Pflegenden vor, von Daten zu Pflegeergebnissen oder zum Zusammenhang von Interventionen und Ergebnis-sen ganz zu schweigen. Auch fehlen die Menschen, die – bei vorhandenen Zahlen – diese auswerten und in die Bereiche zurückspiegeln und damit die systematische Spirale der fachlichen Entwicklung in Gang setzen. Die Ausbildungsbereiche führen in der Regel mittlerweile – begünstigt durch die Zen-tralisierungen von Pflegeschulen – ein Eigenleben und Forschungsergebnisse gelangen immer noch zu wenig in die Pflege. Selbst große Träger verfü-gen in der Regel nicht über einen Forschungsbe-reich Pflege, und die Zusammenarbeit mit Hoch-schulen ist trotz einiger Kooperationen nach wie vor gering ausgeprägt.

Dass dieser Zustand nicht grundsätzlich dem Pflegeberuf inhärent ist, belegt die Entwicklung der Magnetkrankenhäuser in den USA. Vielmehr handelt es sich um eine spezifische Phase der deut-schen Pflegeentwicklung mit einer immer noch jungen Pflegewissenschaft, die zusätzlich unter der Ökonomisierung der Gesundheitsbranche leidet. In den USA, die eine ähnliche Entwicklung durchlaufen haben, ist daraus die Magnet-Hospital-Entwicklung

entstanden. 2002 wurden im Rahmen der Überarbei-tung des Zertifizierungsverfahrens für den Magnet-status von Krankenhäusern oder Pflegeeinrichtun-gen die Ziele

» um folgende Punkte erweitert:
  - Qualität in Umfeldern zu fördern, die professionelles Arbeiten ermöglichen und fördern
  - Pflegerische Exzellenz für Patienten und Klienten zu definieren
  - Best practice in der pflegerischen Dienstleistung zu verbreiten

Insbesondere die zentrale Stellung der Pflegeergebnisse macht einen qualitativen Fortschritt in der Professionalisierung aus. Die Pflegenden übernehmen die Verantwortung für ihren Beitrag in der Gesundheitsent-wicklung der Patienten und sie bedienen sich dazu aktueller Forschungsergebnisse. … Magnetkrankenhäuser zeichnen sich dadurch aus, dass es dem Management gelingt, über einen längeren Zeitraum eine Kultur zu etablieren, in der professionelles, ergebnisorientiertes und wirtschaftliches Arbeiten keine unauflöslichen Widersprüche bilden, sondern in einen konstruktiven, sich befruchtenden Prozess überführt werden, der täglich wieder auf das Neue auf dem Prüfstand steht. Dieser Prozess umfasst das gesamte Krankenhaus und keineswegs nur die Pflege. – Aber in diesen Krankenhäusern wird der Pflege Raum für die gebührende Rolle im Genesungsprozess der Patienten gegeben. (Smerdka-Arhelger 2008)

Dieser Status ist der US-amerikanischen Pflege kei-neswegs in den Schoß gefallen. Die Pflegemanager in den USA haben ihre Geschäftsführer inhaltlich mit Zahlen und Fakten über die Beiträge der Pflege zur effizienten Versorgung überzeugen können. Das funktionierte deshalb, weil sie diesen Beitrag und die Wirkung ihrer Mitarbeiter für das Gesamtergebnis des Krankenhauses konkret in den Fachgebieten kannten – sich ein System geschaffen hatten, mittels dessen sie dieses erfahren und steuern konnten – und somit qualitativ und quantitativ Belege vorwei-sen konnten, und weil sie die pflegerischen Beiträge nicht in Abgrenzung zu anderen Berufsgruppen, sondern als Beitrag der Pflege zum Gesamtergebnis der Organisation betrachten und einbringen. Natürlich war und ist dazu die Zusammenarbeit mit Universitäten und Forschungseinrichtungen unabdingbar. Diese Pflegemanager haben nichts anderes getan, als Pflege samt dem dazu gehörigen Wissen zu managen und in den Gesamtprozess des Krankenhauses einzubringen. Im Journal of Nursing Administration beschreibt Drenkard (2010) den Business Case der Magnetkrankenhäuser, wobei jede Aussage mit Zahlen und Forschungsergebnissen wissenschaftlich belegt ist, die aus Gründen der Übersichtlichkeit weggelassen worden sind:

Business Case der Magnetkrankenhäuser (aus Drenkard 2010)
- Return on investment
- Opportunities: The Evidence
- Human resources
  - Increased RN[1] retention and lower nurse burnout
  - Decreased RN vacancy rate and RN turnover rate
- Cost
  - Reduction in RN agency rates
  - Reduction in staff needlestick rates
  - Reduction in staff musculoskeletal and other injuries
  - Marketing return on investment-publication in lieu of ads
- Service
  - Increased patient satisfaction
  - Increased RN satisfaction
- Quality and safety
  - Decreased mortality rates
  - Decreased pressure ulcers
  - Decreased falls
  - Patient safety and improved quality

[1] RN = Registered Nurse

Ohne eine Führungskultur, die den fachlichen Beitrag ihrer Mitarbeiter zu schätzen weiß (Smerdka-Arhelger 2010), wird das Wissensmanagement zu

keinem Baustein und entstehen im Gesamtgebäude erhebliche Lücken.

Diejenigen Pflegemanager, die sich heute dieser Aufgabe stellen, merken schnell, dass Wissensmanagement in Krankenhäusern keine triviale Aufgabe ist. Krankenhäuser gehören zu den hochkomplexen Systemen. Das betrifft nicht nur die „Produktionsabläufe", sondern auch die Subjekte, die Patienten, die diese Dienstleistung in Anspruch nehmen.

Durch die kurzen Verweildauern arbeiten Pflegekräfte mit mehr Menschen in kürzerer Zeit und für kürzere Zeit. In Krankenhäusern behandeln Pflegende im Wesentlichen nur noch Menschen im akuten Stadium ihrer Erkrankung, Menschen, die in kurzer Zeit durch viel Diagnostik und Therapie geschickt werden, die nicht nur körperlich, sondern auch persönlich sehr unterschiedlich darauf reagieren. Menschen, deren Ansprüche an die Gesundheitsversorgung steigen. Zum Alltag gehört, neue medizinische Diagnostik- und Therapieansätze zu integrieren. Das hohe Alter der Patienten erfordert mehr Hilfebedarf und verlangt entsprechend dem körperlichen und kognitiven Zustand der Patienten eigentlich eine Entschleunigung.

15.7   Fachkompetenz ist überlebensnotwendig für die Einrichtung

All dieses verlangt im Klinikalltag hohe pflegerische Erfahrung und hohe Fachkompetenz, damit bei den kurzen Kontaktzeiten keine Risiken übersehen und dennoch auf den individuellen Patienten bezogen die wirksamste Lösung gefunden wird. Pflegerische Entscheidungen im Klinikalltag sind also keineswegs banal, sondern von beachtlicher, lebensbeeinflussender Tragweite für die Patienten und die Wirkung der medizinischen Therapie, manchmal mit lebenslänglichen Auswirkungen, vielfach in sehr persönlichen und intimen Bereichen. Pflegende entscheiden durch ihre Zeiteinteilung, wie sie mit Schmerzen des Patienten umgehen, wann und ob sie Medikamente verabreichen oder einen Arzt holen, ob Hygienerichtlinien eingehalten oder ob Infektionen in Kauf genommen werden.

Scheinbar banale Fragen, wie ausreichende Flüssigkeitszufuhr, ausreichende Ernährung oder fachgerechte Unterstützung bei Ausscheidungsproblemen, entscheiden über Lebensqualität und/oder dauerhafte Schäden, wenn sie routinemäßig und/oder falsch entschieden werden.

In arbeitswissenschaftlichen Begriffen ausgedrückt beinhaltet die tägliche Arbeitspraxis ein ständiges Treffen von Entscheidungen unter Zeitdruck und von großen Tragweiten, in hochkomplexen nicht routinemäßig durchstrukturierbaren Arbeitskontexten, mit einem hohen Unsicherheitsfaktor, was die Vorhersagbarkeit der Ergebnisse betrifft. Pflegende bewegen sich am Schnittpunkt zwischen der Anwendung von Regelwissen und individuellem Fallverstehen.

Spätestens seit Benners Buch *Stufen zur Pflegekompetenz – From Novice to Expert* 1994 erschien, wird auch in Deutschland das Thema Intuition, und zwar der wissensbasierten reflektierten Intuition der Experten diskutiert. Voraussetzung für die Wissensbasierung ist allerdings, dass die Experten über genügend aktuelles Fachwissen, über langjährige praktische Erfahrung im Fachgebiet, über Raum für Reflektion über ihr Handeln verfügen und sich über Netzwerke austauschen können – Rahmenbedingungen, die heute die Ausnahme sind. In diesen Prozessen dafür zu sorgen, dass die Pflegenden das erforderliche Wissen haben, um richtig priorisieren und die fachlich richtigen Schlüsse ziehen zu können, ist hohe Kunst des Managements.

15.8 Wissensmanagement ist eine Managementaufgabe

Pflegemanager, die sich dieser Aufgabe stellen, müssen folgenden von Probst und Romhardt beschriebenen Zustand verändern:

» Tatsächlich herrscht in vielen Großunternehmen Unklarheit darüber, wo welche Experten mit welcher Expertise sitzen und an welchen Projekten innerhalb der Organisation z. Zt. gearbeitet wird. Restrukturierungen, Lean-Management und Reengineering-Aktivitäten erhöhen in vielen Fällen noch die Intransparenz, da sie effiziente informelle Netze auseinanderreißen. (Probst und Romhardt 1997)

Die Entscheidung, pflegerisches Wissen zielgerichtet zu verbreiten und zu nutzen, ist wie ausgeführt in erster Linie eine Frage der Haltung der Pflegemanager und der Unternehmenskultur und dann in zweiter Linie eine Frage der Instrumente. Brandenburg (2005) verweist auf diverse Studien, die er im Ergebnis wie folgt zusammenfasst: Es sind vor allem vier Merkmale wichtig für die Umsetzung von Forschungsbefunden:

- Charakteristika der Pflegeperson (z. B. Informationsstand, Einstellungen gegenüber Forschung)
- Charakteristika der Organisation (z. B. Offenheit für Forschung bzw. ein innovatives Klima, welches Veränderungen ermöglicht)
- Charakteristika der Forschungsarbeiten (z. B. Verständlichkeit, Übertragbarkeit, Praxisbeispiele)
- Charakteristika des Zugangs zu Forschungsergebnissen (z. B. Erreichbarkeit, Verfügbarkeit) (Brandenburg 2005)

Die ersten beiden Punkte und der 4. Punkt sind durch das Pflegemanagement beeinflussbar.

Die Einführung neuen Wissens geht immer einher mit Veränderungsprozessen, die je nach Umfang der Veränderung Zeit brauchen. Probst und Rombach verweisen zu Recht darauf, dass Wissensimport wenngleich erforderlich doch immer ein zweischneidiges Schwert ist.

» Zum einen sollen neue Ideen in der Organisation verfügbar gemacht werden, um interne Routinen zu verändern, gleichzeitig kann aber das Neue seine Wirkung nur entfalten, wenn es anschlussfähig bleibt. Der Grad der Fremdheit beeinflusst somit die Abstoßungswahrscheinlichkeit der neuen Ideen. (Probst und Rombach 1997)

Das liegt quer zu den heutigen Praktiken des Managements, wonach jegliche Art von Neuerung immer schon gestern umgesetzt worden sein soll. In diesem Fall liegt der Fehler nicht bei den Mitarbeitern, sondern im Management. „Wenn in einem Unternehmen eine harsche Umorganisation gemacht werden muss, dann heißt das nichts anderes, als dass man jahrelang geschlafen hat" (Rosenstiel und Conelli 2003). Oder anders ausgedrückt:

>> Wer die Evolution verpasst, holt sich die Revolution ins Haus. Daraus folgt, dass es bei Veränderungsprozessen ein wichtiger erster Schritt sein muss, bei den Betroffenen und Beteiligten das Veränderungsbewusstsein (readiness for change) zu prüfen und ggf. aufzubauen. (Rosenstiel und Conelli 2003)

Ungeduld ist bei der Steuerung von Veränderungen kein guter Berater. Und ein Weiteres gehört dazu: Veränderungen werden erfolgreicher, wenn sie auf Kernthemenkonzentriert werden, die dann allerdings nachhaltig verfolgt und in das Reporting aufgenommen werden müssen.

>> Organisationen werden nie alle Selektionsprozesse managen können und das wäre auch nicht sinnvoll. Für Kernbereiche der organisationalen Wissensbasis sollten allerdings Anstrengungen zur Selektion und Dokumentation getroffen werden. (Probst und Rombach, S. 140)

15.9   Welche Wege könnten zur Lösung eingeschlagen werden?

An der Universität Iowa ist Ende der 1990er Jahre das in - Abb. 15.2 dargestellte Vorgehen entwickelt worden.

Auslöser (= Trigger) für wissensbasierte Änderungen sind entweder Probleme, die z. B. durch das Risikomanagement ausgelöst werden (internes Wissen), oder aber neue Erkenntnisse aus der Forschung (externes Wissen).

Damit diese Trigger wirksam werden können, muss es Menschen in der Organisation geben, deren Aufgabe es ist, diese Auslöser systematisch zu erfassen. Und es ist unerlässlich, einen strukturierten Weg und Gremien zu haben, durch die die weiteren Prüfungen und Entscheidungen herbeigeführt werden. Pilotierungen sollten bei allem Pragmatismus systematisch durchgeführt und bewertet werden, bevor ganze Abteilungen oder das gesamte Personal in

die Neuerung einbezogen werden. Die Praktikabilität und der Nutzen müssen für die Anwender deutlich sein. Ein häufiger Fehler ist, dass es immer ganz schnell gehen soll und der Prozess ins Stocken gerät, weil den Menschen nicht die erforderliche Zeit gelassen wird, um Neues zu integrieren. Wissensmanagement ist eng verknüpft mit der Fähigkeit und der Erfahrung von Organisationen in Veränderungsprozessen.

Das Iowa-Modell zeigt einen Weg, auf dem die Transparenz der Entscheidungsprozesse, der Ergebnisse und damit der Sprachfähigkeit zu pflegerischen Entscheidungen gefördert werden kann. Es kann Denkanstöße und Anregungen zur Lösung im strukturellen Umgang mit pflegewissenschaftlichem Wissen im pflegerischen Alltag geben. Es ist ein relativ schlankes Verfahren und es entlastet die Pflegenden vor Ort, denn es packt die Entscheidungsaufgabe dahin, wo sie strukturell hingehört – ins Pflegemanagement.

Pflegefachlichkeit zu stärken, ist zweifelsohne eine Managementaufgabe, aber sie stärkt auch das Pflegemanagement, weil es dadurch sprachfähig gemacht wird und dadurch das Gesamtmanagement der jeweiligen Gesundheitseinrichtung um den Faktor des pflegerischen Beitrags bereichern kann.

15.10   Fazit

Es gibt keinen Grund, dass Pflegekräfte ihr Können und ihre Leistungen verstecken. Der Beitrag der Pflege, egal ob im Krankenhaus in hoch akuten Krankheitsphasen oder in der pflegerischen Nachsorge, ob in der ambulanten oder in der stationären Betreuung oder bei der Sterbebegleitung, ist von nicht ersetzbarer gesellschaftlicher Bedeutung. Seine volle Wirkung erreicht er, wenn er unter Ausnutzung vorhandener pflegerischer Forschungsergebnisse in Kooperation mit den Ärzten und anderen Gesundheitsberufen erbracht und dargestellt wird. Es ist mehr als kontraproduktiv, wenn noch zu viele Pflegemanager in Deutschland es nicht als ihre Aufgabe ansehen, **Pflege** zu managen, deren Wirkungsgrad zu erheben, an seiner Optimierung zu arbeiten und diesen Beitrag in die Gesamtstrategie der Institutionen einzubringen. Noch zu viele Pflegemanager scheinen bei ihrem „Marsch durch die Institutionen"

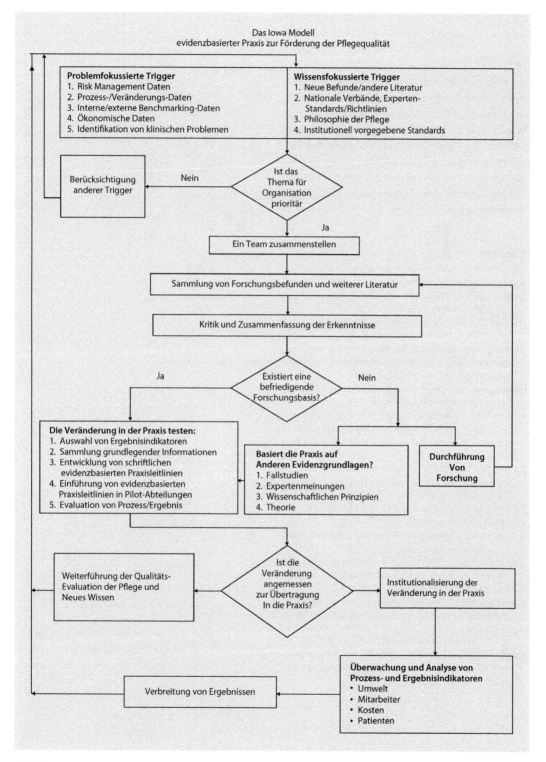

Das Iowa Modell
evidenzbasierter Praxis zur Förderung der Pflegequalität

Problemfokussierte Trigger
1. Risk Management Daten
2. Prozess-/Veränderungs-Daten
3. Interne/externe Benchmarking-Daten
4. Ökonomische Daten
5. Identifikation von klinischen Problemen

Wissensfokussierte Trigger
1. Neue Befunde/andere Literatur
2. Nationale Verbände, Experten-Standards/Richtlinien
3. Philosophie der Pflege
4. Institutionell vorgegebene Standards

Berücksichtigung anderer Trigger

Nein

Ist das Thema für Organisation prioritär

Ja

Ein Team zusammenstellen

Sammlung von Forschungsbefunden und weiterer Literatur

Kritik und Zusammenfassung der Erkenntnisse

Ja

Existiert eine befriedigende Forschungsbasis?

Nein

Die Veränderung in der Praxis testen:
1. Auswahl von Ergebnisindikatoren
2. Sammlung grundlegender Informationen
3. Entwicklung von schriftlichen evidenzbasierten Praxisleitlinien
4. Einführung von evidenzbasierten Praxisleitlinien in Pilot-Abteilungen
5. Evaluation von Prozess/Ergebnis

Basiert die Praxis auf Anderen Evidenzgrundlagen?
1. Fallstudien
2. Expertenmeinungen
3. Wissenschaftlichen Prinzipien
4. Theorie

Durchführung Von Forschung

Weiterführung der Qualitäts-Evaluation der Pflege und Neues Wissen

Ist die Veränderung angemessen zur Übertragung In die Praxis?

Institutionalisierung der Veränderung in der Praxis

Verbreitung von Ergebnissen

Überwachung und Analyse von Prozess- und Ergebnisindikatoren
• Umwelt
• Mitarbeiter
• Kosten
• Patienten

◻ **Abb. 15.2** Das Iowa-Modell evidenzbasierter Praxis zur Förderung der Pflegequalität. (Mod. nach Titler et al. 2001)

offenbar „vergessen" haben, warum sie sich dort hin
auf den Weg gemacht haben.

Fazit

Die Pflegewissenschaft kann Pflegemanager mittlerweile mit fundierten Forschungsergebnissen
versorgen. Sie müssen sich derer nur bedienen und
ihnen den Weg in den Alltag bahnen. Voraussetzung
dafür ist, dass Pflegemanager Pflegeergebnisse für
hinreichend bedeutungsvoll finden, sodass sie ihnen Aufmerksamkeit schenken und dabei vielleicht
das Bedeutende und Faszinierende der Pflege
wiederentdecken.

Literatur

Benner P (1994) Stufen zur Pflegekompetenz. Huber, Bern
Brandenburg H (2005) Wie gelangt neues Wissen in die Praxis
    der Pflege. PrinterNet.info 7(9)
Drenkard K (2010) The business case for Magnet. J Nurs Admin
    (JONA) 40(6): 263–271
Gabler Wirtschaftslexikon (2017) Wissensmanagement. http://
    wirtschaftslexikon.gabler.de/Definition/wissensmanage-
    ment.html. Zugegriffen: 15. März 2015
Lauterbach A (2006) Organisation und Qualität von Dienst-
    übergaben. PrinterNet.info 8(3)
Pawlowsky P, Reinhardt R (1997) Wissensmanagement: Ein
    integrativer Ansatz zur Gestaltung organisationaler Lern-
    prozesse. In: Handbuch Lernende Organisation. Gabler,
    Wiesbaden
Probst GJB, Romhardt K (1997) Bausteine des Wissensma-
    nagements – ein praxisorientierter Ansatz. In: Handbuch
    Lernende Organisation. Gabler, Wiesbaden
Roper N, Logan WW, Tierney AJ (1987) Die Elemente der Kran-
    kenpflege. Recom, Basel
Rosenstiel von L, Commelli G (2003) Führung zwischen Stabili-
    tät und Wandel. Vahlen, München
Smerdka-Arhelger I (2008) Magnetkrankenhäuser in den USA
    Magnet – Magnet für motivierte Pflegekräfte. Schwester
    Pfleger 47(12): 1086–1090
Smerdka-Arhelger I (2010) Auswirkungen der Personalpolitik
    auf die Organisationskultur die Motivation der Mitarbei-
    ter. In: Bechtel, Fridrich, Kerres (Hrsg) Mitarbeitermotiva-
    tion ist lernbar. Springer, Berlin
Titler MG, Kleiber C, Rakel B et al (2001) The Iowa Model of evi-
    dence-based practice to promote quality care. Crit Care
    Nurs Clin N Am (13(4): 497–509

Patientensouveränität und Kostendruck treiben Wandel: Innovative Pflege nutzt Chancen der Digitalisierung

Heinz Lohmann

© Springer-Verlag GmbH Deutschland 2017
P. Bechtel, I. Smerdka-Arhelger, K. Lipp (Hrsg.), *Pflege im Wandel gestalten – Eine Führungsaufgabe*,
DOI 10.1007/978-3-662-54166-1_16

Unser gesellschaftliches System befindet sich in einem grundlegenden Wandel. Die Digitalisierung spielt dabei eine immer größer werdende Rolle (Lohmann 2016). Die Institutionen und Unternehmen sind in den vergangenen drei Jahrzehnten in unterschiedlicher Weise vom postindustriellen Umbruch erfasst worden. Inzwischen hat die Notwendigkeit, sich den veränderten Herausforderungen zu stellen (Granig und Nefiodow 2011), den Gesundheits- und Sozialbereich erreicht. Hintergrund für die Veränderungen sind hier die auseinandergehende Schere zwischen steigender Nachfrage nach Gesundheits- und Sozialleistungen vor dem Hintergrund der Innovationen moderner Medizin und der Demografie einerseits sowie den begrenzten finanziellen Mitteln aus dem Sozialtransfer andererseits. Das Thema Kosten ist deshalb seit einigen Jahren ein Treiber des beginnenden Wandels auch in der Gesundheitswirtschaft. Hinzu gesellt sich jetzt die wachsende Parientensouveränität aufgrund zunehmender Transparenz. Neben dem Preis rücken in Folge dieser Veränderung Leistung und Qualität als wichtige Erfolgsfaktoren ins Zentrum. Und in letzter Zeit kommt die Modernität der Arbeitsabläufe als Erfolgsfaktor hinzu, weil Arbeitskräfte knapp werden.

16.1 Dynamik durch Medizin 4.0

In allen Märkten, in denen Endverbraucher eine bedeutende Rolle spielen, tritt das Interesse für Betriebe gegenüber dem für Produkte und Dienstleistungen zurück. Bisher war die Gesundheits- und Sozialbranche ein expertendominierter Anbietermarkt (Glahn 2007). Da jetzt Patienten auch Konsumenten werden, orientiert sich das System weg von den Institutionen und hin zu den Prozessen. Viele Betroffene erleben diesen Perspektivwechsel angstbesetzt. Sie befürchten einen Kompetenzverlust. Das gilt auch für Pflegekräfte, obschon sie wegen ihrer Nähe zu den Patienten „geborene" Serviceexperten sind. Sie können die großen Gewinner des Umbruchs werden. Allerdings ist offenkundig aller Anfang schwer.

Dynamik gerät in die Entwicklung der Gesundheitswirtschaft durch rasante Veränderungen auf der Basis der Digitalisierung. Medizin 4.0 ist die

große Herausforderung und eine gleichermaßen wertvolle Chance für die Gesundheitsanbieter von heute. Es geht darum, die Erkenntnisse und Erfahrungen der letzten 30 Jahre mit der Digitalisierung in anderen Branchen auf die Gesundheitsanbieter zu übertragen. Industrie 4.0 ist das Vorbild. Drei Segmente von Medizin 4.0 gilt es in Zukunft zu entwickeln. Zum einen muss durch den Wandel von Institution zu prozessbezogenem Agieren den Wünschen und Erwartungen der Patienten entsprochen werden (Trojandt 2016). Strukturierte Behandlungsprozesse erlauben die Nutzung von digitalen Workflows, der die Ärzte, Pflegekräfte und die weiteren Therapeuten von den negativen Folgen des bisher unstrukturierten Vorgehens befreit. Zum anderen erlaubt die moderne Informationstechnik die Etablierung einer wirksamen Internetmedizin. In diesen beiden Bereichen gibt es erste Beispiele für erfolgreiche Anwendungen. Die dritte Gruppe von IT-Entwicklungen erlaubt die Auswertung großer Datenmengen (Debatin und Goyen 2016). Letztlich wird „Big Data" die Art und Weise der gesundheitlichen Leistungserbringung selbst verändern. Der gezielte Einsatz von diagnostischen und therapeutischen Verfahren ist mittels der Analyse von weltweiten Behandlungsweisen und ihrer Ergebnisse in der Lage, individuellen Patienten erkannte Profile zuzuordnen und damit die Diagnose und Therapie einer größtmöglichen Wirkung zuzuführen. Die Anwendung solcher Methoden und Technologien steckt noch in den „Kinderschuhen". In einem ersten Schritt geht es jetzt darum, die technischen Möglichkeiten zu nutzen, den Akteuren „das aktuelle Wissen der Welt" passgenau für ihre jeweiligen Patienten zur Verfügung zu stellen. Das wird in den nächsten Jahren zum Standard bei den Gesundheitsanbietern werden.

16.2 Strukturierte Behandlungslösungen ersetzen Einzelleistungen

Kosten stehen schon jahrelang im Zentrum der Diskussionen um das Gesundheitssystem. Alles spricht dafür, dass dieses Thema auch die Debatten der Zukunft bestimmen wird. Aber inzwischen ist – zunächst fast unmerklich – ein weiterer Treiber des

Wandels auf die öffentliche Bühne getreten, nämlich der Patient. Er wird künftig allerdings nur dann zu einem entscheidenden Faktor in der Gesundheitsbranche, wenn Leistungs- und Qualitätstransparenz gewährleistet sind. Die Voraussetzungen dafür sind heute besser als je zuvor. Insbesondere das Internet hat schon viel bewirkt.

Eine kluge Gesundheitspolitik befördert noch vor der Preis- die Qualitätstransparenz, weil Letztere die Patienten wirklich interessiert und niemand sich ihr offen entziehen kann. Dabei garantieren nicht die Formalqualifikationen der Experten hohe Qualität, sondern die objektiven Ergebnisse der Behandlungslösungen. Das deutsche Gesundheitssystem ist allerdings nach wie vor durch eine ausgeprägte Segmentierung gekennzeichnet. Dazu tragen ganz zentral die sehr unterschiedlichen Finanzierungsgrundlagen bei. Sie verhindern bisher weitgehend die Überwindung der traditionellen Grenzen zwischen den Systemteilen (Hellmann 2002). Ambulante und stationäre Angebote sind deshalb nur sehr unzulänglich vernetzt. Die alte Trennung zwischen den ambulant, also „vertikal" behandelten Leichtkranken und den stationär, also „horizontal" versorgten Schwerkranken lebt organisatorisch fort, obschon die Entwicklung der modernen Medizin und Pflege inhaltlich längst die Behandlung von komplexen Erkrankungen hier wie da ermöglicht. Der zersplitterte Gesundheits- und Sozialmarkt wird dieser Entwicklung immer noch nicht gerecht. Im Gesundheits- und Sozialsystem existieren tiefe Gräben zwischen den einzelnen Teilbereichen. Praxen und Krankenhäuser repräsentieren genauso stark abgeschottete eigene Welten wie die Rehabilitationskliniken sowie die Pflegeeinrichtungen und die anderen Gesundheits- und Sozialanbieter.

Patienten als Konsumenten erwarten künftig ganzheitliche Gesundheits- und Sozialangebote, die auf einem strukturierten Prozess beruhen. Diese tief greifenden Veränderungen bringen für die Anbieter der Gesundheitswirtschaft die Verpflichtung, sich positiv auf die neuen Herausforderungen einzustellen. Für die Akteure der Branche ist bisher „ihre" Institution der Ausgangspunkt allen Handelns. Für die Nutzer, also die Patienten, ist hingegen im Wesentlichen die Behandlungslösung von Interesse. Der Behandlungsprozess rückt ins Zentrum des Gesundheits- und Sozialmarktes

(Knieps 2008). Bisher sind die Prozesse und Strukturen „gewachsen". Die Art der Leistungserbringung ist Resultat dieser Bedingungen, nicht umgekehrt. Deshalb kann die Hebung der Qualität und der Wirtschaftlichkeit erst durch einen tief greifenden Paradigmenwechsel von einer weitgehend auf Zufall beruhenden zu einer strukturierten und standardisierten Behandlung nachhaltig sichergestellt werden. Die Organisation muss dafür „vom Kopf auf die Füße" gestellt werden. Nicht die vorgefundene Beschaffenheit der Infrastruktur und Organisation der Betriebsabläufe sowie die zufällig entstandene Personalstruktur dürfen die Art und die Ergebnisse weiterhin determinieren. Vielmehr müssen die für das Überleben im Wettbewerb notwendige Qualität und Wirtschaftlichkeit umgekehrt die Infrastruktur, die Betriebsabläufe sowie die Personalauswahl bestimmen. Hier ist ein Umdenken der Gesundheits- und Sozialmanager zwingend (Laimböck 2009). Sie müssen sich auf die Optimierung der Behandlung konzentrieren. Diese Entwicklung ist in vielen anderen Wirtschaftsbereichen in den vergangenen Jahren genau so abgelaufen. Die Akteure des Gesundheits- und Sozialmarktes nähern sich der Einführung von strukturierten Komplexleistungen mit großer Zurückhaltung (Amelung et al. 2009).

Die Konturen der künftigen Regeln sind aber inzwischen schemenhaft zu erkennen. Der Grund dafür ist die Erosion des bisher fast durchgängig geltenden allgemeinen „Einheitlich-und-Gemeinsam-Grundsatzes" der Leistungsbeziehungen im Gesundheits- und Sozialsystem (Paquet 2011). Diese Regelung hat zu vielfältigen Fehlsteuerungen geführt. Erst die Verantwortung der einzelnen Akteure für ihre jeweiligen Entscheidungen bereitet den Boden für die Übernahme bewährter Anreizsysteme der Wirtschaft (Klusen und Straub 2003). Dazu zählt ein neues Vertragssystem, das auf einer klaren Definition der Leistungen beruht. In Deutschland ist mit der Etablierung der Diagnosis-Related-Groups-Methodik in den Krankenhäusern dazu eine wesentliche Voraussetzung realisiert worden. Sie und geplante Behandlungsabläufe stellen die Basis zur Entwicklung von „Lösungen" für Patienten dar (Lohmann 2011). Die Leistungsdefinition wird auf der Basis optimierter betriebswirtschaftlicher Instrumente durch eine realistische Preiskalkulation ergänzt.

16.3 „Markenmedizin" durch digitale Industrialisierung

Die modernen Behandlungslösungen erreichen einen hohen Komplexitätsgrad. Die tradierten Organisationsstrukturen werden dem damit verbundenen Anspruch an die Managementsysteme in keiner Weise gerecht. Nach wie vor ist die Erfahrung der Akteure zentrale Basis des Handelns. Alle Anstrengungen zur Strukturierung der Organisation müssen bisher im Wesentlichen als gescheitert angesehen werden. Standards, die es inzwischen in unüberschaubarer Fülle gibt, sind nicht umfassend in die Praxis umgesetzt. Sie sind in aller Regel nicht integraler Bestandteil ärztlichen, pflegerischen und sonstigen therapeutischen Tuns, sondern nach wie vor überwiegend additive Fremdkörper ohne tief greifende Wirksamkeit. Das hat für die durchgängige Qualität und Wirtschaftlichkeit der Behandlung nachhaltige Folgen (Meyer-Abich 2010). Auch ist die notwendige Arbeitsteilung der Leistungserbringung erheblich gestört. Auf moderne Informationstechnologien zur Steuerung und Unterstützung der Prozesse wird weitgehend verzichtet.

Die Methoden und Instrumente der Industrialisierung sind in der Medizin nicht zur Anwendung gekommen. Die Arbeitsweisen der Leistungserbringung befinden sich überwiegend in einem vorindustriellen Stadium. Die Anwendung der Prinzipien arbeitsteiliger Produktionstechniken sind in der Medizin mit dem Argument individueller diagnostischer und therapeutischer Notwendigkeiten verworfen worden. Die Strukturierung der Behandlung erlaubt jetzt in Kombination mit aktuellen Entwicklungen in der Informationstechnologie die individuelle Standardisierung. Auf einer strukturierten Basis ist eine patientenbezogene Ausgestaltung der Services und Produkte möglich.

Mehr und mehr Strukturierung sichert eine gleichbleibende Qualität und ermöglicht damit die Abgabe eines Leistungsversprechens. Nicht mehr die Institution, die Praxis bzw. das Krankenhaus oder die Arztpersönlichkeit sind die Auswahlkriterien der Patienten oder ihrer Krankenkassen. Die Behandlungslösung rückt vielmehr ins Zentrum des Gesundheitsmarktes. Sie kann sich damit mittelfristig zur Marke weiter entwickeln (Lohmann 2006). „Markenmedizin" setzt strukturierte Prozesse bei der Organisation der Erstellung von Behandlungslösungen voraus. Darum sind verschiedene methodische und technologische Ansätze unabdingbar.

Die Bedeutung der Gewinnung von strategischen Systempartnern ist der entscheidende Erfolgsfaktor des Wandels. Dabei wiederum ist angesichts der Komplexität der Strukturen und Prozesse in der Gesundheits- und Sozialwirtschaft das jeweilige informationstechnologische Konzept ein zentraler Faktor (- Abb. 16.1). Erfolgreiche Systempartnerschaft zwischen den verschiedenen Akteuren aus Industrie, Service und Medizin sind ansonsten nicht denkbar. Die Integration zunächst völlig konträr auftretender Erfahrungswelten erfordert die Unterstützung der Mitwirkenden durch Befreiung von belastendem „bürokratischem" Aufwand. Die komplexe Logistik in der Gesundheits- und Sozialwirtschaft ist in diesem Zusammenhang ein zentraler Schlüssel für das Gelingen der Idee wettbewerbsfähiger Gesamtprozesse.

Strukturierte Behandlungslösungen werden nachhaltig nur funktionieren, wenn sie als ein untrennbarer Teil einer Systempartnerschaft gestaltet werden können und deshalb alle Beteiligten diese Art der Leistungserbringung als persönlich entlastend, mehr noch als Optimierung des eigenen Tuns erleben. „Markenmedizin" ist zwar zunächst auf die Nachfrage gerichtet, hat aber zugleich eine wichtige, nach innen auf die Leistungserbringer selbst gerichtete Funktion beim Umbau des Systems. Sie ermöglicht den Konsens der Beteiligten, da die Optimierung der Behandlung der Patienten eine gemeinsame Verständigungsebene bildet.

Der globale Wettbewerb hat viele andere Wirtschaftsbereiche zu tief greifenden Veränderungen gezwungen. Die Automobilbranche etwa musste schon vor rund zwei Jahrzehnten schmerzhaft zu der Erkenntnis gelangen, dass nur der, der herausragende Autos produziert, sie auch verkaufen kann. Die Werkhallen penibel zu putzen, reicht nicht. Und genau so wenig ist die Organisation bester Reinigungstechnik ein Grund, die Leistungen eines Gesundheits- und Sozialanbieters in Anspruch zu nehmen. Der Wettbewerb wird letztlich über die Qualität entschieden. Alles andere sind zwingende Voraussetzungen, die erfüllt sein müssen, um künftig überhaupt eine Chance im Überlebenskampf zu haben.

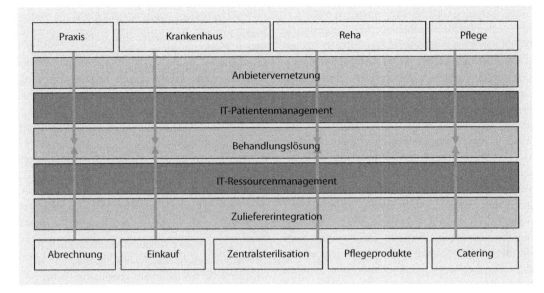

❑ **Abb. 16.1**   Digitale Industrialisierung der Behandlung

Bisherige Sanierungs- und Modernisierungsprogramme im Gesundheits- und Sozialsystem beziehen sich aber ganz wesentlich auf medizin- und pflegeferne Bereiche. Der Nachholbedarf gegenüber anderen Branchen der Volkswirtschaft beim infrastrukturellen Service und der technischen Ausstattung hat die letzten 15 Jahre geprägt. Das Management ist bisher nur am Rande in den Veränderungsprozess einbezogen worden (Eberstadt und Groth 2008). Insbesondere die institutionelle Begrenzung der bisherigen Ansätze hat verhindert, dass die gesamte Behandlung eines Patienten und ihr Erfolg ins Zentrum der Optimierungsstrategie gerückt werden konnten. Die Manager haben sich bisher im Wesentlichen um das „Drumherum" und nicht so sehr um das Optimum des „Eigentlichen" gekümmert. Nur wenn Ärzte und Pflegekräfte gemeinsam mit dem Management die Zukunft gestalten, wird sich der Erfolg einstellen.

16.4   Gesundheits- und Sozialcenter „schlagen" sektorisierte Einzelanbieter

Gesundheits- und Sozialangebote sind heute interdisziplinär, interprofessionell, IT-, ja insgesamt technikbasiert und kapitalabhängig. Die überkommene

Organisation beruht aber immer noch auf den Prinzipien des ausgehenden 19. Jahrhunderts. Der naturwissenschaftlich gebildete Therapeut und sein Patient ist das herkömmliche Leitmotiv. Deshalb existieren in unserem Gesundheits- und Sozialsystem nach wie vor allem Einzelpraxen, Einzelkrankenhäuser mit Fachabteilungen, Rehabilitationseinrichtungen und diverse Pflegebetriebe. Diese Sektorisierung ist für die innovativen Behandlungslösungen außerordentlich hemmend. Sie erfordern neue, zukunftsweisende Arbeitsformen. Deshalb müssen die Struktur der Angebote durch Konzentration und die Prozesse durch Patienten- und nicht weiterhin Institutionenorientierung gestaltet werden. Der Wandel von der Institutionen- zur Prozessorientierung erfordert ein „Zusammenrücken" der Angebotsstrukturen auf dem Gesundheits- und Sozialmarkt. Die Vielfältigkeit der Leistungsanbieter führt bisher zu einer Zersplitterung der Angebote. Allerdings entwickeln sich z. B. Krankenhäuser in letzter Zeit immer mehr zu Orten umfassender Gesundheitsangebote aller Art. Diese begonnene Entwicklung wird in den kommenden Jahren schnell voranschreiten. Die Stichworte dazu sind u. a.: Patientenhotels, Facharztkliniken, Ärztehäuser, Medizinische Versorgungszentren, Diagnostik-Center, Spezialkliniken, Wellness-Center, Tagungszentren, Gesundheitsmalls, Pflegestützpunkte, Pflegeheime.

Je nach geografischer Lage entstehen mit einem unterschiedlichen Angebotsportfolio ausgestattete Gesundheits- und Sozialcenter. Sie werden in Zukunft systematisch projektiert, geplant, gebaut und betrieben werden. Es ist nicht Erfolg versprechend, wenn Gesundheits- und Sozialanbieter weiterhin Immobilien- und Vermietungsgeschäfte, Planungs- und Bauaufgaben sowie vielfältige Managementfunktionen neben ihrem Kerngeschäft wahrnehmen. Sinnvoll ist es, zu einer Professionalisierung dieser Aktivitäten zu gelangen und eine entsprechende strategische Partnerschaft für das Centermanagement einzugehen. Am Ende stehen Gesundheits- und Sozialcenter (- Abb. 16.2), die von Investoren und Entwicklern systematisch geplant werden. Ein Centermanagement der Betriebsgesellschaft sichert anschließend den Betrieb und versorgt die Mieter mit verschiedensten Services durch Systempartner. Die Gesundheits- und Sozialanbieter treten zunehmend als Filialunternehmen auf und mieten sich in diesen neuen Strukturen entsprechende Flächen für ihren Bedarf.

Die bisher trennenden Sektorengrenzen werden durch die Strukturierung der Prozesse überwunden. Eine nachhaltige Basis dazu liefert auch das Gesundheits- und Sozialcenter. Die Nähe der Akteure wird

die systematische Zusammenarbeit fördern. Zudem haben die Nachfrager die Wahl zwischen verschiedenen Markenanbietern. Ein weiterer wichtiger Erfolgsfaktor für die Verknüpfung von ambulanten und stationären Leistungen ist die Digitalisierung. Sie ermöglicht zunehmend, diagnostische und therapeutische Leistungen auch über „weite Strecken" telemedizinisch zu übermitteln. Kompetenzzentrum und Behandlungsort können dabei auseinanderfallen. Homecare in ihren vielfältigen Ausprägungen wird zudem die Stellung der Pflege im Behandlungsprozess deutlich stärken. Strukturierte Leistungsangebote auf digitalem Workflow verbunden mit einem Backup in Gesundheits- und Sozialcentern erlauben künftig die Zusammenarbeit zwischen Ärzten und Pflegekräften, ohne dass diese räumlich unmittelbar zusammenarbeiten müssen.

16.5   Pflege im Zentrum des digitalen Wandels

Der Wandel ist im vollen Gange. Er lässt sich nicht aufhalten, aber gestalten. Eine innovative Pflege hat in diesem Veränderungsprozess große Chancen,

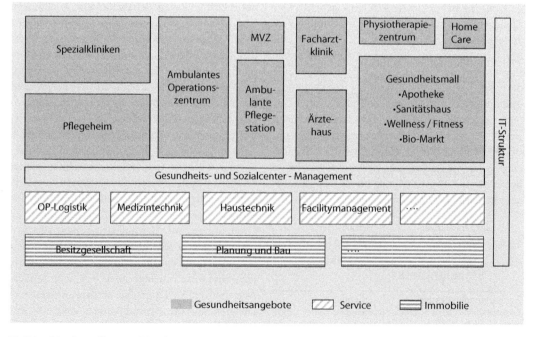

❏ **Abb. 16.2**   Gesundheits- und Sozialcenter

zu einem bestimmenden Faktor zu werden. Allerdings ist dazu Mut erforderlich. Erfolg kommt nicht von selbst. Nur wer einen wichtigen Beitrag zur Lösung der künftigen Herausforderungen in der Gesundheits- und Sozialwirtschaft leistet, kann mit Anerkennung rechnen. Die Ökonomie hat es in den vergangenen Jahren vorgemacht. Weil nämlich die Verteilung knapper Ressourcen angesichts der gesellschaftlichen Rahmenbedingungen immer bedeutsamer geworden ist, war die Kompetenz der Ökonomen gefragt. Die Kritik von Ärzten, ihre führende Rolle in den Gesundheitsunternehmen sei durch kaufmännische Geschäftsführer in Frage gestellt, ging bisher und geht auch in Zukunft aus diesem Grund „ins Leere".

Eine ganze Reihe von Pflegekräften und insbesondere viele Funktionäre meinen jetzt, die derzeit aktuelle Schaffung von Pflegekammern führe zu einer Aufwertung ihres Berufsstandes. Sie fühlen sich nicht richtig wertgeschätzt und hoffen, mit einer solchen Institution zu dem Status der Ärzte aufschließen zu können. Auch möchten sie der Position der Pflege in der öffentlichen Diskussion mehr Gewicht verleihen. Pflegekammern sind aber gesetzlich lediglich der verlängerte Arm der staatlichen Bürokratie. Sie zementieren durch ihre Regularien, wie die Erfahrung anderer Kammern zeigt, den Status quo. Innovative Pflegekräfte werden Kammern künftig daher eher als Bremse denn als Motor von Innovationen erleben.

In einer Situation, in der die Patientensouveränität auf Grund zunehmender Transparenz steigt, kommt es für Gesundheitsunternehmen mehr und mehr darauf an, die Nachfrageerwartungen zu erfüllen. Pflegekräfte wissen genau, was Patienten und Klienten wollen (Mischo-Kelling und Wittneben 1995). Wegen der großen Nähe zu ihnen sind sie die Serviceexperten. Ihr Wissen und ihre Erfahrung können deshalb im sich verschärfenden Wettbewerb der Gesundheits- und Sozialanbieter immer wertvoller werden. Im Wandel muss Pflege allerdings ihre Berufsbilder deutlich konzentrieren und klar strukturieren. Gestaffelte Bildungsangebote als Voraussetzung für Professionalität sind unabdingbar (Robert-Bosch-Stiftung 1992). Nur wer so positioniert einen wertvollen Beitrag zur Lösung künftiger Herausforderungen leisten kann, ist gesellschaftlicher Anerkennung sicher.

Technik und Humanität sind keine Gegensätze (Prölß 2016). Im Gegenteil ermöglicht die Nutzung moderner Technologie, den Expertinnen und Experten in der Medizin da zu sein, wo sie hingehören, nämlich beim Patienten. Wer mit seiner Nase im Dokumentationsbogen steckt, sein Ohr am Telefon hat, um „mal eben schnell" die einzelne Behandlung zu organisieren oder mit der Blutprobe über das Klinikgelände hastet, ist jedenfalls am falschen Ort. Eine Studie hat jüngst ergeben, dass Pflegekräfte rund 3 Stunden täglich allein mit solchen völlig berufsfremden Tätigkeiten verbringen. Deshalb wäre es fahrlässig, weiterhin auf den Einsatz der in anderen Branchen längst erprobten Methoden und Technologien der Prozessoptimierung zu verzichten. Ganz abgesehen davon, dass heute tagtäglich in Krankenhäusern und in anderen Gesundheitsbetrieben die Arbeitskraft der immer rarer werdenden ärztlichen und pflegerischen Mitarbeiter „verplempert wird", ist das „übliche Improvisationstheater" auch noch äußerst ineffektiv. Angesichts der sich immer weiter verschärfenden Finanzierungsbedingungen ist eine solche Situation nicht hinnehmbar. Wer will, dass auch in Zukunft der Zugang zu guter Behandlung allen offen steht, muss an der Verbesserung der Arbeitsprozesse mitarbeiten. Das erfordert von allen Beteiligten die Bereitschaft zum Umdenken. Das gilt für Manager genauso wie für Pflegekräfte und alle anderen Akteure. Die Duldung der Unwirtschaftlichkeit ist unethisch.

Fazit

Die Zukunft lässt sich nicht mit den Instrumenten der Vergangenheit meistern. Gesetze können keine Wertschätzung verordnen. Pflegende können in der wachsenden Gesundheits- und Sozialwirtschaft ihre Position stärken, wenn sie sich aktiv in die Diskussionen um die Modernisierung einmischen. Dies gilt insbesondere bei der fortschreitenden Digitalisierung der Branche. Im Bremserhäuschen werden keine Weichen gestellt, deshalb ist der Umstieg auf die Lokomotive notwendig.

Literaturverzeichnis

Amelung VE, Deimel D, Reuter W, Rooij NV, Weatherby JN (2009) Managed care in Europe. MWV, Berlin

Debatin J, Goyen M (2016) „Big Data und Analytics" im Gesundheitswesen. In: Lohmann H, Kehrein I, Rippmann K (Hrsg) Markenmedizin für informierte Patienten. Medhochzwei, Heidelberg

Eberstadt N, Groth H (2008) Die Demographiefalle. Gesundheit als Ausweg für Deutschland und Europa. Thieme, Stuttgart

Glahn W (2007) Prosperität statt Offenbarungseid. Economica, Heidelberg

Granig P, Nefiodow LA (2011) Gesundheitswirtschaft, Wachstumsmotor im 21. Jahrhundert. Gabler, Wiesbaden

Hellmann W (Hrsg) (2002) Klinische Pfade. Ecomed, Landsberg

Klusen N, Straub Chr (Hrsg) (2003) Bausteine für ein neues Gesundheitswesen. Technik, Ethik, Ökonomie. Nomos, Baden-Baden

Knieps F (2008) Die Perspektiven für das Gesundheitswesen? Monitor Versorgungsforschung 24–4

Laimböck M (2009) Die Zukunft des österreichischen Gesundheitssystems. Wettbewerbsorientierte Patientensteuerung im internationalen Vergleich. Springer, Wien

Lohmann H (2006) Neupositionierung der Gesundheitsanbieter – DRG als Basis für Markenmedizin. In: Rebscher H (Hrsg) Gesundheitsökonomie und Gesundheitspolitik im Spannungsfeld zwischen Wissenschaft und Politikberatung. Heidelberg. Economia, MedizinRecht.de, München

Lohmann H (2011) Potenziale von Krankenhauskooperationen. Handlungsdruck und Chancen für Krankenhäuser. In Goldschmidt W, Hilbert J (Hrsg) Krankenhausmanagement mit Zukunft. Thieme, Stuttgart

Lohmann H (2016) Patienten werden auch Konsumenten. In: Lohmann H, Kehrein I, Rippmann K (Hrsg) Markenmedizin für informierte Patienten. Medhochzwei, Heidelberg

Meyer-Abich KM (2010) Was es bedeutet, gesund zu sein. Philosophie der Medizin. Hanser, München

Mischo-Kelling M, Wittneben K (1995) Pflegebildung und Pflegetheorien. Urban & Schwarzenberg München

Paquet R (2011) Vertragswettbewerb in der GKV und die Rolle der Selektivverträge. Nutzen und Informationsbedarf aus der Patientenperspektive. FES, Bonn

Prölß J (2016) Die Rolle des Pflegedienstes im Behandlungs- und Pflegeprozess des „Papierlosen Krankenhauses". In: Lohmann H, Kehrein I, Rippmann K (Hrsg) Markenmedizin für informierte Patienten. Medhochzwei, Heidelberg

Robert-Bosch-Stiftung (1992) Pflege braucht Eliten, Denkschrift. Bleicher, Gerlingen

Trojandt G (2016) Spitzenqualität garantiert an jedem Tag. In: Lohmann H, Kehrein I, Rippmann K (Hrsg) Markenmedizin für informierte Patienten. Medhochzwei, Heidelberg

16

Prozessoptimierung und Arbeitsteilung

Katja Damm

© Springer-Verlag GmbH Deutschland 2017
P. Bechtel, I. Smerdka-Arhelger, K. Lipp (Hrsg.), *Pflege im Wandel gestalten – Eine Führungsaufgabe*,
DOI 10.1007/978-3-662-54166-1_17

Die Steuerung der Patientenwege im Krankenhaus ist ein bereichs- und berufsgruppenübergreifender Prozess, dessen effiziente Gestaltung Krankenhäuser vor große Herausforderungen stellt. Tiefgreifende Neugestaltungsprozesse mit innovativen Abläufen und Verantwortungsbereichen sind nicht nur wegen sich ständig verändernden Rahmenbedingungen im Gesundheitswesen unumgänglich, sondern auch um das knappe, gut qualifizierte Personal möglichst effektiv und effizient einzusetzen. Auch im ambulanten Bereich und in der Altenpflege können Führungskräfte den Wandel in der Pflege als Chance für neue Ansätze in der Prozessgestaltung nutzen.[1]

17.1   Einleitung

Eine effektive interdisziplinäre und interprofessionelle Koordination, Kommunikation und Kooperation ist eine komplexe Herausforderung. Daher werden zunächst Schlüsselelemente des Prozessmanagements beschrieben, bevor die Prozessoptimierung durch konsequentes Schnittstellenmanagement verdeutlicht, wie die vorhandenen Potenziale durch interne Vernetzung optimal genutzt werden können.

17.2   Schlüsselelemente des Prozessmanagements (Koordination)

17.2.1 Prozess

Ein Prozess ist eine Reihe von zielgerichteten aufeinanderfolgenden Aufgaben und Aktivitäten in einer mehr oder weniger standardisierten Reihenfolge, deren einzelne Elemente von Menschen und/oder Maschinen ausgeführt werden können.

---

1   Um trotz der Vielfalt der Kundenbegriffe im Gesundheitswesen eine gute Lesbarkeit zu gewährleisten, wird für den direkt von einer Leistung betroffenen Kunden durchgängig der Begriff „Patient" verwendet, auch wenn viele Inhalte auch für Bewohner von Altenheimen und Kunden der ambulanten Pflege Gültigkeit haben. Ebenso sind die nachfolgend genannten Funktionsbezeichnungen grundsätzlich geschlechtsneutral zu verstehen.

Haubrock charakterisiert den Prozess im Krankenhaus als **System funktionsübergreifender Aktivitäten mit definiertem In- und Output**, dessen Ergebnis die Bedürfnisse Dritter erfüllen soll (Haubrock und Schär 2009). Damit die gewünschten materiellen oder immateriellen Ergebnisse (Output) am Ende eines Prozesses erreicht werden können, sind bestimmte Inputs (Information, Person, Material) notwendig. Zudem verliert jeder Prozess seine Existenzberechtigung, falls die Nachfrage nach dem Prozessergebnis nachlässt oder verschwindet.

Beispiel

Wenn ein Patient mit Bauchschmerzen mit einem Einweisungsschein in die Aufnahme kommt, erfolgt im Aufnahmeprozess eine Reihe an unterschiedlichen Aktivitäten (pflegerische Aufnahme, ärztliche Untersuchung, Laboruntersuchung, Sonografie etc.), um zu entscheiden, ob eine stationäre Behandlung notwendig ist.

Komplexe Prozesse im Rahmen der Patientenversorgung im Krankenhaus sind u. a. gekennzeichnet durch:

- eine stark funktionale Arbeitsteilung,
- viele Prozessbeteiligte,
- eine hohe Spezialisierung,
- hohe Auslastungsanforderungen,
- eine geringe Planungssicherheit,
- kritische Engpassfaktoren,
- eine komplexe Prozesslandschaft und
- konfliktäre Zielsysteme.

17.2.2 Prozesssteuerung

Die Steuerung von Prozessen hilft bei der zeitlichen Priorisierung von Aufgaben (Triage-Funktion), bei der Feinabstimmung der laufenden Aufgaben im betrieblichen Alltag und bei der Optimierung der Nutzung verfügbarer Ressourcen.

Da die Wertschöpfung eines Prozesses aus (Teil-)Leistungen an interne oder externe Prozesskunden besteht (Rüegg-Stürm 2005), erfolgt eine effiziente Prozesssteuerung auf der Grundlage von Prozessstruktur- und Prozessleistungstransparenz. Mit der **Prozessstrukturtransparenz** werden die logischen und zeitlichen Abläufe von Prozessen visualisiert, während die **Prozessleistungstransparenz** versucht, die Faktoren Qualität, Zeit und Kosten so zu gestalten, dass die erbrachte Leistung den Anforderungen des Patienten bzw. Kunden entspricht (Haubrock und Schär 2009). Vor allem, weil im Gesundheitswesen Bedürfnisträger, Leistungsveranlasser, Leistungsempfänger und Kostenerstatter nicht identisch, sondern i. d. R. zwischen Patient, Arzt und Krankenkasse aufgeteilt sind, sind bei der Leistungserstellung im Krankenhaus unterschiedlichste **„Kundenanforderungen"** zu berücksichtigen.

Grundsätzlich müssen dabei die **triadischen Ebenen** der für den Prozess wesentlichen Faktoren, Aktionen und Personen (▪ Abb. 17.1) in sich und in Beziehung zueinander in Balance gehalten werden. Nur wenn beispielsweise in einem Aufnahmeprozess die Interessen und Ziele des Patienten, des Pflegedienstes und des Arztes (beteiligte Personen) berücksichtigt werden, können durch Koordination, Kommunikation und Kooperation (verbindende Aktionen) aufeinander abgestimmte Prozesse dazu führen, dass ein konsensfähiges Maß an Kosten, Zeit und Qualität (elementare Faktoren) ein ausgewogenes Prozessergebnis ermöglicht.

Eine standardisierte Prozesssteuerung im Krankenhaus umfasst die **Vereinheitlichung der Prozesse im Sinne eines abgestimmten professionellen Leistungs- und Qualitätsniveaus**, dessen Steuerungsfunktionen in Bezug auf den Ablauf und die Gestaltung der Teilprozesse zum systematischen Zusammenwirken von

– Menschen,
– Maschinen,
– Material und
– Methoden

zur Optimierung der Ergebnisse im Sinne der Patientenzufriedenheit beiträgt (Haubrock und Schär 2009).

17.2.3 Personen

Die Bedürfnisse der **Patienten** sind im Krankenhaus der „Dreh- und Angelpunkt". Sie erwarten einen qualitativ hochwertigen Behandlungsprozess mit positiven Auswirkungen auf die eigene Lebensqualität. Jede erbrachte Einzelleistung muss daher einen Beitrag zum Gesamtbehandlungserfolg (Outcome) liefern (Busch 2011).

Die **Patientenzufriedenheit** wird von Zapp als „subjektive Einschätzung des Patienten, dass das empfangene Leistungsniveau das als berechtigt empfundene Anspruchsniveau erreicht oder überschritten wird" (Zapp 2002, S. 304) definiert. Da Unzufriedenheit entsteht, wenn die subjektive Wahrnehmung

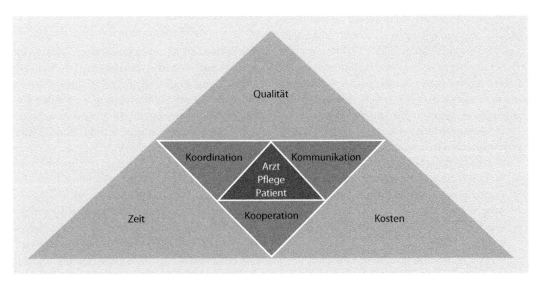

◻ **Abb. 17.1**   Triadische Ebenen der Leistungserstellung (Faktoren, Aktionen, Personen)

von Qualität und Leistung hingegen hinter dem erwarteten Leistungsniveau zurückbleibt, ist die Patientenzufriedenheit von drei Faktoren abhängig:

- dem tatsächlichen Leistungsniveau,
- der subjektiven Wahrnehmung und
- dem individuellen Anspruchsniveau (Zapp 2002).

Neben den Bedürfnissen der Patienten ist aber auch die Zufriedenheit der **Mitarbeiter** nicht zu unterschätzen, da der Erfolg der prozessorientierten Unternehmensgestaltung, wie Haubrock betont, im Wesentlichen an die Einstellungen und Verhaltensweisen der Mitarbeiter geknüpft ist. „Erst die Akzeptanz neuer Denkweisen und Verhaltensmuster durch die betroffenen Mitarbeiter ermöglicht die Umsetzung neuer Konzepte" (Haubrock und Schär 2009, S. 278).

Vielfach erschwert jedoch eine **Parallelität von Pflege- und Arzthierarchien** eine Optimierung der innerklinischen Prozesse. Hinzu kommt, wie Braun von Reinersdorff betont, eine „Differenzierung ausgeprägter Subkulturen, die die Interaktion zwischen den Gruppierungen prägt und ein ganzheitliches Handeln sowie Aktivitäten einer verstärkten Prozess- und Patientenorientierung oftmals schwierig gestaltet" (Braun von Reinersdorff 2007, S. 205).

17.2.4 Aktionen

Die **Koordination** der Teilprozesse verschiedener Berufs- und Fachgruppen zu einem Gesamtprozess, die **Kommunikation** an den Berührungspunkten der jeweiligen Teilprozesse (Schnittstellen) und die interprofessionelle interdisziplinäre **Kooperation** sind verbindende Aktionen zwischen den am Prozess beteiligten Personen und Faktoren.

Um eine gezielte Koordination der Teilprozesse zu gewährleisten stellen sich z. B. folgende Fragen:

- Welche Leistung benötigt der Patient?
- Wer kann die Leistung erbringen?
- Wann muss der Patient eine Leistung in Anspruch nehmen?
- Welche Informationen müssen für eine Leistung vorliegen?
- Welche Vorbereitungen müssen für eine Leistung getroffen werden?

- Was muss unmittelbar nach der Leistung erfolgen, um den Versorgungsbedarf des Patienten zu decken?
- Wie kann der Informationsfluss sichergestellt werden?

Beispiel

Im Rahmen einer Aufnahme bei Bauchschmerzen sind Untersuchungen verschiedener Fachabteilungen zu koordinieren, die jeweiligen Ergebnisse zu kommunizieren bzw. zu dokumentieren, die pflegerischen Versorgungsprozesse darauf abzustimmen (Nahrungskarenz etc.) und die erforderlichen ärztlichen Behandlungsschritte im Rahmen eines kooperierenden Vorgehens einzuleiten.

Sowohl im Sinne einer stärkeren Ausrichtung der Prozesse am Patienten als auch zur Optimierung der Schnittstellen zwischen den einzelnen Teilprozessen der verschiedenen Berufsgruppen bietet sich im Rahmen der Optimierung deshalb ein Vorgehen nach dem **Kongruenzprinzip** an, das fordert, dass Aufgabe, Kompetenz (Befugnis) und Verantwortung jeweils gemeinsam übertragen werden (Dahlgaard und Stratmeyer 2005). Allerdings ist die Schaffung einer zentralen Verantwortung aufgrund der spezialisierten arbeitsteiligen Prozesse im Krankenhaus eine große Herausforderung.

17.2.5 Faktoren

Der Faktor **Zeit** ist neben **Qualität** und **Kosten** ein zunehmender Wettbewerbsfaktor geworden. Die Ausrichtung an den eigenen Kernkompetenzen, eine Minimierung fehlerträchtiger Schnittstellen und eine Eliminierung sämtlicher Leistungen, die keinen Kundennutzen generieren („Blindleistungen"), ist daher unvermeidbar.

Um die Qualität der Prozesse systematisch zu verbessern, müssen **geeignete Kenngrößen** (Soll-Vorgaben) definiert und mit den tatsächlichen Werten verglichen werden. Bestandsaufnahmen der vorhandenen Prozesse (Ist-Analysen) und möglicherweise divergierender Zielvorstellungen (Kundenwünsche) unterstützen die Entscheidungsfindung, weil sie Ansatzpunkte für notwendige Veränderungen aufzeigen, aus denen sich häufig bereits erste Veränderungsmaßnahmen ableiten lassen.

Aus den anhand von Befragungen identifizierten Wünschen der internen und externen Kunden (Wartezeit, Kosten, Ergebniserwartung etc.) können Soll-Vorgaben erarbeitet werden, bei denen nicht die Aufgaben bzw. Funktionen, sondern die Prozesse im Mittelpunkt stehen. **Steuerungsmöglichkeiten** bestehen durch

- die Eliminierung von Fehlern (Qualitätsmanagement),
- die Reduzierung der Durchlaufzeiten (Wartezeit, Verweildauer etc.) und
- die Senkung der Kosten (Material, Personal etc.),

wobei der Kundenwunsch als zentraler Orientierungspunkt dient. Der Erhalt und Ausbau einer **zukunftsfähigen Versorgungsqualität** sollte jedoch – auch im Sinne der Kostenerstatter – immer Vorrang vor ökonomischen Erwägungen haben.

Eine Prozessoptimierung kann, nach Greiling, grundsätzlich zwei verschiedene Wirkungsrichtungen haben.

» Die erste Alternative legt den Schwerpunkt auf eine Festlegung der Outputspezifikation und damit auf die Steigerung der Prozesseffektivität (**„Die richtigen Dinge machen"**), während die zweite Wirkungsrichtung die Konzentration auf die Verringerung des Prozessvolumens und damit die Verbesserung der Prozesseffizienz (**„Dinge richtig machen"**) abzielt (Greiling 2005, S. 936).

17.3 Prozessoptimierung durch Schnittstellenmanagement (Kommunikation)

17.3.1 Organisationsstrukturen

Der klinische Kernprozess im Krankenhaus wird durch die Trennung von Planung, Zuteilung und Ausführung der Tätigkeiten stark fragmentiert. Der betriebliche Alltag wird häufig durch zahlreiche Schnittstellenprobleme und Ineffizienzen bestimmt (Philippi et al. 2011). Hierarchisches Denken und bereichsbezogenes Handeln bestimmen im traditionellen **„Drei-Säulen-Modell"** (Medizin, Pflege, Verwaltung) die Entscheidungsfindung. Daher ist oft nicht bekannt, welche Kosten ein konkreter Behandlungsfall verursacht.

Da die einzelnen Fachabteilungen und die Pflege ihre **eigenen Optimierungsziele** in Bezug auf das Personal- und Sachkostenbudget anstreben, stehen i. d. R. nicht bereichsübergreifende Behandlungsprozesse im Fokus von Optimierungsmaßnahmen, sondern die Leistungserstellungsprozesse der jeweiligen „Fachinseln" und Verantwortungsbereiche. Aufgrund des hohen Kostendruckes bestehen in vielen Krankenhäusern bereits Ansätze zur Optimierung der Prozessstrukturen, wie z. B. Behandlungspfade, Zentrenbildung, Patienten- und Casemanager, Prozesskostenrechnung und Benchmarking anhand von Fallpauschalen und DRG-Anteilen (Busch 2011).

17.3.2 Leistungserstellung

Der Prozess der Leistungserstellung im Krankenhaus besteht zum einen aus dem Prozess der Patientenversorgung von der Aufnahme bis zur Entlassung (**Kernleistungsprozess**) und zum anderen aus vielen **Unterstützungsprozessen**, die diesen Prozess begleiten (- Abb. 17.2).

Wie jeder arbeitsteilige Prozess muss auch der Versorgungsprozess im Krankenhaus **gesteuert, überwacht** und **kontrolliert** werden. Dieser Prozess besteht aus den eng miteinander verwobenen Teilprozessen der

- Aufnahme,
- Diagnostik,
- Therapie,
- Pflege und
- Entlassung.

Neben dem Patienten sind der ärztliche Dienst, dessen Kernkompetenz mit Diagnose und Therapie die Ergebnisverantwortung („Produktverantwortung") umfasst, und der Pflegedienst, dessen Kernkompetenz mit Pflege und Organisation eine Art Prozessverantwortung („Produktionsverantwortung") darstellt, wesentlich am Prozess beteiligt.

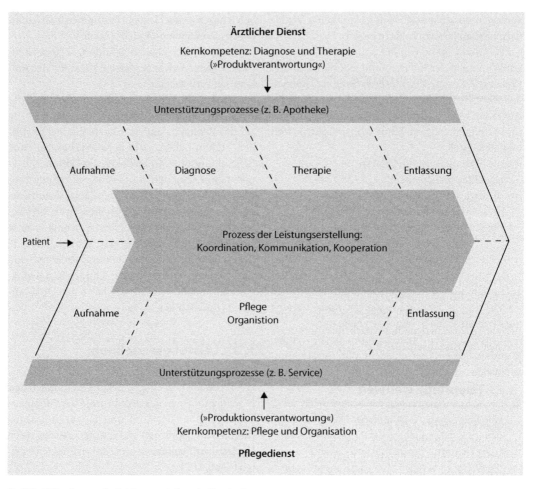

Ärztlicher Dienst

Kernkompetenz: Diagnose und Therapie
(»Produktverantwortung«)

Unterstützungsprozesse (z. B. Apotheke)

Aufnahme   Diagnose   Therapie   Entlassung

Patient →

Prozess der Leistungserstellung:
Koordination, Kommunikation, Kooperation

Aufnahme   Pflege
Organistion   Entlassung

Unterstützungsprozesse (z. B. Service)

(»Produktionsverantwortung«)
Kernkompetenz: Pflege und Organisation

Pflegedienst

☐ **Abb. 17.2** Prozess der Leistungserstellung im Krankenhaus

Beide Hauptberufsgruppen werden durch zahlreiche Unterstützungsprozesse, wie z. B. Apotheke, Labor, Service oder Transportdienst, begleitet. Eine klare patientenbezogene Verantwortlichkeit für den gesamten Prozess der Leistungserstellung (Koordination, Kommunikation, Kooperation) wird jedoch i. d. R. nicht zugewiesen. Das führt zu unzureichend abgestimmtem Vorgehen und vielen Konflikten, die durch kaum vorhandene Kommunikationsstrukturen bei mangelnder gegenseitiger Wertschätzung verstärkt werden. Dadurch entstehen vielfach vermeidbare **Warte-, Rüst- oder Leerzeiten** („Blindleistungen") sowie Dokumentationsmängel, die im Rahmen der DRG-Kodierung Erlösausfälle zur Folge haben können.

Beispiel
Der Aufnahmeprozess ist ein wichtiger Schlüsselprozess, weil er dem Patienten einen nachhaltigen Eindruck von der Kompetenz und der zwischenmenschlichen Zuwendung im Krankenhaus vermittelt. Da hier die Weichen für den gesamten Versorgungsprozess gestellt werden, können bereits kleine Prozessverbesserungen an zentralen Schnittstellen zwischen den einzelnen Fachdisziplinen dazu führen, dass viel Zeit eingespart wird. Die durch verbesserte Abstimmungen gesparte Zeit reduziert die Wartezeit des Patienten und steht den Mitarbeitern für andere Tätigkeiten zur Verfügung.

17

17.3.3 Schnittstellen

Der Versorgungsprozess umfasst medizinisch gesehen Diagnostik und Therapie, pflegerisch gesehen den Pflegeprozess mit Pflegeassessment, -planung, -durchführung und -evaluation. Dieser Prozess, in dem eine Vielzahl von Ärzten, Therapeuten, Pflegekräften, Service- und Unterstützungspersonen ihren Beitrag leisten, wird, wie Dahlgaard und Stratmeyer feststellen, durch ein „geheimnisvolles Netz von Routinen, Einzelabsprachen, Weisungen, formalen und informellen Kompetenzen, situativen Aushandlungsprozessen und Kompensationsmaßnahmen" (Dahlgaard und Stratmeyer 2006, S. 22) zusammengehalten. Derart informell dominierte Systeme bergen jedoch erhebliche Risiken und geraten bei sich wandelnden Rahmenbedingungen schnell an die Grenzen der Steuerbarkeit.

An den **Berührungspunkten** von verschiedenen Personen, Objekten, Funktionen und Sachverhalten bzw. am **Übergang** von einem Entscheidungsbereich zum nächsten entstehen sog. Schnittstellen. Wenn Prozessabläufe an diesem Übergang zwischen den verschiedenen Funktionen Schwachstellen aufweisen, sind meist **Optimierungspotenziale** und **Wirtschaftlichkeitsreserven** vorhanden.

Beispiel
Im Patientenaufnahmebogen und der Befundmappe werden Informationen über einen Patienten an der Schnittstelle zwischen den verschiedenen Fachdisziplinen des ärztlichen Dienstes und dem Pflegedienst ausgetauscht. Wenn dieser Informationsfluss ins Stocken gerät, kann die Schnittstelle zur Bruchstelle werden, wenn er reibungslos verläuft, wird aus dieser Schnittstelle ein Verbindungspunkt.

17.3.4 Analyse

Bevor komplexe Veränderungen in den Abläufen vorgenommen werden, ist es notwendig, die vorhandenen Schnittstellen zu analysieren. Als Methoden der **Schwachstellenanalyse** stehen z. B. Mitarbeiter-, Patienten- und Einweiserbefragungen, Ist-Analysen, Interviews und begleitende Beobachtungen zur Verfügung. Zur Beurteilung können Struktur-, Prozess- und Ergebniskriterien zugrunde gelegt werden.

Zur Analyse der Prozesse und ihrer Schnittstellen können als **Hauptaufgabenfelder** die Organisation von
- Schlüsselprozessen,
- Schlüsselfunktionen und
- Schlüsselleistungen

betrachtet werden. Bei der Organisation von Schlüsselprozessen handelt es sich z. B. um Vorbereitung, Behandlung und Nachsorge, bei der Organisation von Schlüsselfunktionen z. B. um Aufnahme, OP sowie Diagnostik und bei der Organisation von Schlüsselleistungen z. B. um diagnosebezogene Behandlungspfade oder die Prozedurenorganisation.

Allerdings muss, um die Arbeitsabläufe gezielt gestalten zu können, neben den allgemein organisatorischen Abläufen v. a. auch die intransparente Black Box „Arbeitsorganisation des ärztlichen Dienstes" aufgebrochen werden (Borges et al. 2007).

17.3.5 Behandlungspfade

Alle Überlegungen zur Prozessoptimierung durch **Standardisierung der Patientenwege** müssen jedoch berücksichtigen, dass es sich bei Krankenhäusern um Expertenorganisationen handelt, die dadurch gekennzeichnet sind, dass die Mitarbeiter aufgrund ihres qualitativ hochwertigen individuellen Fachwissens eine hohe Handlungsautonomie haben (Schmidt-Rettig 2008). Obwohl Experten sich nur ungern in ihrer Entscheidungsfreiheit beschränken lassen, haben sie andererseits die Fähigkeit, im Rahmen der Entscheidungsfindung rationale Argumente gegeneinander abzuwägen. Wenn **Aufgaben- und Verantwortungsbereiche** sowie die Schnittstellen zwischen den Berufsgruppen und Fachbereichen klar definiert werden, können alle Seiten von neu gestalteten Prozessen – z. B. durch Behandlungspfade – profitieren.

Ein Behandlungspfad stellt eine **interdisziplinäre und interprofessionelle Vereinbarung** (Soll-Vorgabe) dar, die aufgrund von Erfahrungen, evidenzbasierten Studien und der Verfügbarkeit von Diagnostik- und Behandlungsmethoden getroffen wird. Grundsätzlich ist für eine bestimmte Patientengruppe (Diagnose) auf einen Blick ersichtlich, welche Schritte notwendig sind und welche Berufsgruppe die jeweilige Tätigkeit zu erledigen hat. Im individuellen Fall kann jedoch jederzeit begründet vom Pfad abgewichen werden. Ein gut definierter Behandlungspfad enthält neben dem eigentlichen Behandlungsprozess auch Angaben zu Ressourcen wie z. B. Personalbedarf, Verbrauchsmaterialien, Medikamenten und Implantaten.

Die Verbindung der Standardisierung von Versorgungsprozessen mit individueller Fachkompetenz, die erkennt, wann von den definierten Prozessen abgewichen werden soll und muss, ermöglicht eine Optimierung der patientenbezogenen Versorgungsprozesse durch Harmonisierung der Schnittstellen.

17.4 Potenzialausschöpfung durch interne Vernetzung (Kooperation)

17.4.1 Berufsgruppen

Aus Mangel an gut qualifizierten Fachkräften und hohem Kostendruck entstehen im ärztlichen und pflegerischen Bereich derzeit viele **neue Berufsbilder** (Assistenten, Servicekräfte etc.) mit dem Ziel, die Aufgaben an die am niedrigsten qualifizierte, aber dennoch geeignete Berufsgruppe zu übertragen. In dem entstehenden Kraftfeld zwischen der Steuerung von Prozessen durch individuelle Expertise und der Standardisierung von Prozessen zur Umsetzung durch geringer qualifizierte Berufsgruppen kann ein berufsgruppenübergreifendes kooperatives Prozessmanagement im Sinne der Patientenorientierung tragfähige Lösungsmöglichkeiten bieten.

Wenn zusätzlich zu einer echten **interprofessionellen Kooperation** noch eine gute fachabteilungsübergreifende Zusammenarbeit im Sinne **interdisziplinärer Kooperation** gelingt, können **vorhandene Potenziale** erkannt und ausgeschöpft werden. Grundsätzlich ist jedoch darauf zu achten, dass Neuordnungsprojekte nicht daran scheitern, dass das Abwälzen unliebsamer Tätigkeiten auf andere Berufsgruppen einem **fairen Interessenausgleich**

zwischen den beteiligten Berufs- und Fachgruppen entgegensteht (Damm 2010).

17.4.2 Versorgungsmanagement

Ein gezieltes Versorgungsmanagement mit der Entwicklung von Kooperationsprozessen und Strukturen ist für einen reibungslosen Ablauf der Schlüsselprozesse unerlässlich. Arzt und Pflegekraft arbeiten dabei möglichst von der Aufnahme bis zur Entlassung Hand in Hand. Der Arzt bestimmt im Rahmen seiner diagnostischen und therapeutischen Kompetenz in einer Art **„Produktverantwortung"**, welche medizinischen Leistungen erbracht werden. Die Pflegekraft übernimmt im Rahmen ihrer pflegerischen und organisatorischen Kompetenz in einer Art **„Produktionsverantwortung"** die räumliche und zeitliche Koordination der Krankenhausleistungen (- Abb. 17.2).

Wünschenswert wäre **eine verantwortliche Person** sowohl für die medizinische Qualität als auch für die Wirtschaftlichkeit und die Servicequalität (**„Lotsenfunktion"**). In der Zusammenarbeit mit dem ambulanten Bereich gewinnen derartige Ansätze, z. B. im Rahmen von Case Management, Disease-Management-Programmen und Hausarztmodellen zunehmend an Bedeutung. Die gesetzlich vorgeschriebene **ärztliche Gesamtverantwortung** im Krankenhaus schließt jedoch die verantwortliche Übernahme des gesamten Prozessmanagements durch den Pflegedienst aus. Ebenso unrealistisch wie unwirtschaftlich ist eine Übernahme des Prozessmanagements durch den ärztlichen Dienst, da dieser im Rahmen des Studiums zwar für hoch spezialisierte medizinische Tätigkeiten, nicht jedoch für organisatorische Aufgaben qualifiziert wird. Grundsätzlich scheint daher eine **kooperative Prozessorganisation** zielführend, die im Sinne **komplementärer Arbeitsteilung** Abteilungs- und Berufsgruppengrenzen überwindet (**patientenbezogene Bezugspersonen**), um den Prozess im Sinne des Patienten und des Ergebnisses im Fokus zu behalten (Dahlgaard und Stratmeyer 2006).

Beispiel

Es stößt auf positive Resonanz bei Patienten, wenn von Beginn an ein fester Ansprechpartner zur Verfügung steht, der mit ihnen den Diagnose- und

Behandlungsablauf bespricht und bei Visiten für Rückfragen zur Verfügung steht. Neben den medizinischen Aspekten beinhalten konsequent durchgeführte gemeinsame Visiten von behandelndem Arzt und zuständiger Pflegekraft in einem definierten Zeitfenster mit elektronischer Anbindung an das Krankenhausinformationssystem (z. B. über W-LAN) erhebliche Potenziale. Dies gilt vor allem dann, wenn sowohl die Überwachung der Verweildauer als auch die Erfassung aller Sachstände und OPS für eine optimierte Kodierung Beachtung finden.

17.4.3 Zentrenbildung

Die internen Strukturen der Krankenhäuser befinden sich zunehmend im Umbruch, weg von der traditionellen Gliederung nach Fachbereichen (Innere Medizin, Chirurgie, Gynäkologie etc.) hin zu Zentren, in denen mehrere Disziplinen mit dem Ziel einer verbesserten Behandlungsqualität und einer **optimierten Ressourcennutzung** gebündelt werden (Darmzentrum, Brustzentrum etc.). Die medizinische, pflegerische und ökonomische Verantwortung eines Zentrums liegt weitestgehend in einer Hand, sodass Veränderungsprozesse einfacher und erfolgreicher durchgeführt werden können. Durch eine **interdisziplinäre Aufnahme und Behandlung auf fachübergreifend belegten Stationen** unter einer pflegerischen Leitung können die Verweildauern verkürzt und die Prozesse optimiert werden. In der Praxis stößt, so Busch, „die Zentrenbildung häufig an interdisziplinäre und interprofessionelle ,Besitzstände'" (Busch 2011, S. 461), aufgrund derer besonders aus ökonomischer und prozessualer Sicht viele Versuche der Zentrenbildung gescheitert sind. Die hier brach liegenden Potenziale zu bergen, ist eine große Herausforderung.

Beispiel

Wenn ein Patient in einem Darmzentrum auf einer interdisziplinär belegten Station aufgenommen wird, kann durch eng abgestimmten fachlichen Austausch und umfassende pflegerische Kompetenz sichergestellt werden, dass der Patient jederzeit eine optimale Behandlung und Pflege erhält. Das gilt sowohl im Falle einer notwendigen endoskopischen Behandlung durch einen Gastroenterologen als auch bei einem operativen Eingriff durch einen Viszeralchirurgen.

Fazit

Ein erfolgreicher Veränderungsprozess kann nicht verordnet, sondern nur gemeinsam mit den Mitarbeitern gestaltet werden. In einem Rahmen gegenseitiger Anerkennung und Wertschätzung mit klar definierten Verantwortungsbereichen fühlen Mitarbeiter aller Berufsgruppen sich wohl und können ihr volles Potenzial entwickeln (Damm 2010). Durch ihre Beteiligung an der Prozessgestaltung wird das Arbeitsklima und damit auch die Zufriedenheit der Patienten maßgeblich positiv beeinflusst. Als Ziel gilt deshalb nicht „Der Mensch als Mittel. Punkt.", sondern **„Der Mensch als Mittelpunkt."** (Doppler und Lauterburg 2014, S. 107).

Literatur

Borges P et al. (2007) Die Arbeitsorganisation bestimmt den Personalbedarf. f & w 1: 10–14

Braun von Reinersdorff A (2007) Strategische Krankenhausführung. Vom Lean Management zum Balanced Hospital Management, 2. Aufl. Huber, Bern

Busch H-P (2011) In Prozessen denken und optimieren – eine Herausforderung für Krankenhäuser. Krankenhaus 5: 459–464

Dahlgaard K, Stratmeyer P (2005) Patientenorientiertes Management der Versorgungsprozesse im Krankenhaus. Pflege Gesellsch 10: 142–150

Dahlgaard K, Stratmeyer P (2006) Kooperatives Prozessmanagement im Krankenhaus. Optimierte Zusammenarbeit zwischen Arztdienst und Pflege nützt Qualität und Effizienz. Luchterhand, Neuwied

Damm K (2010) Die Erstellung eines Konzeptes zur Implementierung neuer Tätigkeitsprofile im stationären Bereich eines Krankenhauses unter dem Aspekt der Mitarbeiterzufriedenheit. Grin, München

Doppler K, Lauterburg C (2014) Change-Management. Den Unternehmenswandel gestalten. 13. Aufl. Campus, Frankfurt/Main

Greiling M (2005) Klinische Pfade optimaler gestalten. Prozessanalysen mit Hilfe der Netzplantechnik. Krankenhaus Umschau 11: 936–939

Haubrock M, Schär W (Hrsg) (2009) Betriebswirtschaft und Management in der Gesundheitswirtschaft. 5. Aufl. Huber, Bern

Philippi M et al. (2011) Prozessoptimierung im Krankenhaus. In: AJW Goldschmidt, J Hilbert (2011) Krankenhausmanagement mit Zukunft. Orientierungswissen und Anregungen von Experten. Thieme, Stuttgart, S 44–55

Rüegg-Stürm J (2005) Das neue St. Galler Management-Mo-
    dell. Grundkategorien einer integrierten Management-
    lehre; der HSG-Ansatz. 2. Aufl. Haupt, Bern
Schmidt-Rettig B (2008) Leitungsstrukturen. In: S Eichhorn,
    Schmidt-Rettig B (Hrsg) Krankenhausmanagementlehre –
    Theorie und Praxis eines integrierten Konzepts. Kohlham-
    mer, Stuttgart, S 217–250
Zapp W (Hrsg) (2002) Prozessgestaltung im Krankenhaus. Eco-
    nomica, Heidelberg

Interne Vernetzung und Überleitungsmanagement

Katja Sonntag, Christine von Reibnitz

© Springer-Verlag GmbH Deutschland 2017
P. Bechtel, I. Smerdka-Arhelger, K. Lipp (Hrsg.), *Pflege im Wandel gestalten – Eine Führungsaufgabe*,
DOI 10.1007/978-3-662-54166-1_18

Im stark segmentierten deutschen Gesundheits-system sowie unter zunehmendem Kostendruck bedarf es neuer Wege, um Patienten mit komplexen Hilfebedarfen eine qualitativ hochwertige Versorgung zu ermöglichen. Wenn die verschiedenen Leistungserbringer sektorenübergreifend miteinander kooperieren, können tragfähige Netzwerke geschaffen werden. Ein individuelles Überleitungs-management kann diese Netzwerke nutzen und so Patienten effizient durch das vielfältige Hilfeange-bot lotsen.

18.1 Notwendigkeit zur Vernetzung

Obwohl die Notwendigkeit von Vernetzung mit dem Ziel, höhere Pflegequalität bei einem rationel-leren Ressourceneinsatz zu erreichen, unumstrit-ten ist (BMFSFJ 2004, S. 29 ff.), gibt es bis heute nur wenige Akteure in der Pflege, die konsequent mit auf Vernetzung fokussierten Konzepten wie Inte-grierter Versorgung (IV), patientenbezogenem Fallmanagement (Case Management) oder Über-leitungsmanagement arbeiten. Insbesondere die Integrierte Versorgung gewinnt mit Blick auf den demografischen Wandel, steigende Pflegebedürf-tigkeit, mehr chronisch kranke und multimorbide Menschen jedoch an Bedeutung und birgt Spiel-raum für innovative Pflegedienstleistungen, die derzeit weder auf gesundheitspolitischer noch auf organisationaler Ebene ausreichend entwickelt werden. Seit Inkrafttreten des Versorgungsstruk-turgesetzes am 1.01.2012 (GKV-VStG) haben Ver-sicherte erstmalig einen Rechtsanspruch auf ein Entlassmanagement (Bundesgesetzblatt 2011). Um die Gründung integrierter Versorgungsverbünde zu unterstützen, sind eine angemessene personelle und finanzielle Ausstattung zentraler Koordina-tionsstellen sowie die Qualifizierung kompetenter Netzwerkmanager unabdingbar. Hier entsteht ein weiteres Problem. Eine Refinanzierung von Vernet-zungstätigkeiten sowie Weiterbildungen in diesem Bereich sind in der aktuellen Sozialgesetzgebung (noch) nicht vorgesehen. Aufgrund der Einfüh-rung der DRGs als pauschaliertes Entgeltsystem im Krankenhausbereich hat die Notwendigkeit der Vernetzung zugenommen und einen komplexen Umstrukturierungsprozess in den Gesundheits-einrichtungen ausgelöst. Insbesondere betroffen

sind die Aufnahme- und Entlassungsprozesse von Patienten/Klienten mit erhöhtem poststationären Versorgungs- und Betreuungsbedarf (z. B. demen-ziell Erkrankte, Palliativpatienten). Die Verkürzung der Liegedauer und die Vorgaben der Grenzver-weildauern während des Krankenhausaufenthal-tes führen zu einer zeitlichen Verdichtung der Auf-nahme- und Entlassungsvorbereitung und damit zu einem tendenziell höheren Unterstützungsbedarf der einzelnen Patienten.

Auch der Expertenstandard Entlassungsmanage-ment, welcher 2004 vom DNQP veröffentlicht und 2009 aktualisiert wurde, weiß um die hohe Bedeu-tung der Vernetzung, um eine gute Versorgungsqua-lität für Menschen mit komplexem Hilfebedarf im stark segmentierten deutschen Gesundheitssystem erreichen zu können.

18.2 Netzwerkarbeit

Netzwerke sind eine besondere Form der Koopera-tion zwischen Leistungsanbietern im Gesundheits-wesen, die rechtlich selbstständig bleiben, aber im Bereich des Netzwerks ihre wirtschaftliche Selbst-ständigkeit aufgeben, um dadurch effektiver und effizienter zu handeln. Zweck eines Netzwerks ist es, fragmentiertes Handeln der Leistungsanbie-ter zu überwinden, indem die Leistungen zielge-richtet koordiniert werden. Hauptziel ist dabei das Wohl des Patienten. Ein Nebenziel besteht darin, die Wettbewerbsfähigkeit der Netzmitglieder sicherzustellen.

Jedes Subsystem versucht zu steuern, um seine Bedürfnisse als wirtschaftlicher Akteur, d. h. zu seinem eigenen Nutzen, zu befriedigen. Eine gute Koordination der Versorgung und eine enge Koope-ration zwischen den Leistungserbringern über unter-schiedliche Fachrichtungen, Professionen und Sekto-ren hinweg sind keine Selbstverständlichkeit. Sie sind jedoch gemäß Sachverständigenrat unabdinglich für eine „optimale Qualität der Versorgung", verstanden als eine „Gesundheitsversorgung

- zum richtigen Zeitpunkt, d. h. gegebenenfalls schon inklusive präventiver Maßnahmen,
- am richtigen Ort, d. h. bei dem am besten geeigneten Leistungserbringer und
- in der richtigen Art und Weise, d. h. bedarfsgerecht, dem anerkannten Stand der

medizinischen Erkenntnisse entsprechend und wirtschaftlich" (SVR-G 2005, S. 21).

Wenn verschiedene, organisatorisch selbstständige Einzelpersonen, Gruppen oder Institutionen in einem Netzwerk zusammenarbeiten, führt dies im Gesundheitswesen zu einem Aufeinandertreffen von Angehörigen verschiedener Berufsgruppen. Statusdenken in den verschiedenen Professionen und Denken in engen Berufsrollen erschweren die Zusammenarbeit (Bühler 2006, S. 19). Eine effektive Zusammenarbeit und eine nahtlose Kontinuität in der Vernetzung können nur gelingen, wenn

- die Ziele und Leitlinien für alle Beteiligten transparent sind und es gemeinsame Ziele sind,
- die an der Kooperation Beteiligten ein Verständnis von der eigenen Rolle, Funktion und Verantwortung haben und
- jedes Kooperationsmitglied ein klares Verständnis über die Rolle, Funktion, Fähigkeiten und Verantwortung der anderen Kooperationspartner hat und die Rollen und Fähigkeiten gegenseitig akzeptiert und flexibel miteinander verbunden werden.

Mitglieder von Netzwerken können unterschiedliche Leistungserbringer im Gesundheitswesen sein. Wenn sich ausschließlich gleiche Anbieter (z. B. ambulante private Pflegedienste) zusammenschließen, handelt es sich um eine Form der **horizontalen Kooperation**. Wenn zusätzlich weitere Einrichtungen eingebunden sind, handelt es sich um Formen der **vertikalen** (z. B. stationäre Pflegeeinrichtung/Krankenhaus) oder der **lateralen** (z. B. stationäre Pflegeeinrichtung/ambulanter Pflegedienst) **Kooperation**. Dabei ist zu beachten, dass die Mitglieder von Netzwerken nicht nur gleichgerichtet handeln, sondern auch Eigeninteressen (z. B. Sicherstellung des eigenen Patientenstammes im Pflegedienst) verfolgen. Netzwerke können durch ein einzelnes Mitglied – z. B. ein Krankenhaus, ein Gesundheitszentrum oder eine stationäre Pflegeeinrichtung – dominiert werden.

Bei der Planung und Erstellung eines Netzwerkes ist die Bottom-up-Strategie von Vorteil, da sie durch die gemeinsame Netzwerkentwicklung aller Beteiligten zu einer größeren Akzeptanz und Identifikation führt. Vor dem Aufbau eines Netzwerkes muss außerdem analysiert werden, welche Netzwerkpartner erforderlich sind, um für die Klienten

organisationsübergreifende Hilfesysteme anbieten zu können. Nach Bedarfserhebung wird ein Erstkontakt mit den notwendigen Einrichtungen oder Einzelpersonen aufgenommen, dies kann durch persönliche Besuche oder Telefonate geschehen. Hierbei wird über die Arbeit des Überleitungsmanagements informiert, die Zielrichtung und die mögliche Zusammenarbeit werden erörtert. Es geht darum, zu informieren, aber auch, sich ein Bild über den eventuellen Netzwerkpartner zu machen. Netzwerkarbeit ist immer auch Beziehungsarbeit, dabei geht es darum, eine Kultur des gegenseitigen Respekts und der Wertschätzung und Unterstützung zu entwickeln. Im weiteren Verlauf gilt es, den Kommunikationsfluss zu optimieren und Absprachen über die Zusammenarbeit festzulegen. Es ist über die Frequenz und die Art des Kontaktes und des Berichtswesens und über die Erreichbarkeit der Netzwerkpartner zu sprechen. Um die eigene Arbeit transparent zu machen, sollten die relevanten Abläufe dargestellt und schon im Vorfeld möglichst schriftlich festgehalten werden, um dem Partner Sicherheit in der Zusammenarbeit zu geben. Diese Prozesse müssen mit der Zeit angepasst und koordiniert werden, damit ein ressourcenschonendes Arbeiten möglich wird. Netzwerke können als ein Suchen, Analysieren, Planen, Herausbilden, Pflegen und Weiterentwickeln von Strukturen und Kulturen zur Förderung kooperativer Arrangements unterschiedlicher Personen und Institutionen verstanden werden (Santen und Seckinger 2003, S. 29).

- Abb. 18.1soll die Entstehung eines Netzwerkes verdeutlichen. Sie zeigt die dafür erforderlichen Handlungsschritte auf.

Netzwerke benötigen ein eigenes Netzwerkmanagement. Eine solche Struktur ist insbesondere für Netzwerke (z. B. Praxisnetze), deren Mitglieder bisher noch nicht über ein ausgereiftes Management verfügen, von großer Bedeutung. In vertikalen Netzwerken kann das Netzwerkmanagement z. B. durch eine stationäre Pflegeeinrichtung oder ein Krankenhaus übernommen werden.

Um Vernetzung kontinuierlich weiterzuentwickeln, bedarf es eines Motivators, der diese vorantreibt. Zudem sind verbindliche Absprachen zu treffen, Aufgaben und Zuständigkeiten klar zu definieren, Besprechungen zu protokollieren und die Arbeitsergebnisse regelmäßig zu überprüfen (Bühler 2006, S. 21). Durch das Überprüfen der

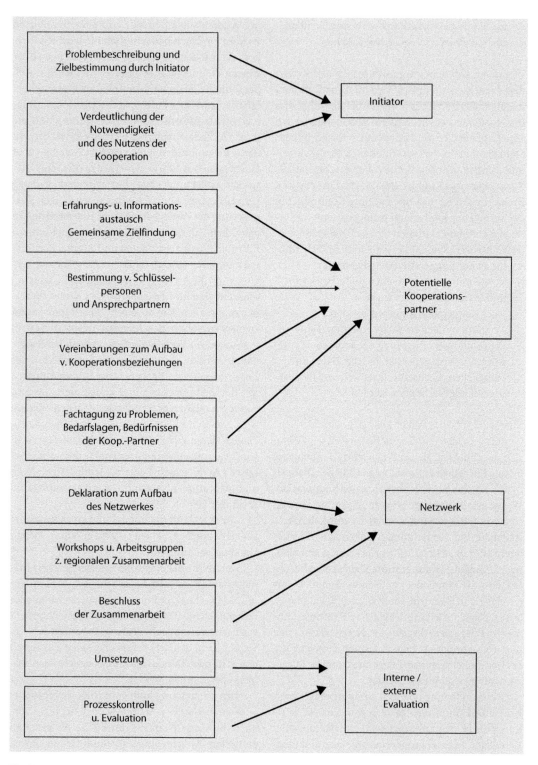

Abb. 18.1   Netzwerkaufbau. (Aus von Reibnitz 2009)

Arbeitsergebnisse werden Netzwerkeffekte nachvollziehbar und transparent als auch Zusammenhänge verdeutlicht (Bienecker 2008, S. 712).

Der Patient, der ins Überleitungsmanagement eingebunden wird, trifft auf solch ein schon etabliertes Netzwerk. Der Überleitungsmanager erfasst beim Assessment die privaten Ressourcen des Patienten und die bisherige Versorgung und analysiert, wie das Unterstützungssystem optimal zusammengestellt werden kann. Hierbei nutzt er das private Netzwerk des Patienten, die bisherigen Versorgungsstrukturen und greift ggf. auf das von ihm aufgebaute Netzwerk zurück und bildet daraus ein fallbezogenes Netz.

Durch Netzwerkarbeit können neue Strategien und Lösungsansätze entwickelt werden. Für die Krankenhausorganisation und die stationäre Pflegeeinrichtung kann das bedeuten, dass interne Strukturen und Abläufe überdacht werden müssen: Stehen Nachfrage und Bedarf der Klienten nach individuell zugeschnittenen Leistungen im Vordergrund, muss zwangsläufig in die Qualität der Zusammenarbeit mit anderen Dienstleistern investiert werden.

> **Netzwerke**
>
> Unter einem Netzwerk versteht man einen kooperativen Zusammenschluss von Akteuren unterschiedlicher Art mit einem gemeinsamen Ziel. Verschiedene Netzwerkpartner mit unterschiedlichen Interessen sind zu einem gemeinsamen Ziel zusammenzuführen. Dabei sind Netzwerkmanagement und -koordination von zentraler Bedeutung (von Reibnitz 2009).

Tipp: Analysefragen für die Netzwerkbildung

1. Wie lauten meine Visionen und Ziele?
2. Bin ich bereit, gemeinsam mit meinen Netzwerkpartnern an einer gemeinsamen Vision, einem gemeinsamen Ziel zu arbeiten?
3. Welche Prinzipien bezüglich Produkt, Kooperation und Vertrauen sind mir wichtig?
4. Bin ich bereit, mit meinen Netzwerk-Partnern aufgrund eines gemeinsamen Geschäftsverständnisses zu kooperieren?
5. Bin ich dazu bereit, nach außen als Gesamtunternehmen aufzutreten?
6. Kann ich mir vorstellen, dass mein individueller Mehrerfolg im Netzwerk größer ist als bei einzelbetrieblicher Vorgehensweise?
7. Wie lauten meine Kernkompetenzen? Welche weiteren Kernkompetenzen sind zur Erreichung der Netzwerk-Vision notwendig?
8. Welche Prozesse habe ich definiert?
9. Ist der Gedanke der Flussorientierung auch bei den Netzwerk-Partnern ausgeprägt?
10. Wie kann ich bei der Bildung von Kooperationen eine Win-Win-Situation herstellen?
11. Welche möglichen Synergien hat ein Netzwerk? Wie ist es möglich, diese Effekte bewusst zu steuern?
12. Handelt es sich bei den potentiellen Partnern um rechtlich unabhängige Partner? In welcher Form kann und will ich mich in eine gegenseitige Abhängigkeit begeben?

Vorteile von Netzwerken können sein:

- Steigerung der Flexibilität der Netzwerkpartner
- Gleichbleibende Leistung durch gegenseitige Unterstützung
- Gegenseitiger Lerneffekt der Netzwerkpartner
- Synergieeffekte
- Konzentration auf Kernkompetenzen
- Motivationsaustausch
- Erhöhung von Innovation und Kreativität
- Supervision
- Gegenseitige Informations- und Wissensnutzung
- Wettbewerbsvorteile
- Leistungssteigerung durch Aufgabenkumulation
- Gegenseitiges Nutzen von Stärken der Netzwerkpartner
- Gegenseitige Arbeitsaufträge
- Steigender Gewinn durch Kosteneinsparung
- Erweiterung des Akquisitionsbereiches
- Steigerung der Akquisitionsstärke

- Auftreten als Gesamtorganisation
- Gemeinsame Vertragsverhandlungen mit Kostenträgern
- Steigerung der Lösungskompetenz
- Einheitliches Auftreten am Markt
- Verbesserung des Marketings

Nachteile dagegen können entstehen durch:
- Bindung von Zeitressourcen
- Verlust der persönlichen Handlungsfreiheit und der persönlichen Identität
- Aufgabe von individueller Entscheidungsfreiheit
- Einschränkung der wirtschaftlichen Selbstständigkeit
- Einzelaktionen sind nicht möglich
- Austauschbarkeit

18.3   Interne Vernetzung

Das Überleitungsmanagement ist abhängig von einem stetigen Informationsaustausch zwischen den verschiedenen am Versorgungsprozess beteiligten Berufsgruppen und einer konsequenten Informationsweitergabe zwischen den unterschiedlichen Institutionen. Versorgungsbrüche können dabei nicht nur bei einem Wechsel des Versorgungspartners entstehen, sondern schon innerhalb einer einzelnen Gesundheitseinrichtung, da viele verschiedene Professionen, Abteilungen oder Bereiche an der Versorgung des Betroffenen beteiligt sind. So gehören unter anderem Verlegungen eines Patienten innerhalb eines Krankenhauses zum Alltag.

18.3.1 Interne Vernetzung im Krankenhaus

Innerhalb eines Krankenhausbetriebes wird unterschieden zwischen einer intradisziplinären Verlegung, also der Überleitung zwischen zwei Stationen/Abteilungen der gleichen Disziplin, und einer interdisziplinären Verlegung, der Überleitung zwischen unterschiedlichen Fachrichtungen innerhalb des gleichen Hauses.

Die Bedeutung einer internen Überleitung, gerade bei der Verlegung innerhalb der gleichen Disziplin, wird häufig unterschätzt. Aus dem Blickfeld gerät, dass mit der Verlegung eine zusätzliche Schnittstelle mit dem Risiko des Informationsverlustes entsteht.

Bei der Überleitung innerhalb einer Disziplin innerhalb eines Hauses ist ein schriftlicher Pflegeverlegungsbericht analog zum Arztbrief immer dann sinnvoll, wenn Patientenunterlagen (z. B. Aufnahmeassessment, Patientenkurve/-akte, Pflegedokumentation, durchgeführte Diagnostiken, eingeleitete Therapien) bei der abgebenden Station verbleiben und dem Patienten nicht mitgegeben werden. Die mündliche Übergabe am Patientenbett ersetzt in diesem Fall nicht die schriftliche Weitergabe von Informationen. Dies gilt für alle Überleitungen innerhalb eines Krankenhauses, unabhängig davon, ob sich die Abteilungen/Fachrichtungen unter einem Dach befinden oder nicht.

Erfolgt eine Überleitung zwischen zwei Stationen gleicher Disziplin, bei denen alle bis zum Zeitpunkt der Verlegung erfassten Informationen dem Patienten in Schriftform mitgegeben werden oder der aufnehmenden Station via Intranet zur Verfügung gestellt werden können, wäre ein zusätzlicher Überleitungsbericht/-bogen „doppelte Buchführung" und damit verzichtbar.

Eine Kurzüberleitung in schriftlicher Form sollte folgende Informationen beinhalten:
1. Persönliche Daten des Patienten (Name, Anschrift, Angaben zur Versicherung etc.)
2. Name, Anschrift und Telefonnummer der nächsten Angehörigen bzw. Bezugspersonen
3. Name und Kontaktdaten des Bevollmächtigten oder gesetzlichen Betreuers, falls vorhanden, um Verzögerungen in Diagnostik und Therapie zu vermeiden
4. Kopie der Patientenverfügung/des Patiententestamentes, falls vorhanden
5. Vorhandene/beantragte Pflegestufe inklusive Ansprechpartner beim MDK
6. Für die nachstationäre Versorgung relevante, schon involvierte Abteilung(en)/Mitarbeiter/Berufsgruppen (Sozialdienst/Case Management/Transportdienste/ambulanter Pflegedienst etc.)
7. Welche Aufgaben die nachstationäre Versorgung betreffend stehen noch offen (z. B. Benachrichtigung des ambulanten Pflegedienstes/Terminabsprachen mit Sanitätshaus wegen Lieferung von Hilfsmitteln)?

8. Aktueller Hilfebedarf und vorhandene Kompetenzen in den Aktivitäten des täglichen Lebens
9. Schon getroffene, kurz- und mittelfristige Zielabsprachen (mit Patient/Angehörigen/ Pflegeeinrichtung etc.)

18.3.2 Interne Vernetzung in Pflegeeinrichtungen

Auch wenn eine vollstationäre Pflegeeinrichtung in der Regel eine deutlich kleinere Einrichtung als ein Krankenhaus ist, bedarf es der internen Vernetzung der verschiedenen beteiligten Berufsgruppen, um die Bewohner dort optimal versorgen zu können.

Folgende Berufsgruppen oder Bereiche arbeiten in einer vollstationären Einrichtung:

- Pflegefachkräfte
- Pflegehilfskräfte
- Mitarbeiter der sozialen Betreuung (z. B. Sozialer Dienst)
- Betreuungsassistenten nach § 87b SGB XI (zusätzliche Betreuung für Menschen mit eingeschränkter Alltagskompetenz)
- (Hauswirtschaftliche) Präsenzkräfte
- Küchenpersonal
- Reinigungspersonal
- Mitarbeiter der Verwaltung
- Sonstiges hauswirtschaftliches Personal, wie z. B. Servicekräfte für die Mahlzeitenbegleitung oder Mitarbeiter der Waschküche
- Haustechnik

Um im Rahmen der Überleitung sicherzustellen, dass der Bewohner adäquat versorgt wird, bedarf es zunächst der zeitnahen Information aller Mitarbeiter. Ansonsten kann es zu Schwierigkeiten in der Versorgung kommen, z. B. wenn das hauswirtschaftliche Personal oder die Reinigungskräfte nicht über die Infektion eines Bewohners mit einem multiresistenten Keim informiert wurden und die entsprechenden Schutzmaßnahmen oder desinfizierende Reinigungen daher nicht vorgenommen wurden. Hier bietet sich die Nutzung eines einheitlichen Dokuments an, welches von der den Bewohner in Empfang nehmenden Pflegekraft sofort in Umlauf gebracht wird, z. B. über einen einrichtungsinternen E-Mail-Verteiler.

Neben diesem zeitnahen Informationsaustausch bedarf es für den individuellen Bewohner außerdem anderer Möglichkeiten, die Versorgung zwischen den einzelnen Beteiligten abzusprechen. Hier bieten sich interdisziplinäre Fallbesprechungen an, welche nach einem festgelegten Konzept stattfinden sollten. Diese Fallbesprechungen oder auch Fallkonferenzen sind personenbezogene Besprechungen, welche in einem regelmäßigen Rhythmus für jeden Bewohner einberufen werden, aber auch bei einem besonderen Bedarf, der durch einen der betreuenden Mitarbeiter gesehen wird. Der Teilnehmerkreis besteht dabei neben den Bezugspflegekräften (Fach- und Hilfskräften) aus den Mitarbeitern der Sozialen Betreuung sowie der Hauswirtschaft. Wenn es dem Bewohner möglich ist und er dies wünscht, sollte er ebenfalls an diesem Austausch teilnehmen, da es um die Gestaltung seiner weiteren Versorgung geht. Je nach Bedarf kann dieser Kreis um andere relevante Bereiche erweitert werden, unter anderem z. B. um den Koch bei vorliegenden Ernährungsproblematiken oder wichtige Bezugspersonen des Bewohners.

Dieser Besprechungsrahmen dient der gemeinsamen Analyse der individuellen Bewohnerversorgung. Ideen und Meinungen werden ausgetauscht, Problemlösungen entwickelt sowie eine optimierte Versorgung angestrebt. Handlungsleitend sind dabei vor allem die Wünsche und Bedürfnisse des Bewohners, dessen Lebensqualität das gemeinsame Ziel aller Beteiligten ist.

Der Aufbau einer solchen Fallbesprechung ist in - Abb. 18.2 dargestellt.

Die Ergebnisse werden in einem Protokoll schriftlich festgehalten und stellen die verbindlichen Ziele und Maßnahmen der Bewohnerversorgung dar. Sie dienen ebenfalls als Grundlage für die individuelle Pflege- und Betreuungsplanung und einer regelmäßigen Evaluation.

Das Instrument der individuellen Fallbesprechung kann auch im Rahmen der externen Vernetzung genutzt werden, indem zusätzlich Kooperationspartner wie Haus- und Fachärzte, Therapeuten oder ein Homecare-Unternehmen eingebunden werden. Der Teilnehmerkreis richtet sich dabei immer nach den Anforderungen des individuellen Bewohners.

Durch die Einführung des Strukturmodells, welches mittlerweile (Stand März 2017) von ca. 40% der stationären Einrichtungen genutzt wird, ist ein

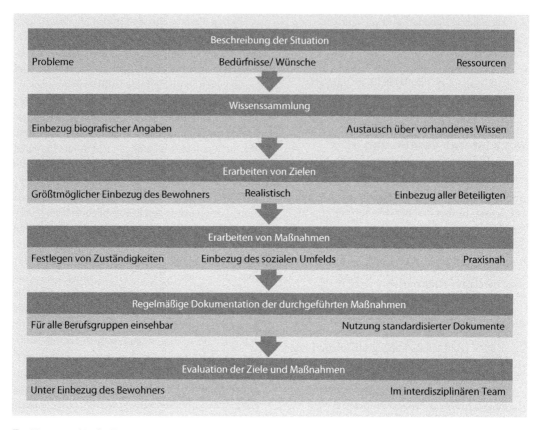

▫ Abb. 18.2   Ablauf Fallbesprechung

einrichtungsübergreifender Exkurs mittlerweile einfacher möglich (▶ Exkurs „Strukturmodell in der ambulanten und stationären Langzeitpflege").

❯ Die in einer vollstationären Pflegeein-richtung beschäftigten Berufsgruppen

müssen im Rahmen der Überleitung zeitnah über Veränderungen informiert werden. Interdisziplinäre Fallbesprechungen dienen der Abstimmung auf gemeinsame Ziele und Maßnahmen im Rahmen der Pflege und Betreuung.

Exkurs

Strukturmodell in der ambulanten und stationären Langzeitpflege

Seit dem Jahr 2015 wird durch Initiative des Pflegebevollmächtigten der Bundesregierung, Staatssekretär Karl-Josef Laumann, die Einführung eines einheitlichen Strukturmodells in der Langzeitpflege forciert, welches zu einer Entbürokratisierung und Verschlankung der Pflegedokumentation führen soll. Das Strukturmodell basiert auf vier

Elementen in Anlehnung an den vierphasigen Pflegeprozess analog der WHO:

10. Strukturierte Informations-sammlung als Einstieg in den Pflegeprozess (SIS)
11. Individuelle Maßnahmeplanung
12. Berichteblatt mit Fokussierung auf Abweichungen von der Maßnahmeplanung

13. Evaluation der SIS und des Maßnahmeplans bei Bedarf

Die einheitlich vorgegebenen Dokumente ermöglichen zukünftig eine einfachere Zusammenarbeit auch über Institutions- und Berufsgrenzen hinweg, wenn sich wie geplant möglichst viele Pflegeeinrichtungen und ambulante Pflegedienste für diese Form der Pflegedokumentation entscheiden. Auch interdisziplinäre Fallbesprechungen können an Hand der strukturierten Informationssammlung und der individuellen Maßnahmeplanung, welche von verschiedenen Berufsgruppen ausgefüllt wird, durchgeführt werden. Besonders hervorzuheben ist auch, dass die strukturierte Informationssammlung explizit die Perspektive des Pflegebedürftigen erfragt, sodass ein Einbezug des Betroffenen in die Fallbesprechungen absolut erwünscht ist (EinSTEP 2015).

18.4 Externe Vernetzung

Überleitungsmanagement wird in Folge der starker Sektoralisierung im Gesundheitswesen, kostenaufwendiger Therapien und der unübersichtlichen Versorgung für Patienten und Angehörige immer wichtiger. Besonders deutlich wird dies bei der Überleitung von Bewohnern eines Pflegeheims oder demenziell erkrankten Menschen in ein Krankenhaus, aufgrund der Komplexität des Versorgungs- und Hilfebedarfs ist eine strukturierte und klientenorientierte Zusammenarbeit notwendig.

Im Krankenhausbereich begonnene Therapien bauen nicht aufeinander auf, sondern sind teilweise sogar widersprüchlich. Es zeigt sich, dass ein System notwendig wird, das Kontinuität in der Behandlung und Kooperation der einzelnen Einrichtungen und Organisationen ermöglicht. Professionelle und private Ressourcen sollen erkannt und optimal ausgeschöpft, Synergien hergestellt und ein systemübergreifendes Hilfesystem fallbezogen aufgebaut werden. So besteht eine der Hauptaufgaben des Überleitungsmanagements darin, ein Netzwerk für den einzelnen Fall aufzubauen, aber auch seine ganze Arbeit in einem Netzwerk einzubinden, von dem seine Klienten profitieren.

In externen Netzwerken arbeiten Partner verschiedener Versorgungssettings, wie z. B. stationäre Pflegeeinrichtungen, Kurzzeitpflege, Haus- und Fachärzte, stationäre Hospize, ambulante Hospizdienste, Palliativdienste, Apotheken, Homecare-Unternehmen, Therapeuten sowie Kostenträger zusammen.

Beispiel: Netzwerk zwischen einer Kreisklinik und mehreren Sozialstationen sowie ambulanten Pflegediensten

- Zusammenarbeit vor, während und nach dem stationären Aufenthalt

- Klinik informiert den Patienten über die nachstationäre Betreuung durch die Netzwerkpartner im Sinne eines systematischen Überleitungsmanagements
- Bei Einwilligung des Patienten verfolgt Datenübermittlung an Nachversorger, welcher Folgebehandlung garantiert
- Ziel des Netzwerks ist eine reibungslose und patientenfreundliche Übergabe aus der ambulanten Versorgung in die Akutklinik sowie andersherum
- Möglichkeit der Hospitation durch Mitarbeiter der ambulanten Versorger in der Akutklinik
- Gemeinsame Fort- und Weiterbildungen, um einheitliche Behandlungsstandards zu erhalten
- Gemeinsame Standards in medizinischer und pflegerischer Versorgung
- Einheitliche Dokumentation, insbesondere bei verwendeten Überleitungsbögen

- **Beispiel für ein Netzwerk: Palliativnetzwerk Wuppertal**

Das Palliativ Netzwerk Wuppertal möchte eine qualifizierte Palliativversorgung schwerstkranker Patienten, die auf eine kurative Behandlung nicht mehr ansprechen oder diese nicht mehr wünschen, sicherstellen. Zur Sicherstellung der bestmöglichen Lebensqualität soll das soziale Umfeld ebenso beachtet werden wie die Wünsche und Ängste der Betroffenen.

Um die Versorgung an den Bedürfnissen der Patienten ausrichten zu können, bedarf es der Vernetzung ambulanter und stationärer Strukturen. Das Palliativnetzwerk setzt sich für ein abgestimmtes Zusammenwirken von stationärem Hospiz und an Krankenhäuser angegliederten Palliativstationen einerseits, ambulanter ärztlicher, pflegerischer, psychosozialer und spiritueller Betreuung, Behandlung und Begleitung andererseits ein.

Mitglieder des Palliativnetzwerkes sind niedergelassene Ärzte, an Krankenhäuser angegliederte Palliativstationen, Schmerz-Ambulanzen, stationäre Hospize, ambulante Hospizdienste, ambulante Pflegedienste, Palliative-Care-Pflegedienste, vollstationäre Pflegeeinrichtungen, Psychologen, Psychotherapeuten, Beratungsstellen, Therapeuten, Apotheken, Angebote zur Trauerbegleitung, Bildungsträger sowie ein Alltagshilfenetzwerk.

Die **Aufgaben des Palliativnetzwerks Wuppertal** und seiner Mitglieder umfassen:

- Palliativmedizinische Konsiliardienste für die behandelnden Haus- und Fachärzte
- Palliativmedizinische Versorgung des stationären Hospizes in Wuppertal
- Ambulante und stationäre Schmerz- und Palliativbehandlung
- Sicherung der Qualität in der Überleitung vom stationären zum ambulanten Bereich und umgekehrt
- Symptomkontrolle und -linderung, insbesondere Schmerztherapie
- Fachübergreifende multiprofessionelle Zusammenarbeit
- Aus- und Weiterbildung für Ärzte und Pflegende, psychosoziale und spirituelle Begleitung von Patienten und Angehörigen

Das Palliativnetzwerk bietet ca. alle 8 Wochen einen Qualitätszirkel an, hier werden verschiedenste Themen im Rahmen von Vorträgen und Diskussionsrunden vorgestellt. Außerdem können in regelmäßig angebotenen Fallkonferenzen einzelne Patienten in einem interdisziplinären Team besprochen werden. Des Weiteren bietet das Palliativnetzwerk Weiterbildungen für Ärzte zum Thema Palliativmedizin an. Die Mitglieder des Palliativnetzwerkes Wuppertal haben zudem mit den Krankenkassen Verträge abgeschlossen und bieten für Patienten mit einer entsprechenden Verordnung spezialisierte ambulante Palliativversorgung in der eigenen Häuslichkeit oder in Pflegeeinrichtungen an.

Um die Netzwerkarbeit zu koordinieren, wurden eine Kontaktstelle sowie eine Homepage für Netzwerkpartner und Hilfesuchende eingerichtet. Außerdem wurden einige Dokumente gemeinsam entwickelt, welche allen Netzwerkpartnern zur Verfügung stehen und langfristig zur Vereinheitlichung auch von allen Netzwerkpartnern genutzt werden sollen.

Jeder Interessierte der Stadt kann auf Wunsch eine vom Palliativnetzwerk entwickelte „persönliche Notfallmappe" für den ambulanten Bereich erhalten.

18.5   Interdisziplinäre Zusammenarbeit

Der Begriff „Interdisziplinarität" bezieht sich auf eine handlungsorientierte Praxis der Zusammenarbeit von Berufen und Professionen. „Interdisziplinär" meint dabei die Interaktion zwischen zwei oder mehreren wissenschaftlichen Disziplinen. Von „interdisziplinärer Kooperation" oder „Zusammenarbeit" spricht man, wenn das Arbeitsverhalten und der Arbeitsablauf verschiedener Berufsgruppen unter einer gemeinsamen Zielsetzung untereinander abgestimmt werden. Interdisziplinäre Zusammenarbeit im Gesundheitswesen bedeutet, dass Angehörige unterschiedlichster Berufsgruppen mit unterschiedlichen Spezialisierungen, beruflichen Fremd- und Selbstbildern sowie Tätigkeitsfeldern im Sinne einer sich ergänzenden, qualitativ hochwertigen, patientenorientierten Versorgung zusammenarbeiten (Kaba-Schönstein 2004, S. 40).

Der Verbesserung der interdisziplinären Zusammenarbeit im Gesundheitswesen kommt wachsende Bedeutung zu. Dies ergibt sich auf Grund von Entwicklungen der Wissenschaft und Forschung sowie der Arbeitswelt, welche auch das Gesundheitswesen betreffen: zunehmende Arbeitsteilung, Differenzierung und Spezialisierung. Daraus ergibt sich die Notwendigkeit, diese arbeitsteiligen, spezialisierten und differenzierten Arbeitsformen zu gemeinsamen Aufgaben und Zielen zusammenzuführen.

Eine derart separierte Versorgungsstruktur wie im Gesundheitssystem Deutschlands schafft auf Grund ihrer Fragmentierung zahlreiche Schnittstellenprobleme in Verbindung mit Informations- und Koordinationsdefiziten, welche häufig mit negativen Auswirkungen sowohl auf die Effektivität wie auch die Effizienz der Versorgung einhergeht (Müller 2010, S. 237).

Der demografische Wandel führt außerdem zu einer Veränderung der Patientenklientel. Es werden zunehmend mehr ältere, multimorbide Menschen behandelt, chronisch-degenerative Erkrankungen nehmen zu, Patientenkarrieren werden länger. Dies erfordert die langfristige, koordinierte Zusammenarbeit unterschiedlichster Berufsgruppen.

Gerade die verpflichtende Einführung der DRGs für die Krankenhausabrechnung zum 1. Januar 2004 führte zusätzlich zu tiefgreifenden Veränderungen in der Krankenhausversorgungslandschaft, welche neue Herausforderungen an die interdisziplinäre Zusammenarbeit aller beteiligten Berufsgruppen stellt. So verkürzte sich die Krankenhausverweildauer von durchschnittlich 13,3 Tagen im Jahr 1992 auf 9,4 Tage im Jahr 2001 sowie 7,4 Tage im Jahr 2015 (Statista 2016). Eine zunehmende Arbeitsbelastung und -verdichtung für die Pflegekräfte ist zu beobachten, indem die Fallzahl pro Pflegekraft innerhalb von 10 Jahren von 48 auf 59 Patienten anstieg. Rund 19,1 Mio. Patienten wurden 2014 vollstationär im Krankenhaus behandelt, gegenüber 1991 ist die Fallzahl damit um 31 % gestiegen. Die Zahl der Belegungstage betrug 2014 141,5 Mio., dies ergibt einen Rückgang um 31 % gegenüber 1991 und verdeutlicht die zunehmende Arbeitsbelastung durch häufige Patientenwechsel und zunehmend pflege- und betreuungsintensivere Patienten durch sinkende Verweildauern (Statistisches Bundesamt 2016, S. 288) Die Bedeutung einer guten, interdisziplinär erarbeiteten Entlassungsplanung ergibt sich auch aus der Tatsache, dass Kliniken im Rahmen der DRGs keinerlei Vergütung dafür erhalten, wenn immer früher entlassene Patienten innerhalb einer festgelegten Grenzverweildauer erneut stationär aufgenommen werden müssen (Feuchtinger 2010, S. 39 ff.).

Alle diese Veränderungen stellen neue Herausforderungen für die Organisation Krankenhaus dar. Bisherige Organisationsgrenzen müssen überwunden werden, während gleichzeitig eine neue innerorganisatorische Kultur und Struktur gefunden werden muss. Den zukünftigen Erfolg bestimmt dabei neben einer adäquaten Finanzierung die Koordination und Kommunikation aller Beteiligten.

Das deutsche, stark fragmentierte Gesundheitssystem steht durch die Zunahme chronisch kranker und multimorbider Patienten sowie die Einführung der DRGs im Krankenhaussektor vor großen Herausforderungen.

> ❯ Nur durch strukturelle Veränderungen innerhalb des Krankenhauses und im Zusammenhang mit anderen Akteuren im Gesundheitswesen kann eine effiziente Versorgung des Patienten erfolgen. Dies gelingt nur durch eine qualitativ hochwertige Zusammenarbeit und Kommunikation aller beteiligten Akteure.

18.5.1 Rahmenbedingungen der Zusammenarbeit

Eine interdisziplinäre Zusammenarbeit zur Sicherstellung einer effizienten Patientenversorgung kann nur gelingen, wenn Verantwortlichkeiten und Aufgabenverteilungen klar geregelt sind. Doch auch hierarchische Strukturen sowie die Qualifikation der Mitarbeiter und das Kooperationsverständnis haben erheblichen Einfluss auf den Erfolg der Zusammenarbeit.

▪ **Berufs- und Kooperationsverständnis**

Damit ein Überleitungsmanagement in einer Einrichtung funktioniert, bedarf es zahlreicher Bedingungen. Um diese Bedingungen schaffen zu können, muss zunächst einmal ein Bewusstsein dafür geschaffen werden, wie Versorgungsbrüche entstehen. Hier spielt die Spezialisierung im Gesundheitssystem eine entscheidende Rolle. Jede Berufsgruppe handelt auf der Grundlage ihrer eigenen Normen, Werte und Zielvorstellungen, das Krankheitsgeschehen wird unterschiedlich interpretiert. Dieser eingeschränkte, auf die eigene Berufsgruppe bezogene Blickwinkel kann dazu führen, dass die Gesamtsituation des Betroffenen aus dem Blick gerät und das Problembewusstsein für die Folgen einer unzureichenden Überleitungsplanung fehlt. Häufig werden deshalb divergierende, voneinander abweichende Handlungsansätze vorgeschlagen, eine Integration der Einzelinterventionen ist erschwert. Zudem herrschen in jeder Einrichtung, teilweise sogar für einzelne Berufsgruppen, eigene Arbeitsweisen und -strukturen vor, welche zwar für sich genommen effizient sind, insgesamt aber eine Zusammenführung der Herangehensweise erschweren (Trieschmann 2007, S. 10).

Diese unterschiedlichen Berufsgruppen sollen nun miteinander zum Wohle des Betroffenen arbeiten. Eine wichtige Facette dieser interdisziplinären Kooperation ist das Kooperationsverständnis

Einzelner sowie der beteiligten Berufsgruppen, welches zum Teil vom beruflichen Selbstverständnis abhängig ist. Gerade dieses berufliche Selbstverständnis hat sich für die Pflege im Laufe der vergangenen Jahre deutlich gewandelt. So ist es in der Praxis häufig so, dass das Kooperationsverständnis wie auch die Vorstellung hinsichtlich der Form der Zusammenarbeit divergent und kontrovers sind. Das Spektrum reicht von mehr hierarchischen Kooperationsformen, in denen z. B. der Arzt die Entscheidungen bezüglich der Therapie und weiteren Versorgung trifft und andere Berufsgruppen diese Aufträge ausfüllen, bis hin zu mehr gleichberechtigten Vorstellungen und bevorzugten Formen der Kooperation (Kaba-Schönstein und Kälble 2004, S. 96). Ein gemeinsames Kooperationsverständnis ist aber entscheidend für ein gelungenes Überleitungsmanagement.

Jede Berufsgruppe betrachtet den Patienten aus ihrer Sichtweise heraus, dieser eingeschränkte Blickwinkel erschwert eine gemeinsame Vorgehensweise zum Wohle des Patienten. Unterschiedliche Vorstellungen von Kooperationsformen – hierarchisch oder eher gleichberechtigt – welche mit dem beruflichen Selbstverständnis zusammenhängen, können die Zusammenarbeit erschweren.

Interdisziplinäre Zusammenarbeit verlangt von den Beteiligten zudem den Blick „über den Tellerrand" hinaus, denn es geht dabei auch um die Überwindung fachlicher Grenzen in der beruflichen Tätigkeit. Es ist ein wesentlicher Teil der für alle Berufe im Gesundheitswesen immer wichtiger werdenden sozialen Schlüsselkompetenzen, die Leistungen anderer Berufsgruppen anzuerkennen und zugleich die Grenzen der eigenen Leistungsfähigkeit zu sehen.

» Interprofessionalität entsteht in dem Moment, wo man sich der Perspektivität eigenen professionellen Denkens und Handelns bewusst wird und mithin die Erkenntnis gewinnt, dass andere, sofern sie einer anderen Profession angehören und so von einem anderen Standpunkt beobachten, etwas anderes sehen. Dieses andere wäre demnach nicht falsch oder richtig im Vergleich zum eigenen, sondern eben different. (Kaba-Schönstein und Kälble 2004, S. 195)

Um in der Praxis ein Verstehen des Anderen zu ermöglichen, sind insbesondere Kenntnisse über die jeweiligen Aufgaben, Vorgehensweisen und theoretischen Hintergründe der verschiedenen Gesundheitsberufe notwendig.

Schlüsselkompetenzen als Voraussetzungen für interdisziplinäre Kooperation, bezogen auf die beteiligten Personen
- „Ein hohes Maß an Flexibilität,
- die Bereitschaft, umdenken und aus den eigenen Betriebs- und Handlungsstrukturen heraustreten zu können,
- die Fähigkeit zur Empathie,
- eine professionelle Einstellung,
- das Ziel, den Patienten optimal versorgen und unterstützen zu wollen,
- Kontakt- und Kommunikationsfähigkeit." (Kaba-Schönstein 2004, S. 97)

■ **Organisations- und Arbeitsstrukturen**

Als wesentliche Voraussetzung für eine gelingende Kooperation und ein erfolgreiches Überleitungsmanagement gelten kooperationsfördernde Organisations- und Arbeitsstrukturen. Teamarbeit und die Entwicklung und Verbesserung von Versorgungskonzepten müssen als berufsgruppenübergreifende, interdisziplinäre Aufgabenstellung anerkannt werden. Die Mitarbeiter müssen unter anderem ausreichend Zeit für interdisziplinäre Besprechungen eingeräumt bekommen und ihr Wissen in Weiterbildungen rund um das Thema erweitern können. Eine ausreichende Personalausstattung sowie die institutionelle Einbindung des Überleitungsmanagements sind ebenfalls erforderlich, um eine strukturelle Autonomie zu ermöglichen.

Die verschiedenen Bereiche der Versorgung scheitern häufig aber an der geforderten Optimierung der Zusammenarbeit, da die Vorstellungen über Teamentwicklung und Kooperation zu wenig konkret sind. Einem effektiven Überleitungsmanagement liegt aber immer ein systematisch entwickeltes und ausformuliertes Konzept zu Grunde, so beschreibt es auch der Expertenstandard Entlassungsmanagement. In der Realität sind solche ausformulierten Konzepte bislang allerdings selten anzutreffen (Zentrum für angewandte Gesundheitswissenschaften 2008, S. 157).

Neben den Anforderungen an die beteiligten Berufsgruppen muss auch die Organisation Strukturen schaffen, welche ein effizientes Überleitungsmanagement ermöglichen.

> Neben ausreichend Personal und Zeit muss hier vor allem ein konkretes Konzept vorliegen, welches die Verankerung in der Hierarchie sowie die Verantwortlichkeiten und Zuständigkeiten beschreibt.

- Kooperation ist – das machen die Ausführungen deutlich – ein hochkomplexes Geschehen, das in hohem Maße von Abstimmungs- und Aushandlungsprozessen der Beteiligten abhängt, das sensibel gegenüber Störungen durch Vertrauensverlust oder Verletzungen der Fairness und damit wenig kompatibel mit einer hierarchischen Organisation ist. Kooperation braucht Spielräume, um sich zu entwickeln und bietet möglicherweise auch ein Alternativmodell zur hierarchischen Steuerung, wie sie üblicherweise noch in Krankenhäusern vorherrscht.

18.5.2 Kommunikation

Eine funktionierende Kommunikation über die Schnittstellen der Versorgungskette hinaus wird als Kernaufgabe für ein erfolgreiches Überleitungsmanagement gesehen. Hierzu erfordert es neben der Klärung von Prozessen, dem Definieren von Kommunikations- und Informationswegen, der Regelung der Zuständigkeiten auch das Schaffen von Verbindlichkeit und Transparenz (Winkler 2010, S. 160). Da zwar einerseits die Vervielfältigung der Kommunikationsmittel und -wege den Zugang zu Informationen erleichtert, gleichzeitig aber die Komplexität der Kommunikation immer weiter zunimmt, wird Kommunikation von praktisch allen Mitarbeitenden als **die** große Herausforderung für den Einzelnen sowie für das Gesamtsystem Krankenhaus angesehen (Manzeschke 2007, S. 27).

Eine partnerschaftliche, vertrauensvolle Kommunikation ist nicht immer herzustellen. Gelingt dies aber, profitieren nicht nur die Patienten davon, indem sie eine qualitativ hochwertige Versorgung erhalten. Auch die professionell Tätigen gewinnen durch gute Kommunikation und Kooperation, denn diese führt zu einer Verbesserung des Arbeitsklimas sowie einer größeren Berufszufriedenheit. Sogar das persönliche Belastungsempfinden wird positiv beeinflusst (Kaba-Schönstein und Kälble 2004, S. 13).

- **Bedeutung von Kommunikation im Rahmen des Überleitungsmanagements**

Die Arbeit in interdisziplinären Teams dient der Konzentration von professionellem Wissen und ist in unserer arbeitsteiligen Welt absolut notwendig. Auch im Gesundheitssystem schreitet die Spezialisierung immer weiter voran, immer komplexere Netzwerke machen immer spezialisiertere Kommunikationsstrukturen notwendig.

Die Einführung der DRGs sowie eines verpflichtenden Qualitätsmanagements für Krankenhäuser hat einen wichtigen Impuls zu einer professionsübergreifenden Kommunikation und Kooperation gegeben. Meist empfinden die Krankenhausmitarbeiter die DRG-indizierte Kommunikation aber als selbstreferenziell – man wird zu mehr Kommunikation genötigt, diese Arbeit halte aber viel mehr von der „eigentlichen" Arbeit ab (Manzeschke 2007, S. 27 f.).

Auch wenn hier also in den letzten Jahren gewisse Veränderungen zu beobachten waren, gilt die Kooperation zwischen den Teilbereichen der medizinischen Versorgung sowie zwischen den an der Versorgung mitwirkenden Berufsgruppen weiterhin als verbesserungswürdig. Beispielhaft sei hier nur ein Wettbewerb der Frensenius Kabi Deutschland GmbH aus dem Jahr 2003 erwähnt, in dem die Zusammenarbeit mit anderen an der Betreuung der Patienten beteiligten Berufsgruppen als eher schwierig dargestellt wird. Insbesondere die Klinik- und Hausärzte zeigten wenig Interesse an Konzepten, die von Pflegekräften an sie herangetragen werden, so wie dies beim Überleitungsmanagement häufig der Fall ist (Lusiardi 2004, S. 59).

Mangelnde Kooperation und Kommunikation sind nicht selten der Grund für fehlende bereichsübergreifende Pflege-, Therapie- und Betreuungspläne sowie unzureichende oder gar fehlerhafte Beratungsprozesse (Kaba-Schönstein 2004 und Kälble, S. 68).

Ein Überleitungsmanagement kann aber nur gelingen, wenn die Kommunikation und damit auch die Zusammenarbeit aller Beteiligten gelingen.

> **Obwohl die Einführung der DRGs sowie von Qualitätsmanagementsystemen die berufsgruppenübergreifende Kommunikation und Kooperation im Krankenhaus gesteigert haben, gilt diese weiterhin als verbesserungswürdig. Ein Überleitungsmanagement kann ohne erfolgreiche Kommunikation zwischen allen Beteiligten aber nicht gelingen.**

▪ Aspekte einer erfolgreichen Kommunikation
Im Rahmen des Überleitungsmanagements ist die Kommunikation – der menschliche Träger von Informationen – besonders wichtig, da hier divergierende Interessen, unterschiedliche Organisationen und teils konkurrierende Berufsgruppen aufeinandertreffen (Winkler 2010, S. 145). Eine erfolgreiche Kommunikation ist dabei nie kurzfristig erreichbar und bedarf der fortlaufenden Arbeit aller Beteiligten daran.

Zunächst einmal erscheint es überaus wichtig, dass unter allen Beteiligten die Bereitschaft besteht, Macht abzugeben und auf formale Autoritätsansprüche zu verzichten (Bühler 2006, S. 31). Die Bedeutung der eigenen Institution, der eigenen Berufsgruppe und auch der eigenen Person muss relativiert werden können (Winkler 2010, S. 145). Die Einführung eines Überleitungsmanagements ist schließlich immer mit Veränderungen im Krankenhaus in Bezug auf Befugnisse und Aufgabenbereiche verbunden. Dies könnte man auch als eine kommunikative Grundhaltung bezeichnen.

Eine weitere wichtige Voraussetzung besteht darin, dass alle Beteiligten ein gegenseitiges Verständnis sowie detaillierte Kenntnisse über die einzelnen Disziplinen mitbringen. Unterschiedliche Sichtweisen oder theoretische Hintergründe könnten sonst zu Problemen und Missverständnissen führen.

Damit hängt eng zusammen, dass alle beteiligten Fachleute sich über eine gemeinsame Vorgehensweise und ein gemeinsames Ziel im Rahmen der individuellen Patientenversorgung abstimmen. Unterschiedliche Meinungen werden im Idealfall akzeptiert und diskutiert, bevor es zu konkreten

und verbindlichen Absprachen für alle Beteiligten kommt (von Reibnitz 2009, S. 69). Der Unterstützungs- und Pflegebedarf wird mit allen beteiligten Personen ermittelt – dazu gehören je nach Bedarf z. B. die zuständige Pflegekraft, der betreuende Arzt, die Ernährungsberaterin, der Physiotherapeut, das Wundmanagement und die Stomatherapeutin.

Auch der institutionelle Rahmen muss klar vorgegeben sein. Alle Beteiligten müssen wissen, welche Aufgabe sie haben sowie welche Zuständigkeiten und Entscheidungsspielräume sie nutzen können. Die verschiedenen Rollen und die damit verbundenen Erwartungen sollten dabei regelmäßig thematisiert werden (von Reibnitz 2009, S. 69). Gemeinsame Standards, Normen und Werte sollten das gemeinsame Handeln bestimmen.

Der institutionelle Rahmen umfasst auch die Tatsache, dass allen Beteiligten überhaupt ausreichend Raum für den Austausch gegeben wird. Hilfreich sind hier etwa fest eingeplante Zeiten für Teambesprechungen oder Fallkonferenzen, um eine gegenseitige Unterrichtung auch über Berufsgruppen und Institutionsgrenzen hinweg zu ermöglichen.

Kommunikationsprozesse können zuletzt auch dadurch verbessert werden, dass die beteiligten Mitarbeiter Wissen rund um die Kommunikation und das menschliche Miteinander erwerben. Dazu gehören Kompetenzen der Gesprächsführung ebenso wie Kenntnisse über Gruppendynamik und Gruppenprozesse (von Reibnitz 2009, S. 69 f.).

Voraussetzungen für eine erfolgreiche Kommunikation
- Verzicht auf formale Autoritätsansprüche
- Anerkennung aller beteiligten Berufsgruppen
- Kenntnisse über alle beteiligten Berufsgruppen
- Gemeinsames Ziel mit gemeinsamer Vorgehensweise
- Klare Aufgabenverteilung
- Definierte Zuständigkeiten
- Gemeinsame Werte und Normen
- Ausreichend Raum für den Austausch
- Wissen um Kommunikation und Gruppendynamik

18

Fazit

Das deutsche Gesundheitssystem steht vor großen Herausforderungen. Trotz zunehmender, kostenintensiver Therapiemöglichkeiten und einer wachsenden Patientengruppe mit komplexen Hilfebedarfen stehen nur begrenzte finanzielle Kapazitäten zur Verfügung. Eine hohe Versorgungsqualität kann nur gelingen, wenn verschiedene Leistungserbringer sich zu Netzwerken zusammenschließen, um sektorenübergreifend zu kooperieren. Überleitungsmanager können dann diese Netzwerke nutzen, um Patienten eine individuelle, aber auch effiziente Versorgung zu ermöglichen.

Seitens der Gesetzgebung erscheint es hier nur angebracht, bisherige Anforderungen an ein Versorgungsmanagement und die allfälligen Finanzierungskonzepte zu konkretisieren sowie die Aufgaben der Netzwerkarbeit sowie der individuellen Überleitungsplanung adäquat zu refinanzieren. So können Anreize geschaffen werden, veraltete Strukturen zu überwinden.

Literatur

Ballsieper K, Lemm U, von Reibnitz C (2012) Überleitungsmanagement. Springer, Berlin

Bienecker M (2008) Netzwerkmanagement. In: Maelicke B (Hrsg) Lexikon der Sozialwirtschaft. Nomos, Baden-Baden, S 709–713

BMFSJ – Bundesministerium für Familie, Senioren, Frauen und Jugend (Hrsg) (2004) Altenhilfestrukturen der Zukunft: Abschlussbericht der wissenschaftlichen Begleitforschung zum Bundesmodellprogramm. Jacobs, Lage

Bühler E (Hrsg) (2006) Überleitungsmanagement und Integrierte Versorgung. Kohlhammer, Stuttgart

Bundesgesetzblatt (2011) Gesetz zur Verbesserung der Versorgungsstrukturen in der gesetzlichen Krankenversicherung (GKV-Versorgungsstrukturgesetz – GKV-VStg). Bundesgesetzblatt vom 28.12.2011, Teil 1, Nr. 70

Der Beauftragte der Bundesregierung für die Belange der Patientinnen und Patienten sowie Bevollmächtigter für Pflege (2015) Informations- und Schulungsunterlagen für Pflegeeinrichtungen und Multiplikator(inn)en zur Einführung des Strukturmodells in der ambulanten und stationären Langzeitpflege. Köln

EinSTEP Projektbüro (2015) Informations- und Schulungsunterlagen für Pflegeeinrichtungen und Multiplikator(inn)en. IGES Institut GmbH, Berlin.

Feuchtinger J (2010) Entlassungsmanagement und DRG. In: Wiedenhöfer D et al. (Hrsg) Entlassungsmanagement – Versorgungsbrüche vermeiden, Schnittstellen optimieren. Huber, Bern, S. 37–50

Kaba-Schönstein L, Kälble K (Hrsg) (2004) Interdisziplinäre Kooperation im Gesundheitswesen. Eine Herausforderung für die Ausbildung in der Medizin, der Sozialen Arbeit und der Pflege. Mabuse, Frankfurt am Main

Lusiardi S (2004) Überleitungsmanagement – Wege zur Umsetzung in die Praxis. Urban & Vogel, München

Manzeschke A (2007) Diakonie und Ökonomie. Die Auswirkungen von DRG und fallpauschaliertem Medizin- und Qualitätsmanagement auf das Handeln in Krankenhäusern. Eine sozialwissenschaftliche Untersuchung und sozialethische Bewertung. http://www.ethik.uni-bayreuth.de/downloads/Abschlussbericht_Dia_Oeko_Auszuege.pdf. Zugegriffen: 15. Mai 2011

Müller K (2010) Neue Modelle integrierter Versorgung: Der Weg vom Entlassungs- zum Versorgungsmanagement. In: Wiedenhöfer D, Eckl B, Heller R, Frick U (Hrsg) Entlassungsmanagement – Versorgungsbrüche vermeiden, Schnittstellen optimieren. Huber, Bern, S 237–254

Reibnitz C von (2009) Methoden der Umsetzung von Case Management. In: von Reibnitz C (Hrsg) Case Management praktisch und effizient. Springer, Heidelberg, S 64–117

Santen van E, Seckinger M (2003) Kooperation: Mythos und Realität einer Praxis. DJI, München, S 25–29

Statista – das Statistik Portal (2016) Durchschnittliche Verweildauer im Krankenhaus seit 1992. https://de.statista.com/statistik/daten/studie/2604/umfrage/durchschnittliche-verweildauer-im-krankenhaus-seit-1992/. Zugegriffen: 09. September 2016

Statistisches Bundesamt (2016) Kapitel 10: Gesundheit und soziale Sicherung. Auszug aus dem Datenreport 2016. Sozialbericht für Deutschland. Statistisches Bundesamt, Wiesbaden. https://www.destatis.de/DE/Publikationen/Datenreport/Downloads/Datenreport2016Kap10.pdf?_blob=publicationFile. Zugegriffen: 09. September 2016

SVR-G – Sachverständigenrat zur Begutachtung der Entwicklung im Gesundheitswesen (2009) Koordination und Integration – Gesundheitsversorgung in einer Gesellschaft des längeren Lebens. Sondergutachten 2009 des Sachverständigenrates zur Begutachtung der Entwicklung im Gesundheitswesen. SVR-G, Bonn

Trieschmann J (2007) Brücken bauen. Pflegen. Demenz 3(2): 8–12

Winkler M (2010) Entlassungsmanagement aus der Sicht des Krankenhauses. In: Wiedenhöfer D et al. (Hrsg) Entlassungsmanagement – Versorgungsbrüche vermeiden, Schnittstellen optimieren. Huber, Bern, S 143–162

Zentrum für Angewandte Gesundheitswissenschaften der Leuphana Universität Lüneburg (2008) Entlassungsvorbereitung im Krankenhaus aus der Sicht älterer, pflegebedürftiger Personen. Pflege 21: 157–162

DRG und Pflege – Systemweiterentwicklung für eine bessere Personalausstattung im Krankenhausbereich

Patrick Jahn, Andrea Lemke, Moritz Ernst, Anke Wittrich

Der Beitrag basiert auf einer Veröffentlichung der Autoren in *KU Gesundheitsmanagement*, Heft 11/2016, erweitert durch aktuelle Entwicklungen.

© Springer-Verlag GmbH Deutschland 2017
P. Bechtel, I. Smerdka-Arhelger, K. Lipp (Hrsg.), *Pflege im Wandel gestalten – Eine Führungsaufgabe*, DOI 10.1007/978-3-662-54166-1_19

Der wesentliche Garant für die Pflegequalität im Krankenhaus sind ausreichende und qualifizierte Pflegefachpersonen. Dies muss über die DRG-Finanzierung gewährleistet werden. Hier besteht, trotz aktueller Verbesserungen, nach wie vor deutlicher Handlungsbedarf, den es zu erbringen gilt. Aus Sicht des Deutschen Pflegerats e.V. (DPR) ergeben sich dabei vor allem drei Regelungsbedarfe, die umgesetzt werden müssen. Hierauf wird im Folgenden eingegangen.

In den Krankenhäusern besteht seit Langem ein Mangel an professionell Pflegenden. Das gefährdet die Patientenversorgung, schadet der Attraktivität des Berufes und führt zu steigenden Kosten. Das heutige Personalniveau der Krankenhäuser im Bereich der Pflege verzeichnet nach jahrelangem Stellenabbau zwar eine leichte Zunahme der Personalzahlen, dennoch wird gerade einmal wieder das Niveau des Jahres 2003 erreicht.

Das macht das ganze Dilemma deutlich: Die DRG-Begleitforschung zeigt auf, dass sich die Patientenklientel deutlich verändert hat. Demnach werden die Patientinnen und Patienten älter und weisen häufiger eine altersspezifische Multimorbidität auf. Letzteres spiegelt sich in einem erhöhten Case Mix Index und einem enorm steigenden Pflegebedarf wider.

Diesem Mehrbedarf an pflegerischen Leistungen und entsprechender Zunahme der Personalzahlen wurde bislang weder in der Krankenhausfinanzierung noch in der Krankenhausorganisation ausreichend Rechnung getragen. Diese Sichtweise muss sich gravierend ändern, denn die körperlichen und seelischen Mehrbelastungen für die Berufsgruppe der Pflegenden werden immer deutlicher sichtbar. Kaum mehr zu überbrücken sind dabei die Kluft zwischen ihrem berufsethischen Anspruch und der Wirklichkeit in der Versorgung ihrer Patienten. Auch das führt dazu, dass die Krankheitsausfälle der Pflegefachpersonen seit Jahren kontinuierlich ansteigen und ein sehr hoher Anteil der professionell Pflegenden in Teilzeit arbeitet.

All dies zeigt: Eine qualitativ hochwertige Krankenhausversorgung steht und fällt mit den dafür zur Verfügung stehenden ausreichenden und qualifizierten Pflegefachpersonen. Sie sind der wesentlichste Garant für die Pflegequalität und die Sicherstellung der Patientensicherheit. Dies muss über die DRG-Finanzierung gewährleistet werden. Hier besteht

deutlicher Handlungsbedarf, der kurzfristig und nachhaltig behoben werden muss.

19.1 Umsetzungsempfehlungen zum Krankenhausstrukturgesetz (KHSG)

Eine Expertenkommission aus Praxis, Wissenschaft und Selbstverwaltung soll bis spätestens Ende 2017 Vorschläge erarbeiten, wie im DRG-System oder über Zusatzentgelte ein erhöhter Pflegebedarf von demenzerkrankten, pflegebedürftigen oder behinderten Patienten und der allgemeine Pflegebedarf in Krankenhäusern sachgerecht abgebildet werden können, heißt es hierzu im Krankenhausstrukturgesetz (2016).

Weiter soll die Kommission einen Vorschlag erarbeiten, wie kontrolliert werden kann, dass die Mittel des Pflegestellen-Förderprogramms ab 2019 auch tatsächlich zur Finanzierung von Pflegepersonal verwendet werden. Aus Sicht des Deutschen Pflegerats ergeben sich daraus drei Regelungsbedarfe:

- die sachgerechte Abbildung des erhöhten Pflegebedarfs von demenzerkrankten, pflegebedürftigen oder behinderten Patienten,
- die sachgerechte Abbildung des allgemeinen Pflegebedarfs in Krankenhäusern,
- die Kontrolle der Mittelverwendung aus dem Pflegestellenförderprogramm.

Die dabei erarbeiteten Lösungen müssen geeignet sein, den Pflegeaufwand präzise zu erfassen. Weiter müssen sie möglichst unbürokratisch sein sowie keine Einzelleistungsdokumentation erzwingen. Letztlich dürfen sie nicht dazu führen, den Dokumentationsaufwand unnötig zu erhöhen und müssen zudem Auswirkungen auf die Erlösverteilung haben. Vor allem müssen sie aber dazu beitragen, dass die Pflege am Bett bedarfsgerecht mit professionellem Pflegepersonal sichergestellt ist.

19.1.1 Abbildung des allgemeinen und erhöhten Pflegebedarfs

Die sachgerechte Abbildung des erhöhten Pflegebedarfs von demenzerkrankten, pflegebedürftigen oder behinderten Patienten im Krankenhaus lässt sich durch die Einführung des „OPS 9-984 Pflege-bedürftigkeit" im Geltungsbereich des § 17b KHG als ein Pflegebedarfsfaktor auf einfache, unbürokratische und wenig prüfaufwendige Weise durchführen.

Dieser OPS (Operationen-und Prozeduren-schlüssel) ermöglicht die Erfassung der Pflegegrade gemäß dem neuen Pflegebedürftigkeitsbegriff. Dieser greift mit seinen neuen fünf Pflegegraden seit dem 1. Januar 2017 auf das Maß der Selbstständigkeit des Patienten und nicht mehr auf die Zeitbindung pflegerischer Leistungen zurück.

Dieser Lösungsweg ist wegweisend, da die Abbildung des Pflegebedarfs für die Patientengruppe, für die bereits eine Pflegebedürftigkeit festgestellt wurde, unbürokratisch und wenig streitbehaftet erfolgt. Sie bürdet zudem den professionell Pflegenden „am Bett" keinen zusätzlichen Dokumentations-aufwand auf.

Darüber hinaus lässt sich der allgemeine Pflege-bedarf in Krankenhäusern durch eine Weiter- bzw. Neuentwicklung von ICD (International Classifica-tion of Diseases) und OPS entsprechend der „Pflege-bedarfsfaktoren" erreichen.

Der pflegerische Aufwand wird maßgeblich durch die bestehenden Defizite und Ressourcen des Patienten im Bereich der Aktivitäten des täglichen Lebens (AEDL) bestimmt, die sich aus dem kogniti-ven und motorischen Funktionszustand des Patien-ten ergeben. Zur Bestimmung stehen dabei verschie-dene etablierte und valide Assessmentinstrumente, wie z. B. der Barthel-Index, der erweiterte Barthel-Index sowie der Funktionale Selbstständigkeitsin-dex (FIM) und der Mini Mental State Examination (MMSE) zur Verfügung.

Seitens des DPR wurde für eine bessere Berück-sichtigung des Pflegebedarfs vorgeschlagen, in das DRG-System bereits bestehende ICD-Ziffern (ICD-10: U50. – Motorische Funktionseinschränkung / U51. – Kognitive Funktionseinschränkung) und gegebenenfalls weitere pflegerelevante Nebendiag-nosen vermehrt zu integrieren.

All diese Entwicklungen sollten auch mit Blick auf die gestiegenen Anforderungen an das Entlass-management erfolgen. Ein pflegerisches Basisas-sessment (Vorschlag des Deutschen Pflegerats im Vorschlagsverfahren 2017, in Analogie zu 1–774 Standardisiertes palliativmedizinisches Basisas-sessment [PBA]), beruhend auf bereits etablier-ten, validen Assessmentinstrumenten, kann hierzu einen wertvollen Beitrag leisten. Eine Neuentwick-lung eines umfassenden Assessmentinstruments ist als nicht zielführend zu betrachten.

Ergänzend sind neue OPS-Kodes zu entwickeln. Beispielsweise sollten zur bedarfsgerechten Betreu-ung und Behandlung von demenzerkrankten bzw. kognitiv eingeschränkten Patienten neue OPS-Zif-fern geschaffen werden. Diese müssen z. B. eine intensive 1:1-Betreuung durch den pflegerischen Dienst abbilden können. Aufgegriffen werden sollten zudem interdisziplinäre Behandlungskonzepte — auch im Sinne der Prävention beispielsweise in Form einer Delirprophylaxe im Zusammenhang mit ope-rativen Maßnahmen.

Über diese OPS-Entwicklungen lassen sich für die Pflege im interprofessionellen Kontext Versor-gungsmerkmale definieren, die die notwendigen Leistungen am Patienten aufgreifen.

19.1.2 Festlegung von Mindestbesetzungszahlen für sensible Bereiche

Die dargestellten Veränderungen bzw. Lösungsan-sätze beziehen sich jedoch nur auf die Leistungs-ebene. Wichtig ist, dass die zusätzlichen finanziellen Mittel für den nachhaltigen Aufbau von Pflegestel-len verwendet werden. Daher bedarf es auch der Ein-beziehung von Regelungen auf normativer Ebene.

Hier sollte es insbesondere mit Blick auf die Patientensicherheit zu einer Festlegung von Min-destbesetzungszahlen für besonders sensible Berei-che kommen. Dies empfiehlt sich beispielsweise im Bereich der Geriatrie, im Zusammenhang mit dem Nachtdienst oder in Transplantationsabteilungen (inkl. Knochenmarktransplantation).

Ergänzend sollte die Festlegung eines Mindest-pflegezeitwertes (MPZ) auf Basis der in den Kalku-lationshäusern erhobenen DRG-bezogenen Pflege-personal-Regelungs(PPR)-Minuten erfolgen. Auf Basis dieser Daten kann eine Festlegung eines fach-abteilungsbezogenen Mindeststandards der pflege-rischen Personalausstattung erfolgen und somit eine Homogenisierung der Personalbesetzung zwischen den Einrichtungen ermöglicht werden. Begonnen werden sollte dabei mit der Festlegung von Mindest-standards der pflegerischen Personalausstattung für die oben genannten kritischen Bereiche.

Als Vorbild könnte hierbei die Bestimmung der „Nursing Intensity Weights" in den USA genommen werden. Dieses Verfahren berücksichtigt die PPR als Kalkulationsinstrument und ermöglicht eine konsentierte Weiterentwicklung.

Eine Umsetzung dieses Vorschlags wäre aus Sicht des Deutschen Pflegerats über die folgenden Schritte zu realisieren:

- Kalkulationshäuser melden die DRG-bezogenen PPR-Minuten und nicht nur Kosten
- Eine mit Fachexperten aus den verschiedenen Leistungsbereichen besetzte „Fachkommission Pflegepersonalbedarf" unter maßgeblicher Beteiligung des DPR gewichtet diese Ergebnisse DRG- oder Basis-DRG-bezogen (ca. 550 Basis-DRGs). Daraus ergeben sich normative Personalzeitstufen.
- Ergebnis der Bewertung ist eine DRG- oder Basis-DRG-bezogene und somit bedarfsgerechte Festlegung eines Mindestpflegezeitwertes (MPZ).
- Dieser kann dann einrichtungsbezogen pro Jahr ermittelt werden.
- In diesem Gesamtprozess wird auch die PPR für die Kalkulation weiterentwickelt.

19.1.3 Kontrolle der Mittelverwendung

Der Pflegeanteil am Gesamterlös muss letztlich für die Absicherung der Pflegepersonalausstattung verwendet werden. Deshalb sollte eine gesetzliche Regelung erfolgen, die die Krankenhäuser verpflichtet, den Pflegeanteil am Gesamterlös der Einrichtung in den Budgetverhandlungen auf Einrichtungsebene mit den Kostenträgern zu vereinbaren und auch sachgerecht für das Pflegepersonal einzusetzen. Bestätigt werden sollte dies durch einen unabhängigen Wirtschaftsprüfer.

19.2 Aktuelle Entwicklungen: Fallpauschalenkatalog 2017 greift erstmals Pflegebedarfsfaktoren auf

Zum Ende des Jahres 2016 haben der GKV-Spitzenverband, die Deutsche Krankenhausgesellschaft (DKG) und der Verband der Privaten Krankenversicherung (PKV) den für das Jahr 2017 vereinbarten Fallpauschalenkatalog (DRG-Katalog) für Krankenhäuser vorgelegt.

Dieser greift mit dem Modell der Pflegebedarfsfaktoren einen bedeutenden Vorschlag des Deutschen Pflegerats umfassend auf. Der neue Fallpauschalenkatalog führt hoffentlich dazu, dass die vom DPR eingehend geforderte Verbesserung der Abbildung des Pflegebedarfs von Patienten und damit der pflegerischen Leistungen im Krankenhaus einen großen Schritt vorankommt. Damit würde man einen bedeutenden Schritt zu einer gerechteren Darstellung der pflegerischen Leistungen im Finanzierungssystem der Krankenhäuser gehen. Das muss dann aber auch in der Pflege ankommen.

Mit der jetzt (im Fallpauschalenkatalog 2017) vorgesehenen Umsetzung der Pflegebedarfsfaktoren geht zugleich eine Aufwertung des Barthel-Indexes und weiterer Indizes für Funktionseinschränkungen einher. Laut Institut für das Entgeltsystem im Krankenhaus (InEK) wurden die ICD-Kodes U50.4 – Schwere motorische Funktionseinschränkung, U50.5– Sehr schwere motorische Funktionseinschränkung sowie U51.2 – Schwere kognitive Funktionseinschränkung in die CC-Matrix aufgenommen und wurden für 22 Basis-DRGs bewertet.

Die Vorteile für die professionell Pflegenden liegen auch bei der geplanten individuellen Bewertung pflegerelevanter Diagnosen sowie der weitergehenden Analyse der OPS-Kodes der Pflegestufen bzw. bei den seit dem 1. Januar 2017 geltenden Pflegegraden der Pflegeversicherung. So hat sich in der Analyse im Rahmen der Weiterentwicklung des G-DRG-Systems gezeigt, dass der ICD-Kode A04.7 Enterokolitis durch Clostridium difficile mit durchgehend höheren pflegerelevanten Kosten verbunden ist. Im pauschalierenden Entgeltsystem Psychiatrie und Psychosomatik (PEPP) wurde von Anfang an auf den Pflegkomplexmaßnahmen-Score als Instrument zur Abbildung hoher Pflegeaufwände verzichtet und stattdessen alternative Darstellungsmöglichkeiten analysiert. Hier konnten bereits in der Version 2016 die 2014 eingeführten OPS-Kodes für Pflegebedürftigkeit (9–9984 ff.) als Splitkriterium für zwei PEPP-Pauschalen eingeführt werden. Die Bedeutung dieser OPS-Kodes wurde in der PEPP-Version 2017 weiter ausgebaut und findet nun eine differenziertere Berücksichtigung, u. a. wird erstmalig die Pflegestufe 1/Pflegegrad 2 als Kostentrenner genutzt.

Ein erheblich positiver Effekt ist auch in der durch den Fallpauschalenkatalog 2017 veränderten Sachkostenkalkulation ersichtlich, die insbesondere zu einer Aufwertung von DRGs mit geringen Sachkosten, aber einem zugleich hohen Pflegekostenanteil, führt.

Um dies nochmals hervorzuheben: Entscheidend für den Erfolg des neuen Katalogs ist es, ob die dadurch im Finanzierungssystem gerechter abgebildeten pflegerischen Leistungen in ihren Finanzströmen auch tatsächlich im Bereich der professionell Pflegenden ankommen oder nicht. Die Zukunft wird es zeigen.

19.3   Aktuelle Entwicklungen: Festlegung von Personalschlüsseln

Neue Wege ist der Bundesgesetzgeber 2016 beim Gesetz zur Weiterentwicklung der Versorgung und der Vergütung für psychiatrische und psychosomatische Leistungen (PsychVVG) gegangen. Die dort verankerten Regelungen könnten aus Sicht des Deutschen Pflegerats Beispielfunktion für alle Krankenhäuser haben. Denn das PsychVVG sieht die Verknüpfung des Entgeltsystems der psychiatrischen und psychosomatischen Kliniken mit der Einhaltung von Mindestvorgaben zur Personalausstattung vor.

Damit zeigt sich der Gesetzgeber mutig. Er zeigt damit bewusst, dass Leistung immer auch etwas mit der Quantität und Qualität des Pflegepersonals zu tun hat. Nicht immer stand das in der Vergangenheit im Mittelpunkt der Gesetzgebung.

Die Sicherstellung einer hinsichtlich Anzahl und Qualifikation ausreichenden Ausstattung mit Pflegefachkräften ist A und O einer qualitätsgerechten Leistungserbringung. Wir brauchen daher Vorgaben für die pflegerische Personalausstattung und -qualifikation.

Derartige Vorgaben müssen jedoch zugleich flexibel zu handhaben sein, da es immer auf die Art der Leistungserbringung ankommt. Hierauf muss ein Krankenhaus reagieren können.

Fazit

Dementsprechend gilt es, die Vorschläge des Psych-VVG in die Diskussion zur Personalausstattung der Krankenhäuser aufzugreifen. Denn gutes Pflegepersonal steigert die Qualität.

Auch wird damit ein deutliches Signal gegen eine immer weitere körperliche und seelische Mehrbelastung der professionell Pflegenden gesetzt. Das ist ein wesentlicher Baustein dazu, die Versorgungsqualität sowie die Patientensicherheit zu garantieren.

Literatur

Aiken LH, Sloane DM, Bruyneel L, Van den Heede K, Griffiths P, Busse R, Diomidous M, Kinnunen J, Kózka M, Lesaffre E, McHugh MD, Moreno-Casbas MT, Rafferty AM, Schwendimann R, Scott PA, Tishelman C, van Achterberg T, Sermeus W; RN4CAST consortium (2014) Nurse staffing and education and hospital mortality in nine European countries: a retrospective observational study. Lancet 24;383(9931): 1824–1830

BL-AG (2014) Eckpunkte der Bund-Länder-AG zur Krankenhausreform 2015. http://www.bmg.bund.de/fileadmin/dateien/Downloads/B/Bund_Laender_Krankenhaus/Eckpunkte_Bund_Laender_Krankenhaus.pdf. Zugegriffen: 12. Januar 2017

DKG (2015) DKG zur Diskussion über unterbesetzte Pflegestellen in deutschen Krankenhäusern –Krankenhausreform verschärft Finanzproblematik. http://www.dkgev.de/dkg.php/cat/38/aid/13460/title/DKG_zur_Diskussion_ueber_unterbesetzte_Pflegestellen_in_deutschen_Krankenhaeusern. Zugegriffen: 12. Januar 2017

DPR (2012) Positionspapier „Pflegerische Leistungen im DRG-System". http://www.deutscherpflegerat.de/. Zugegriffen: 12. Januar 2017

GKV (2011) Schriftenreihe Modellprogramm zur Weiterentwicklung der Pflegeversicherung, Band 2. Das neue Begutachtungsinstrument zur Feststellung von Pflegebedürftigkeit. GKV-Spitzenverband, Berlin

Jahn P, Marintschev D, Horn I, Landenberger M, Behrens J (2009) Leistungsgerechte Abbildung der Krankenpflege in den G-DRGs: Beispiel Onkologie – Unterarbeitsgruppe Pflegeindikatoren im DRG-System – Berlin, 12.01.2009

Knauf RA, Ballard K, Mossman PN, Lichtig LK (2006) Nursing cost by DRG: nursing intensity weights. Policy Polit Nurs Pract 7(4): 281–289

Mai M, Adler A, Ehrenstein E, Krames S, Krause S, Uhl S, Wetzorke O (2011) Fluch oder Segen für die Pflege? Der Pflegekomplexmaßnahmenscore (PKMS) wirft eine Reihe von Problemen auf. KU Gesundheitsmanagement 80(5): 46–50

Mueller M, Lohmann S, Strobl R, Boldt C, Grill E (2010) Patients' functioning as predictor of nursing workload in acute hospital units providing rehabilitation care: a multi-centre cohort study. BMC Health Serv Res 29(10): 295. DOI: 10.1186/1472-6963-10-295

Thomas D, Reifferscheid A, Pomorin N, Wasem J (2014) Instrumente zur Personalbemessung und -finanzierung in der Krankenhauspflege in Deutschland. IBES Diskussionsbeitrag Nr. 204. https://www.wiwi.uni-due.de/fileadmin/

fileupload/WIWI/pdf/Veranstaltungen/IBES_2014_nr204.
pdf. Zugegriffen: 12. Januar 2017

VPU (2007) Übernahme ärztlicher Tätigkeiten – Praktische und
rechtliche Grenzen der Delegation ärztlicher Tätigkeiten.
VPU, Berlin

Zerbe P, Heisterkamp U (1994) Pflegepersonalregelung – Ein
Leitfaden zur praktischen Anwendung der Stellenplan-
berechnung im Pflegedienst. Schlütersche Verlagsgesellschaft, Hannover

19

Pflegecontrolling – Steuern durch Zahlen

Irene Hößl

© Springer-Verlag GmbH Deutschland 2017
P. Bechtel, I. Smerdka-Arhelger, K. Lipp (Hrsg.), *Pflege im Wandel gestalten – Eine Führungsaufgabe*,
DOI 10.1007/978-3-662-54166-1_20

Der Begriff Controlling wird unter vielfältigen Aspekten benutzt. Den besten Zugang erhält man durch eine schlichte Herleitung aus dem Englischen „to control": beherrschen, steuern, unter Kontrolle haben. Das Element der bewussten und (pro-)aktiven Steuerung gewinnt mit zunehmender Ökonomisierung im Gesundheitswesen an Bedeutung. Dies gilt nicht nur für die betriebswirtschaftliche Steuerung. Gerade in der Pflege gibt es eine Vielzahl von Aspekten, Aufgaben und Verantwortlichkeiten, die einer zielgerichteten Steuerung bedürfen – z. B. Qualität, Abläufe, Personal. Neben der unternehmensinternen Steuerung hat Pflegecontrolling auch eine strategische Dimension. Bedingt durch den Versorgungsauftrag für unsere älter werdende Gesellschaft gilt es, die Entwicklung von Pflegebedürftigkeit und Multimorbidität im Blick zu haben. Die Ergebnisse eines proaktiven Pflegecontrollings bilden die Grundlage für die Weiterentwicklung des Versorgungsangebotes für Bürger, Bewohner oder Patienten. Dafür gibt es eine Fülle an Beispielen, wie die Weiterentwicklung von Wohnformen, die Implementierung von Konzepten zum Umgang mit Demenzkranken, Beratungsangebote für chronisch Kranke und vieles, vieles mehr.

20.1   Begriffsbestimmung und Funktionen von Controlling

In den 1950er Jahren wurden erstmals in Deutschland Controlling-Konzeptionen aus den USA diskutiert und übernommen. In diesen frühen Konzeptionen diente Controlling ausschließlich der **Informationsversorgung des Managements**. Dabei handelt es sich in der Regel um Informationen aus dem betriebswirtschaftlichen Rechnungswesen (vgl. Weber und Schäffer 2006, S. 18).

Eine weitere frühe Perspektive des Controllings stellt die **gewinnziel- bzw. erfolgszielbezogene Steuerung** dar (vgl. Weber und Schäffer 2006, S. 19; Zapp 2004, S. 29). Es geht hier um zielbezogene Gewinnsteuerung und Erfolgsmessung. In der betriebswirtschaftlichen Literatur wird der Unternehmenserfolg in der Regel mit den monetären Gewinnzielen gleichgesetzt. Ein modernes Controlling-Verständnis erlaubt jedoch genügend

Spielraum zur freieren Interpretation dieser Definition für die Pflege.

> **Aus einer erfolgszielbezogenen Perspektive zielt Pflegecontrolling auf die Bewertung**
> - **der ökonomischen Aspekte pflegerischen Handelns (Kosten und Erlöse),**
> - **des Erfolgs pflegerischen Handelns und**
> - **der Zielorientierung pflegerischen Handelns.**

Die dritte Gruppe der Controlling-Konzeptionen stellt die **Koordinationsfunktion** in den Mittelpunkt. Der koordinationsorientierte Controlling-Begriff geht auf Horváth zurück.

> Controlling ist – funktional gesehen – dasjenige Subsystem der Führung, das Planung und Kontrolle sowie Informationsversorgung systembildend und systemkoppelnd zielorientiert koordiniert und so die Adaption und Koordination des Gesamtsystems unterstützt. (Horvath 2015, S. 58)

Ein Beispiel kann das verdeutlichen: Eine Klinik hat sich als strategisches Ziel gesetzt, Marktführer in der Region in einem bestimmten Fachbereich zu werden. Für dieses strategische Ziel werden Messgrößen festgelegt. Es werden nun Maßnahmen für die operative Umsetzung des Ziels in kleineren Teilschritten und unterschiedlichen Bereichen definiert. Auch hierzu werden Kennzahlen als Messgrößen festgelegt. Wie hoch soll die jährliche Fallzahlsteigerung für bestimmte Eingriffe und Diagnosegruppen ausfallen? Welche Qualifikationen müssen bis zu welchem Zeitpunkt erworben werden? Welche Prozessveränderungen müssen vorgenommen werden? Welche Kennzahlen spiegeln die Qualität? Diese Kennzahlen finden sich in der Planung, aber auch im regelmäßigen Berichtswesen der Klinik wieder. Damit wird eine kontinuierliche Steuerung auf das strategische Ziel hin möglich.

Die Aufgabe des Controllings ist es, Planung und Informationsversorgung in den verschiedenen Teilsystemen des Unternehmens zu koordinieren – in der Zielplanung auf der Ebene der Unternehmensleitung, in den verschiedenen Unternehmensebenen und Abteilungen, im Personalführungssystem, in der

Organisation und im Planungs- und Kontrollsystem. Dabei werden einerseits entsprechende Planungs-, Kontroll- und Informationsversorgungssysteme aufgebaut (systembildende Funktion), andererseits laufend Abstimmungen zwischen den Systemen vorgenommen und die Informationsversorgung sichergestellt (systemkoppelnde Funktion).

Diese koordinierende Funktion des Controllings hat sich in Deutschland am weitesten durchgesetzt.

Neuere Denkanstöße gaben Jürgen Weber und Utz Schäffer mit ihrem Ansatz des Controllings als **Rationalitätssicherung der Führung**. Die Autoren beschreiben eine spezifische Führungsperspektive. Führung wird durch Personen vollzogen, die eigenständige Ziele verfolgen, für die sie kognitive Fähigkeiten besitzen. Diese Fähigkeiten sind individuell begrenzt. Rationalitätsdefizite können somit durch Wollens- und Könnensbeschränkungen der Manager entstehen (Weber und Schäffer 2006, S. 24). Aus diesen Wollens- und Könnensbeschränkungen leiten Weber und Schäffer die Funktion der Rationalitätssicherung ab. Controlling befasst sich damit, Rationalitätsdefizite zu erkennen, zu vermindern und zu beseitigen.

Weber und Schäffer stellen in ihrer Definition des Rationalitätsbegriffs die Zweckrationalität in den Vordergrund. Rationalität bemisst sich an einer effizienten Mittelverwendung bei gegebenen Zwecken. Zweckrationalität zielt auf die Effizienz und Effektivität der Akteure (vgl. Weber und Schäffer 2006, S. 42).

20.2 Zeitebenen des Controllings

Controlling-Prozesse sind immer auf die Gestaltung zukünftiger Prozesse ausgerichtet und angelegt (Zapp 2004, S. 102). Die Wirkungsebenen lassen sich in unterschiedliche zeitliche Dimensionen einteilen: operativ (bis zu einem Jahr), taktisch (2–5 Jahre) und strategisch (ab 3 bis 5 Jahre) (◘ Tab. 20.1).

Das strategische Controlling korrespondiert mit der Unternehmensstrategie und bildet den Rahmen für die taktischen und operativen Konzeptionen. Das taktische Controlling richtet den Fokus auf die Leistungsfähigkeit des Unternehmens und damit auf investive Fragestellungen (Schwarz und Krautz 2012, S. 485). Operatives Controlling ist auf die Wirtschaftlichkeit der Leistungserbringung ausgerichtet. Es ist meist gut strukturiert und standardisiert und umfasst die Bereiche Leistungs-, Prozess-, Personal-, Kosten- und Ergebniscontrolling. Das operative Controlling unterstützt vorrangig die Aufgaben des mittleren Managements.

20.3 Einordnung des Pflegecontrollings

Mit zunehmender Ökonomisierung in den Einrichtungen des Gesundheitswesens steigt die Notwendigkeit der Steuerung pflegerischer Leistungen auf allen Ebenen des Pflegemanagements. Das heißt, für

◘ Tab. 20.1 Zeitliche Wirkungsebenen

Controlling-Wirkungsebene	Operative Ebene	Taktische Ebene	Strategische Ebene
Zeithorizont	1 Jahr	2–5 Jahre	ab 3 bis >5 Jahre
Planungshorizont	Kurzfristige Planung und Steuerung	Mittelfristige Planung	Strategisch, langfristige Planung
Ziele	Wirtschaftlichkeit, Vermeiden von Verlusten, Budgetkontrolle, Einhaltung von Qualitätsstandards, Personalsteuerung etc.	Mittelfristige Erfolgssicherung, Anpassung an Entwicklungen, Weiterentwicklung	Zukunftsorientierte Erfolgspotenziale, Weiterentwicklung des Unternehmens, Anpassung an Markterfordernisse
Inhalte	Soll-Ist-Vergleiche, Kosten/Leistungen, Aufwand/Ertrag, Statistiken (z. B. Ausfall)	Stärken-Schwächen-Profile, Abwägen von Chancen und Risiken, Altersstrukturanalysen etc.	Umweltanalysen, Beobachtung und Auswertung von Frühwarnsignalen, langfristige Prognosen

den wirtschaftlichen Erfolg ist eine zielgerichtete und effiziente Allokation der Pflegeleistungen unerlässlich. Für eine effiziente Steuerung müssen sich Führungskräfte in der Pflege, ebenso wie alle anderen Leistungserbringer im Versorgungsprozess, betriebswirtschaftlicher Instrumente bedienen.

Pflegecontrolling kann nicht isoliert betrachtet werden. Es ist ein Teilsystem des Controllings eines Gesundheitsunternehmens, das sich mit den spezifischen Leistungsprozessen in der Pflege beschäftigt. Pflegecontrolling braucht inhaltlich wie organisatorisch eine enge Verzahnung mit den anderen Controlling-Bereichen des Unternehmens. Dazu zählt das kaufmännische Controlling, Medizincontrolling, Personalcontrolling etc. Für ein funktionierendes Pflegecontrolling sind Kenntnisse der kaufmännischen Strukturierung notwendig. Zudem entstehen aus dem gegenseitigen Informationsaustausch konstruktive Impulse für den Aufbau und die Weiterentwicklung der Unternehmensstrukturierung auf der kaufmännischen Seite (vgl. Schwarz und Krautz 2012, S. 493).

20.4 Kennzahlen und Kennzahlensysteme

Kennzahlen haben eine zentrale Bedeutung im Controlling. Sie sind eine bewusste Verdichtung komplexer betriebswirtschaftlicher Sachverhalte. Kennzahlen dienen dazu, schnell und prägnant über ein ökonomisches Aufgabenfeld zu berichten, für das prinzipiell eine Vielzahl relevanter Einzelinformationen vorliegt, deren Auswertung jedoch für bestimmte Informationsbedarfe zeitintensiv und aufwendig ist (Weber und Schäffer 2006, S. 167).

Kennzahlen haben eine weite Verbreitung im Controlling. Vor allem Finanzkennzahlen sind inzwischen international standardisiert, wie z. B. Deckungsbeitrag (Umsatzerlöse – Einzelkosten – variable Kosten), Return on Investment (Erfolg/investives Kapital × 100) oder Kapitalumschlag (Umsatz/investiertes Kapital).

Zur Steuerung werden passgenaue Informationen benötigt. Durch die EDV-gestützte Datenerfassung ist eine Fülle an Informationen verfügbar. Durch Kennzahlen lassen sich komplexe Sachverhalte erfassen, messen und adressatengerecht in komprimierter Form darstellen. Für die Entwicklung zielgerichteter Kennzahlen sind einige Prämissen zu beachten.

❯ **Prämissen für die Nutzung von Kennzahlen:**
  ▬ **Der Sachverhalt muss in Zahlen abbildbar sein.**
  ▬ **Die Kennzahlen müssen eine ausreichende Repräsentativität aufweisen für das vereinfachte komplexe Ganze.**

Kennzahlen können unterschiedlich gegliedert werden. Im Controlling findet sich häufig die in ◘ Tab. 20.2 dargestellte Gliederung aus der statistischen Sicht (vgl. Wöhe 2002, S. 214 f.; Schwarz und Krautz 2012, S. 487 f.):

Kennzahlen sind hinsichtlich ihrer Güte nur in dem Kontext bewertbar, in dem sie genutzt werden sollen (Schwarz und Krautz 2012, S. 489). Das heißt, es ist genau zu prüfen, ob die Information geeignet ist, bestimmte Aufgaben zu lösen. Kennzahlen zu erheben ist immer mit einem Aufwand verbunden. Deshalb sollten Kennzahlen nur zweckbezogen erhoben werden und eine hohe Relevanz für die Steuerung aufweisen. Der Aufwand für die Erhebung muss in einem angemessenen Nutzen stehen.

Für die Interpretation von Kennzahlen werden Vergleichswerte oder ergänzende Kennzahlen herangezogen. Es werden z. B. Veränderungen in definierten Zeiträumen bewertet, interne Vergleiche zwischen Abteilungen oder Soll-Ist-Vergleiche angestellt.

Zudem erfüllen Kennzahlen unterschiedliche Funktionen (vgl. Weber und Schäffer 2006, S. 169):
▬ **Anregungsfunktion:** Erkennen von Auffälligkeiten und Veränderungen
▬ **Operationalisierungsfunktion:** Ziele konkret und messbar machen
▬ **Vorgabefunktion:** kritische Zielwerte für unternehmerische Teilbereiche definieren
▬ **Steuerungsfunktion:** komplexe Steuerungsprozesse vereinfachen
▬ **Kontrollfunktion:** Soll-Ist-Vergleiche und Abweichungsanalysen erstellen

In einem Kennzahlensystem sind mehrere geordnete Kennzahlen zusammengefasst, die zueinander in einer sachlich sinnvollen Beziehung stehen,

◻ **Tab. 20.2** Gliederung von Kennzahlen

Kennzahlen			
Absolute Zahlen		**Verhältniszahlen**	
Einzelzahlen	Anzahl der Fälle Case-Mix-Punkte	Gliederungszahlen	Anteil einer Größe an der Gesamtzeit, z. B. Anteil an Fachpflegekräften an der Gesamtzahl der Pflegekräfte, Anteil der Personalkosten an den Gesamtkosten
Summen	Kosten der Abteilung	Beziehungszahlen	Beziehung von ungleichen Zahlen, z. B. Verhältnis von Pflegekräften zu Patienten
Differenzen	Gewinn	Messzahlen	Entwicklung von Größen (einfache Messzahl) bzw. von mehreren zusammenhängen den Größen (Indexzahl), z. B. Case Mix Index
Mittelwerte	Durchschnittliche Verweildauer		

sich gegenseitig ergänzen oder erklären. Im finanzwirtschaftlichen Bereich sind Kennzahlensysteme international etabliert. Das wohl älteste Kennzahlensystem ist das DuPont- (auch Return-on-Investment[ROI]-) System, das auf Zahlen des betrieblichen Rechnungswesens basiert (vgl. Weber und Schäffer 2006, S. 181). Aus dem Qualitätsmanagement ist das EFQM-System der European Foundation for Quality Management (EFQM) bekannt, das in sich ebenso ein Kennzahlensystem darstellt.

Zunehmend an Bedeutung gewinnt die Balanced Scorecard (BSC). Dieser Ansatz geht deutlich über den eines Kennzahlensystems hinaus und hat als strategisches Instrument das Ziel, systematisch die Durchführung und Rückkopplung der Unternehmensstrategie zu ermöglichen (Kaplan und Norton 1997, S. 19). Die Balanced Scorecard verknüpft Kennzahlen über Ursache-Wirkungs-Zusammenhänge.

Im Kontext der Pflege werden Kennzahlen insbesondere zur Planung, Überwachung und Steuerung folgender Aspekte benötigt (Schwarz und Krautz 2012, S. 490):

- Ressourceneinsatz (Personaleinsatz, Sachmitteleinsatz) und seine Kosten
- Leistungserbringung (Effektivität, Effizienz, Prozesscontrolling)
- Transparenz der Leistungen
- Qualität der Leistungsplanung, Leistung und Leistungserbringung
- Leistungsergebnis
- Güte der Dokumentation

20.5 Controlling im pflegerischen Versorgungsprozess

Im medizinischen Leistungsprozess gibt es eine Reihe von Kennzahlen, die den Fachabteilungen regelmäßig zur Verfügung gestellt werden. Vor Einführung der DRGs waren Kennzahlen zur Belegung, zum Personal und zu den Kostenstellen für die betriebliche Steuerung relevant. Mit den DRGs rückten mehr und mehr Kennzahlen zum Erlöscontrolling in den Vordergrund. Die wichtigsten DRG-Kennzahlen sind der Case Mix (die Summe aller Bewertungsrelationen) und der Case Mix Index (Durchschnitt der Bewertungsrelationen). Daneben sind Kennzahlen auf Fallebene, wie z. B. die absolute Fallzahl oder der durchschnittliche Schweregrad je DRG relevant.

Zur Steuerung innerhalb der Kliniken und auf der Ebene der Fachabteilungen werden folgende Kennzahlen eingesetzt (vgl. Zapp und Oswald 2009, S. 201):

- Top-DRG (z. B. Top 10 DRGs je Fachabteilung)
- Schweregradverteilung je DRG/Fachabteilung
- Fallschweregrad („patirnt clnical cpmplexity level" – PCCL) je DRG/Fachabteilung
- Fallzahl stationär und ambulant
- Durchschnittliche Verweildauer
- Erlöse je DRG/Fachabteilung
- Durchschnittliche Anzahl der Diagnosen je DRG/Fachabteilung
- Durchschnittsalter der Fälle
- Anteil Langlieger/Kurzlieger

■ Rückverlegungsquote
■ Anzahl der Wiederaufnahmen

Diese Darstellung klinischer Leistungsprozesse hat jedoch wenig Aussagekraft über pflegerische Leistungsprozesse. In der Praxis zeigt sich das zentrale Problem, die für die pflegerische Versorgung benötigten Ressourcen darzustellen und argumentativ zu belegen. Aus den genannten Daten können hierzu bestenfalls der Anstieg der Fallzahlen, die Anzahl pflegerelevanter Nebendiagnosen oder das Durchschnittsalter der Patienten, bedingt auch der Case Mix Index herangezogen werden.

Es fehlt weitgehend die inhaltliche Systematisierung der Pflegepraxis. Im Gegensatz zur Medizin (International Classification of Diseases, ICD-10) sind im Finanzierungssystem keine systematischen Klassifikationen (z. B. ICNP – International Classification of Nursing Practice, NANDA – North American Nursing Diagnosis Association, ENP – European Nursing Care Pathways) verankert. Für eine wirksame Argumentation müssen die Zusammenhänge von Patientenzustand bzw. Versorgungsbedarf und den erbrachten Leistungen sowie insbesondere das Outcome, also die Wirkung pflegerischer Interventionen auf den Zustand des Patienten, in den Blick genommen werden (Schwarz und Krautz 2012, S. 501). Zum Pflegecontrolling gehören die Darstellung der pflegerischen Primärleistung und die Abbildung qualitativer Kennzeichen der erbrachten Pflegeleistung. Der identifizierte Versorgungsbedarf des Patienten begründet dabei den personellen und materiellen Ressourcenaufwand (- Abb. 20.1).

Die Einführung einer elektronischen Patientenakte eröffnet die Möglichkeit, standardisierte Assessment-Instrumente, Pflegeklassifikationen und Leistungserfassungssysteme einzubinden. Dadurch wird die Dokumentation auswertbar und die pflegerische Primärleistung kann transparent dargestellt werden. Die Nutzung standardisierter Instrumente erleichtert die Dokumentation, wenn die Nutzer diese Instrumente auch kennen (Bartholomeyczik und Halek 2009, S. 22). Das heißt, die Pflegenden müssen in der Anwendung von Assessment-Instrumenten und Pflegeklassifikationen sowie auch in der Interpretation der Ergebnisse geschult sein. Nur so können die Ergebnisse zweifelsfrei als Controlling-Information herangezogen werden.

20.6 Controlling und Personalsteuerung

Personalsteuerung ist eine wesentliche Führungsaufgabe im Pflegemanagement. Deshalb sind Daten aus dem Personalcontrolling unverzichtbar beim Aufbau einer sinnvollen Controlling-Konzeption für die Pflege. Um Personalcontrolling möglichst effektiv zu gestalten, muss es an die individuellen Bedürfnisse des Unternehmens angepasst werden (v. Rosenstiel et al. 2009, S. 532). Dabei sollten die Probleme der Personalarbeit aufgegriffen werden, die am vordringlichsten sind.

Verschiedene Autoren beziehen sich auf ein Kennzahlensystem für das Personalcontrolling, das von Christoph Schulte entwickelt wurde (vgl. Küpper 2005, S. 473; v. Rosenstiel et al. 2009, S. 535). Vor allem die Bereiche Personalbedarf und -struktur, Personalbeschaffung, Personaleinsatz, Personalerhaltung und Personalentwicklung bieten wichtige Aspekte für eine zielgerichtete Personalsteuerung in der Pflege (● Tab. 20.3).

Neben den gängigen Personalkennzahlen sollte die Altersstrukturanalyse als zentrales Element eines nachhaltigen Personalmanagements genannt werden. Sie bietet die Möglichkeit, die durchschnittliche Alterszusammensetzung der Pflegekräfte zu erfassen, und sagt daher deutlich mehr aus als die reine Angabe des Durchschnittsalters (Hornung 2013, S. 55).

In der Altersstrukturanalyse wird die Anzahl der Mitarbeiter nach Altersgruppen gegliedert. Ein gängiges Raster entsteht, wenn man die Analyse z. B. in 10-Jahres-Schritten clustert:
■ unter 20 Jahre
■ 20–29 Jahre
■ 30–39 Jahre
■ 40–49 Jahre
■ 50–59 Jahre
■ über 60 Jahre

Aus der Altersverteilung der Beschäftigten können entsprechen Risiken, wie z. B. bevorstehende Verrentungswellen, erkannt und entsprechend gegengesteuert werden.

Die Altersstruktur lässt sich in vier Grundtypen einteilen.

20

Grundtypen der Altersstruktur

Alterszentrierte Altersstruktur	Der Anteil jüngerer Mitarbeiter ist kleiner. Der größere Anteil der Mitarbeiter liegt in den Alterssegmenten zwischen 40 und über 60 Jahren.
Ausbalancierte Altersstruktur	Die Altersstruktur zeigt sich in einer gleichmäßigen Kurve über die Altersgruppen hinweg. Das heißt, sie steigt gleichmäßig bis zur Gruppe der 40- bis 49-Jährigen an und fällt dann ebenso gleichmäßig wieder ab.
Jugendzentrierte Altersstruktur	Der Anteil älterer Mitarbeiter ist kleiner. Der größere Anteil der Mitarbeiter liegt in den Alterssegmenten zwischen unter 20 und 39 Jahren.
Komprimierte Altersstruktur	Die Altersstruktur ist deutlich im mittleren Altersgruppenbereich verdichtet. Die Altersgruppen zwischen 30 und 49 Jahren sind deutlich ausgeprägt und weisen einen hohen Peak in der Kurve auf.

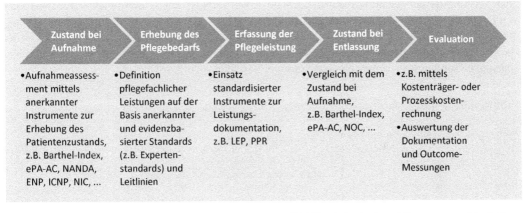

Zustand bei Aufnahme	Erhebung des Pflegebedarfs	Erfassung der Pflegeleistung	Zustand bei Entlassung	Evaluation
• Aufnahmeassessment mittels anerkannter Instrumente zur Erhebung des Patientenzustands, z.B. Barthel-Index, ePA-AC, NANDA, ENP, ICNP, NIC, …	• Definition pflegefachlicher Leistungen auf der Basis anerkannter und evidenzbasierter Standards (z.B. Expertenstandards) und Leitlinien	• Einsatz standardisierter Instrumente zur Leistungsdokumentation, z.B. LEP, PPR	• Vergleich mit dem Zustand bei Aufnahme, z.B. Barthel-Index, ePA-AC, NOC, …	• z.B. mittels Kostenträger- oder Prozesskostenrechnung • Auswertung der Dokumentation und Outcome-Messungen

◘ **Abb. 20.1** Darstellung des pflegerischen Versorgungsprozesses. *ePA-AC* Ergebnisorientiertes Pflegeassessment Acute Care, *NANDA* North American Nursing Diagnosis Association, *ENP* European Nursing Care Pathways, *ICNP* International Classification of Nursing Practice, *NIC* Nursing Interventions Classification, *LEP* Leistungserfassung in der Pflege, *PPR* Pflegepersonal-Regelung, *NOC* Nursing Outcomes Classification. (Mod. nach Schwarz und Krautz 2012, mit freundlicher Genehmigung)

◘ **Tab. 20.3** Personalkennzahlen

Personalbedarf (PB) und -struktur	Personalbeschaffung	Personaleinsatz	Personalerhaltung	Personalentwicklung
– Netto-PB – Brutto-PB – Durchschnittsalter der Belegschaft – Qualifikationsstruktur	– Bewerber/Arbeitsplatz – Vorstellungsquote – Personalbeschaffungskosten/Eintritt – Grad der Personaldeckung – Frühfluktuationsrate	– Produktivität (z. B. Fälle/Vollkraft) – Leistungsziffern (z. B. Pflegemin/Pflegetag) – Überstundenquote – Inanspruchnahme des Bereitschaftsdienstes – Durchschnittskosten/h bzw. min	– Fluktuationsrate – Krankheitsquote – Unfallhäufigkeit – Fehlzeitenquote – Nutzungsgrad betrieblicher Einrichtungen (z. B. aus dem Gesundheitsmanagement	– Ausbildungsquote – Übernahmequote – Jährliche Weiterbildungszeit/Mitarbeiter – Anteil PE-Kosten an den Gesamt-Personalkosten – Weiterbildungskosten/Tag und Teilnehmer

20.7 Balanced Scorecard als strategisches Instrument für Planung und Kontrolle

Die Balanced Scorecard (BSC) ist in erster Linie ein strategisches Managementsystem. Sie ergänzt finanzielle Kennzahlen vergangener Leistungen um die treibenden Faktoren zukünftiger Leistungen (Kaplan und Norton 1997, S. 8). Neben der Finanzperspektive werden die Kundenperspektive, die internen Geschäftsprozesse und die Lern- und Entwicklungsperspektive betrachtet und auf die verfolgte Unternehmensstrategie bezogen (vgl. Kaplan und Norton 1997, S. 24. ff., - Abb. 20.2). Die vorlaufenden Indikatoren (z. B. Taktzeiten, Fehlerquoten), auch Leistungstreiber genannt, treten an die Seite von Ergebniskennzahlen (vgl. Weber und Schäffer 2006, S. 184 f.).

Bei der Entwicklung der Balanced Scorecard stehen die **Vision und die Unternehmensstrategie** immer im Mittelpunkt. Davon ausgehend werden die vier Zielperspektiven entwickelt.

Die **finanzielle Perspektive** zeigt, ob die Unternehmensstrategie grundsätzlich eine Ergebnisverbesserung bewirkt. Finanzwirtschaftliche Ziele sind immer mit einer Rentabilität verbunden (vgl. Kaplan und Norton 1997, S. 24).

Die **Kundenperspektive** reflektiert die Kunden- und Marktsegmente, die das Unternehmen bzw. die Geschäftseinheit oder Abteilung innerhalb des Unternehmens erreichen möchte. In dieser Perspektive sind Messgrößen zu finden, wie z. B. Kundenzufriedenheit, Kundentreue etc.

In der internen **Prozessperspektive** werden kritische Prozesse definiert, in denen das Unternehmen Verbesserungsschwerpunkte setzen muss. Hier werden die Prozesse abgebildet, die von Bedeutung sind, um die Ziele aus der Finanzperspektive und der Kundenperspektive zu erreichen (vgl. Weber und Schäffer 2006, S. 185).

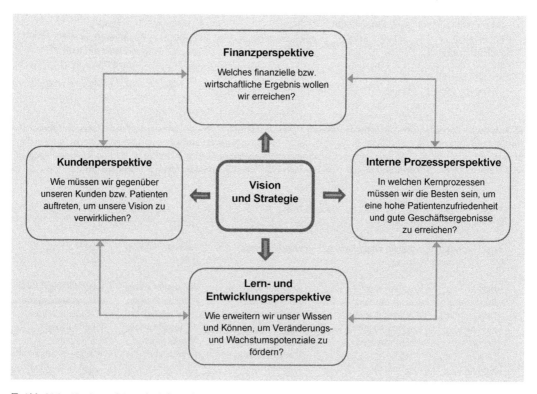

■ Abb. 20.2   Vier Perspektiven der Balanced Scorecard. (Mod. nach Kaplan und Norton 1997)

Die **Lern- und Entwicklungsperspektive** beschreibt die Infrastruktur, die notwendig ist, um ein nachhaltiges Wachstum und langfristige Verbesserungen zu erreichen. Hier werden Ziele formuliert, die Investitionen in die Zukunft umfassen. Dabei werden drei Hauptkategorien unterschieden: Qualifizierung von Mitarbeitern, Leistungsfähigkeit des Informationssystems sowie Motivation und Zielausrichtung von Mitarbeitern (Weber und Schäffer 2006, S. 185).

Kaplan und Norton beschreiben die Balanced Scorecard als strategisches Managementsystem. Die Perspektiven dienen dazu, kritische Managementprozesse zu meistern. Die BSC dient dazu, die Vision und Strategie auf eine operative Ebene zu ziehen. Konkret ist die BSC ein hervorragendes Instrument, die meist abstrakte Unternehmensstrategie auf greifbare Ziele in den einzelnen Abteilungen herunterzubrechen.

❯ **Jede Perspektive der BSC enthält folgende Elemente:**
- **Ziele**
- **Kennzahlen, anhand derer die Zielerreichung gemessen werden kann**
- **Vorgaben zur Zielerreichung**
- **Maßnahmen, mit denen das Ziel erreicht werden soll**

Nehmen wir als Beispiel für die Entwicklung einer Balanced Scorecard die Vision aus ▶ Abschn. 20.1: Eine Klinik will Marktführer in der Region in einem bestimmten Fachbereich werden, siehe ◧ Tab. 20.4.

◧ **Tab. 20.4** Beispiel für eine Balanced Scorecard

Vision: Marktführerschaft im Bereich der Onkologie

Perspektive	Ziele	Kennzahlen	Vorgaben	Maßnahmen
Finanzperspektive	Fallzahlsteigerung um 10%	Anzahl der Fälle im Vergleich zum Vorjahr	Verweildauer orientiert sich an der mittleren Verweildauer	Ausbau der Fachexpertise im medizinischen und pflegerischen Bereich
Kundenperspektive	Erhöhung der Patienten-zufriedenheit um 5%	Daten aus der Patienten-befragung im Vergleich zur Vorperiode der Befragung	Explizite Bewertung der Zufriedenheit mit der medizinischen und pflegerischen Versorgung	Ausbau der Beratungs-leistungen durch onkologische Fachpflegekräfte
Prozessperspektive	Jeder Patient erhält vor der Entlassung mindestens ein halbstündiges Beratungsgespräch durch eine onkologische Fachpflegekraft	- Anzahl der Beratungs-gespräche/Patient - Durchschnittliche Dauer eines Beratungsgesprächs	Grundlage der Beratungsgespräche sind fundierte Broschüren	Erarbeitung von Broschüren für die pflegeonkologische Fachberatung
Lern- und Entwicklungsperspektive	Erhöhung des Anteils onkologischer Fachpflegekräfte auf 30%	Anteil von Fachkräften mit Fachweiterbildung bezogen auf die Gesamtzahl examinierter Pflegekräfte	In der Kernarbeitszeit steht immer eine onkologische Fachpflegekraft zur Verfügung	Erhöhung des Weiterbildungsbudgets Ausbau der Weiterbildungskapazitäten

Fazit

Pflegecontrolling ist unverzichtbar für die unternehmensinterne Steuerung, insbesondere in Zeiten hochdynamischer Veränderungsprozesse. Bei der Vielzahl verfügbarer Daten ist es wichtig, sich beim Aufbau einer Controlling-Konzeption für die Pflege auf die Lösung der vordringlichsten Aufgaben zu konzentrieren. Im Wesentlichen sind dies die Personalsteuerung, die qualitative und quantitative Abbildung und Steuerung der Pflege im Versorgungsprozess sowie die Steuerung von Veränderungsprozessen. Dabei sollten Kennzahlen passgenau abgestimmt sein auf die Sachverhalte, die sie abbilden sollen.

Literaturverzeichnis

Bartholomeyczik S, Halek M (2009) Assessmentinstrumente in der Pflege. Schlütersche Verlagsgesellschaft, Hannover

Kaplan R, Norton D (1997) Balanced Scorecard. Schäffer-Poeschel, Stuttgart

Küpper H (2005) Controlling – Konzeption, Aufgaben, Instrumente. Schäffer-Poeschel, Stuttgart

Hornung J (2013) Nachhaltiges Personalmanagement in der Pflege. Springer, Berlin Heidelberg

Horváth P, Gleich R, Seiter M (2015) Controlling. Vahlen, München

Rosenstiel L von, Regnet E, Domsch ME (2009) Führung von Mitarbeitern. Schäffer-Poeschel, Stuttgart

Schwarz S, Krautz B (2012) Pflegecontrolling im Krankenhaus. In: Poser M, Lehrbuch Stationsleitung. Huber, Bern

Weber J, Schäffer U (2006) Einführung in das Controlling. Schaffer-Poeschel, Stuttgart

Wöhe G (2002) Einführung in die allgemeine Betriebswirtschaftslehre. Vahlen, München

Zapp W (2004) Controlling in der Pflege. Huber, Bern

Zapp W (2009) Controlling. In: Haubrock M, Schär W (Hrsg) Betriebswirtschaft und Management in der Gesundheitswirtschaft. Huber, Bern

Zapp W, Oswald J (2009) Controlling-Instrumente für Krankenhäuser. Kohlhammer, Stuttgart

Telepflege

Ursula Hübner, Nicole Egbert

© Springer-Verlag GmbH Deutschland 2017
P. Bechtel, I. Smerdka-Arhelger, K. Lipp (Hrsg.), *Pflege im Wandel gestalten – Eine Führungsaufgabe*,
DOI 10.1007/978-3-662-54166-1_21

21

Telepflege ist eine Anwendung von Informations- und Kommunikationstechnologie im Gesundheitswesen, die Pflegekräfte mit Vertretern der eigenen Berufsgruppe oder anderer Berufsgruppen sowie mit Patienten und ihren Angehörigen insbesondere über räumliche Grenzen hinweg in Verbindung treten lässt. Ziel der Telepflege ist es, Menschen in das eigene professionelle Handeln einzubeziehen, die anderweitig nicht erreichbar sind. Häufig werden dabei nicht nur textliche Nachrichten übermittelt, sondern auch Bilder (z. B. Fotos einer Wunde), Signale (z. B. EKG) oder Vitalwerte (z. B. Körpergewicht). In seiner einfachsten Form ist das Hausnotrufsystem eine Realisierung von Telepflege. Komplexere Formen stellen beispielsweise eine über ein Videokonferenzsystem ermöglichte Fallbesprechung unterschiedlicher Berufsgruppen an unterschiedlichen Standorten dar oder eine Videoverbindung zwischen Pflegekraft und Patient (Telekonsultation). Eine weitere Form von Telepflege bietet die Vitalwertüberwachung von Risikopatienten (Telemonitoring). Die Entwicklung des Internets der Dinge wird weitere Anwendungsfälle bereitstellen. Telepflege ist ein Instrument, das den persönlichen Kontakt nicht ersetzt, sondern den eigenen Handlungsradius erweitert. Aus diesem Grund wird Telepflege in ländlichen Gebieten mit unzureichender Gesundheitsversorgung erfolgreich zum Einsatz gebracht.

21.1   Einleitung und Szenarien – „Bewege die Information, nicht den Patienten"

Telemedizin wurde in den letzten Jahrzehnten zu einem Begriff für eine über Telekommunikationstechnologie ermöglichte medizinische Versorgung von Menschen.

> ❯ Gängige Definitionen sprechen von Telemedizin als einer Technologie zur Überbrückung von Distanzen, um Prävention, Diagnostik, Therapie und Rehabilitation von Erkrankungen auch in solchen Fällen zu ermöglichen, in denen durch geografische oder andere Barrieren der Kontakt und der Informationsfluss gehemmt sind (siehe WHO-Definition, WHO 2010).

Diese Auffassung von Telemedizin schließt die Evaluation, Forschung und Weiterbildung explizit ein. Aufgrund der verschiedenen technischen und anwendungsorientierten Bedürfnisse kristallisierten sich aus der Telemedizin im Laufe der Jahre die Anwendungsfelder „Teleradiologie", „Telekardiologie", „Teledermatologie", „Telesonografie" und viele andere an eine medizinische Disziplin oder Vorgehensweise gebundene Nutzung dieser technischen Möglichkeiten aus. Eine Bezeichnung der Anwendung von Telekommunikation in der Pflege von Menschen ist daher eine logische Weiterentwicklung und entspricht den Überlegungen des International Council of Nurses (ICN) zur Verbesserung von pflegerischen Leistungen im Sinne des Zugangs zu diesen Leistungen für Einzelne, Familien, Gemeinden und ganze Länder sowie der Rechtzeitigkeit und Qualität der pflegerischen Maßnahmen (ICN 2015). Telemedizin und Telepflege sind nicht immer leicht von Begrifflichkeiten wie „telehealth" und „eHealth" zu trennen. Auch die Grenzen zu Ambient Assisted Living (AAL) können nicht immer scharf dargestellt werden. Daher soll an dieser Stelle auf diese Unterscheidungen verzichtet werden.

Vielmehr lassen sich allgemeine Anwendungsszenarien unterteilen, die sowohl für Telemedizin wie die Telepflege Relevanz besitzen, und sich aufteilen in Telekonsultation (z. B. Fallkonferenzen über Video, Kontaktaufnahme einer Pflegekraft und eines Arztes), Telemonitoring (z. B. Überwachung des EKGs von Herzschrittmacherpatienten, Überwachung der Bewegung von sturzgefährdeten Patienten), Telesteuerung (z. B. Fernsteuerung von Geräten zum Zwecke der Intervention wie beispielsweise in der Chirurgie oder zur Erinnerung an bestimmte Handlungen). - Abb. 21.1 zeigt beispielhaft die Anwendungsfälle von Telemonitoring, Telekonsultation und Telesteuerung. Besonders zu schützende Daten aus der Intimsphäre des Patienten befinden sich innerhalb des Kreises. Diese können zunächst in einer persönlichen Gesundheitsakte abgelegt werden, bevor sie für eine Nutzung außerhalb freigegeben werden.

Telekonsultationen verbinden häufig zwei oder mehrere Vertreter von Gesundheitsberufen zum Zweck der gegenseitigen Abstimmung, Beratung, Supervision und Weiterbildung und setzen entsprechende Informationssysteme und Bild- und Tonkommunikationsanlagen in den jeweiligen

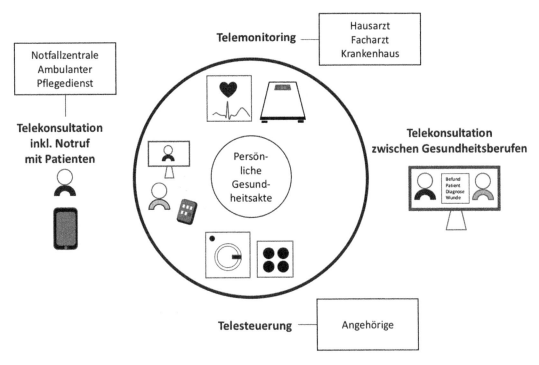

○ **Abb. 21.1**   Beispielhafte Tele-Anwendungen

Institutionen voraus. Dabei kann der Austausch synchron ablaufen, d. h. in der Anwesenheit aller Akteure, oder asynchron, d. h. zeitversetzt, verlaufen. Eine Telekonsultation kann auch zwischen einem Vertreter eines Gesundheitsberufs und Patienten oder ihren Angehörigen stattfinden. Als Beispiel ist der Kontakt eines Risikopatienten, der weit entfernt von einer Gesundheitseinrichtung (z. B. Arztpraxis, Krankenhaus, Pflegedienst) wohnt, zu nennen. Hierfür ist eine Technologie notwendig, die auch zu Hause beim Patienten implementiert werden kann und keine spezifischen Informationssysteme voraussetzt, jedoch eine entsprechende Netzverbindung benötigt. Telekonsultationen müssen nicht zwangsweise Videobilder oder medizinische Bilder eines Patienten einschließen, sie tun dies jedoch häufig.

Eine weitere Form der Telemedizin und Telepflege besteht im **Telemonitoring**. Diese führt, wie der Name sagt, eine Online-Überwachung der betroffenen Patienten über Distanzen durch. Häufig handelt es sich dabei um elektrophysiologische Signale (z. B. EKG) oder Vitalparameter (z. B. Blutzuckerwerte, Puls), die beim Patienten zu Hause oder unterwegs erhoben, vor Ort gespeichert und zu gegebener Zeit weitergeleitet werden. Dazu werden beim Patienten die entsprechenden Aufnahmegeräte und Sensoren implementiert sowie ein Zwischenspeichermedium und wiederum eine Internetverbindung, falls noch nicht vorhanden, aufgebaut. Zunehmend kommen sog. Wearables wie Smartwatches zum Einsatz. Auch Bewegungsdaten und weitere Daten zum Verhalten des Patienten (z. B. Bedienung von elektrischen Geräten) sowie Signale für Notrufsysteme, die der Patient selbst auslösen kann bzw. die ausgelöst werden, gehören zu typischen Daten des Telemonitorings. Die empfangende Institution, eine Arztpraxis, ein Krankenhaus, ein Pflegedienst oder eine Rettungszentrale, müssen die einkommenden Daten speichern, inspizieren und analysieren. Dafür sind gesonderte Informationssysteme nötig.

Schließlich können nicht nur Daten in Form von Texten, Bildern und (elektrophysiologischen) Signalen übermittelt werden, sondern auch **Steuerungsbefehle**. Neben dem Gebiet der Telechirurgie, d. h. ein räumlich entfernter Experte steuert ein Operationsgerät, gibt es gerade aus dem Bereich des Smart Homes bzw. AAL Anwendungen zur ferngesteuerten Bedienung von Geräten im Lebensumfeld von Patienten, z. B. Herd, Waschmaschine, über das Internet via Tablet oder Smartphone. Die Steuerung von Haushaltsgeräten geht einher mit der Entwicklung des Internets der Dinge („internet of things" – IOT), die eine Koppelung der Geräte und einen Datenaustausch zwischen diesen vorsieht. In solchen Szenarien muss nicht zwingenderweise eine professionelle Kraft eingebunden sein.

> Allen Telemedizin- und Telepflege-Anwendungen ist das Streben nach einer Zusammenführung von Menschen und Informationen gemein. Daher lautet ein Motto von Tele-Anwendungen „Bewege die Information, nicht den Patienten".

Denn dieser kann weit entfernt von den Gesundheitseinrichtungen wohnen, wie dies beispielsweise in Australien, Norwegen und Finnland nicht selten der Fall ist. In diesen Ländern hat sich daher die Telemedizin zuerst durchsetzen können. In jüngster Zeit entsteht ein überproportionaler, personell nicht gedeckter Bedarf an medizinisch-pflegerischer Versorgung durch den Wegzug von jungen Menschen in vorwiegend ländlichen Regionen Deutschlands bei gleichzeitiger Zunahme der älteren Bevölkerung. Während in den Ballungsgebieten kaum Ärzte- und Pflegemangel herrscht, wird dieses Phänomen immer deutlicher auf dem Land und betrifft nicht nur Deutschland, sondern findet sich in vielen Ländern. Damit erhält der Gedanke der Televersorgung breiten Aufwind und gesellschaftliche Akzeptanz. Laut einer Umfrage des ZukunftMonitors können sich 51% der Befragten Telepflege vorstellen und verbinden damit Chancen; ländliche Bewohner tun dies stärker als städtische (BMBF 2015). Auch in der Berufspolitik ist das Thema Telepflege angekommen. So widmete sich der Bundesverband Pflegemanagement in seiner Broschüre „IT in der Pflege" gesondert diesem Thema (Bundesverband Pflegemanagement 2015).

In der Folge der Grundidee „Bewege die Information, nicht den Patienten" kann nachweisbar medizinisch-pflegerischer und ökonomischer Nutzen entstehen. So führten Veränderungen der Diagnose und der Therapie nach Telemedizin zu besseren Ergebnissen, da Spezialisten den Fall begutachten konnten und eine Intervention früher eingeleitet werden konnte (Bashshur et al. 2015, 2014). Ebenso zeigten Untersuchungen einen Nutzen durch verbesserte

Triage von Patienten (Bashshur et al. 2015). Die Lebensqualität stieg und es kam weniger häufig zu Verschlechterungen (Bashshur et al. 2014). Gleichzeitig wurden die Ressourcen in geringem Ausmaß in Anspruch genommen, d. h., es gab weniger Einweisungen ins Krankenhaus, weniger Wiederkehrer, geringere Verweildauern und weniger Besuche der Notfallambulanzen (Bashshur et al. 2014), was zu einer Reduktion der Kosten führte. Die Reise- und Transportkosten konnten in erheblichem Maße gesenkt werden (Jones et al. 2004; Gray et al. 2010) Auch im Bereich der Telepflege im engeren Sinne konnten positive Effekte empirisch nachgewiesen werden, beispielsweise ein verbessertes Selbstmanagement der Erkrankung (Raphael et al. 2017).

21.2 Anwendungen und Erfahrungen in Deutschland

Auch in Deutschland existieren Anwendungen in der Telepflege, von denen sich ein Teil bereits etabliert hat und sich andere noch im Projektstatus befinden. Im Folgenden werden einige Anwendungsfälle exemplarisch dargestellt, um einige Prinzipien zu erläutern.

21.2.1 Telekonsultation und Telemonitoring mit AGnES

Zur Verbesserung der Versorgung von Patienten in unterversorgten Gebieten und Entlastung der Hausärzte wurde im Jahr 2005 das von der Universität Greifswald entwickelte Konzept der AGnES (Arztentlastende, Gemeindenahe, E-Health-gestützte, Systemische Intervention) als Modellprojekt in mehreren Bundesländern gestartet. Hausärzte können Hausbesuche und medizinische Tätigkeiten an AGnES-Fachkräfte delegieren und somit mehr Patienten oder größere Regionen versorgen, was gerade für unterversorgte Gebiete und Landstriche mit Ärztemangel relevant ist (van den Berg et al. 2009c). Im Rahmen der Modellprojekte wurden zwei Arten telemedizinischer Funktionalitäten eingesetzt: Das Monitoring von Patienten mittels Telecare-Systemen und die telemedizinische Kommunikation zwischen dem Hausarzt und der AGnES-Fachkraft. Zum

Monitoring des Patienten wurden fünf unterschiedliche Systeme eingesetzt, u. a. Waage und Blutdruckmessgeräte zur Überwachung von Herzinsuffizienzpatienten und Pulsoxymeter bei Risikopatienten zum Schlafapnoe-Screening. Die AGnES-Fachkraft installierte die Systeme und schulte die Patienten. Die Auswahl der Patienten, die telemedizinisch überwacht werden sollten, oblag dem Arzt (van den Berg et al. 2009a). Videokonferenzsysteme sind eine Möglichkeit, geplant oder ungeplant aus dem häuslichen Umfeld des Patienten Kontakt mit dem Hausarzt aufnehmen zu können. Vorteil zur Kontaktaufnahme via Telefon ist bei der Videokonferenztechnik, dass die Patienten aktiv mit einbezogen werden können. Im Rahmen der Modellprojekte wurde Videokonferenztechnik bei einem schlechten Allgemeinzustand des Patienten oder zur Wundbeurteilung durch den Arzt beispielsweise eingesetzt (van den Berg et al. 2009a). Eine Evaluation der Modellprojekte ergab eine hohe Akzeptanz von AGnES bei den Patienten. Der Großteil der teilnehmenden Ärzte empfand die Unterstützung als entlastend und stufte die Qualität der Betreuung als hoch ein. Sie waren auch der Meinung, dass das AGnES-Konzept die Compliance der Patienten verbessern könnte (van den Berg et al. 2009b). Ebenfalls positiv eingeschätzt wurde der Einsatz von telemedizinischen Funktionen. Wichtig ist jedoch, die Fachkräfte gut zu qualifizieren, sodass diese die Patienten schulen und sicher mit den Daten und der eingesetzten Technik umgehen können (van den Berg et al. 2009a). Am 1.1.2009 wurde AGnES als nichtärztliche Praxisassistentin in die Regelversorgung überführt (MASGF 2013a) und kann durch den Arzt über eine Kostenpauschale abgerechnet werden (MASGF 2013b).

In Brandenburg startete am 1.4.2012 das Vorhaben agnes^{zwei}-Fachkraft, die sich insbesondere um Patienten mit einem hohen Betreuungsaufwand kümmern soll. Schwerpunkt ihrer Tätigkeit stellt das Fallmanagement dar, das ein Schnittstellenmanagement und die Organisation der gesamten Behandlung eines Patienten umfasst (IGiB 2014; Gesundheitsstadt Berlin 2012). Darüber hinaus soll die agnes^{zwei}-Fachkraft auch Ansprechpartner für die Angehörigen sein (Gesundheitsstadt Berlin 2012). Im Gegensatz zu AGnES, die nur für einen Hausarzt tätig sein kann, ist eine Anbindung von agnes^{zwei}-Fachkräften auch an Fachärzte, Ärztenetze,

Ärztehäuser, Medizinische Versorgungszentren oder einer Einrichtung der Kassenärztlichen Vereinigung möglich, auch für mehrere Ärzte gleichzeitig. Sie kann Versicherte der AOK Nordost, BARMER GEK und Techniker Krankenkassen betreuen (KVBB 2015). Zur Unterstützung des Fallmanagements wurde im Rahmen des „Kompetenzzentrums digitale Präventionsassistenz (KoPrA)" der AOK Nordost, des AOK Bundesverbandes und des DAI-Labors, die sog. „CuraCase"-App entwickelt, eine mobile elektronische Patientenakte für Tablet-PCs. Diese soll u. a. die AGnES bei der Dokumentation und Koordination von Arztterminen unterstützen und dem Arzt einen schnellen Zugang zu den Daten ermöglichen (AOK Nordost 2016). Diese App beinhaltet die folgenden Funktionen: Elektronische Patientenakte, Kalender und Tagebuch, Kontaktmanagement, Datenaustausch, Formulare, Datenschutz/Zertifizierung (Curamatik 2015).

21.2.2 Telekonsultation und Telemonitoring mit Versorgungsassistenten

Der Einsatz nichtärztlicher Praxisassistenten (NäPa) ist seit dem 1.1.2015 bundesweit möglich und kann über eine eigene EBM-Leistung abgerechnet werden (KBV 2016). Vorher war das Angebot nur in einigen Bundesländern verfügbar. Die Aufgaben der nichtärztlichen Praxisassistenten bestehen in der Unterstützung des Hausarztes bei der Betreuung der Patienten sowie Durchführung von Haus- und Pflege-/Altenheimbesuchen (KBV 2014). Festgelegt sind diese in der Delegations-Vereinbarung des Kassenärztlichen Bundesvereinigung und des GKV-Spitzenverbandes (KBV und GKV-Spitzenverband 2017). Diese legt auch die Inhalte der Qualifizierungsmaßnahme fest. Im Fortbildungscurriculum der Bundesärztekammer ist die Vermittlung von Inhalten zum Thema „Telemedizinische Grundlagen" bei den medizinischen Kompetenzen aufgenommen. Die Praxisassistentin kennt nach Abschluss der Fortbildung u. a. die Bedeutung und die Einsatzgebiete von Telemedizin in Arztpraxen und kann die Möglichkeiten und Grenzen der Telemedizin beurteilen. Auch der Einsatz von Informations- und Kommunikationstechnologien ist im Curriculum

21

festgeschrieben (BÄK 2010). Neben der NäPa existiert eine Weiterbildung zum Versorgungsassistenten in der Hausarztpraxis – VERAH, eine Qualifizierungsmaßnahme für Medizinische Fachangestellte des Deutschen Hausärzteverbandes und des Institutes für hausärztliche Fortbildung.

VERAH ist bundesweit ausgerollt und wird im Rahmen der Hausarztentrierten Versorgung (HzV) nach § 73b SGB V vergütet (Mergenthal et al. 2013). Im Rahmen der Weiterbildung werden Kompetenzen in den Bereichen Case Management, Präventions-, Gesundheits-, Technik-, Praxis-, Besuchs-, Notfall- und Wundmanagement vermittelt, die sie dazu befähigen, in und außerhalb der Praxis zu unterstützen, z. B. durch Übernahme von Hausbesuchen im Rahmen der Wundbehandlung, zur Unterstützung bei der Einnahme von Medikamenten oder der Impfberatung.

21.2.3 Telekonsultation mit dem Patienten in der Psychiatrie

Ein Bereich, in dem Telemedizin schon seit vielen Jahren eingesetzt wird, ist die Psychiatrie. Beispiele sind hier die Telepflege in der Psychiatrie im Krankenhaus Günzburg und das Projekt „Internet-Brücke". Die Telepflege in der Psychiatrie im Krankenhaus Günzburg startete im Jahr 2012 als Modellprojekt. Im Rahmen einer Einzeltelepflege werden dort jeweils vier Patienten ambulant via Bildschirm mittels Webcam versorgt. Voraussetzung zur Teilnahme ist, dass sich der Patient schon mindestens 6 Monate in der Ambulanz zur Bezugspflege befunden hat. Für den Patienten bestehen die Vorteile darin, dass Hilfe schnell, unkompliziert und flexibel erbracht werden kann. Gerade bei Patienten, die eine lange Anfahrt zur Ambulanz haben, kommt dies zum Tragen. Für Patienten, die den persönlichen Kontakt eher scheuen, stellt die Einzeltelepflege eine gute Alternative dar. Es werden feste Gesprächstermine festgelegt, bei deren Nichteinhaltung Kontakt mit dem Patienten aufgenommen wird (Bezirkskrankenhaus Günzburg 2014; Pointner 2015). Im Gegensatz zu dem Konzept des BKH Günzburg wird bei dem Projekt Internet-Brücke keine Einzeltelepflege, sondern eine telemedizinische Nachsorge für Gruppen angeboten. Das

Modellprojekt der Panorama Fachklinik Scheidegg, der Forschungsstelle für Psychotherapie (FOST) und der Techniker Krankenkasse wurde bereits im Jahr 2001 mit dem Ziel, die Lücke zwischen einer stationären und ambulanten Behandlung zu schließen (Wangemann und Golkaramnay 2004), ins Leben gerufen. Der in der stationären Versorgung erzielte Gesundheitszustand soll im Rahmen einer Gruppentherapie, die durch einen qualifizierten Therapeuten begleitet wird, erhalten werden. Die Sitzungen werden in einem festen Rhythmus einmal wöchentlich mit einer Dauer von 90 Minuten durchgeführt. Seit 2003 können Versicherte aller Krankenkassen an dieser Therapie teilnehmen (Panorama Fachkliniken 2017)

21.2.4 Telekonsultation und Telemonitoring als Teil des Case Managements und des Coachings

Mit dem Ziel der Vernetzung von Kliniken, Ärzten, Pflegekräften, weiteren medizinischen Leistungserbringern und Patienten über eine gemeinsame IT-Plattform (Deutsches Telemedizinportal 2017) wurde im Jahr 2014 das Telemedizin-Projekt „CCS Telehealth Ostsachsen" ins Leben gerufen. Im Rahmen dessen wurden u. a. zwei Beispielanwendungen entwickelt, in denen Pflegekräfte eine telemedizinische Betreuung von Patienten übernehmen. Die Betreuung von Patienten mit Herzinsuffizienz in der häuslichen Umgebung ist Inhalt der Anwendung „Telecoaching", und bei „Telestroke" übernimmt ein Case Manager die Organisation der ambulanten Versorgung von Schlaganfallpatienten. Über die im Projekt entwickelte IT-Plattform soll als Basis der Organisation dienen (Carus Consilium Sachsen 2017). Bei der Anwendung „Telecoaching" können die Patienten selbst regelmäßig Vitaldaten über einen Tablet-PC an eine ausgebildete Telenurse senden. Auch ein Austauschen per Videotelefonie ist zwischen Patient und Telenurse möglich, was gerade bei akuten Beschwerden eine schnelle Reaktionsfähigkeit ermöglichen soll (T-Systems International GmbH 2015). Die Case Manager in „Telestroke" halten verstärkt Kontakt mit den entlassenen Patienten und deren Behandlern. Sie überwachen den Gesundheitszustand, unterstützen die Nachsorge und verwalten die Patientenakten. Nach Ende der Projektphase wurde das Vorhaben am 1.7.2015 in den Pilotbetrieb überführt (CCS Telehealth Ostsachsen 2015).

21.2.5 Telepflege weltweit

Vor dem Hintergrund der Erfahrungen in Deutschland stellt sich die Frage nach Anwendungen der Telepflege in anderen Ländern. Dazu liefert eine internationale Übersichtsarbeit einen guten Hinweis zu Projekten, Technologien, Zielgruppen und Ergebnissen (Souza-Junior et al. 2016). Die Mehrzahl der aufgeführten Projekte wendete sich an eine spezifische Gruppe von Patienten mit besonderen Bedürfnissen wie beispielsweise Menschen mit chronischen Erkrankungen und Patienten mit einem eingeschränkten Selbstpflegevermögen, z. B. frisch operierte Patienten. Zu den angebotenen Dienstleistungen zählten Patientenedukation, Monitoring und Case Management, wobei letztere Anwendung die deutliche Mehrheit darstellte. In einer Vielzahl von Anwendungen wurde Telepflege per Telefon einschließlich mobiler Telekommunikation realisiert, aber auch – jedoch deutlich seltener – über Videokonferenzen und Webseiten. Diese Ergebnisse zeigen, dass Telepflege nicht immer mit einem hoch technologisierten Ansatz erfolgen muss, sondern dass die Dienstleistung selbst im Mittelpunkt steht.

Fazit

Die Beispiele zeigen, dass pflegerische Tätigkeiten mittels Teleanwendungen unterstützt werden können, dass dies seit einiger Zeit auch im Routineeinsatz erfolgt und vergütet wird. Auslöser dieser Projekte in Deutschland ist die Unterversorgung mit Hausärzten in ländlichen Gegenden. Damit erfolgt die Teleanwendung in enger Koppelung mit einer Hausarztpraxis. Dies stellt einerseits einen Erfolgsfaktor dar, andererseits ist die Rolle von Pflegekräften ungeklärt, da diese eher selten in Arztpraxen arbeiten. Eine Bindung der Teleanwendung an ein Krankenhaus öffnet dort angestellten Pflegekräften neue Tätigkeitsfelder. Ein Engagement von ambulanten Pflegediensten und eine Vergütung

telepflegerischer Anwendungen ist gleichsam wünschenswert.

21.3 Akzeptanz

Akzeptanz von Telepflege Systemen und Diensten muss aus zwei Perspektiven betrachtet werden, aus der der Pflegekräfte und aus derjenigen der Patienten und ihrer Angehörigen. Da Telepflege bereits im Einsatz ist, gibt es Studien, die gesicherte Aussagen über die Akzeptanz treffen können. Die in der Folge genannten Faktoren entstammen einer systematischen Übersichtsarbeit (Brewster et al. 2014), die Ergebnisse unterschiedlicher Studien zusammenfasst. Zu einer guten Akzeptanz tragen nach ihr alle Faktoren bei, die grundsätzlich jegliche technologische Veränderung positiv beeinflussen, nämlich eine einfach bedienbare, integrierte, sichere und vertrauenswürdige Technik, hinreichend ausführliches Training und gute Unterstützung sowie die Steuerung durch Schlüsselanwender und treibende Akteure. Darüber hinaus wird die Partizipation der Anwender in der Gestaltung und Entwicklung der Software und der damit verbundenen Dienste genannt. Gerade letzterer Punkt ist wichtig, da die Software allein noch keine Neuerung bewirkt, sondern erst als Instrument einer Prozessinnovation ihrer Bedeutung zugeführt wird. Mehr auf die Telepflege selbst ausgerichtete Faktoren, die eine Akzeptanz negativ beeinflussen, umfassen Bedenken, dass sich die Arbeitsbelastung durch Telepflege verstärkt, dass die Pflegekräfte nicht mehr Herrinnen des Geschehens sind und dass gegebenenfalls eine Entprofessionalisierung stattfindet. Ebenso wurde befürchtet, dass eine persönliche Begegnung mit den Patienten entfällt, die erst eine richtige Einschätzung der Patientensituation ermöglicht. Interessanterweise äußerten die Pflegekräfte, die praktischen Umgang mit einem Telepflege-System besaßen, nicht die Befürchtungen, dass Telepflege die Interaktion mit den Patienten belaste, wie dies die Pflegekräfte ohne Erfahrung mutmaßten. Auch schätzten Pflegekräfte die durch Telepflege ermöglichten Selbstmanagementfähigkeiten der Patienten negativer ein als die Patienten selbst. Gleiches galt für den Umgang mit der Technologie, den Pflegekräfte für zu kompliziert für Patienten erachteten. Dies zeigt, dass die Beurteilung von

21

Pflegekräften gesondert zu der von Patienten interpretiert werden muss.

> ❯ **Letztlich ist die Technologieakzeptanz ein Resultat einer Vielzahl von Faktoren, die in unterschiedlichen Akzeptanzmodellen einbezogen werden.**

Dabei wird beispielsweise die Akzeptanz in dem Technology Acceptance Modell (TAM) abgebildet über die wahrgenommene Leichtigkeit der Nutzung und die wahrgenommene Nützlichkeit, die beide ihrerseits die Absicht zur Nutzung und die tatsächliche Nutzung beeinflussen (Davis 1989). Die Liste der beeinflussenden Faktoren wurde im Laufe der verschiedenen Erweiterungen des TAM um eine Reihe von Faktoren ergänzt. So ist die wahrgenommene Nützlichkeit in TAM3 eine Funktion der Erfahrung, der subjektiven Norm, der Reputation, der beruflichen Relevanz, der Ergebnisqualität sowie der Demonstrierbarkeit der Ergebnisse. Die wahrgenommene Leichtigkeit der Nutzung wird beeinflusst durch die Haltung gegenüber Computertechnologie z. B. durch die Angst vor Computern sowie durch die objektive Usability der IT-Anwendung und durch die wahrgenommene Freude im Umgang mit der Technologie (Venkatesh and Bala 2008). Die Kenntnis dieser Faktoren lässt auch die Akzeptanz einer Telepflege Anwendung steuern.

21.4 Datenschutz und Datensicherheit

Mit der Erschließung des Haushalts und des privaten Umfeldes von Patienten und ihren Angehörigen als Gesundheitsstandort erhöhen sich die Anforderungen an Datenschutz und Datenintegrität, die ohnehin im eHealth- und Telemedizin-Umfeld bereits hoch sind. Gerade durch den Vorteil von Telepflege, nämlich dass Menschen durch Technik in allen Lebensbereichen begleitet werden, um selbstständig leben zu können, öffnet sich die Intimsphäre und vergrößert sich die Gefahr der Verletzung dieser. Dabei besteht die Herausforderung, eine sinnhafte Balance zwischen vollständiger Abschottung und unkontrollierter Bereitstellung der Daten herzustellen.

> ❯ **Es gilt der Grundsatz der informationellen Selbstbestimmung des Menschen, der auf dem „Volkszählungsurteil" des Bundesverfassungsgerichts von 1983 beruht (BVerfGE 1983) und besagt, dass jeder Einzelne selbst bestimmen kann, welche Informationen er über sein persönliches Lebensumfeld preisgibt und in welchem Maße.**

Eine staatliche Einschränkung bedarf einer gesetzlichen Regelung über die Voraussetzungen und den Umfang und muss dem Allgemeininteresse dienen (Datenschutz-Wiki). Aus der informationellen Selbstbestimmung leitet sich die Verpflichtung zur Einwilligung des Betroffenen über den Zweck, die Art und Dauer der Nutzung seiner Daten durch Dritte ab. Für die Erhebung und Verarbeitung personenbezogener Daten durch öffentliche und nichtöffentliche Stellen gelten die Vorgaben der Datenschutzgesetze. Werden personenbezogene Daten zu persönlichen oder familiären Zwecken erhoben (BDSG § 1 Abs. 2 Nr. 3), genutzt und verarbeitet oder handelt es sich nicht um personenbezogene Daten, gelten die Datenschutzgesetze nicht.

Die Art der Einwilligung ist im Bundesdatenschutzgesetz (BDSG § 4a) geklärt und setzt die Einsichtsfähigkeit, Freiwilligkeit, die Schriftform und die Informationspflicht der verantwortlichen Stelle sowie die Bestimmtheit der Einwilligung voraus (ULD 2010). Damit auch bei Einwilligung die persönlichen Daten datenschutzkonform behandelt werden, sind eine Reihe von Grundsätzen zu beachten. Ein wichtiger Grundsatz ist die Zweckbindung der Verarbeitung der personenbezogenen Daten (BDSG § 28 Abs. 1 Satz 2). Ebenso grundsätzlich ist das Prinzip der Datensparsamkeit und Datenvermeidung (BDSG § 3a) persönlicher Daten anzuwenden. Damit eine Person ihr Recht auf informationelle Selbstbestimmung ausüben kann, muss eine hinreichende Transparenz für die jeweilige Person darüber herrschen, welche Daten über sie, wann und wem zur Verfügung stehen (BVerfGE 65 1 zitiert nach ULD 2010). Nur so kann sie abschätzen, ob sie eine Berichtigung, Löschung oder Sperrung ihrer Daten einfordern möchte. Gerade in einem vernetzten Verbund von beteiligten Akteuren ist der Grundsatz der klaren Verantwortlichkeit zu wahren (ULD 2010). In der Regel haben diese datenverarbeitenden Stellen einen Datenschutzbeauftragten, um dem Grundsatz der Kontrolle gerecht zu werden (BDSG § 4). Sie gewähren den Betroffenen, ihre gesetzlich verankerten Rechte auf Auskunft (BDSG § 34), sowie auf Sperrung, Löschung und auf Widerspruch (BDSG § 35) wahrzunehmen. Da Telemedizin und Telepflege nicht ohne Telekommunikationsmedien auskommen und eine digitale Telekommunikation gerade die Vertraulichkeit von personenbezogenen Daten herausfordert, gelten neben den Datenschutzgesetzen auch das Telekommunikationsgesetz (TKG) und das Telemediengesetz (TMG). Beide Gesetze regeln die Pflichten der Diensteanbieter.

Damit geeignete Maßnahmen ergriffen werden können, um Datenschutz und Datensicherheit zur Geltung zu verhelfen, müssen deren Ziele klar definiert sein. Diese Ziele umfassen die

- Vertraulichkeit,
- Datenintegrität,
- Datenverfügbarkeit,
- Transparenz,
- Intervenierbarkeit,
- Nichtverkettbarkeit von Daten (ULD 2010) sowie die
- Authentizität und Nichtabstreitbarkeit (BSI 2013).

Die Vertraulichkeit, also der Schutz vor unberechtigtem Zugriff Dritter auf die Daten, wird u. a. über eine Verschlüsselung während der Kommunikation und bei Speicherung realisiert, aber auch durch Pseudonymisierung und Trennung von Identifikations- und Nutzdaten. Datenintegrität, d. h. die Prüfung auf Richtigkeit im Sinne eines Ausschlusses der beabsichtigten und unbeabsichtigten Manipulation, wird beispielsweise über kryptografische Verfahren von digitalen Signaturen sichergestellt. Hochverfügbare, gespiegelte Systeme und engmaschige Sicherheitskopien tragen zur Datenverfügbarkeit bei. Transparenz setzt voraus, dass die IT-Infrastruktur sowie die mit ihrer Hilfe erbrachten Dienste detailliert dokumentiert sein müssen. Intervenierbarkeit ist dann gegeben, wenn ein System durch die Betroffenen selbst oder delegierte Personen gesteuert werden kann. Die Nichtverkettbarkeit verlangt eine Umsetzung von Maßnahmen zur Wahrung der Zweckbindung der Datennutzung, z. B. durch eine Rollentrennung in der Benutzerverwaltung und durch

separierte Anwendungsprogramme mit eigener Datenhaltung. Die Authentizität von Dokumenten, Webseiten und Personen wird vorrangig über digitale Signaturen und Zertifikate sichergestellt. Auch für die Nichtabstreitbarkeit, also die Verbindlichkeit einer Sendung oder eines Empfangs von Dokumenten oder Daten allgemein, werden kryptografische Verfahren wie digitale Signaturen eingesetzt. Neben reinen technischen Maßnahmen empfiehlt es sich auch, organisatorische Vorkehrungen zu treffen, die die Schutzziele sichern.

Diese Grundsätze des Datenschutzes sowie die Schutzziele von Datensicherheit und Datenschutz gelten auch für die Telepflege. Allerdings wird durch diese Forderungen Telepflege an sich nicht verhindert, sondern datenschutzkonform und sicher gestaltet. Dabei spielt die Einwilligung der betroffenen Personen wie oben erläutert eine zentrale Rolle. Bei der Auswahl und Evaluation von Telepflege-Systemen sind die genannten Grundprinzipien und Schutzziele sinnvolle Bewertungskriterien.

21.5 Bedeutung für die Pflegeberufe: neue Kompetenzen, neue Rollen, neue Befugnisse

Mit neuen Technologien ergeben sich neue Dienstleistungen bzw. Anpassungen alter Dienstleistungen. Dies gilt auch für die Telepflege. Fasst man die Szenarien von Telepflege stichwortartig zusammen als

- (zusätzliche) Kontakte mit dem Patienten und den Angehörigen: Begleitung und Beratung;
- (zusätzliche) Kontakte mit weiteren professionellen Versorgern: Abstimmung, Verordnungen;
- Übermittlung von Patientendaten an Arzt oder Krankenhaus;
- Notfallmanagement: Benachrichtigung und Koordination;
- Monitoring von Vitalparametern: Überwachung, Alarmierung;
- Steuerung von Geräten: Hilfestellung für Patienten, Angehörige und Pflegekräfte vor Ort,

ergibt sich der prinzipielle Bedarf, pflegerische Leistungen im Zusammenspiel mit neuer Technologie durchführen zu können. Dies führt zu neuen sozialen, kognitiven und technischen Kompetenzen, die Pflegekräfte für ihren Berufsalltag mitbringen müssen. Allerdings können Pflegekräfte auch auf bisherige Rollen und Kompetenzen zurückgreifen, die sich mit denjenigen der Telepflege synergistisch verhalten. Dazu zählen in erster Linie die Rollen im Case Management und in der Intensivpflege sowie in verwandten Bereichen wie beispielsweise Pflege in der Anästhesie oder in Funktionsbereichen. Bereits als Case Manager sind Pflegekräfte als Koordinatoren tätig und in der Intensivpflege sind sie im Umgang mit High-Tech-Geräten und der Überwachung von Patienten vertraut.

Welche Kompetenzen für Case Manager im Bereich Gesundheitsinformatik allgemein als hoch relevant eingeschätzt werden, fasst ❏ Tab. 21.1 zusammen, die sich auf eine weltweit durchgeführte Studie bezieht. In dieser Studie wurde zwischen der Relevanzeinschätzung in den Ländern Deutschland, Österreich, Schweiz (Egbert et al. 2016) einerseits und einer weltweiten Einschätzung andererseits (Hübner et al. 2016) unterschieden. Gefragt wurde explizit nach den Kompetenzbereichen in Gesundheitsinformatik für die Koordination der interprofessionellen Patientenversorgung. Damit wurde der Anforderung Rechnung getragen, dass Case Manager nicht nur die pflegerische Versorgung koordinieren, sondern häufig auch den gesamten Patientenprozess im Auge behalten müssen, d. h. die Koordination von der Aufnahme bis zur Entlassung aus einer Institution und über Institutionsgrenzen hinweg betreuen sowie interdisziplinäre Fallkonferenzen organisieren, an ihnen teilnehmen und Wissen über den Patienten den anderen Beteiligten vermitteln. Dies setzt auch voraus, dass die Pflegekräfte mit den Terminologien und Versorgungsansätzen der anderen beteiligten Berufe vertraut sind.

Es zeigt sich, dass sich die Sicht für die deutschsprachigen Länder Deutschland, Österreich, Schweiz nur unwesentlich von der weltweiten Sicht unterscheidet. Während im deutschsprachigen Umfeld das IT-gestützte Qualitätsmanagement als hoch relevant eingestuft wurde, kam in der weltweiten Betrachtung der Kompetenzbereich Informations- und Kommunikationssysteme statt Qualitätsmanagement hinzu. Patientendaten aus der elektronischen Dokumentation sowie der IT-gestützte Umgang mit Informationen und Wissen zu dem betroffenen Patienten, gekoppelt mit der über das Prozessmanagement realisierten elektronischen Steuerung der Patientenpfade bilden den Kern der Kompetenzbereiche. Dieser wird angereichert durch Wissen und Fähigkeiten rund um Datenschutz und Datensicherheit. Während weltweit noch Kompetenzen in dem Umfeld von Informations- und Kommunikationssystemen unter den fünf wichtigsten Bereichen genannt wurden, d. h. Kompetenzen über den Zugang und den Austausch von Daten sowie Kenntnisse über die Grenzen von IT-Systemen, wurde im deutschsprachigen Raum die Qualitätssicherung betont. Darunter ist in diesem Kontext speziell die Sicherung der Datenqualität zu verstehen, aber auch der Transformationsprozess des Gesundheitsnetzwerkes im Sinne einer erhöhten Qualität der Patientenversorgung.

Aus dieser Betrachtung der Relevanz von Kompetenzen wird auch deutlich, dass der praktische Umgang mit dem jeweiligen Telepflege-System

❏ **Tab. 21.1** Rangfolge der fünf wichtigsten Kompetenzbereiche für Case Manager im Bereich Gesundheitsinformatik

Kompetenzbereiche in Gesundheitsinformatik	
Deutschland, Österreich, Schweiz	**Weltweit**
Pflegedokumentation	Datenschutz und Datensicherheit
Datenschutz und Datensicherheit	Informations- und Wissensmanagement
Prozessmanagement	Pflegedokumentation
Informations- und Wissensmanagement	Prozessmanagement
Qualitätsmanagement	Informations- und Kommunikationssysteme

nicht im Zentrum steht, sondern Kompetenzgebiete für wichtig erachtet werden, die die Nutzung eines solchen Systems richtig einbetten lassen. Dazu gehört der Schwerpunkt, die Daten, die Informationen und das benötigte Wissen in der gewünschten Qualität am richtigen Ort zur Verfügung zu haben und sich dabei konform mit Datenschutz und Datensicherheit zu verhalten. Diese Konzentrierung auf die Daten, Informationen und das Wissen unterstreicht die Bedeutung von Pflege als Informationsdrehscheibe im Versorgungsprozess. Durch ihre mittels Telepflege verstärkten Kontakte zu den Patienten und den anderen Akteuren unterstreichen Pflegekräfte ihre Aufgabe als „Knowledge Workers".

So betrachtet ist Telepflege eine Weiterführung von den pflegerischen Tätigkeiten der Informationsverwaltung und Informationsweiterleitung mit anderen Mitteln und verlangt Kompetenzen, diese Mittel sachgerecht einzusetzen. Aus den neuen Kompetenzen können neue Rechte und Pflichten erwachsen. Daher ist eine Kompetenzerweiterung von Pflegekräften für Telepflege eine Chance zur Erweiterung des eigenen Berufsfeldes.

21.6   Ausblick

Telepflege und Verfahren des Ambient Assisted Living (AAL) bzw. der altersgerechten Lebenstechnologien teilen eine Reihe von Gemeinsamkeiten, da beide Konzepte den häuslichen Gesundheitsstandort stärken und für eine Verlängerung des selbstbestimmten Lebens im Alter und bei Krankheit stehen. In welchem Maße AAL unser künftiges Leben beeinflussen kann, hängt von einer Reihe von Faktoren ab, unter anderem davon, welche Multiplikatoren und Fürsprecher AAL im Kreis der Pflegekräfte gewinnen kann. Dies betrifft ambulante Pflegedienste genauso wie Anbieter von betreutem Wohnen wie beispielsweise Alten- und Pflegeheime. Vor diesem Hintergrund förderten und fördern der Bund und die Länder eine Reihe von Projekten zur Ausbildung von AAL-Beratern (z. B. im Rahmen der BMBF QuAALi Förderlinie). Dabei wurde viel Wert auf Interprofessionalität gelegt, um Wohnungsbauwirtschaft, Pflege, Handwerk und Technik zusammenzuführen und ein gemeinsames Verständnis der Interdependenzen zu entwickeln. Es konnten gemeinsame erfolgreiche

Fortbildungsmaßnahmen entwickelt und erprobt werden (Nitsche et al. 2015). Dabei spielten Pflegekräfte als Vertreter der Anwendung eine zentrale Rolle. Über sie ist sichergestellt, dass sinnhafte und durchsetzbare Lösungen propagiert werden. Bedingung dafür ist allerdings auch, dass Pflegekräfte und insbesondere Entscheider im Pflegebereich Visionen entwickeln und Innovationen vorantreiben.

Durch die starke Beeinflussung der Entwicklungen im Gesundheitswesen durch die Politik und die Gesetzgebung sind gerade deren Vertreter gefordert, Pflege als Einheit zu denken und die Regularien entsprechend zu gestalten. Telepflege ist ein geeignetes Instrument, den stationären und ambulanten Bereich im wahrsten Sinne zu überbrücken. Dazu müssen jedoch beispielsweise die rigiden gesetzlichen Strukturen einer Trennung in Sozialgesetzbuch V und XI in Deutschland aufgehoben, eine integrierte Versorgung gestärkt und die eHealth-Gesetze klarer formuliert werden. Technologie ist ein potenter Katalysator, der jedoch auch mutig und mehrwertbringend eingesetzt werden muss.

> **Einen wichtigen Einfluss werden die Betroffenen, d. h. die Patienten und ihre Angehörigen, selbst nehmen können. Die mobile, vielseitige Erreichbarkeit von Menschen über Smartphones setzt sich in sog. Wearables fort, also in tragbaren Gegenständen des alltäglichen Lebens wie beispielsweise Uhren oder Kleidungsstücken, die Daten ihrer Träger erheben, speichern und weiterleiten, den Standort feststellen und weitergeben können, Notrufe auslösen lassen und allgemein die mobile Kommunikation unterstützen. Darüber können ein einfaches Monitoring stattfinden und Notfallsituationen gemeldet werden.**

Sollen diese Daten professionell im Sinn einer Telepflege genutzt werden, benötigt man eine IT-Infrastruktur und entsprechende Personalressourcen, um Dienste für den Patienten und seine Angehörigen rund um die Daten und Informationen liefern zu können. Es wird sich zeigen, wer diese Dienste anbietet wird. In jedem Fall kann und sollte die Pflege ein gewichtiges Wort mitreden und mitgestalten. Smartphones und Wearables sind Geräte in der Hand der

Patienten und darüber Instrumente einer patienten-zentrierten Pflege. Sie können neue Impulse für den zweiten Gesundheitsmarkt setzen, der sich weitgehend unabhängig von einer gesetzlich regulierten Finanzierung entwickeln kann. Diese Dienste können klassischen Leistungen von Gesundheitsberufen vorgeschaltet sein und Letztere erst dann involvieren, wenn ein Notfall oder eine Krankheitssituation auftritt. Für Telepflege ist diese Verschränkung von erstem und zweitem Gesundheitsmarkt hoch relevant, da ambulante Pflegedienste bereits heute schon Dienstleistungen des zweiten Gesundheitsmarktes anbieten. Mit Telepflege können diese Dienste ausgeweitet werden.

Fazit

In diesem Sinn muss Telepflege als eine Chance verstanden werden, die den Bürgern, Patienten und ihren Angehörigen einen Mehrwert bietet, wenn die entsprechende Technologie gesetzeskonform und anwenderorientiert eingesetzt wird. Telepflege kann sich zur Erweiterung der sozialen Kontakte einsetzen lassen und die persönliche Begegnung mit Menschen ergänzen. Sie kann Grenzen und Barrieren überwinden und darüber in Situationen Kommunikation herstellen, in denen bislang Menschen allein gelassen wurden. In dieser Funktion verhilft Telepflege, neue soziale Räume zu erschließen und den Patienten mehr Teilhabe und Sicherheit zukommen zu lassen.

Literatur

AOK Nordost (2016) Neue Software für die arztentlastende Fallmanagerin agnes zwei. agnes zwei hat jetzt eine elektronische Patientenakte. 01.03.2016. https://nordost.aok.de/inhalt/agnes-zwei-hat-jetzt-eine-elektronische-patientenakte/. Zugegriffen: 19. Dezember 2016

BÄK – Bundesärztekammer (2010) Fortbildungscurriculum für Medizinische Fachangestellte und Arzthelfer/innen „Nicht-ärztliche Praxisassistentin" nach § 87 Abs. 2b Satz 5 SGB V. http://www.bundesaerztekammer.de/fileadmin/user_upload/downloads/CurrPraxisassistentin100826.pdf. Zugegriffen: 13. Januar 2017

Bashshur RL, Shannon GW, Smith BR (2014) The empirical foundations of telemedicine interventions for chronic disease management. Telemed eHealth 20(9): 769–800

Bashshur RL, Shannon GW, Tejasvi T, Dvedar JC, Gates M (2015) The empirical foundations of of teledermatology: a review oft he research evidence. Telemed eHealth 21(12): 953–979

BDSG – Bundesdatenschutzgesetz (1990) Online verfügbar unter: http://bundesrecht.juris.de/bdsg_1990/. Zugegriffen: 19. März 2017

Bezirkskrankenhaus Günzburg (2014) Pflege via Bildschirm. 13.06.2014. http://www.bkh-guenzburg.de/nc/aktuelles/pressenews/newsdetails/archive/2014/june/article/1598.html?tx_ttnews%5Bday%5D=13&cHash=0eda35c1891159e2110f789d8bfd4a83&sword_list%5B0%5D=telepflege. Zugegriffen: 16. Januar 2017

BMBF – Bundesministerium für Bildung und Forschung (2015) ZukunftsMonitor „Gesundheit neu denken". Ergebnisse. https://www.zukunft-verstehen.de/application/files/8114/4041/9244/ZukunftsForum_I_Ergebnisse_ZukunftsMonitor.pdf. Zugegriffen: 19. März 2017

Brewster L, Mountain G, Wessels B, Kelly C, Hawley M (2014) Factors affecting front line staff acceptance of telehealth technologies: a mixed-method systematic review. J Adv Nurs 70(1): 21–33

BSI – Bundesamt für Sicherheit in der Informationstechnik (2013) M 2.162 Bedarfserhebung für den Einsatz kryptographischer Verfahren und Produkte. https://www.bsi.bund.de/DE/Themen/ITGrundschutz/ITGrundschutzKataloge/Inhalt/_content/m/m02/m02162.html. Zugegriffen: 19. März 2017

Bundesverband Pflegemanagement (2015) IT in der Pflege Moderne Kommunikationstechnologien für eine flächendeckende, sektorenübergreifende Pflege. Mai 2015. http://www.bv-pflegemanagement.de/arbeitsgruppen.html?file=files/bvpm/sonstiges/arbeitsgruppen/IT%20in%20der%20Pflege_Mai%202015.pdf. Zugegriffen: 30. März 2017

Bundesverfassungsgericht (1983) BVerfGE 65, 1 „Volkszählungsurteil" 15.12. 1983. Online verfügbar unter: https://dejure.org/dienste/vernetzung/rechtsprechung?Gericht=BVerfG&Datum=15.12.1983&Aktenzeichen=1%20BvR%20209%2F83. Zugegriffen: 19. März 2017

Carus Consilium Sachsen (2017) CCS Telehealth Ostsachsen: Kooperation Telemedizin. Online verfügbar unter: http://www.carusconsilium.de/projekte/telemedizin/ccs-tele-health-ostsachsen. Zugegriffen: 18. Januar 2017

CCS Telehealth Ostsachsen (2015) Projekt CCS Telehealth Ostsachsen. http://www.telehealth-ostsachsen.de/ Zugegriffen: 16. Januar 2017

Curamatik (2015) mHealth Lösungen. http://curamatik.de/. Zugegriffen: 30. März 2017

Datenschutz-Wiki (2017) Der Schutz des Rechts auf informationelle Selbstbestimmung. https://www.datenschutz-wiki.de/Informationelle_Selbstbestimmung. Zugegriffen: 31. März 2017

Davis FD (1986) A technology acceptance model for empirically testing new end-user information systems: Theory and results. Doktorarbeit. Massachusetts Institute of Technology, Cambridge, MA

Deutsches Telemedizinportal (2017) Telehealth Ostsachsen – CCS Telehealth Ostsachsen. http://telemedizin.fokus.

fraunhofer.de/index.php?id=27&pld=461&backPage-Num=9&no_cache=1. Zugegriffen: 16. Januar 2017

Egbert N, Thye J, Liebe J, Schulte G, Hackl W, Ammenwerth E, Hübner U (2016) An iterative methodology for developing national recommendations for nursing informatics curricula. Stud Health Technol Inf. 228: 660–664

Gesundheitsstadt Berlin (2012) Agnes zwei: Mehr als eine Gemeindeschwester. http://www.gesundheitsstadt-berlin.de/agnes-zwei-mehr-als-eine-gemeindeschwester-524/. Zugegriffen: 19. Dezember 2016

Gray LC, Armfield NR, Smith AC (2010) Telemedicine for wound care: Current practice and future potential. Wound Management Res 18(4): 158–163

Hübner U, Shaw T, Thye J, Egbert N, Marin HF, Ball MJ (2016) Towards an international framework for recommendations of core competencies in nursing and inter-professional informatics: the TIGER competency synthesis project. Stud Health Technol Inform 228: 655–659

ICN – International Council of Nurses (2015) Telenursing Network. http://www.icn.ch/networks/telenursing-network/. Zugegriffen: 06. Januar 2017

IGiB – Innovative Gesundheitsversorgung in Brandenburg (2014) Schulungskonzept zur Ausbildung hochqualifizierter anges zwei-Fachkräfte im Land Brandenburg. https://www.kvbb.de/fileadmin/kvbb/dam/Praxis/Service/igib/Schulungskonzept_agneszwei.pdf. Zugegriffen: 19. Dezember 2016

Jones SM, Banwell PE, Shakespeare PG (2004) Telemedicine in wound healing. Int Wound J 1: 225–230

KBV – Kassenärztliche Bundesvereinigung (2014) Praxisinfo: Honorar 2015 / Hausärzte. November 2014.: http://www.kbv.de/media/sp/2014_11_20_Praxisinformation_Hausaerzte_Praxisassisten.pdf. Zugegriffen: 16. Januar 2017

KBV – Kassenärztliche Bundesvereinigung (2016) EBM-Leistungen für nichtärztliche Praxisassistenten. http://www.kbv.de/html/12491.php. Zugegriffen: 13. Januar 2017

KBV – Kassenärztliche Bundesvereinigung, GKV-Spitzenverband (2017) Vereinbarung über die Erbringung ärztlich angeordneter Hilfeleistungen in der Häuslichkeit der Patienten, in Alten- oder Pflegeheimen oder in anderen beschützenden Einrichtungen gem. § 87 Abs. 2b Satz 5 SGB V oder in hausärztlichen Praxen (Delegations-Vereinbarung), In-Kraft-Treten: 17.03.2009, Stand: 1. Januar 2017. http://www.kbv.de/media/sp/08_Delegation.pdf. Zugegriffen: 16. Januar 2017

KVBB – Kassenärztliche Vereinigung Brandenburg (2015) Vereinbarung über die Einbindung einer agnes zwei Fachkraft in die Patientenversorgung. Leitfaden. http://www.kvbb.de/fileadmin/kvbb/dam/praxis/service/igib/agnes/leitfaden.pdf. Zugegriffen: 09. Januar 2017

MASGF – Ministerium für Arbeit, Soziales, Gesundheit, Frauen und Familie Brandenburg (2013a) AGnES-Modellprojekte. http://www.masgf.brandenburg.de/cms/detail.php/bb1.c.348257.de. Zugegriffen: 08. Januar 2017

MASGF – Ministerium für Arbeit, Soziales, Gesundheit, Frauen und Familie Brandenburg (2013b) Nicht-ärztliche Praxisassistentin. http://www.masgf.brandenburg.de/cms/detail.php/bb1.c.348212.de. Zugegriffen: 08. Januar 2017

Mergenthal K, Beyer M, Guthlin C, Gerlach FM (2013) Evaluation des VERAH-Einsatzes in der Hausarztzentrierten Versorgung in Baden-Württemberg. Z Evidenz Fortbildung Qualität Gesundheitswesen 107(6): 386–393. DOI: 10.1016/j.zefq.2013.07.003

Nitschke M, Krückeberg, J, Egbert N, Schmeer R, Mascia M, Goll S (2014) Entwicklung und Durchführung einer interprofessionellen Qualifizierungsmaßnahme zum AAL-Berater. Erfahrungen, Ergebnisse und Lessons Learned einer beruflichen Weiterbildung für Gesundheitsberufe, Handwerk und Technik im Projekt MHH-QuAALi. Pädagogik Gesundheitsberufe Z Interprof Dialog 1: 15–23

Panorama Fachkliniken (2017) Internettherapie in der Psychotherapie und Psychosomatik. https://www.panorama-fachklinik.de/akut/behandlungskonzept/therapiebegleiter/internettherapie/. Zugegriffen: 19. Januar 2017

Pointner N (2015) Pflege per Webcam? Psychiatrie-Klinik setzt auf Videogespräche. Augsburger Allgemeine, 07.05.2015. http://www.augsburger-allgemeine.de/guenzburg/Pflege-per-Webcam-Psychiatrie-Klinik-setzt-auf-Videogespraeche-id33969267.html. Zugegriffen: 16. Januar 2017

Raphael D, Waterworth S, Gott M (2017) Telephone communication between practice nurses and older patients with long term conditions – a systematic review. J Telemed Telecare 23(1): 142–148

Souza-Junior VD, Mendes IA, Mazzo A, Godoy S (2016) Application of telenursing in nursing practice: an integrative literature review. Appl Nurs Res 29: 254–260

Telekommunikationsgesetz (TKG) (2004) http://bundesrecht.juris.de/tkg_2004/. Zugegriffen: 19. März 2017

Telemediengesetz (TMG) (2007) http://bundesrecht.juris.de/tmg/. Zugegriffen: 19. März 2017

T-Systems International GmbH (2015) Deutschlands größtes Telemedizin-Projekt CCS Telehealth Ostsachsen geht in Dresden online. https://www.telekom-healthcare.com/de/ueber-uns/newsroom/news/aktuell/groesstes-telemedizin-projekt---ccs-telehealth-ostsachsen--geht-in-dresden-online-104008. Zugegriffen: 18. Januar 2017

ULD – Unabhängiges Landeszentrum für Datenschutz Schleswig-Holstein (2010) Vorstudie – Juristische Fragen im Bereich altersgerechter Assistenzsysteme – im Auftrag der VDI/VDE Innovation + Technik GmbH. Berlin

van den Berg N, Meinke C, Hoffmann W (2009a) Möglichkeiten und Grenzen der Telemedizin in der Flächenversorgung. Ophthalmologe 106(9): 788–794. DOI: 10.1007/s00347-009-1961-x

van den Berg N, Fiss T, Meinke C, Heymann R, Scriba S, Hoffmann W (2009b) GP-support by means of AGnES-practice assistants and the use of telecare devices in a sparsely populated region in Northern Germany-proof of concept. BMC Family Practice 10: 44. DOI: 10.1186/1471-2296-10-44

van den Berg N, Meinke C, Heymann R, Fiss T, Suckert E, Poller Christian et al. (2009c) AGnES: supporting general practitioners with qualified medical practice personnel: model project evaluation regarding quality and acceptance. Dtsches Ärztebl Int 106(1–2): 3–9. DOI: 10.3238/arztebl.2009.0003

21

Venkatesh V, Bala H (2008) Technology acceptance model 3
    and a research agenda on interventions. Decision Scien-
    ces 39(2): 273–315
Wangemann T, Golkaramnay V (2004) Chat-Gruppe als Brücke
    in den Alltag. Dtsch Arztebl 101(4): A550–553
Who Telemedicine (2010) Opportunities and developments
    in member states. Report on the second global survey on
    eHealth. www.who.int/goe/publications/goe_telemedici-
    ne_2010.pdf. Zugegriffen: 06. Januar 2017

Über den Tellerrand – Best Practice

Altwerden in der Pflege am Beispiel Finnland

Uwe K. Preusker

© Springer-Verlag GmbH Deutschland 2017
P. Bechtel, I. Smerdka-Arhelger, K. Lipp (Hrsg.), *Pflege im Wandel gestalten – Eine Führungsaufgabe*,
DOI 10.1007/978-3-662-54166-1_22

22

Die in Deutschland ebenso wie in den Staaten Nordeuropas zu beobachtende doppelte Alterung der Gesellschaften betrifft nicht nur die Bevölkerung insgesamt, sondern auch die im Gesundheits- und Sozialwesen Tätigen und damit auch diejenigen, die in der Pflege arbeiten. Die Folge ist, dass einer wachsenden Zahl alter und sehr alter Menschen mit steigendem gesundheitlichem Versorgungs- und Pflegebedarf auch eine deutlich älter werdende Berufsgruppe der Pflege gegenübersteht. Gleichzeitig nimmt die Zahl derjenigen ab, die sich als junge Menschen für einen Pflegeberuf entscheiden – parallel nimmt die Konkurrenz anderer Industrie- und Dienstleistungsbereiche um junge Menschen als Arbeitnehmer zu. In Finnland hat man bereits Mitte der 1990er Jahre damit begonnen, Konsequenzen aus dieser Entwicklung zu ziehen. Neben allgemeinen Programmen zur Förderung älterer Arbeitnehmer gibt es auch spezielle Maßnahmen für den Pflegebereich, von denen einige im Beitrag beschrieben werden.

22.1   Einleitung

Die in Finnland insgesamt sowie speziell im Pflegebereich ergriffenen Maßnahmen zielen vor allem darauf ab, Arbeitsplätze alters- und alternsgerechter auszustatten und älter werdenden Arbeitnehmern durch verschiedenste Fördermaßnahmen eine Berufstätigkeit bis zum Erreichen des normalen Rentenalters zu ermöglichen. Einbezogen werden dabei auch Schulungs- und Entwicklungsmaßnahmen für das Management, weil Studien gezeigt haben, dass die Art und Weise, in der das Management mit älter werdenden Arbeitnehmern umgeht, wesentlichen Einfluss auf die Rahmenbedingungen und das Arbeitsklima für die alternden Mitarbeiter hat. Teil der staatlichen Anstrengungen war und ist es aber auch, das Bewusstsein innerhalb der Gesellschaft für den Wert älterer Mitarbeiter zu erhöhen. Nachfolgend werden – nach einem kurzen Überblick über die Besonderheiten der pflegerischen Tätigkeit in Finnland – exemplarisch sowohl einige wenige allgemeine Programme für alternde Arbeitnehmer in Finnland wie auch spezifisch auf den Pflegebereich abgestellte Maßnahmen vorgestellt.

22.2   Überblick: Pflege in Finnland

Die Ausbildung in der Krankenpflege findet in Finnland an Fachhochschulen statt. Dabei gibt es grundsätzlich zwei Niveaus von Ausbildungsabschlüssen:

- Nach einem Studium von mindestens 3 ½ Jahren und dem Erwerb von insgesamt 210 Credits (1 Credit = 40 Stunden) erhält man den Abschluss „Bachelor of Nursing" mit der Berufsbezeichnung „Registered Nurse" (Registrierte/r Krankenschwester/Krankenpfleger). Bestandteile des Studiums sind neben dem theoretischen Unterricht auch 50 Credits bzw. eineinhalb Jahre praktische Tätigkeit unter Anleitung sowie eine Spezialisierung während des letzten halben Jahres des Studiums. Die Angehörigen dieser Berufsgruppe werden im staatlichen Register für Gesundheitspersonal registriert.
- Das Studium zur „Practical Nurse" (finnisch Lähihoitaja; im Deutschen Praktische/r Krankenschwester/pfleger oder Pflegeassistent/ in) dauert mindestens 3 Jahre und benötigt 120 Credits einschließlich 29 Credits angeleitete praktische Tätigkeit.

Ziel der Ausbildung der registrierten Krankenpflegekräfte ist die Befähigung zur unabhängigen und eigenverantwortlichen Tätigkeit in der Pflege. Konkret bestimmte etwa das einschlägige Gesetz zur Ausbildung von Krankenpflegekräften, dass diesen während der Ausbildung „die Kenntnisse und Fertigkeiten, die erforderlich sind, um unabhängig als Krankenschwester im Gesundheitswesen zuarbeiten", vermittelt werden müssen. Außerdem ist es auch schriftlich fixiertes Ziel der Krankenpflege-Ausbildung, die „Kenntnisse für die Planung, das Führen und die Koordination der Versorgung" zu vermitteln.

Zu den Aufgaben von – langjährig erfahrenen bzw. spezialisierten – Krankenpflegekräften gehört auch die Übernahme bestimmter Aufgaben, die in Deutschland im Normalfall Ärzten vorbehalten sind, so etwa die Triage in den Notaufnahmen von Krankenhäusern. Auch sind Krankenpflegekräfte häufig erste Ansprechperson im Gesundheitszentrum für Patienten; sie entscheiden dabei über das Erfordernis der Einschaltung des Arztes. Beispiele sind die Diabetes-Krankenschwestern und

Herz-Kreislauf-Krankenschwestern in der Betreuung von chronisch Kranken. Insgesamt zeichnet sich das finnische Gesundheitswesen durch flache Hierarchien und die gegenseitige Akzeptanz der jeweiligen, auch rechtlich klar abgegrenzten beruflichen Aufgabenfelder und Verantwortlichkeiten von Pflegekräften und Ärzten aus.

Der Brutto-Durchschnittsverdienst von Krankenpflegeassistenten betrug in Finnland im Jahr 2014 monatlich 2811 Euro. Krankenschwestern bzw. -pfleger erzielten 2014 ein durchschnittliches Brutto-Monatseinkommen in Höhe von 3055 Euro.

Zwischen 2016 und 2035 scheiden nach den Hochrechnungen insgesamt 52,6% der 46.345 (Ende 2014) aktiven Krankenpflegepersonen und 57,2% der Ende 2014 aktiven 54.680 Pflegeassistenten aus dem Berufsleben aus. Diese Zahlen machen deutlich, dass es auch in Finnland einen hohen Bedarf an Nachwuchsförderung einerseits sowie einer möglichst langen Berufstätigkeit der in der Krankenpflege Beschäftigten andererseits gibt.

22.3 Förderung für alternde Arbeitnehmer – politische Aktivitäten und Erfolge

Die konkreten Beispiele für die Förderung der Tätigkeit von älteren Arbeitnehmern in der Pflege in Finnland können nicht unabhängig von der intensiven Beschäftigung Finnlands mit den Problemen alternder Arbeitnehmer insgesamt gesehen werden. Vielmehr ist die umfassende wissenschaftliche Beschäftigung mit den Problemen alternder Arbeitnehmer und daraus entstandenen politischen Programmen und konkret gesetzgeberischen Maßnahmen der Hintergrund, vor dem dann auch in der Pflege in zunehmendem Maße konkrete Projekte zur Förderung der Beschäftigung Älterer ergriffen wurden. Diese Entwicklung ist keineswegs abgeschlossen, sondern dauert nach wie vor an.

Ausgangspunkt der Aktivitäten in Finnland waren einerseits der hohe Prozentsatz an Arbeitslosen unter den 55- bis 64-Jährigen, der Mitte der 1990er Jahre bei über 20% lag. Zusätzlich gab es eine Kultur der Frühverrentung, die dazu führte, dass der Anteil der Erwerbstätigen unter den Älteren 1993 mit 34,8% auch im europäischen Maßstab relativ niedrig

lag. Doch durch gezielte politisch-gesetzgeberische Maßnahmen sowie Förderprogramme haben es die Finnen geschafft, die Beschäftigungsquote der 55- bis 64-Jährigen bereits bis zum Jahr 2004 auf 50,9% zu steigern – eine Entwicklung, die nach wie vor anhält. 2015 (neueste Daten von Eurostat) erreichte die Erwerbsquote der 55- bis 64-Jährigen in Finnland 60,0%.

Besonders bedeutsam für den Pflegeberuf, der auch in Finnland traditionell ein Frauenberuf ist, ist die Tatsache, dass vor allem die Erwerbstätigkeit von Frauen im Alter zwischen 55 und 64 Jahren in der genannten Zeit deutlich zugenommen hat: Während typischerweise die Erwerbsquote von Frauen in dieser Altersgruppe deutlich unter derjenigen der Männer liegt, erreichte die Erwerbsquote der Frauen dieser Altersgruppe in Finnland 2004 den Wert von 50,4% und lag damit nahezu gleichauf mit derjenigen der Männer (51,4%). Vor allem nahm die Erwerbsquote der Frauen in der Altersgruppe 55–64 Jahre zwischen 1993 und 2004 in Finnland um insgesamt 52,7% zu, zeigen die Statistiken von Eurostat. Für das Jahr 2015 zeigen die Eurostat-Daten für Finnland eine Erwerbsquote der Frauen zwischen 55 und 64 Jahren von 62,5%, während die der gleichaltrigen Männer 57,4% betrug. Damit hatte sich das Verhältnis umgekehrt: In Finnland ist in der Altersgruppe 55–64 Jahre derzeit ein deutlich höherer Anteil von Frauen als von Männern erwerbstätig. Da im finnischen Gesundheitswesen von den insgesamt dort Beschäftigten 87,6% Frauen sind, geben diese Kennzahlen auch die Entwicklung im Gesundheitswesen wieder: Gerade hier sind immer mehr Frauen in der Altersgruppe 55–64 Jahre noch berufstätig. Das spiegelt sich auch in der Entwicklung des Durchschnittsalters wider: So stieg nach der offiziellen finnischen Statistik der Berufstätigen im Gesundheitswesen das Durchschnittsalter von registrierten Krankenpflegepersonen von 40,6 Jahren im Jahr 2000 auf 43,3 Jahre im Jahr 2013 an, das der Pflegeassistentinnen und -assistenten von 40,3 Jahren (2000) auf 43,0 Jahre. Für die registrierten Krankenpflegepersonen wird erwartet, dass bis zum Jahr 2030 insgesamt 37,4% das 65. Lebensjahr vollenden, bei den Pflegeassistenten 42,3%.

Ein zentraler Grund für die positive Entwicklung in Finnland und auch Grundlage für die verschiedenen politischen Gesetzgebungsmaßnahmen und

Veränderungsprogramme ist die bereits Anfang der 1980er Jahre begonnene langjährige wissenschaftliche Auseinandersetzung mit den Phänomenen des alternden Arbeitnehmers und der dafür geltenden besonderen Anforderungen. So betont Stefan Liedtke in seiner Arbeit „Gesundheitsbezogene Maßnahmen und Möglichkeiten zum Erhalt der Erwerbsfähigkeit älterer Arbeitnehmer" (Bielefeld, April 2007):

» Mit dem Wissen, ab dem Jahre 2000 eine der ältesten Erwerbsbevölkerungen Europas zu haben, hat sich die finnische Forschung bereits vor 20 Jahren des Gegenstands der „Arbeitsfähigkeit" angenommen. Konkret sind die Forscher (bekanntester Vertreter: Juhani Ilmarinen) der Frage nachgegangen, wie das Arbeitspotenzial von Mitarbeitern so erhalten und entwickelt werden kann, dass zum einen die Betriebe ihre Zukunftsaufgaben bewältigen können und zum anderen die Arbeitnehmer in möglichst guter Gesundheit das Rentenalter

erreichen. … Resultierend aus der langjährigen Forschung definierten Ilmarinen u. Tempel … den Begriff der Arbeitsfähigkeit schließlich als die „Summe von Faktoren, die eine Frau oder einen Mann in einer bestimmten Situation in die Lage versetzen, eine gestellte Aufgabe erfolgreich zu bewältigen". (Liedtke 2007)

Darauf aufbauend entwickelten Ilmarinen und Tempel das sog. „Haus der Arbeitsfähigkeit" (Work ability/ - Abb. 22.1), in dem dargestellt wird, welche Faktoren die Arbeitsfähigkeit beeinflussen und in welchem Verhältnis sie zueinander stehen. Dieser Ansatz ist heute als wissenschaftliche Grundlage für die alters- und alternsgerechte Gestaltung von Arbeits- und Beschäftigungsbedingungen weltweit anerkannt und bezieht neben der Qualifizierung auch die angemessene Gestaltung der Arbeitsumgebung und -organisation mit ein.

Dabei stellt der Faktor Gesundheit, verstanden als physische, psychische und soziale Gesundheit,

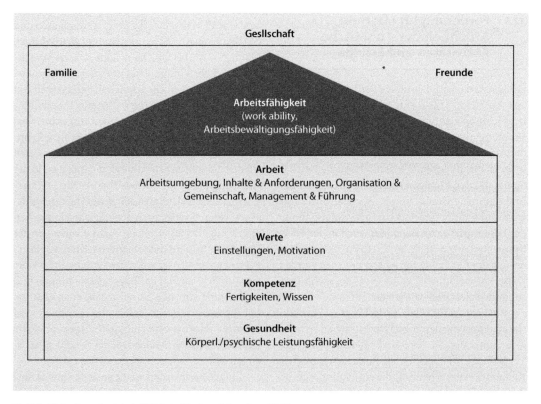

▢ Abb. 22.1   Haus der Arbeitsfähigkeit. (Mod. nach Ilmarinen 2007)

die Basis für das gesamte „Haus der Arbeitsfähigkeit" dar. Im zweiten Stock wird dann eine ausreichende berufsspezifische Aus- und lebenslange Weiterbildung definiert, die insbesondere auch für ältere Arbeitnehmer in der Möglichkeit zur weiteren Qualifikation zu sehen ist. Der dritte (Werte) und vierte Stock (Arbeit) stellen schließlich die Rahmenbedingungen dar, die mit beeinflussen, wie produktiv ein Arbeitnehmer seine Gesundheit und sein Wissen und Können einsetzen kann. Alle diese vier Bereiche werden aber sowohl durch die familiäre Situation als auch den Freundes- und Bekanntenkreis mit beeinflusst. Und schließlich hat die Gesellschaft als Rahmen des individuellen Handelns einen hohen Stellenwert.

Ilmarinen hat in seiner Forschung auch deutlich gemacht, dass Älterwerden auch einen Zuwachs an mentalen und sozialen Fähigkeiten bedeutet (- Abb. 22.2). Nach Ilmarinen sind z. B. ältere und erfahrene Arbeitnehmer besser zur Bearbeitung komplexer Problemstellungen und zu einem kreativeren Umgang mit sozialen Netzwerken in der Lage. Eine Schlussfolgerung daraus lautet: Die Aufgaben, die ein in einem bestimmten Beruf ausgebildeter Arbeitnehmer am besten ausüben kann, verändern sich mit dem Älterwerden. Gleichzeitig führt dies zu der Schlussfolgerung, dass eine optimale Arbeitsgruppe sinnvoller Weise altersmäßig gemischt ist und verschiedenen Altersgruppen innerhalb einer im Prinzip gleich qualifizierten Arbeitsgruppe durchaus unterschiedliche Aufgabenschwerpunkte zugewiesen werden sollten.

Aus den Forschungen der Arbeitsgruppe um Ilmarinen im Finnischen Institut für berufliche Gesundheit (Työterveyslaitos) ist auch der sog. Work Ability Index (WAI) hervorgegangen. Dabei handelt es sich nach der Definition des Deutschen WAI-Netzwerkes (http://www.arbeitsfaehigkeit.uni-wuppertal.de) um „ein Messinstrument zur Erfassung der Arbeitsfähigkeit von Erwerbstätigen". Der entsprechende Fragebogen wird entweder von den Befragten selbst oder von Dritten – z. B. Betriebsärzten bei der betriebsärztlichen Untersuchung – ausgefüllt. Der daraus abgeleitete Arbeitsbewältigungs-Index ist als Indikator in engem Zusammenhang mit dem Konzept der Arbeitsfähigkeit zu verstehen.

Ilmarinen nennt als Ergebnis seiner Forschungsarbeiten für Mitarbeiter im Gesundheitsbereich einen durchschnittlichen WAI von 40,8. Er liegt damit im Ranking der verschiedenen Wirtschaftsbranchen recht hoch. Der finnische Arbeitsforscher betonte in seinem Vortrag im Mai 2007 in Bonn, der Einsatz des WAI in den Betrieben sei ein Frühindikator für vorzeitigen Berufsausstieg. Außerdem zeige er an, wo Handlungsbedarf besteht und könne so die Durchführung von präventiven Maßnahmen initiieren. Auch sei er geeignet, den Erfolg von Maßnahmen messbar zu machen. Damit stelle er ein sinnvolles Instrument für die betriebsärztliche Betreuung und betriebliche Gesundheitsförderung dar und könne die Debatte zum Thema Arbeit und Alter im Unternehmen initiieren und fördern.

Auch die in 11 europäischen Ländern durchgeführte NEXT-Studie (Nurses' Early Exit Study) verwendete den Work Ability Index zur länderübergreifenden Messung der Arbeitsfähigkeit des Pflegepersonals in insgesamt 670 Krankenhäusern, Alten- und Pflegeheimen sowie der ambulanten Pflege. Zu Finnland kam die Studie unter anderem zu folgenden Ergebnissen:

» Finnland ist das teilnehmende Land mit dem höchsten Anteil älteren Pflegepersonals –über 30% der hier Befragten waren über 50 Jahre alt. Vor diesem Hintergrund lässt sich vermuten, dass in Finnland überwiegend ein Arbeitsklima herrscht, in dem ältere Beschäftigte trotz eingeschränkter Arbeitsfähigkeit weiterhin zufrieden und motiviert ihrem Pflegeberuf nachgehen können. Möglicherweise spiegeln sich hier auch die Erfolge des umfangreichen „FinnAge – respect for the ageing"-Programms (1990–1996) wider, in dem Präventionskonzepte entwickelt und eben auch im

- Strategisches Denken
- Scharfsinn
- Besonnenheit, Umsicht
- Weisheit
- Überlegtes Handeln
- Logische Argumentation
- Das Leben gut meistern können
- Ganzheitliches Verständnis
- Differenzierter Sprachgebrauch
- Höhere Lernmotivation
- Größere Loyalität gegenüber dem Arbeitgeber
- Geringere Abwesenheitszeiten
- Mehr Arbeitserfahrung

◘ Abb. 22.2 Älter werden bedeutet auch Zuwachs an mentalen und sozialen Fähigkeiten. (Mod. nach Ilmarinen 2007)

Gesundheitsbereich umgesetzt worden sind. (Bundesanstalt für Arbeitsschutz und Arbeitsmedizin 2009)

Im Rahmen der NEXT-Studie wurde auch eine zeitliche Längsschnitt-Untersuchung vorgenommen, bei der nachgeprüft wurde, wie sich der WAI im Zeitablauf entwickelte. Das Ergebnis bezogen auf einige der teilnehmenden Länder:

» Die Abnahme der Arbeitsfähigkeit fand überwiegend dort statt, wo er sowieso schon relativ niedrig war – also in Polen, Deutschland und Frankreich. Hingegen blieb er in den Ländern relativ konstant, die hinsichtlich der Arbeitsfähigkeit des Pflegepersonals im Ländervergleich die Nase vorn haben, also in den Niederlanden, in Finnland und in Italien. (Bundesanstalt für Arbeitsschutz und Arbeitsmedizin 2009)

Die Politik entwickelte aus den verschiedenen wissenschaftlichen Ansätzen und angesichts der Hochrechnungen über die zukünftige Alterung der Bevölkerung und der Erwerbstätigen eine ganze Kette von aufeinander aufbauenden bzw. sich ergänzenden Programmen, mit denen einerseits die Fähigkeit von älteren Arbeitnehmern für eine weitere Berufstätigkeit gefördert und parallel dazu die Frühverrentungsmöglichkeiten nach und nach abgebaut wurden. Im Zentrum stand dabei das Programm FINPAW (Finnish National Program for Ageing Workers), mit dem eine ganzheitliche Strategie zum aktiven Altern verfolgt wurde. Nach Auslaufen des sehr erfolgreichen FINPAW-Programms, das 2006 von der Bertelsmann-Stiftung wegen seiner internationalen Bedeutung mit dem Bertelsmann-Preis ausgezeichnet wurde, schlossen sich das NOSTE-Programm zur Qualifizierung älterer Arbeitnehmer, das VETO-Programm zur Arbeitsgesundheit, das TYKES-Programm zur alternsgerechten Gestaltung der Arbeit sowie das KESTO-Programm zur Förderung von nachhaltigen Arbeitskarrieren an.

Konkrete Einzelprojekte waren dabei unter anderem:

- Entwicklungspläne für Unternehmen, um
  - die Leistungsfähigkeit von Arbeitnehmern zu erhalten,
  - alternsgerechte Berufsbiografien zu gestalten und
  - den Arbeits- und Gesundheitsschutz zu verbessern
- Umschulungen, Lehrstellensysteme und am Arbeitsleben orientierte Fortbildungsmaßnahmen
- Schulung von Mitarbeitern der arbeitsmedizinischen Betreuung und des Arbeitsschutzpersonals, um den Altersaspekt bei ihrer Arbeit stärker zu berücksichtigen

Ein weiterer wichtiger gesellschaftlicher Ansatz war es, die Einstellung zum Alter zu verändern. Konkret wurde durch eine breit angelegte Diskussion über die Potenziale Älterer in den Medien, den Betrieben und der Öffentlichkeit die Einstellung gegenüber älteren Menschen im Arbeitsleben verbessert (- Abb. 22.3).

Einen wesentlichen Anteil an der Entwicklung in Finnland hatte auch die grundlegende Reform des Rentensystems, die 2005 in Kraft trat. Mit dieser Reform wurde ein starker Anreiz gesetzt, länger als bis 65 Jahre im Arbeitsleben zu verbleiben, indem einerseits das Rentenalter flexibilisiert wurde, sodass man in Finnland nun zwischen dem 63. und 68. Jahr Altersrente beantragen kann. Gleichzeitig wurde aber die Berechnung der Rente derart reformiert, dass es sich für ältere Arbeitnehmer lohnt, so lange wie möglich zu arbeiten. Dies wird dadurch erreicht, dass die Rentenhöhe zwischen dem 18. und 53. Lebensjahr um 1,5% pro Jahr steigt, zwischen dem 53. und 63. Lebensjahr um 1,9% und ab Vollendung des 63. bis zur Vollendung des 68. Lebensjahres um 4,5% pro Jahr steigt. Konkret bedeutet das, dass ein Arbeitnehmer, der bis zur Vollendung des 68. Lebensjahres arbeitet, in diesen 5 Jahren seinen Rentenanspruch um 22,5% steigert. Parallel dazu wurde ein sog. demografischer Faktor eingeführt, der für alle 1948 und später Geborenen die Rentenhöhe gemäß der durchschnittlichen Entwicklung der Lebenserwartung absenkt. Dazu wird die Rentenhöhe gemäß der bei Erreichen des 63. Lebensjahres vorausgeschätzten durchschnittlichen Lebenserwartung gekürzt. Die neueste Rentenreform geht im Hinblick auf die Demografiefestigkeit noch einen Schritt weiter: Ab 2017 wird das Standard-Renteneintrittsalter in Finnland in jährlichen 3-Monats-Stufen von 63 auf 65 Jahre angehoben. Ab 2030 wird

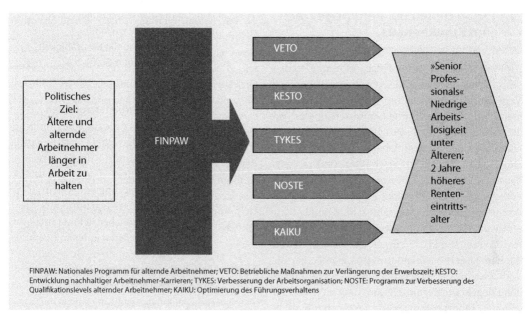

FINPAW: Nationales Programm für alternde Arbeitnehmer; VETO: Betriebliche Maßnahmen zur Verlängerung der Erwerbszeit; KESTO: Entwicklung nachhaltiger Arbeitnehmer-Karrieren; TYKES: Verbesserung der Arbeitsorganisation; NOSTE: Programm zur Verbesserung des Qualifikationslevels alternder Arbeitnehmer; KAIKU: Optimierung des Führungsverhaltens

◨ **Abb. 22.3**   Finnische Programme zur Förderung der Arbeitsfähigkeit und Nachhaltigkeit älterer Arbeitnehmer

dann das Renteneintrittsalter an die Entwicklung der durchschnittlichen Lebenserwartung gekoppelt. Danach kann das Renteneintrittsalter dann jährlich um maximal 2 Monate steigen.

Für seine vorausschauende Rentenpolitik und die damit direkt verbundenen Bemühungen um die Verbesserung der Arbeits- und Lebenssituation alternder Arbeitnehmer erhielt Finnland den Carl Bertelsmann-Preis 2006 „Älter werden – aktiv bleiben. Beschäftigung in Wirtschaft und Gesellschaft". Dazu hieß es in dem Bericht „Finnische Erfolgsstrategie":

» Finnland hat die Bedeutung des demografischen Wandels als gesamtgesellschaftliche Aufgabe begriffen. Mit FINPAW wurde ein Programm umgesetzt, das alle relevanten Akteure einbindet und auf die politische Durchsetzbarkeit von notwendigen Reformen des Renten-und Sozialversicherungssystems hinarbeitet. Politische Investitionen in weiche Faktoren – Stichwort: positive Altersbilder – und in Programme zur Förderung der Arbeitsfähigkeit bis ins Alter haben in der Öffentlichkeit und bei den Sozialpartnern die Akzeptanz für deutliche Einschnitte im Bereich der Rente

und der Vorruhestandsregelungen erhöht. Ein nachweislicher Erfolg ist die Erhöhung der Erwerbsquote alterer Arbeitnehmer und des effektiven Renteneinstiegsalters um 1,2 Jahre seit 1995. (Bertelsmann Stiftung 2006)

22.4 Beispiele zur Förderung für alternde Arbeitnehmer in der Pflege

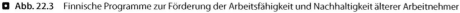

Die Gesamtstrategie Finnlands zur Verbesserung der Rahmenbedingungen für alternde Arbeitnehmern wurde und wird in den verschiedensten Branchen umgesetzt, so auch im Gesundheitswesen. Hinzu kommt, dass die gezielte Förderung vor allem der berufstätigen alternden Frauen sich besonders positiv auf Berufe mit hohem Frauenanteil ausgewirkt hat – so auch auf den Bereich der Pflege. Nachfolgend werden drei Beispiele für konkrete Maßnahmen bzw. Programme im Bereich Pflege dargestellt. Sie stehen exemplarisch für viele solche Aktivitäten, die auf der lokalen und regionalen Ebene realisiert werden. Zusätzlich zu den vorgestellten Beispielen existieren z. B. besondere Programme zur beruflichen – auch vorbeugenden – Rehabilitation von Pflegekräften.

22.4.1 Wohlfühlen bei der Pflegearbeit im Krankenhaus

Als wesentlicher Teil eines Folgeprogramms zu den schon erwähnten allgemeinen Programmen zur Verbesserung der Situation alternder Arbeitnehmer wurde vom Gesundheitsministerium das von 2004 bis 2006 laufende Programm „Hyvinvointia sairaalatyöhon" (Wohlfühlen bei der Krankenhausarbeit) speziell für den Bereich Pflege im Krankenhaus aufgelegt. Dazu gehörte neben vielen anderen Forschungs- und Entwicklungsprojekten auch ein Projekt, an dem sich insgesamt zehn Krankenhäuser (neun öffentliche Krankenhäuser und ein privates Klinikum) und 1050 Pflegekräfte beteiligten und mit dem konkrete Veränderungsmöglichkeiten zur Verbesserung der Arbeitsbedingungen von alternden Pflegekräften ermittelt und umgesetzt werden sollten. Einbezogen in das Projekt waren in allen Kliniken jeweils alle Managementebenen sowie die Arbeitsmedizin und der Arbeitsschutz. Konkretes Ziel war es, gemeinsam abteilungs-, stations- und arbeitsplatzbezogen konkrete Verbesserungsbedarfe zu identifizieren und Verbesserungen dann nach einer Einigung auf die zentralen Vorschläge zu realisieren. Insgesamt wurden im Rahmen des Projektes 33 Trainingstage für die 1050 Beteiligten aus der Pflege und dem Krankenhausmanagement realisiert, an denen zunächst die aktuelle Situation sowie bestehende Probleme herausgearbeitet wurden, dann konkrete Verbesserungsmöglichkeiten gemeinsam erarbeitet wurden und schließlich eine Einigung im Diskussionsprozess auf bestimmte Verbesserungen erfolgte. Abschließend wurde dann mit den teilnehmenden Pflegekräften gemeinsam erarbeitet, ob und welche Veränderungen es konkret gegeben hatte und wie diese von den Beteiligten beurteilt wurden. Grundsatz für die 33 Trainingstage war die Methode des gleichberechtigten Dialogs („method of equal dialogue"), die es ermöglicht, die Grenzen zwischen den Professions- und Hierarchieebenen zu durchbrechen und so Ideen und Vorschläge hervorzubringen, die reale Verbesserungen des Wohlfühlens bei der Arbeit ermöglichen.

Als Ausgangspunkt wurde über Fragebögen die Ausgangssituation in den teilnehmenden Abteilungen erfasst. Die Ergebnisse dieser Befragung wurden dann in einem Workshop der Gemeinschaft der jeweiligen Abteilung vorgestellt und diskutiert. Während der darauf folgenden Trainingstage wurde eine Vielzahl von konkreten Entwicklungsideen entwickelt. Verbesserungen wurden vor allem im Hinblick auf den Informationsfluss, die generelle Interaktion und die Zusammenarbeit und das Arbeitsklima erreicht. Besonders positiv von den Pflegekräften wurde empfunden, dass ihre Probleme und Vorschläge sowohl von den Vorgesetzten als auch von Beteiligten anderer Berufsgruppen gehört und ernst genommen wurden und dass sie durch das Projekt eine deutlich höhere Einflussmöglichkeit auf die Gestaltung ihrer Arbeitsumgebung gewonnen haben (Kivimäki et al 2006).

22.4.2 Alters-Freundlichkeit in der Pflegearbeit

Bei dem Projekt „Alters-Freundlichkeit in der Pflegearbeit" handelt es sich um eine Forschungsarbeit, um Grundlagen für die Arbeitszufriedenheit von alternden Pflegekräften wissenschaftlich zu eruieren (Eskola 2007). Die Basis bildeten Interviews mit Pflegekräften aus Krankenhäusern und Altenpflegeeinrichtungen im Alter von 45 Jahren und älter mit mindestens 10 Jahren Berufserfahrung. Parallel wurden Pflegekräfte befragt, die jünger als 45 Jahre waren. Gefragt wurde unter anderem nach der Einstellung zum und der Bedeutung des Lebensalters für die Arbeit in der Pflege. Parallel wurden zum Vergleich auch die gleichen Altersgruppen in den beiden Berufsgruppen Lehrer und Feuerwehrleute befragt.

Bei den befragten Pflegekräften waren 68% unter 45 Jahre und 32% über 45 Jahre alt. Die Krankenhauspflegekräfte waren zu 91,5% weiblich, in den Altenpflegeeinrichtungen zu 97%. Als wohl wichtigste Ergebnisse ergab die Forschungsarbeit, dass die Erfahrung älterer Pflegekräfte – in der Studie auch „stilles Wissen" genannt – von beiden Altersgruppen als positiv und wertvoll erfahren wurde. So gaben nahezu alle befragten Pflegekräfte an, dass mit zunehmendem Alter ein solches „stilles Wissen" angesammelt wird. Gut zwei Drittel der Befragten waren der Meinung, dass dieses Wissen von Nutzen für die gemeinsame Arbeit ist. Allerdings waren zwar 91% der unter 45-Jährigen der Meinung, dass das „stille Wissen" älterer Arbeitskolleginnen bzw.

Arbeitskollegen am Arbeitsplatz geachtet wird, aber nur 77% der über 45-Jährigen.

Die Frage nach ihrer Erwartung, ob sie persönlich bis zum Erreichen des Rentenalters (in Finnland zwischen dem 63. und 68. Lebensjahr frei wählbar) arbeiten könnten, beantworteten die unter 45-jährigen Krankenpflegekräfte zu 50% mit Ja, die über 45-Jährigen zu 60%. Ihr erhofftes Rentenalter bezifferten die unter 45-jährigen Pflegekräfte im Durchschnitt mit 58,8 Jahren, die über 45-jährigen Pflegekräfte im Durchschnitt mit 60,3 Jahren. An der Spitze der Möglichkeiten, die zu einer längeren Verweildauer im Beruf führen würden, gaben beide Altersgruppen vor allem die Bezahlung, an zweiter Stelle die Verringerung von Zeitdruck und Arbeitsmenge sowie an dritter Stelle die Verbesserung der Arbeitsumgebung an (◘ Tab. 22.1).

Auf einer Skala von 1 bis 10 beurteilten die Pflegekräfte die Altersfreundlichkeit ihres Arbeitsplatzes im Durchschnitt mit 7, die leitenden Pflegekräfte leicht höher mit 7,7. Die Autorin schreibt in ihrer Zusammenfassung, dass besonders wichtig für das Wohlfühlen von älteren Arbeitnehmern am Arbeitsplatz das Führungsverhalten der Vorgesetzten sei. Hierbei sei es besonders wichtig, dass die Vorgesetzten alle Altersgruppen in gleicher Weise behandelten. Außerdem betont sie, dass die Erfahrung älterer Pflegekräfte, dass ihr Können und ihre Erfahrung in der Berufstätigkeit nützlich sei und von

den Kolleginnen und Kollegen akzeptiert und beachtet werde, eine hohe Bedeutung für das Wohlfühlen am Arbeitsplatz hat. Die Erfahrung, nützlich zu sein und Einflussmöglichkeiten auf den Arbeitsplatz und die Arbeit zu haben, würde das Wohlbefinden am Arbeitsplatz fördern.

22.4.3 Arbeitszeitautonomie

Als drittes Beispiel soll hier ein Projekt zur Erhöhung der Arbeitszeitautonomie in der Pflege (Raija Kasanen, Jorvin työaika-autonomiahanke, Vortrag vom 04.06.2003, unveröffentlichtes Manuskript) vorgestellt werden, das an einigen großen Krankenhäusern in der finnischen Hauptstadtregion realisiert wurde. Dabei wurde den Pflegekräften in den einzelnen Teilbereichen die Möglichkeit gegeben, untereinander jeweils für einen Zeitraum von 6 Wochen den Dienstplan selbst zu gestalten. Ältere Pflegekräfte hatten dabei das Recht, nur Tagschichten für sich einzuplanen oder auch Schichten ganz auszulassen. Als weitere Vorgabe galt, dass innerhalb des 6-Wochen-Zeitraums alle Pflegekräfte ihr Arbeitszeit-Soll für den gesamten geplanten Zeitraum erfüllen mussten. Außerdem durften in diesem Zeitraum insgesamt maximal 13 freie Arbeitstage pro Person eingeplant werden. Als maximale Schichtlänge wurden 10 Stunden vereinbart. Insgesamt nahmen

◘ **Tab. 22.1** Welche Maßnahmen würden die Verweildauer im Beruf verlängern? (Aus Eskola 2007, Übersetzung durch den Autor)

Maßnahme	Unter 45jährig	Über 45jährig	zusammen
Höhere Bezahlung	99	97	99
Verringerung des Zeitdrucks und der Arbeitsmenge	93	92	93
Verbesserung der Arbeitsumgebung	93	87	91
Sicherheit des Arbeitsplatzes	84	85	84
Verbesserung der arbeitsmedizinischen Betreuung	80	83	81
Erhöhung der Schulungsmöglichkeiten	86	77	83
Verbesserung des Führungsverhaltens	88	72	83
Flexible Arbeitszeiten	89	77	85
Möglichkeit von Sabattical oder längeren Frei-Phasen	72	60	69
Teilzeit-Rente	62	54	59

an dem Modellversuch über einen Zeitraum von 3 Jahren 17 Krankenhausabteilungen mit insgesamt rund 350 Pflegekräften teil. Die Ergebnisse wurden wissenschaftlich evaluiert.

Basis für diesen Modellversuch waren Forschungsergebnisse, nach denen insbesondere bei weiblichen Arbeitnehmern die Möglichkeit, die Arbeitszeit beeinflussen zu können, erhebliche positive Auswirkungen auf die Gesundheit und das psychische Wohlbefinden haben. Dies bestätigte sich in dem Modell. Die Zufriedenheit der Beteiligten stieg, die älteren Pflegekräfte empfanden deutlich mehr Rücksichtnahme auf ihre besonderen Bedürfnisse. Aber auch jüngere Pflegekräfte sahen in diesem Modell die Möglichkeit, z. B. die Erfordernisse von Beruf und Familie besser miteinander zu vereinbaren. Gleichzeitig wurde keine Verschlechterung in der Arbeitsqualität oder z. B. der Pflegedokumentation festgestellt. Die Patientenzufriedenheit stieg in den beteiligten Abteilungen.

22.5   Fazit

Finnland bemüht sich seit mehr als 20 Jahren um die gezielte Verbesserung der Rahmenbedingungen für alternde Arbeitnehmer. Diese Programme werden flankiert durch gesetzgeberische Maßnahmen, die Anreize für einen möglichst späten Übergang in die Rente und damit zum Verbleib im Beruf setzen. Für die Pflege gibt es – zusätzlich zu den allgemein für alle Arbeitnehmer zugänglichen Programmen – spezifische Programme zur Verbesserung der Rahmenbedingungen für alternde Pflegekräfte. Die Aktivitäten basieren auf einer breit angelegten Forschung, die gezielt die Voraussetzungen für das Wohlfühlen speziell alternder Pflegekräfte erforscht haben. Aus den finnischen Erfahrungen können folgende Thesen abgeleitet werden:

Fazit
- Alternde Arbeitnehmer – auch und speziell in der Pflege– sind eine unverzichtbare Ressource, deren Bedeutung angesichts der demografischen Entwicklung nochmals stark zunimmt.
- Nicht die alternden Arbeitnehmer müssen sich den Anforderungen des Arbeitsplatzes angleichen, sondern Arbeitsinhalte,

Arbeitsumgebung, Arbeitsbedingungen müssen auf ihre „Alters-Geeignetheit" überprüft werden.
- Pflege und speziell die älteren Mitarbeiter/innen in der Pflege müssen selbst Einfluss auf diesen Prozess nehmen können, um ihn erfolgreich zu gestalten.
- Alters- und alternsgerechte Arbeitsplatzgestaltung ist gemeinsame Aufgabe von Arbeitgebern, Arbeitnehmern, Betriebsärztlichem Dienst und spezialisierten Angeboten der beruflichen Rehabilitation mit gezielten Projekten am Arbeitsplatz!
- Berufliche Rehabilitation darf nicht erst einsetzen, wenn „das Kind schon in den Brunnen gefallen" ist; vielmehr muss vorbeugende berufliche Rehabilitation alternder Pflegekräfte das Ziel sein.

Literatur

Bertelsmann Stiftung (2006) Finnische Erfolgsstrategie. Das Magazin der Bertelsmann Stiftung. Forum 3: 6–8

Bundesanstalt für Arbeitsschutz und Arbeitsmedizin (2009) Why WAI? Der Work Ability Index im Einsatz für Arbeitsfähigkeit und Prävention – Erfahrungsberichte aus der Praxis. Bundesanstalt für Arbeitsschutz und Arbeitsmedizin, Dortmund

Eskola K (2007) Ikä ja ikäystävällisyys hoitajien, opettajien ja palomiesten työssä. In: Airila A, Kauppinen K, Eskola K: Ikäystävällisyys ja iän merkitys työssä – tutkimus hoito-, opetus- ja pelastusalalla, Helsinki

Ilmarinen J (2007) Vortrag „Vom Defizit- zum Kompetenzmodell". Bonn, April 2007. http://www.becker-stiftung.de/wp-content/uploads/2013/12/ILMARINEN_Prsentation.pdf. Zugegriffen: 29. März 2017

Kivimäki R, Karttunen A, Yrjänheikki L, Hintikka S (2006) Hyvinvointia sairaalatyöhön: Terveydenhuollon kehittämishanke 2004–2006, Sosiaali- ja terveysministeriön selvityksiä 2006:69, Helsinki

Liedtke S (2007) Gesundheitsbezogene Maßnahmen und Möglichkeiten zum Erhalt der Erwerbsfähigkeit älterer Arbeitnehmer. Veröffentlichungsreihe des Zentrums für Versorgungsforschung, Universität Bielefeld

WAI-Netzwerk (2012) Der WAI. http://www.arbeitsfaehigkeit.uni-wuppertal.de/index.php?der-wai. Zugegriffen: 29. März 2017

Best Practice für Patientenüberleitung

Daniel Bauer

© Springer-Verlag GmbH Deutschland 2017
P. Bechtel, I. Smerdka-Arhelger, K. Lipp (Hrsg.), *Pflege im Wandel gestalten – Eine Führungsaufgabe*,
DOI 10.1007/978-3-662-54166-1_23

Die Krankenhäuser in Deutschland verzeichnen deutlich kürzer werdende Verweildauern und vermehrt steigende Fallzahlen ihrer Patienten. Laut Statistischem Bundesamt (2010, S. 7 und S. 10) verkürzte sich in den Jahren von 1995 bis 2008 der durchschnittliche Aufenthalt der Patienten von rund 11,4 auf 8,1 Tage. Die Anzahl der Krankenhausfälle pro Jahr im gleichen Zeitraum dagegen stieg von ca. 15,8 auf 17,9 Millionen. Im Jahr 2015 liegt die Verweildauer der Patienten bereits bei 7,3 Tagen, während die Fallzahl bereits bei 19,2 Millionen liegt (Quelle: Destatis 2017). Ein wichtiger Grund dafür ist die in Deutschland 2003 erfolgte Einführung eines Entgeltsystems für die Krankenhäuser nach Diagnosis Related Groups. Das sog. G-DRG System ist ein Abrechnungssystem, das mittels Diagnose nach ICD-Katalog (International Classification of Diseases) und aufwendigen Prozeduren die Patienten jeweils aufwandshomogenen Fallgruppen mit einem festen Preis zuordnet. Dieses Entgeltsystem setzt starke ökonomische Anreize, mehr Patienten kürzer und spezialisiert zu behandeln. Um den Behandlungserfolg zu sichern, muss für eine passende Nachsorge nach dem stationären Aufenthalt gesichert werden. Verstärkt wird diese Notwendigkeit durch die gesetzliche Pflicht, ein adäquates Entlassmanagement in den Krankenhäusern vorzuhalten (Sozialgesetzbuch [SGB] V – Gesetzliche Krankenversicherung [Artikel 1 des Gesetzes v. 20. Dezember 1988, BGBl. I S. 2477] § 39 Krankenhausbehandlung 1a).

23.1   Wozu wird Überleitung im Krankenhaus benötigt?

Vereinfacht gesagt vergüten die Krankenkassen den Krankenhäusern jede Patientenbehandlung aufwandsabhängig mit einem festen Preis. Dieser Preis ist unabhängig davon, wie lange das Krankenhaus für die Behandlung tatsächlich benötigt. Diese Art des Entgeltsystems setzt einen starken Anreiz für die Krankenhäuser, als Leistungserbringer möglichst ökonomisch effiziente, also kurze Verweildauern für ihre Patienten zu erreichen.

Um aber die gesetzten Verweildauergrenzen einhalten zu können, muss die Diagnostik und Therapie auf das Hauptproblem des Patienten fokussiert

werden. Die dazu erforderlichen Prozessabläufe müssen gestrafft, hoch vernetzt, parallel und arbeitsteilig gestaltet werden.

Der Preis für die DRG Fälle ist durch das InEK (Institut für das Entgeltsystem im Krankenhaus) zentral festgelegt und aufgrund begrenzter Budgets zur Krankenhausfinanzierung relativ niedrig angesetzt. Die niedrige Vergütung der DRG nötigt die Krankenhäuser, ihre Fallzahlen zu steigern, nur um das bisherige Budget zu erhalten und im besten Fall darüber hinaus nötige Investitionsmittel zu erwirtschaften.

Beide Effekte, höhere Fallzahlen und kürzere Verweildauern, kommen in den Krankenhäusern zunehmend mit den Auswirkungen der demografischen Entwicklung einer alternden Gesellschaft und ihrem damit immer älter werdenden Patientenklientel in Konflikt. Hochspezialisierte Eingriffe und Therapien sind bei immer älteren Menschen möglich und sinnvoll. Aber deren vielfältige und voneinander abhängige Gesundheitsprobleme mit oft chronischen Krankheitsbildern lassen sich schlecht isoliert behandeln.

Darüber hinaus sind die Betreuungs- und Versorgungsanforderungen der Patienten nach dem krankenhausstationären Aufenthalt sehr komplex geworden. Um den Behandlungserfolg im Krankenhaus zu sichern, gilt es, die nötige Betreuung und Versorgung sektorenübergreifend zu gewährleisten. Die Überleitung vom Krankenhaus in den nachfolgenden Behandlungs- oder Betreuungssektor hat die Aufgabe, diese Anschlussversorgung anhand der unterschiedlichsten Möglichkeiten differenziert zu verhandeln und zu gestalten.

Um diese Aufgabe zu unterstützen, hat der Gesetzgeber mit dem Gesetz zur Stärkung der Versorgung in der gesetzlichen Krankenversicherung die Möglichkeit geschaffen, dass Krankenhäuser im Rahmen des Entlassmanagements für den Zeitraum von bis zu 7 Tagen häusliche Krankenpflege, Heilmittel, Hilfsmittel und Soziotherapie verordnen sowie Arbeitsunfähigkeit bescheinigen können (G-BA 2016)

Der Gemeinsame Bundesausschuss (G-BA) als das oberste Beschlussgremium der gemeinsamen Selbstverwaltung der Ärzte, Zahnärzte, Psychotherapeuten, Krankenhäuser und Krankenkassen in Deutschland, hat der 2016 dementsprechend

Richtlinien zum Verordnungsrecht für Krankenhäuser im Rahmen des Entlassmanagements formuliert, die sich nun im Umsetzungsprozess der Vertragspartner befinden.

23.2   Was bedeutet Überleitung?

Den Erfolg einer Krankenhausbehandlung zu sichern, heißt die adäquate Nachsorge sicherzustellen. Dazu muss die Vernetzung der stationären und ambulanten Versorgung zu einer integrativen Entlassplanung und Versorgung gelingen. Immer dann, wenn die Koordination zwischen Personen, Professionen, Einrichtungen, Institutionen und interdisziplinärer Expertise erforderlich ist, bedarf es einer Vermittlung, um Versorgungsbrüche zu vermeiden. Dafür gibt es viele Begriffe und Konzepte, die je nach Bedingungen, Umfeld, Aufgabe und Ziel im Kern eine ähnliche Problemstellung bearbeiten. Die zentrale Frage ist, wie es gelingen kann, die Schnittstellen der unterschiedlichen Teilschritte und professionellen Beiträge eines Behandlungs- und Betreuungsprozesses bestmöglich zu verknüpfen – und das so, dass für den Betroffenen das bestangepasste Ergebnis an seine individuellen Bedarfe erzielt wird. Antworten finden sich je nach Aufgabe und Schwerpunkt der Problemstellung in Konzepten wie Case Management, Care Management, Managed Care, Social Case Management, Primary Care Case Management, Patientenmanagement, Pflegeüberleitung etc.

Allen gemeinsam ist die Aufgabe der erfolgreichen Schnittstellenbearbeitung zwischen dem Betroffenen, den Betreuenden und Behandelnden sowie den benötigten und zuständigen Institutionen. Für die Überleitung aus dem Krankenhaus sind das der Patient, seine Angehörigen, die Berufsgruppen im Krankenhaus, die nachsorgenden Einrichtungen, wie Rehabilitation, Pflegeheim, ambulanter Pflegedienst, niedergelassene Ärzte, Beratungsdienste, Hilfsmittelanbieter, spezialisierte Dienstleister, Kostenträger und viele mehr. Den Rahmen für diese Akteure und Institutionen setzen in unserem Gesundheitswesen die einschlägigen Gesetze und die Rechtsprechung. Im Wesentlichen also das Sozialrecht, das Haftungsrecht, das Berufsrecht und das Krankenhausfinanzierungsgesetz.

Überleitung im Krankenhaus bedeutet somit Schnittstellengestaltung. Schnittstellen können entweder aufgelöst oder harmonisiert werden. Der aktuelle Handlungsrahmen für die Überleitung im Krankenhaus ist nach wie vor geprägt von starker Sektorentrennung im Gesundheitswesen (z. B. ambulanter und krankenhausstationärer Versorgung) und streng abgegrenzten Befugnissen der Akteure. Darum ist für die Überleitung aus dem Krankenhaus die Harmonisierung der Schnittstellen das Mittel der Wahl, da diese sich nicht auflösen lassen. Zwei Formen der Schnittstellengestaltung sind für die Überleitung nutzbar. Zum einen die Spezialisierung, also die Konzentration auf bestimmte Leistungen, Fertigkeiten und Kenntnisse, um die Integration der Tätigkeit stationärer und ambulanter Dienste zu fördern. Zum anderen die Diversifizierung, also die Übernahme neuer Leistungen, beispielsweise Beratungsangebote, die den Erfolg der Behandlung sichern, Komplikationen verhindern und erneute Einweisung vermeiden sollen.

Vor dem eingangs erläuterten Hintergrund der DRG-Landschaft besteht für die Krankenhäuser eine unabdingbare Notwendigkeit, die Überleitung ihrer Patienten in der eben beschriebenen Art und Weise effektiv und effizient umzusetzen. Die Frage ist dann, welche Organisationsform und welche Akteure im Krankenhaus dazu am besten geeignet sind.

23.3   Überleitung als zentrale Dienstleistung

Die erfolgreiche Überleitung der Patienten vom Krankenhaus in eine bedarfsgerechte Nachsorge gelingt dann, wenn ein integratives, institutionsübergreifendes Entlassmanagement dem Patienten eine einheitliche, ineinandergreifende Versorgung vermittelt. Die dazu nötigen Qualifikationen, Kenntnisse und Fähigkeiten sind vielfältig. Konkret sind das vor allem die professionellen Fachexpertisen zu Sozialrecht, Pflegebedarf, systematischer Beratung und Anleitung, Wissenstransfer sowie multidisziplinärer Kommunikation, Kooperation und Koordination.

In den Krankenhäusern der Vor-DRG-Ära koordinierte üblicherweise der klinische Sozialdienst die Überleitung in die nötige Versorgung und

Behandlung nach dem krankenhausstationären Aufenthalt. Die Expertise des klinischen Sozialdienstes liegt im Sozialrecht und der Kenntnis damit zusammenhängender Verwaltungswege sowie der psychosozialen Beratung. Die Organisation der nötigen Hilfsmittel sowie die Informationsbereitstellung über die Pflegebedarfe des Patienten leisteten in der Regel Arzt und Pflege der entlassenden Station.

Seit über 20 Jahren differenziert sich nun die außerklinische Versorgungslandschaft. Der Hauptgrund dafür ist die Zunahme chronisch kranker und pflegebedürftiger Patienten sowie individuellere Ansprüche und Möglichkeiten bezüglich deren Versorgung. Daher wurden neben dem klinischen Sozialdienst pflegerisch-medizinische Überleitungsmodelle etabliert. Vor allem das Projekt Pflegeüberleitung von Marly Joosten (1993) in Witten Herdecke initiierte die Integration von professioneller Pflegeexpertise in den Überleitungsprozess der Kliniken. Dies ist heute eine unverzichtbare Entwicklung für die effiziente Überleitung bei hohen Fallzahlen und kurzen Verweildauern in den Krankenhäusern sowie anschließend komplexen Versorgungslagen.

Diese Art der Überleitung erfordert spezialisierte Experten der professionellen Pflege und eine klar festgelegte Zuständigkeits- und Ablaufstruktur innerhalb des Krankenhauses. Notwendige Voraussetzung der Überleitung im Krankenhaus ist heute vor allem die enge Kooperation mit dem klinischen Sozialdienst sowie die intensive Koordination der an der Behandlung des Patienten beteiligten Akteure.

Angesichts der beschriebenen Anforderungen ist das Überleitungsmanagement idealerweise als zentrale Instanz und Dienstleistung für die Leistungserbringer und den Patienten im Krankenhaus zu organisieren und zu gestalten.

23.4   Modell eines kommunalen Maximalversorgungshauses

Als Antwort auf die oben dargestellte Entwicklung wurde im Städtischen Klinikum Karlsruhe gGmbH (SKK), einem Krankenhaus der Maximalversorgung mit rund 1500 Betten, bereits 1998–1999 eine zentrale Pflegeüberleitung etabliert. Die Pflegedirektion hatte damals deren Notwendigkeit erkannt und ein

Modellprojekt dazu ermöglicht. Ingo Bartsch und Thomas Beer, Pflegestudenten am Fachbereich Pflege und Gesundheit der Fachhochschule Fulda, hatten in ihrem berufspraktischen Semester und ihrer Diplomarbeit die Pflegeüberleitung am SKK analysiert, neu konzeptioniert, theoretisch fundiert, erfolgreich umgesetzt und evaluiert.

Hauptziel war es, ein Entlassmanagement zu etablieren, das die Kontinuität der Versorgung und Beratung der im Krankenhaus behandelten pflegebedürftigen Patienten sichert. Das Modellkonzept der Pflegeüberleitung wurde dann vom SKK gemäß der Organisationsrealität und Bedingungen der Praxis modifiziert und dauerhaft etabliert.

Die Pflegeüberleitung und der Sozialdienst bilden die Basis der heutigen Patientenüberleitung im SKK, den sog. Patientenberatungsdienst. Der Patientenberatungsdienst ist die zentrale Überleitungsinstitution des Städtischen Klinikums Karlsruhe, deren Konstituierung im Folgenden beschrieben wird.

23.4.1 Patientenberatungsdienst

Die Pflegeüberleitung am SKK weist seit ihrer Etablierung ständig steigende Fallzahlen auf. Waren es 1999 noch rund 200 Fälle, wurden 10 Jahre später bereits 2000 Fälle übergeleitet. Zu beachten ist, dass diese Zahlen nur die aufwendigen Fälle beinhalten, die in eine ambulante Versorgung übergeleitet wurden. Der Sozialdienst blieb weiterhin zuständig für Anschlussheilbehandlung, Rehabilitation und heimstationäre Überleitung. Daneben organisierten die Stationen des Klinikums die Entlassung einfacher Fälle und Hilfsmittel meist selbst.

Gleichzeitig wurde der Überleitungsprozess zunehmend komplexer. Ein wichtiger Grund dafür war die DRG Konvergenzphase, also die Einführungsjahre des DRG-Systems mit begrenztem Krankenhausbudget, schnell steigenden Fallzahlen und Verweildauerverkürzungen. Dies erhöhte sehr stark den Druck auf die Anpassung der bestehenden Prozesse im Krankenhaus. Dabei ist die integrative Entlassplanung und Überleitung eine elementare Notwendigkeit zur erfolgreichen Anpassung an die Bedingungen des heutigen Krankenhaussystems. Deshalb wurden im Klinikum Karlsruhe die

Überleitungsstruktur und Zuständigkeiten weiter modifiziert.

Im Patientenberatungsdienst wurden der klinische Sozialdienst, die Pflegeüberleitung und spezialisierte, geschulte Beratungs- und Anleitungsdienste zu einer Abteilung zusammengefasst.

Ziel war es, die Schnittstellen innerhalb der Überleitung zu harmonisieren und eine zentrale Dienstleistungsfunktion für die im Primärprozess des Krankenhauses tätigen Behandelnden und Betreuer des Patienten bereitzustellen. Dazu und um eine konsequente, koordinierte Patientenorientierung zu erreichen, wurde der Patientenberatungsdienst der Pflegedirektion unterstellt, wie nach und nach alle patientennahen Dienste des Klinikums.

Die Leitung des Patientenberatungsdienstes hat nun eine qualifizierte Überleitungskraft aus dem Pflegedienst inne. Das Team des Patientenberatungsdienstes besteht aus dem klinischen Sozialdienst, der Pflegeüberleitung, der Stoma- und Wundtherapie sowie der Diabetesberatung.

Die Fallführung für jeden Patienten hat eine Sozialarbeiterin oder eine Pflegeüberleitungskraft. Die nötige Expertise der anderen Profession wird bei Bedarf hinzugezogen und ergänzt durch die bedarfsbezogene Beratung. erforderlicher Spezialisten. Seit 2014 wurden alle Mitarbeiterinnen des Patientenberatungsdienstes in allen Überleitungsthemen geschult, sodass unabhängig von der Grundprofession alle Überleiterinnen das gleiche Tätigkeitsspektrum haben. Spezialisierungen ergeben sich nun eher über das Aufgabenfeld (z. B. Frauenklinik-Onkologie, Heimbeatmung etc.).

In besonderen Bereichen sind wöchentliche interdisziplinäre Fallbesprechungen etabliert. Mittels interdisziplinärem Abstimmungsprozess wird der tatsächliche Beratungs-, Betreuungs- und Hilfebedarf festgelegt.

Die heutige Aufgabe des Patientenberatungsdienstes ist es, den Erfolg der Krankenhausbehandlung durch vorausschauende, interdisziplinär abgestimmte Planung zu sichern und fortzuführen. Dazu gehört, für die Gewährleistung der medizinisch-pflegerisch und sozial indizierten Weiterversorgung zu sorgen sowie die Grenzverweildauern im Rahmen der DRG einzuhalten. Sollte dies nicht möglich sein, muss der Patientenberatungsdienst eine Übergangsversorgung sicherstellen. Letztlich gilt es, den „Drehtüreffekt" zu vermeiden, also die Wiederkehr des Patienten mit dem gleichen Problem, das auf einer unzureichenden Nachsorge gründet.

Der Erfolg der Arbeit des Patientenberatungsdienstes beruht dabei auf fünf Säulen:

1. Vom Patientenberatungsdienst initiierte intensive Zusammenarbeit als interdisziplinäres Team zusammen mit Ärzten, Pflegekräften, Therapeuten, spezialisierten Beratern unter Einbezug des Patienten und seiner Angehörigen und Bezugspersonen.

2. Ausbau der externen Kontakte zu heimstationären Einrichtungen, ambulanten (Pflege-) Diensten, Rehabilitationseinrichtungen etc., verbunden mit einer engen Abstimmung mit den Kostenträgern und dem Medizinischen Dienst der Krankenkassen (MDK). Aus dieser Aktivität resultiert ein umfassender und ständig aktualisierter Anbieterkatalog außerklinischer Leistungserbringer als Basis bedarfs- und patientengerechter Überleitung und integrativer Versorgung.

3. Standardisierter Entlassprozess, in dem der Patientenberatungsdienst als zentrale Dienstleistung für das Entlassmanagement festgelegt ist. Dazu gehören festgelegte Formulare im Krankenhausinformationssytem (KIS), wie das Anmeldungsassessment, die Falldokumentation, der Rückmeldebogen zum Stand der Überleitung, der Pflegeüberleitungsbogen und der Evaluationsbogen. Diese EDV-basierte Dokumentation dient auch der Transparenz aller Beteiligten (Arzt, Pflege, Überleiter) zum Stand der Überleitung sowie der internen Statistik. Der Pflegeüberleitungsbogen wird für jeden Patienten mit Versorgungsbedarf erstellt und geht an externe Dienste, wie Pflegeheime, Rehabilitationseinrichtungen, ambulante Dienste etc. Er wird außerdem genutzt für den Pflegestufen-Antrag nach SGB XI, vermeidet daher Formularredundanzen für die Primärversorger der Klinik.

4. Interne und externe Vernetzung. Dazu zählen externe Überleitungskräfte, deren Tätigkeit im Klinikum unserem Standard unterliegt, die onkologische „Brückenpflege" (▶ Abschn. 23.4.2), externe spezielle Beratungsangebote, Kooperationsverträge und

Qualitätszirkel. Die Arbeit des Patientenberatungsdienstes unterliegt dabei dem Prinzip der Anbieterneutralität.

5. Evaluation der Überleitung durch strukturierte Befragung der Patienten und nachsorgenden Leistungsanbieter per Telefon und Rückmeldebogen. Die Ergebnisse der Rückmeldungen werden zur Anpassung des Überleitungsprozesses und seiner Elemente genutzt. Ergänzt wird die interne Bewertung, Reflexion und Steuerung des Patientenberatungsdiensts durch eine nach Komplexitätsgrad und Aufwand gewichtete Fallstatistik.

23.4.2 Sektorenübergreifende Vernetzung

Wie bereits ausgeführt, zielt die Tätigkeit des Patientenberatungsdienstes im Klinikum Karlsruhe auf die Gestaltung einer integrativen Entlassplanung zur Sicherstellung der bestmöglichen Versorgungskontinuität des Patienten mittels Harmonisierung der Schnittstellen. Dafür werden Angebote und Einrichtungen genutzt, die eine sektorenübergreifende Vernetzung fördern und gestalten sowie Schnittstellen zwischen den Sektoren des Gesundheitswesens bearbeiten.

Im Folgenden sind vier wichtige Einrichtungen für das Klinikum Karlsruhe beschrieben.

Schulungszentrum für pflegende Angehörige

Pflegebedürftige Patienten, die vom Krankenhaus in die häusliche Umgebung entlassen werden (80% in Deutschland), stellen sich und ihre Angehörigen vor eine unbekannte Herausforderung. Der Mensch, der aktiv und selbstständig war, ist im schlimmsten Fall nun jemand, der ohne Hilfe selbst die einfachsten Alltagshandlungen nicht mehr meistern kann. Selbst bei der Unterstützung durch einen Pflegedienst stehen der Patient selbst und seine Angehörigen vor der Frage, wie die Fortführung der adäquaten Versorgung und Pflege nach der Klinik zu Hause gesichert werden kann. Dazu bedarf es professioneller Beratungs-, Schulungs- und Unterstützungsangebote.

Seit 2004 gibt es deshalb im Klinikum Karlsruhe ein „Schulungszentrum für Patienten und pflegende Angehörige", aufgebaut und geführt von einer qualifizierten Fachpflegekraft. Orientiert am Beispiel früher innovativer Konzepte zur Patienten- und Angehörigenschulung von Frau Prof. Dr. Angelika Zegelin wurde dieses Schulungszentrum aufgebaut. Dort werden Grundlagen und Sicherheit im Umgang mit pflegebedürftigen Angehörigen vermittelt und weitestgehende Begleitung angeboten. Das Angebot umfasst drei Felder:

1. Im Pflegekursprogramm werden Aspekte der häuslichen Pflege geschult und aufgezeigt. Das Angebot reicht von der Grundpflege bis hin zu Entlastungsmöglichkeiten zur Bewältigung häuslicher Pflegesituationen für pflegende Angehörige. Dazu gehören Krankenbeobachtung, Haut- und Körperpflege, Prophylaxen, Wickel und Auflagen, Ausscheidung, Stressbewältigung, rückenschonendes Arbeiten, Kinästhetik, Pflegeversicherung, Beratung und Beratungsstellen. Auch Unterweisungen und Schulungen bei den pflegenden Angehörigen zu Hause sind Teil des Programms.

2. Der Bereich Pflegeschulungen informiert über unterschiedlichste Themen zu speziellen Krankheitsbildern, Pflegeproblemen und Hilfsangeboten. Zu nennen sind hier Mangelernährung, Wiederbelebung, Sturzprävention, Sorge um die seelische Gesundheit, Gedächtnistraining, ätherische Öle, Hospizdienst und die Rechte am Ende des Lebens.

3. Die Demenzkurse tragen dazu bei, Ursachen, Frühzeichen der Demenz und durch sie bedingte Veränderungen des Verhaltens kennen zu lernen und besser zu verstehen. In den Kursen werden neue Wege zur Unterstützung und Gestaltung der Pflege Demenzkranker vorgestellt. Die behandelten Themen sind: Ursachen und Hintergründe der Erkrankung, das Erleben und Empfinden des Erkrankten, Angebote zur Entlastung betroffener und pflegender Angehöriger, Basale Stimulation, Kommunikationsmöglichkeiten und Validation. Der Gesprächskreis für pflegende Angehörige, die Demenzkranke zu Hause betreuen, gehört mit zum wichtigsten Angebot des Schulungszentrums.

Die Kurse und Schulungen sind kostenfrei durch die Unterstützung der AOK Mittlerer Oberrhein. Die weit überwiegende Zahl der ca. 650 Teilnehmer pro Jahr kommt aus dem ambulanten Sektor und hat keinen zu pflegenden Angehörigen in der Klinik. Dies erklärt sich durch die erfahrungsbasierte Hypothese, dass Angehörige bei einer neu aufgetretenen Pflegebedürftigkeit im Rahmen eines Krankenhausaufenthaltes Zeit benötigen, um die veränderten Lebensumstände und damit verbundenen Herausforderungen zu verarbeiten und zu antizipieren.

Nach der Klinikbehandlung und Organisation der Nachsorge aber leistet ein Schulungszentrum für Patienten und pflegende Angehörige einen unverzichtbaren Beitrag zu einer integrativen Versorgungskontinuität. Die Nachfrage hat in den letzten Jahren jedoch abgenommen, da vielfältige Beratungen und Schulungen im Gesundheitssystem entstanden sind.

Wundmanagement – Kompetenznetz

Ein weiteres Element für eine erfolgreiche Überleitung ist ein fundiertes, sektorenübergreifendes Konzept zum Wundmanagement. Zunächst ist es Aufgabe der Klinik, Wunden nach neuesten Erkenntnissen und Richtlinien zu therapieren. Eine interdisziplinäre Arbeitsgruppe aus ärztlichem Dienst, Pflegedienst, Hygiene und Apotheke hat dazu einen Wundbehandlungsstandard für das Klinikum Karlsruhe entwickelt. Er umfasst die einheitliche Klassifikation von Wunden, die Festlegung der zu verwendenden Wundtherapeutika und Produkte nach therapeutischen und ökonomischen Aspekten (Studienlage, Kostenvergleich), die Indikationen für das jeweilige Produkt und einen Wundbehandlungsbogen. Der verbindliche Wundstandard zur Behandlung chronischer und komplizierter Wunden wird durch ärztliche und pflegerische Wundexperten fortlaufend aktualisiert und den Anwendern vor Ort zur Verfügung gestellt. Diese Experten bieten außerdem eine konsiliarische Beratung und Betreuung im Bedarfsfall an.

Wie bereits ausgeführt, verhindert die Fragmentierung des Gesundheitswesens eher eine flächendeckende Etablierung strukturierter Wundbehandlung. Die Überleitung von individuellen Regimen zur Wundbehandlung ist vom krankenhausstationären in den ambulanten Bereich durch fehlende Schnittstellenbearbeitung schlecht geregelt. Unklare Verantwortlichkeiten sorgen für Versorgungsbrüche im nachsorgenden ambulanten und heimstationären Sektor. Exakte Daten über den Heilungsverlauf und die Kosten sind aus diesem Bereich nicht bekannt.

Durch die Implementierung eines multiprofessionellen Netzwerkes konnten die beteiligten Sektoren einer integrativen Wundversorgung zusammengeführt werden. Diese sind die Kliniken, die Hausärzte und Fachärzte, das Pflegepersonal der ambulanten Dienste und Heime, die Krankenkassen, der Medizinische Dienst der Krankenkassen (MDK) und die Sanitätshäuser und Homecare-Unternehmen.

Die Voraussetzung der Klinik für solch ein Netzwerk war einerseits das standardisierte interne Wundmanagement mit einem Behandlungsstandard, der unterstützt durch Krankenkasse und MDK veröffentlicht wurde. Und außerdem eine zur Wundexpertin weitergebildete Pflegeüberleitungskraft, für die Behandlung und Überleitung von Patienten mit Wunden. Sie sorgt für die Wunddokumentation zur Entlassung, kombiniert mit einer Behandlungsempfehlung an den weiterbehandelnden Arzt und Pflegedienst sowie für deren direkte Information.

Das Wundkompetenznetz Mittlerer Oberrhein, koordiniert durch die Management- und Servicegesellschaft MedNet, sorgt anschließend für eine sektorenübergreifende Versorgungskontinuität der Wundbehandlung. Bei der Entlassung aus der Klinik wird der Patient in das Programm aufgenommen. Spezielle Informationsblätter, freiwillige Einverständnis- bzw. Datenschutzerklärungen regeln die Zusammenarbeit. Gemeinsam mit ambulanten Diensten und behandelnden Ärzten organisieren Wundmentoren eine lückenlose EDV-netzbasierte Dokumentation des Wundverlaufs und der Kosten. Die MedNet Service GmbH fungiert als Systemzentrale und koordiniert die Zusammenarbeit aller Beteiligten. Die Datensammlung und Vernetzung dieses Wundkompetenznetzwerkes ist bundesweit einzigartig und das sektorenübergreifende Versorgungskonzept beispielhaft. Die Vermeidung von Versorgungsbrüchen stationär-ambulant, aber auch ambulant-ambulant spielt eine entscheidende Rolle für den Therapieerfolg. Die Auswertung zeigt zusammenfassend eine Verbesserung der Wundheilung

23

gegenüber den Kontrolldaten einer unstrukturierten Wundbehandlung ohne sektorenübergreifende Überleitung der Behandlung. Außerdem lässt sich eine Verkürzung der Heilzeiten nachweisen, die eine enorme Einsparung der Gesamtkosten und deutliche Verbesserung der Lebensqualität der Patienten bewirkt.

Vor allem aber arbeiten Kliniken, niedergelassene Ärzte, ambulante Dienste, Pflegeheime, Krankenkassen, MDK und Homecare-Unternehmen in der definierten Region Hand in Hand im Sinne einer integrativen Versorgung für den Patienten.

Brückenschwestern

Ein spezielles Angebot für die Verbesserung der häuslichen Betreuung von onkologischen Patienten, vor allem unter dem Fokus einer Palliative-Care-Situation, sind die Brückenschwestern unter dem Dach des Onkologischen Schwerpunktes Karlsruhe (OSP). Der OSP, ein Zusammenschluss der drei großen Karlsruher Kliniken Diakonissenkrankenhaus, Städtisches Klinikum und St. Vincentius Kliniken, hat das Ziel, die Situation onkologischer Patienten zu verbessern. Dazu gehören neben der optimalen medizinischen Behandlung die Optimierung der Versorgung zu Hause und eine frühzeitige Entlassung aus der Klinik.

Der seit Jahren etablierte Einsatz der Brückenschwestern, die über langjährige Berufserfahrung und Zusatzqualifikation verfügen, sichert die bestmögliche häusliche Betreuung von Patienten nach der Therapie im Krankenhaus.

Die Brückenschwestern werden als Interessensvertreter des Patienten und Mittler zwischen den Anbietern tätig, die für seine stabile häusliche Versorgung benötigt werden. Dazu werden bei der Kontaktaufnahme mit dem Patienten und seinen Angehörigen Entlassmöglichkeiten und der Betreuungsbedarf, wie Pflegedienst, Essensversorgung, Hilfsmittel, Bett, Rollstuhl, Sauerstoffapparate etc., geklärt. Vor allem die direkte Einbindung des betreuenden Hausarztes, die Klärung der Finanzierungsmöglichkeiten mit den Krankenkassen und die aktive Sicherstellung einer wirksamen Schmerztherapie, verbunden mit einer 24-Stunden-Rufbereitschaft kennzeichnen diese besondere Form der Überleitungspflege. Dazu gehört ebenso die Beratung und Begleitung bei medizinisch-pflegerischen und psychosozialen Problemen von Patienten und Angehörigen

Die Brückenschwestern etablieren und koordinieren rund um den jeweiligen Patienten das nötige interdisziplinäre und sektorenübergreifende Versorgungs- und Betreuungsnetzwerk. Die Wirksamkeit dieser Einrichtung um die spezialisierte Ambulante Palliativversorgung ergänzt worden (Vertrag gemäß § 132d Abs. 1 i.V.m. § 37b SGB V über die spezialisierte ambulante PalliativVersorgung [SAPV], Quelle: Deutsche Gesellschaft für Palliativmedizin 2017)). Damit ist auch die ärztliche Berufsgruppe im Team vertreten.

Qualitätszirkel

Eine sehr wirksame Methode zur Schnittstellenbearbeitung und Verbesserung des Wissenstransfers mit dem Ziel, sektorenübergreifende Prozesse zu gestalten, ist der persönliche Kontakt mit Kooperationsabsicht. Daraus resultiert gegenseitige Transparenz der Parteien und Verständnis für die Situationsbedingungen des anderen. Auf dieser Basis können Vereinbarungen über Ablauf- und Zuständigkeitsregeln getroffen werden, die für den Patienten sektorenübergreifend die Versorgungskontinuität verbessern.

In Karlsruhe entwickelte sich ein Qualitätszirkel, der heute alle Kliniken in Karlsruhe und die Sozialstationen des Raumes Karlsruhe als Teilnehmer vernetzt. In regelmäßigen Treffen werden Themen der Überleitung besprochen und Lösungen für operative Probleme vereinbart. Zu relevanten Themen werden Vertreter anderer Institutionen des Gesundheitswesens, wie beispielsweise Krankenkassen oder das Gesundheitsamt, zum Informationsaustausch und zur Abstimmung eingeladen. Sichtbarstes Zeichen einer Harmonisierung der Schnittstellen ist ein gemeinsam entwickelter Pflegeüberleitungsbogen, der auch der „Arbeitshilfe für Überleitungsmanager in stationären Einrichtungen" des MDK, DBfK, LVPK in Baden-Württemberg (BWKG 2007) entspricht. In einem zweiten Schritt haben die teilnehmenden Kliniken einen analogen Qualitätszirkel mit den Pflegeheimen in Karlsruhe etabliert, zu dem auch die Heimaufsicht und zuständige Behörden geladen sind. Mittlerweile treffen sich die Mitglieder beider Qualitätszirkel in einem gemeinsamen

Qualitätszirkel zweimal im Jahr in der Regel mit Referenten zu speziellen Themen.

Alle entwickelten Maßnahmen, Informationen, Konzepte und Formulare sind der Nutzung durch die Teilnehmer und Dritte freigegeben. Damit wird die „Best Practice" des Einzelnen durch das Lernen vom anderen gefördert. Durch den regelmäßigen Kontakt ist der Weg für Rückmeldungen zur Verbesserung der eigenen Prozesse zwischen den Teilnehmern deutlich kürzer geworden.

23.5   Zusammenfassung

Die Überleitung von Patienten zwischen den Sektoren des Gesundheitssystems ist als Aufgabe zu begreifen, die in Form einer zentralen Dienstleistung für die Abteilungen einer Einrichtung oder für mehrere Einrichtungen am effizientesten zu bewältigen ist. Die Schaffung einer neuen Schnittstelle zwischen Klinik und Nachsorge ist nur scheinbar ein Widerspruch. Eine zentrale Überleitung kann sich auf die Schnittstellenbearbeitung konzentrieren und trägt damit wesentlich zu deren Harmonisierung bei.

Eine integrative Entlassplanung für die Nachsorge nach der Krankenhausbehandlung ist umso besser zu gestalten, je klarer die Organisationsstruktur der Stationen beschaffen ist. Angesichts der vielfältigen und differenzierten Anforderungen von Assessment, Behandlung, Versorgung, Dokumentation und Information wird auch innerhalb der Station eine zentrale Zuständigkeit für die Organisation der Patientenbehandlung im Krankenhaus, beispielsweise in Form eines Patientenmanagers, benötigt. Die Aufgabe der zentralen Überleitung kann dann effizient bearbeitet werden, wenn informierte Organisationsverantwortliche der Stationen sichere Ansprechpartner sind.

Die handelnden Personen der zentralen Dienstleistung Überleitung müssen in ihren Aufgabengebieten integrative Entlassplanung und umfassende Überleitung erfahrungsbasierte und formal weiterqualifizierte Spezialisten sein. Vor allem kommunikative Kompetenz ist nötig, um Wissenstransfer und Vernetzung der Akteure sicherzustellen, auf denen eine sektorenübergreifende Versorgungskontinuität für den Patienten gründet. Pflegekräften eröffnen sich hier Möglichkeiten der eigenen beruflichen Weiterentwicklung. Vor dem Hintergrund akademischer Qualifikationen beruflich Pflegender und komplexer medizinisch-pflegerischer Versorgungslagen und -ansprüche spricht vieles dafür, Gesundheits- und Krankenpflegerinnen zu Prozessverantwortlichen der Überleitung zu machen. Dabei fehlende Expertise aus dem Sozialrecht kann mit der entsprechenden Grundqualifikation (z. B. akademische Ausbildung) zusätzlich erworben oder durch multiprofessionelle Überleitungsteams integriert werden. Allerdings sind im letzten Fall langwierige Teamzusammenführungsprozesse zu erwarten, wenn die Berufsgruppen des Pflegedienstes und des klinischen Sozialdienstes das zentrale Überleitungsteam bilden. Verdrängungsängste und Kompetenzstreitigkeiten müssen bearbeitet werden, da sich die originären Qualifikationen der beiden Berufsgruppen für die Überleitung mehrheitlich überschneiden.

Fazit

Klare Kompetenzen liegen klassischerweise nur in der Pflegeexpertise einerseits und dem Sozialrecht andererseits vor. Idealerweise ergänzen sich die Sachverständigkeiten beider Berufsgruppen in der Bearbeitung eines Falls, indem der Prozessverantwortliche die Expertise des jeweils anderen hinzuzieht. Es kann aber mit zunehmender Differenzierung der akademischen Qualifikation der beruflich Pflegenden eine Entwicklung geben, die den klinischen Sozialdienst für die Überleitung entbehrlich werden lässt.

Literatur

Bartsch I, Beer T (1999) Evaluation einer Pflegeüberleitung an einem Klinikum der Maximalversorgung. Diplomarbeit im Fachbereich Pflege und Gesundheit an der Fachhochschule Fulda, Fulda

BWKG (2007) BWKG Mitteilung 5/2007: Entlassungsmanagement und Pflegeüberleitung. Verband der Krankenhäuser, Rehabilitations- und Pflegeeinrichtungen, Stuttgart

Destatis – Statistisches Bundesamt (2017) https://www.destatis.de/DE/ZahlenFakten/GesellschaftStaat/Gesundheit/Krankenhaeuser/Krankenhaeuser.html. Zugegriffen: 21. März 2017

Deutsche Gesellschaft für Palliativmedizin (2017) Spezialisierte ambulante Palliativversorgung (SAPV). https://www.dgpalliativmedizin.de/allgemein/sapv.html. Zugegriffen: 21. März 2017

G-BA – Gemeinsamer Bundesausschuss (2016) Verordnungsrecht für Krankenhäuser im Rahmen des Entlassmanagements. DGK, Berlin. http://www.dkgev.de/dkg.php/
cat/64/aid/14406/title/Verordnungsrecht_fuer_Kranken-
haeuser_im_Rahmen_des_Entlassmanagements. Zugegriffen: 21. März 2017
Joosten M (1993) Von der Lücke zur Brücke. Die Pflege-Über-
leitung vom Krankenhaus in die ambulante Betreuung
und Altenpflege, 2. Aufl. Eigenverlag, Herdecke/Ruhr
Städtisches Klinikum Karlsruhe gGmbH (2011) Konzeption
Patientenberatungsdienst, Qualitäts- und Organisations-
handbuch Stand 2011. Städtisches Klinikum Karlsruhe
gGmbH, Karlsruhe
Statistische Ämter des Bundes und der Länder (2010) Demo-
graphischer Wandel in Deutschland. Heft 2 Auswirkung
auf Krankenhausbehandlung und Pflegebedürftigkeit
im Bund und in den Ländern. Ausgabe 2010 Staitsisches
Bundesamt, Wiesbaden

Demografieorientiertes Personalmanagement im Pflegedienst

Josef Hug, Silke Söffner

© Springer-Verlag GmbH Deutschland 2017
P. Bechtel, I. Smerdka-Arhelger, K. Lipp (Hrsg.), *Pflege im Wandel gestalten – Eine Führungsaufgabe*,
DOI 10.1007/978-3-662-54166-1_24

Am Städtischen Klinikum Karlsruhe gGmbH wird seit Beginn des Jahres 2010 an einem Projekt gearbeitet, das auf die demografischen Auswirkungen im Personalbereich, aber auch auf die Entwicklung beruflicher Lebensperspektiven ausgerichtet ist. Das Projekt soll ausgehend von Analysen, Befragungen und eigenen Erfahrungen konzeptionelle Vorstellungen und praktische Werkzeuge für die Bewältigung dieser Situation zur Verfügung stellen.

24.1 Projekt Lebensphasengerechtes Arbeiten im Pflegedienst (LAP) am Städtischen Klinikum Karlsruhe gGmbH

Die zu erwartende demografische Entwicklung wird auf das Gesundheitswesen insgesamt und das Städtische Klinikum Karlsruhe gGmbH als kommunales Großklinikum vielschichtige Auswirkungen haben. Der medizinische Fortschritt und die insgesamt steigende Lebenserwartung beeinflussen sowohl die Patientenfallzahl als auch die Patientenfallschwere.

Hiervon betroffen ist die Personalentwicklung aller Berufsgruppen am Städtischen Klinikum Karlsruhe:

- Die Zahl der Mitarbeitenden, insbesondere im medizinischen Bereich, d. h. der Ärzte und der Pflegefachkräfte, werden aller Voraussicht nach zunehmen.
- Die Anzahl der zur Verfügung stehenden Nachwuchskräfte in den genannten Berufen ist begrenzt.

Im Wesentlichen wird auch der „Jugendfaktor im Demografieprozess" nachhaltig in alle Überlegungen einzubeziehen sein. Medizinische Berufe, im Besonderen die Pflegeberufe, bieten die Voraussetzung, auch in Zukunft eine berufslebenslange Perspektive zu entwickeln.

Ausbildungs-, Fort- und Weiterbildungsmöglichkeiten und die perspektivische Entwicklung der Pflegeberufe mit bereits vorhandenen horizontalen und vertikalen Durchlässigkeiten eröffnen bereits heute Entwicklungsmöglichkeiten. Dies betrifft insbesondere die bereits heute vorhandenen Pflegestudiengänge.

Das Image und das Ansehen der Pflegeberufe ist in der Außenansicht hervorragend. Dies wird in allen Berufsprestigeumfragen jährlich dokumentiert. Konkret heißt dies, dass die Pflegeberufe mit unter den fünf angesehensten und anerkanntesten Berufen sind, während dies in der Innenansicht, d. h. von der eigenen Berufsgruppe so nicht gesehen oder empfunden wird. Das bedeutet, die Innenansicht ist aus Sicht der Pflegeverantwortlichen im Klinikum Karlsruhe „ausbaufähig". Die Verantwortung der für die Motivationsbildung unentbehrlichen Innenansicht muss derzeit von allen beruflich Verantwortlichen und im Management Tätigen erkannt und wahrgenommen werden.

In der Zukunft muss viel stärker der Aspekt der Professionalisierung der Pflegeberufe sowie das Thema Selbstverwalten der Profession Pflege in einer Pflegekammer berücksichtigt werden. Beides trägt nachhaltig zur Bildung des Selbstbewusstseins der Pflegefachkräfte bei, welches insbesondere im klinischen Alltag unabdingbar weiterentwickelt werden muss. Innerhalb des Projekts LAP sind verschiedene Schwerpunkte gebildet, die diesem Ziel entsprechen.

Die Personalsituation im Gesundheitswesen stellt sich, insbesondere nach den vom Statistischen Bundesamt veröffentlichten folgenden Zahlen, Daten und Fakten, bereits 2010 durchaus als alarmierend dar. Vor allem im Hinblick auf die Entwicklung bis in die Jahre 2020, 2030 und darüber hinaus wird es zu einer deutlichen Veränderung sowohl im Leistungsvermögen des Gesundheitswesens als auch speziell im Personalbereich kommen.

Die Gesundheitswirtschaft als Wachstumsbranche spielt in der gesamtwirtschaftlichen Entwicklung eine immer bedeutendere zentrale Rolle. Jeder zehnte Arbeitgeber in der Bundesrepublik arbeitet Ende 2014 bereits im Gesundheitswesen, was sich auch in den Ausgaben von insgesamt knapp 328 Mrd. € im Jahre 2014 widerspiegelt. Dies bedeutet insgesamt einen Anteil von 11,2% des Bruttoinlandsproduktes. Die Kliniken waren an dieser Entwicklung mit einem Anteil von 85,9 Mrd. € beteiligt. Dies entspricht insgesamt ca. 26% der gesamten Gesundheitsausgaben laut Angaben des Statistischen Bundesamtes aus dem Jahr 2014 (Statistisches Bundesamt 2016b).

Ausgehend von der 13. koordinierten Bevölkerungsvorausberechnung des Statistischen Bundesamtes im Jahr 2015 nimmt die Gesamtbevölkerung

Deutschlands bis 2040 voraussichtlich um 7–9 Mio. Menschen ab (bei einem Wanderungsgewinn von insgesamt 6,8 bzw. 4,3 Mio.) (Statistisches Bundesamt 2016a. Die verbesserte Lebenssituation insgesamt sowie der medizinische, diagnostische und therapeutische Fortschritt haben bereits dazu geführt, dass die durchschnittliche Lebenserwartung der Deutschen inzwischen auf 78,2 Jahre bei Männern und 83,1 Jahre bei Frauen (Sterbetafel 2013/2015 des Statistischen Bundesamtes, 2016c) gestiegen ist.

Die Alterung schlägt sich besonders gravierend in den Zahlen der Hochbetagten nieder. Im Jahr 2013 lebten 4,4 Mio. 80-Jährige und Ältere in Deutschland, dies entsprach 5% der Bevölkerung. Ihre Zahl wird bis 2030 um gut 40% wachsen und 2060 mit insgesamt 9 Mio. etwa doppelt so hoch sein wie heute. Es ist also damit zu rechnen, dass in 50 Jahren 12–% der Bevölkerung – das ist jeder Achte – 80 Jahre und älter sein werden. In der Altersgruppe der über 65-Jährigen zeigt sich der Wandel der Altersstruktur noch deutlicher. Wenn man berücksichtigt, dass bereits heute die stärkste Altersgruppe der Patienten in den Kliniken innerhalb dieser Altersstruktur liegt, wird die Herausforderung deutlich sichtbar.

Es werden im Jahr 2030 21,8 Mio. Menschen (Kontinuität bei schwächerer Zuwanderung) das Alter von über 65 Jahren erreicht haben. Dies entspricht ca. 28% der gesamten Bevölkerung Deutschlands (Statistisches Bundesamt 2015).

Neben der größeren Häufigkeit von Krankheiten sind die oft veränderte unspezifische Symptomatik, der längere Krankheitsverlauf und die verzögerte Genesung wichtige Merkmale von Erkrankungen in den Altersstufen. Die epidemiologischen Auswirkungen der Alterskrankheiten sind insgesamt regelmäßig zu überprüfen.

Die Statistischen Ämter, insbesondere das Statistische Bundesamt, sehen einen Anstieg der Pflegebedürftigen von insgesamt 2,25 Mio. in 2007 auf 3,35 Mio. im Jahr 2030, dies entspricht einem Zuwachs von nahezu 40%. Die Versorgungsstruktur zeigt, dass derzeit 68% der momentan Pflegebedürftigen zuhause (ca. 1 Mio. ohne und ca. 500.000 mit ambulanter Betreuung) versorgt werden. 32% der Pflegebedürftigen werden heimstationär versorgt, wobei sich schon jetzt ein Trend zu mehr professioneller Pflege im ambulanten Bereich abzeichnet.

Die Anzahl der Krankenhausbehandlungen wird im Zeitraum von 2010 bis 2030 von derzeit 17,8 Mio. auf 19,3 Mio. (Statistisches Bundesamt 2010) zunehmen, ein Zuwachs von insgesamt 8%.

Dies bedeutet, dass sich der nach der Einführung der fallgruppenbezogenen Leistungsentgelte (DRG) in 2003 begonnene Trend, mehr Fälle in kürzerer Zeit – bei zunehmend komplexerer Diagnostik, Therapie und Pflege – zu behandeln, fortsetzen wird. In den 1956 verbliebenen Krankenhäusern mit derzeit 499.351 Betten ist die durchschnittliche Verweildauer von 9,9 Tagen in 1999 auf 7,3 Tage in 2015 gesunken. Die Fallzahlen sind im gleichen Zeitraum von 17,1 auf 19,2 Mio. um 12% angestiegen (DKG 2016). Eine Pflegefachkraft versorgte somit im Jahr 2015 im Schnitt ca. 60 Fälle, 2007 waren dies noch 59 Fälle pro Vollkraft.

Auch unter Berücksichtigung dieser statistischen Daten muss beachtet werden, dass letztendlich die geschaffenen Planstellen (Soll), tatsächlich auch besetzt werden können (Ist). Über den gesamten Gesundheitsbereich hinaus, haben umfassende nationale Studien festgestellt, dass letztendlich einerseits genügend Pflegepersonal zur Verfügung steht, dies aber andererseits sehr ungleich auf die Sektoren verteilt ist. Für das Krankenhaus bedeutet dies, dass attraktive Arbeitsplätze geschaffen werden müssen, um so einem drohenden Pflegenotstand wie Mitte der 1980er Jahre entgegenzuwirken. Grundlage der Personalentwicklung ist und bleibt, die Aus-/Fort- und Weiterbildung in den Pflegeberufen massiv voran zu treiben. Auch diesem Aspekt wird durch das Konzept Rechnung getragen.

Aktuell wird die Bevölkerung im Erwerbsalter durch die Baby-Boomer dominiert. In den kommenden zwei Jahrzehnten wird diese Altersgruppe aus dem Erwerbsalter weitgehend ausscheiden. Ihr folgen dann die deutlich geringer besetzten 1970er und 1980er Jahrgänge nach. Die Bevölkerung im Erwerbsalter wird von Schrumpfung und Alterung stark betroffen sein. Als Erwerbsalter wird hier die Spanne von 20 bis 64 Jahren betrachtet. Im Jahr 2013 gehörten 49,2 Mio. Menschen dieser Altersgruppe an. Ihre Zahl wird erst nach 2020 deutlich zurückgehen und 2030 etwa 44–45 Mio. betragen. 2060 werden dann etwa 34 Mio. Menschen im Erwerbsalter sein oder –30% gegenüber 2013 („Kontinuität bei schwächerer Zuwanderung"). Wird das

Erwerbsalter mit 67 statt mit 65 Jahren abgegrenzt, so werden 2030 noch etwa 46–47 Mio. und 2060 noch etwa 36–40 Mio. dazugehören (jeweils bei schwächerer bzw. bei stärkerer Zuwanderung). Das sind 2060 dann rund 2 Mio. Personen mehr als bei einer Altersgrenze von 65 Jahren (Statistisches Bundesamt 2015).

Wenn die Veränderungen der Berufsgruppe Pflegedienst in Krankenhäusern in den vergangenen Jahren analysiert werden, dann darf nach Ansicht des Verfassers nicht nur von einer Verringerung um ca. 50.000 Vollkraft-Stellen im allgemeinen Pflegedienst gesprochen werden, sondern auch um eine erhebliche Zunahme der Mitarbeitenden im Funktionsdienst der Kliniken, die in der Regel von Pflegefachkräften besetzt sind.

Zu berücksichtigen ist allerdings der weiterhin hohe Anteil von ca. 87,5% Frauen in den Pflegeberufen. Die Abschaffung des Zivildienstes 2011 schürte Befürchtungen, das insbesondere junge Männer nun weniger Möglichkeiten hätten, Einblick ins Krankenhaus zu bekommen, letztendlich darf aber mit Befriedigung festgestellt werden, dass der Einfluss durch das Freiwillige Soziale Jahr (FSJ) und den Bundesfreiwilligendienst (BFD) diese Situation im Wesentlichen bereinigt hat. Derzeit arbeiten im Städtischen Klinikum Karlsruhe jährlich ca. 80 junge Menschen im FSJ/BFD und dadurch finden ca. ein Drittel der Eingesetzten den Weg in eine Pflegeausbildung. Dennoch betrug das Durchschnittsalter der Mitarbeitenden im Pflegeberuf im Jahr 2007 38,4 Jahre, im Städtischen Klinikum Karlsruhe 2009 40,36 Jahre und im Jahr 2015 bereits 42,46 Jahre. Diese Entwicklung gilt es zunehmend im Auge zu behalten. Der Teilzeitanteil in der Berufsgruppe der Gesundheits- und Krankenpflegekräfte lag 2014 insgesamt bei 52,78%, im Städtischen Klinikum Karlsruhe 2015 bei 55,77%. Ebenso muss die Entwicklung der Ausbildungszahlen kritisch im Auge behalten werden (Statistisches Bundesamt 2015).

Insbesondere in den Jahren 2013/2014 hat sich die Situation durch die Integration von Flüchtlingen und ausgebildeten Pflegepersonal aus Nicht-EU-Ländern dramatisch entwickelt, vor allem in Karlsruhe. Während es noch zu keiner gezielten Integration von Flüchtlingen in die Pflegeberufe gekommen ist, läuft die Anerkennung von ausgebildeten Pflegepersonal aus EU- und Nicht-EU-Ländern in einem durchaus bemerkenswerten Maße an.

Für den Bereich des Pflegedienstes in den Kliniken steht das Konzept LAP (Lebensphasengerechtes Arbeiten im Pflegedienst) am Städtischen Klinikum Karlsruhe. Dieses Projekt soll stellvertretend für die organisationsbezogenen Lösungsansätze stehen, die zu entwickeln sind. Insgesamt ist es Ziel, ein Konzept zu entwickeln, welches die qualitativen und quantitativen Anforderungen des Personalmanagements am Städtischen Klinikum Karlsruhe sowie auch die persönlichen Interessen, aber auch die Bedarfe der Mitarbeitenden zusammenführt und somit ein nachhaltiges Arbeiten über alle Lebens- und Berufsphasen hinweg ermöglicht.

Ausgehend von den Entwicklungen in den Krankenhäusern und der Diskussion über die Gesundheitsberufe im Allgemeinen ist es dem Klinikum Karlsruhe ein zentrales Anliegen, berufliche, private und persönliche Bedürfnisse **in allen Lebensphasen** in Einklang zu bringen und berufliche Perspektiven mit zu konzipieren. In der folgenden Übersicht werden die sich am Alter orientierten beruflichen Lebensphasen dargestellt. Beim Eintritt in den Beruf bzw. in die Ausbildung mit i.d.R. 17 Jahren und beim Austritt nach heutiger gesetzlicher Lage mit 67 Jahren, ist ein Zeitraum von insgesamt 50 Jahren in alle Überlegungen einzubeziehen. Wie diese 50 Jahre in jeweils 5 Dekaden unterteilt werden, zeigt die folgende Darstellung (- Abb. 24.1).

Folgende Entwicklungen sind in den nachfolgenden Kategorien möglich:

- **In der Kategorie 17+**, der Ausbildungs- und Weiterbildungsphase: Hier beginnt oft die Ausbildung und im Anschluss daran die erste Berufserfahrungs- und/oder die Weiterbildungsphase.
- **In der Kategorie 27+**, d. h. von 27 bis 37 Jahren, werden auf der einen Seite die ersten Karriereschritte eingeleitet, auf der anderen Seite wird vielfach die Familienphase im Mittelpunkt der persönlichen Überlegungen stehen. Andere etablieren sich im Beruf.
- **In der Kategorie 37+**, d. h. von 37 bis 47 Jahren, spielt sich eine erhebliche Konsolidierung innerhalb des Berufs, aber auch eine erste Neuorientierungsphase ab.
- **In der Kategorie 47+** beginnen die Mitarbeitenden in ganz erheblichem Umfang von ihrer bisherigen Erfahrung zu profitieren,

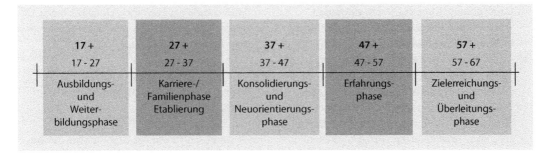

17 +	27 +	37 +	47 +	57 +
17 - 27	27 - 37	37 - 47	47 - 57	57 - 67
Ausbildungs- und Weiter- bildungsphase	Karriere-/ Familienphase Etablierung	Konsolidierungs- und Neuorientierungs- phase	Erfahrungs- phase	Zielerreichungs- und Überleitungs- phase

▢ Abb. 24.1 Unterteilung der beruflichen Lebensphasen

um psychische und psychische Belastungen nachhaltig besser kompensieren zu können.

▬ **In der Kategorie 57+**, die wir im Klinikum als Zielerreichungs- und Überleitungsphase definiert haben, gibt es in der Regel noch keine nennenswerten Ergebnisse, da die Anzahl der Mitarbeitenden in dieser Lebensalters- spanne in den vergangenen Jahren in keinem signifikanten Verhältnis zur Besetzung in den anderen Lebensphasen standen. Hier gilt es insbesondere Voraussetzungen zu schaffen, um die körperlichen Belastungen besser kompen- sieren zu können, dann allerdings auch erste Erfahrungen in dieser Lebensphase konsequent auszuwerten.

Die dringliche Notwendigkeit, über alle Handlungs- felder und altersunabhängig im Bereich des Pflege- personalmanagements tätig zu werden, ist sowohl auf der berufspolitischen, der institutionellen, aber auch der Ebenen der einzelnen Organisationen angekommen.

So entstehen Initiativen, wie die Vorstellung von Best-Practice-Modellen im Pflegedienst auf einer eigens dafür geschalteten Homepage des BMG-Bei- rats unter der Projektleitung der Deutschen Kran- kenhausgesellschaft DKG, der Veröffentlichung einer Broschüre des Bundesministeriums für Familie, Senioren, Frauen und Jugend zur Vereinbarkeit von Familie und Beruf im Krankenhaus (BMFS), der Schaffung eines Unternehmensnetzwerks „Erfolgs- faktor Familie" (BMFF), der Vorstellung einer Bro- schüre zur familienorientierten Personalpolitik der Bundesagentur für Arbeit (2013) und verschiedene weitere Projekte und Konzepte auf der Ebene der einzelnen Kliniken. Auch die Arbeitsgemeinschaft kommunaler Großkrankenhäuser Deutschlands

und der dort etablierte Arbeitskreis der Pflegedirek- toren beschäftigen sich derzeit schwerpunktmäßig mit diesem Thema.

Eine umfassende Analyse der aktuellen Situation im Vorfeld zeigte, dass ein Personalkonzept nur für ältere Mitarbeitende die Komplexität der künftigen Entwicklung lediglich bedingt löst und somit zu kurz greifen würde. Gefragt sind Ansätze, die durch eine Vielzahl von Maßnahmen Systemstrukturen schaf- fen, die es ermöglichen, persönliche und berufliche Belange der Mitarbeitenden in verschiedene Lebens- und Alterssituationen mit den betrieblichen Anfor- derungen und Erwartungen in Einklang zu bringen. Dies dürfte eine zentrale Aufgabe für die Gesund- heitsdienstberufe insgesamt, speziell die Kranken- häuser in der kommenden Zeit sein.

Bezüglich des Vorgehens des Städtischen Kli- nikums Karlsruhe folgen nun die verschiedenen Projektschritte.

24.2 Analysen

24.2.1 Workshops

Es wurden Workshops mit je 10 Mitarbeitenden aus allen 5 Lebensphasen und den Arbeitsbereichen des Klinikums (Allgemeinkrankenstationen, Intensiv- stationen, Kinderklinik, Psychiatrie, Funktionsbe- reiche) durchgeführt, die folgende Schwerpunkte hatten:

1. Wie werden die physischen Belastungen der Mitarbeitenden an ihrem Arbeitsplatz erlebt?
2. Wie werden die psychischen Belastungen der Mitarbeitenden wahrgenommen?
3. Wie muss der Arbeitsplatz der Zukunft aussehen, um bereits den heutigen

24

Anforderungen besser gerecht zu werden, insbesondere aber den zukünftigen Anforderungen gerecht zu werden?

4. Welche Aufgaben hat dies bezüglich der Arbeitgeber Städtisches Klinikum Karlsruhe nach Meinung der Mitarbeitenden zu erfüllen?

5. Welche eigenen Initiativen und Aufgaben werden seitens der Mitarbeitenden in diesem insgesamt umfangreichen Prozess gesehen?

Sehr kompakt zusammengefasst kann von insgesamt sehr positiv durchgeführten Workshops von jeweils max. 120 Minuten gesprochen werden, in denen die Mitarbeitenden einerseits ihr Interesse an diesem Projekt deutlich zum Ausdruck brachten, auf der anderen Seite die typischen Belastungsfaktoren, wie etwa die hohe Verantwortung, den hohen ethischen und moralischen Druck, aber auch ihre Ängste deutlich zum Ausdruck brachten. Bezüglich der körperlichen Belastung wurde eine nahezu durchgängige kritische Rückmeldung in allen Altersstufen vermeldet, insbesondere auch durch Anstieg von schwerstkranken Patienten, aber auch von einem überproportionalen Anstieg von übergewichtigen Patienten.

Es wurden allerdings auch alters- und erfahrungsabhängige Bewältigungsstrategien benannt. Mit zunehmendem Alter, also in der Kategorie 47+ und 57+, wurde von vielen Mitarbeitenden zurückgemeldet, bei Problemen aus mehreren bereits erkannten Lösungsstrategien auswählen zu können.

Als physische Belastungsfaktoren wurden in allen Alterskategorien der Schichtdienst, hier speziell die Belastung durch den Nachtdienst, zum Ausdruck gebracht, aber auch das Thema Heben und Tragen sowie die Infektionsgefahren wurden im Zusammenhang mit den physischen Belastungen am häufigsten genannt. Interessant waren die Übereinstimmungen teilweise der Altersgruppen 17+ und 57+.

Im folgenden Analyseschritt wurden die Ergebnisse dieser Workshops in einer Klausur analysiert und die Entwicklung des Konzepts auf der Ebene der Pflegedirektion und der Pflegedienstleistungen eingeleitet.

Wesentlicher nächster Schritt war die Einbeziehung aller internen und externen Kooperationspartner. Als externe Kooperationspartner fungierten:

- die Unfallkasse Baden-Württemberg als gesetzlicher Unfallversicherungsträger,

- Studierende der Fachhochschule Esslingen, die von der Pflegedirektion den Auftrag erhielten, eine Literaturanalyse zum Projekt LAP zu erstellen;

- als Medienpartner hat sich der Thieme-Verlag in Stuttgart bereit erklärt, dieses Projekt zu begleiten.

Ein weiterer Schritt war das Gespräch mit den internen Kooperationspartnern. Hier sind insbesondere zu nennen:

- Der Geschäftsbereich Personal
- Der Betriebsrat
- Die Gleichstellungsbeauftragte
- Die Schwerbehindertenvertretung
- Der Arbeitssicherheitsdienst
- Der ärztliche Dienst der Stadt Karlsruhe als Arbeitsärztlicher Dienst
- Das Bildungs- und Beratungszentrum am Städtischen Klinikum Karlsruhe, das bereits zu diesem Zeitpunkt in Überlegungen einbezogen wurde, um den weiteren Projektverlauf mit den entsprechenden Fort- und Weiterbildungsmaßnahmen zu begleiten

In einer weiteren Abstimmung wurde in Absprache mit der Geschäftsführung des Klinikums die gesamte Leitungsebene, d. h. die Klinikkonferenz mit beteiligten Führungskräften aus den Verwaltungsgeschäftsbereichen, aber auch verschiedenster Chefärzte mit in die Überlegung einbezogen. Letztendlich wurden in die Analysen auch die Auswertung biografischer und empirischer Untersuchungen und Erfahrungen, insbesondere der Projektentwickler einbezogen.

Zentrales Instrument im gesamten Analyseverfahren war dann allerdings die Mitarbeiterbefragung.

24.2.2 Mitarbeiterbefragung

Mittels des Befragungsinstruments COPSOQ (Copenhagen Psychological Questionnaire), welches überwiegend in den skandinavischen Ländern entwickelt und angewandt wurde, mit dessen Hilfe sich in der Zwischenzeit aber über insgesamt 28.000 Mitarbeitende über soziale Arbeits- und Belastungsfaktoren geäußert haben, wurde mit dem Partner Unfallkasse Baden-Württemberg und dem IAS (Freiburger Institut für Arbeit- und Sozialhygiene) im 4. Quartal 2010 in einem Zeitraum von 5 Wochen eine Mitarbeiterbefragung durchgeführt, die online mit der Möglichkeit der direkten Rückmeldung über den Vergleich mit allen bisher an dieser Umfrage Beteiligten durchgeführt wurde. Sehr erfreulich war die für ein Großunternehmen völlig ungewöhnlich hohe Beteiligung von 57% der Mitarbeitenden. Hier soll erwähnt werden, dass allerdings in ganz erheblichem Umfang auch die persönliche Ansprache der Mitarbeitenden mit der Bitte, sich an dieser Befragung zu beteiligen, zu diesem Ergebnis beigetragen hat.

Schwerpunkt der Befragung insgesamt waren die Arbeits- und Belastungsfaktoren im Arbeitsleben insgesamt. Eine relativ hohe Anzahl von ca. 25% der Mitarbeitenden hat darüber hinaus zusätzliche schriftliche und ganz individuelle geprägte Rückmeldungen gegeben, die nachhaltig das Ergebnis zu einem Gesamtbild abgerundet haben.

An positiven Ergebnissen bleibt festzuhalten:

1. Die Vorhersehbarkeit der Arbeit wurde in hohem Maße geschätzt.
2. Die Führungsqualität im Pflegemanagement des Klinikums wurde überaus positiv gewertet.
3. Die soziale Unterstützung, das Feedback und das Gemeinschaftsgefühl innerhalb der Pflegeteams wurde deutlich hervorgehoben und die Arbeitsplatzsicherheit innerhalb des Städtischen Klinikums Karlsruhe ebenso.

Als Belastungsfaktoren wurden im Wesentlichen genannt:

4. Die qualitativen und quantitativen Anforderungen
5. Die Anforderungen Emotionen verbergen zu müssen, insbesondere in schwierigen Situationen sowohl mit Patienten als auch mit Angehörigen
6. Der immer noch trotz zahlreicher Arbeitszeitmodelle vorhandene Work-Privacy-Konflikt
7. Der Rollenkonflikt und die Rollenklarheit innerhalb der Zusammenarbeit mit allen Berufsgruppen
8. Die bei einem Anteil von unter 5% deutlich zu erkennende innerliche berufliche Krise der Mitarbeitenden

Allgemeine Ergebnisse aus dem individuellen Feedback können folgendermaßen zusammengefasst werden:

- Es gab deutliche Unterschiede zwischen den Bereichen, z. B. OP, Intensiv und Psychiatrie.
- Es gab deutliche Unterschiede innerhalb verschiedener Altersgruppen.
- Es gab eine interessante Übereinstimmung der Altersgruppen 17+ und 57+.
- Nicht verwunderlich war, dass der Begriff „mehr Personal" als häufiger Grund genannt wurde.
- Supervision, Team-Timeout und ein steigender Gesprächsbedarf wurden als individuelle Rückmeldung deutlich hervorgehoben.
- Die Führungsqualität insgesamt wurde sehr positiv bewertet.
- Die Stationsorganisation muss nach Ansicht der Mitarbeitenden vielfach verbessert werden.
- Poollösungen werden immer wieder als ideale Lösung für Personalengpässe angesehen (dies entspricht nicht der Auffassung des Verfassers!).
- Die Information über Personalentwicklung wurde eingefordert und in einem zu vernachlässigenden Anteil von unter 1% wurden auch sehr kritische und nicht akzeptierbare Rückmeldungen als Frustabbau zurückgemeldet.

Eine erneute Mitarbeitenden-COSOQ Befragung ist für 2018 geplant.

24.3   Projektziel

Das Konzept Lebensphasengerechtes Arbeiten im Pflegedienst am Städtischen Klinikum Karlsruhe gGmbH orientiert sich

- an den genannten und beschriebenen Lebensphasen, den individuellen und persönlichen Bedürfnissen der Mitarbeitenden,
- legt die Begriffsdefinition und das Verständnis der „Arbeitsfähigkeit" (vgl. Ilmarinen und Tempel 2002, S. 1; Oldenburg und Ilmarinen 2010, S. 429) zu Grunde

und stellt für jede der 5 beschriebenen Phasen
- die bereits vorhandenen
- sowie mittel- und langfristig neu zu schaffenden, praktischen Möglichkeiten und Werkzeuge da, um den avisierten Zielen,

berufliche, private und persönliche Interessen konstruktiv miteinander zu verbinden, näher zu kommen.

In Anlehnung an das Modell des Hauses der Arbeitsfähigkeit von Ilmarinen und Oldenburg (2010), aus der Projekt- und Bachelor-Thesis von Söffner und Siegle (2010, S. 35), wurden die wesentlichen Projektziele definiert sowie entsprechende Projektgruppen und Themenschwerpunkte definiert, die themenspezifisch die genannten Arbeitsaufträge bearbeiten (- Abb. 24.2).

24.4   Projektorganisation

1. Projektorganisation/Projektgesamtleitung Josef Hug Pflegedirektor/Prokurist; Leiter des Geschäftsbereichs 4 – Pflegedirektion
2. Zentrale Steuerung, PDL in der Pflegedirektion
3. 8 Arbeitsgruppen, die von jeweils einer Pflegedienstleitung in Zusammenarbeit mit 2 weiteren Kollegen und 1–2 Mitarbeitenden aus der Stationsleitungsebene geführt werden
4. Projektmanagement, durch regelmäßige Zielvereinbarungsgespräche, Evaluation der Aufgaben, Präsentation der Ergebnisse und Implementierung in den Arbeitsalltag
5. Veröffentlichungen, Informationen, Kommunikation über vorhandene Kommunikationsstrukturen

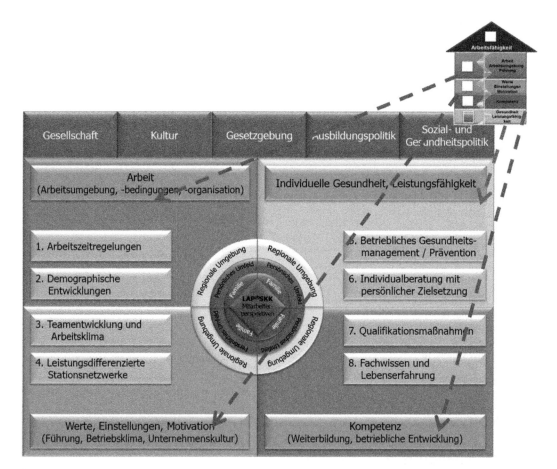

□ **Abb. 24.2**   Modell des „Lebensphasengerechten Arbeitens im Pflegedienst am SKK". (In Anlehnung an Oldenbourg und Ilmarinen 2010; Geißler 2010, S. 40)

24.4.1 Themenschwerpunkt: Arbeitszeitregelungen

- **Aktuell in Arbeit**
- Konzeptentwicklung zur Einführung der Joker-Dienste
- Überprüfung des 24-Stunden-Rhythmus (Dienstbeginn und -ende, Übergabe, Schichtlänge, Nachtdienstlänge)
- Konzeptentwicklung zur Verkürzung des Nachtdienstes auf 9 Stunden
- Reduzierung der Überlappungszeiten
- Weiterentwicklung der Dienstplanverlässlichkeit
- DTA – Diagnosebezogene Tätigkeitsanalyse

- **Ergebnisse**
- Entwicklung weiterer Dienstplanmodelle
- Der Rahmendienstplan und die Grundsätze zur Urlaubsgewährung sind überarbeitet
- Gerechtere Verteilung der Nachtdienste
- Einführung von Joker-Diensten und Kurzzeitdiensten

24.4.2 Themenschwerpunkt: Demografische Entwicklungen

- **Aktuell in Arbeit**
- Statistik zum Alter der Mitarbeitenden im Pflege- und Funktionsdienst ist erstellt und wird jährlich aktualisiert.
  - Entwicklung des Durchschnittsalters
- Altersverteilung in den LAP-Altersgruppen
  - Jahresvergleich LAP-Dekaden
  - Altersverteilung LAP-Dekaden (Vollzeit und Teilzeit)
  - Altersverteilung in der 5. LAP-Dekade 2013
- Neues Eintrittsrentenalter Gesetzgebung Juli 2014 und Auswirkungen auf den Pflegedienst des SKK

- **Ziele**
- Prospektive Anzahl der Schulabgänger pro Jahr ab 01.01.2015 ff
  - Bundesweite und regionale Vergleiche
- Jährliche Überprüfung der Kennziffern bezüglich Projektrelevanz

24.4.3 Themenschwerpunkt: Teamentwicklung und Arbeitsklima

- **Aktuell in Arbeit**
- Definition Teamentwicklung/Arbeitsklima im SKK
- Entwurf von Teamregeln
- Erprobung auf einigen Stationen des „Schicht-Aus" (gemeinsame kurze Reflektion nach jedem Schichtende)

- **Mitbearbeitung des Schwerpunktthemas Individualberatung mit persönlicher Zielsetzung Ziele**
- Teamregeln (- Abb. 24.3):
  - Überarbeitung der Teamregeln. Ein Teil der Teamregeln wird allgemein gültig sein. Ein Teil ist nach den Bereichsbedürfnissen zu gestalten.
  - Einführung der Teamregeln in allen Bereichen
- Schicht-Aus am Ende der Übergabe
  - Einführung des Schicht-Aus in allen Bereichen

24.4.4 Themenschwerpunkt: Leistungsdifferenzierte Netzwerke

Die Belastungssituation der Mitarbeitenden im Pflege- und Funktionsdienst ist in den vergangenen Jahren nachweisbar erheblich gestiegen. Sowohl die Anzahl der behandelten Patienten pro Pflegekraft als auch die Fallschwere hat deutlich zugenommen. Angesichts dieser Situation wurden Überlegungen angestellt, inwieweit sämtliche Krankenstationen und Funktionseinheiten bezüglich ihrer unterschiedlichen Leistungsanforderungen differenziert werden können. - Abb. 24.4 erhalten Sie einen Überblick und den aktuellen Sachstand, um letztendlich alle 110 Stationen und Funktionsbereiche in insgesamt 5 Belastungsstufen einzuordnen.

- **Aktuell in Arbeit:**
- Belastungsanalyse: Die Stationsarbeitsplätze nach belastungsdifferenzierten Kriterien einstufen

Wertschätzung	• orientiert sich an Lob und Kritik in und aus allen Hierarchiestufen und Berufsgruppen, auch von Patienten und Angehörigen • drückt sich durch Anerkennung der individuellen Leistung und Akzeptanz der Persönlichkeit aus • bedeutet für uns, dass allen Mitarbeitern die Mitwirkung an Entscheidungsprozessen ermöglicht wird
Respekt	• drückt sich durch ein freundliches und anerkennendes Kommunikationsverhalten aus • bedeutet für uns Achtsamkeit gegenüber allen Personen in unserem beruflichen Umfeld • zeigt sich in der Akzeptanz der Stärken und Schwächen eines jeden Mitarbeiters
Verantwortung	• bedeutet für uns, täglich für unser Handeln einzustehen • setzt entsprechende Bereitschaft und Befugnisse voraus • heißt für uns, die individuellen Bedürfnisse der Patienten und die Ziele des Klinikums ins Zentrum unseres Handelns zu rücken
Professionalität	• bedeutet für uns, unser tägliches Tun nach dem aktuellen Stand des Wissens auszurichten • bedeutet, sich den Veränderungen und Herausforderungen zu stellen und sie mit den zur Verfügung stehenden Ressourcen zu bearbeiten
Teamarbeit	• Gegenseitiges Vertrauen ist die Grundvoraussetzung für unsere Zusammenarbeit • bedeutet für uns, die gesetzten Ziele gemeinsam zu erreichen • Gegenseitige Unterstützung und Hilfe zur gegenseitigen Motivation ist für uns selbstverständlich

Abb. 24.3 Teamregeln. (Quelle: Städtisches Klinikum Karlsruhe, Pflegedirektion)

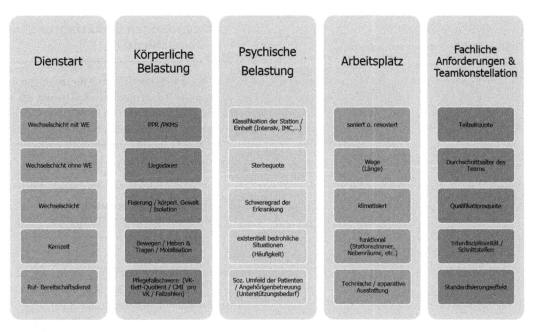

Dienstart	Körperliche Belastung	Psychische Belastung	Arbeitsplatz	Fachliche Anforderungen & Teamkonstellation
Wechselschicht mit WE	PPR /PKMS	Klassifikation der Station / Einheit (Intensiv, IMC,...)	saniert o. renoviert	Teilzeitquote
Wechselschicht ohne WE	Liegedauer	Sterbequote	Wege (Länge)	Durchschnittsalter des Teams
Wechselschicht	Fixierung / körperl. Gewalt / Isolation	Schweregrad der Erkrankung	klimatisiert	Qualifikationsquote
Kernzeit	Bewegen / Heben & Tragen / Mobilisation	existentiell bedrohliche Situation (Häufigkeit)	funktional (Stationszimmer, Nebenräume, etc.)	Interdisziplinarität / Schnittstellen
Ruf- Bereitschaftsdienst	Pflegefallschwere (VK-Bett-Quotient / CMI pro VK / Fallzahlen)	Soz. Umfeld der Patienten / Angehörigenbetreuung (Unterstützungsbedarf)	Technische / apparative Ausstattung	Standardisierungseffekt

☐ **Abb. 24.4**   Leistungsdifferenzierung der Stationen 5×5. (Quelle: Städtisches Klinikum Karlsruhe, Pflegedirektion)

- Rotation als Normalität, Anspruch auf Wechsel und tarifkonforme Bewertung
- Veröffentlichung der schon gelebten Hospitationen, Rotationen und oder ggf. Umsetzungen (zeitlich befristet oder nicht)

24.4.5 Themenschwerpunkt: Betriebliches Gesundheitsmanagement, Prävention

- **Aktuell in Arbeit**
- Projekt R.A.P.P. Rückengerechtes Arbeiten im Pflegedienst und in der Physiotherapie (- Abb. 24.5) in Zusammenarbeit mit
  - der UKBW
  - dem ärztlichen Dienst (z.B. Gefahrenanalyse, Arbeitsplatzbegehung)
- Weitere Reduzierung körperlicher Arbeitsbelastungen durch z. B. Hilfsmittel sowie die ergonomische Gestaltung des Arbeitsplatzes und der Arbeitsumgebung
- Mutterschutz/Elternzeit, regelmäßige Aktualisierung und Weiterentwicklung der gesetzlichen und betrieblichen Regelungen

- Sonderurlaube, Klärung der Bedingungen
- Beratung und Arbeitsplatzbegehungen durch Ärztlichen Dienst und Arbeitssicherheit
- Arbeitsmedizinische Vorsorgeuntersuchungen, Auswertungen und Austausch
- Fort- und Weiterbildungsangebote des Bildungs- und Beratungszentrums bezüglich LAP, z. B.:
  - Älter werden ist bekanntlich nichts für Feiglinge
  - Bewusster Leben mit Schichtarbeit
  - Rückenschule am Arbeitsplatz
  - Eigene Kräfte mobilisieren – Lebensqualität bewusst erhalten
  - Gut für sich und das Team sorgen
- Beratungs- und Hilfsangebote des internen Beratungsdienstes der Stadt Karlsruhe
- Betriebliche Kooperation mit der Betriebskrankenkasse und weiteren Kostenträgern (Schwenninger BKK, AOK, DAK, GEK, TKK)
- Übersicht der Präventionsmaßnahmen erstellen
- Gesundheitsmesse
- Meldung von Arbeitsunfällen und Berufskrankheiten, Analyse, Prävention, Konzeptionelle Verarbeitung

24

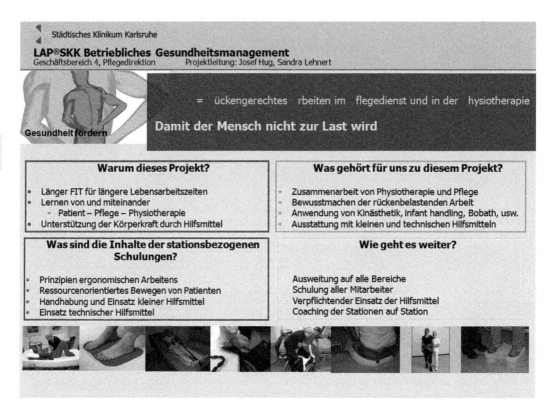

■ **Abb. 24.5**   Rückengerechtes Arbeiten im Pflegedienst und in der Physiotherapie (R.A.P.P). (Quelle: Städtisches Klinikum Karlsruhe, Pflegedirektion)

24.4.6 Themenschwerpunkt: Individualberatung mit persönlicher Zielsetzung

■ **Aktuell in Arbeit**

▬ Bei Erreichen der Altersgruppe 47+ sowie 57+ erhalten zukünftig alle Mitarbeitenden des Pflegedienstes von der Pflegedirektion eine Mitteilung, in welchem sie auf LAP bzw. damit verbundene Beratungsleistungen hingewiesen werden.

▬ Konzept der Individualberatung ist erstellt und umgesetzt.

▬ Gesprächsleitfaden für die Individualberatung findet Anwendung.

▬ Die Evaluation der Gespräche erfolgt jährlich.

■ Ziele

▬ Regelmäßige Evaluation der Gesprächsergebnisse

24.4.7 Themenschwerpunkt: Qualifikationsmaßnahmen

■ **Aktuell in Arbeit**

▬ Ausbildungsplanung (310 Ausbildungsplätze, diverse Pflegeausbildungen, OTA, Hebammen, usw.) schon unter Berücksichtigung der Entwicklungen in den kommenden Jahren

▬ Weiterbildung: Intensiv und Anästhesie, OP, Psychiatrie, Pflegerische Leitung einer Station oder Einheit (Stationsleitungen), Onkologie

LAP- Phase	Allgemein	Qualifikationen			Maßnahmen	Instrumente	Benner
Ausbildungs- und Weiterbildungsphase	Einweisungen (NuS, Orbis, Geräte, ...)	Einarbeitungskonzept (stationsbezogen) Basisfortbildung (allgemein, bereichsbezogen) Weiterbildung (fachbezogene) Weiterbildung (berufspädagogische)			Lernen am Arbeitsplatz Paten Praxisanleitung	Feedback- gespräche Entwicklungs- und Förder- gespräche	
Karrierephase / Etablierung Familienphase / Neueinstieg		Angebote für MA in Elternzeit (BBZ +) Wiedereinstiegs- und Updateangebote (z.B. Psychiatrie Module, SL-Refresherkurs, etc)			Mentoring Lerntandems	Bildungsanalyse Entwicklungs- und Förder- gespräche	Anfänger
Konsolidierungs- und Neuorientierungsphase		Spezifische Rollen und Aufgaben Übernahme von Leitungs- funktion	Pflege- experten (z.B. Wundexperten, Pflegeüber- leitung, Demenz, Beratungs- funktion, ...)	Weiterbildung, PDL, Pflege- pädagoge, ...	Kompetenz- bestimmung Selbst- und Fremd- wahrnehmung	Mitarbeiter- gespräch mit Beurteilung	Fort- geschritten
	Pflichtunter- weisungen						Kompetent
Erfahrungsphase				Pflege- konsildienst Projektarbeit	Hospitation Job Rotation	LAP- Beratungs- gespräch	Erfahren
							Experte
Zielerreichungs- und Überleitungsphase		Senior Professionals Mentoring-Aufgaben Projektarbeit			Übergabe von Erfahrung und Wissen an nachfolgende Generation		

◻ **Abb. 24.6** Phasen der Fortbildung. (Quelle: Städtisches Klinikum Karlsruhe, Pflegedirektion)

━ Modularisierte Weiterbildung und Spezialisierungen, z. B. IMC, Wundmanagement, Patientenmanagement
━ Individuelle Förderung auf bestimmte Positionen!

● **Ziele**
━ Fachbezogenen Skill[1]- und Grade-Mix[2] entwickeln
━ Welche Qualifikationen benötigt eine Pflegefachkraft innerhalb des 1. Jahres nach dem Examen? → daran anschließende Entwicklungsmöglichkeiten (gezielte Karriereplanung)

---

1 Skill-Mix beschreibt die unterschiedlichen „(Berufs-)Erfahrungen" und individuellen Fähigkeiten (das „Können") der Mitarbeitenden.
2 Grade-Mix beschreibt die unterschiedlichen offiziellen Zusatz-Ausbildungen der Mitarbeitenden.

━ Bedarfsgerechte Fortbildungsplanung (- Abb. 24.6)
━ Überprüfung des quantitativen und qualitativen Wissenstransfers
━ Entwicklung eines klinikinternen, strukturierten Aufstiegs- und Entwicklungssystems

24.4.8 Themenschwerpunkt: Fachwissen und Lebenserfahrung

● **Aktuell in Arbeit**
━ Erstellen von Biografien, die sich an Berufserfahrung und/oder Lebensalter orientieren: z. B. Mitarbeitende in der Lebensphase 47+, 57+
━ >25 Jahre im Pflegedienst (unabhängig, wo diese bisher sonst beschäftigt waren)
━ Auch Mitarbeitende, die betriebsintern in andere Bereiche gewechselt haben (IT, MC etc.)

- Insgesamt prägnante Biografien
- Alle Mitarbeitenden ab 40 Jahre Berufs-erfahrung werden persönlich angesprochen

- **Ziele**
- Übertragung von Erfahrungen und beruf-lichem Wissen
- Es erfolgt eine Evaluation bezüglich der Annahme dieser Art des Beratungsangebots → ggf. erfolgen Anpassungen

24.5   Ausblick

Fazit

Die Mehrdimensionalität der demografischen Ent-wicklung und deren Auswirkungen sind einerseits bekannt und müssen andererseits permanent an die Realität der Gesundheitseinrichtungen ange-passt werden. Diese Erkenntnis stellen die Arbeitge-ber, die von ihnen beauftragten Führungskräfte, wie auch die Mitarbeitenden und die Mitarbeitervertre-tungen vor eine permanente Herausforderung so-wohl was Analysen als auch die zu entwickelnden Werkzeuge betrifft. Die derzeitigen Entwicklungen in medizinischen Berufen, insbesondere bei Ärzten und Pflegefachkräften, können exemplarisch als Ausdruck der Veränderungsnotwendigkeit im ge-samten Arbeitsleben herangezogen werden.

Das Projekt LAP versteht sich als lernendes Projekt, das Antworten auf die Fragen gibt, die in den kom-menden 10–20 Jahren an uns gestellt werden.

Bei weiterem Interesse an der Entwicklung dieses Projekts weisen wir abschließend auf die Internet-seite des Bundesministeriums für Gesundheit mit der Internetadresse http://www.pflege-kranken-haus.de hin.

Literatur

Bundesagentur für Arbeit (2013) Familienorientierte Personal-politik. Informationen für Arbeitgeber. Bundesagentur für Arbeit – Zentrale (Stab Chancengleichheit am Arbeits-markt), Nürnberg. https://www3.arbeitsagentur.de/web/wcm/idc/groups/public/documents/webdatei/mdaw/mtix/~edisp/l6019022dstbai392355.pdf. Zugegriffen: 05. April 2017

DKG – Deutsche Krankenhausgesellschaft (2016) Eckdaten der Krankenhausstatistik. DKG, Berlin. (http://www.dkgev.de/media/file/27611.Eckdaten_Krankenhausstatistik_Stand_2016-06-10_.pdf. Zugegriffen: 21. März 2017

Geißler H (2010) Arbeitsvermögen fördern und erhalten. Symposium 20 Jahre Stahlstiftung – Zukunft stiften, Linz. http://www.stahlstiftung.at/stahlstiftung/downloads/News/Praesentation_Geissler28112007.pdf. Zugegriffen: 24. August 2010

Ilmarinen J, Tempel J (2002) Arbeitsfähigkeit 2010. Was kön-nen wir tun, damit Sie gesund bleiben. VSA, Hamburg

Oldenbourg R, Ilmarinen J (2010) Für eine lebenslaufbezoge-ne Arbeitsfähigkeitspolitik. In: Naegele, Gerhard (Hrsg.) Soziale Lebenslaufpolitik. VS, GWV, Wiesbaden, S 429–448

Söffner S, Siegle A (2010) Lebensphasengerechtes Arbeiten im Pflegedienst. Betrachtung der sich im Laufe des Erwerbs-lebens verändernden Arbeitsfähigkeit aus Sicht von Pflegefachkräften und Management im Krankenhaus. Bachelorarbeit, Hochschule Esslingen

Statistisches Bundesamt (2010) Auswirkungen auf Kranken-hausbehandlungen und Pflegebedürftige im Bund und in den Ländern. Demografischer Wandel, Heft 2. Statistisches Bundesamt, Wiesbaden. https://www.destatis.de/DE/Publikationen/Thematisch/Bevoelkerung/DemografischerWandel/KrankenhausbehandlungPflege-beduerftige5871102109004.pdf?__blob=publicationFile. Zugegriffen: 21. März 2017

Statistisches Bundesamt (2015) Bevölkerung Deutschland bis 2060. Statistisches Bundesamt, Wiesbaden. https://www.destatis.de/DE/Publikationen/Thematisch/Bevoelkerung/VorausberechnungBevoelkerung/BevoelkerungDeutsch-land2060Presse5124204159004.pdf?__blob=publication-File. Zugegriffen: 21. März 2017

Statistisches Bundesamt (2016a) Alterung der Bevölkerung durch aktuell hohe Zuwanderung nicht umkehrbar. Pressemitteilung Nr. 021 vom 20.01.2016. Statistisches Bundesamt, Wiesbaden. https://www.destatis.de/DE/PresseService/Presse/Pressemitteilungen/2016/01/PD16_021_12421.html. Zugegriffen: 21. März 2017

Statistisches Bundesamt (2016b) Gesundheitsausgaben im Jahr 2014 bei 328 Milliarden Euro. Pressemitteilung Nr. 080 vom 08.03.2016. Statistisches Bundesamt, Wiesba-den. https://www.destatis.de/DE/PresseService/Presse/Pressemitteilungen/2016/03/PD16_080_23611.html. Zugegriffen: 21. März 2017

Statistisches Bundesamt (2016c) Sterbetafeln. Ergebnisse aus der laufenden Berechnung von Periodensterbeta-feln für Deutschland und die Bundesländer. 2013/2015. Statistisches Bundesamt, Wiesbaden. https://www.destatis.de/DE/Publikationen/Thematisch/Bevoelkerung/Bevoelkerungsbewegung/PeriodensterbetafelnBundes-laender5126204157004.pdf?__blob=publicationFile. Zugegriffen: 21. März 2017

Hochschulisch ausgebildete Pflegefachpersonen in der Pflegepraxis – Wie kann eine gute Einarbeitung und Integration gelingen?

Praxisbeispiel aus dem Universitätsklinikum Regensburg

Kirstin Fragemann, Andrea Spiegler, Claudia Bogner, Katharina Pielmeier, Johanna Loibl

© Springer-Verlag GmbH Deutschland 2017
P. Bechtel, I. Smerdka-Arhelger, K. Lipp (Hrsg.), *Pflege im Wandel gestalten – Eine Führungsaufgabe*,
DOI 10.1007/978-3-662-54166-1_25

Angesichts des demografischen Wandels und der Zunahme chronischer Erkrankungen in der Gesellschaft werden sich zukünftig die Versorgungsbedarfe im Gesundheitswesen nicht nur quantitativ, sondern auch in qualitativer Hinsicht erhöhen. Zur Bewältigung der zunehmend komplexer werdenden Anforderungen ist die Hinwendung zu einer stärker kooperativ organisierten Gesundheitsversorgung und die Entwicklung innovativer Versorgungskonzepte mit Erweiterung bisheriger traditioneller Tätigkeitsfelder vonnöten (Wissenschaftsrat 2012). Dies betrifft insbesondere die Pflege als die größte Berufsgruppe des Gesundheitswesens. Die deutschen Hochschulen und Universitäten reagierten auf die Empfehlung des Wissenschaftsrates aus dem Jahr 2012, 10–20% der in der direkten Patientenversorgung tätigen Pflegenden akademisch zu qualifizieren. In den letzten Jahren entstanden im deutschsprachigen Raum vielfältige pflegebezogene primärqualifizierende Studiengänge mit dem Schwerpunkt wissenschaftlicher Ausrichtung (Meyer 2015; Stratmeyer 2016). Ergebnisse der Care-N Study N-V zeigen, dass eine akademische Ausbildung in der direkten Patientenversorgung mit einem höheren Maß an eigenständigem Handeln und an wissenschaftsbasierter Aufgabenbearbeitung assoziiert wird (Dreier et al. 2016). Internationale Studien weisen auf positive Zusammenhänge zwischen besserer Qualifikation und günstigeren Patienten-Outcomes hin wie auch auf die Reduzierung von Komplikationen, beispielsweise für Dekubitus oder Lungenembolie (Meyer 2015).

25.1 Hintergrund: Aktuelle Entwicklungen in der Pflegeausbildung

Kirstin Fragemann, Andrea Spiegler

Für den Einsatz der akademisierten Pflegefachkräfte in deutschen Krankenhäusern gibt es kaum einheitliche Vorstellungen oder Konzepte (Schöps et al. 2015). Um den Verbleib der hochschulisch gebildeten Pflegenden in der direkten Patientenversorgung zu sichern und deren Zusatzkompetenzen qualitätsfördernd auszuschöpfen, sind Einrichtungen

geftordert, geeignete Modelle zu entwickeln, die eine Einbindung gelingen lassen (Stratmeyer 2016).

Die zunehmend spezialisierten und hochkomplexen Pflegebedarfe erfordern eine Umstrukturierung und Neuverteilung des pflegerischen Tätigkeitsfeldes (Dreier et al. 2016; Fragemann 2016). Dazu bildet die Hinwendung zur wissenschaftlichen Fundierung des berufsspezifischen pflegerischen Handelns eine Voraussetzung (Meyer 2015). Eine Übertragung bisheriger Aufgabenbereiche an andere Assistenzberufe scheint eine geeignete Entlastungsmöglichkeit für die professionelle Pflege (Rogalski et al. 2012). Besonders für größere Einrichtungen wie Universitätskliniken bietet sich zur Aufgabenverteilung ein Qualifikationsmix aus hochschulisch und dreijährig ausgebildeten Pflegefachkräften ergänzt durch Assistenzberufe innerhalb eines Stationsteams an (VPU 2016).

25.2 Herausforderungen in der Einbindung hochschulisch qualifizierter Absolventen in die pflegerische Praxis

Die Entwicklung und Implementierung neuer Strukturen stellt sowohl Arbeitgeber als auch Studienabsolventen vor Herausforderungen. Die Vielfalt der Studieninhalte und das Fehlen eines einheitlichen „Kerncurriculums Pflegewissenschaft" erschwert die eindeutige Zuordnung der Kompetenzen (Hülsken-Giesler 2010). Während Studiengänge mit Pädagogik- oder Management-Ausrichtung sich in der Berufsgruppe aufgrund der historischen Entwicklung bereits etabliert haben, sorgen noch unklar definierte Tätigkeitsfelder für die wissenschaftlichen Studiengänge für Verunsicherung sowohl innerhalb der Pflegeteams als auch bei den hochschulisch ausgebildeten Absolventen. Rollen- und Tätigkeitsabgrenzungen zu traditionell ausgebildeten Pflegefachpersonen erscheinen schwierig (Fragemann 2016). Internationale Erfahrungen z. B. aus den USA und Kanada verdeutlichen, dass eine klare Rollenabgrenzung innerhalb von Pflegeteams schwierig sein kann. So stellen sich die Rollen und Aufgaben zwischen nichtakademischen Pflegefachkräften und Pflegefachkräften mit einem Bachelorabschluss in der klinischen Patientenversorgung nicht selten als schwach differenziert dar (Baranek 2005; Besner et al. 2006). Empfohlen wird eine Restrukturierung der Pflegeorganisation in fachlicher und organisatorischer Hinsicht (Stratmeyer 2016), die an individuelle Erfordernisse der Einrichtungen und der Absolventen angepasst ist. Für Berufsanfänger, die sich noch in der letzten Studienphase befinden, sind beispielsweise flexible Dienstplangestaltung und effektives Zeitmanagement unabdingbare Rahmenbedingungen, um eine effektive Einarbeitung mit dem Studium zu verbinden. Studienabsolventen primär qualifizierender Studiengänge verfügen zwar über erweiterte Kompetenzen in Bezug auf kritisches Denken oder Reflexionsfähigkeit (Dreier et al. 2016), sind aber ebenso Berufsanfänger, wie ihre dreijährig ausgebildeten Kollegen. Um die Umsetzung pflegewissenschaftlicher Erkenntnisse zu befördern, benötigen sie Unterstützung durch (hochschulisch gebildete) Vorgesetzte und Kollegen (Köpke et al. 2013).

Neben der intraprofessionellen Herausforderung einer sinnvollen Rollenabgrenzung müssen weitere Chancen und Barrieren in der Kooperation mit anderen Berufsgruppen wie z. B. Ärzten betrachtet werden. Hier gilt es, Vorbehalte im Dialog abzubauen und die Kompetenzen der Hochschulabsolventen im interprofessionellen Kontext gemeinsam zu verorten. Gerade Pflegestudiengänge versuchen heute, ihre Absolventen auf Aufgaben in der Vernetzung der Berufsgruppen vorzubereiten. Zahlreiche internationale Studien konnten die Bedeutung der interprofessionellen Zusammenarbeit im klinischen Kontext belegen (D'Amour und Oandasan 2005; Dudley und Wiysonge 2008; Hammick et al. 2007; Gilbert et al. 2010; Reeves et al. 2013). Interprofessionelle Zusammenarbeit bedeutet aber künftig nicht nur die Kooperation im Alltagshandeln, sondern auch in der gemeinschaftlichen Bearbeitung wissenschaftlicher Fragestellungen hinsichtlich der besten Evidenz in der Versorgung von komplexen Krankheitsbildern. Die wissenschaftliche Zusammenarbeit der Berufsgruppen sollte dabei von vergleichbaren Basiskompetenzen geprägt sein. Die Gefahr einer realen thematischen Konkurrenzsituation in der Bearbeitung wissenschaftlicher Fragestellungen dürfte schon aufgrund der Studieninhalte der Pflegewissenschaften gering sein. Pflegewissenschaftliche Fragestellungen beziehen sich konsequenterweise auf die pflegerische Perspektive der Patientenversorgung und betrachten Pflegeprobleme der Patienten, aber auch strukturelle und organisatorische Herausforderungen. Dabei werden Beratungsbedarfe, sektorenübergreifende Versorgungsprozesse und die Einbindung von Angehörigen mit in den Fokus genommen. Die Bündelung interprofessioneller Fragestellungen in Bezug auf die Suche nach der bestmöglichen Evidenz sollte somit als wichtiger Beitrag für eine Sicherung der Versorgungsqualität in den Stationen verstanden werden.

25.3 „Chancen nutzen – Strukturen zur Integration in die Praxis schaffen": Das Konzept des Universitätsklinikums Regensburg

Das Universitätsklinikum Regensburg (UKR), eine Einrichtung der Supramaximalversorgung, strebt zur Bewältigung künftiger Herausforderungen der Versorgungsbedarfe eine Differenzierung der pflegerischen Versorgungsstrukturen mittels eines personellen kompetenzorientierten Skills-und Grade-Mix an (VPU 2016). Im Rahmen einer interdisziplinären Arbeitsgruppe unter Leitung der Stabsstelle Pflegeentwicklung der Pflegedirektion wurde von 2013 bis 2015 ein umfassendes Strukturkonzept vorrangig zur Einbindung von Absolventen primär qualifizierender Pflegestudiengänge („Pflege Dual") entwickelt. Ausgangspunkt war eine systematische Literaturrecherche zu vorher definierten Suchbegriffen und eine Situationsanalyse zur Einschätzung der Rahmenfaktoren am UKR. Das Konzept „Chancen nutzen – Strukturen zur Integration in die Praxis schaffen" besteht aus sieben nachfolgend ausgeführten Bausteinen, die bedarfsadaptiert sukzessive implementiert werden. Es beinhaltet zusätzlich Entwicklungsmöglichkeiten für die zukünftige Weiterentwicklung des Pflegedienstes am UKR, von der Bachelor- bis zur Masterqualifikation.

25.3.1 Gestuftes Laufbahn- und Entwicklungsmodell der Pflege am UKR

Das sechsstufige Modell (- Abb. 25.1) dient als Karrieremodell zur Abbildung von Aufgaben- und Leistungsbeschreibungen von Pflegefachpersonen nach Qualifikation, Berufserfahrung und individueller Entwicklung und beginnt mit dem Erwerb zur Führung der Berufsbezeichnung Gesundheits- und Krankenpflege. Neben der Möglichkeit des bisher eher managementbezogenen professionellen Aufstiegs im Rahmen einer Führungskarriere mit Personal- und Sachverantwortung eröffnen

	Professionelle Pflege I BerufsanfängerIn Pflegefachkraft	Professionelle Pflege II Erfahrene Pflegefachkraft	Professionelle Pflege III PflegespezialistIn	Professionelle Pflege IV PflegefachspezialistIn	Professionelle Pflege V PflegeexpertIn	Professionelle Pflege VI Leitung Professionelle Pflege Management Pflegewissenschaft
FUNKTION	Gesundheits- und KrankenpflegerIn Gesundheits- und KinderkrankenpflegerIn	Gesundheits- und KrankenpflegerIn Gesundheits- und KinderkrankenpflegerIn	Gesundheits- und KrankenpflegerIn Gesundheits- und KinderkrankenpflegerIn für die spezielle individualisierte Pflege von bestimmten Patientengruppen (z. B. Schmerzmanagement) PraxisanleiterIn	PersonalmanagerIn Pflegerische Leitung FachkrankenpflegerIn FachkinderkrankenpflegerIn PraxisanleiterIn für Fachpflege Case ManagerIn ProjektmanagerIn zur Praxisentwicklung in der Pflege	PflegeexpertIn	A PflegedirektorIn B Pflegedienstleitung C Stabsstellen Pflegedirektion
AUFGABEN	Aufgaben in der direkten komplexen Patientenversorgung	Aufgaben in der direkten komplexen Patientenversorgung	Aufgaben in der direkten komplexen Patientenversorgung	Personalführungs- und Organisationsverantwortung für eine pflegerische Abteilung/Station Fachverantwortung für ein spezifisches pflegerisches Handlungsfeld	Advanced Nursing Practice	Vorstand Pflege Strategische, personelle und wirtschaftliche Verantwortung Koordination Personalmanagement Pflegeentwicklung/ Pflegeforschung
QUALIFIKATION	Krankenpflege-Examen nach KrPflgG oder Bachelor of Nursing (Berufserfahrung ≤ 12 Monate Vollzeit/ ≤ 24 Monate Teilzeit)	Krankenpflege-Examen nach KrPflgG oder Bachelor of Nursing (Berufserfahrung ≤ 12 Monate Vollzeit/ ≤ 24 Monate Teilzeit)	Qualifizierende Weiterbildung zu speziellen Aufgaben und Handlungsfeldern in der Professionellen Pflege und/oder Bachelor of Nursing (Berufserfahrung ≤ 12 Monate Vollzeit/ ≤ 24 Monate Teilzeit) PflegefachspezialistIn Abschluss mit DKG-Anerkennung oder vergleichbare Qualifiketion (Weiterbildungsdauer > 12 Monate Vollzeit) Ggf. vergleichbarer Hochschulabschluss z. B. Intensive Care Practitioner o. ä.	PflegefachspezialistIn Bachelor of Nursing mit entsprechender (Fach-/ Spezialisierung und mehrjähriger Berufserfahrung oder entsprechenden Sonderaufgaben (Berufserfahrung mind. > 12 Monate Vollzeit/ > 24 Monate Teilzeit)	Master-Abschluss Pflegewissenschaft und Krankenpflege-Examen nach KrPflgG bzw. vergleichbarer wissenschaftlicher Hochschulabschluss ggfs. Promotion Mehrjährige Berufserfahrung in der direkten Patientenversorgung	Bachelor-/Master-Abschluss oder vergleichbares Hochschulstudium des Managements [z. B. Diplom (FH/Univ.)] Master-Abschluss der Pflege-/Gesundheitswissenschaften bzw. vergleichbares wissenschaftliches Studium mit dem Schwerpunkt Pflege [z. B. Diplom (FH/Univ.)], ggfs. Promotion
	AUFGABEN & QUALIFIKATIONEN – PflegefachhelferIn oder PflegeassistentIn (abgeschlossene Berufsausbildung)					

Abb. 25.1 Gestuftes Laufbahn- und Entwicklungsmodell (Aus Fragemann 2016, mit freundlicher Genehmigung des medhochzwei-Verlags)

sich für die auf die Patientenversorgung bezogenen Studiengänge Perspektiven in Richtung Fachkarriere/Fachverantwortung oder Projektmitarbeit/ Projektverantwortung.

25.3.2 Stellenbeschreibung

Für den Einsatz der hochschulisch ausgebildeten Pflegefachpersonen in der direkten Patientenversorgung wurde eine Ergänzung zu der allgemeinen Stellenbeschreibung für Gesundheits- und (Kinder-) Krankenpflege formuliert. Diese bildet erweiterte Kompetenzbereiche, wie beispielsweise den systematischen Einsatz von Assessmentinstrumenten zur Pflegebedarfsplanung oder Unterstützung bei der Entwicklung und Umsetzung von praxisbezogenen Forschungsprojekten ab.

Vorgesehen ist die bedarfsorientierte inhaltliche Ausgestaltung und Spezialisierung der Aufgabenfelder in Zusammenarbeit mit den Stationsteams und die Entwicklung neuer pflegerischer Tätigkeitsprofile. Im Fokus steht hierbei die Steuerung komplexer Pflegebedarfe, die Ausbildung von Expertenrollen für definierte Patientengruppen, Übernahme von Fachverantwortung und Initiierung und Evaluation von Maßnahmen im Rahmen der Pflegequalitätssicherung inklusive Beratung. Handlungsleitend ist die Förderung einer evidenzbasierten Pflegepraxis zur Optimierung der Versorgungsqualität.

25.3.3 Mentoring-Programm „Pflege-Plus"

Für Berufsanfänger mit hochschulischem Abschluss wird das ergänzende Einarbeitungskonzept Pflege Plus angeboten. Das Programm beinhaltet sieben mit Lernzielen unterlegte Module, die sich auf die angestrebten erweiterten Kompetenzbereiche der Tätigkeit am UKR beziehen. Zusätzlich sieht es die Begleitung durch sog. Mentoren vor, die die Mitarbeitenden bei der Entwicklung von Strategien der Übertragung evidenzbasierter Ansätze in die Pflegepraxis unterstützen und Hilfestellung bei Problemstellungen bieten können (Rycroft-Malone 2004).

25.3.4 Fachgruppe „Pflege-Plus"

Nach Abschluss der erweiterten Einarbeitungsphase nehmen Pflegefachpersonen mit dem Tätigkeitsschwerpunkt in der direkten Patientenversorgung bei Eignung an dem Arbeitskreis „Fachgruppe Pflege-Plus" teil. Ziel ist es, die erweiterten Kompetenzen der hochschulisch gebildeten Pflegefachpersonen im Rahmen eines strukturierten Wissensmanagements für das UKR nutzbar zu machen, die Pflegequalität mit dem Fokus der Evidenzbasierung weiterzuentwickeln und die Herausbildung des speziellen beruflichen Profils der Profession Pflege zu fördern (Fragemann 2016).

25.3.5 Netzwerk Pflegestudium

Das „Netzwerk Pflegestudium" bietet eine Organisationsform für Pflegestudierende verschiedener Schwerpunkte (Management, Pädagogik, Wissenschaft), bereichsübergreifend miteinander in Kontakt zu treten und sich in die Unternehmenskultur des UKR einzubringen. Ergänzend zu den einsemestrigen Treffen wird eine E-learning-Plattform mit Diskussionsforum zum virtuellen Austausch und zur Informationsweitergabe genutzt.

25.3.6 Vergütung

Für kommunale Arbeitnehmer tritt ab dem Jahr 2017 eine neue Entgeltordnung in Kraft, die erstmals akademische Qualifikationen in der Pflege berücksichtigt (ver.di 2016a). Am UKR kommen übergangsweise bis zur tariflichen Angleichung des TV-L (ver.di 2016b) Anreize zur Mitarbeiterbindung und -gewinnung in Form der Gewährung finanzieller Zulagen oder über die Förderung von Aus-, Fort und Weiterbildungen zum Tragen.

25.3.7 Flexible Arbeitszeitmodelle

Zur Vereinbarkeit des Studiums mit einer zielführenden praktischen Einarbeitung der Berufsanfänger werden im letzten Studienabschnitt flexible

Arbeitszeitmodelle angeboten, die individuell mit den Studierenden und den Personalverantwortlichen im jeweiligen Einsatzbereich abgestimmt werden.

25.4 „Wir gehen einen neuen Weg" – Praxisbeispiel zur Einarbeitung von dualstudierenden Pflegefachpersonen auf einer Intensivstation am UKR

Claudia Bogner, Katharina Pielmeier, Johanna Loibl

Das Universitätsklinikum Regensburg (UKR) begab sich am 01. Okt. 2015 mit der Einstellung zweier studierender Pflegekräfte auf einen bis zum damaligen Zeitpunkt noch unbekannten Weg. Die beiden neuen Mitarbeiterinnen wurden auf der Intensivstation 92 eingesetzt, welche eine gastroenterologische Intensivstation mit 12 Betten darstellt. Sie waren gleichzeitig im Bachelor-Studiengang Pflege-Dual an der Ostbayerischen Technischen Hochschule Regensburg (OTH) eingeschrieben. Das nachfolgende Beispiel beschreibt die Integration der beiden Studentinnen in das bestehende Pflegeteam der Station. Es bezieht sich auf die Zeit während und nach der Einarbeitung auf Station, die gleichzeitig in die eineinhalb Jahre dauernde zweite Phase der Bachelor-Ausbildung mit Vollzeitstudium fiel. Der Arbeitszeitanteil der Studentinnen auf Station belief sich auf 50%. Es wird dargestellt, welche Herausforderungen, Aufgaben und Probleme auf die pflegerische Leitung und den Praxisanleiter der Station sowie die dualen Studentinnen zukamen und mit welchen Strategien sie gemeistert wurden. Der Beitrag beschreibt Strategien und Konzepte zur Einarbeitung und für die unmittelbare Zeit danach.

Die vorgestellten Strategien und Konzepte wurden im Rahmen des Projektes, „Wir gehen einen neuen Weg" – Integration von Pflegekräften im dualen Studium auf der Intensivstation 92, erarbeitet. Das Projekt war als Abschlussarbeit verpflichtender Bestandteil eines Stationsleitungslehrganges der stellvertretenden pflegerischen Leitung. Der vorliegende Artikel enthält Abschnitte, Tabellen und Graphiken aus der genannten Projektarbeit.

25.4.1 Die Einarbeitung: Eine Herausforderung, den Dienstplan und die Vorlesungszeit in Einklang zu bringen

Die Einarbeitung der beiden neuen Kolleginnen begann am 01. Oktober 2015 mit ihrer Einstellung. Die beiden dualen Studentinnen freuten sich sehr, endlich hieß es: Los geht's auf der Intensivstation 92. Zunächst wurden die beiden neuen studierenden Mitarbeiterinnen sowie zwei weitere neue Kolleginnen, die sich nicht im Studium befanden, durch das Stationsteam herzlich willkommen geheißen. Dann wurde es aber bereits ernst und der normale Stationsalltag hielt Einzug.

Der Arbeitszeitanteil der dualen Studenten liegt bei 50% der normalen Arbeitszeit. Das stellte sowohl die studierenden neuen Kolleginnen wie auch die Stationsleitung vor eine große organisatorische Herausforderung. Die Anforderung, die Einarbeitung in der regulären Zeit von drei Monaten abzuschließen, war eine grundlegende Voraussetzung für die Einstellung der beiden dualen Studentinnen. Effektiv bleibt dualen Studenten somit lediglich die Hälfte der Zeit wie normalen Mitarbeitern, um die gleiche Einarbeitung zu durchlaufen.

Während der regulären Vorlesungszeit sind zwei Kombinationen von Vorlesungen und Diensten für die dualen Studenten möglich:

1. Frühdienst auf Station → Vorlesungen am Nachmittag
2. Vorlesungen am Vormittag → Spätdienst auf Station

Bei der zweiten Variante mit Spätdienst wurde der Arbeitsbeginn des Spätdienstes zusätzlich von 13:25 Uhr auf 14:00 Uhr verschoben, seine Dauer also leicht verkürzt. Die Kombination aus Vorlesungen und dem Dienst am Klinikum ist dabei sehr anstrengend. Auf Nachtdienste wurde deshalb wochentags möglichst verzichtet, auch wenn dies theoretisch von Donnerstag auf Freitag für die Studentinnen möglich gewesen wäre. Mehrere Nachtdienste am Stück schieden damit aus, da für die Planung der Nachtdienste nur das Wochenende blieb.

Neben der reinen Präsenzzeit auf Station resultiert die hohe Belastung in der zweiten Phase des Studiums Pflege Dual insbesondere auch auf der stetigen Umstellung zwischen Lernen und Arbeiten, welche die Kombination Vorlesungen bzw. Einarbeitungstrainings sowie normale Dienste nach sich zieht.

25.4.2 Anpassung des Einarbeitungsmodells

Die Einarbeitung der beiden studierenden neuen Mitarbeiterinnen der Station 92 musste auf mehrere Mentoren verteilt werden. Das normale Einarbeitungsmodell sieht bei neuen Kollegen standardmäßig lediglich einen bis zwei Mentoren für die 3 Monate der Einarbeitungszeit vor. Die Notwendigkeit zur Änderung des Standardmodells ergab sich aber zwangsläufig aus dem Vorlesungsplan der Studentinnen. Wird normalerweise während der Einarbeitungszeit der Dienstplan des zugeordneten Mentors auf den Dienstplan des neuen Mitarbeiters übertragen, so ist das bei dual studierenden neuen Mitarbeitern nicht möglich. In diesem Fall ist es erforderlich, zunächst den Dienstplan der Studenten mit ihrem Vorlesungsplan abzugleichen. Erst danach kann ihnen der jeweilige Mentor individuell zugeteilt werden. Generell sollte die Anzahl der verschiedenen Mentoren allerdings möglichst gering bleiben.

Bei der normalen Dienstplanung wird auf einen möglichst konstanten Rhythmus zwischen den verschiedenen Diensten geachtet. Dies konnte im Falle der beiden studierenden neuen Mitarbeiterinnen nicht immer gewährleistet werden, was sicherlich mitverantwortlich für die allgemein hohe Arbeitsbelastung von dualen Studenten mit 50% Arbeitszeitanteil ist.

25.4.3 Mentoring: Die Flexibilität ist auf beiden Seiten für ein Gelingen der Einarbeitung notwendig.

Die Zuteilung der Mentoren war individuell auf den Dienstplan der beiden Studentinnen abzustimmen, was zumeist recht kurzfristig erfolgte. Dieser Umstand verlangte den beiden Kolleginnen ein hohes Maß an Flexibilität und Anpassungswillen ab. Durch den sich wiederholenden Wechsel der Mentoren während der Einarbeitung neuer Mitarbeiter im dualen Studium ist es zudem schwieriger, deren jeweiligen Wissensstand kontinuierlich zu dokumentieren. Richtlinien für eine standardisierte Einarbeitung sowie die Dokumentation im individuellen Einarbeitungsordner der Mitarbeiter sind hier von großem Vorteil. Vor jeder Einarbeitungsphase muss sich der gerade zugeteilte Mentor mithilfe des Einarbeitungsordners auf den aktuellen Wissensstand des einzuarbeitenden Mitarbeiters bringen. Nach jeder Einarbeitungsphase ist das neu Erlernte möglichst zeitnah im Einarbeitungsordner festzuhalten. Dieses Vorgehen entspricht weitestgehend dem Wunsch und Feedback der Studentinnen, es verlangt aber gleichsam von den Mentoren wie auch von den Studierenden und einzuarbeitenden Mitarbeitern ein hohes Maß an Eigenverantwortung.

25.4.4 Zusätzliche Skills-Lab Trainings für die Studierenden

Ein weiterer Unterschied bei der Einarbeitung der studierenden Mitarbeiter zu den nicht studierenden Mitarbeitern besteht darin, dass diese neben dem normalen Mentoring-Programm bereits während ihrer Einarbeitung zusätzlich spezielle Anleitungen und Skills-Lab Trainings durch einen Praxisanleiter erhalten. Diese Maßnahme soll die aus dem 50%igen Arbeitsanteil resultierende verkürzte Einarbeitungszeit und den Umstand der wechselnden Mentoren kompensieren. In den praktischen Anleitungen werden verschiedene Themen zunächst theoretisch behandelt und deren Inhalt danach praktisch umgesetzt.

Die Skills-Lab Trainings unterstützen die praktischen Anleitungen und vertiefen die jeweiligen Lernbereiche in der Einarbeitung zusätzlich. Durch die Simulationen in den Skills-Lab Trainings erlangen die studierenden Mitarbeiter Sicherheit für Notfallsituationen, die unter Umständen in deren verkürzter Einarbeitungszeit nicht auftreten. Die zusätzlichen Praxis-anleitungen und die neu definierten Skills-Lab Trainings sichern zusammen die hohen

Qualitätsstandards des UKR auch bei der verkürzten Einarbeitungszeit der Mitarbeiter im dualem Studium.

Die folgende Übersicht zeigt die auf Station 92 verwendete Spezifikation für Skills-Lab Trainings für neue Mitarbeiter, die durch den Praxisanleiter der Station ausgearbeitet wurde. Sie beinhaltet die Punkte Materialien, Teilnehmer, Ablauf und Zeitrahmen und gibt darüber hinaus auch vor, wie sich der Tutor grundsätzlich während des Trainingsablaufs zu verhalten hat.

Spezifikation der Skills-Lab Trainings für neue Mitarbeiter auf Station 92

- **Materialien**
  - Übungs-REA-Wagen mit entsprechendem Übungsmaterial
  - Freier Bettplatz mit entsprechenden Gasanschlüssen und Monitoring
  - ALS-Reanimationspuppe
  - Diverse Infusionen und Medikamente
  - Laptop oder Tablet zur Steuerung der Simulation
- **Teilnehmer**
  - Bis zu 6 Trainees der Intensivstation
  - Tutor (Praxisanleiter, BLS/ALS-Trainer)
- **Ablauf**
  - Einweisung in die verwendeten Geräte und Materialien
  - Darstellung des Szenarios
  - Praktische Durchführung durch die Teilnehmer
  - Evaluation
- **Zeitrahmen**
  - Ca. 1–1,5 Stunden Vorbereitung des Tutors
  - 20 min Einführung (entfällt bei weiteren Trainings)
  - 45–60 min Durchführung
  - 20 min Evaluation
- **Ergänzungen**
  - Der Tutor ist bei der Durchführung lediglich Statist bzw. Spielleiter.
  - Fehler der Teilnehmer und Verbesserungsvorschläge werden erst in der Evaluationsrunde besprochen.

Generell sollen während der Einarbeitung neuer Mitarbeiter auf Station 92 zwei Skills-Lab Trainings durchgeführt werden, die folgende Themengebiete abdecken:

- Aufnahme, Entlassung und Verlegung eines Patienten
- Bestückung des ZVK (zentraler Venenkatheter)
- Intubation und Extubation
- Alternatives Airway-Management
- Reanimation
- Grundlagen Atmung/Beatmung
- Venöse Blutentnahme mit einer Punktionskanüle
- Legen einer PVK (periphere Verweilkanüle)

Die Trainings auf den genannten Themengebieten müssen selbstverständlich auch in der Einarbeitungsphase der dual studierenden Mitarbeiter mit den bereits beschriebenen besonderen Herausforderungen bezüglich Zeit- und Arbeitsplanung abgehalten werden. Die zusätzlich investierte Zeit für die Trainings wird allerdings durch eine Verkürzung der Einarbeitungszeit überkompensiert, was sich insbesondere bei neuen dual studierenden Mitarbeiter besonders positiv auswirkt. Latente Wissensdefizite werden durch die Simulation während der Trainings aktiv aufgedeckt und sofort behoben. Für die Qualitätssicherung leisten Skills-Lab Trainings mit ihrer vereinheitlichten Wissensvermittlung und Wissenskontrolle durch einen klar vorgegebenen Rahmen mit einer reduzierten Anzahl an Ausbildern deshalb einen überaus wichtigen Beitrag.

25.4.5 Ergebnisse der Einarbeitung und weitere organisatorische Gestaltung

Die Einarbeitung der beiden studierenden Kolleginnen wurde wie geplant nach 3 Monaten beendet, dies entspricht auch der normalen Einarbeitungszeit nicht studierender Mitarbeiter. Die Phase nach der Einarbeitung begann im Januar 2016. Der Arbeitszeitanteil wurde bei 50% belassen, da sich die beiden Mitarbeiterinnen noch in der zweiten Phase ihrer dualen Ausbildung, mit Vollzeitstudium befinden. Das planmäßige Ende des Studiums ist für April

2017 terminiert. Das beschriebene Vorgehen bei der Dienstplanung aus der Einarbeitungsphase wird während der normalen Vorlesungszeit beibehalten. Trotz der entwickelten Methodik bleibt die Dienstplanung herausfordernd. Während die Mitarbeiterinnen in ihrer Einarbeitungszeit für den jeweiligen Dienst zusätzlich geplant waren und kurzfristige Änderungen im Dienstplan deshalb einfach möglich waren, ist dies im normalen Stationsbetrieb so nicht mehr umsetzbar. Die studierenden Mitarbeiterinnen müssen, wie der Rest der Stammbelegschaft, normal verplant werden. In der vorlesungsfreien Zeit ist die Personaleinsatzplanung dagegen deutlich leichter. Die Dienstplanung geschieht dann, wie beim restlichen Personal, durch den Wunschplan. Die Problematik eines fehlenden Rhythmus bei der Dienstfolge kann dadurch vermieden werden.

Die aus der Einarbeitungsphase bekannten Skills-Lab Trainings und Praxisanleitungen werden weiterhin durchgeführt. Die während dieser Zeit zugeteilten Mentoren entfallen allerdings. Dieses Vorgehen ist vergleichbar mit dem Verfahren für die Einarbeitung nicht studierender Pflegekräfte, allerdings finden die Trainings und Anleitungen wegen des reduzierten Arbeitszeitanteils der studierenden Mitarbeiter in kürzeren Abständen statt. Ein Rhythmus von einem Training bzw. einer Anleitung pro Monat hat sich hierbei bewährt. Die noch bestehenden Wissenslücken werden somit effizient aufgedeckt und geschlossen. Anzumerken ist, dass die Skills-Lab Trainings nicht eigens für die dual studierenden Mitarbeiter geplant werden. Die Trainings finden für alle Mitarbeiter in der erwähnten Teilnehmerzahl statt. Die studierenden Mitarbeiter werden lediglich häufiger für die Trainings eingeteilt. Die beschriebene Vorgehensweise entstammt hierbei dem expliziten Wunsch der beiden Studentinnen.

25.4.6 Nutzen der Akademisierung für die Stationen

Die Akademisierung in der Pflege bietet den Stationen das Potenzial, aktiv Pflegeforschung zu betreiben und ihre Qualitätsstandards nachhaltig zu verbessern. Die Bachelorarbeiten am Ende des dualen Studiums bieten die Möglichkeit, dieses Potenzial bereits während des Studiums für die Station zu erschließen.

Bereits kurz nach der Einarbeitungsphase der Studentinnen wurden auf Station verschiedene pflegerische Forschungsthemen gesammelt. In Abstimmung mit der Pflegedienstleitung und den Studentinnen wurden daraus die Bereiche Weaning bzw. Ernährung für ihre Bachelorarbeiten ausgewählt. Die Bearbeitung der Themen beginnt voraussichtlich bereits Ende 2016.

Darüber hinaus wurde im Juni 2016 das erste Interprofessionelle Forschungsprojekt der Universitätsklinik freigeschaltet. Das Projekt startet im Oktober 2016 mit einer Laufzeit von 1,5 Jahren. Es beschäftigt sich mit dem Thema Sepsis unter Beteiligung der Klinikdirektorin, der Pflegedienstleitung, der Oberärzte, zweier Assistenzärzte, der beiden Stationsleitungen und der beiden dualen Studentinnen. Das Projekt wird maßgeblich auf Station 92 durchgeführt. Es steht insgesamt für die aktiv stattfindende Integration der zukünftigen akademisierten Pflegekräfte.

Die Betreuung interprofessioneller Forschungsprojekte wird in Zukunft auch ein wesentlicher Bestandteil der akademisierten Pflegekräfte nach dem Studium sein. Nach erfolgreichen Abschluss ist darüber hinaus geplant, reine Pflegeforschung in unterschiedlichen Themengebieten wie Delirprävention, Pneumonieprophylaxe, Wahrnehmung, Schmerztherapie, usw. zu betreiben. Ein weiterer Verantwortungsbereich akademisierter Pflegekräfte auf Station wird die Überprüfung der Intensivstandards sowie der etablierten Arbeitsprozesse in Bezug auf Aktualität und Nutzen in enger Abstimmung mit der Pflegedienstleitung sein. Es ist generelles Ziel, neuestes Pflegewissen bestmöglich in den Stationsablauf einzubinden und aktiv zu nutzen.

Die Beteiligung an interprofessionellen Forschungsprojekten, die Leitung der pflegerischen Forschungsprojekte sowie die kontinuierliche Überarbeitung der Intensivstandards setzen ein hohes Maß an Eigenverantwortung voraus.

Fazit

Die beschriebenen Lösungsansätze für die Integration von Pflegekräften im dualen Studium funktionieren in der Praxis nur dann, wenn sie mit überschaubaren Aufwand umgesetzt und von allen Beteiligten akzeptiert werden. Am stärksten betroffen sind zweifelsohne die Studierenden selbst.

Schließlich müssen sie den besonderen Spagat zwischen dem Stationsalltag und dem Universitätsalltag selbst meistern. Somit bilden sie eine adäquate Messlatte für die Umsetzbarkeit der beschriebenen Strategien.

25.4.7 Perspektive der studierenden Mitarbeiterinnen

Die Perspektive der Studentinnen wird durch die beiden Kolleginnen vertreten, welche ihre Einarbeitung auf Station 92 zum Jahreswechsel 2015/16 erfolgreich abgeschlossen haben und nun als Teil der Stammbelegschaft normal in der Patientenversorgung tätig sind. Der Start in das Berufsleben am UKR sowie der Beginn des Vollzeitstudiums an der OTH liegen bereits ein Jahr zurück. Ihre Eindrücke zur Integration auf Station 92 beschreiben Frau Loibl und Frau Pielmeier folgendermaßen:

„ … Die dreimonatige Einarbeitungszeit war, auch im Nachhinein betrachtet, eine anstrengende und kräftezehrende Zeit. Die Kombination aus einer sehr kompakten Einarbeitung und dem gleichzeitigen Start in das Vollzeitstudium war sehr zeitintensiv und verlangte sowohl in der Arbeit als auch an der Hochschule viel Konzentration und Aufmerksamkeit. Neben der Arbeitszeit an der Uniklinik und der Präsenzzeit an der Hochschule sollte schließlich auch noch Zeit für Prüfungsvorbereitungen, Gruppenarbeiten und Referatsvorbereitungen bleiben. Die Einarbeitungszeit war zwar kein Selbstläufer, aber auf jeden Fall machbar, gerade wenn man bedenkt, dass diese Zeit auf einen kurzen Zeitraum beschränkt ist und man als ‚Pflege dual'-Student bereits an die Kombination zwischen Arbeit und Hochschule gewohnt ist.

Außerdem trafen wir auf unserer Station auf ideale Rahmenbedingungen. Durch permanente Kommunikation, Rücksichtnahme und ein hohes Maß an Flexibilität funktionierte die Dienstplangestaltung optimal. Es kam nie zu Überschneidungen mit Terminen der Hochschule und die Anzahl der geplanten Dienste war genau richtig.

Auch der häufige Wechsel der einarbeitenden Personen funktionierte gut, was mit Sicherheit auch daran lag, dass wir insgesamt auf ein sehr offenes und interessiertes Team gestoßen sind. Es war zwar nicht immer leicht, gemeinsam mit dem jeweiligen Einarbeitenden den aktuellen Wissensstand zu bestimmen, aber dazu konnte man sich den Einarbeitungsordner zu Hilfe nehmen und somit nachvollziehen, welche Themen noch nicht bearbeitet wurden. Ein Austausch zwischen den verschiedenen Einarbeitenden wäre nur schwer möglich gewesen, weil oftmals erst ganz kurzfristig entschieden wurde, wer die Einarbeitung in den nächsten Diensten übernahm.

Inzwischen sind wir gut im Stationsalltag angekommen und erlangen nach und nach mehr Routine, Wissen und Erfahrungen. Da wir nur einer Teilzeitbeschäftigung nachgehen, stehen für uns oft noch neue Aufgaben und Tätigkeiten an, die für Vollzeitbeschäftigte eigentlich ganz alltäglich erscheinen. Deswegen ist unser Lernfortschritt von Dienst zu Dienst nach wie vor groß, aber falls wirklich größere Zweifel bestehen, können wir jederzeit die Hilfe der Kollegen einholen. Zudem finden immer wieder Praxisanleitungen statt, in denen wir gemeinsam mit einem Praxisanleiter genau die Tätigkeiten durchführen, bei denen wir uns noch unsicher fühlen.

Neben der Arbeit auf der Station wurden wir auch bereits in erste Projekte miteingebunden, bei denen wir eigene Ideen einbringen und Inhalte des Studiums umsetzen können.

Der Wechsel an die Uniklinik war auf jeden Fall eine gute Entscheidung und ein erfolgreicher Einstieg in das Berufsleben. Wir konnten viele positive Erfahrungen sammeln und sehen, dass die Uniklinik dem Trend der Akademisierung der Pflege folgt und bereits attraktive Arbeitsstellen schafft."

25.4.8 Perspektive der Pflegerischen Leitung

Für die abschließende Beurteilung einer funktionierenden Integrationsstrategie sollten sicherlich in erster Linie die pflegerischen sowie die ärztlichen Anforderungen in Bezug auf die stationsspezifischen Qualitätsstandards herangezogen werden. Neben den Qualitätsstandards ist eine ebenso wichtige Bewertungsgrundlage jedoch von organisatorischer Natur. Die entwickelten Integrationsstrategien für Pflegekräfte im Vollzeitstudium müssen sowohl für die Studenten wie auch die Stationsleitung in die

Realität übertragbar bleiben. Ich bin der Überzeugung, dass eine wirklich gewinnbringende Integration der studierenden Pflegekräfte nur mit einfachen und praktikablen Methoden stattfinden wird.

Die übliche Einarbeitungsdauer von 3 Monaten wurde auf die beiden neuen Kolleginnen im dualen Studium übertragen. Im Rückblick entstanden diesbezüglich keinerlei Probleme. Trotz des reduzierten Arbeitszeitanteils der Studentinnen von lediglich 50% konnte die Einarbeitung in der vorgegebenen Zeit erfolgreich abgeschlossen werden. Die Herausforderungen bei der Einarbeitung, welche durch die verkürzte Anwesenheit auf der Station entstanden, konnten durch die eingeführten Skills-Lab Trainings sowie die häufigeren Praxisanleitungen in Kombination mit den restlichen Standardschulungen und Programmen kompensiert werden. Die Mitarbeiterinnen wurden schnell sicherer in ihren Arbeitsabläufen. Somit konnte die geforderte Qualität der Patientenversorgung zügig sichergestellt werden. Die Häufigkeit der Praxisanleitungen wurde für die Einarbeitungsphase auf eine Anleitung pro Monat festgesetzt. Auch diese Entscheidung hat sich rückblickend bestätigt. Die Frequenz der Praxisanleitungen wurde darüber hinaus auch nach der Einarbeitung beibehalten. Das Feedback der beiden Studentinnen hierzu war äußerst positiv. Die Anleitungen bilden für sie nach wie vor eine wichtige Stütze bei der Festigung von bereits erlernten Themen.

Die Dienstplangestaltung erfordert Kreativität und den Willen zu pragmatischen Lösungen. Nach Absprache mit den beiden Studentinnen und der Vorlage ihres Studienplans stellte sich die Problematik allerdings als durchaus lösbar dar. Hierfür wurde die beschriebene Vorgehensweise bei der Dienstplanerstellung und der Planung der Schulungsmaßnahmen herangezogen. Laut Aussage der Studentinnen konnten sie während der Einarbeitung alle Vorlesungen und Veranstaltungen der Hochschule wahrnehmen, was durchaus als adäquater Beweis für die Umsetzbarkeit des Konzepts zu werten ist. Die Dienstplangestaltung nach der Einarbeitung gestaltete sich deutlich leichter. Während der vorlesungsfreien Zeit in den Semesterferien war eine normale Dienstverteilung möglich. Dadurch konnten die beiden Kolleginnen Stunden hereinarbeiten, die sie während der Vorlesungs- und Prüfungszeit wieder investierten.

Die beiden neuen Kolleginnen arbeiten und agieren mittlerweile selbstständig. Zusätzlich übernehmen sie bereits weiterführende Aufgaben mit einem hohen Anteil an Eigenverantwortung. So wurden sie beispielsweise in das Projektteam eines interprofessionellen Forschungsprojektes zum Thema Sepsis aufgenommen. Außerdem zieht die Station ihre Bachelorarbeiten heran, um zum frühestmöglichen Zeitpunkt die Vorteile der akademisierten Pflege zu nutzen. Die Themen der beiden Arbeiten, Weaning und Ernährung, wurden zusammen mit der Pflegedienstleitung abgestimmt und danach auch von der Hochschule akzeptiert.

25.4.9 Leitfäden für die Einarbeitung und Integration von dual Studierenden in ein Stationsteam

Die Zusammenfassung des erarbeiteten Integrationskonzeptes in Form zweier Leitfäden für die Zeit während bzw. nach erfolgter Einarbeitung von Pflegekräften im dualen Studium ist in - Abb. 25.2 und - Abb. 25.3 dargestellt. Die beiden Leitfäden gliedern sich in die Themengebiete: Dienstplangestaltung, Anleitungen/ Schulungen, Informationsgestaltung und Allgemeines. Sie dienen zunächst als Basis für alle zukünftigen Integrationen auf Station 92. Grundlage bilden die erfolgreich durchgeführten Integrationen der beiden studierenden Mitarbeiterinnen mit einem Arbeitszeitanteil von 50% in der zweiten Phase des Studienganges Pflege Dual im Vollzeitstudium.

25.5 Ausblick

Die Einbindung hochschulisch gebildeter Pflegefachpersonen in die direkte Patientenversorgung mittels strukturierter Konzepte bietet die Möglichkeit, die pflegerische Versorgung evidenzbasiert zu gestalten und die Tätigkeitsfelder weiter zu spezialisieren, um auf die veränderten Bedarfslagen zu reagieren. Die Quote der tatsächlichen Hochschulabsolventen liegt jedoch weit unter der vom Wissenschaftsrat angestrebten Zahl (VPU

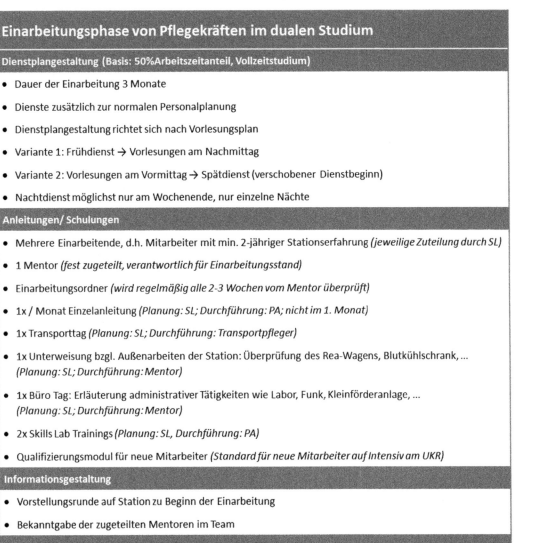

Einarbeitungsphase von Pflegekräften im dualen Studium

Dienstplangestaltung (Basis: 50%Arbeitszeitanteil, Vollzeitstudium)

- Dauer der Einarbeitung 3 Monate
- Dienste zusätzlich zur normalen Personalplanung
- Dienstplangestaltung richtet sich nach Vorlesungsplan
- Variante 1: Frühdienst → Vorlesungen am Nachmittag
- Variante 2: Vorlesungen am Vormittag → Spätdienst (verschobener Dienstbeginn)
- Nachtdienst möglichst nur am Wochenende, nur einzelne Nächte

Anleitungen/ Schulungen

- Mehrere Einarbeitende, d.h. Mitarbeiter mit min. 2-jähriger Stationserfahrung *(jeweilige Zuteilung durch SL)*
- 1 Mentor *(fest zugeteilt, verantwortlich für Einarbeitungsstand)*
- Einarbeitungsordner *(wird regelmäßig alle 2-3 Wochen vom Mentor überprüft)*
- 1x / Monat Einzelanleitung *(Planung: SL; Durchführung: PA; nicht im 1. Monat)*
- 1x Transporttag *(Planung: SL; Durchführung: Transportpfleger)*
- 1x Unterweisung bzgl. Außenarbeiten der Station: Überprüfung des Rea-Wagens, Blutkühlschrank, ... *(Planung: SL; Durchführung: Mentor)*
- 1x Büro Tag: Erläuterung administrativer Tätigkeiten wie Labor, Funk, Kleinförderanlage, ... *(Planung: SL; Durchführung: Mentor)*
- 2x Skills Lab Trainings *(Planung: SL, Durchführung: PA)*
- Qualifizierungsmodul für neue Mitarbeiter *(Standard für neue Mitarbeiter auf Intensiv am UKR)*

Informationsgestaltung

- Vorstellungsrunde auf Station zu Beginn der Einarbeitung
- Bekanntgabe der zugeteilten Mentoren im Team

Allgemeines

- Taschenkarten für die Kitteltasche *(werden zusammen mit dem Einarbeitungsordner ausgehändigt)*
- Generell sollte der Einarbeitungsordner möglichst regelmäßig gepflegt werden
- Bei Bedarf sollte die Einarbeitungszeit immer verlängert werden können
- Feedbackgespräch am Ende der Einarbeitung

Abb. 25.2 Leitfaden der Station 92 für die Integration von Pflegekräften im dualen Studium für die Zeit während der Einarbeitung

2016), sodass eine Implementierung derzeit eher elektiv für vorher definierte Einsatzgebiete denn flächendeckend möglich erscheint. Auch das vorgestellte Konzept des UKR wird in Stufen implementiert, angepasst an die Erfordernisse der Pflegequalitäts- und der Personalentwicklung. Eine systematische Evaluation des Konzeptes ist für 2018 vorgesehen, wenn die hochschulisch ausgebildeten Pflegefachpersonen in ihrem Einsatzgebiet eine etwa zweijährige Entwicklungsphase

Einsatz von Pflegekräften im dualen Studium nach der Einarbeitung

Dienstplangestaltung (Basis: 50%Arbeitszeitanteil, Vollzeitstudium)

- Zeitraum: ca. 15 Monate bis Beendigung des Studiums
- Dienste Bestandteil der normalen Personalplanung
- Dienstplangestaltung richtet sich nach Vorlesungsplan
- Variante 1: Frühdienst → Vorlesungen am Nachmittag
- Variante 2: Vorlesungen am Vormittag → Spätdienst
  (normaler Dienstbeginn, wegen notwendiger Übergabe der Patienten)
- Nachtdienst möglichst nur am Wochenende, nur einzelne Nächte
- Dienstzeitplanung entsprechend normalem Rhythmus in der vorlesungsfreien Zeit

Anleitungen/ Schulungen

- 1x / Monat Einzelanleitung *(Planung: SL; Durchführung: PA; nicht im 1. Monat)*
- 1x / Monat Skills Lab Training *(Planung: SL, Durchführung: PA)*
- Qualifizierungsmodul für neue Mitarbeiter *(Standard für neue Mitarbeiter auf Intensiv am UKR)*

Informationsgestaltung

- Bekanntgabe des Themas der Ba-Arbeit
- Ba-Arbeitsvortrag in der schlauen Stunde 92
- Bekanntgabe startender interprofessioneller und reiner pflegerischer Forschungsprojekte

Allgemeines

- Jährliches Mitarbeitergespräch
- Die Prüfungszeit an der Hochschule sollte bei der Dienstplangestaltung besonders berücksichtigt werden

Abb. 25.3   Leitfaden der Station 92 für die Integration von Pflegekräften im dualen Studium für die Zeit nach der Einarbeitung bis zur Beendigung ihres Studiums

durchlaufen haben. Die Integration akademischer Qualifikationen versteht sich als langfristiges und nachhaltiges Projekt im Kontext interprofessioneller Arbeitsteilung im Versorgungsprozess (Fragemann 2016). Am UKR erfolgt ein regelmäßiges Monitoring der Fortschritte in der Umsetzung des Konzepts durch eine ständige Arbeitsgruppe unter Leitung der Stabstelle Pflegeentwicklung und gegebenenfalls eine Abstimmung der Maßnahmen auf Herausforderungen aus der Praxis.

Fazit

Wichtig bleibt festzuhalten, dass die Entwicklung einer hochschulisch ausgebildeten Pflege nicht isoliert in einer Stationseinheit stattfinden kann. Es braucht ein gutes Change-Management auf allen Ebenen einer Institution. Dabei wird die Entwicklung in der Praxis prozesshaft sein. Die Implementierung einer akademisierten Pflegepraxis braucht oftmals Mut und Geduld für Veränderung im interprofessionellen Kontext. Neue Wege in der Ausgestaltung der Pflegeausbildung und Pflegepraxis müssen gemeinsam beschritten werden. Idealerweise bedeutet das die Einbindung hochschulisch qualifizierter Pflegender und dreijährig ausgebildeter Pflegender, die Berücksichtigung aller Managementebenen in der Pflegeorganisation sowie die Bereitschaft zu einem interprofessionellen Dialog.

Literatur

Baranek, P (2005) A review of scopes of practice of health professions in canada: a balancing act. The Health Council of Canada, Toronto 2005, S 2 f. http://www.healthcouncilcanada.ca. Zugegriffen: 30. November 2016

Besner J, Doran D, Hall LM, Giovannetti P, Girard F, Hill W, Morrison J (2006) A systematic approach to maximizing nursing scopes of practice. Alta RN 62(1): 22–23

D'Amour, D, Oandasan I (2005) Interprofessionality as the field of interprofessional practice and IPE: an emerging concept. J Interprof Care 1: 8–20

Dreier A, Homeyer S, Oppermann RF, Hingst P, Hoffmann W (2016) Akademische Pflegeausbildung in Deutschland: Ergebnisse zur pflegefachlichen Weiterentwicklung aus der Care-N Study M-V. (Meyer G Hrsg). Zeitschrift für Evidenz, Fortbildung und Qualität im Gesundheitswesen. http://www.sciencedirect.com/science/journal/18659217. Zugegriffen: 22. November 2016

Dudley L, Wiysonge C S (2008) Does interprofessional education improve professional practice and health care outcomes? A SUPPORT summary of a systematic review. http://supportsummaries.org/support-summaries/show/does-interprofessional-education-improve-professional-practice-and-health-care-outcomesa. Zugegriffen: 30. November 2016

Fragemann K (2016) Rahmenkonzept zur Integration hochschulisch ausgebildeter Pflegefachpersonen in die Pflegepraxis am Universitätsklinikum Regensburg. In: Stemmer R, Remmel-Faßbender R, Wolke R, Schmid M (Hrsg) Aufgabenverteilung und Versorgungsmanagement im Krankenhaus gestalten. Von erfolgreicher Praxis lernen. Medhochzwei, Heidelberg

Gilbert H V, Yan J, Hoffman S J (2010) A WHO report: framework for action on interprofessional education and collaborative practice. J Allied Health 39(1): 196–197

Hammick M, Freeth D, Koppel I, Reeves S, Barr H (2007) A best evidence systematic review of IPE: BEME Guide no. 9. Med Teacher 29: 735–751

Hülsken-Giesler M (2010) Kerncurriculum Pflegewissenschaft für pflegebezogene Studiengänge- eine Initiative zur Weiternetwicklung der hochschulischen Pflegebildung in Deutschland. Pflege Gesellsch 3: 216–236

Köpke S, Behncke A, Koch F, Balzer K (2013) Einstellungen Pflegender in deutschen Krankenhäusern zu einer evidenzbasierten Pflegepraxis. Pflege 26(3): 163–175

Meyer G (2015) Ein evidenzbasiertes Gesundheitssystem: die Rolle der Gesundheitsfachberufe. Zeitschrift für Evidenz, Fortbildung und Qualität im Gesundheitswesen: http://ac.els-cdn.com/S1865921715001543/1-s2.0-S1865921715001543-main.pdf?_tid=41c6f286-b09f-11e6-b76f-00000aacb362&acdnat=1479811053_02702011ebac251b51df0e516f662bb4. Zugegriffen: 22. November 2016

Reeves S, Perrier L, Goldman J, Freeth D, Zwarenstein M (2013) Interprofessional education: effects on professional practice and healthcare outcomes (update). Cochrane Database Syst Rev 28(3): CD002213. DOI: 10.1002/14651858.CD002213.pub3

Rogalski H, Dreier A, Hoffmann W, Oppermann RF (2012) Zukunftschance Pflege – von der Professionalisierung zur Restrukturierung des Aufgabenfeldes. Pflege 25: 11–21

Rycroft-Malone J (2004) The PARIHS Framework – A Framework for guiding the implementation of evidence-based practice. J Nurs Care Quality 19(4): 297–304

Schöps A, Landenberger M, Jahn P (2015) Nur wenige Akademiker sind klinisch tätig. Schwester Pfleger 2: 78–80

Stratmeyer P (2016) Akademische Pflegekräfte. Organisationsmodelle im Krankenhaus. Pflegezeitschrift 69(10): 610–614

ver.di (2016a) Durchbruch geschafft! ver.di – Gesundheit und Soziales. https://gesundheit-soziales.verdi.de/++file++5724f0e3890e9b0c53001dbf/download/EGO%20kommunal%202017%20medium.pdf. Zugegriffen: 24. November 2016

ver.di (2016b) ver.di-Bundestarifkommission stellt die Weichen für die Tarif- und Besoldungsrunde 2017 der Länder. https://bund-laender-nrw.verdi.de/++file++5816f578f1b4cd23c24204b3/download/Korrektur_1_Auftaktflugblatt.pdf. Zugegriffen: 24. November 2016

VPU (2016) Leitfaden. Implementierung von Pflegefachpersonen mit Bachelorabschluss im Krankenhaus. VPU, Berlin

Wissenschaftsrat (2012) Empfehlungen zu hochschulischen Qualifikationen für das Gesundheitswesen. http://www.wissenschaftsrat.de/download/archiv/2411-12.pdf. Zugegriffen: 22. November 2016

Advanced Nursing Practice (ANP) – Wie gelingt der Einsatz von Wissenschaft in der Praxis?

Sandra Weidlich, Simone M. Hock

© Springer-Verlag GmbH Deutschland 2017
P. Bechtel, I. Smerdka-Arhelger, K. Lipp (Hrsg.), *Pflege im Wandel gestalten – Eine Führungsaufgabe*,
DOI 10.1007/978-3-662-54166-1_26

26

In den letzten Jahren hat sich die Gesundheitsversorgung in Deutschland grundlegend gewandelt. Eine steigende Anzahl von Patienten in den Kliniken, kürzere Verweildauern und eine Zunahme von chronischen Krankheiten und Multimorbidität erfordern neue pflegerische Konzepte in der Versorgung dieser Patienten. Es eröffnen sich neue Entwicklungsfelder für akademisch ausgebildete Pflegende in der Praxis. Eines dieser Felder im Bereich der auf Masterniveau Qualifizierten ist das international etablierte Tätigkeitsfeld von „Advanced Nursing Practice" (ANP). Im folgenden Kapitel wird das Modell „Advanced Nursing Practice" (ANP) näher beschrieben. Es werden Herausforderungen im Rahmen des Transfers von wissenschaftlichen Erkenntnissen in die Praxis beleuchtet. Beispielhaft werden zwei Praxisprojekte von Pflegeexpertinnen APN kritisch diskutiert.

26.1   Entwicklung am Universitätsklinikum Freiburg

Um der zunehmenden Komplexität in der Patientenversorgung Rechnung zu tragen, empfiehlt der Deutsche Wissenschaftsrat auf Hochschulniveau ausgebildete Pflegende in die Versorgung mit einzubeziehen (2012). Das macht die Schaffung von neuen Versorgungsstrukturen und -konzepten notwendig. Am Universitätsklinikum Freiburg wird dieser Ansatz bereits seit mehreren Jahren verfolgt. Hier sind Master-qualifizierte Pflegende seit einigen Jahren in speziellen Bereichen eingesetzt.

Das Universitätsklinikum Freiburg ist ein Klinikum der Maximalversorgung. Im Jahr 2014 wurden hier 66.020 Patientinnen und Patienten stationär betreut. Das Klinikum verfügt über 1525 Planbetten, die sich auf 13 Kliniken mit 110 Stationen verteilen (Universitätsklinikum Freiburg 2015).

26.2   Praxisentwicklung – Herausforderungen des Transfers von wissenschaftlichen Erkenntnissen in die Praxis

Einerseits wird der Einsatz wissenschaftlicher Erkenntnisse in der Pflege vielfach gefordert. So schreibt der Deutsche Berufsverband für Krankenpflege, dass Pflegewissenschaft und -forschung unabdingbare Grundlage für die gesundheitliche und pflegerische Versorgung sowie Betreuung sein sollen (DBfK 2016). Der International Council of Nurses (ICN 2007) sieht forschungsbasierte Pflegepraxis als Gütesiegel der professionellen Pflege an.

Andererseits werden Forschungserkenntnisse in der Routine nicht genutzt (Rycroft-Malone 2009). Es besteht nach wie vor ein Graben zwischen Forschung und deren Nutzung in der Praxis (Hutchinson und Johnston 2004).

Die Frage, warum pflegewissenschaftliche Erkenntnisse nicht oder kaum in der klinischen Pflegepraxis genutzt werden, wurde in internationalen Studien (Parahoo 2000; Hutchinson und Johnston 2004; Boström et al. 2008) bereits vielfach untersucht.

Hutchinson und Johnston (2004), welche 761 Pflegende in Australien nach Hemmnissen zur Nutzung von Forschung befragten, kamen zu dem Ergebnis, dass Zeitmangel, fehlendes Bewusstsein für verfügbare Forschungsliteratur, mangelnde Autorität für Veränderungen in der Praxis, mangelnde Fähigkeiten zur kritischen Beurteilung und fehlende Unterstützung bei der Implementierung von Forschungserkenntnissen die größten Barrieren darstellen. Als unterstützend wurde Zeit, um Studien zu beurteilen und Erkenntnisse zu implementieren, die Verfügbarkeit von mehr Forschungserkenntnissen sowie die Unterstützung von Kollegen angegeben. Diese Erkenntnisse entsprechen den Ergebnissen anderer Studien aus den USA, Großbritannien oder Nordirland (Hutchinson und Johnston 2004).

Die Untersuchung hemmender und unterstützender Faktoren birgt laut Parahoo (2000) jedoch die Gefahr, diese isoliert zu betrachten und stückhafte Lösungen anzubieten.

Die Implementierung wissenschaftlicher Erkenntnisse und die Weiterentwicklung der Praxis ist jedoch von vielen Faktoren abhängig und oft veränderbar (Rycroft-Malone et al. 2004).

Der PARIHS-Bezugsrahmen (Promoting Action on Research Implementation in Health Services) verdeutlicht die Komplexität des Transfers wissenschaftlicher Erkenntnisse in die Praxis (Kitson et al. 2008). Er stellt ein Modell für Forscher und Praktiker dar, um die Implementierung wissenschaftlicher Erkenntnisse zu gestalten und ggf. zu evaluieren. Dadurch wird es ermöglicht, die Faktoren in den Blick zu nehmen, welche Einfluss auf die Nutzung von Forschungserkenntnissen haben. Der Bezugsrahmen wurde 1998 erstmals veröffentlicht (Kitson et al. 1998) und im weiteren Verlauf weiterentwickelt.

Nach PARIHS ist die Einführung wissenschaftlicher Erkenntnisse abhängig von der Qualität der Evidenz, des Kontextes, in dem die Erkenntnisse implementiert werden, sowie der Art, wie der Prozess begleitet wird (Kitson et al. 2008). Die Evidenz umfasst verschiedene Arten von Wissen: Forschung, klinische Erfahrung sowie die Vorlieben und Erfahrungen der Patienten. Um die Qualität der Evidenz einschätzen zu können, müssen alle drei Elemente Berücksichtigung finden. Eine hohe Evidenzstärke liegt beispielsweise vor, wenn die Forschungserkenntnisse auf gut konzipierten und durchgeführten Arbeiten beruhen, klinische Erfahrungen reflektieren und überprüft sind sowie Erfahrungen von Patienten als Evidenz anerkannt sind und ein partnerschaftliches Verhältnis besteht (Rycroft-Malone 2009).

Der Kontext bezeichnet die Umgebung bzw. das Setting, in dem die Implementierung erfolgen soll. Ein starker Kontext ist beispielsweise gekennzeichnet durch transparente Entscheidungsfindungsprozesse, transformationale Führung, Elemente einer lernenden Organisation sowie angemessene Überwachungs- und Evaluationsstrukturen (Kitson et al. 2008).

Um die Erfolgschancen zur Implementierung wissenschaftlicher Erkenntnisse zu erhöhen, wird eine angemessene Begleitung betont. In diesem Zusammenhang wird Begleitung verstanden als ein Prozess, der die Implementierung von Evidenz in die Praxis ermöglicht. Begleiter sind demnach Personen, welche Individuen und Teams bei der Nutzung von wissenschaftlichen Erkenntnissen in der Praxis unterstützen. Entscheidend sind hierbei die Art der Begleitung wie auch die Rolle und die Fähigkeiten des Begleiters. Eine starke Begleitung zeichnet sich beispielsweise durch eine kooperative Beratung, eine kritische Reflexion, Rollenflexibilität und Echtheit aus (Rycroft-Malone 2009).

Nach Frei et al. (2012) können Pflegeexperten aufgrund ihrer erworbenen Kompetenzen als Begleiter fungieren. Sie können damit eine maßgebliche Rolle in der Praxisentwicklung einnehmen.

Unter Praxisentwicklung ist nach Garbett und McCormack (2009) ein kontinuierlicher Prozess zu verstehen, der darauf zielt, die Effektivität der Patientenversorgung zu steigern. Pflegende werden im Verlauf dieses Prozesses begleitet, um sie zu befähigen, ihre Kenntnisse und Fähigkeiten zu entwickeln und die Kultur und den Kontext der Versorgung zu verändern.

26.3 Advanced Practice Nurse (APN) und Advanced Nursing Practice (ANP) – Entwicklung, Begriffsklärung, Modell,

In den letzten Jahren hat sich die Gesundheitsversorgung in Deutschland weiter gewandelt. Ein Grund hierfür war die Einführung der DRGs, die für die Kliniken einen Anreiz für eine maximale Prozessoptimierung und Effizienzsteigerung gesetzt haben (DBfK 2013). Die Auswirkungen dieser Maßnahmen zeigen sich in der täglichen Arbeitssituation der Pflegenden in den Kliniken und im ambulanten Bereich. Hier führt ein schnellerer Durchlauf von Patienten zu einer immer höheren Anzahl an Patienten und einer Arbeitsverdichtung im Tagesverlauf. Hinzu kommt die wachsende Zahl an chronisch kranken und multimorbiden Patienten, die damit verbundenen erhöhten Anforderungen an die pflegerische Grundversorgung sowie der in den nächsten Jahren sich weiter abzeichnende Pflegefachkräftemangel (DBfK 2013). Die Folge dieser Entwicklung ist, dass die pflegerische und interprofessionelle Versorgungspraxis verstärkt die Kompetenz von akademisch ausgebildeten Pflegenden erforderlich macht, die sich, um den Bedürfnissen und Bedarfen gerecht zu werden, immer weiter spezialisieren (Deutscher Wissenschaftsrat 2012, Schober und Affara 2006). Diesem Bedarf wird durch die stetig wachsende Anzahl an grundständigen Studiengängen nachgekommen, sodass die Möglichkeiten, die neuen Entwicklungsfelder in der Praxis akademisch zu begleiten, wachsen. Eines dieser Felder im Bereich der auf Masterniveau qualifizierten Pflegekräfte ist die international etablierte Rolle der Advanced Practice Nurse (APN). Sie ermöglicht den Brückenbau zwischen wissenschaftlicher Forschung und der Umsetzung in den pflegerischen Alltag.

26.3.1 Begriffserklärungen: Advanced Practice Nurse – Advanced Practice Nursing – Advanced Nursing Practice

---

Advanced Practice Nurse (APN)

Der International Council of Nursing (ICN) definiert, dass als Advanced Practice Nurse (APN) „eine examinierte Pflegekraft mit Grundausbildung gemeint ist, die Expertenwissen erworben hat, komplexe Entscheidungen treffen kann und über klinische Kompetenzen für eine erweiterte Pflegepraxis verfügt, wobei deren Merkmale vom Kontext und/oder Land bestimmt werden, in dem die Pflegekraft ihre Arbeitserlaubnis erworben hat. Als Zugangsvoraussetzung wird ein Mastertitel empfohlen" (ICN 2000, in Schober und Affara 2006, S. 51).

Der Begriff der APN kann als ein Überbegriff für verschiedene Rollenbezeichnungen angesehen werden. Alle Aspekte einer erweiterten oder weiterführenden Pflege sollen so eingeschlossen werden (Schober und Affara 2006). Spezifischere Begriffe, die beispielsweise in den USA verbreitet sind, wie „Nurse Practitioner", „Nurse Specialist" oder „Clinical Nurse Specialist" beziehen sich auf spezielle erweiterte Praxisrollen. International besteht eine Vielfalt an Titeln, Arbeitsfeldern und Rollenbeschreibungen, die keiner einheitlichen Definition folgen (Schober und Affara 2006). In den drei deutschsprachigen Ländern werden aus Gründen der Vereinfachung und Vereinheitlichung diese hochschulisch ausgebildeten und spezialisierten Pflegenden, die in der direkten klinischen Pflege tätig sind, als Pflegeexpertinnen und -experten APN bezeichnet (DBfK et al. 2013). Sie weisen Kernkompetenzen im Bereich von klinischer, wissenschaftlicher und pflegefachlicher Führungskompetenz auf. Die Aufgabenfelder dieser Pflegenden orientieren sich grundsätzlich an dem Bedarf der Patienten oder der speziellen Patientengruppe und können somit nicht verallgemeinert werden.

Advanced Nursing Practice (ANP)

Advanced Nursing Practice bezeichnet die Fähigkeiten und Fertigkeiten einer Person, die als Advanced Practice Nurse tätig ist (DNANP 2011, S. 49). Nach Schober und Affara (2008, S. 62) "weist [Advanced Nursing Practice] folgende Charakteristiken auf: Spezialwissen und Expertise, klinisches Urteilsvermögen, hoch qualifizierte, selbst initiierte Pflege und Forschungsinteresse." Eine Beschreibung des Arbeitsplatzes, ein akademischer Titel oder das Setting werden nicht als spezifische Kennzeichen angesehen (Schober und Affara 2008).

Advanced Practice Nursing (APN)

Das „Advanced Practice Nursing umfasst Advanced Nursing Practice, Advanced Practice Nurse und deren gesellschaftliche, berufliche, organisatorische und politische Rahmenbedingungen." (DNANP 2011, S. 23). Diese Rahmenbedingungen, die sich auf die Rolle und Arbeit der Pflegeexpertin APN auswirken, sind im Modell von Hamric et al. (2005) beschrieben.

26.3.2 Advanced-Practice-Nursing-Modell nach Hamric

An Hand des konzeptionellen Modells nach Hamric et al. (2005) lassen sich Inhalte, Ziel und Zweck der Rolle beschreiben (Schober und Affara 2006).

Hamric et al. (2005) teilen die Rollen, die durch eine APN besetzt werden, in eine Zentralkompetenz, drei Primärkriterien, sechs Kernkompetenzen und sieben Umgebungsfaktoren ein. Als Zentralkompetenz wird die direkte klinische Pflegeerfahrung angesehen. Die Primärkriterien für die Rolle der APN bilden die universitäre Ausbildung der Pflegenden sowie eine Zertifizierung. Im Zentrum der Betreuung stehen die Patienten und deren Familien. Die beschriebenen Kernkompetenzen umfassen die Fähigkeit,

Konsultationen/Beratungen durchzuführen, hervorragende Coaching- und Führungsqualitäten, klinische und berufspolitische Führungsqualitäten, Teamfähigkeit, Fähigkeit, ethische Entscheidungen zu treffen, und die Forschungsfähigkeit der APN. Diese Fähigkeiten und Fertigkeiten werden beeinflusst durch die Umgebungsfaktoren, die in der einzelnen Organisation vorhanden sind. Diese Umgebungsfaktoren sind Kostenerstattungs-/Finanzierungsmechanismen, Organisationsstruktur und -kultur, Ergebnisvalidierung und Leistungssteigerung, unternehmerische Aspekte, Regulierungs- und Zulassungsbedingungen, Marketing und Vertragsabschlüsse und gesundheitspolitische Überlegungen (Schober und Affara 2006).

26.3.3 Umsetzung am Universitätsklinikum Freiburg

Das Pflegeexpertensystem am Universitätsklinikum Freiburg blickt auf eine mehr als 20-jährige Erfahrung zurück und fungiert damit als Vorreiter in der deutschen Kliniklandschaft. Bereits im Jahr 1995 wurde der erste akademisiert Pflegende in der direkten Pflegepraxis eingesetzt. Als Aufgaben wurden die pflegefachliche Begleitung und Weiterentwicklung der Pflegenden sowie die Unterstützung in schwierigen und/oder komplexen Pflegesituationen festgelegt (Mendel und Feuchtinger 2009). In der Anfangsphase wurden Pflegende mit einem abgeschlossenen Diplomstudiengang mit pflegerischem Schwerpunkt eingesetzt, inzwischen wird im Zuge der internationalen Anpassung in Anlehnung an das Modell nach Hamric et al. (2005) ein Masterabschluss als Zugangsvoraussetzung gefordert. Des Weiteren verfügen diese Pflegeexperten über eine abgeschlossene Ausbildung in der Gesundheits- und (Kinder-)Krankenpflege bzw. im Hebammenwesen mit anschließender mehrjähriger Berufserfahrung und Spezialkenntnissen im jeweiligen Fachgebiet. Die aktuell 16 Pflegeexpertinnen und -experten sind in 9 Kliniken tätig (Stand 2016). Die Bereiche umfassen Augen- und Hals-Nasen-Ohren-Klinik, Chirurgische Klinik und Mund-Kiefer-Gesichts-Chirurgie, Frauenklinik, Hautklinik, Medizinische Klinik, Neurozentrum, Psychiatrie und Psychosomatik, Universitäts-Notfallzentrum und das Zentrum für Kinder- und Jugendmedizin. Identifizierte Tätigkeitsgebiete sind die direkte Patientenbetreuung und -versorgung, Beratung, Unterstützung und Kontrolle der Pflegenden, Weiterentwicklung und Erhalt der fachlichen Kompetenzen der Pflegenden, Beratung des Managements, Qualitäts- und Organisationsentwicklung, Theorie-Praxis-Transfer, Pflegeforschung, Erhalt der eigenen fachlichen Expertise und Öffentlichkeitsarbeit (Mendel und Feuchtinger 2009). Diese Tätigkeitsgebiete sind durch individuelle Schwerpunkte der einzelnen Personen geprägt, allen gemeinsam ist die Orientierung an den Kernkompetenzen nach Hamric et al (2005). Aus diesem Grund gibt es Pflegeexpertinnen und -experten, die einen generalistischen Ansatz verfolgen, und solche, die eine hohe Spezialisierung auf eine bestimmte Patientengruppe oder ein Krankheitsbild im Fokus ihrer Tätigkeit haben. Die geforderten Kompetenzen der akademisch qualifizierten Pflegenden orientieren sich am Deutschen Qualifikationsrahmen für lebenslanges Lernen (AK-DQR 2011).

Im Organigramm sind die Pflegeexperten APN den Pflegedienstleitungen direkt unterstellt. Die wichtigsten Aufgaben der akademisierten Pflegenden sind die Sicherstellung der Pflegefachlichkeit und die Weiterentwicklung der Pflege in ihren Bereichen. Unter dieser Vorgabe besteht eine Weisungsbefugnis in Bezug auf die Pflegefachlichkeit gegenüber den Pflegenden im Zuständigkeitsbereich. Eine Voraussetzung für eine gelungene Umsetzung ist die enge Zusammenarbeit und Kommunikation mit allen Beteiligten.

Im Folgenden werden zwei Beispiele aus der Praxisentwicklungsarbeit einer Pflegexpertin APN vorgestellt und kritisch beleuchtet. Sie unterscheiden sich bereits in der Ausgangslage: Während das Beispiel aus dem Zentrum für Kinder- und Jugendmedizin im Bereich der Neonatologie eine strukturierte Projektarbeit darstellt, ist in dem Beispiel aus der Klinik für HNO-Heilkunde eine Geräteanschaffung der Beginn von Praxisentwicklung.

26.4   Praxisentwicklung im Rahmen der ANP-Tätigkeit

26.4.1 Zentrum für Kinder- und Jugendmedizin: Einführung von enteralen Sicherheitssystemen in der Neonatologie – Vom Projektplan zur Umsetzung

■ Hintergrund

Die Applikation von Nahrung über eine Magensonde wird in der Neonatologie täglich durchgeführt. Die Verwendung von Luer-Spritzen ist gängige Praxis. In den letzten Jahren wird immer wieder sowohl national als auch international über Verwechslungen und Beinahe-Verwechslungen von Applikationssystemen für den parenteralen und enteralen Gebrauch berichtet (Wallace et al. 1972; Ryan et al. 2006). Dieses Risiko lässt sich unter anderem darauf zurückführen, dass die für die parenterale Applikation international verwendeten Luer-Lock- beziehungsweise Luer-Slip-Anschlüsse auch im Bereich der enteralen Applikationssysteme eingesetzt werden. Diese Systeme sind einfach in der Handhabung, in allen Bereichen des Krankenhauses verfügbar und kostengünstig. Das Universitätsklinikum Freiburg plante im Rahmen des Risikomanagements, der Qualitätssicherung und der Patientensicherheit eine generelle Umstellung und Einführung von enteralen Sicherheitssystemen für alle Bereiche der Patientenversorgung.

■ Projektziel

Das Ziel des Projektes lag in der Ermittlung von Erfahrungen der Pflegenden in Bezug auf die Handhabbarkeit der Systeme. Es sollten sowohl mögliche Reaktionen der Patienten erfasst und ein finanzieller Vergleich der Kosten für die Sicherheitssysteme mit den zu diesem Zeitpunkt verwendeten Systemen errechnet werden als auch ein Vergleich der unterschiedlichen Sicherheitssysteme mit Fokus auf die Handhabbarkeit der verschiedenen Ansätze der Magensonden und des dazugehörigen Zubehörs vorgenommen werden.

■ Maßnahmen/Vorgehen

Nach einer Literaturrecherche zum Thema enterale Sicherheitssysteme in der Neonatologie in einschlägigen Datenbanken konnten Ergebnisse für die Anwendung im angloamerikanischen Raum identifiziert werden. Im Rahmen eines Projektes wurde unter Leitung der Pflegeexpertin eine Produkttestung in Bereich der Neonatologie durchgeführt. Im Vorfeld wurden alle zu diesem Zeitpunkt auf dem deutschen Markt verfügbaren und für die Neonatologie geeigneten enteralen Sicherheitssysteme identifiziert und die Hersteller um eine Probestellung für die Testung gebeten. Insgesamt konnten vier verschiedene Hersteller mit drei verschiedenen enteralen Sicherheitssystemen in einem Zeitraum von 4 Wochen auf der neonatologischen Intensivstation getestet werden. Die Ergebnisse der Testung wurden von den einzelnen Anwendern auf Testbögen niedergeschrieben. Diese Rückmeldungen waren sehr differenziert. Es wurden sowohl positive als auch negative Aspekte in der Handhabung und Anwendung beschrieben. Da es sich um eine geringe Anzahl von Patienten handelte (N=9) und die Testung nur auf einer Station, in einem Krankenhaus stattfand, wurden in einem nächsten Schritt Interviews mit Pflegenden im Bereich der Neonatologie in den baden-württembergischen Universitätskliniken geführt. Somit sollten verschiedene Meinungen und Eindrücke der Pflegenden Beachtung finden und mehr Daten für eine Entscheidungsgrundlage gegeben werden.

■ Herausforderungen

Die einzelnen enteralen Sicherheitssysteme sind innerhalb eines Systems kompatibel. Als Resultat des Projektes zeigte sich, dass die Anwender Probleme im Umgang mit den Applikationsspritzen und dem fehlenden speziellen Zubehör für die Neonatologie hatten.

Das bis zu diesem Zeitpunkt zur Verfügung stehende und verwendete Material konnte nicht äquivalent ersetzt werden. Es wurde unter anderem aus wirtschaftlichen Gründen ein System ausgewählt, das im Bereich des gesamten Uniklinikums eingesetzt werden sollte. Außerdem sollte eine Kompatibilität der Systeme innerhalb der Organisation gewährleistet werden. Die größte Herausforderung bei der Anwendung der ausgewählten Systeme bestand in der Tatsache, dass der bisherige Hersteller nicht alle für die Neonatologie notwendigen Produkte zur Verfügung stellen konnte. Die Mitarbeiter mussten ihre Arbeitsprozesse und -strukturen verändern. Zusätzliche Arbeitsschritte waren nötig. Die Inkompatibilität zwischen den verschiedenen enteralen Sicherheitssystemen wurde auch in den geführten Interviews als Problemfeld identifiziert. Wenn Patienten aus der häuslichen Versorgung oder aus stationären Einrichtungen verlegt wurden, die in ihrem Setting mit einem anderen System versorgt wurden, musste die Magensonde entfernt werden, um eine Kompatibilität zu den neuen Systemen zu erzielen. Die Mitarbeiter zeigten zur Verbesserung der Situation viel Kreativität und Ideenreichtum. Dies steigerte zusätzlich den Materialverbrauch, da beispielsweise Alternativen für nicht existente Adapter gefunden werden mussten. Zusätzlich konnte ermittelt werden, dass sich die Kosten für die Anschaffung der Systeme auf ein Vielfaches der Kosten für die bisher gängigen Luer-Lock- bzw. Luer-Slip-Systeme belaufen. Diese beschriebenen Herausforderungen konnten auch durch die Auswertung der geführten Interviews gestützt werden.

■ **Vermutungen/Analysen**

Bezogen auf den PARISH-Bezugsrahmen kann die Situation wie folgt analysiert werden: Beim Umgang und in der Anwendung von enteralen Systemen ist gerade im Bereich der Neonatologie immer das Risiko für Verwechslungen gegeben. Die Inkompatibilität der unterschiedlichen Sicherheitssysteme wurde von der WHO im Jahr 2007 bereits als potenzielles Hindernis bei der Umsetzung der Systeme gesehen (WHO 2007). Der Versuch der in dem Praxisfeld Tätigen, die Anschlüsse der einzelnen Systeme zu einer Kompatibilität zu bringen, stellte sich als schwierig dar und führte am Anfang zu einer eher ablehnenden Haltung im Umgang mit den Systemen. Durch die ausschließliche Anwendung von enteralen Sicherheitssystemen lassen sich Fehlanschlüsse von für die orale Applikation bestimmter Nahrung und von Medikamenten, die über zentrale Venenkatheter verabreicht werden, nicht generell vermeiden (WHO 2007). Die Wichtigkeit des Einsatzes der Systeme für die Sicherheit der Patienten konnte jedoch verdeutlicht werden. Die Einbeziehung aller am Behandlungsprozess Beteiligten und die Sensibilisierung für die Thematik standen im Vordergrund der Begleitung. Bei den Früh- und Neugeborenen konnten keine Reaktionen beobachtet werden, die einen Hinweis auf eine Einschränkung oder Verschlechterung der Situation der Kinder aufgezeigt hätten. Die Begleitung der Mitarbeiter

kann als erfolgreich angesehen werden, da trotz der anfänglichen Skepsis und zum Teil Ablehnung eine Implementierung der enteralen Sicherheitssysteme in die Behandlung der neonatologischen Patienten gelungen ist.

■ **Lösungsansätze**

Von den Pflegenden wurden viele negative Aspekte der enteralen Sicherheitssysteme beschrieben und dokumentiert. Dies könnte auch dadurch begründet sein, dass in der Anwendung eine Veränderung von gewohnten Strukturen und Arbeitsabläufen stattfinden musste. Eine enge Begleitung bei der Einführung der Systeme und in der ersten Phase der Anwendung war durch die Anwesenheit der Pflegeexpertin gegeben. Diese fungierte als Begleiterin und Ansprechpartnerin. Gemeinsam mit den Anwendern konnten so im kollegialen Austausch Lösungsmöglichkeiten für unerwartet auftretende Probleme erarbeitet und in einem zweiten Schritt umgesetzt werden. Es zeigte sich, dass eine Sensibilisierung aller am Behandlungsprozess Beteiligten dazu beitragen konnte, Widerstände abzubauen. In Form von Kurzfortbildungen, Schulungen, Fallbesprechungen und Praxisbegleitungen wurden den Mitarbeitern Unterstützungsangebote gegeben. Es wurden Anfragen bei den verschiedenen Firmen getätigt, um eine Verbesserung der Situation in Bezug auf das fehlende Zubehör zu erzielen. Da die Entwicklung der Systeme noch am Anfang stand und es sich um einen sehr kleinen Teilbereich der Versorgung, mit wenig Marktpotenzial handelt, wurde eine Nachbesserung von Seiten der Hersteller nicht geplant oder vorgesehen.

■ **Zusammenfassung**

Der Umgang mit enteralen Systemen birgt immer das Risiko von Verwechslungen. Unerwünschte Ereignisse, die im Rahmen der fehlerhaften enteralen und parenteralen Applikation von Medikamenten und Nahrung entstehen, lassen sich nicht ausschließlich durch die Verwendung von Sicherheitssystemen vermeiden. Der sorgfältige Umgang und die Sensibilisierung aller am Behandlungsprozess Beteiligten stehen weiterhin im Vordergrund. Eine Nichteinführung von enteralen Sicherheitssystemen aus Kostengründen ist unter ethischen Gesichtspunkten nicht vertretbar. Die Begleitung und Schulung der Pflegenden während der Phase der Testung und der darauf folgenden Implementierung durch die Pflegeexpertin APN wurde als hilfreiche Unterstützung wahrgenommen. Die ausgesprochenen Empfehlungen der Pflegeexpertin APN zur Produktauswahl wurden von den Entscheidungsträgern aufgenommen und führten letzten Endes zu einer Produktentscheidung.

26.4.2 Klinik für HNO-Heilkunde: Atemwegsbefeuchtung bei tracheotomierten nicht beatmeten Patienten – Manchmal kommt es anders als gedacht

- **Hintergrund**

Die Zahl tracheotomierter Patienten im akutmedizinischen Bereich steigt. Die Indikationen sind vielfältig. In der Hals-Nasen-Ohren-Heilkunde zielt die Tracheotomie auf einen sicheren Zugang zu den unteren Atemwegen, um Stenosen der oberen Atemwege zu umgehen. Im Mittelpunkt der Therapie stehen Tumorerkrankungen, perioperative pharyngeale und laryngeale Ödeme sowie Stenosen des Larynx und posttraumatische Einengungen der Atemwege (Richter und Sutarski 2009).

Für den Betroffenen stellt die Anlage eines Tracheostomas jedoch mehr als das Ergebnis eines operativen Eingriffs dar. Die Patienten verlieren von einem Moment auf den nächsten Selbstverständlichkeiten. In der direkt postoperativen Phase sind die Betroffenen unfähig zu essen, zu trinken und zu sprechen. Die Atmung ist aufgrund der verstärkten Produktion von Trachealsekret erschwert. Die Patienten sind ängstlich, fühlen sich hilflos. Auftretende Komplikationen, wie z. B. Infektionen und Wundheilungsstörungen, eine borkige Tracheitis oder Kanülendislokationen, führen zu zusätzlichen Belastungen (Richter u.ndSutarski 2009).

Eine angemessene Betreuung tracheotomierter Patienten durch Pflegefachkräfte trägt wesentlich zum komplikationslosen Verlauf bei (Richter und Sutarski 2009).

Insbesondere in der akut postoperativen Phase ist die Gewährleistung einer angemessenen Atemwegsbefeuchtung von Bedeutung. Durch die Umgehung der oberen Atemwege geht die Funktion der Erwärmung, Befeuchtung und Reinigung der Atemluft

verloren. Maßnahmen, wie der Einsatz von aktiven und passiven Atemwegsbefeuchtern, müssen individuell für den Patienten ausgewählt und regelmäßig evaluiert werden (National Tracheostomy Safety Project 2013). Da es sich bei der Auswahl und Dauer der geeigneten Befeuchtungsart immer um eine „Am-Bett-Entscheidung" handelt, kommt Pflegenden in diesem Zusammenhang eine große Bedeutung zu.

- **Problemstellung/Fragestellung**

Eine geplante Neubeschaffung an Geräten zur aktiven Befeuchtung führte zu folgender Frage: Welche Geräte bzw. Geräteleistung zur aktiven Befeuchtung bei tracheotomierten nicht beatmeten erwachsenen Patienten in der Klinik für HNO-Heilkunde sind zu empfehlen?

- **Maßnahmen/Vorgehen**

Eine Literaturrecherche nach Studien in verschiedenen Datenbanken ergab zum damaligen Zeitpunkt keine zufriedenstellenden Ergebnisse für diese Patientengruppe. Da nationale Leitlinien diesbezüglich nicht vorhanden sind, wurden internationale Leitlinienempfehlungen zur Versorgung tracheotomierter Patienten unabhängig vom zu Grunde liegenden Krankheitsbild herangezogen. Demnach wird eine Warmverneblung, insbesondere bei nicht beatmeten Patienten mit Sauerstoffbedarf und/oder viskösem Sekret empfohlen (National Tracheostomy Safety Project 2013). Nach einer Recherche auf den aktuellen Markt sowie Anfragen in anderen Krankenhäusern zu verwendeten Geräten und Erfahrungen wurde ein Gerät zur aktiven Atemwegsbefeuchtung auserwählt. Es folgte eine Testphase auf Station mit anschließender Auswertung vorab erstellter Testprotokolle. Die Rückmeldungen waren positiv, sodass entschieden wurde, die neuen Geräte anzuschaffen.

- **Herausforderungen**

Nach der Geräteanschaffung wurde deutlich, dass die neuen Geräte von vielen Mitarbeitern abgelehnt wurden. Als Grund für die Ablehnung gaben die Mitarbeiter an, dass es in der Vergangenheit bei der Verwendung der neuen Geräte vermehrt zu kritischen Situationen, wie z. B. Verschluss der Kanülen, gekommen sei. Das wurde auf die Warmverneblung mit hoher relativer Feuchte zurückgeführt. Zudem würden Patienten das Gerät ablehnen, weil sie die Wärme als unangenehm empfinden. Damit standen den Rückmeldungen der teilweise sehr erfahrenen Mitarbeiter die Erkenntnisse aus der Literatur sowie die Rückmeldungen anderer Kliniken kontrovers gegenüber.

- **Vermutungen/Analyse**

Unter Berücksichtigung des PARIHS-Bezugsrahmens ist in der kritischen Auseinandersetzung mit diesem Fall Folgendes festzustellen: Forschungserkenntnisse zu Methoden der aktiven Atemwegsbefeuchtung für die hier beschriebene Patientengruppe waren lückenhaft. Es wurden internationale Leitlinien, die allgemeine Empfehlungen geben, herangezogen. Die sich anschließende Testphase des Gerätes hatte zum Ziel, klinische Erfahrungen und die Erfahrungen der Patienten zu berücksichtigen. Damit wurde dem Umstand Rechnung getragen, dass eine als effektiv bewertete Maßnahme nicht angenommen werden kann, wenn diese von den Pflegenden oder Patienten abgelehnt wird (Kitson et al. 1998). Andersherum kann eine Maßnahme sich durchsetzen, die von Pflegenden und von Patienten favorisiert wird, obwohl der Grad der Evidenz gering ist.

Die im weiteren Verlauf deutlich werdende Ablehnung lässt jedoch vermuten, dass die Implementierung der Evidenz nicht, wie von Kitson et al. (2008) gefordert, die Entwicklung eines gemeinsamen Verständnisses der Vor-und Nachteile des Neuen im Vergleich zum Alten beinhaltete. Der Prozess wurde demnach nicht angemessen begleitet. Laut Kitson et al. (1998) stellen die Begleiter eine Schlüsselrolle dar, um Individuen und Teams zu unterstützen im Verstehen, was verändert werden soll und wie das funktionieren kann. Die in diesem Fall vorherrschende Begleitung erfolgte aufgabenorientiert, weniger entwicklungsfördernd. Die Intensität der Begleitung war gering, der Kontakt war sporadisch, weil mit dem Kauf der neuen Geräte angenommen wurde, dass der Auftrag erledigt sei. Das erwies sich in der Nachbetrachtung als falsch.

- **Lösungsansätze**

Auf der Basis der Evaluation sollte im weiteren Verlauf insbesondere die Qualität der Begleitung im Mittelpunkt der Betrachtung stehen.

Die Methode des Aktionslernens, eine erfahrungsbasierte Gruppenmethode zur Reflexion realer Probleme (Engelhardt und Martin 2012), wurde genutzt, um neue Handlungsschritte zu planen. Der daraus entstandene Aktionsplan wurde mit den Mitarbeitern der Stationen und Stationsleitungen besprochen und durchgeführt. Er enthielt folgende Schritte:

Es wurde festgelegt, mehrere Wege gleichzeitig zu gehen: Zum einen sollten Fallbesprechungen durchgeführt werden, wenn kritische Vorfälle in Zusammenhang mit der Atemwegsbefeuchtung gesehen wurden. Zum anderen wurde die Testung eines weiteren Gerätes von einem anderen Hersteller vereinbart, um der Unzufriedenheit mit dem derzeitigen zu begegnen.

Schließlich wurde eine erneute Literaturrecherche durchgeführt. Im Unterschied zur ersten hatte diese jedoch zum Ziel, allgemeine Empfehlungen zur Atemgasbefeuchtung bei tracheotomierten nicht beatmeten Patienten zu finden. Im Rahmen einer Kurzfortbildung wurden die Rechercheergebnisse mit den Mitarbeitern diskutiert. Ein Stufenmodell (National Tracheostomy Safety Project 2013), welches verschiedene Methoden zur Atemwegsbefeuchtung einschließt, wurde als relevant betrachtet. In einem Leitfaden wurden die Empfehlungen auf der Basis des wissenschaftlichen und des erfahrungsbasierten Wissens versucht zusammen zu tragen. Dieser soll in Zukunft zur Sicherheit in der Versorgung tracheotomierter Patienten beitragen.

26.5 Fazit

Die stetig steigende Komplexität der pflegerischen Versorgung der Patienten erfordert interprofessionell und interdisziplinär erarbeitete Konzepte, die diesen Anforderungen gerecht werden. Hierdurch lassen sich nicht nur die Behandlungserfolge der zu Pflegenden steigern und optimieren, vielmehr werden auch die Kompetenzen aller beteiligten professionell Tätigen erweitert (Frei et al. 2012).

Hemmnisse in der Nutzung wissenschaftlicher Erkenntnisse sind laut Rycroft-Malone (2009) häufig der Grund für die Auseinandersetzung mit den Besonderheiten der Praxis.

Die hier beschriebenen Beispiele zeigen auf, wie unterschiedlich und vielfältig sich Praxisentwicklung darstellen kann. Modelle wie PAHRIS sowie auch Methoden wie das Aktionslernen können in der Evaluation hilfreich sein, um effektivere Strategien für die Zukunft zu entwickeln.

Fazit

Pflegeexperten APN können aufgrund ihrer Kompetenzen in diesem Zusammenhang eine bedeutende Rolle einnehmen. Im vorliegenden Text wurde ein Einblick in die möglichen Arbeits- und -tätigkeitsfelder von Pflegeexpertinnen APN am Universitätsklinikum in Freiburg gegeben. Unter Anwendung systematisierter Veränderungsprozesse lassen sich Neuerungen und Anpassungen im pflegerischen Alltag erzielen. Eine strukturierte Zusammenarbeit von Pflegenden, dem verantwortlichen Management und aller in den Behandlungsprozess Involvierten führt zu einer erfolgreichen Implementierung und Umsetzung. Der Einsatz der Pflegeexperten APN in der direkten Versorgung der Patienten unterstützt und fördert die Vermittlung von Wissen und die Sicherung der Qualität der erbrachten Pflege (Frei et al. 2012).

Literatur

AK-DQR – Arbeitskreis Deutscher Qualifikationsrahmen (2011) Deutscher Qualifikationsrahmen für lebenslanges Lernen. http://www.dqr.de/media/content/Der_Deutsche_Qualifikationsrahmen_fue_lebenslanges_Lernen.pdf. Zugegriffen: 10. Oktober 2016

Boström A-M, Kajermo KN, Nordström G, Wallin L (2008) Barriers to research utilization and research use among registered nurses working in the care of older people: Does the BARRIERS Scale discriminate between research users and non-research users on perceptions of barriers? Implementation Scie 3(24): 1–10

DBfK – Deutscher Berufsverband für Pflegeberufe (2016) Pflegewissenschaft. https://www.dbfk.de/de/themen/Pflegewissenschaft.php. Zugegriffen: 17. Oktober 2016

DBfK – Deutscher Berufsverband für Pflegeberufe (2013) Advanced Nursing Practice – Pflegerische Expertise für eine leistungsfähige Gesundheitsversorgung. DBfK, Berlin. http://www.dbfk.de/media/docs/download/Allgemein/Advanced-Nursing-Practice-Pflegerische-Expertise-2013-02.pdf. Zugegriffen: 10. Oktober 2016

DBfK – Deutscher Berufsverband für Pflegeberufe, Österreichischer Gesundheits- und Krankenpflegeverband (ÖGKV), Schweizer Berufsverband der Pflegefachfrauen und Pflegefachmänner (SBK) (2013) Advanced Nursing Practice in Deutschland, Österreich und der Schweiz. Eine Positionierung von DBfK, ÖGKV und SBK. http://www.dbfk.de/media/docs/download/DBfK-Positionen/ANP-DBfK-OeGKV-SBK_2013.pdf. Zugegriffen: 10. Oktober 2016

Deutscher Wissenschaftsrat (2012) Empfehlungen zu hochschulischen Qualifikationen für das Gesundheitswesen. Deutscher Wissenschaftsrat, Berlin

Deutsches Netzwerk Advanced Practice Nursing und Advanced Nursing Practice (DNANP) (2011) Positionspapier Deutschland – „Die kopernikanische Wende" – Advanced Practice Nursing, Advanced Nursing Practice, Advanced Practice Nurse. Version 1.30. DNANP, Witten

Engelhardt M, Martin J (2012) Aktionslernen in Theorie und Praxis – Ursprung, Ziele und Erfahrungen. PADUA 7 (1): 12–18

Frei IA, Massarotto P, Helberg D, Barandun Schäfer U (2012) Praxisentwicklung im Trend der Zeit – Pflegeexpertrinnen als Praxisentwicklerinnen: Ein Beispiel aus dem Universitätsspital Basel. PADUA 7(3): 110–115

Garbett R, McCormack B (2009) Analyse des Konzepts Praxisentwicklung. In: Frei IA, McCormack B, Manley K, Spririg R, Garbett R (2009) Praxisentwicklung in der Pflege. Huber, Bern, S 27–41

Hamric AB, Hanson CM, Tracy MF, O'Grady ET (2013) Advanced Practice Nursing – An integrative approach. Elsevier, St. Luis (1. Aufl. 2005)

Hutchinson AM, Johnston L (2004) Bridging the devide: a survey of nurses' opinions regarding barriers to, and facilitators of, research utilization in the practice setting. J Clin Nurs 13: 304–315

ICN (2007) ICN Position zur Pflegeforschung. https://www.dbfk.de/media/docs/download/Internationales/ICN-Pflegeforschung_2007.pdf. Zugegriffen: 15. September 2016

Kitson A, Harvey G, McCormack B (1998) Enabling the implementation of evidence based practice: a conceptual framework. Quality Health Care 7: 149–158

Kitson A, Rycroft-Malone J, Harvey G, McCormack B, Seers K, Titchen A (2008) Evaluating the successful implementation of evidence into practice using the PARiHS framework: theoretical and practical challenges. Implementation Sci 3: 1–12

Mendel S, Feuchtinger J (2009) Aufgabengebiete klinisch tätiger Pflegeexperten in Deutschland und deren Verortung in der internationalen ANP. Pflege 22: 208–216

National Tracheostomy Safety Project (2013) NTSP Manual 2013. http://www.tracheostomy.org.uk/Resources/Printed%20Resources/NTSP_Manual_2013.pdf. Zugegriffen: 22. März 2017

Parahoo K (2000) Barriers to, and facilitators of, research utilization among nurses in Northern Ireland. J Adv Nurs 31(1): 89–98

Richter T, Sutarski S (2009) Tracheostoma – Handhabung und Komplikationen. Anaesthesist 58: 1261–1274

Ryan CA, Mohammad I, Murphy B (2006) Normal neurologic and developmental outcome after an accidental intravenous infusion of expressed breast milk in a neonate. Pediatr 117(1): 236–238

Rycroft-Malone J (2009) Implementation von Erkenntnissen aus wissenschaftlichen Untersuchungen: Evidenz, Kontext und Begleitung – der PARIHS-Bezugsrahmen. In: Frei IA, McCormack B, Manley K, Spririg R, Garbett R (2009) Praxisentwicklung in der Pflege. Huber, Bern, S 105–124

Rycroft-Malone J, Harvey G, Seers K, Kitson A, McCormack B, Titchen A (2004) An exploration of the factors that influence the implementation of evidence into practice. J Clin Nurs 13: 913–924

Schober M, Affara F (2006) Advanced Nursing Practice. International Council of Nursing (ICN), Blackwell, Oxford. Übersetzung aus dem Englischen von Spirig R, De Geest S (2008) Huber, Bern

Universitätsklinikum Freiburg (2015) Universitätsklinikum Freiburg- Zahlen und Fakten. https://www.uniklinik-freiburg. de/uniklinikum/zahlen-und-fakten.html. Zugegriffen: 10. Oktober 2016

Wallace JR, Payne RW, Mack AJ (1972) Inadvertent intravenous infusion of milk. Lancet 1(7763): 1264–1266

WHO (2007) Avoiding catheter and tubing mis-connections. Patient safety solution, The Joint Commission – WHO Collaborationg Center for Patient Safety Solutions. Volume1, Solution 7. WHO, Geneva

Zusammenspiel Medizin und Pflege am Beispiel Norwegen

Harald Kamps

© Springer-Verlag GmbH Deutschland 2017
P. Bechtel, I. Smerdka-Arhelger, K. Lipp (Hrsg.), *Pflege im Wandel gestalten – Eine Führungsaufgabe*,
DOI 10.1007/978-3-662-54166-1_27

Die Gesundheitswesen unterschiedlicher Länder lassen sich kaum vergleichen. Trotzdem kann man voneinander lernen. Das norwegische Gesundheitswesen ist sehr teamorientiert – und weist den Pflegeberufen viele eigenständige Bereiche zu. Bei den Pflegeberufen haben sich entsprechende Weiterbildungen etabliert – zum Beispiel in der Betreuung von Menschen mit psychiatrischen Krankheitsbildern oder in der präventiven Medizin. Der Autor dieses Berichtes hat fast 25 Jahre in Norwegen als Hausarzt gearbeitet.

27.1   Erfahrungsbericht eines Hausarztes

„Es ist Dienstagmorgen, 11.00 – seit 9.00 empfange ich Patienten in meiner Sprechstunde. Es ist eine Hausarztpraxis in Mittelnorwegen – vier Allgemeinmediziner und drei Krankenschwestern versorgen 5000 Einwohner. Das Telefon klingelt, eine der Krankenschwestern ruft an: ‚Du musst sofort zu Frau Hansen fahren. Es ist dringend.' Frau Hansen hat Darmkrebs mit Metastasen. Sie ist erst 49 Jahre alt und es geht ihr schlecht. Ich stelle keine Fragen und überlasse es den Krankenschwestern, den noch wartenden Patienten zu erzählen, dass der Doktor unterwegs ist und wohl erst in ein paar Stunden zurückkommt. Frau Hansen wohnt 20 km von der Praxis entfernt.

Als ich dort ankomme, sitzt Frau Hansen aufrecht im Bett, einem Pflegebett, das im Wohnzimmer steht. Das große Zimmer ist fast voll. Um sie herum stehen zwei Krankenschwestern der Hauskrankenpflege, die Gesundheitsschwester, die psychiatrische Krankenschwester, die Physiotherapeutin. Kurz nach mir kommt auch der Pfarrer. Der Ehemann der Patientin steht neben ihrem Bett. Die Kinder sind in der Schule. Frau Hansen geht es gut, sie sieht wach aus, ja, sie ist abgemagert. Nein, sie hat keinerlei Schmerzen, keine Atemnot, wie so oft in den letzten Monaten. Ich frage mich ganz kurz, warum ich den weiten Weg her gemacht habe, bekomme es dann bald erklärt. Frau Hansen will sich verabschieden. Sie will sich bedanken: bei den Krankenschwestern für die gute Pflege, die professionelle Schmerzbehandlung mit dem regelmäßigen Wechseln der Schmerzpumpe. Sie bedankt sich bei der Krankenschwester

mit der psychiatrischen Zusatzausbildung für die guten Gespräche, die sie mit ihren jugendlichen Kindern aus erster Ehe führte, und dass sie die Verzweiflung der beiden jungen Menschen ausgehalten hat. Sie bedankt sich bei der Gesundheitsschwester, dass sie immer ein offenes Ohr hatte für die beiden jüngsten Kinder und dass sie den Lehrern erklären konnte, warum sie nicht immer ganz bei der Sache waren. Sie bedankt sich bei der Physiotherapeutin, die sie dreimal in der Woche besucht hat und dafür gesorgt hat, dass die Kraft erhalten blieb, auf die Toilette zu gehen. Sie bedankt sich beim Pfarrer, dass die Beerdigung schon so gut vorbereitet ist und sie in den letzten Wochen so gute Gespräche führen konnten, auch mit dem verzweifelten Mann. Sie bedankt sich bei mir für das Vertrauen, dass sie die ganze Zeit in mich haben konnte und für die gute Koordination der Behandlung mit den Fachärzten der Krebsabteilung in der Großstadt. Ich bedanke mich im Stillen bei der Krankenschwester in der Praxis, die keine Rückfragen zugelassen hat. Frau Hansen stirbt am nächsten Tag.

Das beschriebene Zusammenkommen des Teams war und blieb einzigartig. Die Zusammenarbeit im Team war dagegen ein regelmäßiges Erlebnis. Mit der Gesundheitsschwester arbeitete ich jede Woche mindestens einmal zusammen."

27.2   Gesundheitsschwester – ein norwegischer Sonderweg

Es war der norwegische Hausfrauenbund, der in den 50er Jahren des 20. Jahrhunderts die Initiative für die einjährige Zusatzausbildung als Gesundheitsschwester gab. Ihre Aufgabe war es, bei allen Neugeborenen in den ersten Wochen einen Hausbesuch durchzuführen und dann alle Mütter mit ihren Kindern in der kommunalen Gesundheitsstation zu betreuen. Es gab früh ein strukturiertes Vorsorgeprogramm mit definierten Untersuchungen und Impfungen. Sie war auch Schulkrankenschwester und gemeinsam mit dem staatlichen Distriktarzt für das öffentliche Gesundheitswesen verantwortlich: Sie inspizierte Restaurantküchen, sprach mit den Verantwortlichen des Wasserwerkes und war die koordinierende Instanz bei allen staatlichen Vorsorgeinitiativen – zum Beispiel, wenn der Bus mit der Ausrüstung zur Schirmbildkontrolle kam.

Anfangs mit Spenden finanziert, übernahm bald der Staat die Finanzierung und Steuerung der Weiterbildung, ab 1984 wurden alle Gesundheitsschwestern in den kommunalen Dienst übernommen, sie sind heute aus dem lokalen Gesundheitswesen nicht mehr wegzudenken. Sie sorgen für eine fast 100%ige Impfrate bei allen Kindern, sie besuchen weiterhin alle Kinder kurz nach der Geburt und arbeiten eng mit dem kommunalen Kinder- und Jugendschutz zusammen. Die Zusammenarbeit mit dem Arzt beschränkt sich auf eine strategische Auswahl der regelmäßigen Vorsorgeuntersuchungen. In unserer Gemeinde mit 5000 Einwohnern gab es drei Stellen, mit einer gut ausgestatteten Gesundheitsstation – in einem Gebäude mit dem Pflegeheim und der Hauskrankenpflege. Heute ist auch die Arztpraxis dort untergebracht. Einmal in der Woche besuchte ich als Hausarzt also diese Gesundheitsstation. Als Arzt war ich dort zu Gast – und verstand, dass die Gesundheitsschwester die Kinder und ihre Eltern sehr viel besser kannte und schnell spürte, wann wir gemeinsam genauer hinsehen sollten. Bei akuten Erkrankungen und Kinderkrankheiten, die in der Gemeinde grassierten, war sie meist die erste Anlaufstelle, konnte oft beruhigen oder durch gute Ratschläge die Eltern unterstützen. Sie ersparten uns Ärzten viele unnötige Hausbesuche und den Eltern viele anstrengende Arztbesuche.

Sie organisierte auch Angebote für Jugendliche – besonders die Mädchen schätzten, dass sie Ende der 1990er Jahre auch das Recht bekam, Rezepte für die Antibabypille auszuschreiben. Nach einigen tragischen Unfällen in der Gemeinde leitete sie eine Trauergruppe und war aktiv in der kommunalen Beratungsgruppe der „Fürsorge am Lebensende".

In den 1990er Jahren wurde auch die Arbeit der kommunalen und privaten Hebammen in der Gesundheitsstation koordiniert. Die Schwangerschaftskontrollen fanden dann nach einem vereinbarten Schema statt. Frauen, die zum ersten Mal schwanger waren, gingen insgesamt sechsmal zum Arzt, die übrigen Kontrollen und Gespräche fanden bei der Hebamme statt. Hausgeburten waren selten, die meisten Schwangeren entbanden ihre Kinder in der regionalen Geburtsstation – diese Entwicklung ist in den letzten Jahren rückläufig, da mehr Geburten in den Krankenhäusern stattfinden.

27.3 Hauskrankenpflege – auch in kommunaler Regie

Das Gesundheitswesen in norwegischen Gemeinden und Städten ist kommunal geplant und finanziert. Die ambulante und stationäre Pflege sind eng verzahnt – meist befinden sich die Büros im selben Gebäude und um diese Pflegeheime herum gibt es speziell für alte und behinderte Menschen gebaute Bungalows: als Reihenhäuser mit überdachten Gängen verbunden. Dorthin ziehen die alten Menschen, wenn die Betreuung zuhause zu aufwendig wird oder wenn die Kinder weit weg wohnen. Der Weg ins Pflegeheim ist im Notfall kurz, aber gerne auch vorübergehend, wenn eine akute Erkrankung überstanden ist. Art und Umfang einer häuslichen Krankenpflege wird ohne Rücksprache mit dem Arzt vereinbart – direkt zwischen den Familien und dem Leiter oder Leiterin der Hauskrankenpflege. Notwendige pflegerische Hilfe zuhause wird über den Etat der Gemeinde/Stadt bezahlt. Ebenso werden Hilfsmittel zur Wundpflege von den Krankenschwestern bestellt und von der Gemeinde bezahlt. Katheter werden von den Krankenschwestern gewechselt. Notwendige Infusionen werden nach Rücksprache mit dem Arzt installiert. Blutproben werden von den Pflegekräften in der ambulanten oder stationären Pflege entnommen – wenn vom Arzt angeordnet.

In den meisten Teams der Hauskrankenpflege arbeiten auch Menschen mit einer Zusatzausbildung in der Psychiatrie. Sie betreuen Menschen zuhause, die in vielen anderen Ländern in psychiatrischen Krankenhäusern leben würden. Krankenhausbetten sind in Norwegen vergleichsweise rar. Seit 2012 wurde eine nationale Strategie entwickelt zur besseren Zusammenarbeit von Krankenhäusern und dem lokalen Gesundheitswesen: In allen Gemeinden soll es ab 2016 möglich sein, in akuten Situationen auch stationär aufgenommen zu werden. Diese Betten stehen meistens in Pflegeheimen und die Patienten werden von weitergebildeten Krankenpflegern und Hausärzten betreut. Diese Betten stehen auch bereit für aus dem Krankenhaus entlassene Patienten – die Liegedauer im Krankenhaus ist 2015 auf 6,8 Tage gesunken.

In der Hauskrankenpflege arbeiten nicht nur examinierte Krankenpfleger, sondern auch Pfleger mit einer einjährigen pflegerischen Zusatzausbildung.

Hilfe im Haushalt wird von einem anderen kommunalen Büro organisiert, meist der Sozialstation – als Haushilfe – hier arbeiten Menschen mit einer einjährigen Zusatzausbildung, die sich eher auf die sozialen Bedürfnisse bezieht.

27.4 Physiotherapeuten – privat und kommunal

In unserer Gemeinde arbeiteten zwei Physiotherapeuten. Beide betrieben eine Privatpraxis mit Patienten, die mit Überweisungen kamen. Dazu hatten beide auch eine kommunale Anstellung – der eine im Pflegeheim, die andere in der Hauskrankenpflege. Die kommunalen Aufgaben wurden von den Ärzten oder auch von den Pflegekräften übertragen. In den letzten Jahren wurde entschieden, dass Patienten Physiotherapeuten direkt aufsuchen können – ohne Überweisung durch den Arzt. Manualtherapeutisch und chiropraktisch arbeitende Physiotherapeuten können Patienten auch ohne die Mitwirkung eines Arztes bis zu 12 Wochen krankschreiben.

Eine norwegische Sonderform der Physiotherapie ist die psychomotorische Physiotherapie – entwickelt Ende der 1940er Jahre aus der Zusammenarbeit zwischen einer Physiotherapeutin und einem Psychoanalytiker. Die Weiterbildung geschieht durch zwei unterschiedliche Schulen – die Krankenkassen haben die Behandlung mit angemessenen Gebührenpositionen anerkannt.

27.5 Experten im Krankenhaus

In der stationären Versorgung gibt es ein ähnliches Bild: Schwestern, Physiotherapeuten und Ärzte arbeiten in einer sehr flachen Hierarchie zusammen. Viele Bereiche werden von erfahrenen Krankenpflegern geleitet: die Notfallambulanzen oder auch das Notfalltelefon – Ärzte können sich dann auf die patientennahe Arbeit konzentrieren. Selbst die Vorstände einzelner Krankenhäuser, darunter auch Universitätskliniken, sind von Krankenpflegern besetzt – entsprechend ihrer Erfahrung, nicht als Repräsentanten ihrer Berufsgruppe, sondern in der übergeordneten Leitung des Krankenhauses.

In vielen Krankenhäusern bekommt jeder Patient bei der Aufnahme zwei persönlich verantwortliche Kontaktpersonen: einen Arzt und einen Krankenpfleger – diese sind dann im weiteren Verlauf für die Information des Patienten und seiner Angehörigen zuständig und planen auch die weitere Behandlung nach der Entlassung.

27.6 Ausbildung

Die meisten Krankenschwestern und Physiotherapeuten haben heute sehr unterschiedliche Ausbildungen hinter sich – die jüngeren sind akademisch ausgebildet, mit 3-jährigen Ausbildungsgängen an Universitäten oder Fachhochschulen. Die Regelausbildung erfüllt heute die Bedingungen der Bologna-Reform, mit einer 3-jährigen Grundausbildung (oder 4 Jahre bei einem Teilzeitstudium) mit Bachelorabschluss. Daran anschließen können sich 1-jährige, oder 1½-jährige Zusatzausbildungen. Darüber hinaus gibt es viele 2-jährige Mastergradsangebote für Krankenpfleger an Universitäten und Hochschulen. Die älteren Krankenschwestern kommen von Krankenhausschulen oder die Physiotherapeuten haben eine Ausbildung aus Deutschland oder anderen europäischen Ländern mitgebracht.

27.7 Gesundheitsversorgung: Deutschland – Norwegen

Das deutsche Gesundheitswesen lässt sich kaum mit den skandinavischen Gesundheitswesen vergleichen. Die nordischen Systeme sind eher teamorientiert und das deutsche Gesundheitswesen ist sehr arztzentriert. Ohne ärztliche Delegation von Leistungen passiert in Deutschland wenig. In Norwegen und anderen skandinavischen Ländern werden ohne Ärzte sehr wichtige Bedürfnisse gedeckt. In den nordischen Ländern wird so gearbeitet wie in gut funktionierenden Intensivstationen in Deutschland. Pfleger und Ärzte wissen um ihre Kompetenzen und handeln entsprechend im Team. Ärzte schätzen das im intensiven Kontakt mit den Patienten erworbene Wissen der Pflegekräfte – und diese wiederum schätzen das Fachwissen der Ärzte, das sie auch in komplexen Situationen anwenden können.

In Norwegen arbeiten deutlich mehr Pflegekräfte pro Tausend Einwohner als in Deutschland: 13,1 praktizierende Pflegekräfte in Deutschland gegenüber 16,9 in Norwegen (2014). Besonders auffällig wird der Unterschied in den Krankenhäusern: Während in Deutschland auf ein Bett 0,62 Krankenpfleger kommen, sind es in Norwegen dreimal so viele: 1,95. Das norwegische Gesundheitswesen unterliegt einer demokratischen Kontrolle. Es wird im Wesentlichen aus Steuermitteln finanziert. Der norwegische Bürger hat großes Vertrauen in kommunale und staatliche Instanzen – er kennt Menschen in der Politik und der Administration persönlich. Die Interessen der im Gesundheitswesen Angestellten werden zudem durch starke Gewerkschaften oder Standesorganisationen vertreten. Der norwegische Krankenpflegeverband hat Tarifrecht und steht der Ärztekammer, deren Unterabteilungen auch Tarife abschließen, an Einfluss in nichts nach. Die meisten Krankenpfleger sind in Norwegen mit festem Gehalt angestellt. Die Reformen der letzten Jahrzehnte haben zu einer Privatisierung vor allem ärztlicher und physiotherapeutischer Dienstleistungen geführt. Menschen, die diese Dienstleistungen in Anspruch nehmen, müssen sich in vielen Situationen mit einem Drittel der Kosten selbst beteiligen. Für solche Eigenbeteiligungen gibt es sozial bemessene Höchstgrenzen. Private Firmen, die ambulante Hauskrankenpflege anbieten, gibt es nur in den großen Städten – auf dem Lande wären parallele Organisationen auch nicht wirtschaftlich. Pflegeheime werden bereits seit vielen Jahrzehnten auch von privaten wohltätigen Organisationen wie dem Roten Kreuz oder der Stadtmission betrieben. In den letzten Jahren haben einige Gemeinden versucht, ihre Pflegeheime durch private kommerzielle Organisationen betreiben zu lassen. Die Angestellten wurden dann meist durch Zeitarbeitsfirmen beschäftigt. Mehrere kritische Berichte über Qualitätsmängel haben dazu geführt, dass dies weiterhin die Ausnahme bleibt.

Fazit
Der norwegische Bürger hat großes Vertrauen in die Fachleute des Gesundheitswesens – er kann sich auch darauf verlassen, dass sich alle Akteure laufend fortbilden – zum Teil auch in für Ärzte und Pfleger gemeinsamen, durch die regionale Aufsichtsbehörde organisierten Fortbildungen. Für die Fortentwicklung des primärmedizinischen Teams wird es Fortbildungen geben müssen und auch die Allgemeinärzte müssen für mehr Zusammenarbeit gewonnen werden. Für das norwegische Gesundheitswesen öffnet sich dann die Möglichkeit einer Änderung: vom teamorientierten zum patientenorientierten Gesundheitswesen.

Serviceteil

© Springer-Verlag GmbH Deutschland 2017
P. Bechtel, I. Smerdka-Arhelger, K. Lipp (Hrsg.), *Pflege im Wandel gestalten – Eine Führungsaufgabe*,
DOI 10.1007/978-3-662-54166-1

Stichwortverzeichnis

Ihr Bonus als Käufer dieses Buches

Als Käufer dieses Buches können Sie kostenlos das eBook zum Buch nutzen.
Sie können es dauerhaft in Ihrem persönlichen, digitalen Bücherregal
auf **springer.com** speichern oder auf Ihren PC/Tablet/eReader downloaden.

Gehen Sie bitte wie folgt vor:

1. Gehen Sie zu **springer.com/shop** und suchen Sie das vorliegende Buch
   (am schnellsten über die Eingabe der eISBN).
2. Legen Sie es in den Warenkorb und klicken Sie dann auf:
   zum Einkaufswagen/zur Kasse.
3. Geben Sie den untenstehenden Coupon ein. In der Bestellübersicht wird
   damit das eBook mit 0 Euro ausgewiesen, ist also kostenlos für Sie.
4. Gehen Sie weiter **zur Kasse** und schließen den Vorgang ab.
5. Sie können das eBook nun downloaden und auf einem Gerät Ihrer Wahl lesen.
   Das eBook bleibt dauerhaft in Ihrem digitalen Bücherregal gespeichert.

EBOOK INSIDE

eISBN
Ihr persönlicher Coupon

Sollte der Coupon fehlen oder nicht funktionieren, senden Sie uns bitte
eine E-Mail mit dem Betreff: **eBook inside** an **customerservice@springer.com**.

978-3-662-54166-1
4pJBY75e7gpEhmg